MITTENDRIN

LERNLANDSCHAFTEN RELIGION

3

Lehrerkommentar zum Unterrichtswerk für katholischen Religionsunterricht an Gymnasien

HERAUSGEGEBEN VON
IRIS BOSOLD UND DR. WOLFGANG MICHALKE-LEICHT

ERARBEITET VON
FELICIAS KURZ,
DR. JUDITH BASSLER-SCHIPPERGES,
KATJA KILB, DR. GEORG SCHWIND,
ANDREAS WRONKA

KÖSEL

MITTENDRIN
LERNLANDSCHAFTEN RELIGION
Herausgegeben von
Iris Bosold und Dr. Wolfgang Michalke-Leicht

MITTENDRIN 3

Lehrerkommentar zum Unterrichtswerk
für katholischen Religionsunterricht an Gymnasien

Erarbeitet von
Felicias Kurz, Dr. Judith Bassler-Schipperges, Katja Kilb, Dr. Georg Schwind,
Andreas Wronka

Bitte beachten Sie:
Das Internet ist ein schnelllebiges Medium, das sich einer wirksamen Kontrolle der Inhalte entzieht. Herausgeber, Autorinnen, Autoren und der Verlag haben sich bei allen Link-Angaben im Schulbuch und Lehrerkommentar bemüht, ausschließlich »langlebige« Adressen von seriösen Quellen anzugeben, die jugendgemäß sind und keinerlei Gewalt verherrlichende, diskriminierende, pornografische oder sonstige sittenwidrige Inhalte transportieren. Alle Angaben werden auch bei jeder Neuauflage der Bücher überprüft.
Dennoch kann nicht restlos ausgeschlossen werden, dass durch Veränderungen (z. B. Übernahme einer Domain durch einen neuen Inhaber) unerwünschte Inhalte auf den Seiten stehen, Links nicht mehr funktionieren oder auf andere Seiten mit unerwünschten Inhalten verwiesen wird. Der Verlag, die Herausgeber und alle Autorinnen und Autoren von MITTENDRIN distanzieren sich von solchen Inhalten, weisen Sie als Lehrkraft auf die besondere Aufsichtspflicht bei der Nutzung des Internets im Unterricht hin und bitten Sie um Hinweise an den Verlag, sollten Ihnen unerwünschte Inhalte auf den angegebenen Internet-Seiten auffallen.
Vielen Dank für Ihre Bemühungen!

Die Herausgeber sowie Autorinnen und Autoren von MITTENDRIN
Kösel-Verlag

Umschlagentwurf: Kaselow-Design, München
Umschlagmotiv: © Panstock/Jupiterimages
Satz: Kösel-Verlag, München
Druck und Bindung: Franz X. Stückle Druck und Verlag, Ettenheim
Printed in Germany.
ISBN 978-3-466-50760-3

www.koesel.de

Inhalt

2 Dem Glauben ein Gesicht geben 53

3 Faszination Buddhismus 89

Abkürzungsverzeichnis

AA:	Arbeitsauftrag
AB:	Arbeitsblatt (M)
EA:	Einzelarbeit
GA:	Gruppenarbeit
HA:	Hausaufgaben
KG:	Kleingruppen
L:	Lehrer/in(nen)
OHP:	Overhead-Projektor
PA:	Partner(innen)arbeit
Sch:	Schüler/in(nen)
TA:	Tafelanschrieb
UE:	Unterrichtseinheit
UG:	Unterrichtsgespräch

Vorwort

»MITTENDRIN 3 – Lernlandschaften Religion« ist ein Religionsbuch, das den vielfältigen Ansprüchen sowohl des Bildungsplans und den darin ausgewiesenen Bildungsstandards als auch denen der alltäglichen Unterrichtspraxis entspricht. Es folgt einer kompetenzorientierten Didaktik, in deren Mittelpunkt das selbsttätige Lernen der Schülerinnen und Schüler steht. Dieses Konzept trägt der Einsicht Rechnung, dass die im Bildungsplan formulierten und von den Schülerinnen und Schülern zu erwerbenden Kompetenzen tatsächlich von ihnen selbst erworben werden müssen. Insofern ist das Religionsbuch »MITTENDRIN« zuallererst ein Buch für die Hand der Schülerinnen und Schüler.

Das bedeutet zugleich, dass das neue Unterrichtswerk nicht einfach nur eine Auffrischung oder Neuanordnung vertrauter oder auch bisher unbekannter Unterrichtsgegenstände ist. Vielmehr erfordert die Konzeption auch und vor allem einen didaktischen Perspektivenwechsel: Im Vordergrund steht das Lernen der Schülerinnen und Schüler und nicht das Lehren der Lehrerinnen und Lehrer. Solch ein Perspektivenwechsel erfordert auch einen neuen Unterrichtsstil. »MITTENDRIN 3 – Lernlandschaften Religion« nimmt zudem die roten Fäden der beiden Bände 1 und 2 auf und führt diese weiter.

Als wesentlicher Bestandteil des gesamten Unterrichtswerkes bietet der vorliegende didaktische Kommentar grundsätzliche Ausführungen zur Konzeption des Religionsbuches im Ganzen. Gleichsam als Grundlegung wird daher zu Beginn das leitende Konzept einer kompetenzorientierten Didaktik skizziert. Im Anschluss daran wird die besondere Situation der Jahrgangstufe 10 in den Blick genommen, wie sie sich durch die Entwicklung des achtjährigen Gymnasiums (G-8) ergeben hat.

Weiter folgen umfangreiche Informationen zu den Lernlandschaften mit ihren Ausflügen im Besonderen. Alle Doppelseiten des Buches mit sämtlichen Medien werden mit Blick auf die unterrichtliche Praxis didaktisch erschlossen. Zugleich werden ergänzende Materialien als Kopiervorlagen zur Verfügung gestellt.

Der didaktische Kommentar ist so aufgebaut, dass unter der Rubrik »Hintergrund« zu jeder der elf Lernlandschaften zunächst eine kurze Einleitung erfolgt, in der der didaktische rote Faden der Lernlandschaft sowie der Bildungsplanbezug deutlich wird. Auch lernpsychologische Bemerkungen, Situatives (Festkreis, Schuljahr etc.) und Bezüge zu anderen Lernlandschaften finden hier Eingang. Die einzelnen Lernlandschaften werden im Dreischritt »Ansetzen«, »Umsetzen« und »Weiterführen« erschlossen.

Zu Beginn des didaktischen Kommentars (gleich nach der Einführung) wird eine tabellarische Übersicht über die durch die Arbeit mit dem Buch bedienten Standards aufgeführt, die alle Lernlandschaften des Buches berücksichtigen. Am Ende einer jeden Lernlandschaft wird noch einmal eine analoge Übersicht geliefert.

Evaluation ist ein konstitutives Element zielgerichteter Bildungsprozesse. Angemessene Evaluationselemente sollen dabei in erster Linie Hilfestellung zur Orientierung und Verbesserung geben. Die Impulse der abschließenden Seiten einer jeden Lernlandschaft machen ein solches Angebot; sie haben somit evaluierenden Charakter.

Iris Bosold, Dr. Wolfgang Michalke-Leicht,
Dr. Judith Bassler Schipperges, Katja Kilb,
Felicias Kurz, Dr. Georg Schwind, Andreas Wronka

Einführung

Hinweise für die Praxis eines kompetenzorientierten Religionsunterrichts

Die ersten Jahre seit der Einführung des Bildungsplans von 2004 haben gezeigt, dass ein solcher Plan allein keine nennenswerten Änderungen im unterrichtlichen Geschehen bewirkt. Schon immer ist es so gewesen, dass Bildungspläne nur dann nachhaltige Wirkungen zeitigen, wenn sie eingebettet sind in ein Gesamtkonzept von Unterrichts- und Schulentwicklung. Das gilt selbstverständlich auch für den Kompetenzerwerb im Religionsunterricht (vgl. Andreas Feind u.a. (Hg.), Kompetenzorientierung im Religionsunterricht. Befunde und Perspektiven, Münster 2009, sowie Wolfgang Michalke-Leicht (Hg.), Kompetenzorientiert unterrichten. Das Praxisbuch für den Religionsunterricht, München 2011).
Die folgenden Hinweise für einen kompetenzorientierten Religionsunterricht wollen in wenigen Grundzügen einen didaktischen Ansatz beschreiben, der bei der Arbeit mit dem Unterrichtswerk »MITTENDRIN – Lernlandschaften Religion« hilfreich sein kann. Sicherlich mag es auch andere zielführende didaktische Konzepte geben. Gleichwohl sprechen viele Erfahrungen aus der Unterrichtspraxis mit dem neuen Bildungsplan für das hier vorgeschlagene Vorgehen.
Ein kompetenzorientierter Religionsunterricht ist demnach gekennzeichnet durch eine didaktische Haltung, die die Schülerinnen und Schüler als Subjekte ihres Lernens ernst nimmt. Deren Lernen steht im Fokus der Aufmerksamkeit, ist es doch das Ergebnis eines subjektiven Konstruktionsgeschehens. Schülerinnen und Schüler lernen und konstruieren so ihre Kompetenzen.
Das bedeutet nicht, dass das Lehren der Lehrerinnen und Lehrer obsolet ist. Immer werden im Lehr-Lern-Prozess Phasen der Instruktion notwendig sein. Das Lehren erhält lediglich eine andere Gewichtung. Es handelt sich gleichsam um einen didaktischen Perspektivenwechsel. In der konkreten Unterrichtspraxis bzw. in deren Vorbereitung kommt es also darauf an, immer wieder der Frage nachzugehen: Was brauchen Schülerinnen und Schüler, damit sie gut lernen können? Erst dann stellt sich die Frage danach, was ich als Lehrerin bzw. Lehrer tun kann, damit dieses Ziel von den Schülerinnen und Schülern erreicht werden kann. Dabei ist diese Einsicht gar nicht so neu. Bereits der bedeutende Pädagoge Johann Amos Comenius (1592-1670) hat es auf den Punkt gebracht, indem er forderte, Lehrer sollten sich weniger fragen: »Wie können wir lehren?«, sondern vielmehr: »Wie lernen die Kinder?«.

Selbstgesteuerte Lernprozesse und erweiterter Lernbegriff

Zur Stützung dieses didaktischen Ansatzes mögen zwei kurze Hinweise genügen. Es ließen sich sicherlich noch viele andere hinzufügen. Zum einen sind es die Ergebnisse der psychologischen Lernforschung (siehe Abbildung 1). Längst ist bekannt, dass Lernen auf unterschiedlichen Wegen der Wahrnehmung ge-

Nachhaltigkeit selbstgesteuerter Lernprozesse

Primäre Aktivität	Lernweg	Lernerfolg
Instruktion	Vortrag (nur hören)	ca. 20%
	Bilder/Filme (nur sehen)	ca. 30%
	Vortrag und Bilder (hören + sehen)	ca. 50%
Konstruktion	Gemeinsames Lernen, Kooperation und eigenes Handeln	ca. 70%
	Mitentscheidung über Auswahl und Inhalt des Sachverhaltes	ca. 90%

Abbildung 1

Erweiterter Lernbegriff			
Inhaltlich-fachliches Lernen	**Methodisch-strategisches Lernen**	**Sozial-kommunikatives Lernen**	**Affektives Lernen**
– Wissen (Fakten, Regeln, Begriffe, Definitionen ...) – Verstehen (Phänomene, Argumente, Erklärungen ...) – Erkennen (Zusammenhänge erkennen ...) – Urteilen (Thesen, Themen, Maßnahmen beurteilen) – etc.	– Exzerpieren – Nachschlagen – Strukturieren – Organisieren – Planen – Entscheiden – Gestalten – Ordnung halten – Visualisieren – etc.	– Zuhören – Begründen – Argumentieren – Fragen – Diskutieren – Kooperieren – Integrieren – Gespräche leiten – Präsentieren – etc.	– Selbstvertrauen entwickeln – Spaß an einem Thema/an einer Methode haben – Identifikation und Engagement entwickeln – Werthaltungen aufbauen – etc.

Abbildung 2

schieht: hören, sehen, sprechen, fühlen usw. Deren Kombination steigert den Lernerfolg erheblich.

Darüber hinaus hat sich gezeigt, dass Schülerinnen und Schüler immer dann am besten lernen, wenn sie selbsttätig und selbstgesteuert ihren Lernprozess gestalten. Zur Kombination der verschiedenen Wahrnehmungsweisen kommt die Dimension der Partizipation und Selbststeuerung hinzu. Bekannt ist das von Konfuzius kolportierte Diktum: »Sage es mir, und ich vergesse es; zeige es mir, und ich erinnere mich; lass es mich tun, und ich behalte es.« Dem entspricht die von Maria Montessori geprägte pädagogische Maxime »Hilf mir, es selbst zu tun.«
Ein zweiter Hinweis entstammt der Methodenlehre, wie sie beispielsweise von Heinz Klippert entwickelt wurde. Ein wesentlicher Aspekt dieser Methodologie ist die Einsicht, dass sich Lernen immer in verschiedenen Bereichen oder Dimensionen ereignet (siehe Abbildung 2). Klippert unterscheidet vier solcher Lernbereiche (vgl. Heinz Klippert, Methoden-Training. Übungsbausteine für den Unterricht, Weinheim/Basel [12]2002, 31):

Wer den Bildungsplan von 2004 sorgfältig studiert, wird feststellen, dass der erweiterte Lernbegriff konstitutiver Bestandteil seines Konzeptes ist. Die Auffächerung der Kompetenzen, wie sie im Bildungsplan erfolgt, korrespondiert mit den Bereichen des hier beschriebenen erweiterten Lernbegriffs. Das bedeutet für den konkreten Religionsunterricht, dass eine Fixierung auf kognitive Lerngegenstände der Vielschichtigkeit des Lernens nicht gerecht wird. Mit anderen Worten: ein kompetenzorientierter Religionsunterricht wird so angelegt sein, dass Schülerinnen und Schüler die Chance haben, alle Lernbereiche gleichermaßen oder auch mit Schwerpunktsetzungen zu bearbeiten.
Auf der Basis der beiden angeführten Hinweise aus der Lernpsychologie einerseits und der Lernmethodologie andererseits kann für das didaktische Konzept eines kompetenzorientierten Religionsunterrichts nur die Fokussierung der Lernaktivität der Schülerinnen und Schüler stehen. Dies ist primär keine motivationale Frage, sondern eine didaktische Perspektive auf das Lehr-Lern-Geschehen. Eine weitere, sicher etwas zugespitzte Leitfrage dazu könnte sein: Wie lässt es sich erreichen, dass Lehrerinnen und Lehrer weniger arbeiten und Schülerinnen und Schüler mehr lernen?

Selbstorganisiertes Lernen (SOL)

Im Kontext der Bildungsreform in Baden-Württemberg haben Martin Herold und Birgit Landherr das Konzept »Selbstorganisiertes Lernen« (SOL) entwickelt (vgl. M. Herold/B. Landherr, SOL. Selbstorganisiertes Lernen. Ein systemischer Ansatz für Unterricht, Hohengehren, [2]2003). Dieses Konzept findet sich auch im Internet unter **http://lehrerfortbildung-bw.de/unterricht/sol/index.html**. Im Blick auf die Konzeption von SOL heißt es dort: »SOL steht für selbst organisiertes Lernen mit folgenden Zielen:
- Stärkung der individuellen Selbstständigkeit durch den systematischen Aufbau von Methoden- und Lernkompetenzen
- Schaffung einer sozialen Lernstruktur durch den zielorientierten Wechsel von kooperativen und individuellen Lernphasen
- Vermittlung soliden Fachwissens als Grundlage schulischen Lernens in Kombination mit überfachlichen Kompetenzen
- Erhöhung der (Selbst-)Verantwortung für das eigene Lernen
- Vermittlung und Beurteilung von Projektkompetenz im Rahmen von Themen- und Lernfeldern
- Erwerb von Handlungskompetenz.«

Der systemische Ansatz von SOL entspricht dem geforderten didaktischen Perspektivenwechsel, primär das Lernen der Schülerinnen und Schüler in den Blick zu nehmen. Bisweilen – so die Autoren – wird das Kürzel auch missverstanden als »Schule ohne Lehrer«. Diese Lesart geht jedoch an der Sache vorbei.

Der didaktische Perspektivenwechsel meint ja gerade nicht, dass die jeweils andere Dimension des Lehr-Lern-Prozesses ausgeblendet wird. »SOL zielt einerseits darauf, die Schülerinnen und Schüler zu befähigen, ihr Lernen weitgehend selbst zu organisieren und im weitesten Sinne Handlungsfähigkeit zu erwerben. Andererseits sollen die Lehrerinnen und Lehrer durch die Zunahme der Schüleraktivität während des Unterrichts mehr Freiräume erhalten, um beispielsweise intensive individuelle Beratungsgespräche in den Unterricht einzubinden« (a.a.O.). SOL arbeitet u. a. mit der Methode des Advanced Organizers. Eine Konkretisierung dieser Methode für den Religionsunterricht (in der Kursstufe) findet sich in der Zeitschrift Entwurf (vgl. Wolfgang Michalke-Leicht, Lernen in Strukturen – Advanced Organizer, in: Entwurf 2/2008, 17–21). Grundsätzlich gilt hier wie bei allem methodischen Vorgehen, dass es einer angemessenen Phase der Einübung und des Vertrautwerdens aller Beteiligten bedarf.

Lernaufgaben

Ein zweiter didaktischer Ansatz zur Fokussierung der Lernaktivität der Schülerinnen und Schüler liegt in der Verwendung sogenannter Lernaufgaben. Lernaufgaben sind solche Aufgaben, die nicht am Ende eines Lernweges zur Übung oder gar zur Prüfung verwendet werden, sondern an dessen Beginn zur Erarbeitung und Erschließung des jeweiligen Lerngegenstandes. Diese Aufgaben sind stets als Impulse formuliert, indem sie den Schülerinnen und Schülern mit einem klar erkennbaren Operatorverb präzise angeben, was diese zu tun haben. In diesem Zusammenhang kommt den Operatoren, die in den Einheitlichen Prüfungsanforderungen in der Abiturprüfung Katholische Religionslehre (EPA) verbindlich festgelegt sind, eine prominente Bedeutung zu (vgl. hierzu die Operatorenliste im Lehrerkommentar zu MITTENDRIN Band 1, S. 15–17, oder zum Download unter **www.kmk.org**).
Aus der Einsicht in die didaktische Produktivität solcher Lernaufgaben formuliert Josef Leisen die folgenden Forderungen (vgl. Josef Leisen, Zur Arbeit mit Bildungsstandards. Lernaufgaben als Einstieg und Schlüssel. MNU 58/5 [15.07.2005], S. 306–308):
- Wir müssen nicht so viel (fragend-entwickelnd) erarbeiten.
- Wir sollten Aufgaben nicht nur als Übungs- und Prüfungsaufgaben einsetzen.
- Wir sollten Aufgaben verstärkt als »Lernaufgaben« zur Erschließung und Erarbeitung nutzen.
- Wir können Aufgaben verstärkt in das Zentrum des Unterrichts stellen.
- Nicht ich allein, sondern wir – die Fachgruppe – müssen ansetzen.

Das Unterrichtswerk »MITTENDRIN – Lernlandschaften Religion« hat dieses Instrument der Lernaufgaben konsequent umgesetzt. Die auf den Ausflügen der Lernlandschaften (zur Terminologie s. unten) verwendeten Handlungsimpulse sind durchgängig als Lernaufgaben formuliert. Damit ist gewährleistet, dass Schülerinnen und Schüler bei der Arbeit mit dem Schulbuch schrittweise selbsttätiges Lernen einüben. Für die Lehrerinnen und Lehrer gilt es, im Religionsunterricht mehr und mehr eine Aufgabenkultur zu entwickeln. Unter Aufgabenkultur ist dabei das Zusammenwirken verschiedener Aspekte zu verstehen (vgl. Josef Leisen, in: **www.leisen.studienseminar-koblenz.de**). Die Art der Aufgaben (Aufgabenvielfalt) spielt ebenso eine Rolle wie deren Qualität (»gute« Aufgaben). Auch die Vernetzungen der Aufgaben untereinander (Aufgabencurriculum) ist bedeutsam wie vor allem die Einbettung der Aufgaben in das gesamte Unterrichtsgeschehen (Unterrichtschoreografie). Wie aber kann die Aufgabenkultivierung im Religionsunterricht im Einzelnen aussehen? Leisen gibt dazu die folgenden Hinweise:
- Aufgaben auf die Kompetenzen hin ausrichten
- Aufgaben an-, um- oder durchstrukturieren
- Aufgaben in Kontexte setzen
- Aufgaben öffnen oder schließen
- Lernaufgaben entwickeln
- Aufgaben zum Leisten in solche zum Lernen umbauen und umgekehrt
- vernetzende Aufgaben entwickeln
- Aufgaben binnendifferenziert gestalten
- Arbeitsmethoden des Faches integrieren
- Aufgaben passend in den Unterricht einbetten
- ein Aufgabencurriculum entwickeln

Auch hier gilt – analog zum Umgang mit der Methode SOL –, der Einsicht Rechnung zu tragen, dass Lehr-Lern-Skripte oder Unterrichtssettings sich nicht von heute auf morgen ändern lassen. Lehrerinnen und Lehrer dürfen sich selbst und auch ihre Lerngruppen nicht überfordern mit dem Anspruch, den didaktischen Perspektivenwechsel sofort voll und ganz umzusetzen. Für die stete Weiterentwicklung der eigenen Unterrichtskompetenz wäre es gleichwohl wichtig, sich der Forderung Johann Adam Comenius' tagtäglich neu zu stellen, indem sie sich weniger fragen: »Wie können wir lehren?«, sondern immer mehr: »Wie lernen die Kinder?«

Metakognition

Ebenso bedeutsam ist das Konzept der Metakognition. Hier geht es speziell um den individuellen Kompetenzerwerb der Lernenden. Die Lernarrangements müssen so angelegt sein, dass sie ein selbstgesteuertes Lernen der Schülerinnen und Schüler ermöglichen. Voraussetzung ist das Wissen um die eigenen Stärken und Schwächen – was entsprechende diagnostische Fähigkeiten auf Seiten der Lehrperson voraussetzt.

Sechs Merkmale kompetenzorientierten Unterrichts

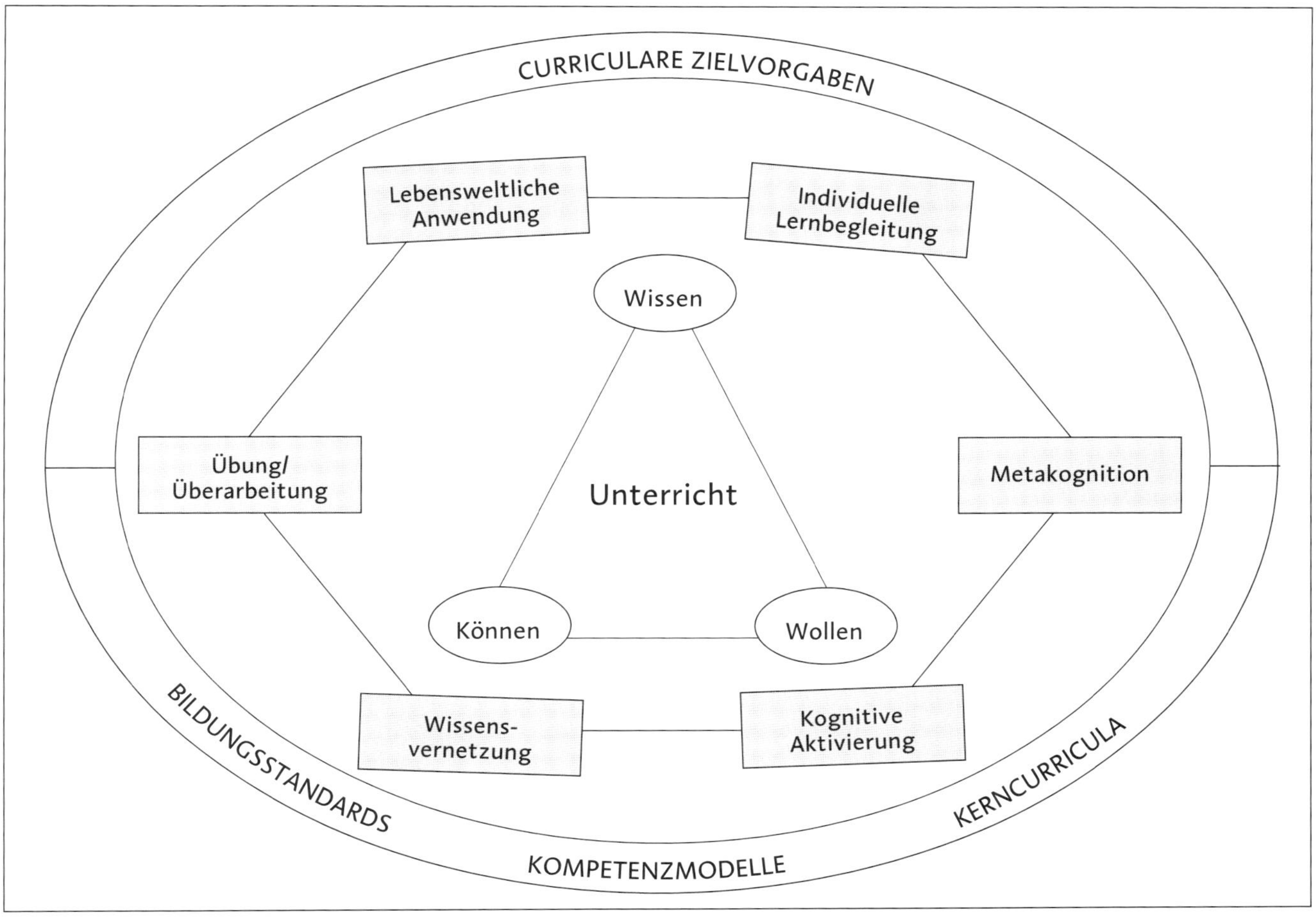

Scharnierfunktion der Jahrgangstufe 10

Mit der Einführung des achtjährigen Gymnasiums (G-8) hat sich auch dessen Grundstruktur verändert. Am deutlichsten spürbar sind diese Veränderungen in der Jahrgangstufe 10. Gab es im G-9 drei gleich lange Stufen (Unterstufe 5-7, Mittelstufe 8-10, Oberstufe 11-13), so ist durch das Verkürzen der Schulzeit auf acht Jahre die Oberstufe um ein Jahr vorgezogen worden. Mittelstufe und Oberstufe überschneiden sich gewissermaßen in der Klasse 10. Diese hat inzwischen die propädeutische Funktion der früheren Jahrgangstufe 11 übernommen. Dabei sind wichtige Themenfelder um ein Jahr vorgezogen worden.

Die Entwicklungen im Rahmen von G-8 bedeuten auch, dass die Schülerinnen und Schüler deutlich jünger mit einem inhaltlichen Anspruch konfrontiert sind, dem sie in ihrer biografischen Situation bisweilen nur schwer gewachsen sind. Es stellt sich die Frage, wie unter diesen Bedingungen ein altersgerechter Religionsunterricht gestaltet werden kann, der zugleich mit einem anspruchsvollen Niveau verbunden ist. Für die didaktische Reaktion auf dieses Problem bieten sich zwei Wege an:

1. Binnendifferenzierung

Die Ergebnisse der Lernforschung zeigen deutlich, dass schulisches Lernen äußerst heterogen verläuft. Auch in der Schule gilt: »Es ist normal, verschieden zu sein.« Der konventionelle Unterricht geht in der Regel zu wenig auf diesen Umstand ein. Ist er doch meist als *7-G-Unterricht* gestaltet, der sich durch folgende Merkmale ausweist (nach Peter Fratton, Romanshorn):

7-G-Unterricht

Alle
1. gleichaltrigen Kinder haben beim
2. gleichen Lehrer mit dem
3. gleichen Lehrmittel im
4. gleichen Tempo das
5. gleiche Ziel zur
6. gleichen Zeit
7. gleichgut zu erreichen.

Dem gegenüber steht das Konzept der *V-8-Begleitung*, das auf die Heterogenität der Schülerinnen und Schüler eingeht und entsprechende Angebote macht:

V-8-Begleitung

Auf
1. vielfältigen Wegen mit
2. vielfältigen Menschen an
3. vielfältigen Orten zu
4. vielfältigsten Zeiten mit
5. vielfältigen Materialien in
6. vielfältigen Schritten mit
7. vielfältigen Ideen in
8. vielfältigen Rhythmen zu gemeinsamen Zielen.

Wenn es gelingt, den Unterricht mehr und mehr in der Weise der *V-8-Begleitung* zu gestalten, werden die Schülerinnen und Schüler unter den gegebenen schwierigen Umständen des achtjährigen Gymnasiums leichter den ihnen gemäßen Weg finden, die erwarteten Kompetenzen zu erwerben. Das oben beschriebene Konzept des Selbstorganisierten Lernens ist sicherlich ein geeigneter Ansatzpunkt dafür.
Die Kunst des binnendifferenzierenden Unterrichtens ist aber gerade im gymnasialen Kontext wenig erprobt.

2. Projektlernen

Ein zweiter Weg zur Bewältigung der Herausforderungen in der Jahrgangstufe 10 wäre eine verstärkte Akzentuierung des Projektlernens. Hartmut von Hentig macht in seinem Buch *Bewährungen* (München 2006) in überzeugender Weise deutlich, wie wichtig für Jugendliche die Erfahrung ist, Verantwortung zu übernehmen bzw. nützlich zu sein. Diese Einsicht wird durch die Neurologie bestätigt: »Mit jedem gelösten Problem wächst das Vertrauen in die eigenen Fähigkeiten und mit ihm der Mut, vor neuen, größeren Problemen nicht zu kapitulieren. Fehlen jedoch die Erfahrungsräume, die eine Aneignung solcher Kompetenzen ermöglichen, kann sich ein gesundes Verhältnis zu neuen Herausforderungen nicht entwickeln. Heranwachsende müssen also in der Schule *ermutigt, eingeladen, inspiriert* [kursiv die Hg.] werden, ihrer angeborenen Entdeckerfreude und Gestaltungslust nachzugehen.« (Gerald Hüter, Männer, Göttingen 2009, S. 116.)
Projektlernen ist von seinem Ansatz her eben darauf angelegt, Schülerinnen und Schüler zu *ermutigen, einzuladen und zu inspirieren.*

Grundsätze zur Konzeption des Unterrichtswerks

Das Unterrichtswerk »MITTENDRIN – Lernlandschaften Religion« stellt die Schülerinnen und Schüler in den Mittelpunkt. Selbstgesteuertes und entdeckendes Lernen und eigenverantwortliche Lernentscheidungen sind die besten Wege, um nachhaltige Wirkungen zu erzielen. Hierbei muss betont werden, dass im Kontext selbstorganisierten Lernens Schulbüchern eine veränderte Funktion zukommt. Im Gegensatz zu solchen Werken, die sich sehr eng an den Bildungsplan anlehnen und damit gleichsam einen »roten Faden« für den Unterricht vorgeben, hält das Lehrwerk »MITTENDRIN – Lernlandschaften Religion« bei aller Anbindung und Orientierung eine gewisse Distanz zum Bildungsplan. Schülerinnen und Schüler sind gehalten, sich eigenständig weitere Medien und Wissensquellen zu erschließen: Monographien, Lexika, Enzyklopädien, Lernkarteien, Bildbände, Videosequenzen, Audiobeiträge, Internetressourcen, Zeitungsartikel – sämtliche digitalen und analogen Medien – bilden die Basis solchen Lernens, in dem das klassische Schulbuch einen veränderten, gleichwohl bedeutenden Stellenwert hat.
Ziel des Unterrichtswerks »MITTENDRIN – Lernlandschaften Religion« kann es nicht sein, die verbindlichen Themenfelder des Bildungsplans eins zu eins abzubilden. Das widerspräche jeglicher didaktischen Einsicht. Andererseits muss für die unterschiedlichen Nutzerinnen und Nutzer (Schülerinnen und Schüler, Lehrerinnen und Lehrer) ein Bezug zu den Themenfeldern deutlich erkennbar sein. Das Unterrichtswerk »MITTENDRIN – Lernlandschaften Religion« verfolgt daher kein strenges Curriculum. Vielmehr bietet es im Kontext des Bildungsplans und auf dessen Grundlage exemplarische Konkretionen an. Der didaktische Kommentar stellt darüber hinaus Arbeitsblätter etc. bereit.
Auch wenn der Ansatz der Korrelationsdidaktik fachwissenschaftlich durchaus kontrovers diskutiert wird, kann und soll im Unterrichtswerk »MITTENDRIN – Lernlandschaften Religion« nicht darauf verzichtet werden. Dem Unterrichtswerk liegt jedoch ein impliziter und damit umfassender Korrelationsbegriff zugrunde, der besagt, dass Lernlandschaften als ganze die Lebenswirklichkeit der Schülerinnen und

Lernlandschaften in MITTENDRIN 3	
Lernlandschaften	**Themenfeldbezug**
Meine Welt – Eine Welt	Leben in der einen Welt – Konziliarer Prozess Werte und Normen – christliche Ethik
Dem Glauben ein Gesicht geben	Kirche – Staat – Gesellschaft
Faszination Buddhismus	Begegnung mit dem Hinduismus
Stört die Liebe nicht	Leben in Beziehung – Liebe, Freundschaft, Sexualität
Ur-Kunde Bibel	Bibel verstehen
Memento Mori	Leid und Tod
Jesus – Die Spur von Morgen	
Mehr als alles	
Wo bist du, Gott?	
Projekt: Jahresringe	
Spuren von Religion	

Abbildung 3

Schüler mit deren Glaubenswirklichkeit in ein spannungsreiches und produktives Wechselverhältnis setzen. Unterricht – insbesondere der Religionsunterricht – ist immer ein vielschichtiges und komplexes Geschehen, bei dem die einzelnen Aspekte nicht schadlos und ohne Weiteres herausgegriffen und isoliert betrachtet werden können.

Das Religionsbuch als didaktisches Instrument

Bildungspläne und Bildungsstandards sind im Kontext schulischen Lernens lediglich ein Instrument mit durchaus begrenzter Steuerungsfunktion. Dieses wird sich auch daran messen lassen müssen, inwieweit es mit anderen didaktischen Instrumenten korreliert und diese prägt. Schulbücher haben in diesem Zusammenhang eine hervorragende Funktion. Als kontinuierliches Medium begleiten sie Schülerinnen, Schüler, Lehrerinnen und Lehrer. Für das Religionsbuch »MITTENDRIN – Lernlandschaften Religion« sind die folgenden Eckpunkte leitend.

Lernlandschaften

Offene Lernformen und individuelle Lernwege verlangen möglichst offene Strukturen. Die klassische Einteilung in Kapitel ist daher aufgehoben. Andererseits brauchen Schülerinnen und Schüler, aber auch Lehrerinnen und Lehrer Orientierungshilfe. Diese wird letztlich wohl nur über eine Themenvorgabe zu erreichen sein. Das Religionsbuch »MITTENDRIN 3« ist daher anstatt in Kapitel in elf »Lernlandschaften« gegliedert, die nach dem Doppelseitenprinzip gestalten sind. Zwei Drittel dieser Lernlandschaften generieren sich aus den verbindlichen Themenfeldern des Bildungsplans, d. h., sie sind daran orientiert oder angebunden (siehe Abbildung 3). Die übrigen Lernlandschaften berücksichtigen besonders die Aspekte Projekt, Leitmedium, existenzielle Glaubenszugänge und die Entwicklungspsychologie.

Doppelseiten

Die innere Struktur der Lernlandschaften orientiert sich am Doppelseitenprinzip, wobei die Doppelseiten (DS) als geschlossene Einheiten zu betrachten sind. Eine DS behandelt also ein in sich kohärentes Thema. Jede Lernlandschaft hat eine Überschrift. Auch die DS tragen eigene Überschriften.
Jede der elf Lernlandschaften (6–10 DS) weist drei Teile auf, wobei die einzelnen DS in Anlehnung an die Metapher der Lernlandschaft wie folgt benannt werden:

- Reiseprospekt: Eine Auftaktdoppelseite mit Ideen, Bildern etc., die als Collage oder pars pro toto gestaltet ist.
- Ausflüge: drei bis sechs DS mit unterschiedlichen exemplarischen Beschäftigungen mit der Lernlandschaft. Dabei wird ein zentraler und entwicklungspsychologisch begründeter Lernzugang verfolgt, der als »Lerngang« bezeichnet wird.
- Souvenirs: Eine Schlussdoppelseite zur Sicherung (Selbstevaluation, Spiele, Rätsel etc.).

Elemente der Ausflüge (Doppelseiten)

In den »Ausflugs«-DS werden sorgfältig und sparsam ausgewählte Materialien angeboten, z. B. Lieder, Bilder, Gedichte, Quellen- und Verfassertexte etc., die selbstverständlich didaktisch begründet und methodisch aufgearbeitet sind. Sie sind also keinesfalls lediglich Illustrationselemente. Dies gilt insbesondere für Bilder, deren didaktische Dignität durch die Größe der Wiedergabe sowie deren Positionierung ausgewiesen ist. In einer der »Ausflug«-DS wird jeweils einer der Lerngänge explizit ausgewiesen.

Handlungsimpulse

Die DS enthalten Arbeitsaufträge, die als »Impulse« bezeichnet werden. Alle Impulse sind ausschließlich als Handlungsimpulse (»imperativisch«) formuliert und daher mit Operatoren versehen. Schülerinnen und Schüler werden eingeladen, in handelnder Weise mit dem jeweiligen Medium umzugehen. Die Gliederung der einzelnen Impulse erfolgt lediglich mit »Spitzmarken«, damit eine präjudizierende Hierarchisierung vermieden wird. Die Impulse stehen nicht am unteren Ende einer Seite, sondern erscheinen optisch gewichtet und hervorgehoben positioniert auf der DS, den jeweiligen Medien zugeordnet. Geeignete Verweise auf zentrale Schlagwörter im Lexikonteil am Schluss des Buches bereichern das Lernangebot.

Spezifische Lerngänge

Die Bildungspläne weisen u. a. auch methodische Kompetenzen aus, die von den Schülerinnen und Schülern zu erwerben sind. An den Schulen werden innerhalb der Schulcurricula daher auch Methodencurricula beschrieben, zu denen jedes Fach einen spezifischen Beitrag leistet. Das Unterrichtswerk »MITTENDRIN – Lernlandschaften Religion« unterstützt dieses Konzept durch die Bereitstellung einer explizit fachspezifischen Methodensystematik, die sogenannten Lerngänge (siehe Abbildung 4). Diese spezifischen Lerngänge spiegeln ästhetische Haltungen wider und sollen deren Einübung ermöglichen. Die Lerngänge werden durch eigene Icons besonders hervorgehoben. Die verschiedenen Elemente der Lerngänge werden an entsprechender Stelle ausführlich konkretisiert. Jeder der sieben Lerngänge wird mindestens einmal bedient.

Lexikon

Am Ende des Religionsbuches ist ein Lexikon aufgenommen, in dem sich kurze Erläuterungen zu zentralen Schlagwörtern finden. Dieses Lexikon stellt ein spezifisches Medium dar. Schülerinnen und Schüler sind eingeladen, damit selbstorganisiert zu arbeiten. In den Lernlandschaften selbst gibt es daher nur wenige Hinweise darauf.

Bilder

Es ist eine der wesentlichen Prämissen der Bilddidaktik, dass jedes Kunstwerk eine eigene und hoch zu schätzende Dignität hat, die einen voreiligen und allzu schnellen religionsdidaktischen Zugriff verbietet. Aus diesem Grund ist das Bildprogramm des Unterrichtswerkes »MITTENDRIN – Lernlandschaften Religion« sorgfältig und sparsam zusammengestellt. Diese Wertschätzung auch Schülerinnen und Schülern gegenüber transparent zu machen, ist neben dem informativen Charakter die primäre Funktion eines zusätzlichen Kunstlexikons. Dieses versammelt prägnante Basisinformationen zu den Künstlerinnen und Künstlern der abgedruckten Bilder.

Systematik der Lerngänge (fachspezifisches Methodencurriculum)

Lerngänge	Bezüge	Konkretisierungen
Sehen	Bilddidaktik	Bilder vergleichen
Hören	Hin- und Zuhören	Achtsames Hören
Sprechen	Sprachschule	Ins Gespräch kommen Durch Märchen gemeinsam wachsen
Beten	Gebetsschule	Achtsames Hören
Begegnen	soziales Lernen	Begegnung gestalten
Darstellen	Körperschule	Bibliolog
Gestalten	Haptik	Metaplan

Abbildung 4

Bediente Standards in den Lernlandschaften (LL) – MITTENDRIN 3

Die Tabelle gibt an, welche Standards zentral bedient werden [x], bzw. welche teilweise oder wiederholend angesprochen werden [(x)].

DIMENSION »MENSCH SEIN – MENSCH WERDEN« Die Schülerinnen und Schüler
– wissen, dass Partnerschaft Entwicklungsschritte zur eigenen Identität und zur Liebesfähigkeit voraussetzt;
– können den Stellenwert, den Sexualität in unserer Gesellschaft hat, reflektieren und kennen Kriterien eines verantwortlichen Umgangs mit Sexualität;
– verstehen, dass es zum Menschsein gehört, sich entscheiden zu müssen und zu Entscheidungen zu stehen;
– verstehen, dass menschliches Leben begrenzt ist, zum Beispiel durch Leid, Krankheit und Tod;
– können den Grund der christlichen Hoffnung auf Auferweckung darlegen und Wiedergeburtsvorstellungen von dieser abheben.
DIMENSION »WELT UND VERANTWORTUNG« Die Schülerinnen und Schüler können
– das Anliegen des konziliaren Prozesses darlegen und argumentativ begründen;
– an einem Beispiel den Zusammenhang zwischen Werten und Normen aufzeigen;
– Schritte der ethischen Entscheidungsfindung darlegen;
– an einem Beispiel aufzeigen, in welcher Weise sich Christen bei einer ethischen Entscheidung unter anderem an Weisungen des Dekalogs, an Jesu Leben, Handeln und Lehre und an kirchlichen Traditionen orientieren.
DIMENSION »HERMENEUTIK: BIBEL UND TRADITION« Die Schülerinnen und Schüler
– können aufzeigen, wie Kenntnisse über die Entstehungssituation biblischer Texte zu deren Verständnis beitragen;
– können an einem biblischen Beispiel den Zusammenhang von literarischer Gattung, Aussageabsicht und Sitz im Leben erläutern;
– kennen verschiedene methodische Zugänge zu biblischen Texten und können sie ansatzweise beurteilen;
– können aufzeigen, wie Menschen versuchen, sich in unterschiedlichen Ausdrucksweisen der Wirklichkeit Gottes anzunähern.
DIMENSION »DIE FRAGE NACH GOTT« Die Schülerinnen und Schüler
– können an einem Beispiel Möglichkeiten des Redens von Gott erläutern und seine Grenzen aufzeigen;
– können an biblischen Texten zeigen, wie Geschichte als Weg Gottes mit den Menschen gedeutet wird und wie Nähe und Abwesenheit Gottes erfahren werden;
– verstehen, dass nach christlichem Verständnis Gott sich den Menschen bedingungslos zuwendet und dass dieses Angebot ernst zu nehmende Konsequenzen hat (unter anderem Weisungen und Normen).
DIMENSION »JESUS DER CHRISTUS« Die Schülerinnen und Schüler
– können anhand einer Weisung der Bergpredigt und des Doppelgebots der Liebe die Relevanz der Botschaft Jesu für heute aufzeigen;
– können Jesu Umgang mit der Tora an einem Beispiel erläutern;
– verstehen, dass Jesus Gottes Nähe erfahrbar machte, unter anderem in seiner Zuwendung zu Sündern und Ausgestoßenen und seinem Verzicht auf Gewalt;
– können den Zusammenhang zwischen der Auferweckung Jesu und der christlichen Hoffnung auf Vollendung darlegen.
DIMENSION »KIRCHE, DIE KIRCHEN UND DAS WERK DES GEISTES GOTTES« Die Schülerinnen und Schüler können
– an konkreten Beispielen die diakonische, missionarische und kritische Funktion der Kirche in der Gesellschaft darstellen;
– an einem Beispiel die Kooperation von Staat und Kirche in der Bundesrepublik Deutschland erläutern;
– unterschiedliche Verhaltensweisen von Christen in der Zeit des Dritten Reiches darlegen und bewerten.
DIMENSION »RELIGIONEN UND WELTANSCHAUUNGEN« Die Schülerinnen und Schüler
– kennen Beispiele für christlichen Antijudaismus und können sich kritisch damit auseinandersetzen;
– können den Hinduismus in Grundzügen darstellen, z. B. Prägung des Alltagslebens, verschiedene Gottesvorstellungen, und ihn mit dem Christentum vergleichen;
– können anhand der Biografie des Buddha zentrale Überzeugungen und Lebensziele des Buddhismus erläutern und mit dem Christentum vergleichen;
– sind aufgrund eines kritischen und selbstkritischen Vergleichs in Ansätzen zu einem Dialog mit anderen Religionen und Weltanschauungen befähigt.

LL 1	LL 2	LL 3	LL 4	LL 5	LL 6	LL 7	LL 8	LL 9	LL 10	LL 11
			X						(X)	
			X			X				
X			X	X		(X)		X	X	
					X	(X)			X	
		(X)			X		(X)			X
X										
X										
X			(X)							
X			(X)		(X)					
X				X		(X)		X		X
X				X						X
				X						X
	(X)			X	(X)		X	X	(X)	X
				X			(X)	X		
				X		(X)		X	(X)	
					(X)	(X)	(X)	X		X
						X				
						X				
					(X)	X			(X)	X
						X				
	X						(X)			
	(X)									
	X							X		
							(X)	X		
		(X)								
		X								
		X					X			

1 Meine Welt – Eine Welt

Hintergrund

Diese Lernlandschaft (LL) wurde bewusst an den Anfang des Unterrichtswerks gestellt, um an den persönlichen Lebensentwürfen der Sch anzuknüpfen und gleichzeitig das Bewusstsein für ihre eigenen Gestaltungsmöglichkeiten und ihre Verantwortung für die globale Entwicklung zu wecken. Damit greift diese LL die Inhalte der LL »Stark sein können – schwach sein dürfen« aus MITTENDRIN 2 auf und fügt dem dort gesetzten anthropologischen und entwicklungspsychologischen Akzent einen sozial-normativen Akzent hinzu, was der wachsenden entwicklungsspezifischen Erfahrung von Autonomie und Verantwortung entspricht.
Die Klassifikation von Lawrence Kohlberg (1927-1987) sieht Sch dieser Altersstufe zwischen der konventionellen und der postkonventionellen Ebene in der Entwicklung des moralischen Urteils. Zumindest im Gedankenexperiment sind sie in der Lage, die konventionelle Ebene zu verlassen, was eine Voraussetzung für die Arbeit mit dieser LL ist.
Die LL bezieht sich auf die Dimension »Welt und Verantwortung«, wie sie im Bildungsplan für das Gymnasium (2004) ausgewiesen ist, und verknüpft die verbindlichen Themenfelder »Leben in der einen Welt – konziliarer Prozess« und »Werte und Normen – Christliche Ethik« miteinander.
Dabei sensibilisieren die Ausflüge dieser LL mithilfe von Fallbeispielen aus unterschiedlichen Lebensbereichen (DS »Ethisch urteilen«, DS »Tatort Kleiderschrank«, DS »Unser täglich Fleisch gib uns heute«) für die Konsequenzen der persönlichen Lebensführung.
Da in nahezu allen ethischen Diskussionen deontologische und teleologische (bzw. utilitaristische) Argumentationsweisen zu finden sind (in »Reinform« oder in Varianten bzw. auch in Kombinationen), werden diese beiden grundsätzlichen Ansätze vorgestellt (DS »Orientierung gewinnen«). Sch lernen hier eine grundsätzliche Unterscheidung zwischen dem intrinsischen Wert (Eigenwert) einer Handlung und dem Wert der Folgen dieser Handlung kennen. Auch eine Fallanalyse anhand des hier vorgestellten Modells (DS »Ethisch urteilen«) verlangt häufig eine Entscheidung für eine dieser beiden Argumentationsweisen.
Der Beitrag einer christlich begründeten und verantworteten Ethik wird durch die Auseinandersetzung mit dem Gewissen (DS »In Würde leben«), dem Dekalog (DS »Der Freiheit eine Form geben«) und dem Engagement von Christen im »Konziliaren Prozess« reflektiert (DS »Frieden – Gerechtigkeit – Bewahrung der Schöpfung«).
Die Erziehung zu einem werteorientierten, verantwortungsvollen Umgang miteinander und mit der Umwelt ist Bestandteil des allgemeinen Erziehungsauftrags des Gymnasiums. Hier leistet das Fach Religion einen wichtigen Beitrag, indem es Werte und Normen vermittelt und sie anhand ethischer Fragestellungen prüft. Da die Auseinandersetzung mit ethischen Fragen, wie sie z. B. die Intensivmedizin, die Gentechnik oder völkerrechtliche Konflikte aufwerfen, ein fachliches Grundwissen erfordert, können fächerverbindende Unterrichtssequenzen (z. B. in Kooperation mit den Fächern Biologie oder Gemeinschaftskunde) einen hohen gegenseitigen Nutzen haben und Sch die Notwendigkeit eines interdisziplinären Dialogs im Umgang mit den Herausforderungen unserer Zeit aufzeigen.
Im Zusammenhang mit dem Aspekt der persönlichen Lebensführung dieser LL (DS »Wo ich stehe – wohin ich gehe«) kann auch die Begleitung des an vielen Schulen durchgeführten Praktikums zur Berufsorientierung (BOGY) und des Sozialpraktikums stehen. Als Methode zur Visualisierung und Systematisierung von Meinungen ist der Lerngang »Metaplan« dieser LL zugeordnet. Die Technik eröffnet vielfältige Möglichkeiten, mit vorhandenem Wissen weiterzuarbeiten. Vorgestellt wird hier das induktive Vorgehen (»Clustering«), bei dem sich die Systematisierung erst im Laufe der Arbeit ergibt.

Ansetzen

Die DS (wie überhaupt die gesamte vorliegende LL) »Meine Welt – eine Welt« ist von zwei Polen her konzipiert. So werden die persönliche, subjektiv gefärbte Welt der Jugendlichen, ihre Fragen nach sich selbst und ihre Sehnsüchte ernst genommen. Sinnbildlich wird das auf dieser DS durch die balancierende Gliederpuppe und den dazugehörigen Handlungsimpuls »Balanceakt«.
Zugleich weitet die DS den Blick der Sch. Sie führt Sch dahin, die je eigene Welt in Interdependenz mit der einen Welt zu sehen und zu erfahren. Der einführende Text und der Handlungsimpuls »Eine Welt« machen anfänglich darauf aufmerksam, aber natürlich auch die Darstellung der Erdkugel in ihrer Gänze.

Umsetzen

■ **Balanceakt.** In den dunklen Weltraum gesetzt ist diese Erdkugel. Was der Weltraum bergen könnte, ist für die Betrachtenden nicht erkenntlich. Die Erdkugel selbst hat eine hellere und eine dunklere Hälfte. Die obere, mehr ins Licht getauchte Hälfte stellt die Nordhalbkugel dar, die untere die Südhalbkugel. Und zwischen den angedeuteten Kontinenten der Nord- und Südhalbkugel balanciert mit einem Stab eine Gliederpuppe. Sie hat kein wahrnehmbares Antlitz und ist der menschlichen Gestalt an sich nachgebildet. Die Gliederpuppe steht damit anstelle eines jeden Menschen auf dieser Erdkugel. Auch Sch identifizieren sich mit dieser Gliederpuppe und werden aus deren Perspektive das dargestellte Bild beschreiben. Fragen wie folgende begleiten das UG:
- Überlege dir, inwiefern es Situationen gibt, in denen wir uns wie die balancierende Gliederpuppe fühlen.
- Erkläre, warum der Gang der Gliederpuppe als Balanceakt dargestellt wird.
- Betrachte die Position der Gliederpuppe. Welche Bedeutung misst du dieser Position bei?
- Nimm die Lichtverhältnisse auf der Erdkugel wahr. Welche Schlüsse ziehst du daraus?

Es spricht für eine offene Interpretation der Bilddarstellung, erst danach den einleitenden Text zu lesen und dessen Botschaft mit den Ergebnissen der Betrachtung zu vergleichen. Wenn L eine Ablenkung durch den Text vermeiden will, kann das Bild der Erdkugel auch auf eine Farbfolie gezogen werden.

■ **Eine Welt.** Dieser Handlungsimpuls lässt sich am besten in EA durchführen. Sch machen sich Notizen zu der gestellten Frage. Am offensichtlichsten machen die beiden DS 18/19 »Tatort Kleiderschrank« und DS 20/21 »Unser täglich Fleisch gib uns heute« auf den Zusammenhang zwischen dem Leben in einer Industrienation und dessen Folgen auf dem Weltmarkt aufmerksam.

Weiterführen

■ **Interesse ermitteln.** Um das Interesse der Sch in Bezug auf diese LL zu ermitteln, schreiben Sch ihre Ideen zum AA »Inwiefern steht deine Welt mit der einen Welt im Zusammenhang? Notiere deine Gedanken, wenn du die DS dieser LL anschaust« (vgl. Handlungsimpuls »Eine Welt«) auf Karten. Jede gedankliche Anregung wird jeweils auf eine Karte geschrieben. Anschließend werden die Karten aufgehängt und zwar so, dass Themenpools gebildet werden. Danach wird gefragt, welches Thema Sch der Lerngruppe besonders interessant finden und mit welchem Thema sie in diese LL einsteigen möchten.

■ **Gestaltung.** Beim Handlungsimpuls »Balanceakt« empfiehlt es sich auch, den Sch die Darstellung von Weltkugel und Gliederpuppe in Kopieform vorzulegen. Sch gestalten nun in EA das kopierte Bild und versehen die Gliederpuppe mit einer Sprechblase. Hinterher stellen sie ihre Gestaltung in der Gesamtgruppe vor.

■ **Help for refugee children.** Eine Nahtstelle zwischen unserer Welt in Westeuropa und der Einen Welt stellt das Mittelmeer dar. Einerseits laden die Anrainerstaaten, wie z. B. Spanien, Griechenland, Türkei, mit ihrer Kultur und ihren Stränden zahlreiche Touristen, auch Sch zum Urlaub ein. Andererseits ist das Mittelmeer schon häufig zur Todesfalle für viele Flüchtlinge und Schutzsuchende geworden. Und wenn die Flucht über das Mittelmeer gelingt, dann ist hauptsächlich Griechenland für Tausende schutzsuchender Menschen zum Tor nach Europa geworden. Auf der Flucht vor Krieg und Verfolgung und in der Hoffnung auf ein menschenwürdiges Dasein kommen vor allem Flüchtlinge aus Afghanistan, dem Irak und Somalia in das kleine Land. Unter ihnen sind besonders viele minderjährige Flüchtlinge (refugee children). In kleinen Schlauchbooten wagen sie die Überfahrt von der Türkei nach Griechenland. Wer nicht von der Küstenwache und der europäischen Grenzagentur FRONTEX zurück in die Türkei gedrängt wird, erreicht die nahe gelegenen griechischen Inseln. Der Leidensweg ist damit jedoch

nicht beendet, die Ankunft im EU-Mitgliedstaat Griechenland bedeutet weder Sicherheit noch Schutz. Bis zum Oktober 2009 wurden die schutzsuchenden Minderjährigen wie auch andere Flüchtlinge im Haftlager Pagani auf Lesbos eingesperrt. Die Verhältnisse dort waren so katastrophal, dass Griechenland nun das Lager auf internationalen Druck von Menschenrechtsorganisationen, wie z. B. »PRO ASYL«, schließen musste. Nun setzt man stattdessen die illegalen Einwanderer einfach im Hafen von Lesbos, Mytilini, aus – versehen mit einer Schiffskarte nach Athen sowie der schriftlichen Aufforderung, das Land binnen 30 Tagen zu verlassen. Ob glühende Hitze oder Kälte und Nässe, hungrig und durstig warten die Kinder und Jugendlichen hier oft tage- und nächtelang auf ein Schiff. Ob Kinder, Jugendliche oder Erwachsene – wenn Flüchtlinge das griechische Festland erreichen, wissen sie nicht, wohin. Tausende übernachten in verlassenen Häusern oder öffentlichen Parks, wo sie voller Angst vor Gewalt und sexuellen Übergriffen kein Auge schließen. Kinderprostitution und Arbeit in sklavenähnlichen Verhältnissen sind alltägliche Erscheinungen. Alle wollen so schnell wie möglich Athen verlassen. Die letzte Station für Kinderflüchtlinge auf griechischem Boden ist oft der Fährhafen von Patras. Hier warten sie auf vorbeifahrende Lastwagen, die mit einer der großen Fähren nach Italien übersetzen. Die Flüchtlinge springen auf die Anhänger, klammern sich an den Achsen fest oder verbergen sich in Containern. Immer wieder kommt es zu Todesfällen oder schweren Verletzungen. Wenn Polizei bzw. Grenzschutz die Minderjährigen erwischen, ergeht es ihnen schlecht. Es gibt unzählige Fälle, in denen sie brutal geschlagen und misshandelt werden. Danach beginnt wieder der Kreislauf von Gewalt und Demütigung.
Funktion dieses Handlungsimpulses ist es, Sch auf das Schicksal von Flüchtlingen, die häufig im gleichen Alter wie sie sind, aufmerksam zu machen und sie zu einer Aktion aufzurufen. Das geschieht folgendermaßen: In einem Brainstorming wird gesammelt, was Sch mit dem Begriff »Mittelmeer« verbinden. Dann wird das Bildmaterial der refugee children als Folie aufgelegt (vgl. **M 1.1, S. 40**) und L erzählt vom Schicksal der minderjährigen Flüchtlinge im Mittelmeer. Vielleicht kann der eine oder die andere auch Informationen zum Schicksal der refugee children beitragen, vielleicht sogar vom letzten Badeurlaub am Mittelmeer. Wer sich noch genauer informieren will, kann unter www.proasyl.de eine Broschüre mit dem Titel »Flüchtlinge in Griechenland: Gestrandet, entrechtet und ohne Schutz« bestellen.
Wenn das Thema unter die Fragestellung »Wie gehen Christen mit illegalen Immigranten um?« gestellt wird, bietet sich die Behandlung eines gleichnamigen Textes an (**M 1.2, S. 41f.**). Der Text konkretisiert das Konzept einer autonomen Moral im christlichen Kontext anhand des Beispiels des Umgangs mit illegalen Immigranten.
Aus den verschiedenen Informationen soll auch eine Aktion erwachsen, z. B.:

- Die Klasse unterstützt die Postkartenaktion »help for refugee children« (vgl. **M 1.1, S. 40**). Die Postkarte kann bei www.proasyl.de bestellt werden.
- Es wird ein Kuchenverkauf zugunsten von PRO ASYL veranstaltet (siehe Stichwort »Spenden« unter www.proasyl.de), bei dem Sch über das Schicksal der minderjährigen Flüchtlinge informieren.
- Es wird der/die zuständige Landtags- bzw. Bundestagsabgeordnete/r von den Sch angeschrieben mit der Bitte um Antwort, inwiefern an ein politisches Engagement in dieser Sache gedacht ist, oder die Bitte vorgetragen, im Wahlprogramm der nächsten anstehenden Wahl zum Flüchtlingselend im Mittelmeer Stellung zu beziehen. Sinnvolle Fragen, zu denen die jeweiligen Abgeordneten Stellung beziehen sollen, findet man im Kapitel 2.3 des o. g. Artikels »Wie gehen Christen mit illegalen Immigranten um?« (vgl. **M 1.2, S. 41f.**).

Es ist sinnvoll, den hier vorgestellten Handlungsimpuls »Help for refugee children« am Anfang der gesamten UE zu bearbeiten und mit der Klasse zu entscheiden, ob und wie er am Ende der UE in eine Aktion im Namen der minderjährigen Flüchtlinge münden kann.

Wo ich stehe – wohin ich gehe AUSFLUG 8 | 9

Ansetzen

Bevor es auf den folgenden DS um die Verantwortung des Einzelnen für die globale Entwicklung gehen wird, reflektiert diese DS in einem meditativen Zugang die individuelle Lebenssituation und die persönlichen Zukunftserwartungen der Sch.

Die Allegorie der Lebensfahrt als Schifffahrt in Franz Hohlers Parabel regt zur kreativen Versprachlichung des eigenen Lebensgefühls an. Auch in der Auseinandersetzung mit dem Gemälde »Morning Sun« von Edward Hopper bestimmen Sch ihre Erwartungen an ihre persönliche Zukunft.

Umsetzen

Schifffahrt. Mithilfe des Inneren Monologs, einer Form der gestaltenden Textinterpretation, nähern sich Sch auf individuelle Weise dem Text an, wobei der Schwerpunkt auf der Empathie für den Ich-Erzähler der Parabel liegt. Die letzten Worte des Steuermanns »wenn ich dich rufe, dann ist es der Tod«, erzeugen eine unheimliche und bedrohliche Stimmung. Dass die Gischt »zischend (...) über das Geländer« schlägt, wirkt wie eine Bestätigung dieser existenziell bedeutsamen Situation. In den Monologen der Sch kann dies als Angst und Verunsicherung des Ich-Erzählers zum Ausdruck kommen. Die im AA gegebenen Impulse lenken die Aufmerksamkeit auf die Frage, wer den Kurs des Schiffes und das Ende der Fahrt bestimmt. Da die rationalen Bedenken, die der Ich-Erzähler dem Steuermann gegenüber vorträgt, kein Gehör finden und er den Verlauf der Fahrt offensichtlich nicht beeinflussen kann, wird die Autonomie des Einzelnen in Frage gestellt.
Sch tragen in PA ihre inneren Monologe einander vor. Exemplarisch kann auch ein Vortrag im Plenum erfolgen. Im UG werden Parallelen und Unterschiede der inneren Monologe zusammengefasst. L leitet einen weiteren Interpretationsschritt ein, indem er auf die Textart »Parabel« verweist und die Merkmale dieser Textart im UG zusammenstellt (griech. *parabole* = »das Daneben-Gehende«, der Vergleich).

Parabel
- lehrhafte Erzählung, Bildebene verweist auf abstrakten Sachverhalt
- im Gegensatz zum Gleichnis enthält die Parabel keine direkte Verknüpfung (so wie), sondern steht für sich
- indem das Erzählte vom Erwarteten abweicht, wird eine Stellungnahme der Hörer oder Leser provoziert

Sch weisen diese Merkmale an Hohlers Text nach und formulieren Thesen zum Vergleichsgegenstand (Leben) und zur Lehre der Parabel. Hierfür muss der Begriff »Lehre« weiter gefasst werden, da es hier um kein moralisch-sittliches »Sollen« geht, sondern um eine Lehre im Sinne eines vorgehaltenen »Spiegels«, eines Bewusstwerdens menschlicher Lebensbedingungen.

Lebensfahrt. Der AA kann nur in EA ausgeführt werden. Sinnvoll ist es, ihn als HA ausführen zu lassen. Um bei einer Ausführung im RU eine dem Thema angemessene Vertiefung zu erreichen, achtet L auf eine entsprechende Atmosphäre. Je nach Lerngruppe kann eine ruhige Musik im Hintergrund helfen, um sich auf das Schreiben einzulassen. Da eine persönliche Reflexion angestrebt wird, muss für Sch vorab deutlich gemacht werden, dass sie die Ergebnisse nur mit einer/einem Mit-Sch ihrer Wahl austauschen werden und nicht gezwungen sind, sie vor der ganzen Lerngruppe vorzustellen. Da Sch erfahrungsgemäß unterschiedlich viel Zeit für diesen Schreibauftrag benötigen, kann innerhalb der festgelegten Zeit (etwa 30 Minuten) ein zusätzlicher AA in der zeichnerischen Umsetzung des eigenen Textes oder in der Bildanalyse von E. Hopper bestehen (s. u.).
Sch tauschen ihre Texte in PA aus.
Auf freiwilliger Basis können einzelne Texte vor der ganzen Lerngruppe vorgetragen werden. Dabei formulieren die Zuhörenden ihre Eindrücke oder richten konkrete Fragen an den vortragenden Sch. Wertungen sollten hierbei vermieden werden.
Im UG erfolgt ein Austausch über die gefundenen Bilder für das Lebensgefühl der Sch.

Bildanalyse.

Edward Hopper (1882-1967), Morning Sun (1952)
(Öl auf Leinwand, 71,4 x 101,9 cm, Columbus Museum of Art, Ohio)
Die Augen des Betrachters werden immer wieder zu der zentral platzierten Frauenfigur gelenkt, die in einem Nachtkleid auf einem unbenutzt wirkenden Bett sitzt und aus dem Fenster schaut. Sie hält ihre Beine umschlungen; ihr Gesicht wird von einem hellen Morgenlicht angestrahlt, das in dem bis auf das Bett völlig leeren Raum harte Schatten wirft. Die Grenze zwischen Licht und Schatten verläuft genau durch die dargestellte Figur. Durch das Fenster ist eine Fabrik zu sehen, ein funktionales, unbelebt wirkendes Gebäude. Farblich dominieren Töne in Grün und Blau, was die eher kühle und wenig beheimatete Stimmung unterstreicht.
Hoppers Kunst wird häufig als Ausdruck des nordamerikanischen städtischen Lebensgefühls in der Mitte des 20. Jhs. interpretiert, wobei Hopper den Aspekt der Isolation und Einsamkeit des Einzelnen in einer modernen Industriegesellschaft hervorhebt.

Bildinterview. Die in sich ruhende Frauenfigur, die auf ein Fenster ausgerichtet ist und vom einfallenden Morgenlicht angestrahlt wird, regt durch diese Position an einer »Schwelle« zu Fragen an, etwa: Woran denkst du gerade? Wartest du auf etwas? Wo befindest du dich? Was wirst du an diesem Tag tun? Wohin wirst du gehen? Was erwartet dich außerhalb des Zimmers?
Da wir nichts über die Frau wissen, können die Antworten, die stellvertretend für sie gefunden werden,

auch Projektionen der Einstellungen der Sch sein, die auf diese Weise sichtbar werden. Das Innehalten der Figur schafft Raum für die Reflexion unterschiedlicher Lebensbereiche. Mit der Auswahl dessen, was die Frau erwarten könnte, wird implizit die Frage nach dem tieferen Sinn des Lebens aufgeworfen.

■ **Erwartungen.** Der Handlungsimpuls kann alternativ zum Bildinterview ausgeführt werden und regt die Reflexion der Sch über ihre individuellen Erwartungen an das Leben an.

Weiterführen

■ **Lebenslauf.** L gibt folgenden Satzanfang vor: »Anna/Klaus, allseits beliebt und attraktiv, hat gerade ihr/sein Medizinstudium mit der Traumnote 1,0 bestanden ...« (vgl. Peter Kliemann, Impulse und Methoden. Anregungen für die Praxis des Religionsunterrichts, Stuttgart 1997, S. 72). Sch verfassen einen Lebenslauf, in dem auch ihre persönlichen Vorstellungen vom Leben(ssinn) sichtbar werden. Kliemann regt an dieser Stelle eine Reflexion gängiger Rollen-Klischees an und dokumentiert seine Unterrichtserfahrung, wonach die männlichen Lebensläufe häufig optimistischer ausfallen als die weiblichen.

■ **Was will ich werden?** Im Zusammenhang mit der Berufsorientierung an Gymnasien (BOGY), die in der Regel in Klasse 9 oder 10 durchgeführt wird, bietet sich auch eine konkret auf das spätere Berufsleben bezogene Standortbestimmung an. Hierfür wählen Sch z. B. unter www.azubi-azubine.de oder www.berufswahl-tipps.de einen Berufswahltest an, in dem ihre persönlichen Berufsvorstellungen abgefragt und dementsprechend Berufsfelder vorgeschlagen werden. Sch stellen die Ergebnisse ihrer Tests im Plenum vor.

In Würde leben AUSFLUG 10 | 11

Ansetzen

In unterschiedlichen Kulturen und Religionen wird das Gewissen als ein Charakteristikum des Menschen gesehen. In der Religionsgeschichte entwickelten sich sc hon früh Interpretationen zum Gewissen, die von einer ursprünglichen Wortbedeutung des (göttlichen) »Mit-Wissens« (griech. *syn-eidesis*, lat. *conscientia*) bis hin zur bewertenden, inneren Instanz eigener Handlungen reicht. So ist das Gewissen auch ein wesentlicher Bestandteil der christlichen Anthropologie und Theologie. Der spanische Ethiker Fernando Savater, der Philosophie an der Universität Complutense in Madrid lehrt, hat sich des Themas »Gewissen« in seiner kleinen »Ethik für die Erwachsenen von morgen« angenommen (Fernando Savater, Tu, was du willst. Ethik für die Erwachsenen von morgen. Aus dem Spanischen von Wilfried Hof, Weinheim u. a. 2001). Savater vertritt die Ansicht, dass Ethik nichts Ausschließliches für Philosophen und andere Spezialisten sei, sondern bei Ethik geht es für ihn darum, das Leben zu meistern. Von diesem Grundgedanken ist auch der aus dem genannten Buch abgedruckte Text (S. 10) getragen. In einer jugendlichen Sprache (wenn auch nicht in einer Sprache, die sich bei den Jugendlichen anbiedert) fragt Savater hier, was es mit dem Gewissen auf sich hat. Und er stellt diese Frage letztlich in den Kontext der großen Frage: Was können und dürfen wir aus unserem Leben machen? Dem gegenübergestellt ist der bekannte Text zum Gewissen, wie ihn die Pastoralkonstitution des Zweiten Vatikanischen Konzils »Gaudium et spes« formuliert. In der Beschäftigung damit erkennen Sch, dass die Kirche sich auf der Grundlage von Bibel und Theologie mit dem Gewissen als Phänomen des Menschen beschäftigt. Sicher ist im Zusammenhang mit diesem Text lohnend, die gängige Meinung kritisch zu hinterfragen, dass »Gewissensbisse die Stimme Gottes im Menschen sind«. »Gewissensbisse sind [vielmehr] ein Zeichen dafür, dass man sein von der Erziehung und der sozialen Umwelt geprägtes ›Bewusstsein dessen, was sittlich gefordert war‹ verletzt hat. Dass man nicht mehr ›im Einklang mit sich selbst und seinen eigentlichen Überzeugungen‹ ist: ›Das Gute, das ich will, das tue ich nicht. Das Böse, das ich nicht will, das tue ich! O ich elender Mensch, wer wird mich erlösen?‹ ruft ein von Gewissensbissen geplagter Paulus aus, im Römerbrief, Kapitel 7, Verse 19 und 24. Entgegen landläufigen Vorstellungen ist es nun nicht im Interesse Gottes, diese Zerrissenheit möglichst lange aufrechtzuerhalten, sondern den Menschen zu ›erlösen‹. Ihn von dem Zwang zu befreien, das ungewollte Böse zu tun und das gewollte Gute nicht zu schaffen.« (Vgl. Andreas Malessa, Kleines Lexikon religiöser Irrtümer. Von Abba bis Zölibat, Gütersloh 2006.) Der Katechismus, der ja auch von der »Stimme Gottes« spricht, möchte gerade dies hervorheben, dass das Gewissen in seinem Ruf »zum guten Tun« die Erlösung des Menschen durch Gott betont. Nicht umsonst nennt der Katechismus- bzw. Konzilstext an keiner Stelle »das gute bzw. böse Gewissen«, sondern er spricht vom Gewissen als Ruf »zum Tun des Guten und zur Unterlassung des Bösen«. Dass dem Gewissen in seiner Tiefgründigkeit auch immer ein Stück Unaussprechlichkeit anhaftet, trägt das Bild der Künstlerin Jurgita Nowak Rechnung. Über das Gewissen lässt sich letztlich »nur« in einer Bildsprache – metaphorischen und symbolischen Sprache – reden.

Umsetzen

■ **Gegensätze.** Bei der Definition dessen, was »imbezil«, d. h. »gewissens-los«, und »Gewissen« im Sinne Savaters bedeuten, geht der Focus der Sch hauptsächlich auf die zwei mit Punkten versehenen Abschnitte des Textes. Für die Suche nach Beispielen sei u. a. auf den Materialteil für diese DS (vgl. **M 1.3, S. 43**) hingewiesen.

■ **Phänomen Gewissen.** In einer Tabelle werden Gemeinsamkeiten von und Unterschiede zwischen beiden Texten gesammelt. Dabei bemerken Sch, dass Savater in einer philosophischen und zugleich konkreten Sprache ausgestaltet, was KKK über das Gewissen als »Stimme (...) zur Liebe und zum Tun des Guten und zur Unterlassung des Bösen« sagt (z. B. im Savater-Text »Wissen, dass nicht alles egal ist, weil wir wirklich leben wollen und außerdem gut leben, menschlich gut leben wollen«). Oder wenn Savater kundtut, dass ein »moralischer guter Geschmack« gefestigt und entwickelt werden müsse, so erklärt KKK, dass die Gewissensschulung ein »Streben nach Innerlichkeit, Selbstprüfung und Selbstbestimmung« mit sich bringt.
Sch fällt sicherlich als Unterschied auf, dass Savater auf eine Letztbegründung von Gewissen verzichtet und die alleinige Verantwortung im Menschen selbst begriffen sieht (»Keine Ausreden suchen, die verbergen, dass wir frei und daher vernünftigerweise für die Folgen unserer Handlungen verantwortlich sind«). KKK in Anlehnung an GS nennt dagegen das Gewissen »Heiligtum des Menschen, in dem er allein ist mit Gott, dessen Stimme in seinem Innersten zu hören ist.« Eine Diskussion über den Verzicht von der Letztbegründung menschlichen Daseins, hier des Gewissens, rundet die Beschäftigung mit beiden Texten ab.

■ **Ins Bild setzen.** Zur Person der Künstlerin ist zu sagen:

Jurgita Nowak (geb. 1971)
Jurgita Nowak wurde 1971 in Siauliai (Schaulen), Litauen geboren. 1989 schloss sie die Kunstschule in Siauliai ab und studiert dort drei Jahre lang Kunsterziehung an der Pädagogischen Hochschule. 2001 schloss sie das Magisterstudium der Kunstgeschichte an der Katholischen Universität Eichstätt-Ingolstadt erfolgreich ab. Schon seit 1994 nimmt Nowak regelmäßig an Kunstausstellungen in Europa teil.
Über ihren Stil und ihre Bildsprache erklärt Jurgita Nowak:
»In meinem künstlerischen Schaffen suche ich das Schöne und Gute, das Positive der sichtbaren und der unsichtbaren Welt – der Schöpfung Gottes – darzustellen. Das Licht ist von Anfang an in meiner Arbeit entscheidend: Es lenkt meine Aufmerksamkeit. Der Schatten ist dabei allein dafür wichtig, um das Licht zu verstärken. Das Licht strahlt aus der Tiefe und die Lichtquelle für mein Schaffen ist Jesus Christus, der Sohn Gottes – der ewigen Liebe. Mit besonderer Vorliebe male und zeichne ich die Porträts und die Menschen. Ich versuche in jedem Menschen, sein inneres Licht, ja seine Seele lebendig wiederzugeben. Mein künstlerischer Stil umfasst den lyrischen Realismus, Impressionismus und Abstrakten Expressionismus.«
Die Bildidee hat den Vorrang gegenüber dem Material der Malmittel, die im minimalen Gebrauch eine maximale Ausdruckskraft bewirken.

Zum Kunstwerk »Das Gewissen« (auf dem Buchumschlag: Bernhard Sill (Hg.), Gewissen: Gedanken, die zu denken geben, Paderborn 2006) findet Nowak folgende Worte:
»Die Idee zum Bildmotiv ›Gewissen‹ stammt von Bernhard Sill. Das Bild visualisiert die Begegnung des Menschen mit sich selbst gleichsam vor dem Spiegel, die Erforschung seines Selbst im Innern und die tägliche Befragung seiner Person nach seinem Gewissen durch die Seele in stiller Kontemplation. Der unbegrenzte sowie lichtdurchflutete Raum und das Entblößte der Figur unterstreichen die Offenheit und Ehrlichkeit dieses Handelns, der zur Wahrheitserkenntnis führen sollte.
Der Mensch richtet seine Hoffnung auf das Hören der Stimme seines reinen Gewissens, das dem gesunden Körper innewohnt, wie es der attraktive Anblick im Spiegel offenbart. Das vermeintlich ›feste‹ und selbstkreierte Profil der Person erlangt im Licht der Reflexion das verlorene gesamte Menschsein wieder: Der Mensch erkennt allmählich, dass er das Ebenbild Gottes ist. Die ständige Befolgung der Stimme des Gewissens befreit das Licht und das

Gute im Menschen und die Kraft der strahlenden christlichen Liebe bringt ihn immer mehr dem Gott näher. Paulus schreibt: ›Wir alle spiegeln mit enthülltem Angesicht die Herrlichkeit des Herrn wider und werden so in sein eigenes Bild verwandelt, von Herrlichkeit zu Herrlichkeit, durch den Geist des Herrn.‹ (2 Kor 3,18)«

Weiterführen

Alltagsfragen. Der Handlungsimpuls gibt den Sch konkrete Situationen (**M 1.3, S. 43**) vor, in denen eine Gewissensentscheidung ansteht:

- Lies die aufgeführten Situationen aufmerksam durch und entscheide dich für diejenige, die für dich am ehesten eine Gewissensentscheidung darstellt.
- Versetze dich in die Situation hinein und beschreibe, wann und wie sich dein Gewissen meldet.
- Tauscht euch in KG über Unterschiede und Gemeinsamkeiten aus.
- Entwickelt daraus eine eigene Beschreibung des Gewissens.

Schlagwörter. Eine weitere Möglichkeit mit der bildhaften Rede über das Gewissen umzugehen, ist mit diesem Handlungsimpuls gegeben:

- Überlegt gemeinsam, welche Vorstellung von Gewissen hinter den aufgeführten Schlagwörtern (**M 1.3, S. 43**) steht. Ihr könnt auch mithilfe des Internets die geistige Herkunft der Schlagwörter ermitteln.
- Entwirf zu dem Schlagwort, das deiner Wahrnehmung am meisten entspricht, ein Bild.

Orientierung gewinnen AUSFLUG 12 | 13

Ansetzen

Diese DS bietet Sch Orientierung beim ethischen Argumentieren. Dass die Förderung ethischer Kompetenz unbedingt zur Bildungs- und Erziehungsaufgabe der Schule gehört, steht außer Frage. Die Theologin Regina Ammicht Quinn, die seit Februar 2010 als Staatsrätin für interkulturellen und interreligiösen Dialog sowie gesellschaftliche Werteentwicklung parteiloses Mitglied der Landesregierung von Baden-Württemberg im Kabinett Mappus ist, stellt dazu fest: »Wenn es die Aufgabe von Bildung ist, jungen Menschen dazu zu verhelfen, sinnvoll und mündig in einer Welt von morgen leben zu können, dann ist die Integration ethischer Fragen in das, was man tut, womit man sich beschäftigt, wofür man lebt, womit man seine Qualifikation erwirbt und sein Geld verdient, dringend nötig. Moral ist dann kein Thema von Sonntagsreden, nicht die kleinen Sahnehäubchen auf dem Alltag, sondern die Körner im Schwarzbrot.« (Regina Ammicht Quinn u. a. (Hg.). Wertloses Wissen? Fachunterricht als Ort ethischer Reflexion, Bad Heilbrunn 2007, S. 11) Die Autoren des genannten Buches unterstreichen, dass ethisches Fragen in jedem Schulfach seinen Sitz im Leben hat und nicht allein im RU (a. a. O., S. 11). Sie sind jedoch der Auffassung, der RU und Ethikunterricht werde durch die Integration ethischen Lernens in den Unterricht weiterer Schulfächer nicht überflüssig, sondern Religionslehre und Ethik haben u. a. die weitergehende Aufgabe, ethische Fachtermini zu vermitteln. Durch diese Metasprache werde ethisches Reflektieren und Argumentieren überhaupt möglich. Als Auswahl wichtiger ethischer Begriffe werden bei Ammicht Quinn genannt: Moral, Moralität; Legalität, Legitimität; Ethik; Metaphysik; Anthropologie; deontologische/teleologische Ethik; Autonomie/Heteronomie; Hypothetischer Imperativ/Kategorischer Imperativ; Pflicht, Neigung; Hedonismus/Eudaimonismus/Altruismus/Utilitarismus; Verantwortungsethik/Diskursethik; Menschenwürde/Personbegriff (a. a. O., S. 132).
Auf dieser DS lernen Sch solche grundlegenden Begriffe ethischen Diskurses kennen und setzen sich in der Textarbeit materiell mit diesen auseinander. Durch die Metaplantechnik lernen sie auch eine Möglichkeit des methodischen Herangehens an den ethischen Diskurs kennen.

Umsetzen

Grundlagen. Eine Möglichkeit, den Zusammenhang zwischen Wert und Norm darzustellen, ist die der Tabelle, wobei immer Vergleichspunkte zwischen beiden auf einer Ebene stehen:

Wert	Norm
individuell, gesellschaftlich	zwischen den Menschen
Wunsch, Ideal: »KANN«	Vorschrift, Handlungsmuster: »SOLL«
Bedingung für die NORM	Bedingt durch den WERT
unverändert	den Veränderungen von Raum und Zeit unterworfen
Formen: ästhetisch, ökonomisch, religiös, ethisch	Formen: Konventionen, Spielregeln, Gesetze, sittliche Grundsätze

■ **Normenbildung.** Beispielsweise folgende Werte werden Sch zur Arbeit mit der Metaplantechnik vorgestellt: Abenteuer, Anpassungsbereitschaft, Anständigkeit, Arbeit, Bildung, Bescheidenheit, Besonnenheit, Disziplin, Durchsetzungsvermögen, Ehrlichkeit, Erfolgsorientierung, Fleiß, Fortschritt, Freiheit, Freundschaft, Frieden, Freundlichkeit, Gelassenheit, Glaube, Gleichheit, Gehorsam, Gerechtigkeit, Gesundheit, Humor, Konsum, Kritikfähigkeit, Leistungsfähigkeit, Lebensgenuss, Liebe, Menschlichkeit, Mitbestimmung, Mut, Nächstenliebe, Ordnung, Pflichtbewusstsein, Pünktlichkeit, Respekt, Sauberkeit, Schönheit, Selbstständigkeit, Selbstvertrauen, Toleranz, Treue, Verantwortung, Vorsicht, Wahrheit, Wohlstand, Zuverlässigkeit, Zivilcourage.

■ **Urteilsbildung.** Falls Sch kein eigenes Beispiel finden, sei hier eine konkrete Situation, die Sch aus den Medien oder vielleicht sogar aus dem privaten Umfeld kennen, vorgestellt. Sie betrifft den Kontext von Globalisierung und Werksverlegung: Die Geschäftsführung eines international agierenden Unternehmens hat beschlossen, das in Deutschland angesiedelte Werk zu schließen und die Produktion nach Malaysia zu verlegen. Für die Belegschaft, zu der 600 Personen zählen, soll eine sozialverträgliche Lösung gefunden werden: Die Konzernleitung bietet jedem Mitarbeiter eine Abfindung in Höhe von 1,8 Monatsgehältern pro Beschäftigungsjahr an. Am neuen Produktionsstandort Malaysia können aufgrund niedrigerer Löhne bzw. geringerer Lohnnebenkosten mehr Arbeitskräfte als in Deutschland eingestellt und damit die Produktionsleistung erhöht werden. Gleichzeitig kann das hergestellte Produkt billiger an den Endverbraucher (auch in Deutschland) verkauft werden.
Anhand dieses Beispiels wird der Handlungsimpuls bearbeitet.

Weiterführen

■ **Planspiel zur Film- und Musikpiraterie.** Um das Thema Werte und Normen zu vertiefen bzw. zu konkretisieren, bietet sich auch ein Planspiel zur Musik- und Filmpiraterie an. Das Kopieren von Musikdateien bzw. Filmen ist ein Thema aus der Lebenswelt der Sch, sodass die Bedeutsamkeit von Werten und Normen implizit während des Planspiels erfahren und in einer anschließenden Reflexionsphase explizit thematisiert wird.
Den anfänglichen Impuls des eine Doppelstunde umfassenden Planspiels bildet einer der wöchentlichen Podcasts von Angela Merkel, hier anlässlich des Welttags zum Schutz des geistigen Eigentums (27.04.2008). Die Ansprache der Bundeskanzlerin ist nur kurz, aber dennoch eindringlich und enthält eindeutigen Appellcharakter (anzusehen unter: www.youtube.com, Stichwort: »Angela Merkel Welttag zum Schutz des geistigen Eigentums«). Daraufhin bekommen Sch den Auftrag, konsensfähige Vorschläge im Rahmen einer Konferenz zu dem von Angela Merkel angestoßenen Thema zu führen. Sch werden folgenden Interessengruppen im Planspiel zugeordnet: Vertreter/innen der Musik- und Filmindustrie, Künstler/innen, Konsumenten/innen; Musik- und Filmpiraten/innen, Kirchenvertreter/innen. Die Teilnahme einer ›Kirchen-Gruppe‹ erweist sich als authentische Lösung, weil bei vergleichbaren, realen Anlässen Vertreter/innen der Kirchen durchaus gehört werden.
Sch werden den genannten Interessengruppen zugeteilt, wobei bewusst nicht auf eventuelle Wünsche der Sch bezüglich der Zuteilung zu einer bestimmten Gruppe eingegangen wird. Einen wirklichen Perspektivwechsel können Sch nur vollziehen, wenn sie nicht von Beginn an in einer Gruppe sind, deren Interessen sie sowieso teilen. Die unterschiedlichen Gruppen werden durch je eine Farbe gekennzeichnet (farbige Schilder mit den Gruppennamen werden an der Tafel befestigt) und Sch ziehen verschiedenfarbige Lose.
Um das Planspiel anregend zu gestalten, werden die Informationen recherchiert bzw. schriftlich dargeboten: Spielregeln (aus diesen ergibt sich der Ablauf des Planspiels; **M 1.4a, S. 44**), Rollenspielkarten (**M 1.4b, S. 44**), Informationen, mit deren Hilfe sie ihre Position argumentativ untermauern (**M 1.4c, S. 45**, www.jetzt.de, Stichwort: musik piraterie), und je nach Gruppenzugehörigkeit unterschiedlich farbiges Blankopapier für den schriftlichen Austausch zwischen den Gruppen (vgl. 4. Punkt der Spielregeln). Die Kirchenvertreter/innen erhalten als Informationsmaterial den Dekalog, die Goldene Regel und das Doppelgebot der Liebe (**M 1.4c, S. 45**); erschließende Informationen speziell zum Dekalog gibt es auf S. 16/17.
In einer abschließenden Auswertungs- und Reflexionsphase wird der Verlauf des Planspiels von den Sch, die ihre Rollen nun ablegen, reflektiert. Dabei werden folgende Fragen diskutiert:
- Wie habe ich mich während des Planspiels gefühlt?
- Gab es Schwierigkeiten, der zugeteilten Rolle gerecht zu werden?
- Gab es im Verlauf des Spiels Unklarheiten?
- Hat irgendetwas mein Interesse geweckt, über das ich jetzt mehr erfahren möchte?
- Inwiefern war das Planspiel für mich realistisch oder unrealistisch?
- Wie konnte ich auf den Spielverlauf Einfluss nehmen?
- Welche Erfahrungen waren überraschend oder neu für mich?
- Zu welchen Erkenntnissen konnte ich gelangen?

In einer Stunde, die sich an die Doppelstunde des

Planspiels anschließt, verfassen Sch einen Aktionsplan gegen Musik- und Filmpiraterie, der Werte und Normen enthält. Zur Problematisierung bietet sich an, dass Sch die Werte und Normen der Musik- und Filmpiraten mit den Werten und Normen des von ihnen aufgestellten Aktionplans vergleichen.
Wenn sich nun das Interesse bei den Sch zeigt, über das Kopierrecht von Musik und Filmen aufgeklärt zu werden, findet man dazu eine GA mit drei verschiedenen Informationstexten und entsprechenden AA im Materialteil (**M 1.4d, S. 46f.**) vor. Diese GA kann in einer weiteren Unterrichtsstunde durchgeführt werden.

■ **DVD »Werte«.** Eine gleichnamige DVD zum Thema »Werte« bieten auch die religionspädagogischen Medienstellen an; bzw. diese kann unter: www.didacta.eu, Bestellnummer DVD BWS-4656061-B käuflich erworben werden.
Die DVD, die zunächst zur politischen Bildung der Sch gedacht ist, beinhaltet Folgendes:
Eine Zivilgesellschaft lebt nicht nur davon, dass Regeln und Gesetze nicht überschritten werden. Auch und gerade weil der Zeitgeist Egoismus predigt, sollte die Institution Schule andere Werte aufzeigen und vermitteln: Neben Benimmregeln stellt dieser Film in erster Linie Freundschaft, Hilfsbereitschaft, Gemeinsinn, Teilen können und Solidarität in den Mittelpunkt. Zunächst definiert die DVD die Begriffe »Werte und Normen« und zeigt Beispiele aus der Erfahrungswelt von Jugendlichen. Es wird die Wertephilosophie aus der Antike bis hin zum Humanismus der Renaissance und dem »liberté, égalité et fraternité« der Französischen Revolution thematisiert. Politische, gesellschaftliche und religiöse Wertvorstellungen werden vorgestellt. Der Wandel der Werte wird ebenso thematisiert wie die Sozialisation und Identifikation von Jugendlichen durch Wertvorstellungen. Die Wortschöpfung des abschätzig besetzten »Gutmenschen« wird beispielhaft kritisch beleuchtet. Das Kapitel »Werte machen Sinn« und positive Beispiele von Wertvorstellungen beschließen den Film.

Ethisch urteilen

AUSFLUG

14 | 15

Ansetzen

Die DS will das Bewusstsein für die Vorgehensweise und Komplexität einer ethischen Urteilsfindung schaffen. Schon in dem abgebildeten Comic aus den »Peanuts« (Charles M. Schulz) wird im Dialog zwischen Lucy und Charlie Brown die Schwierigkeit bewusst, die häufig intuitiv gebrauchten Begriffe »gut« und »böse« eindeutig zu bestimmen.
Die hier vorgestellte »Gewissensfrage« verdeutlicht den Sch die Problematik eines ethischen Urteils anhand eines Beispiels aus ihrem unmittelbaren Erfahrungshorizont. Indem Sch die Frage nach der Unterrichtsbefreiung am letzten Tag vor den Schulferien nach den angegebenen fünf Urteilsschritten »durchspielen«, gewinnen sie ein Bewusstsein für die Konsequenzen einer persönlichen Entscheidung für die Gesellschaft und für die Anforderungen, die ein fundiert begründetes ethisches Urteil stellt.
Um die wachsende Bedeutung ethischer Urteile in vielen Lebensbereichen (z. B. Medizinische Ethik, Umweltethik, Medienethik, Wirtschaftsethik) zu dokumentieren, werden Sch dazu aufgefordert, aktuelle Fallschilderungen, in denen eine ethische Fragestellung sichtbar ist, aus der Tagespresse zu entnehmen und in den RU mitzubringen, wo sie exemplarisch zur Diskussion gestellt werden.

Umsetzen

■ **Urteilsfindung.** Die theoretische Reflexion des hier vorgestellten fünfstufigen Modells nach Volker Pfeifer befähigt Sch zur eigenständigen Durchführung einer Fallanalyse (s. S. 30). Die Plausibilität der ersten drei Schritte ist meist unmittelbar einleuchtend; die eindeutige Bestimmung der Schritte vier und fünf sind oftmals schwierig und erfordern die Unterstützung durch L.

■ **Lucys Frage.** Die im Comic angesprochenen Begriffe »gut« und »böse« sind zentrale Kategorien der Philosophie- und Religionsgeschichte, die hier – unter eine subjektive Bewertung gestellt – inadäquat bestimmt werden. L gibt den Impuls: Wie kann allgemein gültig gesagt werden, was gut und was böse ist? und regt dadurch zur Reflexion der für die Beantwortung herangezogenen Werte oder Denkansätze an.

■ **Fallanalyse.** Den Sch werden im Durchgang durch das Modell die Dimensionen einer ethischen Frage bewusst gemacht. L unterstützt besonders die Schritte vier und fünf (auch durch einen Hinweis auf die vorausgehende DS »Orientierung gewinnen«).

Das dargestellte Problem von Antonia F. nach dem Modell der Urteilsfindung:
1. Situationsanalyse: Familie F. will ihren Urlaub am letzen Schultag vor den Ferien beginnen, da sie an diesem Tag einen günstigeren Flug bekommt. Als Entschuldigung für das Fehlen am letzten Schultag müssen plötzliche Erkrankungen der Kinder vorgetäuscht werden.
Direkt Betroffene: Familie F., Mitschüler/innen der Kinder, Lehrer/innen der Kinder, Schulleitung der Kinder
Indirekt Betroffene: Gesetzgeber (Schulpflicht), Fluggesellschaften, Gesellschaft (Wertebewusstsein)

2. Interessenanalyse: Das Interesse der Familie F., günstig in ihren Urlaub zu kommen, gerät in einen Konflikt mit dem Interesse des Staates, die Bildung für seine Bürger zu gewährleisten, was sich in der Schulpflicht für Kinder bis zu einem bestimmten Alter (je nach Bundesland bis 18 oder 21 Jahren) konkretisiert.

3. Abwägen der Verhaltensalternativen: Wenn sich Familie F. für den Flug vor Ferienbeginn entscheidet, müssen sie ihre Kinder vom Schulunterricht befreien lassen oder entschuldigen. Damit sind sie auch in ihrer Vorbildfunktion für die Kinder gefragt, die miterleben, ob der wahre Grund des Fehlens genannt oder eine Krankheit vorgetäuscht wird. Die Kinder können vor ihren Mitschüler/innen in eine unangenehme Situation kommen, wenn sie nach den Gründen ihrer Abwesenheit gefragt werden. Langfristig können andere Familien dem Verhalten von Familie F. folgen, wodurch die Anwesenheit von Schülern am letzten Schultag immer weiter zurückgeht.

Entscheidet sich Familie F. gegen den Flug, müssen sie höhere Kosten für ihren Urlaub in Kauf nehmen und müssen u. U. von ihren Plänen abweichen und einen kostengünstigeren Urlaub machen. Langfristig könnten die Kinder der Familie F. benachteiligt sein gegenüber Kindern aus wohlhabenderen Familien.

4. Normenprüfung: Die Frage der Gewichtung dieser Normen wird sicher kontrovers diskutiert werden und verdeutlicht somit die Relevanz einer begründeten Entscheidung in diesem Fall.

Norm	Wert
Sch haben eine Schulpflicht von mindestens 9 Schuljahren (Regelung erfolgt in Länderhoheit des Bundeslandes).	Bildung
Recht auf gleiche Behandlung aller Sch	Gerechtigkeit
Recht auf Selbstbestimmung, persönliche Lebensführung, Entfaltungsmöglichkeiten	Freiheit
Recht auf gemeinsame Zeit einer Familie	Familie
Man soll nicht lügen.	Ehrlichkeit, Wahrhaftigkeit

Die zum vierten Schritt gehörende Frage der Verallgemeinerbarkeit wird in der Antwort von Rainer Erlinger zum entscheidenden Argument.

5. Güterabwägung: Die Abwägung kann aus deontologischer bzw. utilitaristischer Sicht erfolgen (vgl. DS »Orientierung gewinnen«, S. 13). In der vorgegebenen Formulierung »Bestimmung des relativ kleinsten Übels bzw. des höchsten erreichbaren Gutes« ist ein eher konsequentialistischer (utilitaristischer) Ansatz angedeutet.

Utilitaristisch: Wenn der Gesamtnutzen einer Handlung überwiegt, so ist diese Handlung zu befürworten. Allerdings bleibt hier offen, ob der Nutzen für Familie F. (Freiheit, Selbstverwirklichung) stärker gewichtet werden kann als die Nachteile, die für die Mitschüler (Verletzung des Gleichbehandlungsrechts) und die anderen Familien (ggf. höhere Urlaubskosten durch Einhaltung der Ferienzeiten) entstehen. Die in der »Gewissensfrage« an die SZ gestellte Fallschilderung macht deutlich, dass aus der Sicht von Familie F. der eigene Nutzen höher gewertet wird als die Nachteile dieser Situation.

Deontologisch: Nicht das Ziel (der günstigere Flug), sondern die Handlung an sich (Verletzung der Schulpflicht, u. U. unehrlicher Entschuldigungsgrund) steht im Mittelpunkt.
Aus dieser Sicht ist das relativ kleinste Übel der Verzicht auf das persönliche Selbstentfaltungsrecht (Freiheit) und das relativ höchste erreichbare Gut sind die Werte Bildung, Ehrlichkeit und Solidarität.

L-Impuls: Was käme hinzu, wenn in diesem Fall religiöse bzw. christliche Motive einbezogen würden? (Solidarität vs. Egoismus).
Sch erkennen in Rainer Erlingers Stellungnahme Schritt 4 der Urteilsfindung wieder (Frage nach der Universalisierung).

■ **Aktuelles.** Zusätzlich zu den aktuellen Fällen können auch besonders bekannt gewordene Fälle der letzten Zeit einbezogen werden, z. B. der sog. Erlanger Fall (1992, der Körper einer hirntoten Schwangeren wurde im Erlanger Universitätsklinikum künstlich am Leben erhalten, um ihr Kind austragen zu können; der Versuch scheiterte), der Fall von Diane Pretty (die unheilbar Kranke, 2002 verstorbene Pretty hat ihren Kampf für die Legalisierung der aktiven Sterbehilfe vor den Europäischen Gerichtshof für Menschenrechte getragen und verloren).
Ein L-Impuls kann im Fall Pretty auch den historischen Zusammenhang bewusst machen: Zeige auf, inwiefern bei der modernen Euthanasieproblematik historische Gesichtspunkte – Drittes Reich – eine Rolle spielen können (vgl. **M 2.9** und **M 2.10.**).
Allgemein gilt, dass durch die Fortschritte der modernen Medizin teilweise schwierige und neuartige ethische Probleme aufgeworfen werden (Beispiele: Gentechnik, Keimbahntherapie, Leihmutterschaft, Organtransplantationen). Wissenschaft, Politik und Gesellschaft versuchen durch die Bestellung von sog. Ethikkommissionen Hilfestellung in schwierigen Entscheidungen zu gewinnen. Dabei zeigt sich auch, dass die Gesetzgebung dem technisch Machbaren häufig hinterherhinkt. Weiterführende Informationen hierzu finden Sch unter www.zentrale-ethikkommission.de.

Weiterführen

■ **Theologische Ethik.** Die Moraltheologin Prof. Dr. Hille Haker greift im ersten Abschnitt ihres Lexikoneintrags (in: Beate-Irene Hämel, Thomas Schreijäck (Hg.), Basiswissen Kultur und Religion. 101 Grundbegriffe für Unterricht, Studium und Beruf, Stuttgart 2007) die in dem auf der DS abgedruckten Comic gestellte Frage nach dem Begriff von »gut« und »böse« auf (**M 1.5, S. 48**). Weiter führt sie aus, dass nach dem christlichen Verständnis das gute, geglückte Leben von der Beziehung zwischen Gott und Mensch geprägt ist, von der sich die Herkunft und das Ziel des menschlichen Lebens erklären (Z. 10–15). Die Ehrfurcht gegenüber Gott realisiere sich auch in der Ehrfurcht gegenüber der Schöpfung und dem Mitmenschen, im Eintreten für Gerechtigkeit. Haker spricht auch die kritische Funktion einer theologischen Ethik an, die dabei auf die Ergebnisse anderer Wissenschaften zurückgreift (Sozial-, Kultur-, Politik- und Rechtswissenschaften).
Weiterführende Impulse zum Text:
- Findet konkrete Beispiele für die im Text angesprochene Erfahrung der Ausgrenzung Einzelner oder Gruppen (Z. 30ff.).
- Im Text ist vom »Bund Gottes« mit den Menschen die Rede, zu dem auch eine »Bundesurkunde«, die Zehn Gebote gehören. Vergegenwärtigt euch die Inhalte dieser »Urkunde« (vgl. DS »Der Freiheit eine Form geben« S. 16 bzw. Ex 20,1-17).
- Stellt ethische Weisungen des Neuen Testaments zusammen (vgl. DS »Jesu Worte«, S. 108).
- »Der Bund Gottes mit den Menschen verpflichtet dazu, das Imperfekte zum Ausgangspunkt der kritischen ethischen Analyse zu nehmen« – Umschreibt diese Textaussage mit euren eigenen Worten.

Das zur besseren Verständlichkeit leicht umgestellte Zitat aus dem Text kann an die Tafel geschrieben und im UG ausgelotet werden. Das »Imperfekte« (Nicht-Perfekte) meint hier Missstände, die vor dem Hintergrund der christlichen Ethik erkannt und behoben werden sollen.

■ **Jesus stellt eine Frage.** L notiert die Frage an die Tafel, die Jesus nach dem Lk-Ev in antizipierender Weise den Umstehenden vor seiner Heilung eines »Wassersüchtigen« am Sabbat stellt: »Ist es erlaubt, am Sabbat zu heilen oder nicht?« (Lk 14,3). Sch beschreiben den hier dargestellten ethischen Konflikt. Dass Jesus diese Frage mit (Wort und Tat) bejahte, wissen oder ahnen die meisten Sch. Sie legen die Begründung für diese Sichtweise dar und argumentieren mit der Gewichtung bestehender Werte und Normen (Heilung/Gesundheit steht höher als die Heiligung des Sabbats, vgl. Schritt 4 der ethischen Urteilsfindung).

Literaturhinweis

Volker Pfeifer, Ethisch argumentieren. Eine Anleitung anhand von aktuellen Fallanalysen, Paderborn 2009.

Ansetzen

Sicherlich zählt der Dekalog zu den Texten, der den Sch am meisten bekannt ist, auch wenn sie ihn zumeist nur im Hinblick auf das zweite und fünfte Gebot wiedergeben können. Dabei dominiert in der Wahrnehmung der Sch die Vorstellung von einer reinen Gesetzessammlung, die, vergleichbar mit dem BGB, anzeigt, was richtig und was falsch ist. Diese DS öffnet den Blick der Sch auf den Dekalog als ein Dokument der Befreiung in doppelter Hinsicht: Zum einen verleiht er der verantwortlichen Freiheit des Menschen selbst Ausdruck und zum anderen antwortet er zugleich auf die Erfahrung der Befreiung (Israels) und Freiheit.

Umsetzen

■ **Dekalog.** Diese Spitzmarke verlangt die Auseinandersetzung mit den beiden Texten auf S. 16 »Der Dekalog« und »Die zehn Gebote – ein Dokument der Befreiung« (vgl. **M 1.6, S. 49**). Von daher bietet es sich an, zunächst mit einer Sicherung des Textes von Peter Kliemann zu beginnen:

- Erarbeite aus dem Text die zentralen Aussagen zum Verständnis des Dekalogs.

Es bietet sich dabei an, diese zentralen Aussagen in einer Tabelle in der linken Spalte zu sammeln, um dann in die rechte Spalte zu den entsprechenden Aspekten die jeweiligen biblischen Verse anzugeben. Nachdem die erkenntnisleitenden Begriffe aus dem Sachtext wie z. B. Erinnerung an den Exodus, Absolutheitsanspruch Jahwes, Regelungen menschlichen Zusammenlebens, Verheißungen und Freiheiten gesammelt sind, erfolgt der zweite AA, der die Gliederung des Dekalogs verlangt. Hierbei kann nun die Gliederung in die rechte Spalte der Tabelle erfolgen. Beide AA bieten sich als EA an, können aber auch in PA geleistet werden. Die Sammlung erfolgt entweder auf Folie (Kopie des AB) oder im TA.

■ **Gültigkeit.** Nachdem sich Sch mit einem grundlegenden Zugang zum Dekalog beschäftigt haben, erfolgt nun eine notwendige Auseinandersetzung, indem Sch die Gültigkeit des Dekalogs für die heutige Zeit bedenken. Hierbei greifen sie nochmals auf den Text von Kliemann zurück, v. a. der letzte Abschnitt des Textes bietet Zugänge zur Aktualisierung der biblischen Gerechtigkeitsverheißung. Dieser AA kann auch in einer GA geleistet werden, indem Sch ein Plakat erstellen, auf dem eines der Gebote in einen modernen Kontext gesetzt wird.

■ **Schwein sein.** Das Lied von den Prinzen lädt Sch ein, sich mit den im Lied besungenen Verhaltensweisen auseinanderzusetzen und diese Vorstellung von Welt zu hinterfragen. Das Hören von Liedern ist im RU eine Methode, die ob des unterschiedlichen Musikgeschmackes der Sch eine Bandbreite von Reaktionen hervorruft, je nachdem ob das Lied oder die Gruppe gefallen oder nicht. Daher ist eine intensive Beschäftigung wichtig, damit das Lied als tragendes Medium des RU bewusst wird. Es bietet sich daher folgender Ablauf an:

1. Hören des Liedes
2. Erste Eindrücke schildern (Was habe ich mir gemerkt? Wie gefällt mir das Lied?).
3. Nochmaliges Hören mit Text und AA: Markiert in dem Lied die Aussagen und benennt die Verhaltensweisen.
4. Sammlung der Verhaltensweisen im TA
5. Diskussion über den Wirklichkeitsbezug (Leben wir in einer solchen Welt? Benennt Beispiele, an denen dies deutlich wird.)
6. AA: Formuliert alternative Verhaltensweisen.

■ **Bilddialog.** Das hier vorliegende Bild des amerikanischen Künstlers Keith Haring aus dem Jahr 1985 bestimmt den AA.

Keith Haring (1958-1990), Die zehn Gebote (1985)

Ende 1985 durfte Keith Haring das Museum Musée d'Art Contemporain in Bordeaux für eine große Ausstellung nutzen. Im Kellerraum des Museums wurde die Decke von fünf Rundbögen getragen. Diese Durchgänge ließ Haring mit einer 7 x 5 Meter großen Leinwand bespannen, sodass er eine Vorder- und eine Rückseite zum Bemalen erhielt – insgesamt also zehn Bilder. Haring selbst kam auf die Idee, diese zehn Leinwände mit den zehn Geboten zu bemalen. Drei Tage vor Eröffnung der Ausstellung beginnt Haring nach einer Bibellektüre zu malen. Drei Tage und Nächte arbeitet er durch, dann sind die Bilder fertig. Haring hat seinen Kunstwerken aber selbst kein Gebot zugeordnet, diese Aufgabe fällt dem Betrachter zu.

Auf dem Bild (S. 17) ist noch sehr gut der Rundbogen des Museumskellers zu erkennen. Das Bild zeigt die fast typische graffitiartige Malweise Harings: klare, teilweise überzeichnete Formen, die sofort zu identifizieren sind. Vor einem gelben Hintergrund (die viertliebste Farbe des Künstlers) sieht man ein rotes Bein, das aus dem linken Bildrand mittig hineinragt und mit dem großen Fuß eine auf grünem Boden liegende blaue Figur so tritt, dass aus dieser schemenhaft als schwarze Umrisszeichnung eine Figur in den Himmel schwebt. Gewalt und Dominanz strahlt dieses Bild aus – für Haring ist die Farbe Rot eine der stärksten und steht bei ihm für Teufel, Gewalt, Hölle und Feuer. Die comicartigen Striche unterstreichen die Dynamik der Szenerie. Was hier plakativ gezeigt wird, ist die dem Menschen widerfahrende Gewalt. Dabei wird kein Täter sichtbar, nur ein Bein – die Gewalt bleibt gesichtslos, sie kann durch individuelle Menschen oder durch die Gesellschaft hervorgerufen werden. Aber sie trifft immer wieder den Menschen – er ist und bleibt Opfer.

Nach einer genauen Bildbetrachtung nach dem bewährten Muster »anschauen – beschreiben – deuten« formulieren Sch entweder in EA oder in PA Reaktionen für die beiden Figuren. Es bietet sich ob der plakativen Malweise an, Sch sowohl das Bein als auch die blaue Figur abmalen zu lassen und dann mit Sprechblasen zu versehen.
Nach der Textauseinandersetzung mit dem Dekalog ist es eine spannende Frage, dieses Bild einem der Gebote zuzuordnen.

Weiterführen

■ **Dekalog malen.** Die plakative und graffitiartige Malweise Harings bietet an, dass Sch in gleicher Weise kreative Umsetzungen der biblischen Gebote wagen. Harings Bilder stellen selbst keine unmittelbare Umsetzung der Gebote dar, sondern vielmehr Übersetzungen und Verallgemeinerungen. Insofern leisten Sch damit auch eine Übersetzung des jeweiligen Gebotes in eine ethisch-moralische Aussage.

■ **Generation Golf.** Das Buch »Generation Golf« von Florian Illies beschreibt in amüsanter Weise die Lebenswirklichkeit einer Generation, die sich maßgeblich um sich selbst dreht (Auszüge: **M 1.7, S. 50**). Diese Beschreibung korrespondiert daher mit dem Liedtext der Prinzen und bietet einen weiteren Impuls, die gesellschaftliche und individuelle Lebenswirklichkeit zu erfassen. Mit dem Textauszug bieten sich folgende AA an:
- Vorlesen durch L. (Der Textauszug ist sehr lang, daher kann auch eine Auswahl getroffen werden bzw. der Text arbeitsteilig an Sch ausgegeben werden.) Anschließend im TA sammeln, was das Leben der Menschen prägt.
- Ergänzt die Schilderungen von Illies so, dass sie für eure Zeit zutreffen.
- Illies nannte sein Buch Generation Golf. Findet einen euch charakterisierenden Generationsbegriff und zeigt auf, wodurch der geprägt ist (z. B. Generation Facebook, Generation iphone).

Tatort Kleiderschrank AUSFLUG 18 | 19

Ansetzen

Globalisierung und Discountierung hängen eng miteinander zusammen. Unsere Kleidung wird zu rund 90% in Asien, Mittelamerika, Osteuropa und einigen Ländern Afrikas hergestellt. Die meisten Einzelhandelsunternehmen wie auch die Discounter lassen dort produzieren. Durch den Konzentrationsprozess im Einkauf haben die Discounter eine gewaltige Macht entwickelt, durch die sie imstande sind, die Preise zu drücken, Lieferfristen zu kürzen und immer mehr Verantwortung auf ihre Lieferanten abzuschieben. Das Motto lautet: Billiger, schneller, flexibler; das Risiko sollen die Lieferanten tragen. Die Produzenten, hier auf dieser DS aufgezeigt am Beispiel von Bangladesh, stehen diesen großen Konzernen machtlos gegenüber. Sie geben den Druck weiter an die Näher/innen, auf deren Rücken letztlich der Kampf um die niedrigen Preise ausgetragen wird. Die Näharbeiten müssen ohne Arbeitsverträge zu Niedrigstlöhnen erledigt werden, Überstunden werden nicht oder nicht korrekt bezahlt, das Recht sich zu organisieren, wird den Näher/innen verwehrt. Frauen werden diskriminiert – sie werden von Vorarbeitern schlecht behandelt. Sie werden schlechter bezahlt als die Männer.
Diese DS führt Sch in die Problematik ein, was der Kauf unserer Kleidung (nicht nur bei Discountern) im Zuge der Globalisierung für Auswirkungen auf die hat, die diese Kleidung herstellen. Wer an mehr als der hier kurz vorgestellten Information interessiert ist, findet unter www.saubere-kleidung.de, Stichwort: Bücher und Broschüren, weitere Berichte zum Thema. Es ist eine Sammlung von Artikeln der »Kampagne für Saubere Kleidung« (Clean Clothes Campaign = CCC). Diese Organisation entstand 1990 in den Niederlanden. Sie ist heute in 12 europäischen Ländern aktiv. Um die Arbeitsbedingungen der überwiegend weiblichen Beschäftigten der Bekleidungs- und Sportswearindustrie weltweit zu verbessern, informiert die CCC die Verbraucher/innen, übt Einfluss

auf Unternehmen aus, unterstützt Arbeitnehmerorganisationen in Konfliktfällen und führt Kampagnen an die Adresse der Politik durch.
Diese DS ist zum Teil wie ein Leporello gestaltet, das nicht nur der Form nach einem Infofaltblatt gleicht. Schon die äußere Form soll Sch anregen, ein solches auch zu gestalten. Inhaltlich wird auf der DS das persönliche Verhältnis der Jugendlichen zu Kleidung reflektiert und von hier aus der Blick auf die Menschen gelenkt, die ganz konkret mit der Produktion der Bekleidung zu tun haben. Sch lernen die Kampagne »Make trade fair« kennen. Form und Inhalte der DS sollen Sch dazu befähigen, den »Tatort Kleiderschrank« zu erkunden und anschaulich ein Faltblatt zu gestalten, das die Mit-Sch motiviert, beim Kauf von Kleidung darauf zu achten, ob es sich um fair gehandelte Textilien handelt.
Eine Option, alle der folgenden Handlungsimpulse zu bearbeiten, ist die Methode des Gruppenpuzzles, die auf S. 19 in MITTENDRIN 3 erklärt wird. Sicherlich macht es den Sch Spaß, die genannten vier Handlungsimpulse jeweils digital zu erledigen, zumal wenn sie in die Form eines selbst gestalteten Faltblattes eingefügt werden sollen.

Umsetzen

■ **Fragebogen.** Der Frageboden kann mit offenen Fragen gestaltet werden, wie sie auf dem Leporello »Entdeckungsreise durch deinen Kleiderschrank« aufgelistet sind. Alternativ dazu sind auch Multiple-Choice-Fragen (aus vorgegebenen Antwortmöglichkeiten können alle zutreffenden angekreuzt werden) möglich. Oder die Befragten können auf Skalierungen zu verschiedenen Fragen (aus einer Palette von »das trifft zu« bis hin »das stimmt überhaupt nicht«) die eigene Einstellung auswählen.

■ **Aufruf.** Um Vorschläge zur Verbesserung der Lage der Näherin Rehka zu formulieren, erfahren Sch unter www.transfair.org, was Produkte mit dem Siegel »Fair trade« sind und was diese bewirken wollen.
Der zweite Bezugsort zur Information der Sch ist der deutschsprachige Internetauftritt von Oxfam unter www.oxfam.de. Oxfam Deutschland e.V. ist eine unabhängige Hilfs- und Entwicklungsorganisation. Ihr Ziel ist eine gerechte Welt ohne Armut, in der die Grundrechte jedes Menschen gesichert sind: Das Recht auf nachhaltige Erwerbsgrundlagen, auf funktionierende Gesundheits- und Bildungssysteme, auf ein Leben in Sicherheit, darauf, gehört zu werden, und auf freie Entfaltung der Persönlichkeit. »Make trade fair« ist eine von der Entwicklungshilfeorganisation »Oxfam« gestartete weltweite Kampagne für fairen Welthandel im obigen Sinn.

■ **Ursachen.** Informationsquelle zur Bearbeitung dieses Handlungsimpulses ist die bereits genannte Internetseite www.saubere-kleidung.de, Stichwort: Bücher und Broschüren. Hier findet sich unter »4.1.« der Artikel »Die Bekleidungs- und Textilindustrie Bangladeschs« (Autor: Dirk Saam).

■ **Gesichtsausdrücke und Lebensentwürfe.** Um eindrucksvolle Fotos von den Näherinnen aus Bangladesh zu erhalten, ist der unter »Ursachen« genannte Artikel hilfreich. Er enthält beeindruckende Fotos, die Sch dann gleich digital vorliegen würden. Der Handlungsimpuls kann noch persönlicher gestaltet werden, wenn Sch statt Berichten und Bildern aus Zeitschriften ihren eigenen bisherigen Lebenslauf im Kontrast zu dem einer jungen Näherin aus Bangladesh darstellen und diesen mit Fotos von sich selbst versehen würden.
Sicherlich macht es den Sch Spaß, die genannten vier Handlungsimpulse digital zu bearbeiten, zumal sie in die Form eines selbst gestalteten Faltblattes eingefügt werden sollen.

Weiterführen

■ **Planspiel »Tatort Kleiderschrank«.** Dem Thema »Tatort Kleiderschrank« kann sich die Klasse auch über ein Planspiel nähern. Dabei werden Gruppen zu folgenden Rollen eingeteilt:
- Verbraucher/innen hier in der Bundesrepublik Deutschland
- Manager/innen eines hier in Deutschland angesiedelten Textilunternehmens
- Näher/innen aus Bangladesh
- Vertreter/innen einer Entwicklungsorganisation, die sich für fair gehandelte Textilien einsetzt

Zunächst informieren sich die Gruppen über die realen Bedingungen und Anliegen der zugeteilten Rolle. Das kann mittels der DS 18/19 und der unter den Handlungsimpulsen angegebenen Internetadressen geschehen.
Dann wird eine Podiumsdiskussion mit je einem Vertreter/einer Vertreterin der o. g. Gruppen unter der Themenstellung »Tatort Kleiderschrank« veranstaltet. Die Vertreter/innen tragen ihr Plädoyer vor und anschließend dürfen aus dem »Publikum« (= Restklasse) Fragen an die Podiumsteilnehmer/innen gestellt werden. Zum Abschluss schlüpfen alle wieder aus ihrer Rolle heraus und es wird die Frage erörtert, was Sch konkret tun können, um ihren Kleiderschrank nicht zum Tatort werden zu lassen.

Ansetzen

Die LL »Meine Welt – Eine Welt« schafft bei Sch ein Bewusstsein dafür, dass ihre Verhaltensweisen Auswirkungen auf andere haben können und es daher umso wichtiger ist, das eigene alltägliche Verhalten ethisch zu reflektieren. Das dabei bekannte Motto »global denken – lokal handeln« wird auf dieser DS exemplarisch am Beispiel der Ernährung vertieft. Für diese DS bietet es sich besonders an, mit der Geografie- und/oder der Gemeinschaftskundelehrkraft zusammenzuarbeiten, da für dieses Thema wichtige Impulse und Sachwissen von diesen beiden Fächern geliefert werden können. Insgesamt knüpft diese DS an der unmittelbaren Lebenswirklichkeit der Sch an, denn der Besuch von Fast-Food-Restaurants ist bei Sch zu einem großen Anteil sehr beliebt. Auch gelingt es dadurch, bei Sch den Blick auf die Aktualität des biblischen Schöpfungsverständnisses zu lenken und zugleich das einzuüben, was auf den DS 12/13 und 14/15 theoretisch vorbereitet wurde.

Umsetzen

■ **Bewahrung der Schöpfung.** Mithilfe von biblischen Texten erarbeiten Sch Konturen des biblischen Schöpfungsverständnisses. Die dazu angegebenen Bibelstellen sollten, gerade was Gen 1 und 2 anbelangt, durchaus im Kontext gelesen werden. Es versteht sich von selbst, dass dabei die Begriffe »Abbild Gottes« und »Herrschaftsauftrag« geklärt werden müssen. Der Begriff »Abbild Gottes« drückt dabei die unverfügbare Würde des Menschen aus. Mit dem biblischen Begriff des Herrschens ist nicht das diktatorische Beherrschen gemeint, sondern, dass der Mensch Sorge für die Schöpfung und ihre Geschöpfe tragen muss. Er ist dafür verantwortlich, dass die Welt in dem Status bleiben soll, in den Gott sie selbst mit seiner Schöpfung gesetzt hat: »Es war sehr gut.« (Gen 1,31b). Der AA eine Begründung zu formulieren, sollte von den Sch in EA in einem Fließtext geleistet werden, der die zentralen Begriffe (s. o.) benennt.

■ **Regenwald.** Es ist für das Verständnis dieser DS wichtig, dass Sch über die Bedeutung des Regenwaldes informiert sind. Folgende Internetseiten können u. a. dazu von Sch aufgerufen werden, sofern sie nicht den Begriff »Regenwald« frei googeln: www.greenpeace.de – hier unter Begriff »Tatort Regenwald«; www.wwf.de – hier unter den Frames »Wälder« und »Regionen«. Die Recherche sollte sich dabei auf folgende Aspekte konzentrieren: Geografische Lage, Bedeutung für das Klima, Lebensraum für Menschen und Tiere, Motive der Abholzung. Die ggf. arbeitsteilig gesammelten Informationen können dann zu einem großen Plakat oder Faltblatt/Flyer zusammengefasst werden.

■ **Aufmerksam machen.** Dieser AA setzt voraus, dass Sch zuvor den Text »Soja für unser Fleisch« gelesen und verstanden haben, denn das verschmutzte Wasser ergibt sich aus der Überdüngung des Bodens für den Sojaanbau. Mit diesem AA leisten Sch den Schritt vom globalen Denken zum lokalen Handeln, denn sie müssen deutlich machen, dass der Tod der Kinder mit dem Ernährungsverhalten hier zusammenhängt.

■ **Sojaanbau.** Die Erklärung des Zusammenhangs lässt sich am besten in einem Schaubild leisten und fixiert als Ergebnis die Auseinandersetzung mit dem Text »Soja für unser Fleisch«.

■ **Ernährungsverhalten.** Der letzte AA fasst die gesammelten Erkenntnisse zusammen und motiviert Sch, sich zu dem dargelegten Problemzusammenhang zu positionieren. Um die Diskussion in der Lerngruppe zielgerichtet zu führen, muss diese entsprechend vorbereitet werden:

1. Verstehen der These
2. Sammelt Argumente, die diese These stützen, aber auch widerlegen.
3. Klärt mithilfe des Schreibens der Bischöfe »Verantwortung als Grundbegriff ökologischer Ethik« den Begriff der Verantwortung.
4. Diskussion in der Klasse

Weiterführen

■ **Slow-food.** Es wäre verfehlt, würde diese DS nur dazu aufrufen, »Nein« zu bestimmten Ernährungsweisen zu sagen bzw. den Genuss von Hamburgern zu verteufeln. Von daher sollte auch auf eine alternative, durchaus genussbringende Esskultur geblickt werden. Dazu erhalten Sch folgenden AA:
Informiere dich im Internet über den Begriff »Slow-food«. Trage dabei Informationen zu folgenden Begriffen zusammen: regionale Lebensmittel, Zubereitung, Esskultur, Nahrungsmittelproduktion und -vertrieb.

■ **Verantwortungsvoll Essen.** Überprüfe mithilfe der »Schritte der ethischen Urteilsfindung« (S. 14), inwieweit die Slow-food-Bewegung dem Anspruch einer verantwortungsvollen Ernährung gerecht wird.

■ **We feed the world.** Der gleichnamige Film bietet einen fundierten Einblick in den Zusammenhang von Nahrungsmittelproduktion und Essverhalten. Es lohnt sich daher, diesen Film im RU zu schauen, denn er fundiert das Wissen, dass Sch im Rahmen dieser DS erworben haben. Dabei kann der Film arbeitsteilig angeschaut werden:
G(ruppe)1: Fixiert die Nahrungsmittel, die in dem Film vorkommen, und zeigt ihre Problematik auf.
G2: Sammelt die Interessen der Gruppen/Firmen, die die Nahrungsmittel herstellen.
G3: Zeigt auf, welche Folgen die Bedingungen der Nahrungsmittelproduktion für die Menschen haben.
G4: Zeigt auf, welche Folgen die Bedingungen der Nahrungsmittelproduktion für die Natur haben.

Frieden – Gerechtigkeit ... SOUVENIRS 22 | 23

Ansetzen

Am Ende der LL »Meine Welt – Eine Welt« wird am Beispiel des konziliaren Prozesses vorgestellt, wie die christlichen Kirchen Verantwortung für die globale Entwicklung übernehmen wollen. Obwohl es in vielen Gemeinden Gesprächs- und Arbeitskreise zum sog. konziliaren Prozess gibt, ist er in der allgemeinen öffentlichen Diskussion nicht (mehr) sehr präsent.
Der Begriff »konziliarer Prozess« soll darauf hinweisen, dass sich christliches Engagement in den zentralen Bereichen Frieden, Gerechtigkeit und Bewahrung der Schöpfung nicht in seltenen großen Ereignissen (Konzilien) erschöpfen kann, sondern eine ständig geforderte, prozesshafte Aufgabe bleibt.

Indem sich Sch mit den hier vorgestellten Grundüberzeugungen auseinandersetzen, stoßen sie auf die visionäre Kraft biblischer Bilder (Grundüberzeugung VI), die hier zu konkreten realpolitischen Forderungen führen und sie werden in ihrer eigenen Lebenserfahrung angesprochen (Grundüberzeugung IX). In Grundüberzeugung VII wird auch das Problem der Fehlinterpretation biblischer Texte benannt und den Sch die Tragweite einer solchen Fehlinterpretation bewusst gemacht.

Umsetzen

■ **Konziliarer Prozess.** Sch tragen ihre Rechercheergebnisse zusammen. Möglicherweise kann auch ein Vertreter eines Arbeitskreises »konziliarer Prozess« in den RU eingeladen werden.

■ **Grundüberzeugungen.** Ziel der Erarbeitung ist eine Auseinandersetzung mit den hier abgedruckten Grundüberzeugungen. Bei größeren Lerngruppen kann der AA auf weitere Überzeugungen ausgeweitet werden.
Sch können den Grundüberzeugungen auch kontrastierende Informationen, Bilder und eigene Erfahrungen hinzufügen, um auf diese Weise deren Notwendigkeit zu unterstreichen oder deren Wirksamkeit zu hinterfragen.
Alternativ zu einer digitalen Bearbeitung können die Ergebnisse auch in Form einer Ausstellung auf Wandplakaten präsentiert werden.

■ **Zeichen für Basel.** Dass die Menschen der nördlichen Erdhälfte den Menschen der Südhalbkugel die Hände reichen können, erfordert deren »Perspektivwechsel« – sie stellen ihre bisherige Sichtweise »auf den Kopf«, um zu echten Partner/innen der anderen werden zu können. Die Anordnung der beiden Personengruppen ist symmetrisch, der Äquator kann als Spiegelachse gesehen werden, womit der Vorstellung von der wie immer definierten Dominanz einer der beiden Menschengruppen über die andere widersprochen wird. Im Kontrast zur Eingangsseite der LL finden die Menschen hier ihre Balance nicht im Alleingang, sondern in einem Miteinander, das sich wie ein Netz über die ganze Erde ausspannt.

■ **Visionen.** Jes 11,1-9: Die Verheißung der Geburt des Kindes mit dem programmatischen Namen *Immanuel* (hebr. »mit uns Gott«, Jes 7,14-16) wird bereits im Jesajabuch selbst als Ankündigung der Geburt eines messianischen Königs gedeutet, was in der frühchristlichen Tradition auf Jesus, den Christus, bezogen wurde (Mt 1,23). Politischer Hintergrund bei Jesaja ist die Bedrohung des Südreichs Juda durch die Expansion der assyrischen Großmacht, der 722 v. Chr. bereits das Nordreich Israel mit seiner Hauptstadt Samaria zum Opfer gefallen war. Die negativen Erfahrungen mit politischer Macht führen hier zur Erwartung eines Herrschers, der ganz von Gott her regiert und seine Macht zur Rettung der Armen einsetzt. Auch die Tiere geben ihre Feindschaft auf, indem sie sich verwandeln (V. 6-8). Der Ort der Verwandlung befindet sich im endzeitlichen Jerusalem (Jes 65,25).
65,17-25: Politischer Hintergrund dieses Textes ist nicht mehr die Zeit der assyrischen, sondern der

Übergang von der babylonischen zur persischen Herrschaft. Die prophetische Stimme, die hier zu hören ist, wird in der Exegese entweder als redaktionelle Fortschreibungsprophetie gesehen oder (nach Deuterojesaja) einer dritten, anonymen prophetischen Einzelstimme zugewiesen (»Tritojesaja«). Die Verheißung in Jes 65,17-25 gilt hier für die von Gott ausgewählten »Knechte« und deren Nachkommen, die unter Diffamierung und Ausgrenzung zu leiden hatten. Das Handeln Gottes ist doppelt gerahmt: vom Vergessen der früheren Nöte (V. 16b,17b) und von Freude und Jubel (V. 18a,19a). Die Erwartung richtet sich auf eine erneuerte Schöpfung, die wie in Jes 11,1-9 in paradiesischen Bildern ausgemalt wird. Ort des Friedens zwischen allen Lebewesen ist der heilige Gottesberg Zion (vgl. Mi 4,1-5). Es handelt sich hierbei nicht nur um eine Utopie, sondern um das Symbol heilvoller königlicher Ordnung, aus der alles Chaotische und Lebenswidrige gebannt ist (vgl. Palast- und Tempelgärten).
Mi 4,1-5: Die Vision vom weltweiten Frieden wird hier im Bild der Völkerwallfahrt zum Berg Zion ausgedrückt. Der Exeget Erich Zenger geht davon aus, dass diese Vision aus frühnachexilischer Zeit stammt und mit ihr ein Gegenbild zur damals herrschenden weltpolitischen Situation entworfen wurde, in der die persische Hauptstadt Persepolis das Machtzentrum darstellte. Die Weisung Gottes, ein »Friedens- und Lebensprogramm« (Zenger), geschieht als Vollendung der Geschichte und ist nicht als Ende der Weltgeschichte zu verstehen. Die paradiesische Vision in V. 4 bezieht sich insbesondere auf den Wirkungsbereich der Kleinbauern (Geräte für Acker- und Weinanbau werden aus Schwertern und Lanzen geschmiedet, V. 3). V. 5 betont, dass Israel schon einmal in die verheißene Richtung gehen, d. h. dem Friedensgebot folgen will, obwohl dessen Erfüllung noch aussteht.

Offb 21,1-22,5: Die Vorstellung eines »neuen Himmels und einer neuen Erde« ist Jes 65,17 und Jes 66,22 entnommen. Die von Gott geschenkte Stadt ist das Gegenbild zum (sündhaften) Babylon. In der jüdischen Apokalyptik existiert die Vorstellung, das im Himmel schon existente neue Jerusalem werde in der Endzeit auf die Erde herabkommen. Ähnliche Vorstellungen sind auch in außerbiblischen Kosmologien anzutreffen (z. B. bei den Osage-Indianern vom Volk der Sioux), wo die Einheit von Himmel und Erde als spannungsreiche Polarität dargestellt wird. Paulus greift im Römerbrief (8,19f.) ein ähnliches Thema auf, das er jedoch stärker konkretisiert: Eines Tages wird die ganze Schöpfung erneuert, von der Knechtsgestalt der Vergänglichkeit befreit und durch die Herrlichkeit Gottes verwandelt (vgl. Jerusalemer Bibel zur Stelle).

Bei allen drei biblischen Visionen geht es darum, eine heilvolle Verbindung zwischen Gott und Mensch zu zeigen, auf die sich der Mensch ausrichten kann, die jedoch erst in der Endzeit vollendet werden wird. Sch erkennen in diesen Visionen Gegenentwürfe zur damaligen und heutigen Lebenswirklichkeit, die oft geprägt ist von Krieg, Unterdrückung und Leid. In diesem Zusammenhang können die Visionen als Impulse gelten, als Hinweis auf das »Gottgewollte«, das den Menschen als Handlungsmaßstab für die Gegenwart dient. Im UG kann auch reflektiert werden, was es für die Gegenwart bedeuten würde, wenn es keine Vorstellung von einer »besseren« Welt gäbe.

Literaturhinweis

Erich Zenger (Hg.), Stuttgarter Altes Testament. Einheitsübersetzung mit Kommentar und Lexikon, Stuttgart 2004.

Weiterführen

■ **Thomas Morus.** Sch informieren sich mithilfe von **M 1.8, S. 52** (Die Utopie eines Staatsmannes – Thomas Morus) über einige zentrale Aussagen des Buches »Utopia« von Thomas Morus. Zur Sicherung des Textverständnisses kann L in PA jeweils einen der Punkte (Die Insel, Wohnungen, Arbeit ...) mit eigenen Worten zusammenfassen und von jedem Partnerteam knapp referieren lassen.

Thomas Morus, Utopia

Die Schrift des englischen Lordkanzlers und Gelehrten Thomas Morus (1478-1535), 1516 erschienen, entwirft nach Art einer Reiseerzählung das Bild einer glücklichen Insel Utopia, wo die Menschen in größtmöglicher Freiheit und Lebensfreude und unter radikalem Verzicht auf Privateigentum leben können. Verschiedene Brüche und Unstimmigkeiten des Textes lassen darauf schließen, dass möglicherweise mehrere Verfasser am Werk waren. Erasmus von Rotterdam (1465-1536), der große europäische Gelehrte und Zeitgenosse, soll die Schrift redigiert haben. Für den marxistischen Philosophen Ernst Bloch ist die utopische Erzählung »das erste neuere Gemälde demokratisch-kommunistischer Wunschträume«. In größtmöglicher Toleranz und Glaubensfreiheit achten die Utopier darauf, dass die Religion keinem schadet. »Utopia« ist eine »aus eigenen Kräften herstellbare, ohne transzendente Unterstützung oder Eingriff gelingende Wunschkonstruktion des Menschen« – der im Text vorkommende Begriff »Gott« ist hier eher summarisch im Sinne eines »Pantheons aller guten Götter« zu verstehen (vgl. Ernst Bloch, Freiheit und Ordnung. Abriß der Sozialutopien. Mit Quellentexten, Hamburg 1969, S. 65).

Sch werden im AA »Wärst du gerne eine Bewohnerin/ ein Bewohner von ›Utopia‹?« dazu aufgefordert, persönlich Stellung zu beziehen. In einem weiterführenden Schritt reflektieren Sch über die Funktion einer Utopie.

Vielleicht taucht im RU die Frage auf, wodurch sich die säkularen Sozialutopien von den biblischen Visionen und Hoffnungsbildern unterscheiden. Zunächst scheinen beide Gattungen einen vergleichbaren »Sitz im Leben« zu haben: das Ungenügen oder Leiden an den gegenwärtigen Verhältnissen, die oft durch Kriege, Armut, Unterdrückung und ungerechte Strukturen gekennzeichnet sind. Diese Situation weckt Sehnsucht nach einem befreiten, glücklicheren Leben und lässt Wunschträume entstehen, die ein Gegenbild zu den augenblicklichen Verhältnissen entwerfen. Säkulare Utopien setzen darauf, dass solche Gegenentwürfe zumindest in Schritten von Menschen zu verwirklichen sind. Die biblischen Hoffnungsbilder dagegen wissen um die Grenzen menschlicher Möglichkeiten und vertrauen auf das barmherzige Handeln Gottes, das dem menschlichen Streben trotz aller Einschränkungen und Verfehlungen eine letzte Heilsgewissheit verbürgt.

■ **Projekt Weltethos.** Ergänzend zum konziliaren Prozess kann das Projekt Weltethos des Tübinger Theologen Hans Küng vorgestellt werden. Vgl. Kommentar zu LL 3 Faszination Buddhismus, DS »Der Dharma«, S. 102.

Bediente Standards in der LL »Meine Welt – Eine Welt«

Die Tabelle gibt an, welche Standards zentral bedient werden [x], bzw. welche teilweise oder wiederholend angesprochen werden [(x)]. Verbindliches Themenfeld: Leben in der einen Welt – konziliarer Prozess und Werte und Normen – Christliche Ethik

DIMENSION »MENSCH SEIN – MENSCH WERDEN« Die Schülerinnen und Schüler	
– wissen, dass Partnerschaft Entwicklungsschritte zur eigenen Identität und zur Liebesfähigkeit voraussetzt;	
– können den Stellenwert, den Sexualität in unserer Gesellschaft hat, reflektieren und kennen Kriterien eines verantwortlichen Umgangs mit Sexualität;	
– verstehen, dass es zum Menschsein gehört, sich entscheiden zu müssen und zu Entscheidungen zu stehen;	x
– verstehen, dass menschliches Leben begrenzt ist, zum Beispiel durch Leid, Krankheit und Tod;	
– können den Grund der christlichen Hoffnung auf Auferweckung darlegen und Wiedergeburtsvorstellungen von dieser abheben.	
DIMENSION »WELT UND VERANTWORTUNG« Die Schülerinnen und Schüler können	
– das Anliegen des konziliaren Prozesses darlegen und argumentativ begründen;	x
– an einem Beispiel den Zusammenhang zwischen Werten und Normen aufzeigen;	x
– Schritte der ethischen Entscheidungsfindung darlegen;	x
– an einem Beispiel aufzeigen, in welcher Weise sich Christen bei einer ethischen Entscheidung unter anderem an Weisungen des Dekalogs, an Jesu Leben, Handeln und Lehre und an kirchlichen Traditionen orientieren.	x
DIMENSION »HERMENEUTIK: BIBEL UND TRADITION« Die Schülerinnen und Schüler	
– können aufzeigen, wie Kenntnisse über die Entstehungssituation biblischer Texte zu deren Verständnis beitragen;	x
– können an einem biblischen Beispiel den Zusammenhang von literarischer Gattung, Aussageabsicht und Sitz im Leben erläutern;	x
– kennen verschiedene methodische Zugänge zu biblischen Texten und können sie ansatzweise beurteilen;	
– können aufzeigen, wie Menschen versuchen, sich in unterschiedlichen Ausdrucksweisen der Wirklichkeit Gottes anzunähern.	
DIMENSION »DIE FRAGE NACH GOTT« Die Schülerinnen und Schüler	
– können an einem Beispiel Möglichkeiten des Redens von Gott erläutern und seine Grenzen aufzeigen;	
– können an biblischen Texten zeigen, wie Geschichte als Weg Gottes mit den Menschen gedeutet wird und wie Nähe und Abwesenheit Gottes erfahren werden;	
– verstehen, dass nach christlichem Verständnis Gott sich den Menschen bedingungslos zuwendet und dass dieses Angebot ernst zu nehmende Konsequenzen hat (unter anderem Weisungen und Normen).	x
DIMENSION »JESUS DER CHRISTUS« Die Schülerinnen und Schüler	
– können anhand einer Weisung der Bergpredigt und des Doppelgebots der Liebe die Relevanz der Botschaft Jesu für heute aufzeigen;	
– können Jesu Umgang mit der Tora an einem Beispiel erläutern;	
– verstehen, dass Jesus Gottes Nähe erfahrbar machte, unter anderem in seiner Zuwendung zu Sündern und Ausgestoßenen und seinem Verzicht auf Gewalt;	
– können den Zusammenhang zwischen der Auferweckung Jesu und der christlichen Hoffnung auf Vollendung darlegen.	
DIMENSION »KIRCHE, DIE KIRCHEN UND DAS WERK DES GEISTES GOTTES« Die Schülerinnen und Schüler können	
– an konkreten Beispielen die diakonische, missionarische und kritische Funktion der Kirche in der Gesellschaft darstellen;	
– an einem Beispiel die Kooperation von Staat und Kirche in der Bundesrepublik Deutschland erläutern;	
– unterschiedliche Verhaltensweisen von Christen in der Zeit des Dritten Reiches darlegen und bewerten.	
DIMENSION »RELIGIONEN UND WELTANSCHAUUNGEN« Die Schülerinnen und Schüler	
– kennen Beispiele für christlichen Antijudaismus und können sich kritisch damit auseinandersetzen;	
– können den Hinduismus in Grundzügen darstellen, z. B. Prägung des Alltagslebens, verschiedene Gottesvorstellungen, und ihn mit dem Christentum vergleichen;	
– können anhand der Biografie des Buddha zentrale Überzeugungen und Lebensziele des Buddhismus erläutern und mit dem Christentum vergleichen;	
– sind aufgrund eines kritischen und selbstkritischen Vergleichs in Ansätzen zu einem Dialog mit anderen Religionen und Weltanschauungen befähigt.	

refugee children

www.proasyl.de

Wie gehen Christen mit illegalen Einwanderern um?

Wie soll man mit illegalen Immigranten umgehen?
Das Konzept einer Autonomen Moral im christlichen Kontext ist anspruchsvoll und wirkt auf den ersten Blick recht abstrakt. Deshalb wird hier an einem Beispiel verdeutlicht, wie mit diesem Konzept gearbeitet werden kann.
Seit Jahren versuchen Menschen aus Schwarzafrika, illegal in die Europäische Union (EU) zu gelangen. Vor allem Spanien und Italien müssen auf dieses unerwünschte Eindringen von Fremden reagieren. Damit ist ein ethisches Problem entstanden. Es lautet: Wie soll sich die EU (Regierungen und Gesellschaften) gegenüber den illegalen Einwanderern aus Schwarzafrika verhalten?
Nach dem Konzept einer Autonomen Moral im christlichen Kontext bieten sich die folgenden Schritte zur Klärung dieses Problems an:

1. Erhebung des Ist-Zustands
Statistisch lässt sich ermitteln, wie viele Menschen in den letzten Jahren illegal in die EU immigriert und welche Belastungen daraus für Spanien und Italien erwachsen sind. – Sodann ist zu klären: Auf welchen Wegen gelangen diese Menschen in die EU und unter welchen Umständen? Aus welchen Motiven und mit welchen Erwartungen kommen sie? Wie gehen die Behörden mit ihnen um? Wie reagiert die Bevölkerung der EU-Staaten auf dieses Problem? Welche Erfahrungen hat man bisher mit den illegalen Einwanderern gemacht? (Integrationsbereitschaft; soziale und psychische Probleme, Arbeitslosigkeit, Kriminalität ...)

2. Wissenschaftliche Analyse des Problems
2.1 Einsichten der Human- und Sozialwissenschaften
Nach dieser ersten Sichtung ist eine gründlichere Analyse notwendig, damit die Zusammenhänge und Ursachen beachtet werden, die im konkreten Problem eine Rolle spielen. – Beispielsweise: Was verursacht diesen starken Einwanderungsdruck aus Schwarzafrika? Welche Bevölkerungsschichten kommen nach Europa? Welche Rolle spielt dabei organisierte Kriminalität (Schlepperbanden)? Wie verhalten sich die Regierungen der Heimatländer? Welche Normen setzt das Ausländerrecht? Mit welchen Konzepten arbeiten die europäischen Regierungen bisher? Welchen Erfolg haben sie damit? Wie wirken sich die derzeitigen Abläufe auf die illegalen Einwanderer aus? Welche Probleme haben die aufnehmenden Länder? Welche Reaktionen entwickelt – psychologisch betrachtet – die Bevölkerung der Gastländer?

2.2 Integration der Teilantworten in ein Menschenbild
Im nächsten Schritt soll in öffentlicher Debatte geklärt werden, welche Vorstellungen vom Menschen und von sozialer Gerechtigkeit für die ethische Entscheidung maßgeblich sein sollen. Einen Orientierungsrahmen bietet schon das Grundgesetz. Es schreibt fest, dass die Würde eines jeden Menschen – unabhängig von seinem Geschlecht, seiner Rasse, Religion oder Herkunft – geachtet und geschützt werden muss. Darüber hinaus verpflichtet sich der Sozialstaat, jedem Menschen, der sich im Staatsgebiet aufhält und der nicht selbst für sich sorgen kann, Hilfe zum Lebensunterhalt zu gewähren.
Derartige Grundsätze bilden den Rahmen für die ethische Klärung, enthalten aber noch keine Lösung für den konkreten Fall.

2.3 Normative Funktion der Ethik
Damit beginnt die eigentliche Aufgabe der Ethik. Sie führt die Ergebnisse der wissenschaftlichen Analysen und des öffentlichen Diskurses zusammen. Ihr Ziel ist es, herauszuarbeiten, was getan werden soll oder was nicht getan werden darf.

Im konkreten Fall sind dabei folgende Fragen zu prüfen: Welche Maßnahmen verletzen eindeutig die Würde der illegalen Einwanderer und sind deshalb zu unterlassen? Wie kann man Schlepperbanden mit polizeilichen Mitteln wirksam bekämpfen? Was kann die EU politisch erreichen, damit die wirtschaftliche Lage in den Heimatländern der Illegalen sich bessert? Welche Formen der Solidarität brauchen illegale Einwanderer und welche ethischen Forderungen erwachsen daraus für die Regierungen und die Bevölkerung der EU-Staaten? Welche Beiträge zur Integration sollen die Einwanderer leisten? Wo liegen die Grenzen der Aufnahmefähigkeit der EU? Und wie können bei wünschenswerten Veränderungen die Grundsätze des Rechts gewahrt und durchgesetzt werden? An diesen Fragen wird deutlich, dass der ethische Entscheidungsgang nicht zu einfachen und eindeutigen Antworten führen kann. Erforderlich ist vielmehr ein längerer Argumentationsweg, in dem ethische Notwendigkeit, Spielräume des Handelns und pragmatische Regelungen miteinander verknüpft werden müssen.

3. Beiträge der christlichen Ethik

Die christliche Ethik löst diese Argumentationsreihe nicht durch fertige Antworten auf, sondern beteiligt sich am Prozess der Urteilsbildung. Dabei bringt sie Impulse der biblischen Tradition und kulturgeschichtliche Erfahrungen des Christentums in die eigene Urteilsbildung und in die öffentliche Debatte ein.

Im konkreten Fall wird die christliche Ethik daran erinnern, dass Asylsuche aus wirtschaftlicher Not ein Schicksal ist, das schon in biblischer Zeit Menschen bewegt hat, ihre Heimat zu verlassen und dort Aufnahme zu suchen, wo Wohlstand und Sicherheit herrschten. Ausdrücklich formuliert die Tora Schutzrechte für die Fremden. Aus der Hebräischen Bibel und aus den ethischen Impulsen der Evangelien leiten christliche Theologen die Option für die Armen ab. Konkret heißt das: Die Parteinahme für die Armen ist ein Postulat der biblischen Tradition. Die christliche Caritas begründet von daher auch ihre vielfältigen Formen der Solidarität mit den Leidenden und Benachteiligten. Auf diesen Grundlagen wird die christliche Ethik diejenigen kritisieren, die nur dafür sorgen wollen, dass die Europäer ihren Wohlstand verteidigen und dabei die Menschenwürde der Illegalen aus Schwarzafrika missachten (kritische Funktion).

Christliche Ethik wird dafür plädieren, dass möglichst viele Anstrengungen unternommen werden, damit die Asylsuchenden ein selbst bestimmtes Leben in der EU führen können. Sie wird sich auch dafür einsetzen, dass in den Heimatländern der illegalen Zuwanderer die Lebensbedingungen verbessert werden (stimulierende Funktion).

Darüber hinaus wird die christliche Ethik darauf hinweisen, dass der Wirtschaftsegoismus der reichen Länder die Entwicklung der armen Länder oft blockiert. Auch internationale Wirtschaftspolitik muss nach Solidarität und Gerechtigkeit streben. Leitbild sollte eine Völkerfamilie sein, die in Frieden und Gerechtigkeit lebt – und nicht ein System, in dem die mächtigsten Staaten ihre Wirtschaftsinteressen durchsetzen (integrierende Funktion).

Wenn man diesem Argumentationsweg folgt, kann auch die christliche Ethik kein Patentrezept für das Problem der illegalen Einwanderung anbieten. Aber sie kann sich mit einem relativ klaren Profil an der öffentlichen Suche nach den ethisch besten Regelungen beteiligen. Freilich wird auch die christliche Ethik dabei die Einsichten der Human- und Sozialwissenschaften berücksichtigen. Sonst würde sie nur einen weltfremden Idealismus predigen. Natürlich unterscheidet sich ein solcher Prozess der Normfindung von der stringenten Lösung einer Mathematikaufgabe. Der ethische Diskurs ist mühsam und wird oft leidenschaftlich geführt. Denn in ihm stoßen Vorurteile und Ressentiments, weltanschauliche Prägungen und religiöse Bekenntnisse, Lebenserfahrungen und natürlich auch Interessen in einem schwer entwirrbaren Knäuel aufeinander.

Rüdiger Kaldewey, Franz W. Niehl

Gewissen – Alltagsbeispiele – Schlagwörter

Zehnerfeier
Nach den Zentralen Klassenarbeiten beschließen die Zehntklässler eines Gymnasiums eine große Fete zu feiern. Da die gewünschte Halle nur am Sonntagabend frei ist, wird die Fete auf diesen Abend terminiert. Schon im Vorfeld ist den Organisatorinnen und Organisatoren klar, dass die feiernden Zehntklässler den Unterricht am darauf folgenden Montag geschlossen schwänzen sollen. Die Schulleitung hat ausdrücklich darauf hingewiesen, dass am Montag regulärer Unterricht ab der zweiten Stunde stattfindet.

Stimme Gottes

Nicht abgerechnet
Nach dem Verlassen eines Musikgeschäftes bemerkst du, dass die Kassiererin nur eine der teuren CDs über den Scanner gezogen hat. Die zweite wurde nicht abgerechnet und somit auch nicht von dir bezahlt.

Innerer Gerichtshof

Einladungen
Du bist mit deinen Freunden auf eine Party eingeladen. Da jedoch deine Eltern an diesem Abend ebenfalls einer Einladung zu einem Geschäftsessen folgen müssen, sollst du auf deine sechsjährige Schwester aufpassen. Deine Eltern machen ganz deutlich, dass sie sich auf dich verlassen und machen sich auf den Weg. Kurz danach melden sich deine Freunde und fragen, wo du bleibst. Sie empfehlen dir zu warten, bis deine kleine Schwester eingeschlafen ist und dann zu ihnen zu stoßen. Normalerweise schläft deine Schwester die ganze Nacht durch. Deine Eltern sind sicher nicht vor ein Uhr nachts wieder zu Hause.

Kompass

Schatten, dem man nicht entfliehen kann

Freiheit

Autorität der Eltern in uns

Geldgeschenk
Deine Großeltern haben zusammen nur eine kleine Rente. Sie wohnen weit entfernt, sodass du nur selten zu Besuch kommst. Zu deinem sechzehnten Geburtstag hast du eine Überweisung von 500 € von ihnen erhalten, um dir einen Herzenswunsch zu erfüllen. Beim nächsten Besuch übergibt dir deine Oma einen Umschlag mit 500 € und mit den Worten: »Hier ist noch dein Geburtstagsgeschenk!«. Dein Opa, der die Überweisung getätigt hat, ist nicht zugegen.

Die Spielregeln

1. Beteiligt am Spiel sind die Spielgruppen und die Spielleitung (Lehrer/in).

2. Jede Gruppe erhält zu Beginn die Spielregeln, die Rollenspielkarten und weitere Hilfsmittel (Hintergrundinformationen, Papier, Stifte, etc.).

3. Die Hintergrundinformationen werden gelesen. Die einzelnen Gruppen können und sollen die im Text genannten Argumente durch eigene Argumente ergänzen! Die Gruppe legt so ihren eigenen Standpunkt fest, den sie den anderen gegenüber vertritt. (20 min)

4. Die Gruppen kommunizieren zunächst schriftlich miteinander und setzen sich so mit den Argumenten der anderen Gruppen auseinander. Alle bemühen sich um realistische Lösungsvorschläge! (25 min)

5. Es gibt eine Spielleitung, bei der die Briefe abgegeben und abgeholt werden! Die Spielleitung kann (je nach Situation) während des Spiels weitere Informationen geben.

6. Im Anschluss an den schriftlichen Austausch findet eine Konferenz statt, in der die einzelnen Gruppen diskutieren, ob ein Kompromiss möglich ist und wie er aussehen könnte. Die Spielleitung moderiert die Konferenz. (20 min)

7. Am Ende des Planspiels werden der Verlauf und das Ergebnis ausgewertet. Dabei erklären die einzelnen Gruppen ihre Vorgehensweise. In dieser Phase sollen Eindrücke und Gefühle geäußert und offene Fragen geklärt werden. (15 min)

© by Kösel-Verlag

Die Rollenspielkarten

Die Künstler
Ihr seid verzweifelt. Da jeder eure Musik und eure Filme ohne zu bezahlen aus dem Internet herunterlädt, bekommt ihr kein Geld mehr. Viele mögen eure Musik/eure Filme, aber niemand will dafür bezahlen. Ohne finanzielle Unterstützung könnt ihr nicht weiter künstlerisch tätig sein. Ihr fühlt euch beraubt.

Die Musik- und Filmindustrie
Ihr befindet euch in einer ernsthaften wirtschaftlichen Krise. Da die meisten Konsumenten Musik und Filme nicht mehr kaufen, sondern nur noch aus dem Internet laden, ohne dafür zu zahlen, erleidet ihr massive Umsatzeinbrüche. Ohne Gewinne durch die Vermarktung der Künstler seid ihr finanziell am Ende. Ihr fühlt euch beraubt.

Die Konsumenten
Ihr seid unzufrieden und besorgt. Einerseits seid ihr unzufrieden, weil die Musikindustrie hohe Preise für Musik und Filme verlangt, streng gegen alle vorgeht, die Musik von Tauschbörsen herunterladen, und Musikformate mit einem Kopierschutz versehen. Andererseits seid ihr besorgt um eure Lieblingsbands/-schauspieler, die finanziell in ihrer Existenz bedroht sind. Ihr seid hin- und hergerissen und müsst euch trotzdem gegen die anderen Gruppen behaupten.

Die Musik- und Film-Piraten
Ihr kopiert und verbreitet Musik und Filme, was das Zeug hält. Ihr seid unzufrieden mit der Geldmacherei der Musik- und Film-Industrie und ihrer Ausbeutung der Künstler und Konsumenten. Ihr fühlt euch als Befreier der Unterdrückten! Wenn jeder kopieren und weitergeben kann, was er will, ist allen geholfen. Musik und Filme sind schließlich Kulturgut und sollten allen zugänglich sein.

Die Kirchen-Vertreter
Ihr seid an der Gerechtigkeit und am Wohl aller interessiert. Ihr argumentiert auf der Grundlage eures Glaubens. Das bedeutet, dass ihr egoistische Haltungen anderer Gruppen kritisiert. Es bedeutet aber auch, dass ihr den anderen von euch aus klar macht, dass die christliche Ethik Grundlage ihrer Entscheidungen sein kann und soll. Damit habt ihr einen der schwierigsten Jobs. Die meisten werden wohl sagen: »Was mischt ihr euch ein!?« Ihr seid aber dennoch optimistisch, weil ihr mit gutem Gewissen für eure Überzeugung einsteht.

Informationen

Raubkopien: Vorteil für wenige – Schaden für alle

Raubkopien gibt es bereits seit Erfindung der ersten Tonträger. Raubkopien sind nicht autorisierte Vervielfältigungen von Musikaufnahmen, sei es durch die unbefugte Vervielfältigung und Verbreitung von Tonaufnahmen oder durch die Aufnahme von Konzerten ohne Erlaubnis der Urheber, des Künstlers oder des Labels. In allen diesen Fällen verdient der Raubkopierer sein Geld mit der Auswertung fremder, kreativer Leistungen, ohne dass Komponisten, Textdichter, Künstler oder Musiklabels dafür eine Vergütung erhalten. Die Gesetzeslage dazu ist eindeutig: Wer ohne die ausdrückliche Zustimmung nur eines dieser Rechteinhaber CDs kopiert, handelt rechtswidrig und macht sich sogar strafbar (vgl. §§ 106, 108 Abs. 1 Nr. 4 und 5 UrhG).
Mit der Digitalisierung, der einfachen und preiswerten Verfügbarkeit von Hochleistungs-CD-Brennern und der Globalisierung hat das Problem dramatisch an Bedeutung zugenommen. Schätzungen zufolge ist weltweit jede dritte verkaufte CD eine Raubkopie. Vor allem in China, Russland und Osteuropa sind die Schäden immens. Aber auch in Deutschland verursachen Raubkopien, die über das Internet (Auktionen), auf Flohmärkten oder auf osteuropäischen Grenzmärkten verkauft werden, Schäden in dreistelliger Millionenhöhe.
Wer Raubkopien kauft, verschafft sich Vorteile auf Kosten anderer. Komponisten, Textdichter, Künstler und die Mitarbeiter bei Labels oder im Handel erhalten keinen Lohn für ihre Arbeit. Der Schaden von Raubkopien, illegalen Privatkopien und Internet-Piraterie in Deutschland wird auf rund eine Milliarde Euro jährlich geschätzt. Das betrifft nicht nur die Musikindustrie. Auch dem Staat und dem Steuerzahler entgehen Einnahmen in dreistelliger Millionenhöhe durch nicht entrichtete Mehrwertsteuern und Arbeitslosigkeit in der Musikbranche.

www.musikindustrie.de

✂- -

Informationen für KirchenvertreterInnen

Zehn Gebote – in einer Kurzversion

Die Zehn Gebote oder der Dekalog gelten als die Grundlage der christlichen Ethik. Man findet sie im Alten Testament an zwei Stellen, im Buch Exodus (Ex 20) und im Buch Deuteronomium (Dtn 5). Ursprünglich war der Dekalog an das aus der Sklaverei befreite Volk Israel gerichtet. Er lieferte Grundlagen zur Sicherung der neuen Gemeinschaft.

1. Du sollst keine anderen Götter haben neben mir.
2. Du sollst den Namen des Herrn ... nicht missbrauchen.
3. Du sollst den Feiertag heiligen.
4. Du sollst deinen Vater und deine Mutter ehren.
5. Du sollst nicht töten.
6. Du sollst nicht ehebrechen.
7. Du sollst nicht stehlen.
8. Du sollst nicht falsch Zeugnis reden ...
9. Du sollst nicht begehren deines Nächsten Haus.
10. Du sollst nicht begehren deines Nächsten Weib, ...

Die Goldene Regel

In der negativen Form ist die Goldene Regel schon im Judentum und bei heidnischen Denkern bekannt:
»Was du nicht willst, das man dir tut, das füg auch keinem andern zu!«
Im Neuen Testament erscheint die Goldene Regel zweimal als wörtliche Rede Jesu, beide Male positiv formuliert:
Mt 7,12: »Alles, was ihr also von anderen erwartet, das tut auch ihnen! Darin besteht das Gesetz und die Propheten.«
Lk 6,31: »Was ihr von anderen erwartet, das tut ebenso auch ihnen.«

Das Doppelgebot der Liebe

Mt 22,37-39: »Du sollst den Herrn, deinen Gott, lieben mit ganzem Herzen, mit ganzer Seele und mit all deinen Gedanken. Das ist das wichtigste und erste Gebot. Ebenso wichtig ist das zweite: Du sollst deinen Nächsten lieben wie dich selbst.«

Eine kleine Medienkunde

Gruppenarbeit:
Copyright – was ist erlaubt, was nicht?
Schöne neue Medienwelt:
Darf man CDs kopieren, Tauschbörsen benutzen, Lieblingslieder weitergeben?

Gruppe A: Private Kopien
Musik und Filme auf CDs, DVDs, Videos und anderen Datenträgern darf man für den privaten Gebrauch vervielfältigen, etwa als Geschenk für Freunde oder auch als Kopie für das Privatarchiv – es sei denn, sie sind kopiergeschützt. Diese Regelung gilt auch für fast alle anderen Werke. Aber Vorsicht: Es gibt Ausnahmen und Bedingungen. Zwar gilt der Grundsatz, dass es nicht gestattet ist, ein urheberrechtlich geschütztes Werk zu vervielfältigen, wenn nicht die Erlaubnis des Rechteinhabers vorliegt. Aber für den privaten Gebrauch gibt es eine Ausnahme, die sogenannte Privatkopie. Oft wird sie nur im Zusammenhang mit Musik genannt, doch sie gilt für alles, was vom Urheberrecht als Werk eingestuft wird, also auch für Klingeltöne, Videokassetten, Fotos und vieles mehr. (...) Private Kopien sind erlaubt. Diese Privatkopieregelung besagt, dass jeder Werke kopieren darf, solange sie nur für private Zwecke gedacht sind und im privaten Umfeld weitergegeben werden, also an Freunde oder Verwandte (§ 53 UrhG: Vervielfältigungen). Voraussetzungen: Zum einen muss ein legales »Werkstück« vorliegen, von dem kopiert wird. Der wenig anschauliche Ausdruck »Werkstück« wird deshalb verwendet, weil es eben nicht nur eine Musik- oder Filmaufnahme sein kann, sondern auch ein Foto, ein Text oder anderes. Zum anderen darf die Kopie nicht zu dem Zweck gemacht werden, sie zu verkaufen. (...)
Wie viele Privatkopien erlaubt sind, hängt vom Einzelfall ab. Zwar hat der Bundesgerichtshof einmal entschieden, dass es sieben sein dürfen. Doch diese Zahl galt eben nur für den verhandelten Fall und ist nicht verallgemeinerungsfähig. Es können also mehr oder weniger erlaubt sein, je nach Situation. Hier eine konkrete Prognose abzugeben ist kaum möglich, da sich die jeweiligen Umstände doch stark voneinander unterscheiden.
Vor allem die Interessenverbände von Musik- und Filmindustrie versuchen mit ihren Veröffentlichungen und Werbekampagnen den Eindruck zu erwecken, dass alle Kopien »Piraterie« sind, also Urheberrechtsverletzungen. Doch dem ist gerade nicht so. Sie lassen dabei außer Acht, dass eine Vielzahl davon völlig legale Privatkopien oder andere erlaubte Vervielfältigungen sind.

- Erläutere, zu welchem Zweck Privatkopien erlaubt sind.
- Nenne die Voraussetzungen, die erfüllt sein müssen, damit Privatkopien rechtmäßig sind.
- Stelle eine Vermutung darüber an, warum die Musik- und Filmindustrie Privatkopien kritisch gegenüber steht.

✂- -

Gruppe B: Umgehen des Kopierschutzes und Veröffentlichung von Kopien
2003 wurde das Urheberrecht geändert; seitdem ist das private Kopieren entscheidend eingeschränkt: Wenn das Original einen wirksamen Kopierschutz hat, darf dieser nicht umgangen werden – dann ist auch keine Privatkopie erlaubt. Weigert sich also das Brennprogramm, eine CD zu kopieren, ist es nicht zulässig, sich aus dem Internet einen der zahlreich angebotenen Kopierschutzknacker herunterzuladen und nachzuhelfen. (...) Das Gleiche gilt zumeist für kommerzielle Musikdownloads, die zum Teil mit einem Kopierschutz ausgerüstet sind – zumindest bei vielen großen Anbietern. Die ersten von ihnen haben seit Beginn des Jahres allerdings begonnen, ihre

Musikdownloads ohne Kopierschutz anzubieten, da die Akzeptanz des Kopierschutzes bei den Kunden sehr gering ist und die Unternehmen dadurch weniger Songs verkauft haben. Zudem gibt es Alternativen, etwa Finetunes oder eMusic, die die kostenpflichtigen Musikdownloads auch bisher schon ohne Kopierschutz angeboten haben. (...)
(Nur Kopien für die private Nutzung sind erlaubt.) (...) Wer etwa einen eigenen Film produziert, darf ihn zwar zu privaten Zwecken mit urheberrechtlich geschützter Musik unterlegen. Aber er darf diesen Film dann eben nicht mehr öffentlich aufführen, zum Download anbieten oder verkaufen, ohne vorher die Rechteinhaber der Musik um Erlaubnis zu fragen. Entsprechend gilt diese Regelung für alle anderen Werke (Fotos, Texte, Videos und vieles mehr): Etwas im Internet oder in einem gedruckten Magazin zu veröffentlichen, auf CD oder DVD zu verkaufen oder zum Download bereitzuhalten ist keine Handlung, die durch die Privatkopie gedeckt ist. Es handelt sich dabei vielmehr um eine unberechtigte Veröffentlichung, die einen Verstoß gegen das Urheberrecht darstellt. Ebenso wenig ist es erlaubt, in Tauschbörsen Filme oder Musik anzubieten.

- Erläutere die rechtlichen Bestimmungen zum Kopierschutz.
- Stelle Vermutungen darüber an, warum Käufer von CDs oder Musik-Downloads dem Kopierschutz eher kritisch gegenüberstehen.
- Nenne konkrete Beispiele für eine rechtswidrige Veröffentlichung kopierten Materials.

✂- -

Gruppe C: Illegale Downloads und die rechtlichen Folgen
Filme und Musik aus dem Internet darf man sich nur dann herunterladen – das heißt zu privaten Zwecken vervielfältigen –, wenn die Vorlage nicht »offensichtlich rechtswidrig hergestellt wurde«. Die Frage, wann eine Datei, die über das Internet angeboten wird, objektiv (und das heißt: allgemein erkennbar und damit »offensichtlich«) rechtswidrig hergestellt wurde, ist weitgehend ungeklärt. Daher muss davon ausgegangen werden, dass es in den meisten Fällen nicht verboten ist, Werkstücke aus Tauschbörsen herunterzuladen. Aber Vorsicht: Viele Tauschbörsenprogramme lassen einen Download nur dann zu, wenn gleichzeitig auch ein Upload stattfindet – der Nutzer also anderen Nutzern seine eigenen Dateien zur Verfügung stellt. Die meisten Filme und Songs dürfen aber gerade nicht über Tauschbörsen angeboten werden.
Welche Strafen drohen bei Zuwiderhandlung? Allgemein gilt: Alle Urheberrechtsverletzungen können zivilrechtlich und strafrechtlich verfolgt werden. Zivilrechtlich drohen dem Nutzer in der Regel Schadensersatz- und Unterlassungsansprüche der Rechteinhaber, also etwa der Musikfirmen. Dazu können Abmahnungen kommen, die mit zum Teil hohen Rechtsanwaltskosten verbunden sind. (...) Sämtliche Urheberrechtsverletzungen sind also rechtlich relevant, unabhängig davon, ob die Verletzung zu gewerblichen oder privaten Zwecken begangen wurde. Unterschiede ergeben sich aber bei den rechtlichen Konsequenzen. Zum einen werden Bagatelldelikte von der Staatsanwaltschaft häufig gar nicht verfolgt. Zum anderen richtet sich die Strafe immer auch danach, als wie schwer der Verstoß eingeschätzt wird. Möglich sind Geldstrafen und Freiheitsstrafen bis zu drei Jahren (bei nichtgewerblichen Delikten) beziehungsweise bis zu fünf Jahren (bei gewerblichen Verletzungen). Der Verband der Phonographischen Industrie gibt an, dass in Deutschland noch nie ein Jugendlicher wegen nichtgewerblicher Urheberrechtsverletzungen zu einer Gefängnisstrafe verurteilt wurde.

- Erläutere die rechtliche Problematik von Tauschbörsen: Was ist erlaubt und was nicht?
- Stelle die rechtlichen Konsequenzen von Urheberrechtsverletzungen dar.
- Nimm kurz Stellung: Stehen das Ausmaß der Strafe und das begangene Delikt in einem angemessenen Verhältnis?

Theologische Ethik

Die Begriffe Ethik und Moral werden häufig mit dem »guten Leben«, darüber hinaus mit Ansprüchen, wie wir uns verhalten sollen, in Verbindung gebracht – wir wollen »gut« sein und sollen »richtig« handeln. In der Wissenschaft unterscheiden wir zwischen den beiden Ebenen der gelebten Moral und der reflektierenden Ethik; dabei gibt es sowohl in der gelebten Moral als auch in der Ethik unterschiedliche Vorstellungen darüber, was das »Gutsein« sowie das »richtige Handeln« denn ausmacht. Nur so kann es zu Diskussionen darüber kommen, wie sich Menschen mit unterschiedlichen familiären, kulturellen, religiösen Hintergründen Moral vorstellen.

Die religiöse Perspektive ist entsprechend nur eine mögliche unter anderen, die der Frage nach der Moral eine spezifische Ausrichtung gibt, die von den jeweiligen Inhalten der Religion geprägt ist. Die christliche Religion geht von der Beziehung zwischen Gott und Mensch aus, die mit der Interpretation der eigenen »Herkunft« beginnt und bei der Hoffnung auf ein Leben in Fülle für alle Menschen aufhört. Damit deutet sich schon an, was Christen mit dem »guten Leben« verbinden: uneingeschränkte Beziehung, Herkunft und Ziel, Leben in Fülle – das sind auch Vorstellungen, die für die (theologische) Ethik wichtig sind, weil sie Vorstellungen von Glück und Gelingen enthalten und dem Menschen eine Existenz-Grundlage geben, die er annehmen oder ablehnen kann.

Die christliche Ethik geht aber nicht nur von der spezifischen Gott-Mensch-Beziehung aus, sondern ebenso von der Mensch-Gott-Beziehung, die durch den Begriff der Ehrfurcht vor Gott charakterisiert werden kann. Die Ethik bestimmt diese Ehrfurcht gegenüber Gott als praktischen Anspruch, sich als verantwortlich für die Schöpfung und andere Menschen angesprochen zu sehen: Gottesliebe realisiert sich im christlichen Sinn in der Nächstenliebe. Die Sorge für und um andere ist entsprechend die Antwort, die der Mensch um des Gelingens des eigenen Lebens willen gibt – und die er geben soll. Wird die Perspektive der Verantwortung als Antwort auf die immer schon vorausgegangene Ansprache Gottes verstanden, dann ist der Zusammenhang zwischen den beiden Perspektiven der Ethik des guten Lebens und der normativen Moral hergestellt. Es geht der christlichen Moral (und entsprechend der Reflexion in der Ethik) dann nicht nur um das Gelingen des individuellen Lebens, sondern ebenso um den Anspruch des Respekts vor und der Sorge für und um andere.

Zur Theologischen Ethik gehört über die Begründung der Sollensansprüche hinaus die kritische Beobachtung und Analyse gesellschaftlicher Prozesse. Zur historischen Erfahrung wohl aller Kulturen gehört nicht nur die Gemeinschaftsbildung und die Identifikation mit gemeinschaftlichen Zielen (heute ist dies das Gemeinwohl, das Wohl aller in einer globalisierten Welt), sondern eben auch, dass einzelne Menschen oder Gruppen aus Gemeinschaften oder Gesellschaften ausgegrenzt und damit in ihren Rechten beschnitten werden. Um diese Missstände und Verfehlungen in ihrer strukturellen Dimension in den Blick nehmen zu können, ist die Methode der Kritik auf der Grundlage der Sozial- und Kulturwissenschaften, aber auch der Politik- und Rechtwissenschaften notwendig. Als Sozialethik thematisiert die theologische Ethik daher vor allem die sozialen, strukturellen und institutionellen Bedingungen und die ihnen zugrunde liegenden Werte und Normen.

Christliche Ethik steht – jenseits aller wissenschaftlichen Interdisziplinarität – unter dem (Glaubens-) Anspruch des Bundes Gottes mit allen Menschen; ein »Sein«, das ein »Sollen« impliziert. Es ist dieser Bund, der die Ethik darauf verpflichtet, das Imperfekte zum Ausgangspunkt ihrer kritischen Analyse zu nehmen und die menschliche Verantwortung zu entziffern: Achtung anderen gegenüber, Sorge für andere und das solidarische Eintreten für Gerechtigkeit – auf diesen Prinzipien ruht die Theologische Ethik.

Prof. Dr. Hille Haker

- Bestimme anhand des Textes die Kennzeichen einer christlich begründeten Ethik.
- Formuliere für einen aktuellen Fall ein theologisch-ethisches Urteil. Beschreibe deine Erfahrungen mit dieser Aufgabe.

Der Dekalog

Die zehn Gebote – ein Dokument der Befreiung	Der Dekalog Dtn 5,6-21

- Trage in die linke Spalte in Stichworten untereinander die Aussagen ein, die deutlich machen, worum es im Dekalog geht.
- Ordne nun den Aussagen in der rechten Spalte die entsprechenden Verse des Dekalogs der linken Spalte zu.

ARBEITSBLATT M 1.6

Generation Golf (Auszüge)

Der Kauf bestimmter Kleidungsgegenstände ist, wie früher die Lektüre eines bestimmten Schriftstellers, eine Form der Weltanschauung geworden. In dem, was ich kaufe, drückt sich aus, was ich denke, beziehungsweise: In dem, was ich kaufe, drückt sich aus, was die Leute denken sollen, was ich kaufe. Deswegen ist es auch üblich, die schönen Joop! Tüten noch wochenlang zum Transportieren von ausgeliehenen Büchern aus der Unibibliothek oder beim Umzug zu benutzen, wenn möglichst viele Umzugshelfer sehen, welch Geistes Kind wir sind. Es ist wahnsinnig, aber wir glauben das wirklich: dass wir mit den richtigen Marken unsere Klasse demonstrieren. Wichtig ist, schon beim Einkaufen Coolness zu zeigen. Sehr dankbar waren wir über die Einführung der Kreditkarte, die uns ermöglichte, jederzeit mehr zu kaufen, als wir eigentlich bezahlen konnten. Dennoch zitierten wir im Geiste American Express, und sagen: Bezahlen wir einfach mit unserem guten Namen und meinten es tatsächlich ein bisschen ernst. Auch sah ich viele junge Frauen in teuren Boutiquen ihre Plastikkarte auf den Tresen knallen, weil sie wussten, wie gut es aussieht, wenn die Frau in dem Werbespot die Visakarte aus ihrem schwarzen Badeanzug zieht, auf den Tisch knallt und dazu spielt die Musik »Die Freiheit nehm' ich mir«. Die Freiheit nehm' ich mir – das ist als Spruch für unsere Generation mindestens genauso wichtig wie das »Weil ich es mir wert bin«, mit dem Oliver Bierhoff sein Shampoo anpreist. Hauptsache, so sagen diese Sprüche, mir geht es gut. Oder auch: Wenn jeder an sich denkt, ist an alle gedacht. Und wenn es mir schlecht geht, muss ich mir selber helfen, schließlich bildet inzwischen jeder, wie die Brigitte schrieb, eine Ich-AG. Selbst in Judith Hermanns Erzählungsband »Sommerhaus, später«, dessen Gestalten aus der Berliner Boheme eigentlich so gar nichts gemein haben mit den Generationsgenossen, die in Heidelberg und Bonn Jura studieren, wird deutlich, dass das Kreisen um sich selbst unsere wichtigste Antriebsfeder ist. Nur eine einzige Gestalt in dem Buch kann von sich sagen: »Im Grunde interessiere ich mich nicht für mich selbst.« Er wird deshalb auch von niemandem verstanden und muss zum Therapeuten. Wir alle glauben, dass kein anderer uns je wirklich verstehen kann. Und wir uns deshalb umso mehr um unser eigenes Seelenheil kümmern müssen. Um die Minenopfer in der dritten Welt kümmerte sich ja Lady Diana und die Obdachlosen versorgt die Caritas. Die AG Hochschulforschung nennt es dann so: »Westdeutsche Studierende sind gegenüber sozialer Ungerechtigkeit unsensibler geworden. Konkurrenz ist ihnen wichtiger, Solidarität nahezu ein Fremdwort geworden.«

»Ätsch, wir haben mehr Golf als ihr«, so sagen die kleinen Jungen zur Nachbarsfamilie, die nur einen einfachen Golf hat und keinen Golf Kombi. Die Generation Golf hat gelernt, mit dem eigenen Wohlstand und Wohlbefinden nicht mehr allzu geheimnistuerisch umzugehen. Die Werbekampagne für die D2 Handys traf genau unsere Geisteshaltung: Der eine hat's, der andere nicht. Will sagen: Der eine kann sich's leisten, der andere nicht. Aber leider taugte das Handy nur eine kurze Zeit zur sozialen Differenzierung, schnell wurde es schichtenübergreifend zum obligatorischen Gebrauchsgegenstand. Wohin man kommt, sieht man nun Männer, die in S-Bahnen und Cafés sitzen, schnell ein paar Tasten drücken und ihre Mailbox abhören, ob nicht vielleicht doch wieder einmal jemand draufgesprochen hat. Das macht der Bauarbeiter wie der Telekom Manager, der Fünfzehnjährige wie die Fünfzigjährige, und deshalb haben wir inzwischen beschlossen, dass es nichts mehr bedeutet, ein Handy zu haben. Dass es aber auch nichts mehr bedeutet, in einem Café zu telefonieren. Das Handy hat inzwischen selbst in der Provinz nur noch eine neutrale Bedeutung. Und wenn Robert Lembke käme und zu uns spräche: »Machen Sie eine typische Handbewegung«, dann würden wir nicht den Hörer symbolisch ans Ohr pressen, sondern mit der Hand unser Haar glatt streichen, als kontrollierten wir uns gerade im Spiegel.

Es gibt kaum einen Satz, der die Lebensphilosophie unserer Generation präziser auf den Punkt bringt. Dabei ist eigentlich schon das Wort Philosophie ein Hohn. Mein Bruder, der Philosoph ist, möchte manchmal nicht mehr mit mir reden, wenn es ihm wieder einmal so vorkommt, als hätten wir überhaupt keine Werte mehr. Das letzte Mal stritten wir uns, als wir uns über die Aktiengewinne meiner Freunde am Neuen Markt unterhielten und ich ihm erzählte, wie unsinnig in diesem Punkt das deutsche Steuerrecht sei. Denn das Gesetz, mit dem die Generation Golf die meisten Probleme hat, ist nicht das zum Schutze der Jugend oder das deutsche Reinheitsgebot. Es ist der Umstand, dass man Spekulationsgewinne an der Börse versteuern muss, wenn man die Aktien nicht mindestens ein Jahr lang in seinem Depot belässt. Die Vorgängergeneration, die ihre Verwirklichung noch am Markt der Möglichkeiten der deutschen Kirchentage fand, wird nie verstehen können, dass wir, die wir uns eher am Neuen Markt der Frankfurter Börse verwirklichen, mit diesem Gesetz große Probleme haben. Dann sagte mein Bruder, der Philosoph, ein unglaubliches Wort: Er sprach von der Steuermoral. Ich sagte ihm, unsere Generation hätte eine Initiative gegründet, dieses Wort nicht mehr in den neuen Duden aufzunehmen.

In unseren Poesiealben war der beliebteste Spruch: »Lebe fröhlich, frisch und munter, wie ein Frosch und geh nicht unter.« Beziehungsweise: »Lebe fröhlich, lebe froh, wie der Mops im Haferstroh.« Und so etwas nahmen wir ernst. Als wir dann anfingen, Bücher zu kaufen, bediente uns der Markt mit einer wunderbaren Auswahl. »Sorge Dich nicht, lebe« beziehungsweise »Der Erfolg ist in dir« oder schließlich »Aus eigener Kraft«. Und wenn alles nichts hilft, gibt es die Droge mit dem schönen Namen Ecstasy.

Die Suche nach dem Ziel hat sich erledigt. Veränderungen wird die Zukunft kaum bringen. Und deswegen kann man sich umso intensiver um die eigene, ganz persönliche Vergangenheit kümmern. Wir fahren gerne übers Wochenende zu unseren Eltern in die Provinz, wir haben dort noch immer unseren ersten Wohnsitz, wir erzählen unseren Arbeitskollegen noch immer, wie toll die Klassenfahrt in der zwölften Klasse war, und zu unseren Schulfreunden sagen wir einen ganzen Abend lang »Weißt du noch ...?«. Wir haben, obwohl kaum erwachsen, schon jetzt einen merkwürdigen Hang zur Retrospektive, und manche von uns schreiben schon mit 28 Jahren ein Buch über ihre eigene Kindheit, im eitlen Glauben, daran lasse sich die Geschichte einer ganzen Generation erzählen.

Florian Illies

Die Utopie eines Staatsmannes – Thomas Morus

Vor fast 500 Jahren schrieb der Engländer Thomas Morus (1478-1535) ein Buch, das bald das Tagesgespräch unter den Gebildeten des europäischen Kontinents werden sollte: So ungewohnt wie der Inhalt des Buchs war auch sein Titel: »Utopia« = Nirgendwo. In Form eines Reiseberichts übte Morus darin Kritik an den damaligen Zuständen in England, in dem er Seefahrer und Kaufleute über die Insel Utopia erstaunliche Dinge berichten ließ:

Die Insel: Die Insel hat 54 Städte, alle weiträumig und prächtig, in Sprache, Sitten, Einrichtungen und Gesetzen vollständig übereinstimmend. Keine Stadt hat das Bestreben, ihr Gebiet zu vergrößern, denn sie halten sich nicht für die Besitzer, sondern eher für die Bebauer und Pfleger des Bodens. Um die Stadt herum liegen Bauernhöfe, die alle zwei Jahre von neuen Bürgern aus der Stadt bewohnt und bewirtschaftet werden. Sie versorgen sich selbst, die Überschüsse geben sie an die Städter ab. Dafür bekommen sie aus der Stadt umsonst alle notwendigen Gerätschaften. Einmal im Monat treffen sich Stadt- und Landbewohner zu einem schönen großen Fest.

Wohnungen: Jedes Haus hat zwei Eingangstüren, die keine Schlösser besitzen und sich durch einen leichten Druck der Hand öffnen lassen. Sie schließen sich von alleine wieder. Jeder kann ungehindert eintreten, es gibt keinen Privatbereich. Sogar die Häuser werden alle zehn Jahre durch Los ausgetauscht. Je 30 Familien wählen jährlich einen Vorstand, auch alle Beamtenstellen werden jährlich neu besetzt. Nur das Amt des Staatspräsidenten gilt auf Lebenszeit, sofern dieser ordentlich regiert und sich keiner Gewalttaten schuldig macht.

Arbeit: Die Utopier arbeiten täglich sechs Stunden. Diese Arbeitszeit genügt, um alle lebensnotwendigen Dinge zu erzeugen. Jeder lernt neben der Landwirtschaft ein weiteres Handwerk, denn keiner sitzt faul herum. Es muss sich aber auch niemand wie ein Lasttier herumplagen. Alle tragen die gleiche Kleidung, bei der Arbeit tragen die Utopier einen Anzug aus Leder oder Fellen, der bis zu sieben Jahren hält. Der Familienälteste erhält für sich und die seinen ohne Bezahlung, was er zum Leben benötigt. Niemand braucht Angst vor Armut zu haben, es gibt auch keine Räubereien. Keiner will den anderen mit überflüssigem Luxus übertrumpfen.

Mahlzeiten und Freizeit: Jedes Mittag- oder Abendessen wird mit einer kurzen moralischen Ansprache eröffnet. Alle Vergnügungen sind erlaubt, solange sie anderen nicht schaden. Es gibt aber keine Gaststuben, keine Weinschenken, keine Spielhallen, keine Gelegenheit zur Verführung, keine versteckten Lasterhöhlen. Vielmehr verbringen alle ihre Arbeit wie auch die Freizeit anständig und in der Öffentlichkeit.

Gesetze: Gesetze haben die Utopier nur sehr wenige, denn sie halten es für Unrecht, Menschen durch zu viele Gesetze zu knebeln. Es gibt nur so viele, dass sie jeder durchlesen kann und sie sind so geschrieben, dass alle sie verstehen können. In religiösen Fragen sind die Utopier tolerant; doch jemanden, der nicht an Gott glaubt, lassen sie nicht zum Staatsdienst zu, ja rechnen ihn nicht einmal zu den Menschen. Sie selbst üben die Tugenden der Gerechtigkeit und Nächstenliebe. Kranke werden in öffentlichen Spitälern von den besten Ärzten gepflegt.

- Erkläre, weshalb Thomas Morus sein Buch »Utopia« nannte.
- Wärst du gerne eine Bewohnerin/ein Bewohner von »Utopia«? Begründe, was dir dort gefallen bzw. nicht gefallen würde.
- Bestimme die Funktionen einer Utopie.

2 Dem Glauben ein Gesicht geben

Hintergrund

Die LL hat zwei Schwerpunkte: Zum einen werden die drei Grundaufgaben (Funktionen) der Kirche angesprochen. Zum anderen kommt die Rolle der Kirche(n) in der Zeit des Nationalsozialismus zur Sprache. Eine DS thematisiert darüber hinaus die Ambivalenz der Kirche als Institution.
Sch der Klassen 9 und 10 kennen die Kirche in der Regel aus eigener (positiver oder negativer) Erfahrung, manche von ihnen aus dem Kontext der kirchlichen Jugendarbeit. Die Arbeit der Jugendverbände ist mehr denn je projektorientiert ausgerichtet. Eine dauerhafte und verbindliche Beziehung zur Kirche ist den meisten Jugendlichen fremd. Gleichwohl fühlen sie sich der Kirche verbunden. Dies kommt zum Ausdruck, wenn sie an Aktionen wie z. B. der 72 Stunden-Aktion oder an besonderen Jugendgottesdiensten teilnehmen. Immer steht die unmittelbare Erfahrung im Vordergrund. Die diskursive Reflexion auf die Kirche ist nachrangig, sodass z. B. das (konfessionelle) Bekenntnis und die Zeugenschaft nur dann eine Rolle spielen, wenn sie eingebunden sind in konkrete Aktionen und Projekte.
Die LL trägt diesen Gegebenheiten Rechnung und bezieht sich auf solche Erfahrungen, die der spezifischen Lebenssituation der Jugendlichen entspricht: Die Liturgie wird am Beispiel der Jugendkirche TABGAH erschlossen (S. 26/27), die Diakonie am Beispiel der Aktion MISEREOR (S. 28/29). Das Glaubenszeugnis wird exemplarisch mit einem Kunstwerk von Katharina Fritsch thematisiert (S. 30/31). Besonders diese LL eignet sich zum projektorientierten Arbeiten.
Die Auseinandersetzung mit der Zeit des Nationalsozialismus ist ein zentrales Anliegen des Geschichtsunterrichts der Klassenstufen 9 und 10. Die Bearbeitung der vorliegenden LL sollte sinnvollerweise in kollegialer Absprache erfolgen. Vermutlich werden Sch das Scheitern der Kirchen in den RU einbringen und nach Antworten fragen. Die drei DS (S. 32-37) bieten hierfür ein breit gefächertes Material an. Neben dem Versagen der Kirchen und deren Anbiederung an die NS-Ideologie kommen auch die Stimmen des Widerstands zu Wort, insbesondere am Beispiel von Maria Terwiel und Papst Pius XI. (S. 36/37). Lohnend ist ein Blick in die lokale Kirchengeschichte. Welche kirchlichen Personen aus dem eigenen Ort oder der Region haben sich im Widerstand gegen das NS-Regime engagiert, welche nicht?
Ein besonderes Augenmerk verdienen die Vergebungsbitten von Papst Johannes Paul II. aus dem Jahr 2000. Überhaupt bietet es sich an, den ausgebliebenen oder erfolgten Widerstand damals mit der Verpflichtung zum gesellschaftlichen Engagement heute zu verknüpfen (vgl. die LL »Meine Welt – Eine Welt« oder der Einsatz von Christinnen und Christen für die Realisierung der acht Millenniumsziele [MDG] der UNO).
Der demografische Wandel in den modernen Gesellschaften lässt die Frage nach der Institution Kirche und deren Verhältnis zum Staat in der Bundesrepublik Deutschland mit neuer Brisanz laut werden (S. 38). Insbesondere die zunehmende Bedeutung des Islam wird Sch anregen, nach den Grundlagen dieses Verhältnisses zu fragen (vgl. die LL »Muslimen begegnen« in MITTENDRIN 2). Der Blick in benachbarte Staaten wie auch in die nähere und weitere Zukunft lädt ein zu prüfen, ob und inwieweit die gegenwärtigen staatskirchenrechtlichen Regelungen tragen und Bestand haben werden.
Weitere thematische Anknüpfungspunkte und Kooperationsmöglichkeiten bieten sich an mit den Fächern Gemeinschaftskunde (politisches und soziales Handeln von Christinnen und Christen) und Kunst (Kirchenraumgestaltung und -erkundung). Die kulturprägende Kraft des Christentums wahrzunehmen ist eine der Kompetenzen, die der RU vermitteln will. Sch können sich projektartig auf lokale oder regionale Spurensuche begeben: Wo und wie haben die christlichen Kirchen Spuren hinterlassen? Eine reizvolle Perspektive bietet die Analyse des Bestandes eines Museums vor Ort: Welche der vorhandenen Kunstwerke haben einen christlichen bzw. kirchlichen Hintergrund?
Schließlich lässt sich das kulturelle Programm eines Ortes dahin gehend befragen, inwieweit und auf welche Weise christliche oder kirchliche Themen darin eine Rolle spielen. Ebenso spannend sind Interviews von Theaterleuten oder anderen Kunstschaffenden im Hinblick auf ihre Einschätzung zum Verhältnis von Kirche und Kunst. Die Bistümer haben in der Regel eigene Kunstbeauftragte, die Auskunft geben können.

Ansetzen

Eine erste Annäherung an das Thema Kirche wird auf dieser DS aus zwei Perspektiven unternommen. Das Foto der Nikolaikirche in Rostock zeigt einen Aspekt, wie Kirche heute in unserer Gesellschaft begegnet wird und legt dabei eine Betonung auf den Wandel dieser Präsenz. Dieser Wandel wird selten so augenfällig wie in Kirchenbauten, die einer anderen Nutzung zugeführt, also profanisiert wurden. Die zweite Perspektive ist eine Reflexion der Frage, was Kirche von ihrem Selbstverständnis und Wesen her eigentlich ist. Die kurzen Zitate bieten die Möglichkeit, sich darüber erste Gedanken zu machen.
Ziel dieser DS ist es somit, Sch durch das Bild der profanisierten Kirche in einen Reflexionsprozess über die Kirche und ihr eigenes Kirchenverständnis zu bringen. Dieses Nachdenken über Kirche erhält dann durch die Zitate eine theologische Pointierung.

Umsetzen

■ **Kirche ist … / Kirche ist nicht …** Dieser AA regt Sch an, ihr eigenes Verständnis von Kirche zu formulieren und sich darüber hinaus mit den angebotenen Zitaten auseinanderzusetzen. Der gemeinsame Kern dessen, was hier unter Kirche verstanden wird, ist, dass Kirche sich als Gemeinschaft von Menschen begreift, die sich in eine lebendige Nachfolge Jesu begeben.
Methodisch können die Zitate oder Sätze auf DIN-A-4-Blätter geschrieben und dann für alle Sch sichtbar an der Tafel befestigt werden. In der Gesamtschau auf alle Zitate diskutieren Sch ihre Vorstellungen von Kirche. Durch die Aufforderung von L zur Zuordnung der einzelnen Aussagen zu bestimmten Oberbegriffen, wie z. B. Ämter, Gruppen, Liturgie, Aufgaben etc., lässt sich die kreative Erarbeitungsphase systematisieren und konzentrieren.

■ **Nikolaikirche.** Das Foto dient als Anregung zur Auseinandersetzung, welche Funktion Kirche heute erfüllt bzw. erfüllen soll. Dabei ist es nicht notwendig, die historische Situation der Kirchen in der DDR eingehend zu thematisieren. Es sollte jedoch deutlich werden, wie sich der Prozess gesellschaftlicher Säkularisierung auf die Kirchen auswirkt. Außerdem nehmen Sch eine erste Wertung dieses Prozesses vor und binden ihre Überlegungen zur Funktion von Kirche wieder an die Frage ihres Selbstverständnisses zurück.

Weiterführen

■ **Profanisierung von Kirchen.** Um dieses Thema zu vertiefen, bereiten Sch eine Diskussion vor, in der über die Profanisierung einer Kirche verhandelt wird – passend wäre es, sie würden eine ihrer Heimatkirchen in der Diskussion zur Disposition stellen. Möglich sind folgende Rollen: Pfarrer; in dieser Kirche getrautes Ehepaar; Messdiener/innen; Tourismusbeauftragter der Stadt; Generalvikar des Bischofs (zuständig für die Finanzen); Mann oder Frau, die schon ihr ganzes Leben (Taufe, Kommunion, Firmung, Heirat …) mit der Kirche verbracht haben; Bürgermeister; Investor, der diese Kirche umbauen möchte. Um eine angeregte Diskussion zu erreichen, ist es notwendig, dass Sch gut vorbereitet in das Gespräch gehen. Folgende Punkte sind in GA oder PA zu klären:
- Klärung der Motive;
- Formulieren eines kurzen Statements;
- Argumente überlegen.

Die Klasse wählt eine/n Diskussionsleiter/in. Nach der Gesprächsrunde tauschen sich Sch über die Diskussion aus und beurteilen die Motive.

■ **Kirchenkritik.** Perry Schmidt-Leukel liefert im kurzen Text auf **M 2.1, S. 73** eine ganze Reihe von Argumenten, die kritisch gegen die Kirche angeführt werden. Einige der hier erwähnten Aspekte sind vielleicht schon im Gespräch mit den Sch aufgetaucht. Sie bilden damit einen gewissen Gegenpol zu den positiven Formulierungen der Zitate auf der DS.
In dieser in EA zu leistenden Textarbeit fixieren Sch systematisch diese kritischen Argumentationsmuster, die die Begründung von Kirche elementar betreffen. Ausgehend von der Textarbeit fordert L, Fragen an die Kirche zu stellen und auch schriftlich zu formulieren, die im weiteren Verlauf der Auseinandersetzung mit der LL beantwortet werden können. Gleichzeitig erhält L dadurch einen Einblick in die Interessenslage der Sch und kann seine Schwerpunktsetzungen daraufhin abstimmen.

Ansetzen

Die Bezeichnung »Ekklesia« wird im NT vor allem für die einzelnen Orts- und Hausgemeinden verwendet, nicht so sehr für die Gesamt- bzw. Großkirche. »Kirche« ist in erster Linie die zum Gottesdienst versammelte (kleine) Gemeinde. Hier, in der Liturgie, ereignet sich »Kirche« konkret; im Gottesdienst geschieht Verkündigung, welche die aktuelle Situation der Gläubigen betrifft. So wird Liturgie im Gottesdienst zur wirkmächtigen, lebendigen und damit verändernden Erinnerung. Gleichheit und Geschwisterlichkeit, Nächstenliebe und Feindesliebe, Vergebung und Versöhnung werden hautnah erfahren. Auf S. 26 ist in kurzer Form die geschichtliche Entwicklung der Liturgie erläutert, die Sch wenig oder gar nicht bekannt sein dürfte.

S. 27 stellt ein Projekt von Jugendkirche/-liturgie vor. In einem Aufsatz »Was fängt Jugend mit der Kirche an? Was fängt die Kirche mit der Jugend an?« setzt sich der verstorbene Aachener Bischof Klaus Hemmerle mit einer kirchlichen Option für die Jugend auseinander (vgl. Klaus Hemmerle, Was fängt die Jugend mit der Kirche an? Was fängt die Kirche mit der Jugend an? In: Reinhart Feiter (Hg.), Klaus Hemmerle, Ausgewählte Schriften. Bd. 4, Freiburg u. a. 1996, S. 324-329). Er liefert in seinen Ausführungen eine theologische Begründung für eine Jugendpastoral, die Jugendliche als Subjekte wahrnimmt und ihre Lebenswelt konkret u. a. in die Gestaltung von Gottesdienst einbezieht. Inzwischen ist auf katholischer und evangelischer Seite eine Reihe von innovativen Projekten entstanden, in denen Jugendliche Raum für die Erprobung eigener Formen gelebten Glaubens finden, um der zunehmenden Entfremdung von Jugend und Kirche entgegenzutreten. Das hier vorgestellte Projekt, die Jugendkirche TABGHA in Oberhausen, wurde im Advent 2000 mit einer Messfeier eröffnet. Neben feierlicher Orgelmusik zum Einzug hörte man selbst getexteten TABGHA-Rap, sah die Zehn Gebote in Form riesiger Graffitis, sang Neues Geistliches Lied; zur liturgischen Feier gehörten ebenso Gospelmusik und Tanzeinlagen. Grundsätzlich ist es den Verantwortlichen wichtig, liturgische Feiern in Szene zu setzen. Das dürfe jedoch nicht mit Effekthascherei gleichgesetzt werden. Die in der liturgischen Tradition vorzufindenden Elemente seien neu zu entdecken und in die liturgische Feier einzubringen. Es gehe um eine Liturgie, die den ganzen Menschen – mit all seinen Sinnen – ansprechen möchte (vgl. Marcus Minten, Bernd Wolharn, Alles für den Herrn?!? Liturgie in TABGHA – Jugendkirche Oberhausen, in: Hans Hobelsberger u. a. (Hg.), Experiment Jugendkirche. Event und Spiritualität, Kevelaer 2003, S. 53-62). Sch werden auf dieser Seite eingeladen, eine Form der Jugendliturgie näher kennenzulernen und sich kritisch damit auseinanderzusetzen.

Umsetzen

Liturgie. Der Handlungsimpuls zielt darauf, anhand der Entwicklung der Liturgie das sich verändernde Selbstverständnis der Kirche und ihrer Gläubigen deutlich zu machen. Folgend wird beispielhaft die vorgeschlagene Tabelle vorgestellt.

Entwicklung der Liturgie	Selbstverständnis der Kirche
1. Jh.: Gottesdienst als Erinnerungsfeier an Abendmahl, Leiden, Tod und Auferstehung Jesu Christi; Verbundenheit mit jüdischem Synagogengottesdienst; Ort der gegenseitigen Hilfe; Treffpunkt in Privathäusern	mit dem Judentum verbunden; privat agierend; charismatische Struktur
2.-4. Jh.: Kirchen, Basiliken entstehen (vgl. Verbreitung im Mittelmeerraum); Altar als Mittelpunkt des Gottesdienstes (vgl. Reliquien); erste Festlegung des Ablaufs des Gottesdienstes (Wortgottesdienst und Eucharistiefeier)	Loslösung vom Judentum; Selbstbewusstsein einer großen Glaubensgemeinschaft; Unterscheidung in Klerus und Laien
6. Jh.: Entwicklung der römischen Messfeier (vgl. römischer Kanon, Lektionare, liturgische Bücher); Latein als Welt- und Kirchensprache; liturgische Farben	Entwicklung zur »weltweit« agierenden Institution mit festgelegtem Glaubenskodex und entsprechender Administration
Vat II.: Reformation der röm.-kath. Messfeier; Hervorhebung des Wortgottesdienstes; Mitwirkung aller Gläubigen (vgl. z. B. Lektoren, Kommunionhelfer); Gottesdienst in der Landessprache	Wertschätzung aller Gläubigen; Kirche in der Welt von heute; Kirche als Volk Gottes

Es bietet sich im Zusammenhang mit diesem Handlungsimpuls an, das Kirchenbild des Zweiten Vatikanischen Konzils näher zu betrachten (vgl. Weiterführen).

■ **Eindrücke.** Sch stellen hierbei fest, dass die Jugendkirche durchaus den Charakter einer Kirche hat (vgl. Kreuz, Altar, Orgel), aber sogleich auch etwas, was ihnen fremd ist: z. B. die Sitzreihen im Oval; die Gerüste wie von einem Kran oder die Luftballone in den Händen der Gottesdienstbesucher. Die Lerngruppe wird feststellen, dass die Jugendkirche besonders die Gemeinschaft der Gläubigen betont und Projekt- bzw. Eventcharakter hat. Dieser anfängliche Eindruck von TABGHA lässt sich durch die Internetrecherche verstärken. Anschließend daran wird mit den Sch diskutiert, was sie von einer solchen Erscheinung von Kirche halten.

■ **Grundanliegen und Eigensicht.** Der Handlungsimpuls kann im ersten Teil als EA vollzogen werden, indem den Sch die Situation vorgestellt wird, dass sie einen Jugendgottesdienst in TABGHA/Oberhausen besucht hätten und nun anschließend ihre Eindrücke in ihrer Schülerzeitung darzulegen haben.
Für den Vergleich zwischen einem Jugendgottesdienst in TABGHA und einem Gottesdienst in der jeweiligen Heimatgemeinde bietet es sich an, den Jugendlichen einen Gottesdienstablaufplan an die Hand zu geben. Dieser kann auch im »Gotteslob«, dem Gebet- und Gesangbuch der Erzdiözese Freiburg bzw. der Diözese Rottenburg-Stuttgart, unter der Nummer 352, nachgelesen werden. So erfahren die Jugendlichen u. a., wo sie sich, wenn sie selbstständig einen Gottesdienst gestalten wollen, informieren können. Auch ist es vorstellbar, gemeinsam mit der Lerngruppe einen Gottesdienst zu besuchen (mit dem oben aufgeführten Ablaufplan), sodass Sch einen authentischen Gottesdienst für ihren Vergleich vor Augen haben.

■ **Gestaltung.** Für L gibt es zur Information im Materialteil zu dieser LL eine Darstellung der hier nicht ausformulierten Elemente der Jugendkirche TABGHA in Oberhausen (vgl. **M 2.2, S. 74**). Der Handlungsimpuls wird als GA bearbeitet. Wie auch die Darstellung des Elementes »Ich glaube« (vgl. **M 2.2, S. 74**) anregt, können Sch dazu aufgefordert werden, ihr eigenes Credo zu formulieren. Als Impuls dazu werden den Sch moderne, perspektivische Varianten des Credos vorgestellt (vgl. **M 2.3, S. 75f.**).

■ **Jugendkirche und Liturgie.** Eine Kombination dieses Handlungsimpulses mit dem AA »Liturgie« ist möglich. Zur Bearbeitung dieses Handlungsimpulses werden zwei Möglichkeiten vorgestellt: Entweder sammeln Sch in Pro- und Kontra-Gruppen entsprechende Argumente und stellen sie anschließend in der Gesamtgruppe vor.
Oder Sch versetzen sich in die Situation, dass sie als Sachverständige einer Liturgiekommission ein Gutachten zur Jugendkirche TABGHA erstellen, das Auskunft darüber erteilt, ob und inwiefern diese Gottesdienstform angesichts der liturgischen Tradition verantwortbar ist.
Ein erhellender Aufsatz für die Lehrerhand zu diesem Thema ist: Klaus Gerhards, »Ich finde, die Jugendkirche sollte keine ›Villa Kunterbunt‹ werden ...« Der Kirchenraum als Erfahrungsort – Gestaltung und Aneignung, in: Hans Hobelsberger u. a. (Hg.). Experiment Jugendkirche. Event und Spiritualität, Kevelaer 2003, S. 75-89.

Weiterführen

■ **Kirche als Volk Gottes.** Um den Aufbruch in der römisch-katholischen Kirche gerade auch im liturgischen Bereich besser für Sch verständlich zu machen, empfiehlt es sich mit dem Kirchenbild des II. Vatikanischen Konzils zu beschäftigen.

- Dabei könnten den Jugendlichen vor der Beschäftigung mit dem Text verschiedene Kirchenbilder an die Hand gegeben werden (z. B. Petersdom = Rom zentrierte Kirche; Kirche in Schwarzafrika = weltweite Kirche für die Armen; Grabeskirche in Jerusalem = Wurzel im Judentum; Trinity church in New York = Kirche in der Welt von heute; Andenwallfahrt = Menschen machen Kirche aus, Kirche in Bewegung; einsame Kapelle = Einsamkeit, Stille, Nähe zu Gott; Freiburger Münster = »Himmel aus Stein«, Kirche zur Ehre Gottes). Sch suchen sich ein Kirchenbild aus und begründen ihre Auswahl.
- Es wird darüber reflektiert, warum es sinnvoll ist, mittels Bilder über die Kirche zu sprechen (= Kirche ist so vielfältig; über sie lässt sich nicht mit einer rein begrifflichen, definitorischen Sprache sprechen).
- Nun überlegen Sch, was mit dem Kirchenbild des Volkes Gottes gemeint ist.
- Zum Abschluss liest die Lerngruppe den entsprechenden Text zum Volk Gottes aus dem Erwachsenenkatechismus (vgl. **M 2.4, S. 77f.**) und ermittelt in EA wichtige Charakteristika der Kirche als Volk Gottes.

Ansetzen

Die *Diakonia* zählt neben der *Martyria* (Glaubensverkündigung), *Liturgia* (Gottesdienst) und *Koinonia* (Gemeinschaft der Gläubigen) zu den Grundvollzügen der Kirche. Diese stellen Bereiche kirchlichen Selbstverständnisses dar, die sich gegenseitig bedingen und nicht voneinander losgelöst gesehen werden dürfen. Das Wort Diakonia stammt aus dem Griechischen und bedeutet so viel wie »dienen«, »helfen«, »sorgen für«. In der theologischen Reflexion als auch im konkreten Tun christlicher Existenz stellt sich die Frage, wie dieses Dienen individuell und öffentlich-politisch gestaltet werden soll. Vorbild für die Diakonia ist die frei gewählte Hingabe Jesu an die Menschen. Sein Dienst für die Menschen war geprägt von Bedingungslosigkeit. Er verzichtete auf gängige Machtansprüche, die gerade nicht Zuwendung, sondern Abhängigkeit hervorrufen. Nur so ermöglichte Jesus Menschen, die der Hilfe bedurften, Befreiung und Heil. Gerade in diesem jesuanischen Sinn hat die Diakonia der zum Kyrios Gehörigen (griech. *kyriake*; dt. Kirche) eine konkrete gesellschaftsverändernde und damit politische Komponente, weil sie ideologischem Machtmissbrauch, Abhängigkeiten und Privilegien entgegenwirkt.

Diese DS betont die solidarische und die politische Seite der christlichen Diakonie. Die Jugendaktion »Weltbessermacher«, die vom Hilfswerk Misereor, der christlich motivierten Musikgruppe »Wise Guys« und dem BDKJ ins Leben gerufen wurde, spricht Jugendliche an, die sich »nicht mit Ungerechtigkeiten und Gleichgültigkeit abfinden wollen«, so zu lesen auf ihrem Internetauftritt www.weltbessermacher.de. Die Jugendlichen werden aufgefordert, zusammen mit Freunden, mit der Klasse oder der Jugendgruppe ein offizielles »Weltbessermacher«-Team zu gründen. Für die »Weltverbesserer« gibt es Projektvorschläge im Internet oder das Team kann sich auch ein Projekt direkt vor Ort suchen. Mit diesem Projekt kann man sich bewerben und bei einem Spiel um den Platz des besten »Weltbessermacher«-Teams mitmachen.

Ein Unterstützer der genannten Aktion ist das katholische Hilfswerk Misereor. Wie Kirche weltweit hilft und anpackt, darüber werden Sch durch die Beschäftigung mit Misereor informiert. Sie erfahren dabei, dass schon kleine Schritte, wie die Initiative »two for one world« (»Mit 2 € im Monat helfen«) große Wirkung haben können. Die Initiative »two for one world« ist mit der Aktion »Weltbessermacher« inhaltlich und organisatorisch (vgl. Text »Misereor«, S. 28) verbunden.

Durch das Thema »Kirchenasyl« auf dieser DS soll deutlich werden, inwiefern Solidarität mit politischer Einmischung zu tun hat. Das, was Sch durch die Beschäftigung mit Projekten von Misereor als menschliche Not in der sogenannten Dritten Welt erfahren, rückt ganz nah durch Flüchtlinge, die in der Angst vor Abschiebung, erneuter Gefahr für Leib und Leben sowie wiederkehrender Not das Kirchenasyl aufsuchen. Eine Dokumentation der ökumenischen Arbeitsgemeinschaft »Asyl in der Kirche« informiert anlässlich der Wanderausstellung »20 Jahre Asyl in der Kirche« umfassend zu diesem Thema:

Asyl in der Kirche. Eine Dokumentation, hg. von der Bundesarbeitsgemeinschaft Asyl in der Kirche, Zusammenstellung und Auswahl Helge David, mit Textbeiträgen von Beate Sträter, Karlsruhe 2004.

Umsetzen

■ **Blitzlicht.** Der Handlungsimpuls ist als Annäherung an die »Weltbessermacher«-Aktion gedacht. Mittels eines Brainstormings sammeln Sch ihre Gedanken zum Plakat und verfassen anschließend in KG eine Projektbeschreibung.

■ **Kreuz und Kinderkarre.** Das Foto ist als Einstimmung zum Thema »Kirchenasyl« gedacht und macht besonders auf die Situation von Kindern im Kirchenasyl aufmerksam. Es entstand im Zusammenhang eines Langzeitkirchenasyls, das sich über mehrere Jahre hinzog, und ist der unter »Ansetzen« genannten Dokumentation »Asyl in der Kirche« entnommen. Für die Flüchtlinge bedeutet das Langzeitasyl ein Leben im Provisorium. Besonders schwierig ist die Situation für Kinder und Jugendliche. Zum Teil ist eine Beschulung weiter möglich, aber es kann auch sein, dass z. B. beim Gang zum Kindergarten die Verhaftung droht. So müssen die Kinder sich den eingeschränkten Lebensbedingungen des Kirchenasyls unterordnen und Verständnis für eine Situation aufbringen, die selbst Erwachsene überfordert. Darüber hinaus wird ihnen als Sprachmittler oft eine große Verantwortung übertragen. Denn es kann sein, dass die Kinder in Deutschland geboren sind, das Herkunftsland ihrer Eltern gar nicht kennen und hier in Deutschland gut integriert sind. Für sie bedeutet eine Abschiebung eine Katastrophe, da sie ihren ganzen Lebenszusammenhang verlieren.

Alternative: Sch stellen in PA Fragen an das Bild. Anschließend daran stellt L den inhaltlichen Zusammenhang des Fotos, wie er oben beschrieben wird, vor.

Fastenaktion. Die Information, die über Misereor in GA zusammengetragen werden, stellt die jeweilige KG auf einem Plakat vor. Für die GA bietet es sich an, die Punkte, die auch die Homepage von Misereor vorschlägt, arbeitsteilig an die verschiedenen Gruppen zu verteilen. So entstehen Plakate zu folgenden Themen: Spenden, Projekte, Themen, Aktionen, »Über uns«.
Eine erprobte Initiative, die schon seit vielen Jahren Menschen und besonders Jugendliche zur konkreten Solidarität mit den Armen in der Welt aktiviert und auch spirituell begleitet, ist die bundesweite Fastenaktion von Misereor. Unter www.eine-welt-shop.de/silver.econtent/catalog/mvg/misereor findet man Informationen und das Angebot umfangreichen Materials zu den Fastenaktionen.

Eigeninitiative. Wenn Sch auf ein vorgegebenes Projekt zurückgreifen wollen, sind die Möglichkeiten, die unter www.weltbessermacher.de/2009/was-ist.php angegeben sind, zur Eigeninitiative sehr anregend. Den Icons von »Engel«, »Helden«, »Retter«, »Heilige« und »Feen« sind verschiedene und unterschiedlich aufwändige Aktionsideen zugeordnet.
Bei der Projektplanung, die als GA stattfindet, ist auf Folgendes zu achten:

- gemeinsam eine Zielidee zu formulieren und die zu nennen, denen das Projekt zugute kommen soll;
- ein Zeitraster zu erstellen, innerhalb dessen die Aktion erfolgen soll;
- Aktionsschritte zu beschreiben und die Personen zu benennen, die sich für den jeweiligen Aktionsschritt verantwortlich zeigen.

Konflikte. Sch erhalten folgende Informationen zu den aufgelisteten Bibelstellen:

- Dtn 26,5: Der Vers ist dem kleinen heilsgeschichtlichen Credo entnommen. Im Mittelpunkt steht das Bekenntnis zu Jahwe als dem Gott, der das unterdrückte Volk Israel aus Ägypten befreit hat. Die Errettung aus der Unfreiheit und Heimatlosigkeit ist die zentrale Glaubenserfahrung Israels.
- Lev 19,33-34: Aus der grundlegenden Erfahrung der eigenen Fremdheit (vgl. Dtn 26,5 »heimatloser Aramäer«) entsteht im Volk Israel das Gebot, den Fremden wie einen Einheimischen zu behandeln und ihm Sesshaftigkeit zuzugestehen.
- Mt 22,15-22: Auf die Frage der Pharisäer als Feinde des römischen Kaisers und der Herodianer als Kollaborateure des römischen Kaisers antwortet Jesus: »Gebt dem Kaiser, was des Kaisers ist, und Gott, was Gottes ist.« Oft wird dieser Satz gebraucht, um eine Art Zweiteilung zu beschreiben, einen Bereich, in dem die Mächte der Welt am Werk sind, und einen anderen, in dem die Sache Gottes aufgehoben ist. Aber es heißt in Jesu Antwort zwei Mal »Gebt« – gebt materiell nach der Logik dieser Welt und gebt mit Geist, im Sinne Gottes. Das Geben ist der Schlüssel zu diesem »und«. So gibt es kein »entweder-oder« zwischen Kapital-/Staatsdienst und Gottesdienst. Jedes hat seine Bedeutung, in uns Menschen kommt dieses »und« zusammen. Wir sind dieselben, ob wir als Staatsbürger oder als Gottesgläubige geben.
- Mt 25,35-40: Mit diesem Textstück enden die Reden im Matthäus-Evangelium. Im Weltgericht des Menschensohnes wird nach dem Tun des Menschen entschieden; von Glaube und Bekenntnis ist keine Rede. Mitmenschen, die hungrig, durstig, fremd, nackt, krank oder gefangen sind, werden zum Kriterium der eigenen Menschlichkeit. Konkrete Hilfeleistungen entscheiden hier über Heil oder Unheil.
- Apg 5,29: Dieses Wort von Petrus vor dem Hohen Rat wurde zum theologisch-ethischen Leitwort der Kirchenasylbewegung. Die Kirchenasylbewegung sagt, dass es eine Grenze gibt für den Gehorsam gegenüber den Regierenden, nämlich da, wo das Leben und die Würde von Menschen – heute würde man von vorstaatlichen Menschenrechten sprechen – auf dem Spiel stehen.
- Röm 13,1: Paulus spricht hier den Grundsatz vom göttlichen Ursprung der obrigkeitlichen Gewalt aus, von der er allerdings voraussetzt, dass sie rechtmäßig und zum Wohl der Menschen ausgeübt wird. Gleichzeitig sagt Paulus damit auch, dass die christliche Religion nicht nur das je eigene ethische Leben durchdringt, sondern auch das staatsbürgerliche.
- Hebr 13,2: Die Bibelstelle aus dem Hebräerbrief rekurriert auf die alttestamentliche Gastfreundschaft, die, wie Lev 19,33-34 zeigt, gerade gegenüber dem Fremden gilt.

Wichtig ist, dass bei und nach der Auslegung der Bibelstellen ergebnisoffen in der Klasse diskutiert wird. Es muss keine gänzlich schlüssige, biblische Argumentation für oder gegen das Kirchenasyl gefunden werden.
Für die Diskussion um Folgen und Konflikte für die, die Kirchenasyl gewähren, sind unter »Weiterführen« zusätzliche Materialien (vgl. »Recht und Unrecht«) besprochen und angegeben. Außerdem gibt es in der LL »Jesus – die Spur von morgen« auf der DS »Vorrang geben« (S. 110-111) eine thematische Einheit zur Anwendung des deutschen Aufenthaltsgesetzes auf einen Flüchtlingsfall.

»Two for one world«. Mit der 2-Euro-Aktion werden Straßenkinder in Indien, ehemalige Kindersoldaten in Liberia, Kinder und Jugendliche in den Elendsvierteln von Argentinien und Farmarbeiterkinder am Kap in Südafrika unterstützt. Sch informieren sich in arbeitsteiliger GA unter www.2-euro-helfen.de/ über konkrete Möglichkeiten der Unterstützung. Anschließend wird die Frage diskutiert, ob karitativ-soziale Hilfe auch politisches Engagement bedeutet und ob dieses politische Engagement als Grundvollzug der Kirche für legitim angesehen wird.

Weiterführen

■ **Recht und Unrecht.** Zur Frage, welche Konsequenzen und Konflikte auf eine Gemeinde zukommen, die sich zum Kirchenasyl für Flüchtlinge entschlossen hat, wird:

- als Folie »Justitia – Kriminalisierung des Kirchenasyls« (vgl. **M 2.5, S. 79**) aufgelegt. Sch stellen bei der Betrachtung der Folie fest, dass Gewährung von Kirchenasyl als kriminelle Handlung gesehen wird.
- in EA der Text »Recht und Unrecht« (vgl. **M 2.6, S. 80f.**) unter der Fragestellung, welche Argumente Gegner und welche Begründungen Befürworter des Kirchenasyls vorbringen, bearbeitet.
- gemeinsam nach der Besprechung des Textes der Satz des ehemaligen Bundestagsabgeordneten Dr. Burkhard Hirsch bedacht: »Kirchenasyl – legitim, aber nicht legal.«

■ **Help for refugee children.** Im Lehrerkommentar zur Eingangsdoppelseite der LL »Meine Welt – eine Welt« (S. 22f.) findet sich unter »Weiterführen« die Projektarbeit »Help for refugee children«. Sie beschäftigt sich mit dem Schicksal von minderjährigen Flüchtlingen. Im Zusammenhang mit der politisch motivierten Hilfe von ChristInnen für Flüchtlinge bietet sich auch die Bearbeitung der genannten Projektarbeit an.

Kirche bekennt ihren Glauben   AUSFLUG   30 | 31

Ansetzen

Auf den beiden vorherigen DS 26/27 und 28/29 wurden im Kontext der Grundvollzüge der Kirche die beiden Dimensionen Liturgia und Diakonia thematisiert. Diese DS konzentriert sich auf die Martyria, das glaubwürdige und radikale Bekenntnis des Einzelnen sowie der Kirche zu Jesus. Auf diese DS folgen drei DS zum Thema Kirche im Nationalsozialismus. Es gibt von daher zwei Möglichkeiten, diese DS in den RU zu integrieren: vor der Behandlung des Themas »Kirche im Nationalsozialismus«, um so auch einen ekklesiologischen Deutungsrahmen zu besitzen, oder nach der Auseinandersetzung, um eine Bewertung des Verhaltens im Kontext des Selbstverständnisses der Kirche zu leisten. Der Spannungsbogen dieser DS ergibt sich zwischen den Polen Individuum und Gemeinschaft sowie Individualität und Konformität. Dabei bildet das Bild der Plastik von Katharina Fritsch den neuralgischen Punkt, um den sich das Unterrichtsgeschehen dreht. Für Sch der zehnten Klasse stellt dieser Spannungsbogen gleichzeitig auch ein existenzielles Thema dar, denn in dieser Entwicklungsphase bildet sich nach Ablösung vom Elternhaus im Rahmen der eigenen Identitätsfindung ein empfindsames Gespür dafür heraus, wie sich das Ich vor dem Wir behaupten und legitimieren kann. In dieser Phase ereignet sich teilweise demonstrativ die Abkehr von den Menschen und Institutionen, die als Einschränkung für die eigene Ich-Bildung angesehen werden. Gerade die Kirche erfährt von daher als Institution scharfe Ablehnung – wobei andererseits emotional motivierte Gruppenerfahrungen für Sch wichtig sind und werden. Ziel dieser DS ist es daher, den eigenen Verständnishorizont zu festigen und gleichzeitig deutlich zu machen, dass mit dieser Ich-Stärkung zugleich eine glaubwürdig gelebte Verantwortung für das Du und Wir impliziert ist.

Umsetzen

■ **Traum von Kirche.** Mit diesem AA erarbeiten sich Sch die Grundgedanken des Textes »Ein Traum von Kirche« von Paul Zulehner. Sinnvoll ist es, diesen Text mit den Sch zunächst im RU laut zu lesen, um daran anschließend Verständnisfragen zu klären. Schon die Überschrift »Ein Traum von Kirche« legt nahe, sich auch mit der »Wirklichkeit von Kirche« zu beschäftigen. Es sollte also zunächst der Begriff Traum geklärt werden – motivierend kann dies mit Verweis auf Martin Luther King, »I have a dream«, geschehen.
Die Textsicherung erfolgt im TA, wobei eine Dreiteilung der Tafel Raum für Diskussionen und Vertiefung eröffnet, wenn auf der rechten Seite die Aspekte des Traums stehen und im UG gesammelt wird, wie entsprechend oder dagegen die Wirklichkeit aussieht.
Die Mitte der Tafel bleibt zunächst frei.
Zentral ist herauszuarbeiten, dass der individuelle, Mut machende Traum nicht beim träumenden Menschen verbleibt, sondern vom Menschen als Auftrag begriffen wird, in dieser Welt diesen Traum vom Leben liebenden Gott für sich und andere Wirklichkeit werden zu lassen.

■ **Standpunkt.** Der frei gelassene Mittelteil im TA wird nun mit dieser Spitzmarke gefüllt. In stiller EA positionieren sich Sch, indem sie sich den einzelnen Aspekten näher oder mit größerer Distanz zuordnen. Die Diskussion in der Klasse greift die Mängel und Hoffnungen auf und fragt nach, was der Einzelne zum Erreichen beitragen kann. Gleichzeitig ist die Frage relevant, ob Sch sich überhaupt in diesem Spannungsfeld sehen oder ob sie sich nicht am liebsten jenseits der Kirche verorten wollen.

■ **In der Welt.** Es ist von großer Bedeutung, ob der Mensch nur einem Traum nachhängt oder ob dieser Traum eine Rechtfertigung durch die Wirklichkeit erfährt. Sehr schnell mutiert der Traum zum Trugbild, zur verselbstständigten Vision, die nicht mehr realitätstauglich ist und somit Gefahr läuft, in einen Fundamentalismus abzudriften. Andererseits öffnet sich natürlich in diesem Zusammenhang das Tor der Religionskritik und rechtfertigt den Vorwurf Feuerbachs, wonach Religion nur eine Projektion des Menschen sei. Um dieser Gefahr zu entgehen, beurteilen Sch mithilfe des Sachtextes über die Martyria die Fundamentalismusresistenz bzw. Wirklichkeitstauglichkeit des von Zulehner angesprochenen Traumes von Kirche. Sie erarbeiten in EA aus dem Text den Grundgedanken, wonach Martyria das authentische Zeugnis in und für die Welt (politische Dimension) bedeutet, dessen Kraft sich aus dem beispielgebenden Leben Jesu schöpft.

■ **Anschauung.** Zentral für diese DS ist die Skulptur von Katharina Fritsch.
Der AA, einen Titel für diese Plastik zu formulieren, dokumentiert ein erstes Verstehen der Sch. Im Gespräch ist es wichtig, Sch auch ihre Formulierung begründen zu lassen. In Erweiterung dieses ersten Interpretationsansatzes formulieren sie dann einen Monolg für eine der Figuren. Erfahrungsgemäß beinhaltet er Aspekte von Gemeinschaft und Verwechselbarkeit in der großen Masse.

■ **Dialog.** Der Dialog über dieses Kunstwerk greift auf die Ergebnisse der Textarbeit zurück und bringt somit zum Ausdruck, ob Sch das Gelernte anwenden und problematisieren können. Dabei können durchaus unterschiedliche Ansätze geäußert werden, je nachdem wie Sch die Arbeit von Fritsch auffassen. So ist es möglich, dass einige darin ein negatives Bild von Kirche sehen, die alle gleichmacht, oder aber die Gesellschaft, die die Botschaft der Kirche vom würdigen Individuum verkündet.

Katharina Fritsch, Tischgesellschaft (1998)
Die Skulptur Tischgesellschaft, aus dem Jahr 1998, der 1956 in Essen geborenen Künstlerin Katharina Fritsch, zeigt 32 sich gegenübersitzende Männer an einem langen Tisch. Diese aus Plastik hergestellte Skulptur befindet sich im Museum für Moderne Kunst (MMK) in Frankfurt am Main. Das Kunstwerk weist die charakteristischen Farben von Fritsch auf: Weiß, Schwarz und Rot. In dem 16 Meter langen Ensemble sitzen sich identische, lebensgroß gestaltete Männer in einer fast meditierenden Pose gegenüber, der Eindruck eines Refektoriums drängt sich auf; Vorbild war ein Freund der Künstlerin. Durch den Faltenwurf des schwarzen Hemdes und die geschlossenen Augen scheint jeder ein Individuum zu sein, doch in ihrer 31-fachen Reproduktion werden die Männer beliebig und verwechselbar. So wirken sie wie eine anonyme, letzlich doch gesichtslose Masse, der jegliche Aktivität abhanden gekommen ist. Die Uniformität entindividualisiert und verstärkt den Eindruck der Kommunikationslosigkeit. Unruhe ergibt sich durch die psychedelisch gemusterte rot-weiße Tischdecke. Der Blick des Betrachters aber gerät durch dieses Muster in Unruhe und verstört die Monotonie dieser Szenerie. Zunehmend wächst die Beklemmung ins fast Albtraumhafte, in der das Ich sich verliert.

■ **Veränderung gestalten.** Zur Vorlage des Plakates bietet es sich an, dass L das Bild vergrößert auf ein DIN-A3 oder A4-Blatt in Schwarz-Weiß so kopiert hat, dass die Farbkontraste sehr schwach hervortreten und ggf. sogar Konturen nachgezeichnet werden müssen. Mit dieser Vorlage gestalten Sch das Bild, indem sie z. B. die Figuren bunt anmalen, die Augen öffnen, Sprechblasen einzeichnen oder Gegenstände auf den Tisch malen. Als Collage ergänzen sie Figuren aus Zeitungen oder setzen andere Köpfe auf die Körper auf. Künstlerisch begabte Sch nehmen das Bild nur als Vorlage und gestalten ein eigenes Kunstwerk. Manche können auch über alle Figuren eine große Vision malen, die mit geschlossenen Augen im Rahmen mystischer Offenbarung gesehen wird, oder einen Traum in die obere Bildhäfte einmalen. In dieser kreativen Zugangsweise verändern Sch etwas Vorgegebenes und interpretieren dadurch die auf dieser DS gewonnenen Einsichten. Ein abschließender Museumsgang macht für alle Sch sichtbar, wie sie Kirche verstehen, was sie sich wünschen oder auch was sie ablehnen.

Weiterführen

■ **Mönch.** Im Kontrast zu der Plastik »Tischgesellschaft« steht die Plastik »Mönch«, 1999, ebenfalls von Katharina Fritsch. Die angedeutete Möglichkeit, die Tischgesellschaft als eine mönchische im Refektorium zu verstehen, bietet sich angesichts der Plastik Mönch an (unter www.artic.edu Stichwort Katharina Fritsch zu finden).
Vor dem Betrachter steht in Lebensgröße eine pechschwarze, aus Plastik geschaffene Figur im Mönchshabit. Die Schwärze der Plastik scheint alles Licht zu absorbieren. Dieser Moment dynamischer Konzentration wird durch die scharfen Gesichtszüge des Mannes unterstrichen, der mit geschlossenen Augen verharrt. Die Farbgebung entzieht dieser Figur aber jegliche Individualität und in dieser Abwesenheit von jeder Gefühlsregung wird der Mönch zum Ausdruck innerster Konzentration – eine Einladung zum Schweigen.
Die Diskussion um diese Plastik, nach einer intensiven Bildbetrachtung, kann an zwei Momenten ansetzen:

- Stellt euch vor, ihr sollt für eine Ausstellung beide Skulpturen in einem Raum zum Thema Kirche installieren. Überlegt euch, wie ihr die Kunstwerke zueinander positioniert und welche zusätzlichen Gegenstände ihr dazustellt. Formuliert eine Beschreibung dieses Raumes für den Ausstellungskatalog.
- Ihr dürft diese Plastik in eurer Kirche aufstellen. Wo stellt ihr sie hin? Schreibt auf, zu welchem Anlass sie ein liturgischer Gegenstand des Gottesdienstes sein wird?

■ **Die große Stille.** Sollte es in einer Lerngruppe Interesse an klösterlichen Lebensformen geben, so kann mit dieser der Film »Die große Stille« angeschaut werden. Er liefert einen interessanten Einblick in das Ordensleben der Karthäuser. Daneben aber bietet der Film die Möglichkeit, über den Gedanken der Martyria intensiv nachzudenken. Der Film ist sehr lang und lässt sich wohl nur in Ausschnitten anschauen.

Kirche und Nationalsozialismus

AUSFLUG

32 | 33

Ansetzen

Nach der Thematisierung der drei Grundvollzüge Liturgia (DS 26/27), Diakonia (DS 28/29) und Martyria (DS 30/31) wird in dieser und den beiden folgenden DS ein historischer Schwerpunkt auf die Zeit der nationalsozialistischen Diktatur in Deutschland gelegt, die eine besondere Herausforderung für die Kirchen darstellte. Welche Haltung die katholische Kirche als Institution einnahm und welches Zeugnis einzelner Christen dieser Zeit bekannt ist, wird auf den DS exemplarisch vorgestellt.
In der gebotenen Kürze können in MITTENDRIN 3 nur einige zentrale Dokumente behandelt werden. Es ist sinnvoll, die UE zeitlich und inhaltlich mit dem Geschichtsunterricht und dem ev. RU abzustimmen. An vielen Schulen werden innerhalb dieses Themas Jahrgangsexkursionen durchgeführt, deren Vor- und Nachbereitung auch aus der Perspektive des Faches Religion erfolgen sollte.

Mit den Stellungnahmen der Katholischen Kirche 1930 und 1933 werden hier zentrale Dokumente vorgestellt, die die Kehrtwende in der Haltung der katholischen Kirche gegenüber der nationalsozialistischen Bewegung sichtbar machen. Den Sch wird zunächst die Stellungnahme des Bischöflichen Ordinariates Mains vorgestellt (1930), deren klare Analyse des Parteiprogramms der NSDAP und das daraus folgende »Nein« zu dieser Bewegung ein beeindruckendes Dokument darstellt. Joachim Köhler nennt die fünf Tage nach Hitlers Regierungserklärung gegebene Erklärung der Fuldaer Bischofskonferenz (28.3.1933) das »verhängnisvollste Dokument der kirchlichen Zeitgeschichte«. Hier hat sich der Umbruch der Haltung vollzogen, was sich im Abschluss des Reichskonkordat (20.7.1933) manifestierte.

Umsetzen

■ **Kirche im Nationalsozialismus.** Sch stellen die zentralen Aussagen der beiden Stellungnahmen arbeitsteilig zusammen. Eine Auswertung erfolgt an der Tafel oder über den OHP.

Im Vergleich der beiden Stellungnahmen stellen Sch den Meinungswandel der katholischen Kirche fest und erhalten erste Hinweise für dessen Ursachen in den »Erklärungen« Hitlers, die sich im Abschluss des Reichskonkordats konkretisieren. Hintergrund für die Kundgebung der Fuldaer Bischofskonferenz war die Regierungserklärung Hitlers am 23.3.1933 (vgl. **M 2.7, S. 82**).
Variante: Nach der Erarbeitung der Aussagen des Bischöflichen Ordinariates Mainz (1930) wird bewusst

Möglicher TA:

Bischöfliches Ordinariat Mainz (1930)	Bischofskonferenz Fulda (1933)
– Unvereinbarkeit der christlichen Lehre (Nächstenliebe und Gleichstellung aller Menschen) mit dem Programm der NSDAP, insbesondere hinsichtlich der Überschätzung der germanischen Rasse und der daraus resultierenden Fremdenfeindlichkeit (§§ 24 und 4). Aus den festgestellten Differenzen resultieren folgende Haltungen: – Ablehnung einer Parteimitgliedschaft der NSDAP für Katholiken – Verbot der Beteiligung von uniformierten Parteimitgliedern an Gottesdiensten und kirchlichen Veranstaltungen – Keine Zulassung eines Parteimitglieds zu den Sakramenten (z. B. Taufe, Firmung, Ehe)	Grundsätzliche Vorbehalte gegenüber der NS-Ideologie bleiben bestehen, ABER: – Vertrauen auf Erklärungen Hitlers, die die Unverletzlichkeit der kath. Glaubenslehre, die Rechte der Kirche und die Geltung der Länderverträge zusichern – Aufhebung der bisherigen Verbote und Warnungen vor der NSDAP – Appell an Katholiken, ihre staatsbürgerlichen Pflichten gehorsam zu erfüllen und die NS-Regierung als legale Obrigkeit anzuerkennen. – Die kath. Kirche gibt der Regierung eine Art »Blankoscheck« und verzichtet künftig auf jegliche öffentliche Kritik an der Regierung (»Verhängnisvollstes Dokument der kirchlichen Zeitgeschichte«, J. Köhler).
Argumentationsweise: – Die christliche Auffassung wird der des Nationalsozialismus gegenübergestellt. – Die Stellungnahme enthält konkrete Verweise auf das Parteiprogramm der NSDAP, das genau gelesen wurde. – Die Verbote werden durch eine Reihe von Fragen eingeleitet, die alle mit einem abschließenden klaren »Nein« beantwortet werden.	Argumentationsweise: – Vertrauen in Regierungserklärungen Hitlers zum Schutz der Kirchen – Die nationalsozialistische »Bewegung« ist jetzt legale Obrigkeit, woraus eine loyale Haltung von Katholiken gegenüber der Regierung folgt.

gemacht, dass die kath. Kirche nicht bei dieser ablehnenden Haltung zum Nationalsozialismus geblieben ist. Im UG werden Vermutungen der Sch über die Gründe dieser Richtungsänderung gesammelt, bevor die Stellungnahme der Fuldaer Bischofskonferenz (1933) erarbeitet wird.

TA:

Zusagen des Staates	Zusagen der Kirche
– Die kath. Religion darf frei ausgeübt werden (Art. 1) – Recht auf kirchliche Selbstverwaltung (Art. 1) – Religionsunterricht wird an staatlichen Schulen als ordentliches Lehrfach anerkannt (Art. 21) – Recht auf die Einrichtung von katholischen Schulen (Art. 23)	– Kirche verzichtet auf politische Tätigkeit, z. B. Parteiarbeit (Art. 31) und Parteizugehörigkeit von Geistlichen und Ordensleuten (Art. 32). Die Kirche lässt ihren »politischen Arm« fallen (wie bisher in der Zentrums-Partei) – Kirche erzieht im Religionsunterricht auch zu vaterländischem Bewusstsein (Art. 21)

■ **Konkordat.** Sch tragen die Gegenüberstellung in einer Tabelle in ihr Heft ein. Auswertung im UG mit TA (s. links). Sch bewerten die gegenseitigen Zusagen hinsichtlich ihres politischen Gewichts und ihrer Konsequenzen für Kirche und Staat (UG oder EA).
Das Abrücken des Vatikans vom politischen Katholizismus führte noch vor der Unterzeichnung des Konkordats zum Ende der katholischen Parteien Zentrum und BVP. Das zusätzliche Verbot für den Klerus, sich in Parteien zu engagieren (Art. 32), nahm dem politischen Katholizismus diese letzte Möglichkeit, Einfluss zu nehmen. Jedoch schützte es die Pfarrer und Geistlichen vor einer Mitarbeit in der NSDAP und wirkte somit der Gleichschaltung der Katholischen Kirche entgegen, was das NS-Regime vermutlich so nicht beabsichtigt hatte.

■ **Konsequenzen.** Sch benennen die Entpolitisierung der Kirche als weitreichende Konsequenz des Konkordats für die Kirche. Unter dem Stichwort »Reichskonkordat Folgen« werden Sch bei eigener Recherche im Internet fündig. Ebenso zu zahlreichen Brüchen des Konkordats seitens der Nationalsozialisten, z. B. Einschränkung des kirchlichen Schul- und Ordenswesens, Schikanen der katholischen Jugendverbände und -gruppen durch die HJ, Behinderung der katholischen Presse, Verurteilung von Geistlichen in Schauprozessen, Kampagne des nationalsozialistischen Lehrerbundes gegen den schulischen RU und Einführung eines nationalsozialistischen Weltanschauungsunterrichts (vgl. H. Kurz, Katholische Kirche im Nationalsozialismus, S. 132f.).

Weiterführen

■ **Hitlers Regierungserklärung.** Mithilfe des Auszugs der Regierungserklärung vom 23.3.1933 (**M 2.7., S. 82**) erschließt sich die im Schülerband abgedruckte Erklärung der Fuldaer Bischofskonferenz, die nur fünf Tage nach der Regierungserklärung veröffentlicht wurde (28.3.1933), als Antwort auf die hier gegebenen Zusicherungen Hitlers: Die christlichen Konfessionen sind »wichtigste Faktoren der Erhaltung unseres Volkstums«, die Rechte der Kirchen bleiben unangetastet, aufrichtiges Zusammenleben von Staat und Kirche ist erwünscht, christlicher Einfluss in Schule und Erziehung wird gewährleistet, freundschaftliche Beziehungen zum Heiligen Stuhl sind erwünscht.

Sch bringen meist aus dem Geschichtsunterricht das Wissen mit, dass Hitler in dieser Regierungserklärung gleichzeitig das sog. »Ermächtigungsgesetz« durchsetzte, mit dem sich das Parlament selbst entmachtete und in dessen Folge die Regierung ohne Zustimmung des Parlaments Gesetze erlassen konnte. Auch vor diesem Hintergrund sind Hitlers Zusagen seiner Regierungserklärung nur als vordergründig und taktisch zu verstehen.

Das Foto auf **M 2.7, S. 82**, weist auf die Inszenierungen im Rahmen der Regierungserklärung hin. Zu sehen ist eine Ansprache, die Hitler zwei Tage vor der Regierungserklärung in der Garnisonkirche in Potsdam hielt, in der die Gebeine des Preußenkönigs Friedrich II. ruhen. Hitler inszeniert sich bewusst als Nachfolger in preußischer Tradition, zu »Heroismus und Größe«, wie ein offizieller Text lautete. Ihm gegenüber sitzt der vormalige Reichspräsident Paul von Hindenburg (1847-1934).

Sebastian Haffner schreibt von der »bombastischen Schmierenvorstellung des ›Tages von Potsdam‹, mit dem alten Verräter Hindenburg am Grabe Friedrichs des Großen, Hitler zum x-ten Male Treue zu irgendetwas gelobend, Glockengeläute, feierlicher Zug der Abgeordneten zur Kirche, Militärparade, gesenkte Degen, fähnchenschwenkende Kinder, Fackelzüge« (Sebastian Haffner, Geschichte eines Deutschen, Die Erinnerungen 1914-1933, München 2002). Diese Bilder verfehlten ihre Wirkung auf die Weltöffentlichkeit nicht.

■ **Stimmen zum Konkordat.** Mit **M 2.8, S. 83** erarbeiten Sch unterschiedliche Einschätzungen des Konkordats: Während in den beiden kirchlichen Stellungnahmen (a) und (b) freudiger Triumph und naive Fehleinschätzungen sichtbar werden (Faulhaber: »Großtat von unermesslichem Segen«, die Deutschlands Ansehen weltweit steigern wird und De Vecchi: »sie haben sich über das Konkordat mit Deutschland gefreut wie Kinder«), geben die knapp einen Monat nach De Vecchis Bericht verfassten Aussagen des britischen Geschäftsträgers Kirkpatrick auch nachdenklichere Töne wieder, die vom »Dilemma des Vatikans« sprechen (c).

Der Auszug aus der nationalsozialistischen Parteikorrespondenz (d) verdeutlicht die Befriedigung der Nationalsozialisten über den Abschluss des Konkordats und lässt auf den dadurch gewonnenen Prestigegewinn für Hitler schließen.

Literaturhinweise

Helmut Kurz, Katholische Kirche im Nationalsozialismus. Ein Lese- und Arbeitsbuch für den Religionsunterricht, Berlin [2]2008.
Klaus Scholder, Die Kirchen und das Dritte Reich, 2 Bände, Mainz 1977.
Ludwig Volk, Das Reichskonkordat vom 20. Juli 1933, Mainz 1972.

Kreuz und Hakenkreuz AUSFLUG 34 | 35

Ansetzen

Durch die vorausgehende DS ist Sch der Meinungswandel der Katholischen Kirche in der Zeit des Nationalsozialismus deutlich geworden.

Die DS veranschaulicht die kirchliche Kooperation und Unterstützung des Nationalsozialismus in drei Dokumenten: Fotografie des Handschlags Hitlers mit Kirchenvertretern (1934), Glückwunschschreiben der Kirche (1939) und Hirtenbrief zum Krieg (1941). Die ausgewählten Quellen fordern zu einer kritischen Auseinandersetzung heraus. Vergleichend zu ihrer persönlichen Stellungnahme setzten sich Sch mit dem Rückblick des Zeitzeugen Heinrich Missalla auseinander (geb. 1926), der vermutlich noch schärfer als Sch die »Verstrickung der katholischen Seelsorge in Hitlers Krieg« (Missalla, 1999) verurteilt.

Umsetzen

■ **Hitler begrüßt Kirchenvertreter.** Hitlers »Handschlag« mit Reichsbischof Müller und Abt Schachleiter setzt ins Bild, was seit der demonstrativen Annäherung Hitlers an die Kirchen in seiner Regierungserklärung und der positiven Reaktion darauf in der Fuldaer Bischofskonferenz vollzogen war. Dass der zu sehende katholische Geistliche Schachleiter innerhalb der Kirche umstritten war, dürfte für die Außenwirkung eines solchen Bildes unerheblich sein: Christinnen und Christen wurden in einer loyalen Haltung gegenüber der neuen Regierung bestärkt.

■ **Glückwünsche für den Führer.** Das Glückwunschschreiben im Passauer Bistumsblatt weist Hitler als mächtigen, verantwortungsvollen Führer aus, dem große Verdienste in der Bekämpfung der Arbeitslosigkeit und Stärkung des deutschen Nationalbewusstseins zugesprochen werden. Das Bistumsblatt stellt Hitlers Leben unter den Schutz göttlicher Vorsehung. Die hier angesprochenen Verdienste Hitlers kennen Sch meist aus dem Geschichtsunterricht. Im UG wird problematisiert, inwiefern diese Verdienste über die auch von den Kirchen zunächst verurteilte Rassenideologie hinwegtäuschen konnte (vgl. DS 32/33).

■ **Hirtenbrief.** Die Aufforderung zu opferwilligem Einsatz der Soldaten, die damit auch dem »Willen Gottes folgen«, wirft die Frage nach der religiösen Legitimierbarkeit eines Krieges auf, wie sie für Sch auch in aktuellen kriegerischen Konflikten immer wieder sichtbar wird.

■ **Den ersten Toten sah ich als 16-jähriger.** Missalla stellt in diesem Textauszug seine persönlichen Erfahrungen als sehr junger Luftwaffenhelfer im Krieg der Feststellung voran, dass er nach dem Krieg nie nach diesen Erlebnissen gefragt wurde und keine kirchliche Stellungnahme zu ihrer damaligen Unterstützung des Krieges kenne. Missalla mahnt zum Eingeständnis von schuldhafter Verstrickung von Christen und kirchlichen Amtsträgern und rechnet damit, dass in der angekündigten Reue zum Jahr 2000 nur »unverbindliche Worte« (Z. 56) gefunden werden, die nach aller Zeit der Verleugnung von Mitschuld nicht mehr glaubhaft sein können.
Im Text wird die große Verbitterung des Autors spürbar.

■ **Belogen, betrogen, verführt, missbraucht.** Für Sch ermöglicht der Vergleich mit Jugendlichen, die während der NS-Zeit aufwuchsen, eine besonders hohe Identifikation und Empathie. Hierzu gibt es zahlreiche autobiografische und dokumentarische Bücher und Filme. Die hier angegebenen Bücher bieten sich auch zur eigenständigen Erarbeitung im Rahmen einer GFS an.

Literaturhinweise

Arno Klönne, Jugend im Dritten Reich. Die Hitlerjugend und ihre Gegner, Köln 2003.
Melitta Maschmann, Fazit. Mein Weg in der Hitler-Jugend, Stuttgart 1963 (nur noch antiquarisch als dtv-Taschenbuch).
Max von der Grün, Wie war das eigentlich? Kindheit und Jugend im Dritten Reich, München [6]2007.

■ **Nur unverbindliche Worte?** Dokumentiert ist der gesamte Wortlaut des Schuldbekenntnisses »Mea Culpa«, z. B. über einen Link auf www.wikpedia.de. Vor allem die Bekenntnisse Zwei und Vier spielen hier eine Rolle.
Da im Wortlaut der Vergebungsbitten die Zeit des Nationalsozialismus nicht direkt vorkommt und die Verantwortung der Kirche als Institution nicht benannt wird, kann man die Einschätzung Missallas einerseits teilen, dass hier nur »unverbindliche Worte« gefallen seien. Andererseits sollte bewusst gemacht werden, dass Papst Johannes Paul II. sich mit seinem Vorhaben, ein »Mea culpa« auszusprechen, auch gegen innerkirchliche Widerstände durchsetzen musste und als erster Papst überhaupt ein Zeichen des Eingeständnisses von Verfehlungen im Namen des Christentums setzte.

Weiterführen

■ **Mea Culpa.** In den Vergebungsbitten zwei und vier wird die Zeit der nationalsozialistischen Diktatur nicht konkret benannt, stattdessen heißt es »in manchen Zeiten der Geschichte« (Vergebungsbitte zwei) bzw. Leiden, die »dem Volk Israel in der Geschichte auferlegt wurden« (Vergebungsbitte vier). Als schuldig Gewordene werden »Christen« genannt, nicht die Institution der katholischen Kirche als solche.
Sch setzen sich mit beiden Vergebungsbitten auseinander und verfassen in EA oder KG einen Leserbrief aus der Sicht eines Angehörigen der Opfer des NS-Regimes. Beim Vortrag der Leserbriefe kann einerseits eine Enttäuschung über die wenig konkrete Sprache der Vergebungsbitten sichtbar werden, andererseits die Anerkennung eines Versuchs, die Schuld der Kirche öffentlich einzugestehen. Dafür sind Zeitpunkt und Datum bewusst gewählt: Der Eintritt in das neue Millenium dient als Anlass, sich zur begangenen Schuld zu bekennen und Buße zu tun.

Medienhinweis

Jugend unter Hitler (1-4), SWR Fernsehen, je 30 Min.
4-teilige Fernsehdokumentation, die auf der ARD-Spielfilmserie »Blut und Ehre« beruht. Die einzelnen Folgen sind stark gekürzt und unterrichtsgerecht durch historische Dokumentarteile aufbereitet.

Ansetzen

Die DS stellt mit dem Portrait von Maria Terwiel (1910-43) und Auszügen aus der Enzyklika »Mit brennender Sorge« (14.3.1937) in exemplarischer Weise Formen des persönlichen und kirchlichen Widerstands gegen den Nationalsozialismus vor. Bewusst wird mit Maria Terwiel eine Frau des Widerstands vorgestellt, die im öffentlichen Bewusstsein weithin unbekannt geblieben ist. Daraus kann auch ein Impuls entstehen, nach weiteren Namen – vielleicht im Umfeld der Sch – zu forschen.

Die im RU fast notwendig auftauchende Frage, weshalb sich weder die Mehrheit der Deutschen noch die Institution Kirche entschieden »gegen den Strom« stellten, ist eine der größten Herausforderungen für einen adäquaten Umgang mit dieser Vergangenheit. Den Sch ist deutlich zu machen, dass es auf diese Frage keine einfache Antwort geben kann, sondern dass nur eine differenzierte Betrachtung, die möglichst viele Gesichtspunkte berücksichtigt, dem Problem gerecht wird. Um einer allzu selbstgerechten heutigen Sichtweise entgegenzusteuern, sollten Beispiele und Situationen heute geforderter – und unterlassener! – Zivilcourage reflektiert werden.

Literaturhinweis

Bernhard Gruber, Hans Mendl, Zivilcourage im Dritten Reich! Und heute? Lernzirkel für den Religions-, Geschichts- und Ethikunterricht der Klassen 8 bis 11, Donauwörth, 2000.

Umsetzen

■ **Maria Terwiel.** Die hier vorgestellte Widerstandskämpferin Maria Terwiel dürfte den meisten Sch unbekannt sein und daher besonderes Interesse wecken. Die im Text benannten Formen des Widerstands (Vervielfältigung und Verbreitung von Flugblättern und Klebezetteln, Unterstützung jüdischer Mitbürger) werden im UG benannt. Hier können auch Parallelen zu der den Sch vermutlich bekannten studentischen Widerstandsgruppe »Die weiße Rose« aufgezeigt werden. »Die weiße Rose« kann in diesem Zusammenhang auch in Form einer GFS vorgestellt werden.
Eine Charakterisierung des christlich motivierten Widerstands von Maria Terwiel (und der Geschwister Scholl) erfordert eine Reflexion christlicher Grundüberzeugungen, die auch mithilfe der LL »Jesus – Die Spur von morgen« (S. 108ff.) geschehen kann. Sch benennen als Merkmale einer christlichen Ethik die gleiche Würde aller Menschen als »Kinder Gottes« (ohne »Rassen«-Unterschiede), das Gebot der Nächsten- und Feindesliebe, den Verzicht auf Gewalt, die Aufforderung zur Wahrhaftigkeit und zur Versöhnungsbereitschaft.
Weitere Informationen zu Maria Terwiel, zur »Roten Kapelle« und zu anderen Formen des Widerstands auf der HP der Gedenkstätte deutscher Widerstand www.gdw-berlin.de.

■ **Einspruch eines Bischofs.** Sowohl die Person des Bischofs von Galen, sein Protest gegen das sog. »Euthanasieprogramm« und die Geschehnisse in Grafeneck sind im Internet gut dokumentiert, z. B.: Deutsches Historisches Museum: www.dhm.de/lemo/html/biografien/GalenClemensAugust/;
www.30giorni.it/te/articolo.asp?id=4267
Veröffentlichung des Wortlauts der Predigten vom Domkapitel Münster: kirchensite.de/downloads/Aktuelles/Predigt_Galen_Deutsch.pdf;
www.gedenkstaette-grafeneck.de
Publikation der Landeszentrale für politische Bildung: »Euthanasie« im NS-Staat: Grafeneck im Jahr 1940
Das Heft ist nicht lieferbar, jedoch steht auf der HP der Landeszentrale eine Downloadversion zur Verfügung (www.lpb-bw.de).

■ **Stellungnahme des Papstes.** Dass diese Enzyklika (»Mit brennender Sorge«) erst so spät verfasst wurde, geschah aus Rücksichtnahme auf das Konkordat, was auch in den hier vorgestellten Auszügen deutlich wird: Die Enzyklika rechtfertigt den Abschluss des Konkordats, das aus »Sorge um die Freiheit der kirchlichen Heilsmission in Deutschland« und »in lauterer Absicht« geschehen sei. Pius XI. beteuert die Unschuld der Kirche an der Verletzung der Konkordatsvereinbarungen und beklagt die »Feindschaft gegen Christus und Seine Kirche«, die in Deutschland zu spüren sei. In Artikel 12 der Enzyklika verurteilt der Papst die Rassenideologie des NS-Regimes als gotteswidrigen »Götzenkult«.
Sch erkennen die Momente der Selbstrechtfertigung und der offenen Kritik der Kirche am Nationalsozialismus in diesem wichtigen Dokument. Im Rückgriff auf **M 2.8, S. 83**, kann angezweifelt werden, inwiefern die in der Enzyklika genannten »schweren Bedenken« bereits zur Zeit des Konkordatsabschlusses vorhanden waren, oder erst vor dem Hintergrund der Erfahrungen mit dem NS-Regime so formuliert wurden.
Die geforderte Stellungnahme sollte auf die Fehleinschätzung der Kirche bezüglich der Aufrichtigkeit des NS-Regimes eingehen und die Frage nach den

vorrangigen Motiven des Verhaltens der Kirche stellen (Streben nach Absicherung und Selbsterhaltung der Institution Kirche). In diesem Zusammenhang ist auch zu bemerken, dass sich die Kirche hier nicht zur Judenverfolgung äußert.
Die Enzyklika »Mit brennender Sorge« ist ein Dokument des Widerstands, sie ist die einzige römische Enzyklika, die in deutscher Sprache und von deutschen Bischöfen größtenteils geschrieben, veröffentlicht wurde.

Weiterführen

■ **Grafeneck.** Sch finden durch die Entschlüsselung des Bildmaterials auf **M 2.9., S. 84**, einen ersten Hinweis auf die Zusammenhänge des Euthanasie-Programms der Nationalsozialisten. Die Entzifferung der Todesanzeigen stellt eine besondere Herausforderung dar, die gleichzeitig zu sorgfältiger Lektüre nötigt und die Auffälligkeiten dieser Anzeigen sichtbar macht.
Sch benennen die auffälligen Gemeinsamkeiten der Anzeigen: gleiches Todesjahr und gleicher Sterbeort der Personen, junges Alter der Verstorbenen, bereits erfolgte Einäscherung. Sch äußern Vermutungen, um welche Einrichtung es sich bei der genannten »Landesanstalt Grafeneck« handeln könnte. Bestätigt werden die Vermutungen durch die Interpretation der Schautafel und der Rechenaufgabe, in denen jeweils die Ideologie der Verachtung sog. »lebensunwerten Lebens« deutlich wird. L verweist auf den Lexikoneintrag zum Stichwort »Euthanasie« (dort auch eine Abb. zu Grafeneck).

Literaturhinweis

Ernst Klee, »Euthanasie« im NS-Staat. Die »Vernichtung lebensunwerten Lebens«, Frankfurt [11]2004.

■ **Bischof von Galen.**
Alternativ oder ergänzend zur eigenen Recherche setzen sich Sch mithilfe von **M 2.10, S. 85**, mit der Person Bischof von Galen und Auszügen aus seiner Predigt vom 3.8.1941 auseinander. Galen beruft sich hier auf das geltende Recht und seine Pflicht als Bürger, Verbrechen anzuzeigen. Die nationalsozialistische Lehre eines »lebensunwerten Lebens« nennt Galen offen »eine furchtbare Lehre, die die Ermordung Unschuldiger rechtfertigen will«. Im Sinne eines »Dammbruch«-Arguments spricht Galen alle Anwesenden an: »Dann ist der Mord an uns allen, wenn wir alt und altersschwach und damit unproduktiv werden, freigegeben.«
Sch verfassen einen Nachruf für Bischof von Galen. L weist darauf hin, dass Sch hier nicht zur »Lobhudelei« verpflichtet sind. In die Nachrufe der Sch können sich neben der Anerkennung des mutigen öffentlichen Protests auch kritischere Töne mischen, wie sie der gegebenen Kurzbiografie zu entnehmen sind.

■ **Formen des Widerstands.** Sch erarbeiten mithilfe des sehr gut aufbereiteten Materials der Gedenkstätte Deutscher Widerstand (www.gdw-berlin.de) in Berlin Präsentationen zu selbst gewählten Personen oder Widerstandsgruppen. Dies kann auch fächerübergreifend mit dem Fach Geschichte erfolgen.

■ **Die evangelische Kirche.** Zur Darstellung der unterschiedlichen Haltungen gegenüber dem Nationalsozialismus innerhalb der ev. Kirche ist eine Kooperation mit dem ev. RU sinnvoll. Hierfür können sich Sch die Ergebnisse der UE gegenseitig vorstellen oder es erfolgt ein wechselseitiger Besuch der L im RU der anderen Konfession.

Literaturhinweis

Eberhard Röhm, Jörg Thierfelder, Juden – Christen – Deutsche, 7 Bände in Taschenbüchern, Stuttgart 2006.
Dies., Evangelische Kirche zwischen Kreuz und Hakenkreuz. Bilder und Texte einer Ausstellung, Stuttgart 1990.

Die Kirche als Institution AUSFLUG 38 | 39

Ansetzen

Die LL »Die Kirche als Institution« bietet die Möglichkeit, das Leben der Kirche aus dem Blickwinkel ihrer Institutionalisierung kritisch zu reflektieren. Zunächst wird der geschichtliche Prozess sichtbar gemacht, welcher in Europa zu einer grundsätzlichen Trennung von Staat und Kirche geführt hat. Sch richten ihr Augenmerk auf ihre alltägliche Umwelt und reflektieren die Formen kirchlicher Präsenz. Über eine Bewusstwerdung der Spannung zwischen Geist und Institution stehen Notwendigkeit und Gefahren einer Institutionalisierung von Kirche zur Debatte. Eine vertiefende Reflexion in diesem Zusammenhang erfolgt durch die Interpretation eines Kunstwerkes.
Zugleich bietet die LL die Möglichkeit einer zusammenfassenden Reflexion des Wesens und der zentralen Aufgaben von Kirche in unserer heutigen Gesellschaft.
Der Ausflug sollte deshalb nicht am Beginn der Beschäftigung mit der LL stehen.

Walter Zacharias, Schmerzensmann (1996)
Walter Zacharias (1919-2000) arbeitete in seinen späten Jahren bevorzugt mit alt gewordenen Dingen, Werkstücken aus Holz oder Eisen, mit Gegenständen, welche weggeworfen und scheinbar wertlos geworden sind. Diese Dinge sind deutlich von ihrer jeweiligen Lebensgeschichte gezeichnet. Zacharias bringt die schlichte Schönheit der alten Dinge wieder zum Sprechen. Sie sind für ihn Zeugen einer verschütteten Welt. Meist wurzeln sie in tiefer bäuerlicher Volksfrömmigkeit.
Zacharias war ein unermüdlicher Sammler von solchen Fundstücken einer scheinbar verlorenen Zeit, ein »Spurensicherer«. Aber er beließ es nicht bei der Beschwörung der besonderen Aura dieser Dinge. Er suchte, kombinierte und verdichtete sie mit anderen alten Dingen, fügte Neues hinzu und schuf daraus etwas so noch nie Dagewesenes, ohne das Alte aufzugeben.
Der Schmerzensmann ist ein kopfgroßes Stück Baumstamm mit einem Kronreif aus einem alten Hanfseil, er befindet sich in einem kleinen Kasten aus grob geschreinertem Holz. Zwei große Astanschnitte blicken wie magische Augen aus der offenen Türe. Der kaum bearbeitete Baumstamm erinnert an einen Torso, die Astanschnitte deuten die Amputation der Arme Christi an. Die Bauelemente dieses Objektes sind so einfach, dass von ihnen etwas Irritierendes, aber gleichzeitig auch eine tiefe Faszination ausgeht.
Verschiedene Interpretationen dieses Kunstwerkes sind möglich. Bei dem Objekt »Schmerzensmann« wurde ein bescheidenes Schränkchen zu einem Schrein für Christus. Es erinnert an die oft wettergegerbten Tabernakelhäuschen am Rande von Kalvarienberg in freier Natur. Der Christuskopf ist ein Stück reine Natur. Die abblätternde Rinde des Baumstammes steht für die geschundene Haut. Aus den groß aufgesperrten Augen der Ausschnitte spricht Angst. Die Angst dessen, der in diesem Gehäuse Schutz suchen will, aber auch unser eigenes Erschrecken vor dem plötzlichen Aufscheinen eines Natur-Gesichtes, das uns Christus als Schmerzensmann vor Augen ruft. Das offen stehende Türchen gewährt nur einen halben Blick, die Tiefe dieses Tabernakelhäuschens ist für uns nicht auszuloten. Türen als Bindeglieder zwischen außen und innen, zwischen unserer Welt und dem, was dahinter liegen mag, sind ein eigenes großes Thema im Lebenswerk von Walter Zacharias.
Andererseits wirkt das Holzhäuschen wie eine Art Gefängnis, in welches Christus eingesperrt ist. Es könnte symbolisch für alle Versuche stehen, die Gefahr, die vom Anspruch Jesu ausgeht zu domestizieren. Bezieht man diese Versuche – wie in dem Handlungsimpuls gefordert – auch auf die Anhänger Jesu, also auch und gerade auf jene, die glauben, seinem Ruf zu folgen, so symbolisiert das Kästchen die Kirche. Der rohe geschundene Christuscorpus ist gefangen, gegeißelt, ohne Arme ist er völlig wehrlos und ist darauf angewiesen, dass jene, die ihn bewahren oder verwahren, ihm Hände und Füße sind. Allerdings erscheint er hier eher weggesperrt, gezähmt. Wie ein Gebrauchsgegenstand wird er vorgezeigt und kann weggeräumt werden. Er ist durch einen festen Rahmen handhabbar gemacht, ganz so wie Institutionen den Geist zu töten in der Lage sind.

Umsetzen

■ **Kooperation.** Die Sammlung unterschiedlicher Bereiche der Kooperation von Staat und Kirche in Deutschland kann durch ein LSG und Sammlung an der Tafel geschehen. Möglich wäre auch, dass KG sich darüber austauschen und anschließend ihre Ergebnisse vorstellen.

■ **Kirche und Staat.** Sch bearbeiten diesen Handlungsimpuls in EA und erfassen dabei die Struktur des Textes. Deutlich werden soll bei der Besprechung der Ergebnisse, dass es mehrere Möglichkeiten der Gliederung gibt.
Z. B.: Man kann etwa um den zentralen Begriff »Trennung von Kirche und Staat« die Oberbegriffe »Mittelalter«, »Stationen auf dem Weg zu einer Trennung«, »Trennung in der Neuzeit« gruppieren und hieran die Unterbereiche anschließen, z. B. an den Oberbegriff »Trennung in der Neuzeit« die Begriffe »strikte Trennung«, »Staatskirchenmodell« und »Kooperation bei grundsätzlicher Trennung«.
Die Recherche kann je nach Möglichkeiten in der Schule im RU oder als HA ausgeführt werden. Entsprechende Informationen sind im Internet leicht zu finden, z. B. bietet Wikipedia in den Artikeln »Trennung von Staat und Religion« und »Staatsreligion« fundierte Informationen zu unterschiedlichen Ländern. Eine weitere Seite mit guten Informationen bietet »Was ist was«:
www.wasistwas.de/sport-kultur/alle-artikel/artikel/link//ad50be8cef/article/laizismus-trennung-von-staat-und-kirche.html.

■ **Institution.** Die Bearbeitung dieses Handlungsimpulses kann in GA erfolgen. Bereiche, in denen die Institutionalisierung von Kirche negativ erlebt wird, werden getrennt auf kleine Zettel mit einer bestimmten Farbe geschrieben; Bereiche positiven Erlebens getrennt auf kleine Zettel mit einer anderen Farbe. Die KG stellen sich ihre Ergebnisse gegenseitig vor und heften diese getrennt nach positiv-negativ an zwei Stellwände. Interessant wird das abschließende UG, wenn Sch gleiche Bereiche unterschiedlich eingestuft haben.

■ **Kunstwerk.** Der »Schmerzensmann« von Walter Zacharias ist ein Kunstwerk, welches sich Sch in diesem Zusammenhang sicherlich nicht ohne Weiteres erschließt.
Der Handlungsimpuls zielt auf eine kognitive Erschließung des Kunstwerkes. Dabei ist vorausgesetzt, dass den Sch der Dreischritt »Wahrnehmen – Formensprache analysieren – Bildgehalt deuten« bekannt ist. Falls Sch hier Lücken haben, muss der Handlungsimpuls enger angeleitet werden (u. U. im LSG).
Ergänzend sind AA denkbar, die die Subjektivität der Sch stärker ansprechen (auf einer früheren Ebene: Was löst das Kunstwerk in mir aus? Und in vertiefender Beschäftigung: Wo und inwiefern finde ich mich in dem Kunstwerk wieder?).
Mögliche AA: Formuliert ein Interview, welches ihr mit dem kopfgroßen Stück Baumstamm führt. Überlegt euch dazu Fragen und mögliche Antworten des Holzstückes.
Oder: Formuliert eine Gottesdienstpredigt des kopfartigen Holzstückes im Kasten.

■ **Begegnen.** Längst nicht alle Sch bringen eigene Erfahrungen im Kontakt mit kirchlichen Einrichtungen mit. Aber auch für kirchlich sozialisierte Jugendliche kann ein solcher Besuch durchaus neue Perspektiven eröffnen. Wichtig ist dabei eine gute Vorbereitung (dazu die Erläuterungen zur Interviewtechnik im Kasten »Ins Gespräch kommen«, S. 39). Die Einübung kommunikativer Kompetenz geschieht auch durch das Erlernen einer geeigneten Interview-Technik.

■ **Ins Gespräch kommen.** Der Aufbau kommunikativer Kompetenz ist äußerst komplex. Fallstricke, die sich in einem Interview ergeben können, sind Sch häufig auf rein theoretische Weise nicht zu vermitteln. Deshalb ist es hilfreich, in der Klasse Testinterviews führen zu lassen.

Weiterführen

■ **Geld und Aufgaben der Kirche.** Für eine Institution ist das Führen eines Haushalts wesentlich. In den Haushaltsposten spiegeln sich Wesen und Aufgaben einer Institution wider. Insofern kann folgende Fragestellung zu einer weiteren Klärung beitragen:
- Informiert euch im Internet über die Haushalte der Erzdiözese Freiburg / der Diözese Rottenburg-Stuttgart.
- Informationen zu den Bistumshaushalten findet man auf: www.erzbistum-freiburg.de (→ Erzdiözese → Haushalt und Finanzen) und auf: www.drs.de/index.php?id=586.
- Welche Ausgaben würdet ihr kürzen?
- Welche Aufgaben haltet ihr für die Kirche für unverzichtbar?
- Die Haushaltsstellen der Bistümer versenden auch kostenlos gedruckte Exemplare der Haushalte.

■ **Kirchliche Strukturen.** Insbesondere für Lerngruppen mit kirchlich engagierten Jugendlichen kann es von Interesse sein, die unterschiedlichen Verwaltungsebenen in der eigenen Diözese mit ihren Beratungs- und Entscheidungsgremien zu recherchieren. Ein Vergleich mit dem Aufbau der evangelischen Landeskirchen rundet die Beschäftigung mit der Kirche als Institution ab (hilfreiche Adressen: www.erzbistum-freiburg.de (→ Erzdiözese → Räte und Kommissionen); www.drs.de (→ Die Diözese); www.ekiba.de (→ Landeskirche); www.elk-wue.de (→ Landeskirche).

Zukunft der Kirche ... SOUVENIRS 40 | 41

Ansetzen

»Welche Zukunft hat die Pfarrgemeinde« lautet ein Artikel von Andreas Bernheim, Chefredakteur von »Christ in der Gegenwart«, im Mai 2010 im Sonderdruck »Gemeinde ohne Priester«. Allerorts wird die Frage nach der Zukunft der Kirche gestellt, sei es nach der der Weltkirche oder nach der der Ortsgemeinde. Zum Abschluss der LL »Dem Glauben ein Gesicht geben« trägt auch hier die sog. Souvenirseite den Titel »Zukunft der Kirche – Kirche der Zukunft«. Angesichts von Missbrauchskandalen auch im Bereich von Kirche, Priestermangel (2008 waren es zum ersten Mal unter 100, nämlich 95 Neupriester aus allen deutschen Diözesen), Kirchenaustritten (waren es 2006 noch 84.389 bundesweit, so stieg die Zahl 2010 bis zum Juni schon auf 123.585) ist von schweren Zeiten der Institution »Kirche« zu sprechen, und die Frage der Zukunft der Kirche wird immer dringlicher. Und wem, wenn nicht den heutigen Jugendlichen sollte diese Frage vorgelegt werden? Sie können als die, die »Zukunft der Kirche«

sind, Anstöße für eine »Kirche der Zukunft« entwickeln. Dass man sich bei einem solchen Unterfangen auch mit Aktionen wie die »Junger Urchristen« auseinandersetzen muss, darauf macht die Abbildung des T-Shirts »Gott ja – Kirche nein« auf S. 40 aufmerksam. U. a. wird mit diesem T-Shirt dafür geworben, aus der Kirche auszutreten. Die um die Abbildung angeordneten Handlungsimpulse fordern Sch auf, über diese Aktion zu diskutieren und ausgehend davon ihren eigenen Standpunkt zur Kirche zu formulieren. Die rechte Seite dieser DS wartet mit Handlungsimpulsen auf, die die LL in ihrer Gänze nochmals in den Blick nehmen, sowie es die Ausrichtung der »Souvenirseiten« ist. Dabei werden Sch angeregt, konkrete Vorschläge zur Gestaltung einer »Kirche der Zukunft« zu machen.
Für die Bearbeitung dieser DS wenden sich die AutorInnen ausdrücklich mit der Einladung an Sch, in KG die »Themenkärtchen«, d. h. Handlungsimpulse zu bearbeiten, die ihr Interesse wecken. Diese Aufforderung zur Eigenständigkeit der Sch entspricht dem Gesamtkonzept von MITTENDRIN; sie wird hier nur eigens genannt.

Umsetzen

■ **Begegnung.** Sch bearbeiten diesen Handlungsimpuls unvoreingenommen, ohne schon etwas von der Aktion zu wissen, die hinter diesem T-Shirt-Entwurf steht.
Anschließend können sie die Homepage der Aktion der »Jungen Urchristen« unter www.revo.org/60/deutsch/home.html besuchen, die diesen T-Shirt-Entwurf vorgelegt haben (siehe unter »Weiterführen«).

■ **Perspektivwechsel.** Für den T-Shirt-Entwurf gehen Sch nochmals in Gedanken ihre eigenen Unterlagen zur LL »Dem Glauben ein Gesicht geben« als auch die entsprechenden DS im Buch durch. Besonders auf DS 24/25 finden sich Anstöße zur Gestaltung eines T-Shirts, den Eingangsseiten durch die Zitate oder auch den Handlungsimpuls »Kirche ist .../ Kirche ist nicht ...«, oder auch auf DS 26/27 bei der Vorstellung der Jugendkirche TABGHA, und nicht zuletzt auf DS 28/29 bei dem Hinweis auf die »Weltbessermacher«-Aktion.
Der Handlungsimpuls ist angelehnt an die Bus-Aktion im Zusammenhang der neuen Atheismus-Debatte, wo in Berlin, vor dem Brandenburger Tor, der Bus der Atheisten mit der Aufschrift »Es gibt (mit an Sicherheit grenzender Wahrscheinlichkeit) keinen Gott« mit dem Bus der Gegeninitiative, beschrieben mit »Und wenn es ihn doch gibt ...«, zusammentraf.

■ **Alternativen.** In eine Tabelle tragen Sch ihre Ergebnisse über die Grundsätze christlichen Zusammenlebens anhand der vorgestellten Bibelstellen ein.

Möglicher Entwurf einer Tabelle:

Bibelstelle	Grundsatz
Mt 18,20	Glaube an Jesus Christus vollzieht sich in Gemeinschaft.
Mt 22,34-40	Gottesliebe und Menschenliebe fallen zusammen.
Mk 10,35-44	Wie Jesus Christus sollen Christen anderen Menschen dienen.
Lk 5,27-32	Der Umgang mit den Ausgestoßenen ist vorrangig für Christen.
Apg 2,44-47	Merkmale christlichen Lebens sind: Gebet, Eucharistiefeier, gemeinsamer Besitz.
Kol 3,13-16	Die Liebe ist das Band, das die Christen untereinander und mit der Welt zusammenhält.

Nach der Erstellung der Tabelle wird in einer ergebnisoffenen Diskussion entweder in KG oder im UG die Frage angegangen, ob die genannten Grundsätze auch ohne die Institution »Kirche« zu vollziehen sind. Folgende Fragen werden Sch an die Hand gegeben:
- Kann christlicher Glaube für sich allein gelebt werden?
- Kann ein weltumspannender Glaube an Gott und Jesus Christus ohne eine institutionelle Verfasstheit auskommen?
- Hätten die christlichen Grundsätze die Zeiten ohne die Institution der Kirche überdauert?
- Inwiefern sind die christlichen Grundsätze in der Kirche heute anzutreffen?
- Fehlen der Weltkirche Strukturen der Nähe, sodass Initiativen wie die der »Jungen Urchristen« entstehen, von denen der T-Shirt-Entwurf stammt?

Zum Weiterdenken sei gerade zur zuletzt gestellten Frage ein Buch empfohlen, das die Pastoral der Kleinen Christlichen Gemeinschaften in Afrika und Asien reflektiert und die mögliche Umsetzung dieser Pastoral in den deutschen Diözesen beleuchtet: Christian Hennecke (Hg.), Kleine Christliche Gemeinschaften verstehen. Ein Weg, Kirche mit den Menschen zu sein, Würzburg ^{2}2009.

■ **Meinungsbildung.** Für diesen Handlungsimpuls bietet es sich an, dass Sch einen (geschwungenen) Weg, der ihr Leben von der Geburt bis zum augenblicklichen

Zeitpunkt symbolisiert, auf ein Blatt Papier zeichnen und nun an verschiedenen Plätzen des Weges mit Altersangabe Ereignisse notieren, an denen ein Aspekt ihres Kirchenbildes geprägt wurde. Der Aspekt des Kirchenbildes wird ebenfalls an entsprechender Stelle aufgeschrieben. In der KG bzw. Gesamtgruppe einigen sich Sch auf drei bis fünf wichtige Aspekte ihres Kirchenbildes. Das kann nach dem Prinzip der Metaplantechnik geschehen, wie es in der LL »Meine Welt – Eine Welt« auf S. 12 beschrieben ist.

■ **Kirche entsteht.** Sch beschriften z. B. die Kirchenskizze folgendermaßen:
- aufstrebender Kirchturm: Kirche in Verbindung mit Gott; Verwiesenheit auf Transzendenz in der Kirche;
- kreuzförmiger Grundriss: Kirche auf Jesus Christus hin gegründet;
- Konstruktionspunkte außerhalb des Kirchengebäudes: Konstruktion und Gestaltung der Kirche bekommen wesentliche Impulse von außen (von der Gesellschaft, von Gott ...);
- angedeutete Kirchenteile: die Kirche ist noch ausbaubar, noch nicht perfekt, aber auch nicht am Ende, zum Untergang verurteilt.

■ **Kirche begegnet.** Anregungen für ihren Text zur »Kirche der Zukunft« finden Sch bei nachstehenden Personen und Gruppen, die in der LL erwähnt werden:
- DS 24/25: bei den angegebenen Zitatgebern, über die man Informationen im Internet findet;
- DS 26/27: auf der Homepage der Jugendkirche TABGHA (www.jugendkirche-oberhausen.de);
- DS 28/29: auf der Homepage der Aktion Misereor (www.misereor.de);
- DS 30/31: bei Paul Zulehner, der ein kompetenter Gesprächspartner hinsichtlich der Zukunft der Kirche ist. Wer noch ausführlicher Zulehner zu Wort kommen lassen möchte, kann mit Sch die Gedanken Zulehners zum Priesterschwund in der Kath. Kirche nachlesen (siehe unter »Weiterführen«);
- DS 36/37: bei Maria Terwiel, die aus christlicher Überzeugung gegen die nationalsozialistische Weltanschauung sprach.

Es ist gut, den Sch eine Textform vorzuschlagen für den in der KG zu verfassenden Text: z. B. als Leserbrief (etwa an Benedikt XVI.) oder als Einleitung zu einem Symposium über die »Zukunft der Kirche« ...

■ **Kirche bekennt.** Am besten ist es, wenn die KG selbst entweder ein innerkirchliches oder ein gesellschaftlich-politisches Thema aufgreift. Anregungen für Themen dieser Art finden Sch in MITTENDRIN 3, speziell in dieser LL oder auch in der LL »Meine Welt – Eine Welt«. Zur Wiederholung, was »Martyria« in der Kirche bedeutet, sei auf DS 30/31 verwiesen.

■ **Kirche bewegt.** Hier geht es um Erlebnisse, die Sch in Bezug auf Kirche hatten und haben. Das kann ein geglückter Jugendgottesdienst sein, eine spannende Diskussion während der Firmkatechese, das persönliche Engagement in der Jugendarbeit uvm. Das sie bewegende Kirchenerlebnis formulieren Sch in EA und tragen es sich gegenseitig vor, ehe sie eigene Ideen entwickeln, etwas in der Kirche zu bewegen.

■ **Kirche packt an und hilft.** Die gleichnamige DS 28/29 macht Vorschläge für die Umsetzung des Handlungsimpulses, besonders die dort erwähnte Aktion »two for one world«. Weitere Ideen findet man in der LL »Projekt: Jahresringe« (besonders auf S. 155), ausgerichtet auf eine Begegnung der Sch mit alten Menschen.

■ **Kirche betet und feiert.** Weiterführende Informationen zur Kirchenraumerkundung bieten folgende Bücher:
- Hans Mendl, Religion erleben. Ein Arbeitsbuch für den Religionsunterricht. 20 Praxisfelder, München 2008, S. 89-106.
- Hartmut Rupp (Hg.), Handbuch der Kirchenpädagogik: Kirchenräume wahrnehmen, deuten und erschließen, Stuttgart 2006.

Eine virtuelle Kirchenraumerkundung ermöglicht u. a. das Weltbild-Sonderheft 2006 »Mit der Familie durchs Kirchenjahr«, S. 64-65, sowie www.kirche-in-virtuellen-welten.de.
Für die Gestaltung eines eigenen Kirchenraums präsentiert S. 27 in dieser LL den Sch Anregungen.

Weiterführen

■ **Artikel in Schülerzeitung.** Im Zusammenhang mit dem Besuch der Homepage der »Jungen Urchristen« (www.revo.org/60/deutsch/home.html) werden Sch zu einer Stellungnahme gebeten. Diese verfassen sie wie einen Artikel in der Schülerzeitung, also für Gleichaltrige. Dabei sollen sie auch auf die Aufforderung der »Jungen Urchristen« zum Kirchenaustritt eingehen.

■ **Umfeld der Kirche.** Eine Alternative zu dem Handlungsimpuls »Kirche entsteht« besteht darin, dass Sch die Kirchenskizze in eine Collage integrieren, die den Standort und die Bezüge zeigt, in denen Kirche steht. Zur Gestaltung erhalten Sch Zeitschriften oder bringen diese selbst mit.

■ **Zukunft der Kirche – theologisch durchdacht.** Um Sch damit bekannt zu machen, dass auch führende Theologen sich innerkirchlich Gedanken über die Zukunft der Kirche machen, wird ein Artikel vorgelegt, der sich mit dem Priesterschwund in der Kirche theologisch auseinandersetzt (vgl. **M 2.11 , S. 86ff.**) Verfasst haben ihn der in Wien lehrende Pastoraltheologe und Religionssoziologe Paul M. Zulehner zusammen mit Fritz Lobinger, der seit 1956 Missionar in Afrika ist und Bischof von Aliwal North in Südafrika war. Diesen Artikel gilt es gemeinsam mit den Sch zu lesen, um Fremdwörter und Nachfragen schon während der Lektüre klären zu können. Anschließend werden im UG mit den Sch folgende AA geklärt und diskutiert:

- Zeige auf, welche Unterscheidung Zulehner und Lobinger zwischen Korinth- und Pauluspriestern treffen.
- Beziehe Stellung, ob du ihre Überlegungen in Bezug auf die Zukunft der Kirche für gerechtfertigt hältst.
- Welche innerkirchlichen Probleme würdest du als Theologin/Theologe in einer Veröffentlichung diskutieren?

Bediente Standards in der LL »Dem Glauben ein Gesicht geben«

Die Tabelle gibt an, welche Standards zentral bedient werden [x], bzw. welche teilweise oder wiederholend angesprochen werden [(x)].
Verbindliches Themenfeld: Kirche – Staat – Gesellschaft

DIMENSION »MENSCH SEIN – MENSCH WERDEN« Die Schülerinnen und Schüler	
– wissen, dass Partnerschaft Entwicklungsschritte zur eigenen Identität und zur Liebesfähigkeit voraussetzt;	
– können den Stellenwert, den Sexualität in unserer Gesellschaft hat, reflektieren und kennen Kriterien eines verantwortlichen Umgangs mit Sexualität;	
– verstehen, dass es zum Menschsein gehört, sich entscheiden zu müssen und zu Entscheidungen zu stehen;	
– verstehen, dass menschliches Leben begrenzt ist, zum Beispiel durch Leid, Krankheit und Tod;	
– können den Grund der christlichen Hoffnung auf Auferweckung darlegen und Wiedergeburtsvorstellungen von dieser abheben.	
DIMENSION »WELT UND VERANTWORTUNG« Die Schülerinnen und Schüler können	
– das Anliegen des konziliaren Prozesses darlegen und argumentativ begründen;	
– an einem Beispiel den Zusammenhang zwischen Werten und Normen aufzeigen;	
– Schritte der ethischen Entscheidungsfindung darlegen;	
– an einem Beispiel aufzeigen, in welcher Weise sich Christen bei einer ethischen Entscheidung unter anderem an Weisungen des Dekalogs, an Jesu Leben, Handeln und Lehre und an kirchlichen Traditionen orientieren.	
DIMENSION »HERMENEUTIK: BIBEL UND TRADITION« Die Schülerinnen und Schüler	
– können aufzeigen, wie Kenntnisse über die Entstehungssituation biblischer Texte zu deren Verständnis beitragen;	
– können an einem biblischen Beispiel den Zusammenhang von literarischer Gattung, Aussageabsicht und Sitz im Leben erläutern;	
– kennen verschiedene methodische Zugänge zu biblischen Texten und können sie ansatzweise beurteilen;	
– können aufzeigen, wie Menschen versuchen, sich in unterschiedlichen Ausdrucksweisen der Wirklichkeit Gottes anzunähern.	(x)
DIMENSION »DIE FRAGE NACH GOTT« Die Schülerinnen und Schüler	
– können an einem Beispiel Möglichkeiten des Redens von Gott erläutern und seine Grenzen aufzeigen;	
– können an biblischen Texten zeigen, wie Geschichte als Weg Gottes mit den Menschen gedeutet wird und wie Nähe und Abwesenheit Gottes erfahren werden;	
– verstehen, dass nach christlichem Verständnis Gott sich den Menschen bedingungslos zuwendet und dass dieses Angebot ernst zu nehmende Konsequenzen hat (unter anderem Weisungen und Normen).	
DIMENSION »JESUS DER CHRISTUS« Die Schülerinnen und Schüler	
– können anhand einer Weisung der Bergpredigt und des Doppelgebots der Liebe die Relevanz der Botschaft Jesu für heute aufzeigen;	
– können Jesu Umgang mit der Tora an einem Beispiel erläutern;	
– verstehen, dass Jesus Gottes Nähe erfahrbar machte, unter anderem in seiner Zuwendung zu Sündern und Ausgestoßenen und seinem Verzicht auf Gewalt;	
– können den Zusammenhang zwischen der Auferweckung Jesu und der christlichen Hoffnung auf Vollendung darlegen.	
DIMENSION »KIRCHE, DIE KIRCHEN UND DAS WERK DES GEISTES GOTTES« Die Schülerinnen und Schüler können	
– an konkreten Beispielen die diakonische, missionarische und kritische Funktion der Kirche in der Gesellschaft darstellen;	x
– an einem Beispiel die Kooperation von Staat und Kirche in der Bundesrepublik Deutschland erläutern;	(x)
– unterschiedliche Verhaltensweisen von Christen in der Zeit des Dritten Reiches darlegen und bewerten.	x
DIMENSION »RELIGIONEN UND WELTANSCHAUUNGEN« Die Schülerinnen und Schüler	
– kennen Beispiele für christlichen Antijudaismus und können sich kritisch damit auseinandersetzen;	
– können den Hinduismus in Grundzügen darstellen, z. B. Prägung des Alltagslebens, verschiedene Gottesvorstellungen, und ihn mit dem Christentum vergleichen;	
– können anhand der Biografie des Buddha zentrale Überzeugungen und Lebensziele des Buddhismus erläutern und mit dem Christentum vergleichen;	
– sind aufgrund eines kritischen und selbstkritischen Vergleichs in Ansätzen zu einem Dialog mit anderen Religionen und Weltanschauungen befähigt.	

Kirche – wozu?
Die Frage nach der Begründung von Kirche

Die Kirche ist zahlreichen Infragestellungen ausgesetzt. Dabei sind zwei Formen der Kritik zu unterscheiden: Die erste Form zeigt sich in der Kritik an bestimmten Erscheinungsformen der Kirche bzw. einzelner Kirchen in Geschichte und Gegenwart.
Einige der prominentesten und zugleich gewichtigsten Vorwürfe lauten: intolerante Grundhaltung und Praxis bis hin zur Befürwortung religiösen Zwangs in Inquisition und Religionskriegen; aktive Unterstützung von Kulturimperialismus und Kolonialismus besonders im Zusammenhang mit der christlichen Missionsgeschichte; autoritäre bis totalitäre Grundstruktur und die Bereitschaft zur Allianz mit politischen Mächten, um das eigene System zu erhalten; politische und gesellschaftliche Rückständigkeit; Verhinderung sozialer Gerechtigkeit; massive Tendenzen zu Frauenfeindlichkeit und Sexualfeindlichkeit; antiaufklärerische und wissenschaftsfeindliche Bestrebungen usw.
Die Kritik an bestimmten Erscheinungsformen kann jedoch auch auf bestimmte Details der kirchlichen Selbstorganisation bezogen sein: auf die Begründung und Praxis des Leitungsamtes, auf die Frage der Ordination (Weihe), auf Fragen der sakramentalen und kultischen Praxis usw.
Die zweite Form der Kritik besteht in der Kritik an der Behauptung einer grundsätzlich kirchlichen Verfasstheit des Christentums. Hinter dieser Kritik steht die Frage: Kann man/frau nicht Christ sein ohne Kirche? Ist die Kirche für den gelebten christlichen Glauben wirklich so unverzichtbar, wie es das Nizäanum nahelegt, indem es den Glauben an die Kirche zu einem Teil des Glaubensbekenntnisses macht? Müssen die durch den institutionellen Charakter unvermeidlich gegebenen Strukturen von Gesetz, Autorität und Macht nicht zwangsläufig in einen Widerspruch geraten zum Evangelium? Sind die vielen Missstände der Kirche eigentlich wirklich »nur« vermeidbare Fehler, oder sind sie in Wahrheit nicht vielmehr die unvermeidliche Folge der weltlich-institutionellen Seite von Kirche?
Die zweite Form der Kritik ist wesentlich fundamentaler als die erste. Denn eine Kritik an einzelnen Erscheinungsformen von Kirche lässt grundsätzlich die Möglichkeit offen oder verfolgt sogar ausdrücklich das Ziel, die Kirche von den kritisierten Missständen zu befreien. Die zweite Kritik erklärt Kirche hingegen für überflüssig oder sogar für direkt schädlich.

Perry Schmidt-Leukel

- Unterstreiche mit unterschiedlichen Farben die beiden Formen der Kritik an Kirche und ihre jeweiligen Ausformungen.
- Zeige auf, worin die Bedeutung der zweiten Form der Kritik besteht.

Jugendkirche TABGHA

Darstellung der bisher nicht ausformulierten Gottesdienstelemente der Jugendkirche TABGHA, Oberhausen

»Ich glaube«
Gerade das Bekenntnis vor Gott und voreinander braucht für viele Jugendliche eine Hinführung, damit es nicht unverständlich und deshalb leer bleibt. Im Gottesdienst wird das Apostolische Glaubensbekenntnis oft durch ein Bekenntnislied ersetzt.
Die persönliche Antwort auf die Verkündigung des Wortes Gottes – ein Glaubens- und Lebenszeugnis – ist die eindruckvollste Form. Eine Aktualisierung des Glaubensbekenntnisses durch jugendgerechte Formulierungen hat in der Feier des Glaubens seinen Platz.

»Für-Bitte«
In den Fürbitten geht es schlicht darum, die persönlichen Anliegen und die Anliegen der Welt vor Gott zu tragen. Dieser Teil des Gottesdienstes nimmt einen breiten Raum in der Jugendkirche ein. In der Regel wird eine Gestaltungsmöglichkeit über mehrere Wochen beibehalten. Viele der Formen werden mit Meditationsmusik begleitet und mit Antwortrufen, mit Stille oder kurzen gesungenen Bittrufen mitgetragen.
Folgende Formen werden im Gottesdienst immer wieder praktiziert:
- Spontane Bitten, das Einbringen »freier« Fürbitten ist eine Möglichkeit, die mittlerweise problemlos genutzt wird.
- Eine vor dem Altar oder im Kirchenraum aufgebaute »Klagemauer« lädt ein, Fürbitten auf einen Zettel zu schreiben und sie in Stille in die Mauer zu stecken.
- Das Fürbittanliegen wird ausgesprochen, während eine Kerze angezündet wird. So kann aus den angezündeten Kerzen ein großes Zeichen entstehen (z. B. eine Friedenstaube oder ein Stern).
- In der österlichen Bußzeit hat ein großes Holzkreuz die Kirche geprägt. Im Rahmen der Fürbitten sind die auf Zettel geschriebenen Anliegen an das Kreuz geheftet worden.
- Eine eindrucksvolle Erfahrung ist es, wenn die Gebete wie Weihrauch zum Himmel emporsteigen. In eine große Schale werden mehrere glühende Kohlen gelegt. Das Gebetsanliegen wird dann mit dem Auflegen eines Weihrauchkornes verbunden.
- Auch klassische Fürbittformen werden genutzt: Das gemeinsame Fürbittgebet, das Vortragen einzelner Bitten mit der Antwort der Feiernden, die Einladung, in Stille das persönliche Anliegen vor Gott zu tragen.

»Shalom«
Der Friedensgruß hat in der Jugendkirche eine eigene Dynamik bekommen. »Der Friede sei mit dir« ist der Wunsch, der im wahrsten Sinne des Wortes »seine Runde macht«. Es braucht Zeit, bis alle Mitfeiernden sich auf unterschiedliche Weise den Frieden gewünscht haben. Friedenslieder, gemeinsames Friedensgebet, Friedenslichter und Stille sind mögliche Gestaltungselemente.

»Eingeladen«
Jesus Christus selbst ist Gabe und Gastgeber zugleich. Die Einladung »Nehmt und esst« – »Nehmt und trinkt« gilt allen, die zum Tisch des Mahles geladen sind. Alle sind dazu eingeladen, unter beiderlei Gestalten zu kommunizieren. Für dieses gemeinsame Mahl nimmt sich die Gemeinde Zeit, und so bekommt der Gottesdienst an dieser Stelle einen wichtigen Akzent der Stille, Besinnung und Meditation.

Credo modern

Glaubensbekenntnis von Dorothee Sölle

Ich glaube an Gott,
der die Welt nicht fertig geschaffen hat
wie ein Ding, das immer so bleiben muss,
der nicht nach ewigen Gesetzen regiert, die unabänderlich gelten,
nicht nach natürlichen Ordnungen von Armen und Reichen,
Sachverständigen und Uniformierten,
Herrschenden und Ausgelieferten.
Ich glaube an Gott,
der den Widerspruch des Lebendigen will
und die Veränderung aller Zustände
durch unsere Arbeit
durch unsere Politik.

Ich glaube an Jesus Christus,
der recht hatte, als er,
»ein einzelner, der nichts machen kann«,
genau wie wir an der Veränderung aller Zustände arbeitete
und darüber zugrunde ging.
An ihm messend erkenne ich,
wie unsere Intelligenz verkrüppelt ist,
unsere Fantasie erstickt,
unsere Anstrengung vertan ist,
weil wir nicht leben, wie er lebte.
Jeden Tag habe ich Angst,
dass er umsonst gestorben ist,
weil er in unseren Kirchen verscharrt ist,
weil wir seine Revolution verraten haben
in Gehorsam und Angst vor den Behörden.
Ich glaube an Jesus Christus,
der aufersteht in unser Leben,
dass wir frei werden
von unseren Vorurteilen und Anmaßungen von Angst und Hass
und seine Revolution weitertreiben auf sein Reich hin.

Ich glaube an den Geist,
der mit Jesus in die Welt gekommen ist,
an die Gemeinschaft aller Völker
und unsere Verantwortung für das,
was aus unserer Erde wird,
ein Tal voll Jammer, Hunger und Gewalt
oder die Stadt Gottes.

Ich glaube an den gerechten Frieden,
der herstellbar ist;
an die Möglichkeit eines sinnvollen Lebens
für alle Menschen;
an die Zukunft dieser Welt Gottes. Amen.

Peruanisches Credo

Wir glauben an den Gott aller Menschen, egal ob Vater oder Mutter,
Anfang und Ursprung allen Daseins.

Wir glauben an die Anwesenheit Jesu Christi unter uns Menschen,
der durch seine Auferstehung vom Tod zum Leben schreiten lässt.

Wir glauben an die schöpferische Kraft des Heiligen Geistes,
der in der Welt handelt und uns antreibt zu einem wirklichen vorbehaltlosen Engagement.

Wir glauben, dass das Leben in Frieden und Gerechtigkeit,
dass Liebe und Solidarität unter allen Menschen Gaben Gottes sind
und Angelpunkte einer neuen Welt, die unter uns entstehen kann.

Wir glauben, dass wir voranschreiten können
von der Gedankenlosigkeit zu einem bewussteren Leben,
von der Passivität zur Aktion, von der Furcht zum Vertrauen,
vom Schweigen zu öffentlichem Auftreten.

Wir glauben, dass Friede, dass Hochherzigkeit,
dass Sinn für Gemeinschaft, dass Teilen von Freude und Leid,
dass Güte ererbte Gaben aller Menschen sind.

Wir glauben, dass das Leben den Tod besiegen kann. Amen.

Wie jemand heute sein Glaubensbekenntnis formuliert

»Ich bin überzeugt, dass der Glaube wichtiger ist als die Dogmen, und dass theologische Aussagen ständig kritisch zu überprüfen sind aus der Bereitschaft, neue Einsichten einzubringen.

Gott ist die letzte Kraft hinter allem Sein und der Geist, der alles Leben auf dieser Erde geschaffen hat und noch erschafft und seinem liebenden Willen gemäß erhält, Mensch und Natur. Ich glaube, dass alles Leben wieder zu Gott zurückkehrt.

Ich glaube, dass Gott mir in Jesus von Nazaret nahe kommt und dass ich mich bei ihm geborgen weiß trotz meines oft schuldhaften Versagens, nicht mehr zur Liebe, Gerechtigkeit und Frieden in der Welt beizutragen.

Ich glaube, dass Gottes Geist alle seine menschlichen Geschöpfe, seine Kinder, nicht nur in, sondern auch außerhalb der Kirche und religionsübergreifend zusammenführen will als eine geschwisterliche Gemeinschaft. Sie wird sich in Ehrfurcht vor dem gottgeschenkten Leben zur Freiheit berufen wissen, um das Leben der Natur wie der menschlichen Gesellschaft schöpferisch in seinem Geist zu bewahren und zu entwickeln zum Wohle allen Lebens.

Ich glaube, dass Gott mir in der Beziehung zu anderen Menschen begegnen will und dass andere Menschen ebenso, wenn sie mir begegnen, Gott in Zuwendung erfahren können, je nachdem, wie viel wir von der göttlichen Liebe widerspiegeln.

Ich bin bereit, neue Erkenntnisse aus anderen Religionen in mein Leben aufzunehmen, um der Ehrfurcht vor Gottes Offenbarung auf verschiedenster Weise und an anderen Orten willen.

Ich glaube, dass das Böse in der Welt und in uns eine nicht zu leugnende Realität ist, der wir nur mit der Kraft der verzeihenden Liebe und der Vergebung Gottes begegnen können, obwohl wir die letzten Wurzeln des Bösen nicht kennen. Ich glaube, dass wir uns mit unseren Taten selbst richten, dass Gott uns aber bis zuletzt immer einen neuen Anfang ermöglicht.

Ich glaube, dass der Tod der Übergang in ein neues Sein bei Gott ist, in dem wir in der wunderbaren Geborgenheit der Kinder Gottes in vorher nicht gekannter Einheit mit seinem Geist leben dürfen.

Ich werde nie die letzten Fragen völlig gelöst haben, aber ich werde von ihnen vermutlich immer bewegt bleiben. Ich lebe aus der Hoffnung.«

Die Kirche als das »Volk Gottes«

»Volk Gottes« ist ein zentraler Begriff in den Aussagen des II. Vatikanischen Konzils über die Kirche. Dieses Wort hat in den beiden letzten Jahrzehnten viel zur Erneuerung und Verlebendigung des Bewusstseins und des Lebens in der Kirche beigetragen. Es hat vor allem geholfen, eine individualistische Art und Weise, den Glauben zu leben, zu überwinden und das Bewusstsein zu festigen, dass in der Kirche alle mitverantwortlich sind. Denn wenn die Heilige Schrift die Kirche als Volk Gottes beschreibt, dann sagt sie damit, dass das Heil nicht dem isolierten Einzelnen für sich allein gilt, sondern einer Gemeinschaft, in die der Einzelne aufgenommen wird, um so persönlich am Heil Anteil zu erlangen. Diese Gemeinschaft entsteht nicht durch den nachträglichen Zusammenschluss religiös Gleichgesinnter. Ähnlich wie ein Volk oder eine Familie ist auch die Kirche dem Einzelnen vorgegeben; der Einzelne wird in die Kirche aufgenommen, wächst in sie hinein, wird von ihr getragen und übernimmt selbst Verantwortung für sie. Dies gilt grundsätzlich für alle Christen, für Amtsträger wie für Laien. Volk Gottes meint also nicht das Volk oder – wie man heute missverständlicherweise oft sagt – die Basis im Unterschied zu den Amtsträgern, sondern alle Christen in ihrer Gesamtheit wie in der Vielfalt ihrer Gaben, Dienste und Ämter. Kirche, Volk Gottes, das sind alle!

Nun ist die Kirche aber kein Volk im gewöhnlichen Sinn des Wortes, keine Gemeinschaft, die durch gemeinsame Abstammung, Geschichte und Kultur verbunden ist. Sie geht auch nicht aus dem Volk als einer natürlichen und geschichtlichen Größe hervor; ebensowenig entsteht sie aus den Kräften einer bestimmten Gruppe oder Klasse. Die Kirche ist das Volk Gottes, d. h. sie ist das Volk, das Gott aus den Völkern auserwählt und berufen hat, sein Eigentumsvolk, mit dem er einen Bund geschlossen hat. Sie ist ein universales Volk in und aus allen Völkern, Rassen und Klassen. Sie ist zugleich ein heiliges Volk. Deshalb wird man in die Kirche nicht hineingeboren, sondern durch den Glauben und durch die Taufe, das Sakrament des Glaubens und der Wiedergeburt zum neuen Leben (vgl. Joh 3,5), eingegliedert. Wenn deshalb das Volk Gottes sich versammelt, dann geschieht dies nicht wie in einer bürgerlich-politischen Versammlung, um über die gemeinsamen Angelegenheiten zu beraten und zu entscheiden, sondern um zu hören, was Gott entschieden, gesagt und getan hat, und um ihm für seine Heilsratschlüsse und seine Heilstaten zu danken. Die Kirche ist die Gemeinschaft der Glaubenden, die sich versammelt als dankende und feiernde Kultgemeinde, in deren Mitte Gott selbst wirksam gegenwärtig ist und die in die Welt gesandt ist, um das Evangelium durch Wort und Tat zu bezeugen.

Die Grundverheißung an das Gottesvolk des Alten Bundes lautet: »Ich bin euer Gott, und ihr seid mein Volk« (Lev 26,11-12; vgl. Ez 37,27; 2 Kor 6,16; Hebr 8,10; Offb 21,3). Diese Verheißung verbindet die Kirche mit Israel, dem Gottesvolk des Alten Bundes. Der Apostel Paulus hat diesen Zusammenhang ausführlich dargestellt (vgl. Röm 9-11). Das II. Vatikanische Konzil hat sich nach einer langen Geschichte der Entfremdung, Verfeindung und der Schuld wieder zu dieser gemeinsamen Geschichte bekannt (vgl. NA = Nostra aetate 4). Ohne diesen Zusammenhang mit dem Alten Bund, in dem die Kirche vorbereitet und vorausgebildet wird (vgl. LG = Lumen gentium 9), kann man die Kirche nicht verstehen. Freilich muss man auch den Bruch sehen, der zwischen Israel und der Kirche, dem Gottesvolk des Neuen Bundes, besteht. Zum neuen Volk Gottes, dem neuen und wahren Israel, gehören auch die Heiden, die ursprünglich nicht Volk Gottes waren (vgl. 1 Petr 2,10). So ist erst in der Kirche aus Juden und Heiden (vgl. Eph 2,11-22) die Verheißung an Abraham wirksam geworden, dass in ihm alle Völker Segen erlangen werden (vgl. Gen 12,3; 18,18; 22,18; Gal 3,8).

Das Volk Gottes im Neuen Bund umfasst also Menschen aller Völker und Rassen. »Es gibt nicht mehr Juden und Griechen, nicht Sklaven und Freie, nicht Mann und Frau; denn ihr alle seid ›einer‹ in Christus Jesus« (Gal 3,28; vgl. 1 Kor 12,13; Kol 3,11). Weil die Kirche an keine besondere Form der Kultur und an kein besonderes politisches, wirtschaftliches oder gesellschaftliches System gebunden ist, sondern vielmehr die Völker, Kulturen, die Rassen und Klassen umgreift, kann sie Zeichen und Werkzeug der Einheit und des Friedens in der Menschheit sein (vgl. GS = Gaudium et spes 42). Sie ist das messianische Volk Gottes, das Zeichen der Hoffnung für die Völker (vgl. LG 9).

Als Zeichen und Werkzeug für die Einheit der ganzen Menschheit weist die Kirche über sich hinaus. Sie ist selbst wanderndes Volk Gottes, Volk Gottes unterwegs. Sie lebt in der Geschichte und hat selbst eine legitime Geschichte. Sie ist auf dem Weg und noch nicht am Ziel. So ist sie als Volk Gottes keine starre und statische, sondern eine dynamische Wirklichkeit, ein Zeichen der Hoffnung. Sie lebt in dieser Welt in der Diaspora und in der Fremde und hat keine bleibende Heimat (vgl. Jak 1,1; 1 Petr 1,1; 2,11; Hebr 3,7-4.11; 11,8-16.32-34). Sie darf sich deshalb nie auf Dauer einrichten; sie muss immer wieder neu aufbrechen zu dem, der außerhalb des Tores gelitten hat (vgl. Hebr 13,12). Am Ende, wenn Gott alles in allen sein wird, dann bedarf es der Kirche als Heilsmittel nicht mehr. Bei allem Endgültigen und Bleibenden, das sie zu bezeugen hat, lebt die Kirche als Volk Gottes von der Proklamation, dass nicht sie selbst das endgültige Ziel ist.

Katholischer Erwachsenenkatechismus

Justitia – Kriminalisierung des Kirchenasyls

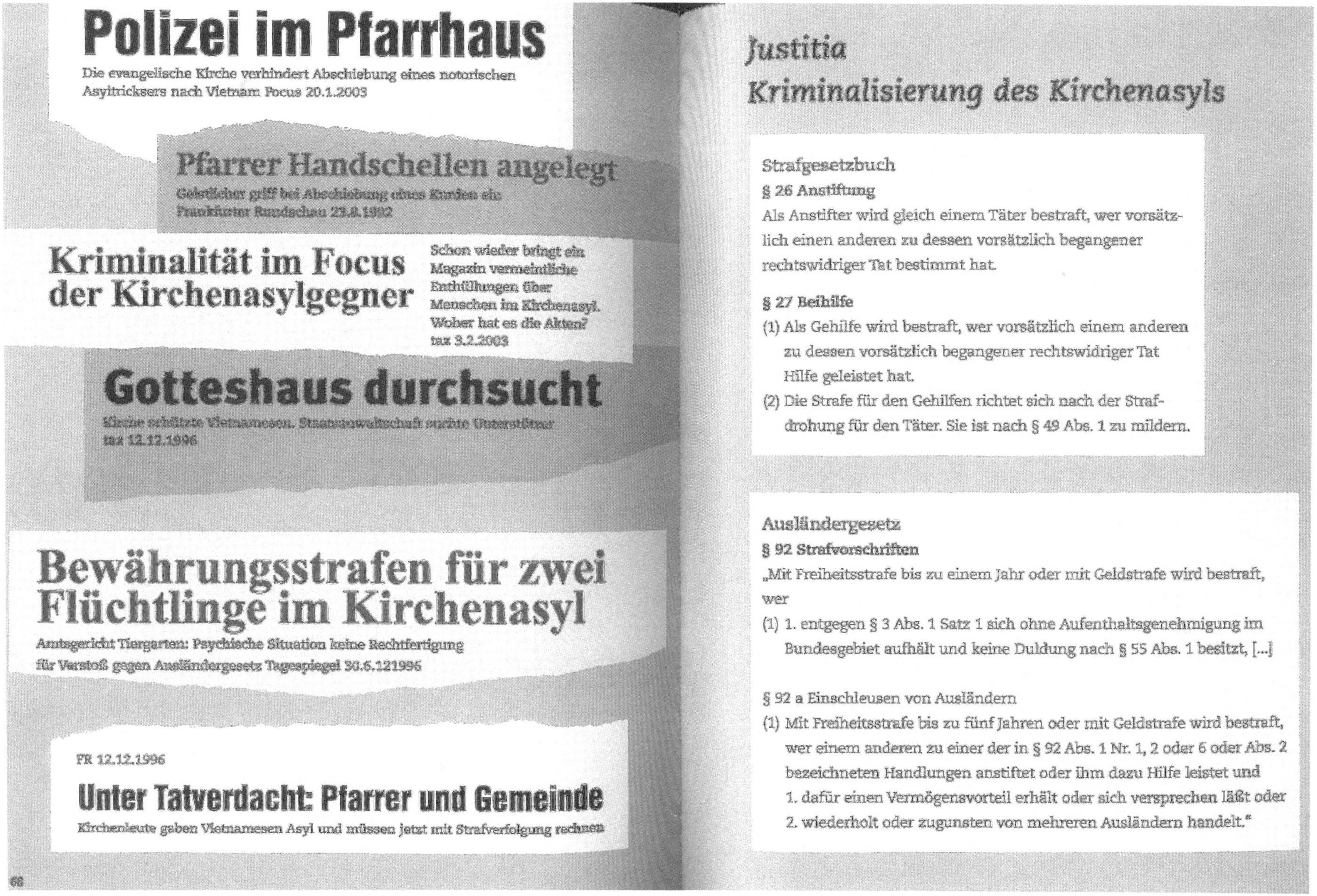

Polizei im Pfarrhaus

Die evangelische Kirche verhindert Abschiebung eines notorischen Asyltricksers nach Vietnam Focus 20.1.2003

Pfarrer Handschellen angelegt

Geistlicher griff bei Abschiebung eines Kindes ein Frankfurter Rundschau 23.8.1992

Kriminalität im Focus der Kirchenasylgegner

Schon wieder bringt ein Magazin vermeintliche Enthüllungen über Menschen im Kirchenasyl. Woher hat es die Akten? taz 3.2.2003

Gotteshaus durchsucht

Kirche schützte Vietnamesen. Staatsanwaltschaft suchte Unterstützer taz 12.12.1996

Bewährungsstrafen für zwei Flüchtlinge im Kirchenasyl

Amtsgericht Tiergarten: Psychische Situation keine Rechtfertigung für Verstoß gegen Ausländergesetz Tagesspiegel 30.6.121996

FR 12.12.1996

Unter Tatverdacht: Pfarrer und Gemeinde

Kirchenleute gaben Vietnamesen Asyl und müssen jetzt mit Strafverfolgung rechnen

68

Justitia
Kriminalisierung des Kirchenasyls

Strafgesetzbuch

§ 26 Anstiftung

Als Anstifter wird gleich einem Täter bestraft, wer vorsätzlich einen anderen zu dessen vorsätzlich begangener rechtswidriger Tat bestimmt hat.

§ 27 Beihilfe

(1) Als Gehilfe wird bestraft, wer vorsätzlich einem anderen zu dessen vorsätzlich begangener rechtswidriger Tat Hilfe geleistet hat.

(2) Die Strafe für den Gehilfen richtet sich nach der Strafdrohung für den Täter. Sie ist nach § 49 Abs. 1 zu mildern.

Ausländergesetz

§ 92 Strafvorschriften

„Mit Freiheitsstrafe bis zu einem Jahr oder mit Geldstrafe wird bestraft, wer

(1) 1. entgegen § 3 Abs. 1 Satz 1 sich ohne Aufenthaltsgenehmigung im Bundesgebiet aufhält und keine Duldung nach § 55 Abs. 1 besitzt, [...]

§ 92 a Einschleusen von Ausländern

(1) Mit Freiheitsstrafe bis zu fünf Jahren oder mit Geldstrafe wird bestraft, wer einem anderen zu einer der in § 92 Abs. 1 Nr. 1, 2 oder 6 oder Abs. 2 bezeichneten Handlungen anstiftet oder ihm dazu Hilfe leistet und

1. dafür einen Vermögensvorteil erhält oder sich versprechen läßt oder
2. wiederholt oder zugunsten von mehreren Ausländern handelt."

Recht und Unrecht

Berät eine Gemeindeleitung darüber, ob sie Kirchenasyl gewähren soll, so wird häufig die Frage nach der Legitimität von Kirchenasyl gestellt, wie auch nach der Legalität und möglichen rechtlichen Konsequenzen für die Gemeinde oder für einzelne Verantwortliche.
Bei der Frage, ob es legitim ist, in einem Rechtsstaat Kirchenasyl zu gewähren, geht es sowohl um eine grundsätzliche Entscheidung über Ziel und Verständnis des Kirchenasyls als auch um die Rolle der Gemeinde gegenüber den staatlichen Institutionen. Deutlich wird: Es entsteht eine Spannung zwischen der Gewissensentscheidung von Christinnen und Christen und der Loyalität gegenüber dem demokratischen Rechtsstaat.
Innerhalb der Kirchenasylbewegung gibt es verschiedene Positionen, wie Kirchenasyl zu verstehen und zu begründen ist. In einem Rechtsstaat kann es auch für Kirchen keinen rechtsfreien Raum geben. Manche begreifen Kirchenasyl deshalb als einen Akt des zivilen Ungehorsams von Bürgern, die sich aufgrund ihrer christlich motivierten Gewissensentscheidung zu einem begrenzten und nicht intendierten Regelverstoß entschließen. Ziviler Ungehorsam als legitimes demokratisches Streitmittel wird hier angewandt, um gravierende Ungerechtigkeit oder Menschenrechtsverletzungen zu vermeiden. Eine andere Argumentation geht von der christlichen Beistandspflicht aus. Sie stellt unter bestimmten, meist relativ eng gefassten Bedingungen die Legalität von Kirchenasyl heraus und sieht in der Gewährung des Asyls eine Art kirchliche Institution. Hier wird der spezifisch kirchliche Charakter der Schutzgewährung betont.
Beiden Positionen gemeinsam ist die Einschätzung, dass es nicht darum geht, den Rechtsstaat in Frage zu stellen, sondern ihm zur Geltung zu verhelfen. Dabei wird der staatlichen Abschiebeanordnung das in der Verfassung garantierte Recht des Flüchtlings auf Schutz seiner Menschenwürde als höheres Rechtsgut gegenübergestellt.
Die Frage, ob Gemeinden eine Straftat begehen, wenn sie Flüchtlinge aufnehmen, ist auch unter Juristen und Juristinnen umstritten. Der Rat der EKD bestreitet die Rechtswidrigkeit von Kirchenasyl. Er erklärte im September 1994 (epd-Dokumentation 43, 1994), dass Beistand für Bedrängte, wozu auch Flüchtlinge gehören, Christenpflicht sei. Eine Form des Beistands, die eine Abschiebeverfügung korrigieren soll, sei nicht rechtswidrig, soweit sich dieser Beistand auf Unterbringung, Betreuung und Rechtshilfe beziehe. Diese Position wird von manchen Juristen geteilt, soweit damit nicht Straftaten wie das Verstecken der Flüchtlinge oder das Versperren des Zugangs für die Polizei verbunden sind. Andere Juristen sehen jedoch auch in öffentlichen Formen des Kirchenasyls die aktive Förderung einer fremden Straftat und somit einen Straftatbestand.
Wenn eine Kirchengemeinde Asyl gewährt, so müssen strafrechtliche Konsequenzen zumindest einkalkuliert werden. Rechtliche Grundlagen hierfür sind: Anstiftung (§ 26 StGB), Beihilfe (§ 27 StGB) und Begünstigung (§ 257 StGB) zu einem Vergehen (des Ausländers) nach § 92 AuslG, wie unerlaubter Aufenthalt ohne ausreichende Ausweispapiere in der Bundesrepublik, unerlaubte Einreise. Nach § 92a AuslG kann verurteilt werden, wer in diesem Sinne wiederholt zugunsten von mehreren (in der Regel mehr als fünf) Ausländern handelt.

Widerstand gegen Vollstreckungsbeamte (§ 113 StGB): Bereits eine verriegelte Tür, die den Zutritt erschwert oder verhindert, kann als Widerstandshaltung begriffen werden, Strafvereitelung (§ 258 StGB) bei Verstecken eines Flüchtlings.

Verschiedene Fachjuristen vertreten die Auffassung, dass Artikel 4 des Grundgesetzes, in dem die Freiheit des Glaubens, des Gewissens und des religiösen und weltanschaulichen Bekenntnisses garantiert wird, bei der Gewährung von Kirchenasyl geltend gemacht werden kann.

Im Zusammenhang mit Kirchenasylen wurden in der Vergangenheit immer wieder Ermittlungsverfahren gegen Pfarrerinnen, Pfarrer und Gemeindevorstände eingeleitet. Meist wurden diese Verfahren eingestellt. In einigen Fällen wurden Pfarrerinnen und Pfarrer zur Zahlung von Bußgeldern verurteilt. Diese Fälle stellen jedoch gemessen an der Gesamtzahl der gewährten Kirchenasyle eher die Ausnahme als die Regel dar.

Eng verbunden mit den rechtlichen Fragen ist die Frage nach einer möglichen Sonderposition kirchlicher Räume. Dies hängt mit der Tradition des mittelalterlichen Kirchenasyls zusammen, in der ein kirchlicher Raum als sakraler Raum begriffen wurde, der eine Tabuzone für alle weltliche Gewalt darstellte und damit als unantastbar galt. Dieses Verständnis kann in einem säkular begründeten Staat nicht aufrechterhalten werden, auch wenn eine deutliche Kontinuität in der Schutzaufgabe besteht.

Vom heutigen theologischen Verständnis gibt es eine Differenz zwischen der katholischen und der protestantischen Tradition: Während es für die katholische Kirche durchaus die Vorstellung von geweihten Räumen gibt, so kommt nach protestantischem Verständnis kirchlichen Räumen keine sakrale Bedeutung zu. Heilig ist die Schutz gewährende Gemeinde als Ganzes.

Vom rechtlichen Standpunkt aus gibt es heute keine Räumlichkeiten, die als rechtsfreie Räume vom Gesetz her dem Zugriff der Staatsgewalt entzogen wären. In der Vergangenheit hat sich zudem gezeigt, dass die Behörden nicht in jedem Fall vor einer gewaltsamen Räumung des Kirchenasyls zurückschrecken. Nichtsdestotrotz gilt es in der Regel als »unverhältnismäßig«, gewaltsam in kirchliche Räume einzudringen – so die Innenminister mehrerer Bundesländer.

Hitlers Regierungserklärung vom 23. März 1933 (Auszüge)

»(...) Indem die Regierung entschlossen ist, die politische und moralische Entgiftung unseres öffentlichen Lebens durchzuführen, schafft und sichert sie die Voraussetzungen für eine wirklich tiefe innere Religiosität. Die Vorteile personalpolitischer Art, die sich aus Kompromissen mit atheistischen Organisationen ergeben mögen, wiegen nicht annähernd die Folgen auf, die in der Zerstörung der allgemeinen religiös-sittlichen Grundwerte sichtbar werden. Die nationale Regierung sieht in den beiden christlichen Konfessionen wichtigste Faktoren der Erhaltung unseres Volkstums. Sie wird die zwischen ihnen und den Ländern abgeschlossenen Verträge respektieren; ihre Rechte sollen nicht angetastet werden. Sie erwartet aber und hofft, dass die Arbeit an der nationalen und sittlichen Erhebung unseres Volkes, die sich die Regierung zur Aufgabe gestellt hat, umgekehrt die gleiche Würdigung erfährt. Sie wird allen anderen Konfessionen in objektiver Gerechtigkeit gegenübertreten. Sie kann aber niemals dulden, dass die Zugehörigkeit zu einer bestimmten Konfession oder zu einer bestimmten Rasse eine Entbindung von allgemeingesetzlichen Verpflichtungen sein könnte oder gar ein Freibrief für straflose Begehung oder Tolerierung von Verbrechen.

Die nationale Regierung wird in Schule und Erziehung den christlichen Konfessionen den ihnen zukommenden Einfluss einräumen und sicherstellen. Ihre Sorge gilt dem aufrichtigen Zusammenleben zwischen Kirche und Staat. Der Kampf gegen eine materialistische Weltauffassung und für die Herstellung einer wirklichen Volksgemeinschaft dient ebensosehr den Interessen der deutschen Nation wie denen unseres christlichen Glaubens (...) Ebenso legt die Reichsregierung, die im Christentum die unerschütterlichen Fundamente des sittlichen und moralischen Lebens unseres Volkes sieht, den größten Wert darauf, die freundschaftlichen Beziehungen zum Heiligen Stuhle weiter zu pflegen und auszugestalten.«

Ansprache Hitlers in der Garnisonkirche in Potsdam am 21. März 1933. Ihm gegenüber sitzt der ehemalige Reichspräsident Paul von Hindenburg (1847-1934).

- Beschreibe die Wirkung der Fotografie von Hitlers Ansprache in der Garnisonkirche in Potsdam.
- Stellt zusammen, was Hitler in seiner Regierungserklärung den beiden christlichen Kirchen in Deutschland zusichert.

Stimmen zum Konkordat

(a) Kardinal Michael Faulhaber, Erzbischof von München, schreibt am 24.7.1933 an Hitler:

»Verehrter Herr Reichskanzler!

Der Erzbischof von München gibt sich die Ehre, Eurer Exzellenz einen tief empfundenen Glückwunsch zum Abschluss des Reichskonkordats zu übersenden. Was die alten Parlamente und Partein in 60 Jahren nicht fertigbrachten, hat Ihr staatsmännischer Weitblick in sechs Monaten weltgeschichtlich verwirklicht. Für Deutschlands Ansehen nach Osten und Westen und vor der ganzen Welt bedeutet dieser Handschlag mit dem Papsttum, der größten sittlichen Macht der Weltgeschichte, eine Großtat von unermesslichem Segen. (...) Uns kommt es aufrichtig aus der Seele: Gott erhalte unserem Volk unseren Reichskanzler.

In aufrichtiger Verehrung Eurer Exzellenz
Ergebener Kardinal Faulhaber von München«

(b) Bericht des italienischen Botschafters beim Heiligen Stuhl, Graf Cesare Maria De Vecchi di Valcismon vom 25.7.1933 nach einem Gespräch mit Kardinal Pacelli im Vatikan:

»Der Papst und der Kardinalstaatssekretär haben sich über das Konkordat mit Deutschland gefreut wie Kinder, die in der Schule belohnt werden und sie hatten (und haben noch) die einzige Angst, dass man in der Praxis das Konkordat nicht voll durchführen kann. Die Zerstörung des Zentrums und die ›Gewalttätigkeiten‹ gegen politisierende Geistliche wurden ohne Bedauern vergessen, und das seit dem Tag der Machtergreifung durch Hitler.«

(c) Bericht des britischen Geschäftsträgers Ivone Kirkpatrick vom 19.8.1933, der mit Kardinal Pacelli über das Konkordat sprach:

»Kardinal Pacelli beklagte das innenpolitische Vorgehen der deutschen Regierung, ihre Verfolgung der Juden, ihr Einschreiten gegen politische Gegner, die Herrschaft des Terrors, der die ganze Nation unterworfen sei. (...) Eine Pistole, sagte er, sei gegen seinen Kopf gerichtet gewesen, und er habe keine Alternative gehabt. Die deutsche Regierung habe ihm Zugeständnisse angeboten und zwar, wie man zugeben müsse, umfassendere, als sie irgendeine frühere Regierung bewilligt haben würde, und er habe wählen müssen zwischen einem Übereinkommen zu ihren Bedingungen und der praktischen Ausschaltung der Katholischen Kirche im Reich. (...) Er wünsche mir die Kenntnis der Tatsachen, sodass ich imstande wäre, das Dilemma des Vatikans zu würdigen. (...) Die Seelsorge von 20 Millionen Katholiken in Deutschland habe auf dem Spiel gestanden und dies sei die erste und tatsächlich einzige Erwägung gewesen. Würde die deutsche Regierung das Konkordat verletzen – und sicherlich werde sie das –, so hätte der Vatikan einen Vertrag, um darauf einen Protest zu gründen. Jedenfalls würden die Deutschen, fügte der Kardinal lächelnd bei, wahrscheinlich nicht alle Artikel des Konkordats auf einmal verletzen (...)«

(d) Aus der Nationalsozialistischen Parteikorrespondenz vom 22.7.1933:

»Die Bedeutung des Reichskonkordats liegt vor allem in Folgendem: Die Tatsache, dass der Vatikan mit dem neuen Deutschland einen Vertrag schließt, bedeutet die Anerkennung des nationalsozialistischen Staates durch die katholische Kirche. Durch diesen Vertrag wird vor der ganzen Welt klar und unzweideutig erwiesen, dass die Behauptung, der Nationalsozialismus sei religionsfeindlich, eine Lüge ist, die zum Zweck politischer Hetze erfunden wurde.«

- Fasse die Einschätzungen des Konkordats in den Quellentexten (a) bis (d) in eigenen Worten zusammen (jeweils ein bis zwei Sätze).
- Formuliere dein persönliches Fazit zur Bedeutung des Konkordats.

Grafeneck

Nach Tagen der Ungewißheit erhielten wir die unfaßbare Nachricht von dem plötzlichen Tode meiner lieben Frau, der Mutter unserer kleinen Christa, unserer lieben unvergeßlichen Tochter, Schwiegertochter, Schwester, Schwägerin und Tante, Frau

Ella Görlitz geb. Rosenbaum

geb. 6. 8. 01 gest. 24. 9. 40

nach bereits erfolgter Einäscherung in Grafeneck.

In stiller Trauer

Leipzig C 1, Peterssteinweg 21 **Erich Görlitz und Töchterchen**
Leipzig O 5, Reclamstr. 24 **Clara verw. Rosenbaum** geb. Spranger

und Angehörige

Die Beisetzung der Urne erfolgt nach Ueberführung auf dem Südfriedhof.

Mein Letztes wurde mir genommen, mein liebes

Gretel

* 3. 7. 1910 † 9. 10. 1940

Die Einäscherung hat bereits in der Landesanstalt Grafeneck stattgefunden. Nach erfolgter Ueberführung wird die Beisetzung der Urne noch bekanntgegeben.

Leipzig N 22, Heinrothstraße 3

In tiefstem Schmerz

Charlotte Schilling

- Worüber wunderten sich manche aufmerksamen Zeitungsleser/innen im Jahr 1940?

Rechenaufgabe (1935):
»Der Bau einer Irrenanstalt erfordert 6 Mio. Reichsmark. Wie viele Siedlungshäuser zu je 15.000 RM hätte man dafür bauen können?
Ein Geisteskranker kostet täglich 4 RM. Nach vorsichtigen Schätzungen sind in Deutschland 300.000 Geisteskranke, Epileptiker usw. in Anstaltspflege. Was kosten diese jährlich? Wie viele Ehestandsdarlehen zu je 1.000 RM könnten von diesem Geld jährlich ausgegeben werden?«

- Stelle den Zusammenhang zwischen den Todesanzeigen, der Schautafel und der Rechenaufgabe her.

Kirchlicher Protest: Bischof Clemens August Graf von Galen

Kurzbiografie:
geb. 1878 in Dinklage (Münsterland), Vater war Abgeordneter des Zentrums
1898-1904 Studium der Theologie in Fribourg, Innsbruck und Münster
1904 Priesterweihe
1904-28 Priester in Berlin, politische Tätigkeit im konservativen Flügel des Zentrums
1929 Priester in Münster
1933 Papst Pius XI. ernennt Galen zum Bischof von Münster, Galen verurteilt die kirchenfeindliche Politik der NSDAP öffentlich
1937 Galen fördert die Verbreitung der Enzyklika »Mit brennender Sorge« von Pius XI.
1941 Galen äußert sich zustimmend zu Hitlers Kriegen, insbesondere 1941 nach dem Überfall auf die Sowjetunion.
Galen hält drei Predigten, in denen er die Beschlagnahmung von Kirchengut und die Euthanasiemaßnahmen der Nationalsozialisten anprangert. Sie werden als Kopien in Deutschland verbreitet und später auch von den Alliierten in Flugblättern auszugsweise vervielfältigt. Aufgrund seiner mutigen Kritik am NS-Staat wird er als »Löwe von Münster« auch im Ausland bekannt. Zu beachten ist allerdings, dass zum Zeitpunkt der Predigten schon ein großer Teil von Hitlers Euthanasieprogramm durchgeführt war.
1942-45 Galen kritisiert weiter die Rassenpolitik und wendet sich vor allem gegen das Bemühen des NS-Regimes, neuheidnische Feiern und Riten einzuführen. Eine Verhaftung unterbleibt allerdings, um die Loyalität von Katholiken und Münsterländern im Zweiten Weltkrieg nicht zu schwächen.
1946 Ernennung zum Kardinal; Galen stirbt in Münster.
2005 Seligsprechung von Kardinal Galen.

PREDIGT BISCHOF VON GALENS VOM 3. AUGUST 1941
»(...) Seit einigen Monaten hören wir Berichte, dass aus Heil- und Pflegeanstalten für Geisteskranke auf Anordnung von Berlin Pfleglinge, die schon länger krank sind und vielleicht unheilbar erscheinen, zwangsweise abgeführt werden. Regelmäßig erhalten dann die Angehörigen nach kurzer Zeit die Mitteilung, (...) die Leiche sei verbrannt, die Asche könne abgeliefert werden. Allgemein herrscht der an Sicherheit grenzende Verdacht, dass diese zahlreichen unerwarteten Todesfälle von Geisteskranken nicht von selbst eintreten, sondern absichtlich herbeigeführt werden, dass man dabei jener Lehre folgt, die behauptet, man dürfe sog. ›lebensunwertes Leben‹ vernichten, also unschuldige Menschen töten, wenn man meint, ihr Leben sei für Volk und Staat nichts mehr wert, eine furchtbare Lehre, die die Ermordung Unschuldiger rechtfertigen will, die die gewaltsame Tötung der nicht mehr arbeitsfähigen Invaliden, Krüppel, unheilbar Kranken, Altersschwachen grundsätzlich freigibt! (...) Das Reichsstrafgesetzbuch bestimmt in § 139: ›Wer von dem Vorhaben ... eines Verbrechens wider das Leben ... glaubhafte Kenntnis erhält und es unterlässt, der Behörde oder dem Bedrohten hiervon zur rechten Zeit Anzeige zu machen, wird ... bestraft.‹ Als ich von dem Vorhaben erfuhr, Kranke aus Marienthal abzutransportieren, um sie zu töten, habe ich am 28. Juli bei der Staatsanwaltschaft beim Landgericht in Münster und bei dem Herrn Polizeipräsidenten in Münster Anzeige erstattet (...) Da ein derartiges Vorgehen nicht nur dem göttlichen und natürlichen Sittengesetz widerstreitet, sondern auch als Mord nach § 211 des Reichsstrafgesetzbuches mit dem Tode zu bestrafen ist, erstatte ich (...) Anzeige (...). Nachricht über ein Einschreiten der Staatsanwaltschaft oder der Polizei ist mir nicht ergangen (...)
Wenn man den Grundsatz aufstellt und anwendet, dass man den ›unproduktiven‹ Mitmenschen töten darf, dann wehe uns allen, wenn wir alt und altersschwach werden! (...) Wenn einmal zugegeben wird, dass Menschen das Recht haben, ›unproduktive‹ Mitmenschen zu töten – und wenn es jetzt zunächst auch nur arme wehrlose Geisteskranke trifft –, dann ist grundsätzlich der Mord an allen unproduktiven Menschen, also an den unheilbar Kranken, den arbeitsunfähigen Krüppeln, den Invaliden der Arbeit und des Krieges, dann ist der Mord an uns allen, wenn wir alt und altersschwach sind und damit unproduktiv werden, freigegeben (...) Dann ist keiner von uns seines Lebens mehr sicher.«

- Beschreibe die Wirkung dieser Worte auf dich heute – und auf die Zuhörenden im Jahr 1941.
- Gliedere den Textauszug und zeige dessen Argumentationsschritte auf. Welche Strategie verfolgt von Galen?
- Verfasse einen Nachruf für Bischof von Galen, in dem deine Einschätzung seiner Person zum Ausdruck kommt.

Zukunft der Kirche

Pauluspriester – Korinthpriester

Weite Bereiche der katholischen Kirche in unseren Breiten leiden zur Zeit unter einem dramatischen Schwund an »Priestern in Ruf- und Reichweite«, wie es in einem Dokument der deutschen Bischöfe von 1977 heißt. In dieser Notlage hat sich in vielen Diözesen eine Doppelstrategie herausgebildet. Einerseits wird die Lage »raumpflegerisch« bearbeitet. Die Seelsorgsräume werden so lange vergrößert, bis wieder jeder Raum einen verantwortlichen Priester hat. Im schlimmsten Fall erreicht ein Seelsorgsraum die Größe einer Diözese, eine Entwicklung, die sich in Frankreich bereits beobachten lässt. Andererseits wird die Notlage des Pfarrermangels als Chance zur Durchführung der schleppenden Konzilsbeschlüsse umgedeutet. Dieses Programm läuft unter dem Titel »kooperative Pastoral«. Der Pfarrermangel wird zur längst fälligen Gemeindeentwicklung und in deren Rahmen zur Förderung von Gemeindemitgliedern genützt, die ihre unvertretbare Berufung erkennen sowie die ihnen mit der Kirchenberufung geschenkten Charismen zum Wohl der Gemeinde einbringen.

Kirche ohne Sakramente

Das Fehlen von Priestern für die Gemeinden hat außerdem zu einer weiteren, höchst fragwürdigen Entwicklung geführt. Immer mehr traditionell an das priesterliche Amt gebundene Aufgaben wandern zu überwiegend hauptamtlichen Laien. (...) Im Einzelnen werden genannt: Kommunionspendung, Leitung von Wortgottesfeiern, Predigtdienst, Leitung von Trauer- und Begräbnisfeiern. Der Katalog solcher Aufgaben weitet sich immer mehr aus. So werden etwa in der Schweiz hauptamtliche Laien-Gemeindeleiter beauftragt, bei Trauungen zu assistieren, zu taufen und eine Gemeinde – faktisch – zu leiten, und das – so die listige Sprachregelung etwa im Bistum Speyer – mit einer »Ganzverantwortung«, wenngleich nicht mit einer »Letztverantwortung«. Denn diese liegt bei dem im Hintergrund wirkenden Moderator, der ein Priester sein muss.

Theologisch bedeutet diese Entwicklung einen »heilsamen Unsinn«: Heilsam sind diese Entwicklungen, weil es besser ist, wenn überhaupt irgendjemand diese amtlichen Aufgaben wahrnimmt. Der Unsinn liegt darin, dass sich hier ein Amt ohne Weihe ausbildet. Die Tatsache der »ungeweihten Laienpriester« verdunkelt sowohl die ursprünglichen Laienberufe (Pastoralreferent/innen, Gemeindereferent/innen), als es auch letztlich die Priesterweihe zunehmend abwertet, ja überflüssig macht, weil die meisten an das Priesteramt gebundenen Aufgaben nunmehr auch von (zudem verheirateten) Laien erledigt werden können.

Für die gesamtkirchliche Entwicklung wirkt sich positiv aus, dass auf diesem Weg ohne große Umstände und weithin unbemerkt faktisch auch Frauen ins Amt gelangen und die Leute anfangen, sich daran zu gewöhnen. Nicht zu übersehen ist zudem, dass diese Entwicklung einerseits das Ergebnis eines Sogs ins Priesteramt ist: Die unbesetzten Priesterstellen ziehen Laien – und auch Diakone – an. Zugleich gibt es ebenso einen Drang von Hauptamtlichen in solche Aufgaben. Denn diese sind in der kirchlichen Öffentlichkeit höher angesehen, eröffnen über den Zugang zur Schlüsselgewalt in der Kirche auch mehr freien Handlungsspielraum und bringen nicht zuletzt auch mehr Sozialprestige und zugleich auch höheres Einkommen.

Entwickelte Gemeinden

1. Im Mittelpunkt steht die – durch das Zweite Vatikanische Konzil im Rückgriff auf die biblischen Gründungsurkunden und die reiche kirchliche Tradition gestützte – Vertiefung der Sicht der Kirche. Diese ist Gottes Volk, das von Gott selbst aufgebaut wird, indem er ihm unentwegt aus allen Völkern und Sprachen Menschen hinzufügt (Apg 2,47), diese Menschen also beruft, was in den Sakramenten der Eingliederung in die Kirche gefeiert wird, und sie auch mit reichen Geistesgaben (Charismen) zum Aufbau der Kirche in ihren Gemeinden beschenkt.
Dieser Kirche ist von Gott das (priesterliche) Amt geschenkt. Damit sie nie vergisst, dass sie sich nicht selbst schafft, sondern sich Gott verdankt. Hauptaufgabe der bestellten Amtsträger ist es, die anvertrauten Gemeinden in der Spur des Evangeliums und im Verbund mit den anderen Evangeliumsgemeinden zu halten. Daher ist eines der zentralen Symbole der Weihe in ein kirchliches Amt die Überreichung des Evangeliums: Dem Bischof wird es aufs Haupt gelegt – das Evangelium wohlgemerkt, nicht das Kirchenrecht.

2. Vor dem Hintergrund der kirchlichen Gewohnheiten in den letzten Jahrhunderten ist es erforderlich, die Gemeinden und die »Hinzugefügten« so zu entwickeln, dass diese in unvertretbarer Eigenverantwortung das Leben und Wirken ihrer Gemeinde tragen und verantworten.

3. Kein Lösungsvorschlag für den derzeit sich in vielen Regionen ausbreitenden Pfarrermangel darf dieses Ziel behindern. Das wäre aber unserer Meinung nach dann der Fall, wenn in wenig entwickelten Gemeinden der scheidende Pfarrer lediglich durch einen Priesterersatz ersetzt wird – sich aber ansonsten am gemeindlichen Leben nichts ändert. Das kann auch dann geschehen, wenn ein Hauptamtlicher bestellt wird, dem die nach wie vor versorgten Kirchenmitglieder die gleichen Erwartungen entgegenbringen wie dem bisherigen Kleriker, oder wenn er sich aus berufssoziologischen Gründen in die Rolle eines Klerikers begibt, nunmehr freilich nicht in der Form eines Klerikers, sondern eines Pastoral-Fachmannes. Die Kirche würde auf diesem Weg nur von einer Priesterkirche in eine Expertenkirche umgeformt werden.
Das wäre dann aber nichts anderes als ein modernisierter Klerikalismus. Zwar würde damit der Priestermangel in kurzer Zeit beseitigt werden können. Die vom Konzil gewollte Erneuerung des kirchlichen Lebens in den Pfarrgemeinden bliebe aber nach wie vor aus, noch mehr: Sie könnte dadurch sogar behindert werden.

4. Es gibt bislang drei praktische Lösungsvorschläge, um den drastischen Priestermangel zu verarbeiten, einen traditionellen, einen pragmatischen und einen reformistischen:
Traditionell: Das Gebet um mehr herkömmliche Priester aus der Gruppe eheloser akademisch gebildeter Männer soll verstärkt werden. Es sollen Priester aus priesterreichen Gegenden in priesterarme gehen; die Berufungspastoral und – als Teil von ihr – die Werbung für kirchliche Berufe soll intensiviert werden.
Pragmatisch: (hauptamtliche) Laien (und Diakone) übernehmen (zur Not) presbyterale Aufgaben. Als Begleitmaßnahme wird die Größe der Seelsorgsräume der verfügbaren Zahl von Priestern angepasst.
Reformistisch: Die Gruppe, aus der Priester genommen werden, soll durch Änderung der Zulassungsbedingungen (Geschlecht, Ausbildung, Lebensform) vergrößert werden. Dadurch könnten die fehlenden Geistlichen rasch ersetzt werden.

5. Wir machen einen vierten Vorschlag: Nicht die fehlenden Priester sollen rasch ersetzt werden. Vielmehr soll der herkömmliche Priestertyp durch einen zweiten Priestertyp ergänzt werden. Inspiriert sind wir bei diesem Vorschlag durch die paulinischen Gemeindeberichte. Diese kennen gleichfalls zwei Priestertypen: einen gemeindegründerisch-missionarischen Typ – Paulus selbst – und in den einzelnen Gemeinden einen gemeindeleitenden, gottesdienstvorstehenden Typ – die Presbyter

etwa in Korinth. Wir schlagen daher vor, diese beiden Priestertypen »Pauluspriester« und »Korinthpriester« zu nennen.

Zwei Priestertypen

Das sind die entscheidenden Unterschiede zwischen den beiden Typen: Korinthpriester werden für priesterliche Aufgaben in jener Gemeinde bestellt, aus der sie kommen, und sie existieren immer als ein Team, nicht als Einzelne. (...) Pauluspriester wiederum wissen sich zunächst als Person zum Priesteramt berufen und werden dann zu einer amtlichen Aufgabe bestellt. Ihr Auftrag ist es, mit dem anvertrauten Evangelium Gemeinden zu gründen sowie gegründete Gemeinden und deren »Korinthpriesterteam« zu begleiten.

(...)

7. Die katholische Kirche könnte dann auch für die leidige Zölibatsdebatte einen überraschenden Ausweg finden. Sie braucht einerseits den Pflichtzölibat nicht aufheben. Dieser bleibt für die Pauluspriester bestehen. Andererseits gibt es daneben auch verheiratete Priester, aber eben eines anderen Typs. Die Lösung liegt daher nicht in der (liberal konzipierten) Freistellung des Zölibats, sondern in der (pastoral begründeten) Entwicklung des neuen Typs von Korinthpriestern. Das ergibt eine gewisse Wahlfreiheit für die ehelose Lebensform. Diese Wahl erfolgt aber nicht direkt, sondern indirekt über die Wahl des jeweiligen Priestertyps. Ein junger Mensch, der Priester werden will, kann sich dann entweder für den Weg ins ehelos konzipierte Pauluspriesteramt entscheiden, oder er lebt längere Zeit in einer Gemeinde mit in der Hoffnung, dass er sich gemeindlich so bewährt, dass die Gemeinde ihn in ein Korinthpriesteramt wählt.
Auf diesem Weg könnte dann auch eine entängstigte Zölibatspolitik erfolgen. Nach allen vorliegenden Studien wäre derzeit die Freistellung des Zölibats für Weltpriester zugleich dessen Abschaffung. So überrascht es nicht, dass in der griechisch-katholischen Kirche von den Weltpriestern mehr als 97 Prozent verheiratet sind. Daher fordern immer mehr vor einer Freistellung eine Aufwertung des Zölibats; am besten dadurch, dass das Priesteramt selbst zuvor gesplittet wird in Pauluspriester und Korinthpriester und die Ehelosigkeit mit dem hochwertigen Pauluspriesteramt verbunden bliebe.

8. Dieser Vorschlag, mit dem Priestermangel produktiv umzugehen, indem man ein Amt weiterentwickelt, hat einen weiteren Vorteil. Würden wir heute an die Stelle der fehlenden (ehelosen) Priester »Viri probati« setzen, wäre das mit einer gewissen Wahrscheinlichkeit keine Förderung der längst in vielen Pfarreien noch ausstehenden inneren Gemeindeentwicklung. Korinthpriester soll es unserer Ansicht nach nur in gut entwickelten Gemeinden geben, die für die Grundvollzüge ihres Lebens und Wirkens handlungsfähige Arbeitsteams ausgebildet haben. Sie leben dann aus eigener Kraft und nicht durch das Wirken des zu ihnen gesandten Priesters.
Pauluspriester wiederum sollten nicht nur Presbyterien von Korinthpriestern begleiten, sondern zugleich auch bevorzugt in weniger entwickelte Gemeinden geschickt werden. Dort könnten sie sich gemeindegründerisch betätigen, indem sie den Umbau von versorgten in selbstsorgende Gemeinden – vielleicht in Zusammenarbeit mit einer guten Gemeindeberatung – vorantreiben.

Paul M. Zulehner, Fritz Lobinger

3 Faszination Buddhismus

Hintergrund

Innerhalb der großen Weltreligionen nimmt der Buddhismus eine Sonderstellung ein, was seine besondere Anziehungskraft auf westliche Menschen betrifft. Tenzin Gyatso, der XIV. Dalai Lama, wird von vielen Deutschen für den »weisesten Menschen der Welt« gehalten und dementsprechend boomt das Angebot buddhistischer Literatur, buddhistischer Meditationsschulen bis hin zu buddhistischer Dekoration für das heimische Wohnzimmer.

Da sich der Buddhismus im Gegensatz zu dem weithin in seiner Heimat Indien verbreiteten Hinduismus stärker im Westen ausbreiten und neue Gründungen schaffen konnte, wurde der Schwerpunkt der LL auf den Buddhismus gelegt.

Das Vorwissen der Sch wird aufgenommen und durch eine religionswissenschaftliche Erarbeitung des Buddhismus ergänzt, was Sch wie L gleichermaßen herausfordert: Die uns fremden Begriffe, Vorstellungen und Bilder sind nicht immer einfach zugänglich.

Folgt man dem von Stephan Leimgruber dargestellten Prinzip einer »komparativen Didaktik« (Leimgruber, Interreligiöses Lernen, München 2007), so geht es auch darum, über das »Fremde« neu zur eigenen Religion zu finden, wobei Leimgruber andererseits die Weisheit des Fremden (»Xenosophie«) für eine wichtige Grundhaltung im Umgang mit der fremden Religion hält.

Die LL geht so vor, dass diese Fremdheit und Faszination durch den Erfahrungsbericht eines westlichen Reisenden, der für 18 Monate in einem japanischen Zen-Kloster lebte, erfahrbar wird. Gleichzeitig wird der Versuch unternommen, durch bestimmte Wahrnehmungsübungen einen Zugang zur östlichen Meditationspraxis zu vermitteln, in der die Achtsamkeit für den Körper und die Sinneswahrnehmungen Ausgang jeder weiteren Meditationsübung sind. Dies soll dem Umstand Rechnung tragen, dass gerade der Buddhismus ein übendes Tun erfordert.

Weitere Schritte stellen die Gründergestalt Buddha selbst vor, wobei neben räumlicher und zeitlicher Einordnung besondere Sorgfalt auf die Darstellungsform der Legenden gelegt wird und hier auch der komparative Ansatz angeregt ist.

Um die religiöse Herkunft des Buddha zu verdeutlichen, erarbeiten Sch zunächst das vedische Weltbild, auf dem seine Lehre aufbaut. Dabei wird ihnen deutlich, dass Buddhas Lehre zugleich eine Reform der traditionellen Religion darstellt, die sich in einem äußeren Ritualismus erschöpfte und von den Brahmanen autoritär beherrscht wurde. An dieser Stelle der LL ist ein Exkurs zum heutigen und historischen Hinduismus denkbar.

Die buddhistische Lehre wird mithilfe der zentralen Predigt von Benares (»Vier edle Wahrheiten«) und dem Wagengleichnis vorgestellt. Der Bereich der Eschatologie kann mithilfe von M 3.4 (Was kommt nach dem Tod?) ergänzt werden.

Der Ausflug in den Weg des Zen-Buddhismus stellt durch dessen sehr ritualisierte und intellektuell herausfordernde Vorgehensweise einen besonderen Reiz dar.

Abschließend werden die Grundhaltungen für einen gelingenden und fruchtbaren Dialog zwischen Buddhismus und Christentum ausgehend von der Erklärung des II. Vatikanums (Nostra Aetate) kritisch reflektiert. Wichtige Fragen des buddhistisch-christlichen Dialogs sind derzeit:

- Gottesfrage: Faktisch gibt es in vielen buddhistischen Ländern zahlreiche Götter, die verehrt werden. Dennoch bleiben Antworten auf die Gottesfrage häufig indifferent bis agnostisch. Buddha lehnte spekulative Fragen nach Gott ab und wahrte ein Schweigen vor dem Absoluten. Können sich jedoch in anderen Begriffen, wie z. B. im Nirvana, im Dharma und in der Leerheit »Spuren Gottes« manifestieren? Hilft der ins Gespräch eingeführte Grenzbegriff einer sog. »Transpersonalität« für den weiteren Diskurs?
- Menschenbild: Was ist der Mensch? Wo liegen für ihn Ursprung und Ziel? Ist das Sprechen von einer unvergänglichen Seele sinnlos, das Dasein des Menschen nur ein Prozess ohne bleibendes Selbst? Muss dieses Selbst nicht ebenso wie seine Ichhaftigkeit als Illusion überwunden werden?
- Buddha – Christus: Jeder hat seine eigene Größe; die Vergleichbarkeit wie auch die Unterschiede versucht man mit den Begriffen mystische und prophetische Existenz zu fassen (Friedrich Heiler, Gustav Mensching). Dabei werden die Gegensätze

ganzende (komplementär) angesehen.

nicht als sich ausschließende, sondern als sich ergänzende (komplementär) angesehen.
- Was kommt nach dem Tod?: Jenseits – Nirvana – Ewiges Leben bei Gott. Gibt es Berührungspunkte zwischen diesen Vorstellungen oder meinen sie jeweils etwas völlig anderes?

Literatur- und Medienhinweise

Hans Küng u. a., Christentum und Weltreligionen. Hinführung zum Dialog mit Islam, Hinduismus und Buddhismus, München 1984.
Karl-Josef Kuschel, Gunther Klosinski, Buddha und Christus. Bilder und Meditationen, Düsseldorf 2009.
Stephan Leimgruber, Interreligiöses Lernen, München 2007.
Werner Trutwin, Die Weltreligionen. Arbeitsbücher für die Sekundarstufe II. Religion – Philosophie – Ethik. Buddhismus, Düsseldorf 1998.
www.buddhismus-schule.de
www.lernarchiv.bildung.hessen.de/sek_i/ethik/themen/weltreligionen/buddhismus/index.html
Didaktische DVD der FWU, 4602284 »Fernöstliche Religionen«, dbbm.fwu.de/fwu-db/presto-image/beihefte/46/022/4602284.pdf

Faszination Buddhismus REISEPROSPEKT 42 | 43

Ansetzen

Das großformatige Foto berührt einige die LL konstituierende Themenkreise: Raumausstattung und Farbwirkung (warme Rottöne) bedienen die Vorstellung des Buddhismus als einer aus westlicher Perspektive »exotischen« Religion, das zu erkennende europäische Publikum greift auf der Bildebene den Titel der LL auf und bestätigt, dass sich hier Menschen fasziniert und ernsthaft auf den Buddhismus einlassen. Mit der Wahl eines tibetisch-buddhistischen Zentrums wird von der den Sch vermutlich bekanntesten Form des Buddhismus ausgegangen, die eng mit der Popularität des XIV. Dalai Lama verknüpft ist.
Die Handlungsimpulse regen Formen des selbst organisierten Lernens und einer vertieften persönlichen Auseinandersetzung mit dem Thema an.
Weitere Informationen zu dem 1977 gegründeten Tibetischen Zentrum in Hamburg, vgl. www.tibet.de. und den Kurzfilm »Wie eine Welle im Ozean« (vgl. Buddhismus in Deutschland).

Umsetzen

■ **Faszination Buddhismus.** Intendiert ist ein genaues Beobachten und Beschreiben der Bildelemente bei gleichzeitiger Offenheit für den Ausdruck der subjektiven Perspektive (Bildwirkung). Sch oder L weisen darauf hin, dass hier eine Situation der kognitiven Beschäftigung mit dem Buddhismus dargestellt ist (Lehrperson, aufgeschlagene Materialien). Sch notieren entweder Bildelemente, die sie nicht kennen, und recherchieren eigenständig oder erhalten eine knappe Beschreibung durch L:
Bildhintergrund, Mitte: Podest als Sitzplatz für einen ranghöheren Lehrer mit Portrait des XIV. Dalai Lama, das von einem weißen Schal (tib. *Khata*) umrankt ist. Die Khata wird im tibet. Buddhismus häufig zum Zeichen des reinen Herzens eines Gastgebers oder Gastes verwendet und bedeutet in diesem Sinne auch das reine Herz des Verehrers einer Statue oder eines Bildes. An dieser Stelle hängt zur Dekoration ein Deckenhänger (tib. *Chokor*), der aus vielen Brokat-Wimpeln zusammengesetzt ist. Das Wandgemälde hinter dem Podest (tib. *Thangka*) zeigt nach den Regeln buddhistischer Ikonografie mit unterschiedlichen Symbolen und Gesten gekennzeichnete buddhistische Lehrer, das Deckengemälde stellt den 8-fachen Pfad der Lehre des Buddhismus in Form eines 8-speichigen Rades dar (vgl. »Der Dharma«, S. 50/51), die Regale unterhalb der Decke im linken Bildbereich dienen zur Aufbewahrung buddhistischer Schriften (vgl. Lexikon Pali-Kanon, S. 182), wobei die Stirnseite der zwischen zwei Holzdeckeln festgehaltenen und mit Tüchern umwickelten länglichen Papierstreifen sichtbar ist. Eine (nicht sichtbare) breite Fensterfront befindet sich an der rechten Seite des Raumes.

■ **Buddhismus vor Ort.** Sch stellen ihre Rechercheergebnisse der Lerngruppe vor und ergänzen sich ggf. gegenseitig. Die Thesen zur Begründung der Beliebtheit des Buddhismus werden schriftlich fixiert, um sie im Verlauf der UE zu ergänzen oder zu modifizieren. Mögliche Gründe:
- Sehnsucht einer durch die harte Berufsarbeit gestressten Gesellschaft nach Ruhe, z. B. durch Meditationsangebote, Mantrasingen, Naturfrömmigkeit und einfache, elementare Lebensformen;
- Suche nach Lebenssinn; die Sinnangebote des Christentums scheinen viele Menschen nicht mehr zu erreichen;
- Der Buddhismus gilt im Westen oft als »dogmenfreie« Religion, während z. B. der katholischen Kirche ein allzu starres Dogmengebäude angelastet wird.
- Reiz des Neuen, Exotischen;

- erweiterte Reisemöglichkeiten, Medien, Internet fördern den interreligiösen Austausch und internationale Kontakte;
- die Indienreise der Beatles machte viele Jugendliche auf asiatische Religionsformen aufmerksam

L bezieht auch die persönlichen Standpunkte der Sch ein, indem er fragt, ob sie Interesse hätten, eines der recherchierten Angebote wahrzunehmen. Daraus kann auch die Planung einer Exkursion oder die Einladung eines praktizierenden Buddhisten erwachsen.

Literaturhinweise

Informationen auch unter www.buddhismus-schule.de: Didaktisch aufbereitete, differenzierte Darstellung der buddhistischen Lehre mit Download-Material und Unterrichtshilfen für Lehrende.
www.buddhismus.de: Darstellung des buddhistischen Dachverbands Diamantweg e.V. in Oy-Mittelberg.
www.buddhismus.org: Darstellung der Karma Kagyü Linie, einer der vier großen tibetisch-buddhistischen Schulen in seinen Zentren in der Schweiz
Werner Trutwin, Die Weltreligionen. Arbeitsbücher für die Sekundarstufe II. Religion – Philosophie – Ethik. Buddhismus, Düsseldorf 1998.

■ **Themensammlung.** Als Impuls kann auch dienen, Sch Fragen an den abgebildeten Lehrer formulieren zu lassen. Aspekte, die sich für die Methode des selbst organisierten Lernens besonders eignen, sind: Leben des Siddharta Gautama, Grundzüge der buddhistischen Lehre, Geschichte der Ausbreitung des Buddhismus, unterschiedliche Formen des Buddhismus (drei Fahrzeuge), Person des XIV. Dalai Lama.

■ **Buddhismus in der Literatur.** »Siddharta« (1922) von Hermann Hesse ermöglicht durch die Erzählweise im Duktus einer parabolischen Legende eine gute Annäherung an den »Sitz im Leben« buddhistischer Quellen.
Janwillem van de Weterings »Der leere Spiegel« (1971) spricht in der humorvoll-distanzierten und gleichzeitig existenziell motivierten Darstellung der autobiografischen Erlebnisse des Autors besonders junge Menschen auf der Suche nach dem Lebenssinn an.
Beide Bücher können auch im Rahmen einer GFS oder eines Referats vorgestellt werden.

Weiterführen

■ **Buddhismus in Deutschland.** Eine Vertiefung der hier angesprochenen Aspekte bietet der Kurzfilm »Wie eine Welle im Ozean. Buddhismus in Deutschland.« (19 Min. VHS, 1996 FWU)
Der Film stellt das den Sch auf dieser Eingangsseite gezeigte tibetisch-buddhistische Zentrum in Hamburg und eine Gemeinschaft in Bremen vor, die sich dem japanischen Zen-Buddhismus nahe fühlt. Die Interviewbeiträge von deutschen buddhistischen Nonnen und Mönchen und von Vertretern beider christlichen Kirchen versuchen zu erklären, warum buddhistisches Denken und buddhistische Frömmigkeit auf viele Menschen eine große Anziehungskraft ausübt. Der Film geht auf die Aspekte des Buddhismus ein, die einer vom westlichen Lebensstil geprägten Welt der Botschaft des Buddhismus neue Aktualität zukommen lassen.
Beobachtungsauftrag für Sch: Notiere die Gründe für die Attraktivität des Buddhismus, die im Film genannt werden.

■ **Buddha goes to Hollywood.** Begleitend zur UE bietet sich neben der Untersuchung der literarischen auch die der filmischen Darstellung des Buddhismus an, z. B. in den Kinofilmen »Little Buddha« (1993), »Living Buddha« (1994), »Kundun« (1997) »Sieben Jahre in Tibet« (1997). Mögliche Beobachtungsaufträge: Filmsprache und Bildwirkung, ethische Aussagen, politische Aussagen, Folklore und Romantisierung bzw. Kommerzialisierung des Buddhismus.
Anregungen zur Arbeit mit Filmen und zur Filmanalyse finden sich auf der DVD »Gottesglaube, Gottesbilder. Ein Versuch«. Digitales Material, religionspädagogische Impulse, Gestaltungsspielräume, kfw, IRP Freiburg, VERSATIL Leipzig, 2004.

Medienhinweis

Kämpfen für Buddha. Julians harter Weg zum Shaolin Mönch. Ein Film von Ines Rüchel-Hohage, Spiegel TV
Der Dokumentarfilm begleitet den 17-jährigen Julian in einem Zeitraum von drei Jahren auf seinem Weg zur Ausbildung als Shaolin Mönch und zeichnet ein Bild des Klosteralltags zwischen hartem Kampftraining und Meditation. Der Schwerpunkt des Films liegt auf der Demonstration der geistigen und körperlichen Fähigkeiten von Julian und den Mönchen. Dass ein junger Mensch so konsequent und willensstark die härtesten Anforderungen auf sich nimmt, kann für Sch irritierend und provozierend sein. Im RU bieten sich zahlreiche Anknüpfungspunkte für eine Diskussion und Vertiefung des Vorgestellten: Klosterleben (Vergleich mit einem christlichen Kloster), Grundlehren des Buddhismus, Zusammenhang zwischen Körper und Geist, Zölibat.

Literaturhinweis

Buddhismus. Farbfolien und Erläuterungen. Eine Einführung in Religionsgeschichte, Kultur, Brauchtum, Religionspädagogisches Seminar der Diözese Regensburg, 1999.

Ansetzen

Der Textauszug aus dem autobiografischen Roman »Der leere Spiegel« von Janwillem van de Wetering stellt in der Situation des Ankommens in einem japanischen Zen-Kloster besondere Umstände vor, die für eine Begegnung mit dem asiatischen Kultur- und Religionskreis oft symptomatisch sind: Die bisherigen Denkstrukturen und Verhaltensweisen des jungen Europäers lösen Missverständnisse aus (er betätigt die »heilige Glocke«, die er für eine Türklingel hält; man versteht ihn nicht richtig und glaubt, er wolle nur seinen Koffer im Tempelvorraum abstellen). Auf seine direkte Frage nach dem Sinn des Lebens wird ihm deutlich gemacht, dass er in diesem Moment noch nicht fähig wäre, die Antwort entsprechend aufzunehmen und dass er erst an sich selbst arbeiten muss, um eine für ihn gültige Antwort zu verstehen. So wird klar, dass es keine »Instant«-Erlösung ohne persönlichen Einsatz und ohne die Bereitschaft, sich auf eine neue Kultur einzulassen, geben kann. Der Schritt muss vom Suchenden her erfolgen, der auch dazu bereit sein muss, sich von dem bisher Gelernten zu lösen. Interessant an de Weterings Aufzeichnungen ist, dass sein Versuch letztlich scheitert, auch wenn er während des 1½-jährigen Aufenthalts im Kloster viele wichtige Erfahrungen macht. Dennoch findet er keine Antwort auf das ihm gestellte »Koan« und ebenso wenig auf seine Frage nach dem Lebenssinn (vgl. zweiter Textauszug aus »Der leere Spiegel« auf der DS »Der Weg des Zen«, S. 54-55).

Umsetzen

■ **Ich habe eine Kanne Tee und du bist durstig.** Der Text gibt einige Hinweise auf die Motive des Ich-Erzählers für seinen Weg in ein Zen-Kloster:
Er will Mönch oder Laienbruder werden, »sein bisheriges Dasein aufgeben«. Der Gedanke, wie »ein unbeschriebenes Blatt« in ein neues Leben eintreten zu können, erfüllt ihn mit Freude.
Sch ergänzen mögliche Gründe, weshalb der junge Europäer diesen Weg gewählt haben könnte (vgl. DS 42/43 Buddhismus vor Ort).
Das Bildwort des Zen-Meisters veranschaulicht die Notwendigkeit einer entsprechenden Ausbildung, die vor dem Suchenden liegt und die ihn erst dazu befähigt, die Antworten des Zen aufnehmen zu können.

■ **Erleben.** Viele Sch zeigen Interesse am praktischen Erproben meditativer Techniken, haben dann aber Mühe, sich gemeinsam mit ihren Mit-Sch ernsthaft darauf einzulassen. Manche Sch erfahren dies auch als unangenehme Grenzüberschreitung in ihre Privatsphäre und sie reagieren mit Ablehnung, Spott oder »Coolness« – alles Haltungen, die einem unvoreingenommenen Erleben der hier vorgestellten Konzentrationsübungen im Weg stehen. Aus diesem Grund muss vor Beginn einer gemeinsam im RU durchgeführten Übung geklärt werden, dass die Teilnahme freiwillig ist und sich die nicht teilnehmenden Sch dazu verpflichten, die Übung nicht zu stören. Hilfreich sind eine Glocke oder eine Klangschale, um den Zeitraum einer Übung deutlich zu markieren. L sollte die Übungen auch selbst ausprobieren und sorgfältig prüfen, ob die äußeren Umstände in seiner Schulklasse für derartige Übungen günstig sind.
Es sind hier bewusst sehr einfache Übungen ausgewählt, die vor allem die meist unablässige Tätigkeit unseres Geistes und die Schwierigkeiten eines »Abschaltens« erfahrbar machen. Sch bekommen eine Ahnung davon, wie viel Anstrengung und Übung nötig sind, um ganz zur Ruhe zu kommen und damit erst einen Zustand zu erreichen, in dem mit der eigentlichen Meditation begonnen werden kann.
Mit interessierten Klassen kann eine von der deutschen buddhistischen Nonne Ayya Khema (1923-97) angeleitete Meditation (ca. 15 Minuten) ausprobiert werden, die im Vertrieb des Buddha-Hauses in Oy-Mittelberg (www.buddha-haus.de) auf CD erhältlich ist: Ayya Khema: Dem eigenen Herzen begegnen. Geleitete Meditationen, Jhana Verlag 2004.

■ **Experimente.** Sch werden animiert, über einen gewissen Zeitraum hinweg eigene kleine Übungen der Achtsamkeit durchzuführen. Sie berichten im RU von ihren Erfahrungen, wobei auch reflektiert werden kann, weshalb die Übungen nicht durchgeführt wurden oder nicht gelungen sind.

■ **Rituale.** In manchen Lerngruppen lassen sich solche Rituale einführen, sie können sich positiv auf die Klassengemeinschaft und die Lernatmosphäre auswirken.

Weiterführen

■ **Taizé.** Eine christliche Form der Meditation kennen Sch häufig auch von Besuchen in Taizé oder der Teilnahme an dem jährlich stattfindenden Taizé-Jugendtreffen. Sch beschreiben die Erfahrungen, die sie dort machen, und vergleichen sie mit den hier vorgestellten Übungen. Dabei kann deutlich werden, dass auch mithilfe der oft wiederholten einfachen Gesänge aus Taizé ein Zustand innerer Ruhe und Offenheit erreicht werden kann. Das vielfach wiederholende Singen erfüllt hier eine ähnliche Funktion wie die Konzentration auf den Atem oder ein Sinnesorgan, wobei die Liedtexte grundlegende christliche Glaubensüberzeugungen ausdrücken, die verinnerlicht werden sollen. Viele Taizé-Lieder und Meditationen sind auch durch zahlreiche Medien zugänglich, vgl. hierzu auch MITTENDRIN 2, LL »Ein Ort gelebten Glaubens – Taizé«.

Der Buddha

AUSFLUG

46 | 47

Ansetzen

Die DS rückt die Person Buddha, den Religionsstifter des Buddhismus, in den Mittelpunkt der Betrachtung. Sch können diese Gestalt räumlich und zeitlich einordnen und erfahren bedeutsame Einzelheiten aus Buddhas Leben. Dabei wird deutlich, dass Buddha selbst keine schriftlichen Zeugnisse hinterlassen hat und dass die Aufzeichnungen aus seiner Anhängerschaft erst verhältnismäßig spät einsetzen. Bedeutsamer noch als die Kenntnis einzelner Fakten ist für Sch die Einsicht in die charakteristischen Formen der Überlieferung, die am ehesten der literarischen Gattung Legende zuzuschreiben sind. Legenden (= das zu Lesende) wollen nicht exakt aufzeichnen, was historisch gewesen ist, sondern die besondere Bedeutung einer Person für ihre Nachwelt hervorheben. Eine Abwertung der Legende, wie sie zur Zeit der europäischen Aufklärung oft erfolgte, ist somit nicht statthaft. Vielmehr geht es darum, die Aussageabsicht der literarischen Gattung Legende gegenüber der Geschichtsschreibung herauszuarbeiten.
Da sich in der jesuanischen Überlieferung, insbesondere in den sog. lukanischen Kindheitsgeschichten, ähnliche Aussagen und literarische Formen finden, ist ein Vergleich der beiden Religionsstifter sinnvoll.

Umsetzen

■ **Siddharta Gautama.** Der Artikel kann folgende inhaltliche Angaben enthalten:
- 560 v. Chr. in Lumbini (heute: Nepal) geboren;
- Angehöriger der hochstehenden Kriegerkaste;
- Empfängnis und Umstände seiner Geburt sind legendarisch ausgestaltet;
- kommt aus wohlhabender Familie;
- frühe Verheiratung;
- Begegnung mit Krankheit, Alter und Tod (sog. »Ausfahrten«);
- Trennung von seiner Familie;
- Erprobung von traditionellen Lebensentwürfen seines Kulturkreises: Askese von Eremiten und Wanderpredigern, Meditationstechniken;
- findet seinen eigenen Weg;
- Erleuchtung/Erwachen im Alter von ca. 35 Jahren;
- gibt seine Lehre den Menschen weiter;
- natürlicher Tod im Alter von ca. 80 Jahren.

■ **Legenden.** Der RU kann sich auf die Erarbeitung der Empfängnis- und Geburtslegenden Buddhas beschränken, wobei es genügt, einzelne Züge ohne Anspruch auf Vollständigkeit hervorzuheben. Legendarische Bilder und Motive sollen in ihrer begrifflichen Aussage erschlossen werden. Die Symbolfindung stellt für Sch eine kreative Aufgabe dar.

Legende	Aussage	Symbol
Der Bodhisattva (= der nach höchster Erkenntnis Strebende) existiert schon im Himmel und bestimmt selbst den richtigen Zeitpunkt seiner irdischen Geburt.	Empfängnis und Geburt Buddhas sind in kosmische Zusammenhänge und Ordnungen eingebettet, kein zufälliges Geschehen.	z. B. ewiger Sternhimmel, Sternbild
Ein junger weißer Elefant geht in den Leib seiner schlafenden Mutter ein.	Wunderbares Geschehen durch übermenschliches Zutun, keine »natürliche« Zeugung	Elefant mit Person
Maya bringt den Buddha stehend und ohne Schmerzen zur Welt.	Die üblichen Umstände und Bedingungen einer Geburt sind außer Kraft gesetzt.	z. B. schwebende Gestalt, vgl. auch Abbildung S. 46
Licht bricht auf, die Erde erzittert.	Naturerscheinungen künden die kosmische Bedeutung des Geschehens.	z. B. Licht, Blitze, aufleuchtende Strahlen
Sieben sichere Schritte, spricht in vier Himmelsrichtungen	Bereits der Neugeborene kann sicher gehen und sprechen, er ist souverän und wendet sich mit seiner Botschaft an die ganze Welt.	z. B. Windrose
Vom Himmel in zwei Kaskaden gewaschen	Von Anfang an ist Buddha rein von allen irdischen Befleckungen.	z. B. Wasserfall, Fontänen
Seidenbrokatdecke, Sonnenschirm	Zeichen der Vornehmheit; Verehrung durch seine Umgebung	z. B. Thron, Baldachin

	Siddharta	Jesus
Parallelen	Die Umstände der Empfängnis und Geburt sind von übernatürlichen Geschehnissen begleitet: Sternenkonstellation/Stern von Betlehem; weißer Elefant/Verkündung des Engels: Der Hl. Geist wird über dich kommen; Waschen mit Himmelswasser/himmlisches Heer verherrlicht die Geburt Jesu; 7 Schritte in jede Himmelrichtung/Ankündigung der Geburt eines Retters für das ganze Volk.	
Unterschiede	Herkunft: reiche, privilegierte Familie	Herkunft: einfache Handwerkerfamilie
Erzählabsichten	Die herausragende Stellung von Siddharta und Jesus soll veranschaulicht werden: Beide »Lichtgestalten« sind nicht den üblichen Kausalitäten der Menschen unterworfen.	

■ **Ursprung der Religionsstifter.** Ergänzend zur lukanischen Kindheitsgeschichte kann Mt 2,1-12 gelesen werden. Sch tragen die Ergebnisse ihres Vergleichs in eine Tabelle ein, deren Raster vorgegeben wird (s. o.).

Weiterführen

■ **Buddhistische Ikonografie.** An einem ausgewählten Beispiel (**M 3.1, S. 107**) lernen Sch zentrale Merkmale buddhistischer Ikonografie kennen. Die charakteristischen Kennzeichen können in vielen unterschiedlichen Buddhadarstellungen identifiziert werden, wobei besonders im Bereich der Handgesten (Mudras) variiert wird, um einen jeweiligen Aspekt des Buddha besonders hervorzuheben.

Zu den Mudras vgl. auch notizblock 30/2001, Materialdienst für Religionslehrerinnen und Religionslehrer in der Diözese Rottenburg-Stuttgart.

Literaturhinweise

Hubertus Halbfas, Religionsunterricht in der Grundschule, Lehrerhandbuch 4, Düsseldorf 1986, S. 551-559: Die Legende.
Karl-Josef Kuschel, Gunther Klosinski, Buddha und Christus. Bilder und Meditationen, Düsseldorf 2009.
Ulrich Lutz, Axel Michaels, Jesus oder Buddha. Leben und Lehre im Vergleich, München 2001.

Der Buddha als Reformator

AUSFLUG

48 | 49

Ansetzen

Die DS stellt Glaubensinhalte der traditionellen vedischen Religion Indiens vor, die den zeitgenössischen Kontext in Buddhas Leben darstellte. Dabei erarbeiten Sch zunächst zentrale Begriffe des Vedismus und kontrastieren diese mit Buddhas weiter entwickelten Auffassungen, die es erlauben, von einer religiösen Reform zu sprechen. Interessant ist der Umstand, dass der Buddhismus aus seiner Heimat in andere asiatische Länder auswanderte, sodass in Indien selbst der Hinduismus die am weitesten verbreitete Religion geblieben ist (vgl. S. 52f.). Bemühungen von hinduistischer Seite, vor allem das auch religiös verankerte Kastenwesen weiter zu reformieren, führten nur zu Teilerfolgen. Die indische Demokratie verbietet zwar das Kastenwesen und die damit verbundenen zahlreichen Benachteiligungen unterer Kasten, jedoch beherrscht es weiterhin den Alltag der Menschen.

Umsetzen

■ **Weltbild.** Sch arbeiten hier zu dritt oder viert zusammen und entwerfen eine gemeinsame Visualisierung des vedischen Weltbilds. Zwei bis drei Gruppen präsentieren ihre Skizzen auf Folie oder an der Tafel. Die Skizzen werden verglichen und ggf. modifiziert oder miteinander kombiniert. Grundsätzlich stellt die vedische Auffassung ein religiös geprägtes zyklisches Weltbild von ständigem Werden und Vergehen vor (s. S. 96). L ergänzt den Begriff Nirvana für den Zustand der Befreiung aus dem Kreislauf, entweder als endgültige Befreiung nach dem Tod zu verstehen (Pari-Nirvana), oder als Befreiung im Sinne einer lebensimmanenten Erkenntnis oder Erleuchtung. Es wird deutlich, dass religiöse Weltbilder die Funktion der Orientierung bzw. Selbstvergewisserung über die Stellung des Menschen im Kosmos haben. Im Kontrast zur vedischen Auffassung stehen biblische Vorstellungen, die die Welt als Schöpfung eines personal gedachten Gottes sehen, von eindeutigem Anfang und Ende sprechen und somit den Gedanken der Wiedergeburt und eines ewigen Kreislaufs ausschließen. Vgl. hierzu den Lexikoneintrag »Weltbild« (S. 187), bei dem allerdings der biblisch begründete transzendentale Aspekt fehlt.

Literaturhinweis

Othmar Keel, Die Welt der altorientalischen Bildsymbolik und das Alte Testament, Zürich u. a. 1972.
Helmut Kurz, Entdeckungen in der Bibel, München 1988, S. 32.

Stellungnahme. Ansprechende Aspekte des vedischen Weltbilds können u. a. sein:
- die Vorstellung eines unzerstörbaren Wesenskerns des Menschen (*Atman*);
- die Erlösungsfähigkeit des Menschen und mögliche Wege dazu;
- die Erfülltheit des ganzen Kosmos von transzendentalen Kräften (*Brahman*).

Befremdende Aspekte:
- der leidvolle Kreislauf der Wiedergeburten;
- Belastungen durch angesammeltes Karma;
- die schicksalhafte Bindung an Kasten, aus denen es kein Entkommen gibt.

L korrigiert die u. U. geäußerte Ansicht, die Reinkarnation könne positiv im Sinne einer »zweiten Chance« verstanden werden. Dies widerspricht der hinduistischen (und buddhistischen) Lehre, dass es das höchste Ziel sein muss, aus dem Kreislauf der Wiedergeburten zu entkommen.

Reform. Sch stellen die Textaussagen in EA oder PA zusammen: Buddha traf auf einen zeitgenössischen Vedismus, in dem es verschiedene Missstände gab, z. B.:
- die autoritäre Dominanz der Brahmanen, ihre Deutungshoheit und ihr ausschließlicher Zugang zum religiösen Wissen;
- die zahlreichen Privilegien der Brahmanen; von ihnen angeordnete Tieropfer und Speisevorschriften;
- nur Angehörige hoher Kasten sind zu ethischen Entscheidungen und zur Erlösung fähig;
- die Aufspaltung in hedonistische und streng asketische Gruppierungen;
- zahllose Gottheiten;
- Ausschluss der Kastenlosen aus der Religion;
- Ausschluss von Frauen als unmündig und nicht erlösungsfähig.

Im UG wird zusammengefasst, dass das vedische Weltbild (vgl. Skizze S. 96) im Buddhismus weitgehend übernommen wurde, wohingegen der Polytheismus, die Herrschaft der Brahmanen, die Wege zur Erlösung und die starren Grenzen des Kastenwesens aufgehoben wurden.

Kastenwesen heute. Da Mahatma Gandhi nach wie vor bei Sch populär ist, kann seine Vorstellung auch im Rahmen einer GFS oder eines Referats Interesse finden, was für die Person von Bhimrao R. Ambedkar ebenso gilt.

Mahatma Gandhis Beitrag zur Überwindung des Kastenwesens, selbst Angehöriger einer Kaufmannskaste:
- Kämpfte für die Gleichberechtigung der niederen Kasten und der Unberührbaren, fordert u. a. Zugang zu allen öffentlichen Einrichtungen, zur Bildung, zu allen Berufen.
- Zu seiner Widerstandsbewegung gegen die Kolonialmacht England gehörten Frauen und Männer aller Kasten.
- Wichtige Geste: In seinem Ashram lässt er nicht zu, dass die Nachttöpfe der Familie von Unberührbaren geleert werden, sondern erledigt diese Aufgabe selbst.

Bhimrao Ramji Ambedkar, selbst Angehöriger einer »unberührbaren« Kaste (Dalit):
- 1927 Organisation eines Protestmarsches, um Zugang zum Wasserreservoir zu erhalten.
- Als Justizminister politische Forderungen um Gleichstellung der Dalits.
- 1956 Übertritt zum Buddhismus mit 360.000 Menschen, weil die hinduistische Gesellschaft keine Befreiung vom Kastenwesen ermöglichte.
- Auch durch seine Initiativen gibt es im heutigen Indien wieder ca. 10 Millionen Buddhisten.

Erscheinungsformen des Kastenwesens im heutigen Indien, u. a.:
- Eheschließungen sind meist nur innerhalb einer Kaste möglich.
- Kastenzugehörigkeit bestimmt die Berufsausübung.
- Zugänge zu höherer Bildung sind nur Angehörigen hoher Kasten möglich.

Literaturhinweise

Peter Kliemann, Das Haus mit den vielen Wohnungen. Eine Einführung in die Religionen der Welt, Stuttgart 2004.
Brian Kolodiejchuk (Hg.), Mutter Teresa. Komm, sei mein Licht. Die geheimen Aufzeichnungen der Heiligen von Kalkutta, München 2007.
www.dalit.de/details/dsid_ambedkar_ghandiundambedkar.pdf

Weiterführen

Medien nutzen. Richard Attenborough, Gandhi (1982), der mit 8 Oscars ausgezeichnete und aufwändig produzierte Spielfilm an Originalschauplätzen bietet ein historisch gründlich recherchiertes Portrait Gandhis.
»Indien« – vierteilige Dokumentation des ZDF (2009):
Indien – zwischen Mythos und Macht
Indien – zwischen Hunger und Überfluss
Indien – zwischen Reichtum und Ruin
Indien – zwischen Traum und Wirklichkeit

Das vedische Weltbild

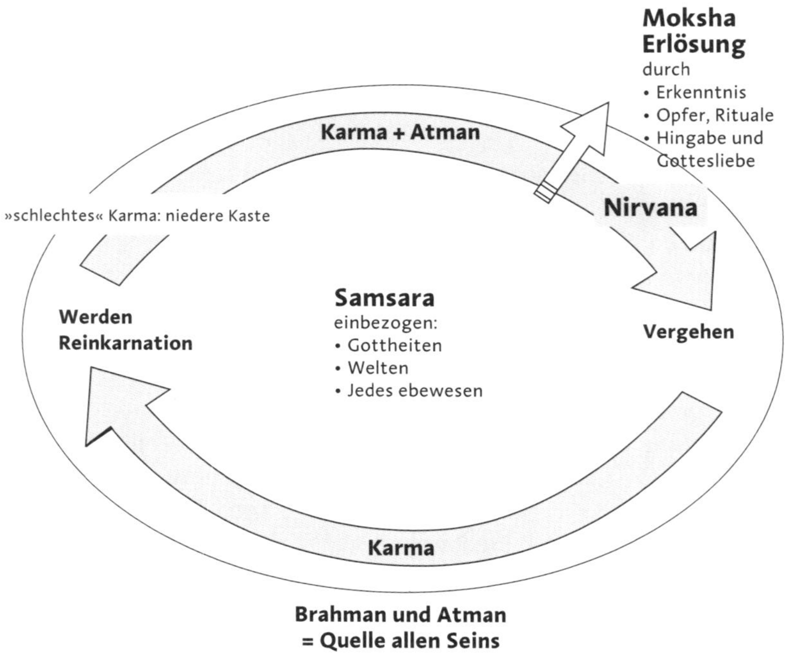

Das altorientalische Weltbild

Kommentar: Die himmlische Sphäre wird durch die Präsenz Jahwes bestimmt. Diese wird hier durch vierflüglige Kobras (Serafim) und den Cherubenthron signalisiert.
Ähnlich dicht wie in der himmlischen Welt ist die Präsenz im Jerusalemer Tempel. Hier dämmt Jahwe die nach oben drängenden Chaoswasser ein und verwandelt diese in lebensspendende Bäche. Die stilisierten Bäume charakterisieren den Tempel als Bereich des Lebens. Die stete Gefährdung dieses Bereichs durch die Chaoswasser verkörpert die gehörnte Schlage. Das Absinken der bewohnbaren Erde in die »Tiefen« verhindert die Wunderkraft und Weisheit Jahwes. Sie ist hier durch ausgebreitete Arme und die Torarolle vergegenwärtigt. *(Othmar Keel, zit. nach H. Kurz, Entdeckungen in der Bibel, München 1988.)*

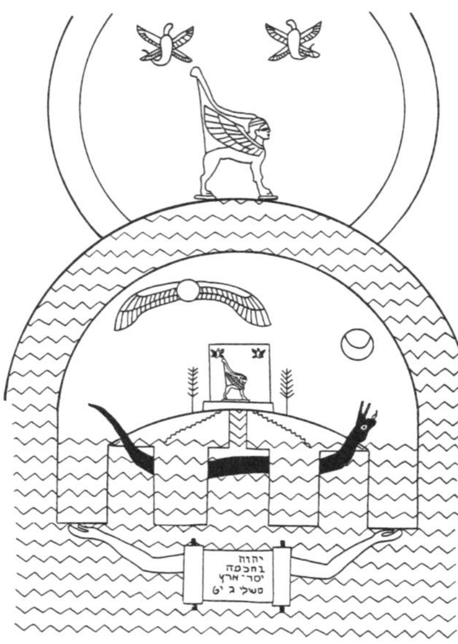

Der Dharma

AUSFLUG 50 | 51

Ansetzen

Die DS dringt zum Kern der Lehre Buddhas, seinem Dharma, vor. Die Lehre von den »vier edlen Wahrheiten« ist aus buddhistischen Quellen knapp zusammengefasst und bietet zunächst keine Verständnisschwierigkeiten. Befremdend für christliche Leser ist jedoch der Umstand, dass in diesen zentralen Texten weder Gott noch die Erwähnung einer Transzendenz zu finden sind. Was bedeutet das Schweigen Buddhas gegenüber dem Absoluten? Die starke Betonung eines universellen Leidens widerspricht vielen westlichen Anschauungen. Andererseits scheint die Einsicht, dass der Mensch aus eigener Kraft und Verantwortung den Weg zum Verstehen der Wahrheit und zur Erleuchtung finden und gehen kann, manchen Auffassungen von Autonomie und Selbstverwirklichung entgegenzukommen. Schwierig für unser Verständnis ist Buddhas Lehre vom Nicht-Ich bzw. von der Auslöschung des Ichs, das letztlich nur eine menschliche Illusion sein soll. Das Wagen-Gleichnis stellt diesen Gedankengang vor und zeigt zugleich durch die metaphorische Darstellungsweise, dass über letzte Fragen am ehesten in Bildern und Gleichnissen gesprochen werden kann. Im achtfachen Pfad, der Ethik Buddhas, finden sich zahlreiche Anknüpfungspunkte und Parallelen zur christlichen Ethik, die von Sch erarbeitet werden können.

Umsetzen

Vier edle Wahrheiten. Der Inhalt der vier edlen Wahrheiten wird von Sch zusammengefasst und im TA gesichert:
1. Das Leiden bestimmt das Leben des Menschen von seiner Geburt bis zum Tod.
2. Leiden entsteht durch vielfachen Durst (Gier).
3. Der Lebensdurst kann aufgelöst werden durch völlige Leidenschaftslosigkeit.
4. Die Wege Aufhebung des Leidens sind im achtfachen Pfad ausgeführt.

Konsequenzen für das Leben eines Buddhisten können u. a. sein
- Verzicht auf Freude, Sinnenlust und Leidenschaft, da sie für einen Buddhisten als eher störende und ablenkende Erfahrungen gelten. Der Buddhist will sein Leben in Gleichmut ohne persönliche Anteilnahme, jedoch in Sympathie, Milde und Freundlichkeit gestalten.
- Ruhe, Gelassenheit, Meditation haben einen hohen Stellenwert. Universales Mitleid und friedvolles Wohlwollen als erstrebenswerte Haltungen.
- Angeleitet durch den achtfachen Pfad können alle Menschen, auf den je unterschiedlichen Stufen ihrer Entwicklung, einen eigenen Weg zur Erleuchtung gehen.

Das Stichwort »Leidenschaftslosigkeit« macht erläuternde Hinweise notwendig. Was der Buddhist anstrebt, ist ein Zustand innerer Balance, die auf Gleichmut, Güte, Mitfreude und Mitleid mit allen Lebewesen gegründet ist. Ihnen will er Sympathie, universales Mitleid und Freundlichkeit entgegenbringen. Eine persönliche Anteilnahme und eine aktive Wohltätigkeit werden jedoch nicht angestrebt, da sie den Zustand der »Leere« beeinträchtigen können.

Das Wagen-Gleichnis. Die Lehre vom Nicht-Ich bzw. einem illusionären Ich stellt eine besondere Herausforderung für Sch (und L) dar.
Das Gleichnis veranschaulicht die buddhistische Anthropologie, in der es »fünf Gruppen des Daseins« (*Skandhas*) gibt: Der Mensch besteht aus dem Körper, dem (rein passiven) Gefühl, der (auch aktiven) Wahrnehmung, dem Willen und der Erkenntnis. Mit diesen Daseinsfaktoren versucht der Mensch, etwas Nichtvergängliches, ein Selbst, sein »Ich« oder seine Seele zu gewinnen, um sich daran festzuhalten. In Wirklichkeit aber erzeugen diese nur immer neuen »Durst«. Erst wenn der Mensch an nichts mehr hängt, erwacht er zum wirklich Beständigen, zum Nirvana.
Sch erkennen möglicherweise einem gewissen Widerspruch zwischen der Lehre des Nicht-Ich und dem Begriff des Atman, der das wahre Selbst, den Wesenskern des Menschen bezeichnet. Der Dharma will jedoch die Vorstellung einer ichhaft existierenden Person überwinden bzw. als Illusion aufheben.
In diesem Zusammenhang kann die Frage auftauchen, was es dann ist, das sich von der vorausgehenden Geburt in einer neuen Existenzform reinkarniert, wenn »Ich« oder Selbst nur illusionär sind. Dies ist wiederum schwer begrifflich und logisch-diskursiv zu beschreiben. Eine Buddhistin veranschaulichte dies im Bild des bekannten Spiels, in dem einige Kugeln in einer Reihe zwischen zwei Rahmen aufgespannt hängen und die Bewegung der jeweils äußeren Kugeln durch einen Impuls der gegenüberhängenden Kugel ausgelöst werden kann. Obwohl man es nicht direkt »sehen« kann, folgt die äußere Kugel einem Impuls, der auch durch mehrere Kugeln hindurch erhalten bleibt.

Im Vergleich mit der christlichen Vorstellung erkennen Sch wesentliche Unterschiede:
- Nach christlicher Vorstellung ist der Mensch Person, gekennzeichnet durch seine unantastbare Würde als Gottes Geschöpf, seine Freiheit, Verantwortlichkeit und Individualität.
- Auch im Tod wird nach christlicher Überzeugung der Mensch nicht in seiner Personalität aufgehoben, sondern findet als ganzer Mensch in das ewige Leben in der Gemeinschaft mit Gott.

Achtfacher Pfad. Die Aufgabe regt Sch an, in ihrem Leben nach Beispielen zu suchen, die sich mit dem achtfachen Pfad verbinden lassen. Ergebnisse können sehr unterschiedlich, vielfältig und nicht im Einzelnen planbar sein und sind v. a. im Bereich der Pfade der »Sittlichkeit« zu erwarten, in denen konkret auf die ethischen Prinzipien der Lebensführung Bezug genommen wird. Die hier genannten Stichworte dienen lediglich als Anregungen und nicht als »Muster«. Auch müssen nicht zu allen acht Speichen des Rades Beispiele gefunden werden.

- Rechte Ansicht – bedenken, welche Haltungen mein Leben tragen.
- Rechtes Wollen – Streit beilegen, sich lösen von Streben nach Materiellem und Loslassen in Beziehungen.
- Rechte Rede – nicht lügen: kein Mobbing oder Denunzieren von Mitschülern; Wahrhaftigkeit auch gegenüber Vorgesetzten.
- Rechtes Handeln – nicht töten: Verzicht auf alle Formen von Gewaltanwendung (verbale Gewalt, Essverhalten: Vegetarismus?); nicht stehlen (z. B. auch illegaler Download), keine sexuellen Ausschweifungen, Verzicht auf Gewaltvideos und -spiele, Pornografie.

- Rechtes Leben – überlegen, nach welchen Gesichtspunkten meine Berufswahl erfolgt.
- Rechte Anstrengung – Verzicht auf Rauschmittel/Drogen.
- Rechte Achtsamkeit – sich und seine Umgebung aufmerksam und zunächst wertfrei betrachten.
- Rechte Meditation – bewusst Zeiten der Stille, des Rückzugs aus dem Alltag, in den Tageslauf einplanen.

■ **Christliche Ethik.** Zentrale Glaubensinhalte der Bibel, u. a.
- Gott ist barmherzig, verzeihend, vergibt Sünde und Schuld des Menschen.
- Das menschliche Leben ist einmalig und ausgerichtet auf ein ewiges Leben in der Gemeinschaft mit Gott.
- Mit Jesus ist das Reich Gottes angebrochen und erfahrbar geworden, die Vollendung steht noch aus (eschatologischer Vorbehalt).
- Das Gebot der Wahrhaftigkeit, die Goldene Regel, die Nächstenliebe und Solidarität mit den Armen, der Verzicht von Gewalt u. a. sind Forderungen Jesu für unser Leben in seiner Nachfolge.

Weisungen für das Zusammenleben der Menschen, u. a.
- Achtung der Würde und Freiheit jedes Menschen;
- Einsatz für Gewährleistung der Menschenrechte;
- Verpflichtung zur Solidarität, insbesondere mit Notleidenden und Benachteiligten;
- Achtsamer Umgang mit den Gütern der Schöpfung.

Gemeinsame ethische Grundsätze von Buddhismus und Christentum u. a.
Wie Jesus lehrt auch Buddha eine Gesinnungsethik, die einen mittleren Weg einschlägt zwischen Hedonismus und strenger Askese. Vorrang haben stets die Nichtverletzung von Leben und die Beherrschung der Sinne. Der Buddhismus fasst kurz fünf Regeln zusammen, die für alle gelten; vier davon finden sich in ganz ähnlicher Form auch im Dekalog des Alten Testaments:
- nicht töten;
- nicht stehlen;
- sexuelle Ausschweifungen meiden;
- nicht lügen;
- Rauschmittel meiden.

(Vorläufig) noch bestehende Unterschiede u. a.

Buddhismus	**Christentum**
Lehre von der Wiederverkörperung (Reinkarnation) in einem anderen irdischen Leben	Lehre, dass das menschliche Leben einmalig, auf ein ewiges Leben bei Gott ausgerichtet ist.
Überall wirksames Gesetz des Karma, der Vergeltung aller guten und bösen Taten	Sünde und Schuld werden als Realität anerkannt, doch liegt der Akzent auf Gottes immer wieder vergebender Gnade
Denken in Kreisläufen	Zielgerichtetes Geschichtsdenken
Gleichmut ohne Hass, Gefühl der Verbundenheit mit allen Wesen	Liebende Zuwendung und tätige Nächstenliebe als Forderungen für ein Leben nach der Botschaft Jesu.

Allerdings ist hier ein Wandel in Teilen des Buddhismus zu beachten. So haben sich in jüngster Zeit beispielsweise buddhistische Mönche in Thailand an politischen Demonstrationen beteiligt.

Weiterführen

■ **Projekt Weltethos.** Anknüpfend an den Vergleich der christlichen mit der buddhistischen Ethik bietet es sich an, das Projekt Weltethos vorzustellen, das auf eine Initiative des Tübinger Theologen Hans Küng zurückgeht und den Versuch unternimmt, ein Ethos zu entwickeln, auf das sich alle Religionen einigen können. Dieses Projekt wird im Internet auf einer eigenen Lernplattform »A Global Ethic now!« vorgestellt: www.global-ethic-now.de.
Zur Ergänzung und Vertiefung bietet die Lernplattform 30 Videosequenzen und 150 pdf-Dateien mit erklärenden Grafiken und weiterführenden Texten, ein Online-Lexikon und umfassende Literaturhinweise. (Thema 1: Was ist Weltethos? – Thema 2: Weltethos und Religionen – Thema 3: Weltethos und Politik – Thema 4: Weltethos und Wirtschaft – Thema 5: Weltethos im Alltag; weitere Informationen auf www.weltethos.org/03-deklaration.htm)

Literaturhinweis

Hans Küng, Christentum und Weltreligionen, München 1984, S. 459.
Stephan Schlensog, Walter Lange, Weltethos in der Schule, Unterrichtsmaterialien »Weltethos in der Schule«.

■ **Die Blinden und der Elefant.** Dieses berühmte Gleichnis des Buddhas wurde in einer bearbeiteten Fassung in MITTENDRIN 1 (S. 33) vorgestellt und wird hier noch einmal in seinen ursprünglichen Kontext gestellt (**M 3.2, S. 108**). Es verdeutlicht die Ablehnung des historischen Buddha gegenüber metaphysischen Spekulationen über die »letzten Fragen«, z. B. nach der Beschaffenheit der Welt, nach Leib und Seele, Leben und Tod. Buddha verdeutlicht in diesem Gleichnis, dass diese Überlegungen letztlich zu keiner Antwort führen können und von der eigentlichen Lehre abhalten. Dies ist auch als Reaktion des Buddha auf übertriebene metaphysische Spekulationen seiner Zeit zu verstehen (vgl. S. 49).
Sch stellen heraus, dass das Gleichnis die Begrenztheit des menschlichen Erkenntnisvermögens veranschaulicht. Daraus erwächst eine gewisse weltanschauliche Offenheit und praktische Lebensorientierung, die auch zu einem Relativismus führen kann (vgl. Lehrerkommentar zu DS 56f.).

■ **Gautama und Jesus.** Der Textauszug (**M 3.3, S. 109f.**) aus Hans Küng (u. a.), Christentum und Weltreligionen, München 1984, enthält einen systematischen Vergleich zwischen Siddharta Gautama und Jesus, der über den auf der S. 47 angeregten Vergleich der Geburtslegenden hinausgeht und den Sch einen umfassenderen Einblick bietet. Als HA werden Sch dazu aufgefordert, unterschiedliche Darstellungen von Gautama/Buddha und Jesus/Christus zu suchen und in den RU mitzubringen. Nach der Lektüre und Darstellung der Textaussagen können diese Bilder diesen Textaussagen zugeordnet werden.

■ **Was kommt nach dem Tod?** Die Vorstellung eines »Nirvana« wurde im Zusammenhang mit dem vedischen Weltbild bereits von L eingebracht (DS 48f.). Mithilfe der Texte auf **M 3.4, S. 111**, vertiefen Sch arbeitsteilig in GA ihr Verständnis von Nirvana und Auferstehung und setzen sich mit den grundlegenden Unterschieden auseinander.
Das Textverständnis wird durch jeweils zwei Fragen gesichert, um dann in einer Gestaltungsaufgabe in die Form eines kurzen Dialogs gebracht zu werden.
GA Buddhismus
Haltet die Antworten zu folgenden Fragen in knapper Form schriftlich fest:
- Was versteht man im Buddhismus unter dem Heilsziel Nirvana?
- Was geschieht mit dem irdischen »Ich« des Menschen nach der Lehre Buddhas?
- Denkt euch eine Situation aus, in der einer Buddhistin/einem Buddhisten Fragen zu ihrer/seiner Vorstellung des Lebens nach dem Tod gestellt werden und entwerft einen kurzen Dialog. Versucht dabei, die Gedanken des Textes aufzunehmen und mit eigenen Worten darzustellen.

GA Christentum
Haltet die Antworten zu folgenden Fragen in knapper Form schriftlich fest:
- Was ist mit der christlichen Hoffnung auf ein ewiges Leben gemeint?
- Was geschieht nach Paulus mit dem irdischen »Ich« des Menschen in der Auferweckung?
- Denkt euch eine Situation aus, in der einer Christin/einem Christen Fragen zu ihrer/seiner Vorstellung des Lebens nach dem Tod gestellt werden und entwerft einen kurzen Dialog. Versucht dabei, die Gedanken des Textes aufzunehmen und mit eigenen Worten darzustellen.

Variante: Nach der zweiten Aufgabe werden die KG geteilt und es wird mit einigen Sch der jeweils anderen KG gemeinsam ein buddhistisch-christlicher Dialog erarbeitet und vorgestellt.

Die Ergebnisse des Vergleichs werden im TA zusammengestellt:

Was kommt nach dem Tod?

Buddhistisches Nirvana	**Christlicher Auferweckungsglaube**
– Es gibt einen Kreislauf von Wiedergeburten (»samsara«). – Das »Ich« verlöscht im Pari-Nirvana. – Der Mensch erlöst sich selbst, indem er die Illusion seines »Ich« erkennt.	– Es gibt nur ein einziges, individuelles Leben. – Das »Ich« wird nach dem Tod verwandelt, jeder Mensch erfährt seine leib-seelische Auferweckung. – Die Liebe und Zuwendung eines personalen Gottes erlöst den Menschen.
Gemeinsamkeiten: – Das Irdische wird überwunden auf ein höheres Ziel hin. – Sowohl das Nirvana als auch das ewige Leben sind letztlich mit menschlichen Begriffen nicht zu erfassen.	

Sch beschreiben, inwiefern sich diese Grundgedanken auf den beiden Abbildungen des AB wiederfinden.

■ **Dharma light.** Sch haben vermutlich zu Beginn der LL, beispielsweise im AA »Buddhismus vor Ort« (S. 42f.) Gründe für die wachsende Beliebtheit des Buddhismus in westlichen Ländern zusammengestellt. Auf diese Sammlung kann hier zurückgegriffen werden mit der Frage, ob das, was die Menschen im Buddhismus suchen, auch der ursprünglichen Lehre des Buddhismus entspricht. Der Text von Alexander Berzin äußert deutliche Kritik an einer »verflachten« Rezeption des Buddhismus im Westen (**M 3.5, S. 112**). Teilweise wird auch von einem »Wellness-Buddhismus« gesprochen, der in erster Line zu persönlichem Wohlbefinden und zur Entspannung verhelfen soll und die Forderungen einer ernst gemeinten buddhistischen Lebensführung nicht umsetzt. Berzin verweist hier insbesondere auf die sog. sechs Daseinsbereiche einer Reinkarnation und stellt heraus, dass die negativen Bereiche, z. B. die der »hungrigen Geister« oder der »Hölle«, als Realitäten anzusehen sind.

Der Sangha

AUSFLUG

52 | 53

Ansetzen

Die DS verdeutlicht die hauptsächlichen Strömungen, die sich im Lauf einer über 2400-jährigen Geschichte des Buddhismus aus Buddhas ursprünglicher Jüngerschaft (*Sangha*) herausgebildet haben. Aufgrund seiner Offenheit und Anpassungsfähigkeit konnte sich der Buddhismus in ganz unterschiedlichen Ländern inkulturieren, wobei die sog. drei »Fahrzeuge« nur die Hauptströme dieser Religion zusammenfassen, ohne dabei auf lokale Besonderheiten einzugehen. Wegen der hohen Popularität, die der XIV. Dalai Lama als Vertreter und Oberhaupt des tibetischen Buddhismus auch im Westen gewonnen hat, wird diese Persönlichkeit exemplarisch herausgegriffen und in Wort und Bild vorgestellt. Sch sind aufgefordert, sich über die Medien ein persönliches Bild vom Dalai Lama zu verschaffen und dabei auch Ansätze für eine Auseinandersetzung zu gewinnen.

Umsetzen

■ **Drei Fahrzeuge.** Der AA kann auch arbeitsteilig für jedes »Fahrzeug« vergeben werden. Die Skizze oder Tabelle kann u. a. folgende Elemente enthalten: (s. u.)

■ **Der Dalai Lama.** Die Eindrücke der Sch von der Persönlichkeit des Dalai Lama werden durch dessen große Präsenz in den Medien geprägt und können ganz unterschiedlich ausfallen, sodass die hier vorgeschlagenen Stichworte wiederum nur als Anhaltspunkte gelten dürfen:
- gewinnende Persönlichkeit mit freundlicher, humorvoller Ausstrahlung (»netter als der Papst ...«);
- Fröhlichkeit trotz des schweren, leidvollen Schicksals durch Vertreibung und Flucht aus seiner Heimat gilt als vorbildlich;
- »Erwählung« schon in frühkindlichem Alter aufgrund tibetisch-buddhistischer Tradition schwer nachvollziehbar;
- Offenheit gegenüber westlicher Kultur und Religion wird bewundert;
- gewaltfreier Widerstand gegen kulturelle Überfremdung Tibets beeindruckt.

Theravada/Hinayana	**Mahayana**	**Vajrayana**
Kleines Fahrzeug, zumeist Mönchsbuddhismus	Großes Fahrzeug, Volksbuddhismus	Diamantfahrzeug
Südasiatische Länder	Zentral-/Ostasien	Tibet
– Nur Mönche können das Nirvana erreichen. – aus eigener Kraft	– Alle Menschen können in das Nirvana gelangen. – mithilfe von Bodhisattvas	– Verbindung mit der »Bön-Religion«, zahlreiche Rituale, Magie; Hierarchie
Visualisiert als – schmaler Pfad; – Wagen, auf dem einige Personen sitzen; – Kreis, in dessen Mittelpunkt einige Personen sind und viele Personen außerhalb stehen.	Visualisiert als – breiter Weg; – Wagen, auf dem viele Menschen sitzen; – Kreis, in dessen Mittelpunkt viele Menschen sind;	Visualisiert als – Blitzstrahl; – Diamant; – Gebetsmühlen, Mandalas.

Interview. In dem vorgestellten Auszug aus einem Interview mit dem Dalai Lama äußert sich dieser vorsichtig gegenüber einem Übertritt zum Buddhismus im Erwachsenenalter und er betont, dass weder von seiner Person noch vom buddhistischen Weg schnelle Lösungen oder Wunder zu erwarten sind.
Für weitere Fragen und Antworten (vgl. rechts) finden Sch Anregungen u. a. auf der offiziellen Website des Dalai Lama (englisch): www.dalailama.com/ (insbesondere: Questions & Answers).

Weiterführen

Buddhistischer Protest. Besonders im Zusammenhang mit den jüngsten sozialen Protestbewegungen, z. B. in Myanmar (2007) oder Thailand (2010), sind buddhistische Mönche und Nonnen immer wieder als Demonstrierende und Protestierende in Erscheinung getreten. Der verbreiteten Vorstellung nach sind buddhistische Geistliche in erster Linie auf ihre meditative Praxis und »Erleuchtung« ausgerichtet.
Der Einstieg erfolgt über die Bildbetrachtung eines Fotos, z. B. unter www.welt.de zu finden, Stichwort »Protest der Mönche«. Impuls: Inwiefern entspricht die gezeigte Situation eurer bisherigen Vorstellung von buddhistischen Mönchen und Nonnen? Sch stellen nach der Lektüre des Textes (S. 53) dar, welche Rolle die protestierenden Mönche und Nonnen innerhalb der Protestbewegung spielen. Bemerkenswert ist das hohe Ansehen, das die Mönche in der Bevölkerung genießen und das sie für ihr Engagement nutzen.
Sch reflektieren, inwiefern sich ein aktiver sozialer Protest auf die buddhistische Ethik gründet. Vermutlich wird hier der Aspekt des Mitgefühls für alle Menschen und Lebewesen im Sinne eines aktiven Eintretens ausgelegt. Möglicherweise spielt auch das Vorbild christlich-sozialen Engagements eine Rolle.

Mögliche Fragen und Antworten können sein:

Sie sagen, was das Christentum vom Buddhismus möglicherweise lernen könnte. Wie ist es umgekehrt: Was lernt der Buddhismus vom Christentum?
- Dankbarkeit für Hilfe von christlicher Seite nach meiner Flucht.
- Persönliche Anteilnahme an unserem Schicksal und die großzügige Hilfe ist etwas, was Buddhisten vom christlichen Engagement lernen können.

Halten Sie die Wiedergewinnung der politischen Selbstständigkeit Tibets für möglich? Welche Schritte dazu scheinen Ihnen notwendig und realistisch?
- Hält an der Selbstständigkeit Tibets fest und am gewaltfreien Weg dorthin, obwohl es durch die chinesische Besatzung sehr schwierig geworden ist.

Welche Unterstützung Ihrer Anliegen erwarten Sie?
- Das Unrecht am tibetischen Volk muss bekannt gemacht und darf nicht verschwiegen werden.
- Dafür sorgen, dass die chinesische Regierung die allgemeinen Menschenrechte und das Völkerrecht auch in Bezug auf Tibet anerkennt. Im Augenblick besteht eine Gefahr, dass diese Rechte zugunsten von Wirtschaftsbeziehungen zurückgestellt werden.

Literaturhinweis

Claude B. Levenson, Dalai-Lama. Die autorisierte Biographie des Nobelpreisträgers, Patmos 2004.

Der Weg des Zen

AUSFLUG

54 | 55

Ansetzen

Auf dieser DS wird der Zen-Buddhismus vorgestellt, dessen Meditationspraxis in seiner weltanschaulichen Offenheit auch von Christen übernommen wird. Die besondere Bedeutung des Lehrer-Schüler-Verhältnisses im Zen und die Herausforderung durch die Aussagen der Koans bilden einen Anreiz für Sch, sich mit dieser Richtung des Buddhismus auseinanderzusetzen. Aus dem biografisch geprägten Roman »Der leere Spiegel« von Janwillem van de Wetering ist hier ein zweiter Textauszug abgedruckt (vgl. S. 44/45), der das Begrüßungsritual für den Meister und die Schwierigkeiten des Ich-Erzählers im Umgang mit dem ihm aufgegebenen Koan deutlich machen. Die Koan-Beispiele vermitteln einen Eindruck von den zunächst paradox wirkenden Konstruktionen dieser Textart. Ebenso herausfordernd ist die Vorstellung der vollkommenen Leere, die in der Tradition des Zen auch in dem von Hand gezogenen vollkommenen Kreis mit leerer Mitte ausgedrückt wird.

Umsetzen

■ **Leben im Zen-Kloster.** Obwohl der Ich-Erzähler den Umgang mit dem Meister humorvoll-distanziert schildert, wird deutlich, dass die geforderten Rituale und Aufgaben des Klosteralltags dem jungen Europäer nicht immer leicht fallen und er sich hier auf einen unbekannten Weg einlassen muss. Das in diesem Textauszug thematisierte Ritual des dreimaligen Verbeugens (*Sanpai*) gilt im Zen als universelle religiöse Geste, die Demut gegenüber der Natur und dem ganzen Kosmos widerspiegelt und das eigene Ego aufgibt. Wenn die Demut auch gegenüber dem Meister oder Lehrer gezeigt wird, geschieht dies aus einer großen Verehrung für ihn und einem tiefen Vertrauen, dass der Meister auf dem Weg zur Erleuchtung helfen wird. Nach der Sitzmeditation (*Zazen*) werfen sich Schüler und Meister zusammen nieder.
Dass der Ich-Erzähler hier zugibt, in der Lösung seines Koans nicht weiterzukommen, verdeutlicht eine weitere Schwierigkeit, die im Verlassen diskursiver Lösungsstrategien besteht. Gerade am Beispiel des Zen-Buddhismus wird deutlich: Man kann seine Wahrheit nicht ohne übende Praxis verstehen. Es ist ein Sich-Einlassen von innen her notwendig, das meist eine jahrelange Übung in großer Disziplin erfordert und auch von Intuition abhängig ist. Der Zen-Meister D.T. Suzuki schreibt dazu: »Der schlimmste Feind der Zen-Erfahrung, zumindest in der Anfangsphase, ist der Intellekt, der stets auf die Unterscheidung von Subjekt und Objekt aus ist. Er muss abgeschnitten werden, wenn das Zen-Bewusstsein sich entfalten soll, und dafür dürfte es kein besseres Mittel geben als das Koan.« (In: D. T. Suzuki, Koan. Der Sprung ins Grenzenlose. Das Koan als Mittel der meditativen Schulung im Zen. Deutsch von J. Eggert, o. O. 1988.)
Der ritualisierte Tagesablauf im Kloster kann Sch einerseits faszinieren und Lust auf neue Erfahrungen und Lebensmöglichkeiten wecken, andererseits in seiner starken Reglementierung auch einengend wirken. Falls sich eine Mehrheit der Lerngruppe vorstellen kann, eine Zeit lang in einem Zen-Kloster zu leben, können an dieser Stelle noch einmal die Erwartungen konkretisiert und gesammelt werden, die Sch an eine solche Erfahrung haben.

■ **Christliche Klöster.** Es kann zunächst gesammelt werden, welche Orden und Klöster den Sch bekannt sind. L erläutert den Unterschied zwischen der kontemplativen und der caritativen Ausrichtung eines Ordens. Orden im eigentlichen Sinn sind z. B. die Benediktiner oder Zisterzienser, die auf die Regel Benedikts zurückgehen. Die in der Neuzeit entstandenen religiösen Lebensgemeinschaften gelten als Kongregationen. Im alltäglichen Sprachgebrauch entfallen meist diese Unterschiede, da man allgemein von Ordensleuten spricht. Sch recherchieren im Internet oder nach Möglichkeit auch vor Ort, wie der jeweilige Klosteralltag aussieht. Eine größere Ähnlichkeit mit dem Alltag in einem Zen-Kloster zeigen kontemplativ ausgerichtete Orden (Klassische Regel Benedikts: *Ora et labora* – bete und arbeite!). Am Ende der Vorstellungsphase kann die Frage aufgegriffen werden, ob sich Sch vorstellen können, eine Zeit lang in einem christlichen Kloster mitzuleben. Möglicherweise erwächst aus der von Sch geäußerten größeren Distanz gegenüber einem christlichen Kloster eine Reflexion der Ursachen für diese Haltung.

■ **Der vollkommene Kreis.** Die Aufforderung, frei Hand einen Kreis zu zeichnen, sollte, ähnlich wie auf der DS »Das Ankommen« dargestellt, als meditative Übung aufgefasst und durchgeführt werden, die ebenso wie die Achtsamkeit für den Atem oder eine Sinneswahrnehmung alle Konzentration des Übenden für die Aufgabe fordert. Wichtig ist hier wieder der Prozess des Sich-Einlassens auf die Übung und die Reflexion der Erfahrungen, die dabei gemacht werden. L stellt ansprechende Schreibmaterialien (Pinsel und Wasserfarbe) und Papier (mind. 120g, ggf. besonderes Malpapier) zur Verfügung oder lässt es von Sch in den RU mitbringen. Da ohne Zirkel meist kein vollkommen symmetrischer Kreis gezeichnet werden kann, ist die Erfahrung interessant, die Sch im Umgang mit sich selbst und mit dieser Aufgabe machen: Geben sie schnell auf? Werden sie wütend auf die Aufgabe? Werden sie ruhiger und konzentrierter?
Ähnlich wie bei den im Einführungstext der DS beschriebenen weiteren Wegen des Zen geht es auch in der Tuschmalerei des Zen (*Sumi*) darum, den eigenen Willen ganz mit der Aufgabe verschmelzen zu lassen und das Tun nicht über eine direkte rationale Rückkoppelung oder die Idee eines Selbst zu steuern. Die Zeichenübung kann eine Ahnung dieses Anspruchs vermitteln.

■ **Koan.** Der AA kann so nur in einer Lerngruppe durchgeführt werden, in der Sch entsprechend respektvoll miteinander umgehen können. Alternativ können die hier abgedruckten Koans auch vergrößert auf je einem Papierstreifen auf dem Boden eines Stuhlkreises ausgelegt werden. Jeder Sch wählt dann ein Koan für sich aus und äußert seine Gedanken dazu mündlich oder schriftlich. Es können auch alle Sch eine Gruppe bilden, die das gleiche Koan ausgesucht haben und sich innerhalb dieser Gruppe darüber austauschen.
Die häufig paradox scheinenden Koans haben die Funktion, den Zen-Schüler vom Weg des Philosophie-

rens abzuhalten und ihn stattdessen anzuregen, seine gewohnten Denkmuster zu verlassen, die Grenzen seiner Vernunft zu erkennen und sich ganz auf das Gegenwärtige zu konzentrieren. Ziel eines Zen-Übenden ist es, seine eigene Buddha-Natur zu finden und Einblick in das unbeschreiblich Absolute zu erhalten.

■ **Die vollkommene Leere.** Der Handlungsimpuls zielt auf eher emotional-assoziative Antworten, um Sch nicht mit einer Analyse der unterschiedlichen Anthropologien zu überfordern.
Für Sch dieser Altersstufe ist es anspruchsvoll genug, sich auf die zunächst abstrakte Vorstellung der Ichlosigkeit einzulassen. Da sie selbst in einer intensiven Entwicklungsphase der Ich-Findung und Auseinandersetzung mit verschiedenen Möglichkeiten der Selbst-Verwirklichung stehen, wird die buddhistische Vorstellung eher Verunsicherung, Unverständnis oder auch Angst auslösen.

Weiterführen

■ **Die Suche nach dem Ochsen.** Die in MITTENDRIN 3 abgedruckte Tuschezeichnung des vollkommenen und leeren Kreises wird auf **M 3.6, S. 113**, als Teil eines im Zen beliebten Bildzyklus der sog. »Zehn Ochsenbilder« vorgestellt, in dem das Prozesshafte des Zen-Weges veranschaulicht ist. Der Ochse steht symbolisch für das wahre Wesen des Menschen, auch »Urwesen« oder Buddha-Geist, von dem der Mensch zunächst entfremdet ist. Am Anfang des Zen-Weges steht die Suche nach dem Selbst (Die Suche nach dem Ochsen; Das Finden der Ochsenspur; Das Finden des Ochsen). Das gefundene Selbst festzuhalten und von seinen alten Gewohnheiten loszumachen, geschieht in der Phase der Zen-Meditation, des selbstdisziplinierenden Übens (Das Fangen/Zähmen des Ochsen). Der Erfolg der Übungen wird wahrgenommen im Einssein mit dem eigenen Selbst, dessen Führung man sich nun anvertrauen kann (Die Heimkehr auf dem Rücken des Ochsen). Der anfangs empfundene Dualismus zwischen dem Menschen und seinem wahren Selbst ist aufgehoben (Der Ochse ist vergessen, der Hirte bleibt) und der Mensch ist bereit für eine Erleuchtungserfahrung, die mit dem leeren Kreis dargestellt ist (Die Vollkommene Vergessenheit von Ochs und Hirte). Die beiden letzten Bilder illustrieren die Entwicklung nach einer Erleuchtungserfahrung: In aller Natur erkennt der Erleuchtete die Buddhanatur, die Teilhabe am absoluten Sein im Kreislauf von Tod und Wiedergeburt (Zum Ursprung zurückgekehrt). Dies erkennend, tritt er als Bodhisattva, als erleuchteter Lehrer unter die Menschen, um sie auf ihrem Weg zur Erleuchtung anzuleiten und zu führen (Das Betreten des Marktes mit offenen Händen).
Sch ordnen die Überschriften den Tuschezeichnungen von Tatsuhiko Yokoo zu und beschreiben den dargestellten Zen-Weg.
In interessierten und gerne kreativ arbeitenden Lerngruppen finden Sch inhaltlich-gestalterische Varianten zu dem von ihnen ausgewählten Ochsenbild, z. B. in Form einer Collage.

Literaturhinweise

Zu den klassischen Autoren und Zen-Meistern, die diese Form des Buddhismus nach Deutschland gebracht haben, gehören u. a.:
Hugo Enomiya-Lassalle, Kraft aus dem Schweigen, Zürich [4]1998.
Eugen Herrigel, Zen in der Kunst des Bogenschießens, Bern u. a. [38]1998.
Bogdan Snela (Hg.), Der Ochs und sein Hirte. Zen-Augenblicke. Mit Kommentaren und ausgewählten Texten von Hugo M. Enomiya-Lassalle, München 1990.

Dialog — SOUVENIRS 56 | 57

Ansetzen

Im Verlauf der LL wurde immer wieder ein Vergleich von buddhistischen und christlichen Vorstellungen angeregt. Diese DS zeigt nun Auszüge aus dem wichtigen Dokument des Zweiten Vatikanischen Konzils über das Verhältnis der Kirche zu den nicht-christlichen Religionen, Nostra Aetate.
Die Erklärung stellt das zentrale Bekenntnis zu Christus heraus, anerkennt jedoch gleichzeitig, dass auch in anderen Religionen Wahres und Heiliges anzutreffen ist. Damit ist eine Tür aufgestoßen, durch die ein weiterer gemeinsamer Weg in die Zukunft führen kann. Die Christen sind aufgerufen zu Gespräch und Zusammenarbeit, wobei ausdrücklich die Werte anderer Religionen anerkannt, gewahrt und gefördert werden sollen. Die von Papst Johannes Paul II. initiierten Weltgebetstreffen in Assisi sind wichtige Stationen auf diesem Weg (erstmals 1986, fortgesetzt 2002, vgl. MITTENDRIN 3, S. 128f.).
Die AA zur Betrachtung der Installation von Nam June Paik greifen in der LL vorgestelle Themen auf (z. B. Meditationshaltung, Lehre des Buddhismus, Zen-Buddhismus) und fordern Sch dazu auf, ihr gewonnenes Verständnis für eine Interpretation der Installation zu nutzen. Der Reiz liegt hier im (provozierenden) Minimalismus der Installation, der die nötige Offenheit für unterschiedliche Interpretationsthesen schafft.

Umsetzen

Nostra Aetate. Für den Handlungsimpuls kann der Text in Abschnitte gegliedert werden, sodass jedes Team ein bis zwei Textaussagen auf Kärtchen schreibt und an der Tafel präsentiert:

- Alle Menschen haben ihren gemeinsamen Ursprung und ihr gemeinsames Ziel in Gott. (Z. 11-19) Zur Vorstellung der Völkerwallfahrt in die himmlische Stadt vgl. auch die Erläuterungen zur Spitzmarke »Visionen« auf der DS »Frieden-Gerechtigkeit-Bewahrung der Schöpfung«.
- Von allen Religionen erwarten die Menschen Antworten auf letzte Rätsel ihres Daseins. (Z. 20-30)
- Viele Völker kennen den Glauben an eine höchste Gottheit. (Z. 35f.)
- Buddhisten erkennen, dass der letzte Sinn nicht innerhalb der sich wandelnden Welt liegen kann und sie finden Wege und Riten zur Befreiung und Erleuchtung. (Z. 42-53)
- Die Kirche lehnt nichts von all dem ab, was in den Religionen wahr und heilig ist. (Z. 55)
- Die Kirche verkündet den Glauben an Jesus Christus, dem aus ihrer Sicht kein weiterer Glaube hinzuzufügen ist. (Z. 62-66)
- Die Kirche fordert zum Dialog und zur Zusammenarbeit mit den nicht-christlichen Religionen auf. (Z. 67-73)

L-Impuls: Ordnet die Karten so, dass die Gemeinsamkeiten und das Trennende zwischen Christentum und dem Buddhismus (bzw. den nicht-christlichen Religionen) deutlich werden.
Im UG wird gezeigt, dass die kirchlichen Aussagen hier zwar nicht mehr von der Ausschließlichkeit des christlichen Heilsweges ausgehen, aber von dessen Überlegenheit, was kritisch hinterfragt werden kann. Erst im Rückblick auf frühere theologische Positionen kann man ermessen, welchen weiten Weg die Kirche mit diesem Konzilsdokument gegangen ist: Vom Bild der Kirche als Arche, außerhalb derer niemand gerettet wird (Urkirche, römische Katakombenmalerei), über Cyprians Wort »extra ecclesiam nulla salus« (3. Jh.) und Papst Bonifaz VIII. Forderung, jeder Mensch müsse sich zu seinem Heile dem römischen Papst unterwerfen (Bulle »Unam sanctam«, 1302), um nur einige Schlaglichter zu nennen.

Bildbetrachtung.

Nam June Paik (1932-2006), TV-Buddha (1974)
Die Installation des koreanischen Künstlers zeigt eine sitzende Buddhastatue aus dunklem Holz, die auf einem länglichen, weißen Podest platziert ist. An der gegenüberliegenden Seite des Podests ist ein Monitor aufgestellt, dessen oval gewölbte Bildschirmfläche etwas an ein Auge erinnert. Das Bild auf dem Monitor zeigt die Statue in Frontalaufnahme von vorne und wird von einer direkt hinter dem Bildschirm auf dem Boden stehenden Kamera erzeugt. Aus dieser Anordnung entstehen verschiedene Spannungen: Die Spannung zwischen einem Live-Bild, das fortwährend generiert wird und dem unbewegten Objekt, das es zeigt. Die Spannung zwischen dem plastisch erfahrbaren Objekt und seiner Projektion auf der Bildschirmoberfläche. Die Spannung zwischen der Statue als Symbol einer ca. 2500 Jahre alten Tradition und der Medienwelt des 20. Jhs.
Paiks Installation löste viele Deutungen aus. Man erkannte darin eine Kritik an der westlichen Vereinnahmung östlicher Praktiken, eine ironische Darstellung des Medienkonsumenten oder den Spott auf das Aufklärungspathos seiner Kollegen. Paik, nach diesen Deutungen gefragt, soll mit einem Zitat des experimentellen Musikers John Cage gesagt haben: »Schöne Fragen, wir wollen sie nicht mit einer Antwort versauen.« Diese Aussage beschreibt die spielerische und hochironische Indeterminiertheit seiner besten Arbeiten.

Die im AA angeführten Beobachtungsaufträge regen zu verschiedenen Deutungsmöglichkeiten der Installation an und greifen die Inhalte der LL auf.

- Körperhaltung der dargestellten Person und geistige Haltung eines Buddhisten: Die Statue kann durch den Meditations- oder Lotussitz und die sichtbar verlängerten Ohrläppchen als Buddha identifiziert werden, dem jeder auf diese Weise Meditierende nacheifert (vgl. **M 3.1, S. 107**). Der Sitz ermöglicht Stabilität und geistige Wachheit zugleich.
- Eigenschaften der aufgebauten Kamera und buddhistische Lehre und Meditationsform: Die Kamera kann lediglich äußere Eindrücke auffangen und wiedergeben, sie bleibt an der Oberfläche, die geistigen Prozesse innerhalb der Meditation können auf diese Weise nicht sichtbar werden.
- Bild auf dem Monitor und buddhistische Vorstellung vom Selbst: Ziel der Meditation ist es, die Vorstellung von einem Selbst, einem Wesenskern als Illusion zu erkennen und sich letztlich davon zu befreien.

Es kann eine Parallele zwischen der Vorstellung eines illusionären Selbst und der Illusion des aus tausenden von Bildpunkten zusammengesetzten Bildes auf dem Monitor gesehen werden.

- Installation und das Koan im Zen-Buddhismus:

Ähnlich wie ein Koan hat diese Installation etwas Rätselhaftes, das begrifflich nicht eindeutig zu bestimmen ist. Man kann auch an die häufig paradox wirkenden Aussagen der Koans denken.

- Eingangsseite der LL und diese Installation: Der Akzent liegt hier auf dem buddhistischen Weg der Meditation, den der einzelne Mensch nur für sich selbst gehen kann und bei dem er letztlich alleine ist. Auf der Eingangsseite der LL sind eine Situation der kognitiven Auseinandersetzung mit der Lehre und der Austausch innerhalb einer Gemeinschaft dargestellt.
  Außerdem steht der Bilder- und Farbenreichtum des tibetisch-buddhistischen Zentrums in Hamburg in starkem Kontrast zur äußersten Reduktion dieses Kunstwerks. Damit können auch noch einmal die sehr unterschiedlichen buddhistischen Wege bzw. Fahrzeuge und Schulen bewusst werden. »Den« Buddhismus gibt es ebenso wenig wie »das« Christentum.
- Erläutere abschließend, welchen Schwerpunkt diese Installation zum Thema Buddhismus erkennen lässt.

Sch setzen ihre Schwerpunkte individuell (vgl. oben ausgeführte Aspekte und Bildbeschreibung). Auch ein Hinweis auf die Ironie dieser Darstellung ist möglich.

Weiterführen

■ **Wahrheit oder Wahrheiten?** Die Grafiken auf **M 3.7, S. 108**, veranschaulichen die Positionen des Exklusivismus, des Inklusivismus und des Pluralismus. Sch formulieren Vor- und Nachteile dieser Positionen, wobei besonders auch für den Pluralismus herauszustellen ist, dass die Gefahr einer gleichgültigen, indifferenten oder relativistischen statt einer gleichwertigen Haltung gegenüber den Religionen besteht. L weist im Zusammenhang mit dem Exklusivismus auf den »Vorteil« hin, hier ein eindeutiges, Sicherheit gebendes Weltbild zu haben (vgl. auch MITTENDRIN 3, S. 130f.).
Die zweite Grafik konkretisiert das inklusivistische Kirchenmodell, von dem auch die Erklärung zu den nicht christlichen Religionen in »Nostra Aetate« ausgeht, durch die Benennung der verschiedenen Religionen, die in unterschiedlich weit entfernten Kreisen um den »wahren« Mittelpunkt herum angeordnet sind. Damit fordert diese Grafik zur Diskussion heraus, die in den geforderten Dialogen der Sch zum Ausdruck kommt. Der AA, ein eigenes Modell zu entwickeln (PA oder GA), kann sichtbar machen, was für Sch im Zentrum der Glaubensüberzeugungen steht. Möglicherweise finden sich unter den Ergebnissen auch Modelle, die dem des englischen Religionsphilosophen John Hick ähneln, der von der »Kopernikanischen Wende« im Verhältnis des Christentums zu den nicht christlichen Religionen spricht: Da das Christentum keinen Anspruch auf die vollkommene Erklärung Gottes e rheben könne, müsse es sich wie alle anderen Religionen um ein Zentrum, um Gott, herum gruppieren.

Literaturhinweise

Reinhold Bernhardt, Der Absolutheitsanspruch des Christentums. Von der Aufklärung bis zur Pluralistischen Religionstheologie, Gütersloh 1993.

Harry Noormann, Ulrich Becker, Bernd Trocholepczy (Hg.), Ökumenisches Arbeitsbuch Religionspädagogik, Stuttgart [3]2007, S. 40-48.

Bediente Standards in der LL »Faszination Buddhismus«

Die Tabelle gibt an, welche Standards zentral bedient werden [x], bzw. welche teilweise wiederholend angesprochen werden [(x)].
Verbindliches Themenfeld: Begegnung mit Hinduismus und Buddhismus

DIMENSION »MENSCH SEIN – MENSCH WERDEN« Die Schülerinnen und Schüler	
– wissen, dass Partnerschaft Entwicklungsschritte zur eigenen Identität und zur Liebesfähigkeit voraussetzt;	
– können den Stellenwert, den Sexualität in unserer Gesellschaft hat, reflektieren und kennen Kriterien eines verantwortlichen Umgangs mit Sexualität;	
– verstehen, dass es zum Menschsein gehört, sich entscheiden zu müssen und zu Entscheidungen zu stehen;	
– verstehen, dass menschliches Leben begrenzt ist, zum Beispiel durch Leid, Krankheit und Tod;	
– können den Grund der christlichen Hoffnung auf Auferweckung darlegen und Wiedergeburtsvorstellungen von dieser abheben.	(x)
DIMENSION »WELT UND VERANTWORTUNG« Die Schülerinnen und Schüler können	
– das Anliegen des konziliaren Prozesses darlegen und argumentativ begründen;	
– an einem Beispiel den Zusammenhang zwischen Werten und Normen aufzeigen;	
– Schritte der ethischen Entscheidungsfindung darlegen;	
– an einem Beispiel aufzeigen, in welcher Weise sich Christen bei einer ethischen Entscheidung unter anderem an Weisungen des Dekalogs, an Jesu Leben, Handeln und Lehre wird an kirchlichen Traditionen orientiert	
DIMENSION »HERMENEUTIK: BIBEL UND TRADITION« Die Schülerinnen und Schüler	
– können aufzeigen, wie Kenntnisse über die Entstehungssituation biblischer Texte zu deren Verständnis beitragen;	
– können an einem biblischen Beispiel den Zusammenhang von literarischer Gattung, Aussageabsicht und Sitz im Leben erläutern;	
– kennen verschiedene methodische Zugänge zu biblischen Texten und können sie ansatzweise beurteilen;	
– können aufzeigen, wie Menschen versuchen, sich in unterschiedlichen Ausdrucksweisen der Wirklichkeit Gottes anzunähern.	
DIMENSION »DIE FRAGE NACH GOTT« Die Schülerinnen und Schüler	
– können an einem Beispiel Möglichkeiten des Redens von Gott erläutern und seine Grenzen aufzeigen;	
– können an biblischen Texten zeigen, wie Geschichte als Weg Gottes mit den Menschen gedeutet wird und wie Nähe und Abwesenheit Gottes erfahren werden;	
– verstehen, dass nach christlichem Verständnis Gott sich den Menschen bedingungslos zuwendet und dass dieses Angebot ernst zu nehmende Konsequenzen hat (unter anderem Weisungen und Normen).	
DIMENSION »JESUS DER CHRISTUS« Die Schülerinnen und Schüler	
– können anhand einer Weisung der Bergpredigt und des Doppelgebots der Liebe die Relevanz der Botschaft Jesu für heute aufzeigen;	
– können Jesu Umgang mit der Tora an einem Beispiel erläutern;	
– verstehen, dass Jesus Gottes Nähe erfahrbar machte, unter anderem in seiner Zuwendung zu Sündern und Ausgestoßenen und seinem Verzicht auf Gewalt;	
– können den Zusammenhang zwischen der Auferweckung Jesu und der christlichen Hoffnung auf Vollendung darlegen.	
DIMENSION »KIRCHE, DIE KIRCHEN UND DAS WERK DES GEISTES GOTTES« Die Schülerinnen und Schüler können	
– an konkreten Beispielen die diakonische, missionarische und kritische Funktion der Kirche in der Gesellschaft darstellen;	
– an einem Beispiel die Kooperation von Staat und Kirche in der Bundesrepublik Deutschland erläutern;	
– unterschiedliche Verhaltensweisen von Christen in der Zeit des Dritten Reiches darlegen und bewerten.	
DIMENSION »RELIGIONEN UND WELTANSCHAUUNGEN« Die Schülerinnen und Schüler	
– kennen Beispiele für christlichen Antijudaismus und können sich kritisch damit auseinandersetzen;	
– können den Hinduismus in Grundzügen darstellen, z. B. Prägung des Alltagslebens, verschiedene Gottesvorstellungen, und ihn mit dem Christentum vergleichen;	(x)
– können anhand der Biografie des Buddha zentrale Überzeugungen und Lebensziele des Buddhismus erläutern und mit dem Christentum vergleichen;	x
– sind aufgrund eines kritischen und selbstkritischen Vergleichs in Ansätzen zu einem Dialog mit anderen Religionen und Weltanschauungen befähigt.	x

Buddhistische Ikonografie

Beschrifte die Darstellung des Buddha mithilfe folgender Informationen:
Der Buddha wird oft sitzend im sog. Lotussitz, dem Sitz der Meditation, dargestellt. Häufig sitzt er auf einer (stilisierten) Lotusblüte. Diese Wasserpflanze, deren Blüten (durch einen mittlerweile erforschten Selbstreinigungsmechanismus) stets in reinem Weiß oder in Rosa strahlen, gedeiht in stehenden, auch trüben Gewässern. Somit ist sie ein Symbol der Reinheit, Erleuchtung und Vollkommenheit. Als Zeichen der fürstlichen Herkunft des Buddha wird er mit gelängten Ohrläppchen dargestellt, deren Länge von vormals schweren Ohrgehängen herrührt. Ebenso weist der edle Faltenwurf seines Umhangs auf eine vornehmere Herkunft. Aus der dargestellten Handhaltung (*Mudra*) kann man den Zustand erkennen, in dem sich der dargestellte Buddha befindet. Im Schoß liegende Hände deuten die meditative Versenkung des Buddhas an. Aus dem Punkt oder der Wölbung zwischen den Augenbrauen (*Urna*) strahlt das Licht der Weisheit in alle Welt. Buddhas Gesichtsausdruck strahlt Anmut und Ruhe aus; ein Lächeln gilt als Zeichen dafür, dass er das Leiden überwunden hat. Dass Buddha der Erwachte, der Erleuchtete ist, wird durch einen Kopfauswuchs (*Ushnicha*), stilisiert auch als punktförmige Wölbung am Kopf, angedeutet.

ARBEITSBLATT M 3.1

Die Blinden und der Elefant

Der Buddha hat seine Lehre oft in anschaulichen Gleichnissen vorgetragen. Allein im Pali-Kanon sind über 800 seiner Gleichnisse erhalten. Der hier abgedruckte Text ist eines seiner berühmtesten Gleichnisse und bringt seine Einstellung zur Erkenntnis und zu seiner Lehre zum Ausdruck.

Eines Tages kam ein Mönch zum Buddha und fragte diesen mit verhaltenem Vorwurf, warum er gerade die letzten Fragen unbeantwortet lasse. Er nannte zehn Beispiele solch übergangener Fragestellungen, die zur damaligen Zeit in verschiedenen Schulen Indiens kontrovers diskutiert wurden. Ihm antwortete der Buddha:

- Einige Asketen und Brahmanen sagten: »Ewig ist die Welt«, einige: »Nicht ewig ist die Welt«;
- einige: »Endlich ist die Welt«, einige: »Nicht endlich ist die Welt«;
- einige: »Das Lebensprinzip (Seele) und der Leib sind dasselbe«, einige: »Etwas anderes ist das Lebensprinzip, etwas anderes der Leib«;
- einige: »Ein Vollendeter ist nach dem Tod«, einige: »Er ist nicht nach dem Tod« oder »Er ist und ist nicht nach dem Tod« oder »Er ist weder noch ist er nicht nach dem Tod«.

Und diese streitsüchtigen Leute gehen mit dem Speer ihrer Worte aufeinander los und jeder sagt von seiner Ansicht »Dies ist wahr, alles andere ist Unsinn«. Diese Asketen der anderen Sekten sind blind und haben keine Augen. Sie kennen nicht den wahren Sachverhalt.

Einstmals lebte in Shravasti ein König. Der gebot seinem Diener: »Lasse alle Blindgeborenen der Stadt an einem Ort zusammenkommen.« Als das geschehen war, ließ er den Blindgeborenen einen Elefanten vorführen und ihnen sagen: »Das ist ein Elefant.« Dann ließ er die einen den Kopf betasten, andere das Ohr oder den Stoßzahn, den Rüssel, den Rumpf, den Fuß, das Hinterteil, den Schwanz, die Schwanzhaare. Dann fragte der König: »Wem gleicht der Elefant?« Die, welche den Kopf betastet hatten, sagten: »Er ist wie ein Topf«, die das Ohr betastet hatten, »wie ein geflochtener Korb zum Schwingen des Getreides«, die den Stoßzahn betastet hatten »wie eine Pflugschar«, die den Rüssel betastet hatten »wie eine Pflugstange«, die den Rumpf betastet hatten, »wie ein Speicher«, die den Fuß betastet hatten, »wie ein Pfeiler«, die das Hinterteil betastet hatten, »wie ein Mörser«, die den Schwanz betastet hatten, »wie eine Mörserkeule«, die die Schwanzhaare betastet hatten, »wie ein Besen«. Und mit dem Ruf: »Der Elefant ist so und nicht so«, schlugen sie sich gegenseitig mit den Fäusten, zur Belustigung des Königs. So sind auch die Brahmanen und Asketen, die diese und jene Lehrmeinungen vertreten, blind. Sie bleiben unbeirrt auf einem Standpunkt stehen, weil sie nur einen Teil der Wahrheit sehen.

Aus dem 2. Korb des Pali-Kanon: Udana VI 4

- Beschreibe die Einstellung, die ein Buddhist im Sinne dieses Gleichnisses zu den »letzten Fragen« haben sollte.
- Bewerte diese Einstellung: Was kann man durch sie erreichen, was nicht?

Wahrheit oder Wahrheiten?

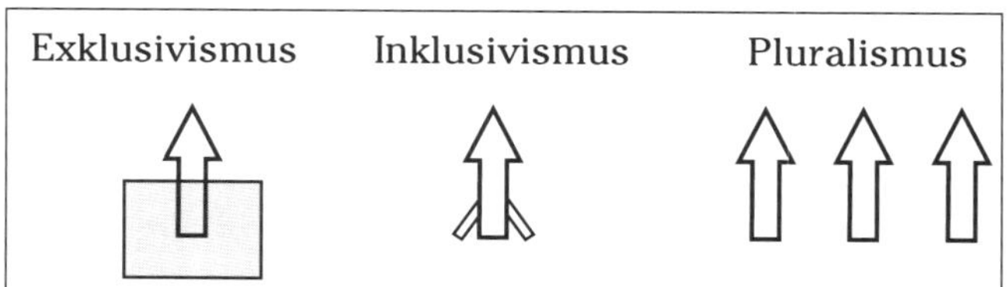

- Beschreibe, inwiefern die hier schematisch dargestellten Denkweisen vorteilhaft und inwiefern sie gefährlich für den Dialog mit anderen Religionen sein können.

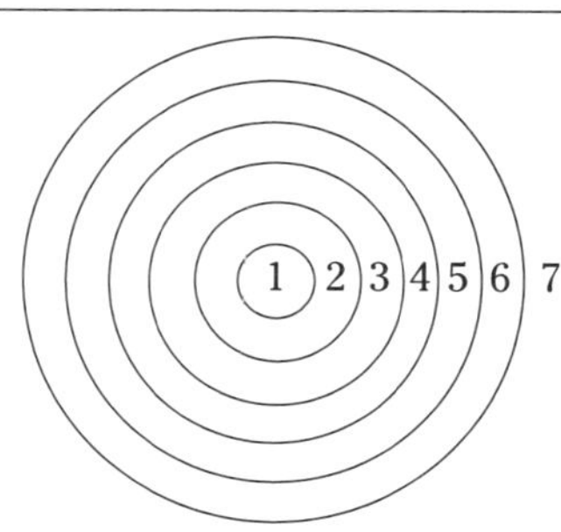

1 – katholische Kirche
2 – andere christl. Gemeinschaften
3 – jüd. Religionsgemeinschaft
4 – Muslime
5 – »andere« Gemeinschaften (Buddhisten ...)
6 – gewissenhafte Menschen, die »ohne Schuld« Gott nicht kennen
7 – schuldhafte Ablehnung Gottes

- Wähle eine der in der Grafik bezeichneten Gruppen (2 bis 7) aus, und verfasse einen Dialog zwischen einer/einem Vertreter/in dieser Gruppe und einer/einem Vertreter/in der katholischen Kirche
- Stell dir vor, auf einem Treffen von Vertreter/innen aller hier genannten Gruppen wird der Wunsch nach einem neuen Modell laut. Skizziere dieses Modell.

Gautama und Jesus

Was Jesus und Gautama verbindet

Einige ethische Grundanweisungen sind im Buddhismus wie in der ganzen jüdisch-christlich-islamischen Tradition gleich: nicht zu töten, nicht zu stehlen, nicht zu lügen, nicht Unzucht zu treiben. Nur vom Rauschmittelgenuss spricht Jesus nicht, und das ist – wie wir sehen werden – kein Zufall; denn er soll ja häufig an Gastmählern teilgenommen haben. Doch in seinem ganzen Verhalten zeigt Jesus mehr Ähnlichkeit mit Gautama als etwa mit Muhammad, dem Kämpfer, Krieger, Staatsmann, der lebensfreudig blieb bis an sein Ende.

Wie Gautama war Jesus ein Wanderprediger, arm, heimatlos, anspruchslos, der eine entscheidende Wende in seinem Leben erfahren hatte, die ihn zur Verkündigung bewog.

Wie Gautama bediente sich Jesus bei der Verkündigung nicht einer unverständlich gewordenen Sakralsprache (Sanskrit – Hebräisch), sondern der Umgangssprache (mittelindoarischer Dialekt – aramäische Volkssprache), wie dieser hat er weder eine Kodifikation noch gar eine Niederschrift seiner Lehre veranlasst.

Wie Gautama appelliert Jesus an die Vernunft und die Erkenntnisfähigkeit des Menschen, wenngleich nicht mit systematisch-erwägenden Vorträgen und Gesprächen, so doch mit allgemeinverständlichen, eingängigen Spruchworten, Kurzgeschichten, Gleichnissen, die aus dem jedermann zugänglichen, ungeschminkten Alltag genommen sind, ohne sich auf Formeln, Dogmen, Mysterien festzulegen.

Wie für Gautama so bedeuteten auch für Jesus Gier, Macht, Verblendung die große Versuchung, die – so nach den Versuchungsgeschichten des Neuen Testaments – der großen Aufgabe entgegenstand.

Wie Gautama war auch Jesus, durch kein Amt legitimiert, in Opposition zur religiösen Tradition und zu deren Hütern, zur formalistisch-ritualistischen Kaste der Priester und Schriftgelehrten, die für die Leiden des Volkes so wenig Sensibilität zeigten.

Wie Gautama hatte auch Jesus bald engste Freunde um sich, seinen Jüngerkreis und eine weitere Gefolgschaft.

Aber nicht nur in ihrem Verhalten, sondern auch in ihrer Verkündigung zeigt sich eine grundlegende Ähnlichkeit:

- Wie Gautama trat Jesus wesentlich als Lehrer auf, für beide lag ihre Autorität weniger in ihrer schulmäßigen Ausbildung als in der außerordentlichen Erfahrung einer letzten Wirklichkeit.
- Wie Gautama, so hatte auch Jesus eine dringende, eine frohe Botschaft (der »Dharma«, das »Evangelium«) auszurichten, die von den Menschen ein Umdenken (»in den Strom steigen«, »metánoia«) und Vertrauen (»shraddha«, »Glauben«) forderte: nicht Orthodoxie, sondern Orthopraxie.
- Wie Gautama wollte Jesus keine Welterklärung geben, übte er keine tiefsinnige philosophische Spekulation oder gelehrte Gesetzeskasuistik; seine Lehren sind keine geheimen Offenbarungen über die Beschaffenheit des Gottesreiches; sie zielen auch nicht auf eine bestimmte Ordnung der weltlichen Rechts- und Lebensverhältnisse.
- Wie Gautama geht Jesus aus von der Vorläufigkeit und Vergänglichkeit der Welt, der Unbeständigkeit aller Dinge und der Unerlöstheit des Menschen: seiner Blindheit und Torheit, seiner Verstricktheit in die Welt und seiner Lieblosigkeit gegenüber seinen Mitmenschen.
- Wie Gautama sieht Jesus die Wurzel dieser Unerlöstheit in des Menschen Begierden und Süchten, kurz, in seiner Ichbezogenheit, Ichsucht, Egozentrik.
- Wie Gautama zeigt Jesus einen Weg der Erlösung aus der Ichsucht, Weltverfallenheit, Blindheit: eine Befreiung, die nicht durch theoretisches Spekulieren und philosophisches Räsonieren erreicht wird, sondern durch eine religiöse Erfahrung und einen inneren Wandel: ein ganz praktischer Weg zum Heil.
- Wie bei Gautama werden bei Jesus auf dem Weg zu diesem Heil besondere Voraussetzungen intellektueller, moralischer oder weltanschaulicher Art nicht gemacht: Der Mensch soll hören, verstehen und daraus die Konsequenzen ziehen; niemand wird nach dem wahren Glauben, nach dem orthodoxen Bekenntnis abgefragt.
- Wie Gautamas Weg so ist auch der Jesu ein Weg der Mitte zwischen den Extremen der Sinnenlust und der Selbstquälerei, zwischen Hedonismus und Asketismus, ein Weg, der eine neue selbstlose Zuwendung zum Mitmenschen ermöglicht: Nicht nur die allgemeinen Sittengebote entsprechen sich bei Buddha und Jesus weithin, sondern auch, im Prinzip, die »Gesinnungsethik« und die Grundforderungen der Güte und der Mitfreude, des liebenden Mitleids (Buddha) und der mitleidenden Liebe (Jesus).

Aber: So groß die Ähnlichkeit im ganzen Verhalten und in Grundzügen der Verkündigung und Einstellung, so groß ist nun doch die Unähnlichkeit in der näheren Ausformung, der konkreten Gestaltung, der praktischen Realisierung.

Was Jesus und Gautama unterscheidet

Nach den Zeugnissen des Neuen Testaments stammte Jesus nicht aus einer Familie reicher, adliger Großgrundbesitzer; er wuchs nicht auf, wie Gautama nach der Überlieferung von sich bekennt, verwöhnt durch Feste und vielerlei Lebensgenuss. Nein, Jesus kam offenbar aus einer Handwerkerfamilie, die sich kaum jenen Überfluss gestatten konnte, der so manche reiche Söhne wie Gautama zum Lebensüberdruss und dann zur Flucht aus dem Elternhaus trieb.
Anders als Gautama wandte sich Jesus auch nicht primär den von der Zivilisation übersättigten Zeitgenossen zu, die in Lebensekel aussteigen wollten aus der Gesellschaft des Überflusses. Er wandte sich – von keiner Partei oder menschlichen Autorität gedeckt, ohne Würdetitel in Anspruch zu nehmen und seine eigene Rolle oder Würde zum Thema seiner Botschaft zu machen – an die Mühseligen und Beladenen, die Armen, die er nicht deshalb seligpries, weil Armut ein wünschenswertes Ideal wäre, sondern weil diese noch eine Offenheit bewahrt haben für jene andere Wirklichkeit, auf die es ihm ankam.
Jesus war kein Einsamer unter Einsamen (= Monachus, Mönch), die um das Eine ringen. Er war der Meister in einer Lebensgemeinschaft von Jüngern, für die er keinen Orden gegründet, keine Ordensregeln, Gelübde, asketischen Gebote, keine besonderen Kleider und Traditionen vorgeschrieben hatte.
Die Welt war für Jesus nichts Nichtiges, aus der es sich zurückzuziehen gelte und die im Akt der Versenkung in ihrer Nichtigkeit zu durchschauen wäre; sie ist erst recht nicht mit dem Absoluten einfach zu identifizieren, sie ist vielmehr die gute, wenngleich vom Menschen immer wieder verdorbene Schöpfung.
Die Wende in Jesu Leben bedeutet kein Aufgeben eines falschen Weges und das Suchen der eigenen Erlösung; nie beruft er sich auf ein eigentliches Erleuchtungs- oder Bekehrungserlebnis. Die Wende bedeutet bei ihm ein Hervortreten aus der Verborgenheit in die Öffentlichkeit: Keine Abkehr also von der Welt und einem Pantheon von Göttern, verbunden mit einer Wendung nach innen, sondern eine Hinwendung zur Welt aus einer eigentümlichen Unmittelbarkeit zu dem einen Gott Israels heraus, den er aber – in skandalöser Vertrautheit – mit »Abba«, «lieber Vater«, anredet, was Distanz und Nähe, Kraft und Geborgenheit zugleich ausdrückt. Kein Aussteigen also aus einem Kreislauf der Geburten durch eigenes Bemühen ist das Ziel, sondern das Eingehen in die Vollendung durch Gottes gnädig vollendendes Gericht.
Der religiös-philosophische Hintergrund beider (...) muss also sehr verschieden gesehen werden: Bei Jesus keine Vorstellung von einem automatisch wirkenden Gesetz der Vergeltung aller moralisch bedeutsamen guten oder bösen Taten (*karman*), sondern bei aller Anerkennung der Schuld und Sünde des Menschen der Akzent auf Gottes immer wieder vergebender Gnade; keine Wiederverkörperung in einem anderen irdischen Leben, sondern das menschliche Leben in seiner Einmaligkeit, ausgerichtet auf ein definitives ewiges Leben. Im Ganzen also kein Im-Kreis-Denken, sondern ein zielgerichtetes Geschichtsdenken für den Einzelnen wie die Gesamtmenschheit. So verkündet Jesus keine Botschaft für alle Zeiten (sosehr seine Botschaft von der »ewigen Wahrheit« Gottes kündet), sondern den Anbruch der Endzeit, den Einbruch von Gottes Ewigkeit in die Welt-Zeit. Für die »Zwischenzeit« fordert Jesus nicht nur nichthassenden Gleichmut und das ruhende Gefühl freundlicher Eintracht, sondern die liebende Zuwendung und tätige Anteilnahme.
Am deutlichsten können wir uns den Unterschied zwischen Gautama und Jesus klarmachen, wenn wir (...) auf die Unterscheidung zwischen mystischer und prophetischer Frömmigkeit zurückgreifen, wie sie von Friedrich Heiler und anderen entwickelt und neuerdings von Gustav Mensching auf den Buddha Gautama und den Christus Jesus angewandt wurde. So gesehen haben der Buddha wie der Christus ihre je eigene Größe:

- Der Buddha Gautama ist ein harmonisch in sich ruhender Erleuchteter und Wegweiser aus mystischem Geist: Von niemandem gesandt, fordert er für die Erlösung vom Leiden im Nirvana ein Aufgeben des Lebenswillens, ruft er zu Weltabkehr und Inneneinkehr, zu methodischer Meditation in Stufen der Versenkung und so schließlich zur Erleuchtung. So bringt er in Gleichmut ohne alle persönliche Anteilnahme jeder fühlenden Kreatur – Mensch und Tier Sympathie, Milde und Freundlichkeit entgegen: ein universales Mitleid und friedvolles Wohlwollen.
- Der Christus Jesus aber ist ein leidenschaftlich ergriffener Gesandter und Wegweiser aus prophetischem Geist und, für viele schon zu seinen Lebzeiten, der Gesalbte (»Messias«, »Christus«): Für die Erlösung aus Schuld und allem Übel im Reich Gottes ruft er die Menschen zur Umkehr; statt an ein Aufgeben des Willens appelliert er gerade an des Menschen Willen, den er nach dem Willen Gottes auszurichten fordert, welcher ganz auf das umfassende Wohl, das Heil des Menschen zielt. So verkündet er eine persönlich anteilnehmende Liebe, die alle Leidenden, Unterdrückten, Kranken, Schuldiggewordenen und auch des Menschen Gegner, Feinde einschließt: eine universale Liebe und aktive Wohltätigkeit.

Hans Küng

Was kommt nach dem Tod?

Das Sanskrit-Wort »Nirvana« heißt Verwehen, Verlöschen. Es kommt von *nir*, d.h. aus, heraus und *va*, d.h. wehen, *na* ist die Endung des Partizips Perfekt Passiv. Nirvana bedeutet also wörtlich etwa »ausgeweht«. Es wird gebraucht, wenn man vom Verlöschen eines Feuers spricht.
Im Buddhismus hat das Wort Nirvana eine doppelte Bedeutung bekommen:
(1) Wer in sich den Lebensdurst und die Begierde zerstört hat, wer zur Erkenntnis der Lehre und zur Erleuchtung gekommen ist, hat das Nirvana der diesseitigen Ordnung schon erreicht. Der so Erwachte ist dem ewigen Kreislauf der Wiedergeburt (*Samsara*) nicht mehr unterworfen, d. h. er sammelt kein neues Karma (Handlung, die die nächste Existenz bestimmt) mehr an, muss aber das in früheren Existenzen angesammelte Karma noch aufbrauchen.
(2) Mit dem Tod geht der schon Erlöste in das endgültige, jenseitige Nirvana ein, das auch als das »Pari-Nirvana«, das »Vollständige Erlöschen« bezeichnet wird. In diesem Nirvana ist der Schein des »Ich« aufgelöst. Wer in diesem Nirvana verlöscht ist, kann nicht mehr gefunden werden. Es ist sinnlos, zu ihm zu beten.
Neben einer »negativen Nirvanologie«, die nur sagen kann, was das Nirvana nicht ist, steht die »positive Nirvanologie« die das Nirvana mit Attributen wie Ruhe, Glück, Friede oder Wahrheit zu beschreiben versucht.

»Es gibt, ihr Mönche, einen Bereich, wo weder Erde noch Feuer, noch Wasser, noch Wind ist, wo die Sphäre der Unendlichkeit des Raumes und des Bewusstseins nicht mehr besteht. Wo nicht irgendetwas mehr ist, weder die Sphäre des Unterscheidens noch die des Nichtunterscheidens, nicht diese Welt noch die jenseitige Welt, wo beide, Sonne und Mond, nicht mehr sind. Dies erfahrt von uns, ihr Mönche: ich verkündige euch ein Nichtkommen und Gehen, die Freiheit von der Wiedergeburt; ein Nichtstillstehen und ein Nichtweitergehen. Keinen Grund gibt es mehr für das Sehnen nach dem Leben. Dies ist das Ende des Leides.«

Aus dem 2. Korb des Pali-Kanon

Für Jesus ist mit der jüdischen Tradition »Leben« ein nicht zu überbietender Wert. Es kommt von Gott, der ein »Gott des Lebens« ist, und steht im Gegensatz zum Tod, der Gottesferne ist. Darum ist seine Verheißung ewigen Lebens die Verheißung schlechthin. Sie schenkt dem Menschen die Hoffnung, dass das Kostbarste, was er hat, nicht endgültig der Vergänglichkeit verfällt. Das Leben kann ewig sein, weil es bei Gott bewahrt wird.
Die Evangelien berichten, dass Jesus vom Tod auferweckt wurde. Über das »Wie« dieses Vorgangs geben sie keine Auskunft; sie berichten nur vom »Dass«. Der letzte historische Anhaltspunkt, den wir haben, ist der, dass die Anhängerinnen und Anhänger Jesu ihn als den Auferstandenen erfahren haben.
Skepsis und Unsicherheiten bezüglich dieser zentralen Frage nach der Auferstehung gab es schon in den ersten christlichen Gemeinden. Paulus bezieht in einem Brief an die Gemeinde in Korinth (etwa 54 n. Chr.) folgende Stellung:
»Wenn aber vom Messias verkündet wird, dass er von den Toten erweckt ward, wieso sagen dann einige von euch, es gebe keine Totenauferstehung? Gibt es aber keine Totenauferstehung, ward auch der Messias nicht erweckt. Ist aber der Messias nicht erweckt, so ist leerer Wahn unsere Verkündung – leerer Wahn auch euer Glaube.(...)
Aber, wird einer sagen: Wie werden die Toten erweckt? Mit was für einem Leib kommen sie? Du Unverständiger! Was du säst, wird nicht lebendig gemacht, wenn es nicht stirbt. Und was du säst – nicht den Leib säst du, der da entstehen soll, sondern ein nacktes Korn, etwa vom Weizen oder einer der übrigen Arten. Gott aber gibt ihm einen Leib, wie er gewollt, und zwar jedem der Samen einen eigenen Leib. (...) So ist es auch mit der Auferstehung der Toten: Gesät wird in Verderblichkeit, erweckt in Unverderblichkeit; gesät wird in Verachtung, erweckt in Herrlichkeit; gesät wird in Schwachheit, erweckt in Kraft; gesät wird ein lebendiger Leib, erweckt ein geistbewegter Leib.«

1 Kor 15,12-14.35-38.42-44

Dharma »light«

Dr. Alexander Berzin (geb. 1944) begann 1962 mit dem Studium des Buddhismus und promovierte 1972 an der Harvard Universität in den Fächern Sanskrit, Indische Studien und Fernöstliche Sprachen. Berzin lebte 29 Jahre in Indien und arbeitete hauptsächlich im Übersetzungsbüro der Bibliothek für Tibetische Schriften in Dharamsala. Er studierte und praktizierte den Buddhismus unter Anleitung von Meistern aller tibetisch-buddhistischen Hauptschulen. Seit 1999 lebt Berzin in Berlin, wo er vorwiegend das Projekt »Berzin Archives Website« koordiniert (www.berzinarchives.com), eine kostenlose, mehrsprachige online-Enzyklopädie, die seine gesammelten Übersetzungen, Essays, Bücher sowie Audiodateien und Transkriptionen seiner Vorträge über den Tibetischen Buddhismus enthält.

»Dharma-Light« und »Der echte Dharma«
Die meisten Westler kommen mit dem Dharma ohne bereits vorhandenen Glauben an Wiedergeburt in Berührung. Viele nutzen das Studium und die Praxis des Dharma als eine Methode, um die Lebensqualität dieses Lebens zu verbessern, insbesondere um psychologische und emotionale Probleme zu lösen. Diese Herangehensweise reduziert Dharma auf eine asiatische Form der Psychotherapie.
Ich habe den Begriff »Dharma-Light« für diese Herangehensweise an buddhistischen Dharma, analog zu »Coca-Cola Light« verwendet. Es ist eine schwächere Version, nicht die starke »echte Sache«. Die traditionelle Herangehensweise an Dharma, die nicht nur die Diskussion über Wiedergeburt, sondern auch über die Darstellung der Höllen und die anderen der sechs Daseinsbereiche beinhaltet – habe ich als »Der echte Dharma« bezeichnet, die nicht-sanfte Version.

Buddhismus wird zu »Dharma-Light«, wenn
1) das Ziel ist, nur dieses Leben zu verbessern;
2) der Lernende wenig oder kein Verständnis buddhistischer Unterweisungen über Wiedergeburt hat;
3) dementsprechend der Lernende weder an zukünftige Leben glaubt noch Interesse daran hat;
4) wenn der Lernende zwar an Wiedergeburt glaubt, aber nicht die sechs Daseinsbereiche für Wiedergeburten akzeptiert;
5) der Dharmalehrer Diskussionen über Wiedergeburt vermeidet oder, falls er (bzw. sie) Wiedergeburt dennoch diskutiert, Diskussionen über die Höllen vermeidet bzw. die sechs Daseinsbereiche auf menschlich psychologische Erfahrungen reduziert.

»Der echte Dharma« ist die authentische traditionelle Praxis des Buddhismus, wenn
1) der Lernende zumindest von der Wichtigkeit der Wiedergeburt auf dem spirituellen Pfad weiß und den ernsthaften Wunsch hat, ein korrektes Verständnis hiervon zu erreichen;
2) der Lernende entweder das Ziel hat, die Befreiung von unkontrollierbar auftretenden Wiedergeburten zu erreichen oder die Erleuchtung und die Fähigkeit, allen anderen zu helfen, damit sie ihrerseits die Befreiung erreichen;
3) der Lernende das Ziel hat, zukünftige Leben zu verbessern, und dies nur ein vorläufiger Schritt ist auf dem Weg, Befreiung und Erleuchtung zu erlangen;
4) der Lernende das Ziel hat, dieses Leben zu verbessern und dies nur ein vorläufiger Schritt ist auf dem Weg, zukünftige Leben zu verbessern und Befreiung und Erleuchtung zu erlangen.

Die sechs Daseinsbereiche sind der Bereich der Götter, die nur schwer erkennen können, dass auch sie erlösungsbedürftig sind, der Bereich der eifersüchtigen Götter, die zu beschäftigt mit ihrer Rangfolge sind, als dass sie die Erlösung suchen würden, der Bereich der Menschen, der am günstigsten ist, da man als Mensch am ehesten die Erlösung von Leiden und Wiedergeburt erreichen kann, der Bereich der Tiere, die nur ihren Trieben und Instinkten folgen und sich nicht selbst erlösen können, der Bereich der hungrigen Geister, in dem sich die Menschen befinden, deren Leben von Habgier gequält war und die weiterhin davon gequält werden, und der Bereich der Hölle, der entsetzliche Qualen bedeutet und nur endet, wenn sich das Karma, das dort hinführte, erschöpft hat.

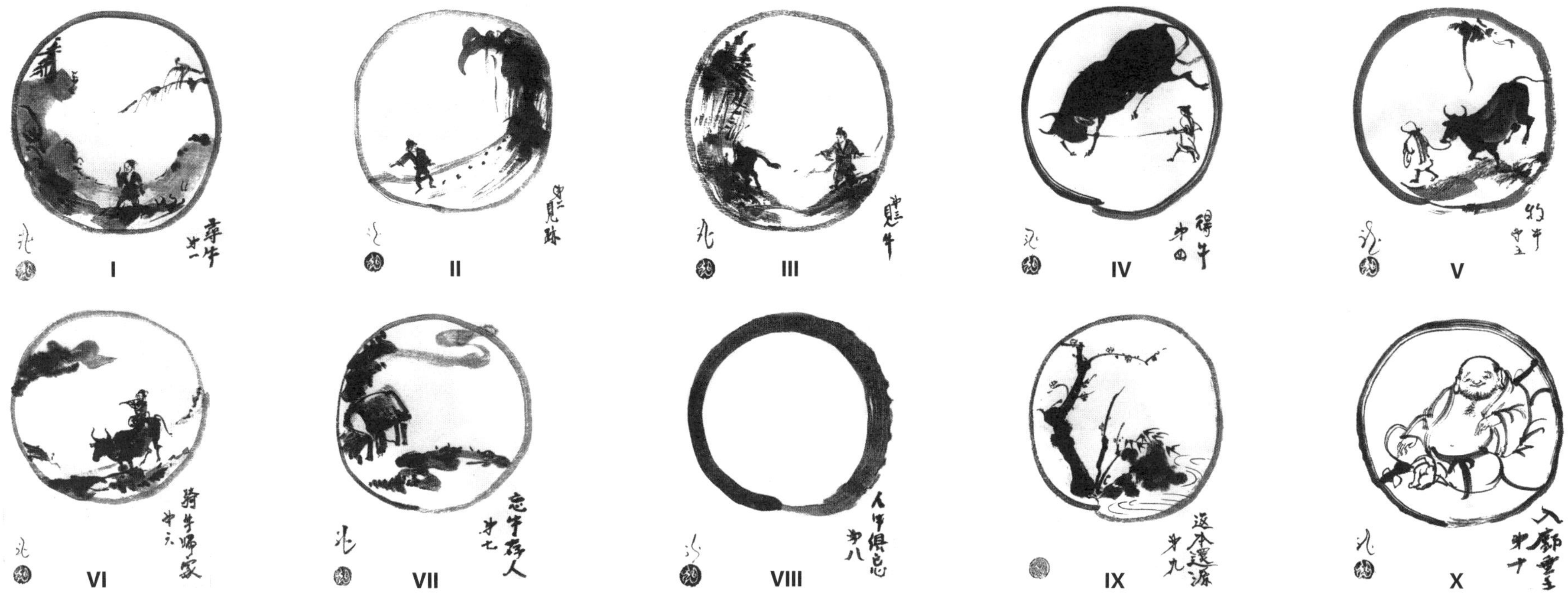

In der Vorstellung des Zen-Buddhismus geht der Erleuchtung oder dem Zustand der vollkommenen Leere ein Prozess des Suchens und Einübens voraus. In einer alten Tradition des Zen wird dieser Prozess in den »Zehn Ochsenbildern« veranschaulicht. Der Ochse steht hier für das »Ur-Wesen« des Menschen oder den »Buddha-Geist«, der zuerst gefunden werden muss, um ihn später wieder ganz loslassen zu können.

- Ordne die folgenden Titel den einzelnen Bildern zu:

Das Betreten des Marktes mit offenen Händen.	Das Finden des Ochsen.
Das Fangen des Ochsen.	Der Ochs ist vergessen, der Hirte bleibt.
Zum Ursprung zurückgekehrt.	Das Finden der Ochsenspur.
Die vollkommene Vergessenheit von Ochs und Hirte.	Das Zähmen des Ochsen.
Die Suche nach dem Ochsen.	Die Heimkehr auf dem Rücken des Ochsen.

- Beschreibe den inneren Prozess des Zen-Schülers, der in diesen Bildern dargestellt ist.
- Wähle ein Bild aus und finde neue Gestaltungsmittel für dessen Aussage, z. B. in Form einer Collage, die auch die modernen Lebensbedingungen einbezieht.

4 »Stört die Liebe nicht«

Hintergrund

Die Zeit der Pubertät und des Erwachsenwerdens ist eine Lebensphase der Suche nach Identität. Dabei müssen die Heranwachsenden und die mit ihnen zusammenlebenden Menschen aktive Integrationsarbeit leisten, damit notwendige Entwicklungsfortschritte für die weitere Persönlichkeits- und Identitätsbildung der Jugendlichen vonstatten gehen können.
Jugendliche entwickeln in dieser Zeit ihren eigenen Lebensstil, ihre eigenen Wertmaßstäbe in Bezug auf Freizeitformen, kulturelle Erfahrungen, soziale Beziehungen, Partnerschaften etc. Für die Ausgestaltung eines eigenen Lebensentwurfs haben die Beziehungen zu Gleichaltrigen eine besondere Bedeutung, weil diese Begegnungen ein geeigneter Platz zum Ausloten von Rollen- und Identitätsmustern sind. Die Abgrenzung von den Erwachsenen ist dabei ein wichtiger Schritt, denn die Heranwachsenden beginnen ein Leben jenseits der Ursprungsfamilie zu führen.
Die LL »Stört die Liebe nicht« möchte mit einem anthropologischen Schwerpunkt zu den Themenfeldern »Rollenbilder von Frau und Mann«, »Partnerschaft«, »Ehe«, »Familie«, »Liebe« und »Sexualität« der beschriebenen Identitätssuche der heranwachsenden Sch Rechnung tragen. Nichts interessiert Jugendliche in diesem Alter mehr als die Frage nach dem Gelingen von Beziehung und Partnerschaft. Dabei spielt sicherlich die Übernahme einer individuell geprägten weiblichen bzw. männlichen Geschlechtsrolle eine wichtige Rolle. Hier gibt es für Jugendliche viele Angebote von Rollen- und Identitätsmustern. Doch birgt das Angebot auch eine gewisse Überforderung, weil in einer pluralistischen Wertewelt und in einer überwiegend kommerziell gesteuerten Konsum- und Freizeitwelt die Ausgestaltung der je eigenen Geschlechtsrolle schwierig ist. Viele Jugendliche sind deshalb dankbar für einen geschützten Raum des Gesprächs, der Diskussion und auch des Vorbilds. Gerade in einer Zeit, in der Sch eine emotionale Unabhängigkeit von den Eltern und anderen Erwachsenen suchen, brauchen sie Vorbilder. Solche – auch aus dem christlichen Umfeld – werden in einzelnen Ausflügen dieser LL vorgestellt.
Diese LL bietet die Gelegenheit, manche DS geschlechtsgetrennt zu unterrichten. Warum? Koedukation war eines der Zauberworte der pädagogischen Diskussion in den 1950er-Jahren. Damals war dies ein wichtiger Schritt in Richtung Gleichberechtigung. Vieles wurde dadurch initiiert, was wir heute für selbstverständlich halten: Schulen wurden offener, junge Menschen lernten, unbefangener mit dem anderen Geschlecht umzugehen. Zunehmend werden aber gegenwärtig auch Grenzen und Hindernisse der Koedukation gesehen. Die Genderforschung zeigt neue Perspektiven auf, wenn es um Gerechtigkeit zwischen den Geschlechtern ohne Gleichmacherei geht. Zwei Beispiele aus der Fachliteratur mögen das Anliegen der aktuellen Genderforschung andeuten:

- Die Zeitschrift »Fokus Schule« widmet in Nr. 4/2009 eine ganze Ausgabe dem Thema »Koedukation«. Hier findet man z. B. einen Artikel, in dem es heißt: »Schluss mit der Koedukation? Brauchen wir also wieder getrennte Mädchen- und Jungenklassen?«
- Der Materialbrief »Gemeindekatechese« zu den Katechetischen Blättern 1/2010 nimmt das Thema einer geschlechtergerechten Katechese auf.

In beiden Themenheften findet man die Meinung vor, dass eine komplette Trennung von Jungen und Mädchen fatal sei, aber dass es um eine geschlechtersensible Erziehung gehe. D. h., die Entwicklungspsychologie macht uns darauf aufmerksam, wie Jungen und Mädchen auf je unterschiedliche Weise ihre körperliche und seelische Reifung erleben und bewältigen. Davon ausgehend lassen sich manche Gesprächsthemen besser geschlechtsgetrennt angehen und diskutieren, wenn die geschlechtsspezifischen Fähigkeiten, Vorlieben und Empfindlichkeiten genauso wie die je eigenen Lösungsstrategien, Denkwege, Sprache und Gefühle in der pädagogischen Arbeit Anerkennung finden sollen. Gerade bei dem Thema »Reifung und Selbstfindung« brauchen Mädchen und Jungen eine ganz eigene – unterschiedliche – Aufmerksamkeit. Und in Hinsicht auf dieses Thema bietet MITTENDRIN 3 in dieser LL den Versuch einer geschlechtsgetrennten und damit gendergerechten Bearbeitung der DS an.
Eine Entwicklungsaufgabe in dieser Zeit des Heranwachsens ist auch die Auseinandersetzung mit ge-

sellschaftlich geprägten Formen der Partnerschaft bzw. der Ehe und der Familie. Hier ist es für die Jugendlichen wichtig, sich des Wandels von Lebensformen bewusst zu werden und Orientierung für eigene Werte und damit verantwortungsbewusstes Verhalten zu erhalten. Dieses Anliegen unterstützt auch die Beschäftigung mit kirchlichen Positionen zum Thema »Ehe und Familie« in der LL »Stört die Liebe nicht«.
Eng verbunden mit den Fragen nach Beziehung, Partnerschaft und Liebe ist das Thema der eigenen Geschlechtlichkeit. In der Persönlichkeitsentwicklung spielt die Akzeptanz der eigenen körperlichen Erscheinung und Sexualität eine fundamentale Rolle. Deshalb gibt es in dieser LL auch die Möglichkeit, Sch behutsam an den Themenkreis von Körperlichkeit und Sexualität heranzuführen. Hier bietet es sich an, fächerübergreifend zu arbeiten, z. B. mit dem Fachbereich Biologie, wenn es um körperliche Entwicklung oder um Missbrauch und Abhängigkeit geht.

Stört die Liebe nicht

REISEPROSPEKT 58 | 59

Ansetzen

Mit Sch ins Gespräch zu kommen, authentisch bei den Themenfeldern »Partnerschaft«, »Liebe«, »Ehe«, »Familie« und »Sexualität« sein zu können, aber auch Orientierung zu bieten, ist das Grundanliegen dieser LL. So beginnt diese LL im sogenannten Reiseprospekt damit, auf Klischees, deren man sich bei diesen Themenfeldern bedient, aufmerksam zu machen und dahinter den je einmaligen Menschen zu sehen. Mit solchen Klischees spielen auch die beiden Umrisszeichnungen von Frau und Mann aufgrund der jeweiligen Symbolisierungen. Hier gibt es einen ersten Gesprächsanlass, ob solche Vorstellungen zutreffend sind. Ein weiterer Ansatzpunkt, um ins Gespräch zu kommen, ist die Botschaft des biblischen Zitats im Titel dieser LL: »Stört die Liebe nicht«. Je nach dem, ob man dieses mit einem Ausrufezeichen oder einem Fragezeichen versieht, ergibt sich eine andere Sinnrichtung.

Umsetzen

■ **Momentaufnahme.** Sch setzen sich mit den Umrisszeichnungen von Frau und Mann auseinander und überlegen, ob die zugeordneten Symbolisierungen über den Köpfen der beiden (bei der Frau ist es ein Herz, beim Mann ein umgedrehtes Herz, das einen Po ergibt) zutreffend für die jeweiligen Geschlechter sind. Dabei entscheiden Sch, ob es sich um Klischees handelt. Der Begriff »Klischee« ist im einleitenden Text dieser LL näher erklärt.

■ **Silhouetten.** Mit dem Abzeichnen oder Abpausen oder auch einer Kopie der Umrisse wird Sch eine Möglichkeit an die Hand gegeben, ihre Meinung zu der Frage, was typisch weiblich oder typisch männliche Eigenschaften sind, darzustellen. Bei der anschließenden Gegenüberstellung von unterschiedlich beschrifteten Silhouetten steigen Sch in eine erste Diskussion ein. Dabei kann danach gefragt werden, ob und warum Sch Klischees nennen.

Weiterführen

■ **Lebensgroßer Umriss.** Sch schreiben die gesammelten Eigenschaften auf die entsprechenden Körperteile der Silhouetten. So werden Unterschiede zwischen den Beschriftungen der einzelnen Sch deutlich.
Darüber hinaus bietet sich hier die Gelegenheit, Sch getrenntgeschlechtlich arbeiten zu lassen. Das Gespräch über die Beschriftung der Silhouetten wird anschließend als PA jeweils zwischen einem Mädchen und einem Jungen der Lerngruppe geführt.
Eine Alternative zur Silhouette dieser LL ist folgende: Jeweils ein Mädchen und ein Junge legen sich auf eine Papierrolle. Die Umrisse des Körpers werden von anderen Sch der Lerngruppe umfahren. Anschließend trägt jeweils eine KG – wenn gewollt auch getrenntgeschlechtlich – gemeinsam an dem lebensgroßen Umriss an entsprechender Stelle typisch weibliche oder typisch männliche Eigenschaften ein. Der lebensgroße Umriss wird dann in einem Stuhlkreis mit anderen beschrifteten Umrissen verglichen und in einer Diskussion erste Typisierungen von Frau und Mann festgehalten.

Ansetzen

Für Jugendliche sind die Fragen, wie sie auf andere wirken, wie sie sein wollen und wie sie sich selbst sehen, von zentraler Bedeutung. Ein Interview mit der langjährigen Bundesvorsitzenden von »Pro Familia« und Sexualpädagogin Melitta Walter möchte zum Nachdenken über diese Fragen anstoßen. Melitta Walter schaut kritisch auf weibliche und männliche Rollenbilder, die ihrer Meinung nach in der Kinder- und Jugendzeit angelegt werden, und appelliert an eine Kultur des Umgangs zwischen Jugendlichen jenseits von »Bolzerei gegen Zickentum«.

Melitta Walter
Melitta Walter wurde 1949 geboren. Sie ist Erzieherin, Sexualpädagogin und war in den 80er-Jahren Bundesvorsitzende von Pro Familia. Melitta Walter ist eine der bekanntesten Fachfrauen zum Thema Chancengleichheit der Geschlechter. Derzeit leitet sie die Fachberatung für »Geschlechtergerechte Pädagogik und Gewaltprävention« für die städtischen Kindertageseinrichtungen in München. Sie hält deutschlandweit zahlreiche Fort- und Weiterbildungen (vgl. auch: www.melittawalter.de).

Jungen sind anders, Mädchen auch
So lautet der Buchtitel der interviewten Sexualpädagogin Melitta Walter. Bevor die Lerngruppe Inhalte des Interviews kennenlernt, kann die Lerngruppe darüber spekulieren, was sich inhaltlich hinter dem Logo »Jungen sind anders, Mädchen auch« verbirgt.
Zum Anliegen und Inhalt des Buches »Jungen sind anders, Mädchen auch – Den Blick schärfen für eine geschlechtergerechte Erziehung«:
Mädchen und Jungen verdienen gleiche Entfaltungschancen. Die meisten Eltern teilen diese Auffassung heutzutage – ebenso wie Erzieherinnen im Kindergarten und Lehrkräfte in der Schule. Und sie sind überzeugt, dass sie beide Geschlechter gleichberechtigt behandeln. Doch wenn man genauer hinschaut, ergibt sich oft ein anderes Bild. Denn viele Rollenklischees von Männlichkeit und Weiblichkeit sind so selbstverständlich, dass sie gar nicht mehr wahrgenommen werden. Melitta Walter zeigt anhand so unterschiedlicher Themen wie Spielzeug, Geldverdienen, Stadtplanung oder Sport, wie eng Geschlechterrollen oft sind und wie man schon früh im Leben von Kindern die Weichen für mehr Chancengleichheit stellen kann.

Bei der Lektüre des Interviews von Melitta Walter ist L besonders gefragt, denn es ist durchaus sinnvoll, Person und Anliegen der Interviewten vorzustellen, bevor die Lerngruppe das Interview mit Melitta Walter liest. Dadurch wird auch die Berufsbezeichnung »Sexualpädagogin« aus dem Einleitungstext, auf die Sch ihr Augenmerk richten werden, verständlicher. Das Interview mit Melitta Walter sollte, um der Lebendigkeit willen, mit verteilten Rollen gelesen werden. Da in dem Interview manche Beobachtung zu jugendlichem Verhalten vorgebracht wird, das auf Gefallen oder Missfallen in der Lerngruppe stößt, ist es gut, schon während des Vortrags die Reaktionen in der Lerngruppe zu beobachten und gegebenenfalls gleich darauf einzugehen.

Umsetzen

■ **Männlich, weiblich.** Der Handlungsimpuls, der zur gründlichen Lektüre des Interviews anregt, ist als StA oder PA gedacht. Bevor Sch auf die Suche nach Möglichkeiten der Überwindung von Rollenschemata gehen, können sie diese auch erst einmal feststellen. Nach der StA bzw. PA diskutiert dann die gesamte Lerngruppe über die Möglichkeiten der Überwindung, und es kann vorsichtig nach eigenen Erfahrungen zu dem Thema gefragt werden.

■ **Vorbild.** Der Handlungsimpuls fordert Sch auf, in ihrem je eigenen Umfeld zu suchen, wer hier etwas Individuelles wagt und lebt. Durch die Form des Leserbriefes identifizieren sich Sch mit der ausgewählten Person und sie setzen sich mit dem Interview unter dem Titel »So was von bescheuert« auseinander.

Weiterführen

■ **Rollenklischees.** Welche Rollenklischees am ehesten zu überwinden sind und welche Möglichkeiten der Überwindung von Rollenschemata Sch einsichtig sind, kann mithilfe eines Bewertungsschemas in der Lerngruppe eingeholt werden. Dazu werden die aus dem Text gesammelten Rollensklischees als auch die Möglichkeiten der Überwindung auf ein Plakat geschrieben. Rollenklischees und Möglichkeiten der Überwindung können noch durch eigene Erfahrungen der Sch ergänzt werden. Sch erhalten jeweils sechs Klebepunkte, drei für die Rollenklischees, die ihrer Meinung nach dringlich zu überwinden sind, und drei Punkte für die Handlungsweisen, die ihnen am meisten einleuchten, um diese Rollenklischees zu überwinden. Nun »punkten« sie und bewerten damit, indem sie ihre Klebepunkte entweder auf drei verschiedene Aspekte verteilen oder auch kumulieren, d. h. bis zu drei Klebepunkte einem Rollenklischee bzw. einer Möglichkeit der Überwindung zuordnen.

■ **»Vorausurteil« statt Vorurteil.** Anhand verschiedener Fallbeispiele (**M 4.1, S. 133**) erarbeiten Sch in einer GA die Eigenschaften und Auswirkungen von Vorurteilen auf menschliche Beziehungen. Die Ergebnisse der KG werden auf Folie oder Plakatkarton festgehalten.
Bei der gemeinsamen Betrachtung der GA-Ergebnisse wird darüber diskutiert, was der Unterschied zwischen Vorurteil und »Vorausurteil« ist und inwiefern Vorurteile »Vorausurteilen« weichen können. Dazu wird ein Tafelbild erstellt.

TA:

Tafelbild 1:

starre, gefühlsmäßig negativ aufgeladene Einstellungen
↑
ablehnende Einstellungen ← **Vorurteile** → negative Einstellungen
↓
vereinfachte, reduzierte, generalisierte Vorstellungen

Tafelbild 2:

(be-)wertende Einstellung zur Orientierung und Strukturierung ↖ ↗ offene und erweiterungsfähige Einstellung
Vorausurteile
↓
Hinterfragen eigener Einstellungen und Begründungen mit der Bereitschaft zur Korrektur

Nur für AUSFLUG 62 | 63

Ansetzen

Wenn die LL »Stört die Liebe nicht« an dieser Stelle anbietet, getrenntgeschlechtlich zu arbeiten, dann beruht das auf dem Prinzip der Reflexiven Koedukation. Reflexive Koedukation geht prinzipiell von dem gemeinsamen Unterricht von Mädchen und Jungen aus, meint aber den bewussten Umgang mit Unterschiedlichkeiten beim Unterricht, sowohl auf der Seite der Sch als auch seitens der L. Dazu gehören auch geschlechtsspezifische Lern- und Erfahrungsangebote (siehe u. a. auch: www.schulblatt-sh.ch/Bildungsszene-International.10921.0.html). Diese Angebote nehmen einerseits die Tatsache wahr, dass in der Schule in Anwesenheit oder gar in gezielter Kooperation mit anderen gelernt wird, und sie stellen sich insbesondere der Frage, wie soziale Interaktion organisiert werden muss, damit sie sich lernfördernd auswirkt und die geistige wie auch die emotional-motivationale Auseinandersetzung der Gruppe mit dem Lerngegenstand anregt. Weil es sich in dieser LL um ein sensibel und persönlich anzugehendes Lernfeld, nämlich u. a. um das Reflektieren der eigenen Persönlichkeit als Frau und Mann, handelt, bietet sich das getrenntgeschlechtliche Arbeiten an. Bei diesem »Ausflug«, der Biografien verschiedener Frauen vorstellt, geht es darum, die personale Kompetenz der Mädchen der Religionsgruppe zu stärken. Sch lernen hier in einem geschützten Rahmen, ihr eigenes Selbstverständnis zu artikulieren, es in Bezug zu anderen Lebenskonzepten zu setzen und Konsequenzen für das eigene Leben und das Leben mit anderen zu bedenken (vgl. auch Bildungsplan 2004 Baden-Württemberg. Allgemein bildendes Gymnasium, S. 39). Als sinnvoll wird auch beim getrenntgeschlechtlichen Arbeiten erachtet, dass in der Schülerinnen-Gruppe eine Lehrerin den RU moderiert und in der Schüler-Gruppe ein Lehrer.

Bei der Umsetzung des Projekts, Sch in dieser LL oder bei dieser bzw. der folgenden DS getrennt zu unterrichten, bieten sich verschiedene Möglichkeiten der Umsetzung an:

a) entweder arbeitet man mit der parallel liegenden Religionsgruppe zusammen und fasst die Mädchen und die Jungen der beiden Religionsgruppen jeweils in eine neue Lerngruppe zusammen;

b) oder, falls es nicht zwei parallel liegende katholische Religionsgruppen gibt, kann auch mit der evangelischen Religionsgruppe (u. U. auch mit der Ethikgruppe) zusammen gearbeitet werden. Die Vereinbarung der Deutschen Bischofskonferenz und der Evangelischen Kirche in Deutschland nennt ausdrücklich »zeitweiliges team-teaching von bestimmten Themen oder Unterrichtsreihen« und »gemeinsame Unterrichtsprojekte« als Möglichkeit der konfessionellen Kooperation (vgl. Evangelische Landeskirche in Baden, Evangelische Kirche in Württemberg, Erzdiözese Freiburg und Diözese Rottenburg-Stuttgart (Hg.), Konfessionelle Kooperation im Religionsunterricht an allgemeinbildenden Schulen, Stuttgart 2009, S. 4).

c) Wenn die genannten Möglichkeiten nicht realisiert werden können, bietet sich drittens an, dass die Jungen und die Mädchen derselben Lerngruppe in getrenntgeschlechtlichen KG die AA dieser und auch der nächsten DS bearbeiten.

Umsetzen

■ **Prägungen.** In der Werbung und in den schnelllebigen Printmedien begegnen uns häufig Frauenbilder. Diese tragen an die heranwachsenden Mädchen und jungen Frauen Rollenverständnisse heran, die einen bestimmten gesellschaftlichen Druck ausüben, aber oft nicht reflektiert werden. Hier soll von den Sch mittels der Titelseite eines Magazins für junge Frauen eruiert werden, welche Bilder von Frausein diese Zeitschrift vorstellt. Darüber hinaus ergänzen Sch diese Facetten von Frausein, wie sie das Magazin vorstellt, mit eigenen Erfahrungen aus anderen gesellschaftlichen Lebensbereichen. Auch hier bietet sich zur Sammlung dessen wieder die auf Plakat gemalte Silhouette einer Frau an.

■ **Selbst gemacht.** Der Handlungsimpuls »Selbst gemacht« schlägt den umgekehrten Weg zu dem mit dem Titel »Prägungen« ein. Sch entwerfen in PA oder GA à drei Personen selbst die Titelseite einer Zeitschrift für Frauen ihres Alters. Eine Erstellung am PC ist empfehlenswert. Vielleicht können auch eigene Fotos in das Cover eingefügt werden. Der Handlungsimpuls kann unabhängig oder auch in Kombination mit »Prägungen« bearbeitet werden. Bei einer Kombination beider Handlungsimpulse bietet sich eine Reflexion unter der Fragestellung an: »Was, wie und warum würdet ihr anders gestalten, um eure Bilder von Frausein zum Ausdruck zu bringen?«, bevor Sch den Entwurf einer eigenen Titelseite beginnen.

Biografien von Mutter Teresa, Ingrid Betancourt, Nena

Die Biografien sind so gewählt, dass sie Menschen aus unterschiedlichen Lebensbereichen (Religion/Kirche, Politik, Kunst/Musik) vorstellen. Die drei Persönlichkeiten stehen bzw. standen alle im Blickfeld der Öffentlichkeit und sie weisen zugleich auch Brüche in ihrer Biografie auf:

- Mutter Teresa, die ihr wohlhabendes Elternhaus verließ, um für die Armen in Kalkutta da zu sein;
- Ingrid Betancourt, eine gegen Ungerechtigkeit in Kolumbien engagierte Politikerin, die sich trotz ihrer Familie und Kinder in große Gefahr begab. Sie wurde entführt, lebte jahrelang als Geisel, konnte schließlich gerettet werden. Nun sind nach ihrer Rettung Vorwürfe von Mitgefangenen laut geworden, sie habe zu sehr mit ihren Entführern kooperiert.
- Und zuletzt wird Nena vorgestellt, die neben einer herausragenden musikalischen Karriere persönliche Schicksalsschläge wie die Geburt und den Tod eines schwer behinderten Kindes ertrug.

Die Krisen und Brüche sollten bei einer Vorstellung der Biografien in der Lerngruppe nicht ausgeblendet werden.

■ **In 15 Jahren.** Es ist spannend, den eigenen Lebensentwurf vorzustellen oder auch den anderer zu hören. Darum kreist der hier vorgestellte Handlungsimpuls »In 15 Jahren«. Wenn L jedoch spürt, dass dies eine Überforderungssituation für die eine oder andere Sch darstellt, dann kann der Handlungsimpuls auch in PA oder einer KG angegangen werden. Zudem bietet sich an, die Vorstellungen der Mädchen mit denen der Jungen »abzugleichen«, in EA oder PA bzw. KG, um zu sehen, wo Übereinstimmungen, aber auch Konflikte entstehen. Die Ergebnisse des Austausches werden dann wieder getrenntgeschlechtlich diskutiert.

Der Handlungsimpuls »In 15 Jahren« ist auch anschließend an die Lektüre der drei auf dieser DS vorgestellten Biografien sinnvoll. Die vorgestellten Lebenswege geben Ideen für eigene Lebensentwürfe oder die Möglichkeit an die Hand, sich von diesen zu distanzieren.

■ **Frauenleben.** Dieser Handlungsimpuls fordert Sch dazu auf, sich selbst auf die Suche nach einer Frauengestalt zu machen, die sie interessiert. Sicherlich wird hier ein buntes Kaleidoskop von verschiedenen Frauenleben zusammenkommen. Wenn genügend Zeit ist, kann auch ein Referat mit der Präsentation einer Frauenbiografie verbunden werden.

■ **Kompass.** Der Handlungsimpuls sollte in EA bearbeitet werden. Hier stehen Sch und ihre Vorstellung vom Leben im Fokus. Über den eigenen »Kompass« kann ein Austausch in der Lerngruppe stattfinden. Oder die Kompassspitze wird ohne Austausch als Selbstreflexion von jeder Sch mit Lebenszielen versehen.

■ **Austausch.** Es besteht wieder die Möglichkeit zum Austausch mit der Jungengruppe beim gleichnamigen Handlungsimpuls. Bewusst wird an dieser Stelle die offene Diskussion vermieden, damit die Mädchen und Jungen in geschütztem Rahmen ihre eigenen Vorstellungen von Zukunft formulieren und sich mit denen der gegengeschlechtlichen Seite bzw. deren Kommentaren zu den eigenen auseinandersetzen. Die Bereiche, die Konfliktpotenzial hinsichtlich der weiblichen und männlichen Zukunftsvorstellungen bergen, wie z. B. berufliche Karrierewünsche und familiäre Erfüllung, lassen sich dann auch in Ruhe besprechen.

Weiterführen

■ **Zielscheibe.** Statt eines Kompasses malen Sch eine Zielscheibe, in deren Mitte sie ihren Zukunftswunsch oder ihr Lebensziel schreiben, das ihnen ganz wichtig ist. In den zweiten Kreis um die Mitte kommt dann der zweitwichtigste Zukunftswunsch bzw. das zweitwichtigste Lebensziel; und so entsprechend auch für den dritten Kreis um die Mitte der Zielscheibe.
Bei einem Austausch mit der übrigen Lerngruppe sammeln Sch die verschiedenen Lebensziele auf einer großen Zielscheibe und halten Gemeinsamkeiten und Unterschiede an der Tafel fest.

■ **Meine Mutter.** Alternativ zum Handlungsimpuls »Frauenleben« bearbeiten Sch folgenden AA:
Will man der Stern-Umfrage aus dem Jahr 2008 glauben, dann gibt es im Leben der 14–19-Jährigen nur eine Lichtgestalt: die eigene Mutter. Sie ist das Vorbild Nr. 1 der Deutschen. Erkundige dich bei deiner Mutter über das, was sie im Leben erfahren und gemacht hat. Stelle nach obigem Muster eine kurze Biografie deiner Mutter zusammen und stelle sie den anderen deiner Lerngruppe vor. Diskutiert, ob auch für euch die Mutter ein Vorbild ist.
Dieser Handlungsimpuls kann nur in einer Lerngruppe eingesetzt werden, in der L darüber informiert ist, dass keine ernsthaften Störungen im Verhältnis zur jeweiligen Mutter auf Seiten der Sch vorliegt.

Nur für AUSFLUG 64 | 65

Ansetzen

Analog zu der DS, die ausschließlich für die Mädchen der Lerngruppe entworfen wurde, findet sich eine entsprechende DS für die Jungen. Hier soll Zeit und Raum sein, dass sich die Jungen mit ihrer Rolle und ihrem Erwachsenwerden auseinandersetzen. Auch hier wird es wieder als vertrauensfördernd erachtet, wenn ein Lehrer beim getrenntgeschlechtlichen RU moderiert.
Die heranwachsenden männlichen Jugendlichen stehen besonders vor solchen Schwierigkeiten, die den Wandel der traditionellen männlichen Normalbiografie betreffen. Zudem ist jugendliche Gewalt häufig männliche Gewalt. Hier gibt es eine wichtige pädagogische Aufgabe auch für die Schule. Es gilt deshalb zu fragen, wie man in dieser Gesellschaft die männliche Rolle – zu der ja auch Durchsetzungsfähigkeit, Konkurrenzfestigkeit, Welteroberung gehören – lernen kann, ohne in Aggressivität und Gewalt zu verfallen?
So lassen sich u. a. folgende Ziele der Jungenarbeit formulieren:

- sich mit patriarchalischen Strukturen unserer Gesellschaft auseinandersetzen und verschiedene Lebensentwürfe kennenlernen;
- sich mit der Zukunft der Erwerbsgesellschaft und mit der Frage der männlichen Normalbiografie auseinandersetzen;
- sich dem Bereich der Haus- und Familienarbeit öffnen und auf die zukünftige Übernahme von Verantwortung in Familie und Haushalt vorbereiten;
- Gewalt als Mittel im Umgang mit Menschen hinterfragen, den Verzicht auf aktive Gewaltanwendung und gewaltfreie Verhaltensalternativen kennenler-

nen. (Vgl. dazu auch: Informationen für die Schule und die außerschulische Arbeit mit Kindern und Jugendlichen – Auseinandersetzung mit Fremdenfeindlichkeit, Rechtsextremismus und Gewalt, Pädagogisches Landesinstitut Brandenburg, Dezember 2002.)

Da der Aufbau dieser DS der gleiche ist wie bei der DS für die Mädchen, sei hier auf den didaktischen Kommentar zur DS 62/63 hingewiesen. Hinweise für diese den Jungen vorbehaltene DS 64/65 werden gegeben, wenn es sich um eine explizit männliche Fragestellung entsprechend der oben formulierten Ziele von Jungenarbeit handelt.

Biografien von Albert Schweitzer, Anselm Grün und Sebastian Krumbiegel

Die Biografien dieser Männer sind so gewählt, dass sich darin viele Werte und Verhaltensweisen finden lassen, die über die herkömmlichen, populären Vorstellungen von Mannsein hinausreichen:

- Bei Albert Schweitzer ist es vor allem seine lebensbejahende Art, die sein Leben bestimmt. Ein Zitat, das in die Biografie eingefügt ist, ist dafür sprechend: »Ich bin Leben, das leben will, inmitten von Leben, das leben will.« Im Grunde spricht hier Schweitzer in seinem ganz eigenen Sprachduktus von der Gottes-, Nächsten- und Selbstliebe (vgl. Mt 22,37-39).
- An Anselm Grün kann neben vielem anderen faszinieren, dass er bei aller Sicherheit den Zweifel im Leben kennt und auch schätzt. Der Zweifel ist es auch, der ihn immer wieder nach einem Leben jenseits von Verbürgerlichung suchen lässt. Wer auf Sch- oder L-Seite noch mehr über diese Suche Anselm Grüns erfahren will, der oder die sollte seine Briefe »einfach leben« lesen, die man beim Herderverlag unter folgender Internetadresse bestellen kann: www.einfachlebenbrief.de.
- Bei der Biografie Sebastian Krumbiegels fällt sein Engagement für schwerkranke Kinder und seine Bezogenheit zu seinen Kindern sowie seiner Ursprungsfamilie auf. Diese Anliegen Krumbiegels kann man auch auf seiner Homepage (www.sebastian-krumbiegel.de) näher kennenlernen.

Umsetzen

■ **Prägungen.** Auffallend ist, dass es zwar Magazine speziell für Mädchen und junge Frauen gibt, ein Pendant aber für heranwachsende Männer fehlt. Hier scheint ein Defizit vorzuherrschen, was das Nicht-Ernstnehmen der heranwachsenden jungen Männer durch die Medienwelt widerspiegelt. Bei der Erarbeitung männlichen Rollenverständnisses mittels der Titelseite des Männermagazins kann darauf kritisch hingewiesen und nachgefragt werden, inwiefern »männliche Werte« jenseits der Leistungsforderungen von Stärke, Schnelligkeit, körperlicher Fitness, wie sie auch die abgebildete Zeitschrift formuliert, für die Jungen der Lerngruppe existieren.

■ **Selbst gemacht.** Der Handlungsimpuls »Selbst gemacht« schlägt den umgekehrten Weg zu dem mit dem Titel »Prägungen« ein. Hier werden Sch motiviert, das Cover für eine Zeitschrift zu entwerfen, die speziell junge Männer vor Erreichen des 20. Lebensjahres anspricht.

■ **In 15 Jahren.** Wenn Sch nach EA, PA oder KG in der Gesamtrunde unter sich darüber diskutieren, wo sich ihre Vorstellungen eines »Lebens in 15 Jahren« mit den eigenen reiben, dann ist es gut, wenn L in der Diskussion Akzente setzt, die den Wert der gemeinsamen Verantwortung von Mann und Frau für Partnerschaft und Familie sowie berufliche Zielsetzungen beider Geschlechter bedenkt.

Weiterführen

■ **Mein Vater.** Alternativ zum Handlungsimpuls »Männerleben« bearbeiten Sch folgenden AA: Erkundige dich bei deinem Vater über das, was er im Leben erfahren und gemacht hat. Stelle nach obigem Muster eine kurze Biografie deines Vaters zusammen und stelle ihn den anderen deiner Lerngruppe vor. Dieser Handlungsimpuls kann nur in einer Lerngruppe eingesetzt werden, in der L darüber informiert ist, dass keine ernsthaften Störungen im Verhältnis zum jeweiligen Vater auf Seiten der Sch vorliegt.

Ansetzen

Bei dieser DS werden Sch wieder zusammengeführt, denn, wie es der Untertitel besagt, geht es hier um »Gemeinsam wachsen« in Hinblick auf eine erste Liebe und eine sich entwickelnde Partnerschaft. Dabei soll die Verzauberung durch den/die Partner/in und das Einssein mit ihm/ihr bedacht werden. Darauf geht der Liedtext »Ein Kompliment« der Sportfreunde Stiller ein. Es wird das Gefühl der Ambivalenz und Zerrissenheit in einer Partnerschaft nicht ausgeblendet, auch auf dem Hintergrund, dass im Jugendalter die Heranwachsenden den Partner/die Partnerin häufiger wechseln und dadurch erste Vorstellungen von Liebe und Partnerschaft schmerzhaft zerbrechen. Pe Werners Lied »Nicht mit dir und nicht ohne dich«, das wie ein innerer Monolog aufgebaut ist, setzt diese »Achterbahn der Gefühle« in Worte und Musik um.
Zudem wird auf der DS 66/67 dem Anspruch Rechnung getragen, dass Partnerschaft nur auf der Basis der Kommunikation glücken kann. Deshalb wird hier der Lerngang »Sprechen« konkretisiert. Der Fokus auf »Märchen« verdankt sich sowohl dem Aufbau des Lerngangs durch alle drei Doppeljahrgangsbände – von »Bild und Vergleich« in MITTENDRIN 1, über »Metapher« in MITTENDRIN 2 zu »Märchen« in MITTENDRIN 3 –, als auch dem Ansatz des Paartherapeuten Hans Jellouschek, mittels Märchen Kommunikationsmuster in Beziehungen zu verdeutlichen und zu verbessern.

Sportfreunde Stiller, Ein Kompliment
Die Band »Sportfreunde Stiller« ist 1996 zum ersten Mal aufgetreten. Namensgeber der Band war Hans Stiller, Trainer der Bezirksligamannschaft SV Germering, in der zwei Bandmitglieder lange Zeit Fußball spielten. Bekannt wurde die Band dann über ihren Song anlässlich der Fußballweltmeisterschaft 2006, wo sie, da die deutsche Fußball-Nationalmannschaft das Finale bei der WM 2006 nicht erreichte, ihren komponierten und veröffentlichten Titel »'54, '74, '90, 2006« in »'54, '74, '90, 2010« geändert haben. Vom Musikstil her ist die Band dem sogenannten »Indie-Rock« zuzuordnen, der weniger hart als der Punkrock der 80er-Jahre gespielt wird.

Pe Werner, Nicht mit dir und nicht ohne dich
Pe Werner, die zunächst als Kabarettistin bekannt geworden ist, wird in Presseberichten oft als Songpoetin bezeichnet. In ihren öffentlichen Auftritten und Tourneen, die sie seit den 90er-Jahren betreibt, trägt sie neben bekannten Balladen auch immer eigene Gedichte und Glossen vor und erzählt Musiker-Geschichten aus ihrem autobiografischen Buch »Mehr als Kribbeln im Bauch«.
Auch hier ist die Sprache des Liedes wie schon bei »Ein Kompliment« durch Bilder geprägt, die Zerrissenheit in einer Beziehung zum Ausdruck bringen (vgl. »Achterbahngefühl«, »zweischneidiges Schwert«).

Umsetzen

■ **Zustand und Ausblick.** Der Handlungsimpuls nimmt Bezug auf den Liedtext »Ein Kompliment« der Sportfreunde Stiller. Zunächst beschreiben Sch die Situation, in der der geliebten Person Worte der Bewunderung und der Liebe – eben »ein Kompliment« – entgegengebracht werden. Dabei wird Sch durch den Refrain »Ich wollte dir nur mal eben sagen …« offenbar, dass diese Offenheit in der Liebe Mut braucht und welche Sehnsucht, ebenso geliebt zu werden, aus diesen Worten der/des Verliebten spricht. Durch den zweiten Teil des Handlungsimpulses nehmen Sch Stellung zu den »Komplimenten« des Liedtextes. So wird deutlich, dass die Sprache der Liebe von Bildern lebt und dass die Bilder hier von einer kurzlebigen Jugendsprache geprägt sind. Über Zustimmung und Ablehnung des Liedtextes hinaus suchen Sch Liebesgedichte und -lieder, die ihnen, was die bildhafte Sprache der Liebe angeht, entsprechen.

■ **Bildhaft.** Dieser Handlungsimpuls nimmt ernst, dass Liebe der bildhaften Sprache bedarf. Das erfahren Sch auch in haptischer Weise, indem sie einen bildhaften Ausdruck des Liedes »Ein Kompliment« auswählen und diesen in ein Bild umsetzen. Anschließend an diesen AA werden die Bilder vorgestellt. Die Lerngruppe überlegt, welche bildhaften Worte des Liedes sie angesprochen haben, welche sich gut in ein Bild umsetzen lassen, welche nicht und woran dies liegen könnte. In einem solchen Gespräch wird dann auch thematisiert, ob Sprache tragfähiger und ansprechender ist, wenn sie nicht in Bildern des jeweiligen Zeitgeistes verharrt.

■ **Bewahren?** Sch sind zum diskursiven Umgang mit dem Inhalt des Liedtextes »Nicht mit dir und nicht ohne dich« aufgefordert.
Methodisch kann dazu die Form eines Gutachtens gewählt werden. D. h., dass KG von je drei Sch die Situation vor Augen geführt wird, dass sie als Fachleute ein Gutachten über die im Text bestehende Beziehung erstellen sollen. Dieses schriftlich verfasste Gutachten besteht aus drei Schritten: 1) eine Bestandsaufnahme über die geschilderte Beziehung; 2) eine Prognose über diese Beziehung; 3) ein bis drei Vorschläge, wie die betroffene Person sich verhalten könnte.
Natürlich kann die KG auch tabellarisch »Pro«- und »Kontra«-Argumente in Hinblick auf die Beziehung an der Tafel oder auf einer OHF sammeln und durch eine anschließende Bewertung eruieren, ob die Beziehung zu bewahren sei oder eben nicht. Bei der Bewertung muss sich jede/r Sch entscheiden, welches Argument am stärksten für sie/ihn zählt. Dies wird durch Striche hinter den auf OHF oder an der Tafel gesammelten Argumenten festgehalten. So entsteht ein Meinungsbild der Klasse.

Durch Märchen gemeinsam wachsen
Dieser Lerngang zum Thema »Sprechen« setzt die Tradition einer religiösen Sprachschule fort, wie sie in allen drei Bänden von MITTENDRIN vorzufinden ist und aufeinander aufbaut. In MITTENDRIN 1 gibt es eine erste Einführung in »Bild und Vergleich«, wobei Sch affektiv erfahren, dass biblische Geschichten eine eigene bildhafte bzw. symbolische Sprache haben, die in unsere Zeit »übersetzt« werden muss. In MITTENDRIN 2 gilt es, Sch vertiefter an die metaphorische Sprache heranzuführen, indem sie selbst religiöse Metaphern eruieren und analysieren. Nun, in MITTENDRIN 3, geht es bei diesem spezifischen Lerngang darum zu erfahren, dass metaphorische Sprache immer dann anzutreffen ist, wenn es um Deutung und Sinnstiftung des Lebens geht. Textarten, denen es obliegt, die innere und nicht die äußere, begriffliche, beweisbare Wirklichkeit auszudrücken, sind die des Gedichts, des Liedes, der Bibel, des Mythos, des Märchens. Im logischen Wort sind die Wissenschaften zu Hause, im mythischen die Künste, die Dichtung, die Musik und die Religion (vgl. dazu Hubertus Halbfas, Religionsbuch für das 7./8. Schuljahr. Unterrichtswerk für die Sekundarstufe 1, Düsseldorf 1990, S. 155). Inhaltlich gibt die metaphorische Sprache Auskunft über das, was sich im Titel des Buches von Maurice Sendak widerspiegelt: »Es muss im Leben mehr als alles geben« (vgl. Maurice Sendak, Higgelti Piggelti Pop! oder Es muss im Leben mehr als alles geben, Zürich 1967). Dergestalt ist dies die Liebe in MITTENDRIN 3. Um Märchen nicht kleinzureden, ist es für Sch wichtig zu wissen, dass Märchen sich zuerst an Erwachsene gerichtet haben. Durch archetypisch geprägte Figuren machen sie auf Grundsituationen menschlichen Daseins aufmerksam. D. h., in Märchen erhalten grundsätzliche, menschliche Gefühle und Lebenseinstellungen eine konkrete Gestalt. Auf diese Weise vermitteln Märchen in lebendiger Weise Lebenswahrheiten (weitere Informationen dazu unter dem gleichnamigen Stichwort im Lexikonteil von MITTENDRIN 3). Und auf solche Lebensweisheiten machen Märchen nicht nur aufmerksam, sondern sie können auch therapeutisch zu Rate gezogen werden. Der Paartherapeut Hans Jellouschek, dessen Ansatz in diesem Lerngang ein wenig vorgestellt wird, zieht Märchen heran und macht auf anschauliche, von Mythen und Märchen abgelauschte Weise die Irr- und Umwege transparent, die Menschen heute gehen, bis ihnen gelingt, wonach sie sich sehnen: eine geglückte Beziehung.
Jellouschek hat seine Bücher und Seminare auf Erwachsene und deren Lebenswelten abgestimmt, allerdings findet man in einigen der ausgewählten Märchen durchaus Beziehungsfragen, die auch junge Frauen und Männer beschäftigen. Das hier angeführte Märchen »Zarin Frosch« (vgl. Hans Jellouschek, Im Irrgarten der Liebe. Dreiecksbeziehung und andere Paarkonflikte, Freiburg/Br. 2002, S. 130ff.) führt Sch u. a. an die Beobachtung heran, dass Liebe in allen Höhen und Tiefen des Lebens wachsen darf. Die heutigen Jugendlichen stellen sich häufig unter einen Anspruch des Perfektionismus, der ihnen von der Medienwelt vorgegeben wird: »So hat der Traummann, die Traumfrau perfekterweise zu sein, so hat die perfekte Beziehung zu funktionieren, dann ist das Glück perfekt. Und wenn es nicht so ist, muss man möglichst schnell auseinandergehen.« Dabei werden Entwicklung und Zueinanderfinden der Partner in einer Partnerschaft ausgeblendet. Gerade davon spricht aber das Märchen »Zarin Frosch« und kann deswegen anregend für Jugendliche und ihre Suche nach gelingender Beziehung sein. Der Lerngang bietet die Möglichkeit der Diskussion über verschiedene der o. g. Gedanken. Er macht deutlich, dass das Gespräch, die Aussprache – das Miteinandersprechen – die Grundlage jeder Beziehung ist.

■ **Märchen als Leben.** Der Handlungsimpuls »Märchen als Leben« nimmt ernst, dass Märchen Grundsituationen menschlichen Daseins thematisieren, der spezifische Lerngang gibt darüber Auskunft. Sch formulieren eigenständig – jede/r für sich –, warum Märchen keine Kinder-, sondern eine Lebensschule sind: Sie spiegeln typische menschliche Schicksale und Situationen wider und erzählen, was sich in der Psyche des Menschen abspielt.

■ **Leben als Märchen.** Eine Chance des RU besteht darin, dass er mithilfe von Texten eine Horizonterweiterung möglich macht. Die Textform des Märchens ermöglicht eine schützende Distanz der eigenen Person und lässt Sch trotzdem von sich selbst erzählen. Als Vorlage zur Idee, Geschichten von sich selbst als Märchen zu erzählen, sei hier zur Lektüre für L, aber auch Sch folgendes Buch empfohlen: Sybille Berg, Habe ich dir eigentlich schon erzählt ... Ein Märchen für alle, Köln 2006.
Über das Buch: Eine doppelte Flucht: Anna und Max, beide 14 Jahre, brechen aus. Raus aus der Kindheit, raus aus der DDR. Fort von Eltern, die nicht mit ihnen sprechen, hinein in ein selbstbestimmtes Leben. Sie trampen durch den Ostblock bis ans Schwarze Meer, wo sie per Schiff in die Türkei türmen wollen, und entkommen dabei nicht nur Kinderhändlern und der rumänischen Polizei, sondern erleben ein ganz neues Gefühl: Eine erste zarte Liebe erwacht. In diesem Buch bringt Sybille Berg zusammen, was zusammengehört: Märchen und Coming-of-age-Roman.

Weiterführen

■ **Partnerschaftshaus und/oder -ABC.** Eine weitere Möglichkeit, Vorstellungen von Partnerschaft zu formulieren, ist das Partnerschaftshaus (vgl. **M 4.2a, S. 135**) und/oder das Partnerschafts-ABC (vgl. **M 4.2b, S. 136**).

■ **Die Anatomie einer Nachricht.** Für Sch sind die Ausführungen des Psychologen Friedemann Schulz von Thun aufklärend in Hinblick auf die eigene Kommunikation. Gerade was Schulz von Thun über die vier Seiten jeglicher Kommunikation sagt, macht Sch darauf aufmerksam, woran es liegt, dass in der Partnerschaft das Gespräch untereinander gelingen, aber auch misslingen kann. Ein Referat, das das Modell der »Anatomie einer Nachricht« vorstellt, nämlich dass jede Nachricht eine Selbstoffenbarung, einen Sachinhalt, eine Beziehungsaussage und einen Appell beinhaltet, ist im Zusammenhang dieser DS, die auch das partnerschaftliche Gespräch thematisiert, sinnvoll (vgl. Friedmann Schulz von Thun, Miteinander Reden I, Hamburg [45]2007).

Ehe und Familie AUSFLUG 68 | 69

Ansetzen

Der Text unter der Überschrift »Wandel und neue Lebensformen« führt in die Thematik dieser DS ein. Es ist ein Sachtext, der soziologisch den Wandel sozialer Bindungen und der Familie im Besonderen in einer modernen Industrienation beschreibt. Ins Bild gefasst wird dieser Wandel durch das unter dem Text befindliche Schaubild.
Der zweite Teil dieser Doppelseite beschäftigt sich mit der traditionellen und kirchlich geprägten Lebensform von Ehe und Familie, welche die Deutsche Bischofskonferenz für ein überaus schützenwertes Gut hält. Immer wieder melden sich deshalb auch die Deutschen Bischöfe zu Wort zu diesem Thema. Der Familiensonntag (jeweils im Januar) bietet ein Forum dazu. Im Zusammenhang dessen entstand auch das Wort der Deutschen Bischöfe »Ehe und Familie – in guter Gesellschaft«, aus dem ein Teil auf dieser DS abgedruckt ist. Es lässt sich als Ganzschrift beim Sekretariat der Deutschen Bischofskonferenz, Kaiserstraße 163, 53113 Bonn bestellen oder im Internet unter www.dbk.de/fileadmin/redaktion/veroeffentlichungen/deutsche-bischoefe/DB61.pdf als pdf-Datei abrufen. Wenn man sich die Aufteilung auf dieser DS ansieht, so holt die linke Seite durch die verschiedenen Familienbilder Sch in ihrer Lebenswelt ab und die rechte Seite konfrontiert Sch mit einem vielleicht für sie zunächst befremdlichen, aber authentischen Zeugnis für Ehe und Familie. Es wird hier nicht mit dem moralischen Zeigefinger zu lesen sein, sondern unter der grundsätzlichen Fragestellung nach dem, was gutes und menschenfreundliches Miteinander von Partnern ausmacht.

Umsetzen

■ **Zusammenleben.** Der Handlungsimpuls bezieht sich auf die oberhalb dargestellte Grafik. Bei der Aufforderung an Sch, in welcher Lebensform sie leben, muss man bedenken, dass es sich hier um eine sensible Angelegenheit handelt, die nicht in jeder Lerngruppe möglich ist. Bei einer miteinander vertrauten Religionsklasse können Sch einen Standort zur Frage nach der Familienform beziehen, in der sie leben, in-

Wandel und neue Lebensformen
Um den Sachtext gut zu verstehen, bietet sich an, Sch eine Gliederung oder den Text zusammenfassende Thesen erstellen zu lassen.
Eine weitere Möglichkeit der Texterschließung ist die des »Text löschen(s)«. D. h., Sch erhalten den Text kopiert und streichen mit einem schwarzen Stift Worte aus, sodass nur noch die Rohinformation übrig bleibt (AA: »Streicht im Text alle Wörter, die man nicht unbedingt für das Verständnis benötigt.«). Anschließend werden die Ergebnisse verglichen und es kann sich (gerade auch bei unterschiedlichem Ausstreichen) eine interessante Diskussion darüber ergeben, welchen Focus der Betrachtung Sch auf den Wandel der Lebensformen legen. Manche Sch werden mehr den geschichtlichen Aspekt des Übergangs von der Agrar- zur Industriegesellschaft legen (und daher diese Worte nicht ausstreichen); andere Sch werden gedanklich daran hängenbleiben, dass in den Großstädten jede dritte bzw. zweite Ehe geschieden wird (und daher diese Worte nicht ausstreichen). Den Sch hier ihren je eigenen Focus in der anschließenden Diskussion klar werden zu lassen, ist u. a. Aufgabe des Zugangs über das »Text löschen«. (Informationen zu dieser, aber auch zu anderen Möglichkeiten der Texterschließung findet man bei: Franz W. Niehl, Arthur Thömmes, 212 Methoden für den Religionsunterricht, München [10]2009, hier S. 124.)
Mögliche Leitfragen zur Textarbeit (EA):
»Pluralität, Mobilität und Individualisierung führen auch zu radikalen gesellschaftlichen Umformungen. Stelle dar, mit welchen Argumenten der Text die genannte These unterstreicht. Nimm Stellung zu dieser These.«

dem fünf Plätzen im Klassenraum jeweils eine der in der Grafik aufgezeigten Lebensformen zugeordnet wird und Sch sich zu der für sie zutreffenden Lebensform aufstellen.
Um etwas mehr Distanz zuzulassen, sind Sch zu fünf »Lebensformgruppen« (siehe Grafik) z. B. durch Los zuzuordnen. Jede KG muss nun gemäß des AA Pro und Kontra ihrer Lebensform sammeln und dabei die gezogene Lebensform unter den Begrifflichkeiten von »Mobilität«, »Individualität« und »Pluralität« betrachten. Nach einer gruppeninternen Besprechung kommen sie in einer inszenierten Podiumsdiskussion zusammen und diskutieren über die aufgezeigten Lebensformen. Bei dieser Podiumsdiskussion wird jeweils ein Mitglied der verschiedenen »Lebensformgruppen« auf das Podium gebeten und hält ein zeitlich begrenztes Statement (2-3 min) zu Pro-Argumenten der zugelosten Lebensform. Ein/e Diskussionsleiter/in leitet die Podiumsrunde und lädt nach den Statements die anderen Sch im Auditorium ein, sich an der Diskussion über Lebensformen zu beteiligen. In dieser offenen Diskussionsrunde werden Pro- und Kontra-Argumente über die verschiedenen Lebensformen ausgetauscht und die Frage nach der für die Sch »besten« Familienform erörtert.

■ **Stellungnahme.** In EA nehmen Sch Stellung zum Thema »Familie«. Durch das Medium Leserbrief werden Sch zu einer Stellungnahme aufgefordert. Wenn man bedenkt, dass auch schmerzvolle Erfahrungen im familiären Umfeld vorliegen können, werden Sch jedoch nicht in diesem AA dazu gedrängt, etwas zu Persönliches zu diesem Thema preiszugeben.

■ **Grundsätzlich.** Hier sei eine Auswahl an Thesen vorgestellt, die in der Auseinandersetzung mit dem Bischofswort genannt werden können.
Diese Thesen sind dem Bischofswort zu entnehmen:
- Die Liebe, die Mann und Frau als einmalige Personen ernst nimmt, verdient einen verbindlichen Rahmen.
- Wirkliche Liebe ist auf Dauer angelegt und braucht deshalb rechtlichen Schutz und eine Institution, genannt Ehe.
- Ehe als institutionalisierte Liebe erfährt Entlastung und Unterstützung durch den Staat und die Gesellschaft.
- Die Ehe bekundet der Gesellschaft, dass die Partner auch in der Not verlässlich füreinander Verantwortung tragen.
- Elternschaft gehört wesentlich zur ehelichen Lebensgemeinschaft von Mann und Frau dazu, Kinder sind die Vollendung ehelicher Liebe.
- Kinder bedürfen der innerfamiliären Stabilität und, weil sie keine Privatangelegenheit sind, des rechtlichen Schutzes und der Unterstützung durch den Staat.
- Auch Paare, deren Kinderwunsch nicht erfüllt wird, können ihr Eheleben in Zuwendung zu anderen Menschen sinnvoll werden lassen.

Folgende Thesen sprechen gegen die Ehe:
- Die Scheidungsquote und die Quote der nichtehelichen Lebensgemeinschaften wächst in den modernen Industriestaaten, damit erweist sich die Ehe als überholte Institution.
- Früher galt die Ehe als Versorgung für die Frau: Das ist überholt angesichts gut ausgebildeter, selbstständiger Frauen in unserer Gesellschaft.
- Auch in nichtehelichen Lebensgemeinschaften kann Treue praktiziert, Partnerschaftlichkeit eingeübt, gegenseitige Rücksicht genommen, selbstlose Liebe gelebt werden.

- Warum soll die Ehe laut Bischofswort nur für heterosexuelle Paare gelten? (Information zum Thema »Homosexualität«, z. B. beim Bundesverband der Eltern, Freunde und Angehörige von Homosexuelle e. V., www.befah.de)
- Eine zerrüttete Ehe aufrechtzuerhalten, »bis dass der Tod euch scheidet«, hat nichts mit »Ehe und Familie in guter Gesellschaft« (siehe Titel des Bischofsworts) zu tun.
- Warum erhält auch eine kinderlose Ehe staatliche Unterstützung (»Familienzuschlag – Ehegatten«)?

Weitere Thesen für die Ehe:
- Die Ehe ist ein Sakrament, d. h., die Ehe ist ein durch Gott vorgegebener Lebensraum, also »darf der Mensch nicht trennen, was Gott verbunden hat.« (1184 auf dem Regionalkonzil von Verona wurde die Ehe erstmals neben Eucharistie, Taufe und Beichte unter die Sakramente der Kirche gezählt.)
- Die Ehe ist ein Abbild der Einheit von Christus mit der Kirche (vgl. dazu auch Zweites Vatikanisches Konzil, Pastorale Konstitution über die Kirche in der Welt von heute, »Gaudium et spes«, Art. 47-51).
- Nach dem biblischen Zeugnis ist die Ehe und ihre Unauflösbarkeit in der Schöpfung begründet. Jesus weist, wenn er von der Ehe spricht, auf den Schöpfer hin: »Habt ihr nicht gelesen, dass der Schöpfer die Menschen am Anfang als Mann und Frau geschaffen hat und dass er gesagt hat: Darum wird der Mann Vater und Mutter verlassen und sich an seine Frau binden, und die zwei werden ein Fleisch sein? Sie sind also nicht mehr zwei, sondern eins. Was aber Gott verbunden hat, darf der Mensch nicht trennen.« (Mt 19,4-6)

■ **Initiative.** Im Schreibgespräch formulieren Sch das, was ihnen zum Thema einfällt, abwechselnd und in Stille. Dabei können sie Bezug zum Thema nehmen und aufeinander, d. h. auf die Beiträge der anderen Gruppenteilnehmer. So kann ein gemeinsamer Text entstehen. Der Vorteil dieser Methode ist, dass sich auch Sch äußern, die sich sonst nicht am Unterrichtsgeschehen beteiligten.
Nach der GA à 4 Personen werden die entstandenen Schreibgespräche allen Sch zugänglich gemacht und verglichen, was in allen Schreibgesprächen für gut an der Initiative der deutschen Bischofskonferenz erachtet wird und was nicht.

■ **Selbst initiativ.** Wenn man den Handlungsimpuls ganz ins Belieben der Sch stellt, muss L damit rechnen, dass relativ einseitige Plakatgestaltungen (nach dem Motto »Friede – Freude – Familie«) entstehen. Es ist sinnvoll, die Gestaltungen der deutschen Bischofskonferenz der letzten Jahre den Sch vorzulegen. Gerade von 2008–2010 gibt es eine mehrjährige Initiative der deutschen Bischöfe, die verschiedene Facetten von Ehe und Familie in den Fokus nimmt. »Liebe miteinander leben: Zueinander aufbrechen. Familienpastorale Arbeitshilfe – Familiensonntag 2008« möchte Paare am Anfang ihres gemeinsamen Weges begleiten. In »Liebe miteinander leben: Miteinander leben. Familienpastorale Arbeitshilfe – Familiensonntag 2009« steht das Leben junger Familien im Zentrum der Aufmerksamkeit. In »Liebe miteinander leben: Beieinander bleiben. Familienpastorale Arbeitshilfe – Familiensonntag 2010« werden die Familien bedacht, die die Phase der Erziehung kleiner Kinder hinter sich gelassen haben. Zu allen drei Arbeitshilfen gibt es jeweils eine Plakatgestaltung in DIN-A4 im Internet (zu 2008 unter: www.dbk.de/fileadmin/redaktion/veroeffentlichungen/arbeitshilfen/AH_219.pdf, zu 2009 unter: www.dbk.de/fileadmin/redaktion/veroeffentlichungen/arbeitshilfen/AH_230.pdf, zu 2010 unter: www.dbk.de/fileadmin/redaktion/veroeffentlichungen/arbeitshilfen/AH_238.pdf).

Weiterführen

■ **Vertieftes Interesse an »Ehe und Familie – in guter Gesellschaft«.** Falls ein vertieftes Interesse der Lerngruppe an dieser Arbeitshilfe der deutschen Bischöfe zu Ehe und Familie besteht, ist das zugehörige Inhaltsverzeichnis unten im Materialteil (**M 4.3, S. 137**) zu dieser LL abgedruckt, mittels dessen man grundsätzlich die Ausrichtung des Denkens der Bischöfe über Ehe und Familie mit den Sch ermitteln kann. Darüber hinaus können Sch auch Interesse an den einzelnen Kapiteln bekunden, die L ihnen zur Lektüre gibt. Als Download ist der Text unter www.dbk.de/fileadmin/redaktion/veroeffentlichungen/deutsche-bischoefe/DB61.pdf zu finden.

Ansetzen

Diese DS ist den Themen »Liebe, Partnerschaft, Sexualität, mögliche Elternschaft« gewidmet. Der baden-württembergische Bildungsplan von 2004 nennt dazu ausdrücklich für die Jahrgangsstufe 9/10 ein verbindliches Themenfeld mit folgenden Aspekten: Leben in Beziehungen – Liebe, Freundschaft, Sexualität.

- Freundschaft, Liebe, Partnerschaft
- Sexualität und Liebe – Missbrauch und Instrumentalisierung von Sexualität
- Verantwortete Elternschaft
- Familie und Familienbilder

Während die vorangegangene DS »Familie und Familienbilder« thematisiert und dabei, wenn man sich auf einer persönlichen Ebene mit dem Thema auseinandersetzen will, die Ursprungsfamilie der Sch im Blick hat, geht es bei dieser DS um einen Blick in die Zukunft. Hier reflektieren Sch, welche Gestaltung von Liebe, Partnerschaft, Sexualität sie bevorzugen. Dass das nicht losgelöst von gesellschaftlichen Strömungen geschieht, weiß auch der Bildungsplan 2004, indem bei Jahrgangsstufe 9/10 unter der Dimension »Mensch sein – Mensch werden« folgende Standardformulierung zu lesen ist: »Die Schülerinnen und Schüler können den Stellenwert, den Sexualität in unserer Gesellschaft hat, reflektieren und kennen Kriterien eines verantwortlichen Umgangs mit Sexualität.« Der Text auf dieser DS »Let's talk about sex …« und der Handlungsimpuls »Why talk about?« sowie der Screenshot mit dem Handlungsimpuls »Auf den Leib geschrieben« regen die Reflexion über Sexualität in unserer Gesellschaft an.

Let's talk about sex

Die englischen Texteinschübe stammen aus dem gleichnamigen Song der US-amerikanischen Hip-Hop-Band Salt'N'Pepa (auch Salt-N-Pepa oder Saltnpepa); dieser ist zugleich ihr größter Erfolg (1991), eine weltweite Nummer eins. Die Hip-Hop-Musik, die diesen Song prägt, hat ihre Wurzeln in der schwarzen Funk- und Soul-Musik. Der Rap (Sprechgesang), der aus der jamaikanischen Tradition des Toasting (= Sprechgesang, der den laufenden Song proklamiert oder das Soundsystem preist) ist ein Hauptmerkmal dieser aus den schwarzen Ghettos der USA stammenden Musikrichtung.
Der begleitende deutsche Text paraphrasiert die Hauptaussagen des englischen Songtextes.

Zu Kriterien für einen verantwortlichen Umgang mit Sexualität rufen auf dieser DS besonders das Wort von Robert Zollitsch, Vorsitzender der deutschen Bischofskonferenz, und die dazugehörigen Handlungsimpulse »Should be« und »How to do« auf.

Dass es bei Liebe und Sexualität auch zu Grenzverletzungen und Übergriffen kommen kann, darauf macht ein oben zitierter Aspekt des verbindlichen Themenfelds aufmerksam. Auf dieser DS wird er aufgegriffen durch den Ausschnitt aus dem Jugendroman »Ein Schritt zu viel« mit dem Handlungsimpuls »Gesprächsbedarf«.

Die DS trägt den Titel »Ich, Du, Wir?«. Andeutungsweise spricht sie damit den im verbindlichen Themenfeld genannten Aspekt der verantworteten Elternschaft an.

Ein Schritt zu viel

In ihrem Buch (Evelyne Stein-Fischer, Ein Schritt zu viel, Wien 2008/vollständig überarbeitete und modernisierte Neuauflage von »Herzsprünge«) schildert die Autorin eindrucksvoll die Gefühle der jungen Jenny, die von ihrem Freund mit 14 Jahren zum Sex gezwungen wird. Sie versteht es, die Ängste und Schuldgefühle der Protagonistin aus der Sichtweise der 16-jährigen Jenny darzustellen. Jenny ist ein ganz normales 14-jähriges Mädchen, als sie den damals 19-jährigen Chris, einen Studienkollegen ihres Bruders, kennenlernt und sich in ihn verliebt. Der junge Mann nützt ihre Unerfahrenheit aus und zwingt sie eines Tages zum Sex. Anschließend redet er Jenny Schuldgefühle ein und macht sie glauben, auch sie habe diese Intimität gewollt. Nach einer letzten SMS verschwindet er aus Jennys Leben. Jenny fühlt sich außerstande, mit jemandem über ihre Gefühle, Ängste und Wut zu sprechen. Sie stürzt sich in weitere Beziehungen, die aber nicht lange halten, da sie die Nähe, nach der sie sich sehnt, nicht aushält. Erst eine junge Psychologin schafft es, Jenny zu helfen, und bringt sie dazu, über das Geschehene zu sprechen. Das bringt Jenny auch ihrer Mutter wieder näher, die selbst ein prägendes Erlebnis in jungen Jahren gehabt hat.

Auf dieser DS lässt der »Baukasten« (»Was wäre wenn, …« und gleichnamiger Handlungsimpuls) Sch Konfliktsituationen, z. B. im Fall einer ungeplanten Schwangerschaft, generieren, in denen man sich entscheiden muss. Was konkret anzugehen ist, wenn

Minderjährige schwanger werden, dazu gibt der AA »Schwanger unter 18« Hinweise.

Umsetzen

■ **Why talk about?** Denkbare Schülerantworten auf die gestellte Frage »Warum über Sex reden?« sind:
- Ich muss eine eigene Meinung zu diesem Thema haben, sonst bin ich z. B. den Medien ausgeliefert, die vorschreiben, wie Sex auszusehen hat, wann man den ersten sexuellen Kontakt hat etc.
- Sexualität gehört zum Menschsein dazu. Es ist eine menschliche Ausdrucksform.
- Mit Sexualität pflanzt man sich fort. Ich möchte bestimmen, wann der Zeitpunkt dafür richtig ist. Das geht nur im Gespräch darüber.
- Krankheiten wie Aids; Enthüllungen von sexuellem Missbrauch zwingen geradezu den Menschen dazu, sich Gedanken über Sexualität zu machen.
- Ein Ranking der Antworten kann über Punktabfrage geschehen, d. h., die Antworten werden auf DIN-A4-Zettel geschrieben und jede/r Sch erhält drei Klebepunkte, die sie/er bei drei Antworten zum Thema verteilen oder auch kumulieren kann (z. B. eine Antwort erhält zwei bzw. sogar drei Punkte). Anschließend wird das Ergebnis in der Lerngruppe besprochen.

■ **Should be.** Der Handlungsimpuls trägt Sch zweierlei auf: zunächst eine Kommentierung des Zitats von Robert Zollitsch und anschließend Regeln (es sollen nicht mehr als zehn sein) für eine verantwortete Sexualität. Beides kann als EA oder als GA geschehen. Ein kurzer Austausch zwischen beiden Arbeitsschritten in der Gesamtgruppe ist anregend für die Suche nach Regeln der Sexualität.

■ **Gesprächsbedarf.** Da dieser Handlungsimpuls von Sch unterschiedlich bewertet werden wird, ist ein stilles Schreibgespräch zwischen zwei Sch am besten. Dem kann sich ein behutsames Gespräch in der Lerngruppe anschließen. Es ist nicht nötig, das ganze Buch »Ein Schritt zu viel« zu lesen, einige inhaltliche Informationen kann L bei Bedarf geben (siehe »Ansetzen«).

■ **Auf den Leib geschrieben.** Durch eine Podiumsdiskussion können Sch eine gewisse Distanz zum Thema einnehmen. Wie eine Podiumsdiskussion zu gestalten ist, findet sich im Lehrerkommentar zu DS 68/69, beim Handlungsimpuls »Zusammenleben«.

■ **Baukasten.** Eine Möglichkeit, den »Satzbaukasten« (»Was wäre, wenn …«) im Sinne des Handlungsimpulses zu bedienen, sei hier vorgestellt:
Was wäre wenn, …
- jemand plötzlich vor der Frage stünde, ob er/sie sich auf eine sexuelle Beziehung einlassen sollte?
- diese Beziehung zu einer Schwangerschaft bei Minderjährigen führte?
- der Mann die Frau verlassen würde?
- man dazu gedrängt würde, das Kind nicht zu behalten?

Fragen, die sich in dieser Situation stellen:
- Was bedeutet mir, der Schwangeren, Schwangerschaft? Und was bedeutet sie für mich (mein Leben)?
- Woher kann ich als Schwangere Beratung und Unterstützung, wenn ich die Schwangerschaft nicht abbrechen möchte, bekommen?

■ **Schwanger unter 18.** Falls durch den Satzbaukasten Sch z. B. die oben angezeigte Situation generieren, gibt ihnen der Handlungsimpuls »Schwanger unter 18« eine konkrete Beratungsadresse für Fragen bei minderjährigen Schwangeren an die Hand. Eine dreiteilige Tabelle mit den Spaltenüberschriften »Fragen«, »Beratung«, »Unterstützung« hilft Sch die gesammelten Ergebnisse zu strukturieren.

■ **How to do it.** Die Plakatgestaltung ist eine Alternative zum Handlungsimpuls »Should be«. Sch werden bei der Plakatgestaltung, bei der durchaus auch Bildmaterial erwünscht ist, nicht so intensiv auf das Zitat von Robert Zollitsch eingehen.

Weiterführen

■ **Sexualität als Haus.** Alternativ zu: »Should be«/»How to do it«. Sch werden in Gruppen à 6 Personen eingeteilt, den KG werden Kärtchen mit den Aufschriften: Glück, Lust, Rücksicht etc. (**M 4.4, S. 138**) und jeweils ein Plakat gegeben. Der AA an die GA lautet:
- Schneidet die vorliegenden Kärtchen aus.
- Überlegt euch, welche Begriffe ihr eng mit Sexualität verbindet und welche weniger. Legt sie in entsprechendem Abstand zur Karte »Sexualität«.
- Anschließend malt ein großes Haus auf das Plakat und klebt an entsprechender Stelle die Kärtchen auf euer Haus, das durch seinen Aufbau deutlich macht, was ihr für das Fundament der Sexualität haltet, welche »Außenmauern« die Sexualität schützen, wozu die Sexualität eurer Meinung nach führen soll (»Dach«). Euren Interpretationskünsten sind keine Grenzen gesetzt. Wenn euch

noch ein Begriff fehlt, stehen dafür die leeren Kärtchen zur Verfügung.

- Ein/e Gruppensprecher/in erläutert anschließend euer »Haus der Sexualität«.

Gemeinsam wird nach der Vorstellung der GA diskutiert, welche Werte und Normen (vgl. dazu LL »Meine Welt – Eine Welt«; S. 12/13) Sch für unverzichtbar für die Gestaltung einer sexuellen Beziehung halten.

Mögliche Lösung:

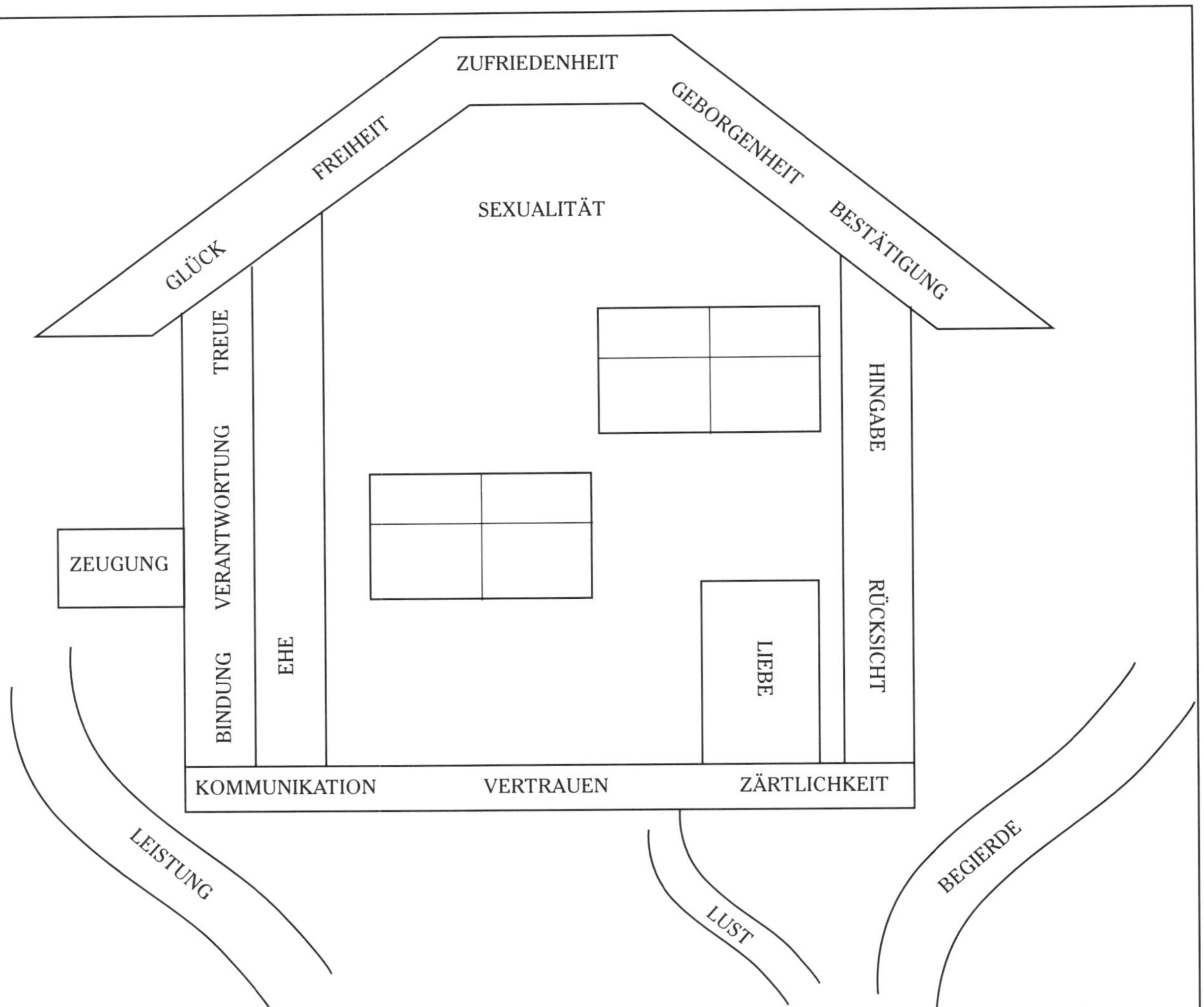

Verschiedene Wege geben vor, zum Haus »Sexualität« zu führen. Doch die meisten gehen an ihm vorbei. So zum Beispiel die Leistung, die nur eigene Bestätigung sucht, und die Begierde, die die andere/den anderen als Lustobjekt missbraucht. Der richtige Weg ist die Lust, die sexuelle Spannung zwischen den Geschlechtern. Aber auch der Lust bleibt das Haus verschlossen, geht sie nicht über die Schwelle »Zärtlichkeit« und durch das Tor »Liebe«. Erst dann wird sie die wahren Freuden des Hauses »Sexualität« erleben und genießen können.
Das Fundament des Hauses bildet die Kommunikation und das Vertrauen. Kommunikation ist hier verstanden als offenes und echtes gegenseitiges Gespräch.
Die eine Außenmauer besteht aus Rücksicht und Hingabe. Die andere aus Bindung, Verantwortung und Treue. Bezeichnend ist für diese Mauern, dass sie zum einen langsam gebaut werden und zum anderen mit der Höhe des Hauses wachsen.
Stehen diese Außenmauern, dann kann das Dach entstehen. Es sorgt dafür, dass die Freuden und Geschenke der Sexualität wie Glück, Freiheit, Zufriedenheit, Geborgenheit und Bestätigung im Haus erlebt werden können. Sobald aber die Außenmauern oder das Fundament Risse oder Löcher aufweist, wird auch das Dach brüchig.
Das Haus könnte nun fertig sein. Es ist aber noch nicht so richtig gegen Sturm und Unwetter geschützt. Jede Krise von außen oder von innen (z. B. Holzwurm) kann schnell oder schleichend eine große Gefahr heraufbeschwören. Das Haus muss noch gestützt werden, und zwar von einer Stützmauer »Ehe«. Diese Institution hilft, die Sehnsucht und die Entscheidung zur Treue im Alltag, in »guten wie in schlechten Tagen« durchzutragen. Natürlich kann man sich nun nicht in der Sicherheit der Stützmauer wiegen. Das Fundament und die Außenmauern müssen immer wieder kreativ ausgebessert, verstärkt und verschönert werden.
Zu jedem Haus darf auch ein Balkon »Fortpflanzung« gehören. Es gibt aber auch Häuser, bei denen aus technischen oder sonstigen schwerwiegenden Gründen kein Balkon gebaut werden kann. Diesen Häusern fehlt etwas, wenngleich sie trotzdem schön und sinnvoll sind. Verantwortungsbewusste Menschen werden bei Gewitter, Regen oder im Winter den Balkon zu meiden suchen. Doch bei schönem Wetter und wenn der Balkon gut erhalten ist, fehlt den Hausbewohnern etwas, wenn sie den Balkon nicht nützen.

Lektüre von »Ein Schritt zu viel«. Der Roman ist für Mädchen wie Jungen zwischen 14-16 Jahren gleichermaßen geeignet. Wenn man sich zur Lektüre des ganzen Buches entscheidet, dann bietet es sich an, dass Sch sich mit der Gewalt, die Chris gegenüber Jenny zeigt, auseinandersetzen. Dazu dient als Vorlage die Lektüre des Kapitels »Das Bootshaus« (S. 106-122). Da es sich um ein Thema handelt, das nur behutsam und sensibel angegangen werden kann, ist es sinnvoll, vorher das Einverständnis der Klasse zur Lektüre einzuholen und evtl. getrenntgeschlechtlich:
a) Über folgende Aspekte miteinander ins Gespräch zu kommen:
Beschreibe mit eigenen Worten das Verhältnis zwischen Jenny und Chris.
Welcher Begriff erscheint dir passend für das Verhalten von Chris gegenüber Jenny in dieser Situation? (Im Gespräch ist es an dieser Stelle sinnvoll, dass Sch die Begriffe »Sexuelle Belästigung, Demütigung, Beleidigung, Bedrohung, soziale Kontrolle, sexuelle Nötigung, Stalking, Vergewaltigung« unterscheiden lernen.)
b) Die weitere Beschäftigung mit dem Buch und Thema der Gewalt wird von folgendem AA getragen: Schritt für Schritt kämpfte sich Jenny zurück ins Leben – mit vielen Auf und Abs. Schreibe in jeden Fußabdruck ein einschneidendes Erlebnis, das sie wieder ins normale Leben zurückbringt und in den parallelen Abdruck die Seite aus dem Buch »Ein Schritt zu viel«. (**M 4.5, S. 139,** s. auch rechts unter »Lösungshinweise«)
c) Zum Abschluss der Lektüre und des Themas erstellen Sch als PA oder als GA à 3 Personen eine Notfallkarte: Jenny brauchte dringend Hilfe und konnte mit niemandem über ihre Probleme reden. Erstelle mithilfe des Internets eine Notfallkarte mit Adressen und Telefonnummern von Stellen, die bei Gewaltanwendung in deiner Wohnnähe helfen können.

Lösungshinweise:

S. 77ff.	Gespräch mit der Großmutter
S. 131ff.	Kennenlernen von Andre
S. 139f.	Gespräch mit Mutter
S. 170	Anruf bei Therapeutin
S. 176	Besuch bei der Beratungsstelle
S. 181	1. Reden über Chris
S. 186f.	Geständnis der Mutter

Mögliche Adressen, die in diesem Fall weiterhelfen, sind: z. B. beim Bundesverband Frauenberatungsstellen und Frauennotrufe unter www.frauen-gegen-gewalt.de abfragbar. Auch die Organisation Wildwasser gibt unter www.wildwasser.de zum Thema kompetent Auskunft.

Wahre Liebe wartet. Zur Diskussion regt die Postkartenaktion der weltweiten und auch in Deutschland beheimateten Aktion »Wahre Liebe wartet« an. Sch schauen sich die Postkarte auf einer OHF an (diese kann kostenfrei als Klassensatz unter www.wahreliebewartet.de bestellt werden). Die Lerngruppe wird geteilt. Eine Gruppe sammelt Pro-Argumente für diese Aktion, die andere Kontra-Argumente. Eine dritte Gruppe hört sich das Für und Wider ihrer Mit-Sch an und spricht dann nach kurzem Sich-Zurückziehen vor der gesamten Lerngruppe ein begründetes Urteil. Dieses beinhaltet die Entscheidung, ob eine solche Aktion unterstützenswert sei, und die Hypothese, auf welcher Grundlage »Wahre Liebe wartet« wohl entstanden ist. Unter
www.ciao.de/Bewegung_Wahre_Liebe_wartet_797560
ist auch ein jugendliches Bekenntnis zu dieser Aktion zu finden.

Hätte die Liebe nicht ... SOUVENIRS 72 | 73

Ansetzen

RU ist immer auch Sprachunterricht (vgl. dazu Hubertus Halbfas, Religionsunterricht in Sekundarschulen. Lehrerhandbuch 5, Düsseldorf [4]2003, S. 98-136; vgl. ders., Religionsunterricht in Sekundarschulen. Lehrerhandbuch 8, Düsseldorf [2]1995, S. 84-122).
Dies wird nochmals auf der letzten DS deutlich, der sogenannten Souvenirseite der LL. Liedtitel und Bibeltext (in Liedform) sowie ein Kunstwerk prägen diese DS. Was verbindet nun aber die Liebe mit dem Lied, dem Bibeltext, dem Bild? Es ist ihre ganz eigene Sprache. Die Sprache der Liebe spricht wie die Sprache des Liedes, der Musik, die Sprache der Bibel und überhaupt der Religionen, die Sprache eines Bildes und der Kunst in symbolischer und metaphorischer Weise. Und man könnte an dieser Stelle auch noch die Sprache des Märchens, der Mythen anfügen, die in dieser LL auf der DS 66/67 thematisiert wird. Wenn das letztlich Unsagbare ins Spiel kommt (und darum geht es in der Liebe, der Religion, den Künsten), dann ist das begriffliche, argumentierende, wissenschaftliche Wort nicht zureichend. Dann bedarf es des erzählenden, bildhaften und sinnstiftenden Wortes. Da-

für Raum und Zeit zu geben, den Sch dafür einen Verstehenshorizont zu ermöglichen, das ist eine wichtige Aufgabe des RU und an dieser Stelle der DS »Hätte die Liebe nicht ...«.

HAP Grieshaber, Bedrohtes Paar
Grieshaber, HAP, eigentlich Helmut Andreas Paul Grieshaber, wurde 1909 in Rot an der Rot geboren. Nach einer Lehre als Buchdrucker und Schriftsetzer begann er ein Studium der Kalligrafie. Ab 1932 setzte sich der Künstler intensiv mit der Holzschnitttechnik auseinander und entwickelte den für ihn typischen grafischen Stil, der stark von der mittelalterlichen Holzschnitttechnik beeinflusst war. Er schuf Farbholzschnitte in großflächigen und kräftigen Farben. Meistens hatten diese einen mythologischen, religiösen oder politischen Inhalt. U. a. wegen der politischen Botschaft seiner Kunst erhielt Grieshaber unter der Diktatur des Nationalsozialismus Mal- und Ausstellungsverbot und konnte nur im Verborgenen künstlerisch tätig sein. Über seine Farbholzschnitte hinaus illustrierte er auch eigene oder fremde Texte (u. a. von P. Neruda). Außerdem schuf er Arbeiten für den öffentlichen Raum wie Holzreliefs, Mosaiken, Wandmalereien und Glasfenster. Sein Hauptwerk ist der Zyklus »Totentanz von Basel« (1966).
»Bedrohtes Paar« ist im Original ein Farbholzschnitt von der Größe 23 x 22cm, gehalten in den Farben Braun (Figuren) und Beige (Hintergrund). In MITTENDRIN 3 ist es aus Gründen der Gestaltung für Sch auseinandergezogen worden. Im Original ist das Paar zwischen zwei Figuren eingezwängt, die es zu bedrohen scheinen. Der Künstler hat sich auf das Wesentliche konzentriert. Das Paar (S. 73) wirkt fast abstrakt durch die Reduktion seiner Körperlichkeit, Gestik und Mimik. Im Blick bleibt, dass die beiden einander zugewandt sind. Noch weniger konkret ist die Bedrohung: Eine figürliche Ausgestaltung, bei der die Kopfform mit den großen Augen auffällt. Überdies fällt der kleine Spalt in dem stammartigen Körper auf, der wie ein Mund wirkt, der abgewandt ist und deshalb nicht zu dem Paar, sondern über das Paar zu sprechen scheint. Die Bedrohung strahlt insgesamt eine gewisse Unbeweglichkeit und Starrheit aus.

Umsetzen

■ **Musik.** Um eine Chartliste zu erstellen, bringen Sch den Liedtext ihres Lieblingsliedes zum Thema »Liebe« mit (und, falls dieser in einer Fremdsprache verfasst ist, eine entsprechende Übersetzung oder Paraphrasierung) und stellen das Lied der Klasse vor. Anschließend wird über Punkteabfrage (vgl. dazu DS 70/71 »Ich, Du, Wir?«, AA »Why talk about?«) eine Chartliste der zehn schönsten Liebeslieder der Klasse erstellt.
Die Liedtexte zu den aufgelisteten (und vielen weiteren) Songtiteln findet man beispielsweise unter www.magistrix.de oder www.songtext4free.de.

■ **Anknüpfungspunkt.** Hierbei geht es um die im Abschnitt »Ansetzen« aufgeführten Gedanken zur metaphorischen Sprache der Liebe. Um sich dem Wesen der Liebe in vielerlei Facetten zu nähern, bietet sich das Lied als wesensverwandte Sprachform an. Die Diskussion kann angeregt werden durch folgendes Sprachbeispiel: Person A: »Ich liebe dich.« Darauf Person B: »Ich glaube es dir nicht. Gib mir Beweise.« Sch diskutieren über die Schieflage des kleinen Dialoges und anschließend sammeln sie Merkmale, die die Sprache der Liebe prägen.

■ **Annäherung und Auseinandersetzung.** Sch stellen in PA durch den Vergleich fest, dass der Komponist und Texter des Liedes manche Ausdrücke in eine zeitgemäße Sprache übersetzt hat und die Bilder, die im Bibeltext genannt werden, in den Strophen durch eigene Vorstellungen interpretiert hat (z. B. zu der »lärmenden Pauke« fügt er in Strophe 1 »Glockengeläut«, »zerbrechendes Glas« hinzu). Ansonsten lässt er die eschatologische Aussicht von 1 Kor 13 ab Vers 9-13 aus.
In einer gemeinsamen Aussprache wird nun das Wesen der Liebe ermittelt und die Meinung der Sch erfragt.
Zum »Sitz im Leben« von 1 Kor 13 kann Sch folgende Hintergrundinformation weitergegeben werden: Es handelt sich um einen bekannten Textabschnitt aus dem Brief an die Gemeindemitglieder in Korinth. Paulus beschreibt die Liebe – griechisch »Agape« – in ihren vielfältigen Formen. Liebe zeigt sich vor allem dort, wo Frauen und Männer ein Gespür für die Fragen und Bedürfnisse anderer Menschen haben. Menschen, die wirklich lieben, bereichern sich nicht auf Kosten anderer. Alles, was Christinnen und Christen in der Gemeinde tun, muss daran gemessen werden, ob es mit der rechten Liebe getan wird. Menschen, die »richtig« lieben, haben auch Respekt vor Andersdenkenden und Andersgläubigen. Weiter ist es interessant für Sch zu erfahren, dass Menschen, die prophetisch reden können, die besondere Begabung haben, anderen zu vermitteln, was Glauben bedeutet. Sie können Ereignisse des Alltags auf den Glauben hin deuten. Auch das Zungenreden ist eine besondere Bedeutung: Menschen, die in Zungen reden, haben ein besonderes Gespür für die Anwesenheit Gottes bei den Menschen.

Anschließend an diese Information kann mit Sch diskutiert werden, ob sie die Liebe für eine Kategorie halten, die nicht nur das Private (Partnerschaft, Familie), sondern auch die Kirche/Gemeinde, sogar die Gesellschaft/die Politik und andere Bereiche des menschlichen Umgangs (Beruf, Verein ...) prägen sollte.

■ **Logik der Liebe.** »Jeder Mensch ist ein Künstler.« Dieses Zitat von Joseph Beuys nimmt ernst, dass wir Menschen von Kindheit an damit zu tun haben, unserem Dasein, unserem Alltag eine Form zu geben. In der Wahl unserer Kleider, unserer Einrichtung zu Hause, in unserer Gestik, Bewegung, Mimik, in unserer Sprache – in allem geht es darum, unseren Stil, uns selbst Ausdruck zu verleihen. In diesem Sinn ist auch das gestalterische Arbeiten im RU zu verstehen. Es stellt eine wichtige Selbsterfahrung dar und gibt Sch die Möglichkeit, ein Stück Identität zu gestalten. Dabei geht es nicht um handwerkliche und künstlerische Techniken, sondern um eine Verbindung von Thema und Gestaltungsform. Der Bibeltext wird Sch zwei Mal vorgelesen. Anschließend malen Sch zu dem Satz, an dem sie gedanklich verweilen, ein Bild. Die EA sollte in Stille geschehen oder durch eine meditative Musik im Hintergrund begleitet werden. Wichtig ist, dass Sch bei dem je eigenen Bild während des Gestaltens bleiben.

■ **Zwei Seiten.** In LL »Stört die Liebe nicht« wird an verschiedenen Stellen aufgezeigt, dass Partnerschaft, Liebe und Sexualität verletzbar sind. Dieses Thema wird durch das Kunstwerk von HAP Grieshaber aufgenommen. Als Kopie wird Sch sowohl das Paar als auch die Bedrohung vorgelegt. Sie wählen aus, welche »freie Seite« sie ausgestalten wollen. Dabei ist nicht nur an eine zeichnerische Ausgestaltung gedacht. Die Bedrohung bzw. das bedrohte Paar kann auch in eine Collage integriert werden.

Weiterführen

■ **Ein eigenes Lied verfassen.** Der Handlungsimpuls reicht über die Erstellung einer Chartliste von Liebesliedern hinaus. Sch verfassen entweder auf der Grundlage einer ihnen bekannten Liedmelodie einen eigenen Text für ein Lied zum Thema »Liebe« und tragen dies vor (gesprochen oder sogar gesungen). Oder sie komponieren eine eigene Melodie und schreiben einen Text dazu. Als Grundlage für einen Liedtext kann L auch Raps mitbringen, auf deren Grundlage Text im Sinne eines Sprechgesangs geschrieben werden kann.

■ **Die Liebe.** Die folgenden GA dient dazu, dass Sch die verschiedenen Formen von Liebe näher kennenlernen. Für die GA werden Sch in vier KG eingeteilt und jeder Gruppe wird Pablo Picassos Bild »La vie« (**M 4.6, S. 140**) vorgelegt (die Informationen zum Bild sollten auf ein extra Blatt kopiert werden). Folgende AA werden an die KG verteilt:

- KG 1: Verseht die dargestellten Personen mit Sprechblasen und schreibt hinein, was sie zueinander sagen könnten.
- KG 2: Pablo Picasso nennt sein Bild »La vie« (»Das Leben«). Deutet das Bild von seinem Titel her. Überlegt Euch auch einen alternativen Titel.
- KG 3: Auf dem Bild werden Formen der Liebe gezeigt. Beschreibt kurz die hier aufgezeigten Formen von Liebe und überlegt, wie sie auf dem Bild eingeschätzt werden.
- KG 4: Definiert aufgrund des Bildes, was Liebe ist.
- In einem UG werden die Erträge der GA zusammengetragen und u. a. angesprochen, wie schwierig es ist, über die im Bild angesprochenen zwischenmenschlichen Beziehungen mit dem einen Begriff »Liebe« zu reden. Erst dann werden die Informationen zum Bild (**M 4.6, S. 140**) den Sch zur Verfügung gestellt.

Der Vor- und Nachteil dieser sprachlichen Gegebenheit wird anschließend mit der Lektüre des Textes von Siegfried Keil (**M 4.7, S. 141**) herausgestellt. Der Text wird abschnittsweise gelesen und mit thesenartiger Zusammenfassung (TA/Hefteintrag) analysiert. Danach erfolgt die Lektüre von 1 Kor 13,1-13. Der dort genannte Charakter der Liebe soll zunächst textimmanent ermittelt werden. Dieser zeigt sich besonders in den 14 Verben, die die Liebe in 1 Kor 13,4-7 beschreiben. Nach der textimmanenten Betrachtung von 1 Kor 13,1-13 erfolgt ein Vergleich mit dem Text von Siegfried Keil.

■ **Zusammenfassung.** Um den Ertrag dieser Unterrichtssequenz wahrzunehmen, bietet es sich an, den Sch ein Blatt mit wenigen kurzen Zitaten vorzulegen, die sich auf den Unterrichtsgegenstand beziehen. Sch schreiben nun eine zusammenfassende Abhandlung, in der diese Zitate verwendet werden. Als mögliche Zitate können z. B. die Titel der verschiedenen DS der LL »Stört die Liebe nicht« verwendet werden.

Bediente Standards in der LL »Stört die Liebe nicht«

Die Tabelle gibt an, welche Standards zentral bedient werden [x], bzw. welche teilweise wiederholend angesprochen werden [(x)].
Verbindliches Themenfeld: Leben in Beziehungen – Liebe, Freundschaft, Sexualität

DIMENSION »MENSCH SEIN – MENSCH WERDEN« Die Schülerinnen und Schüler	
– wissen, dass Partnerschaft Entwicklungsschritte zur eigenen Identität und zur Liebesfähigkeit voraussetzt;	
– können den Stellenwert, den Sexualität in unserer Gesellschaft hat, reflektieren und kennen Kriterien eines verantwortlichen Umgangs mit Sexualität;	x
– verstehen, dass es zum Menschsein gehört, sich entscheiden zu müssen und zu Entscheidungen zu stehen;	x
– verstehen, dass menschliches Leben begrenzt ist, zum Beispiel durch Leid, Krankheit und Tod;	x
– können den Grund der christlichen Hoffnung auf Auferweckung darlegen und Wiedergeburtsvorstellungen von dieser abheben.	
DIMENSION »WELT UND VERANTWORTUNG« Die Schülerinnen und Schüler können	
– das Anliegen des konziliaren Prozesses darlegen und argumentativ begründen;	
– an einem Beispiel den Zusammenhang zwischen Werten und Normen aufzeigen;	
– Schritte der ethischen Entscheidungsfindung darlegen;	(x)
– an einem Beispiel aufzeigen, in welcher Weise sich Christen bei einer ethischen Entscheidung unter anderem an Weisungen des Dekalogs, an Jesu Leben, Handeln und Lehre und an kirchlichen Traditionen orientieren.	(x)
DIMENSION »HERMENEUTIK: BIBEL UND TRADITION« Die Schülerinnen und Schüler	
– können aufzeigen, wie Kenntnisse über die Entstehungssituation biblischer Texte zu deren Verständnis beitragen;	
– können an einem biblischen Beispiel den Zusammenhang von literarischer Gattung, Aussageabsicht und Sitz im Leben erläutern;	
– kennen verschiedene methodische Zugänge zu biblischen Texten und können sie ansatzweise beurteilen;	
– können aufzeigen, wie Menschen versuchen, sich in unterschiedlichen Ausdrucksweisen der Wirklichkeit Gottes anzunähern.	
DIMENSION »DIE FRAGE NACH GOTT« Die Schülerinnen und Schüler	
– können an einem Beispiel Möglichkeiten des Redens von Gott erläutern und seine Grenzen aufzeigen;	
– können an biblischen Texten zeigen, wie Geschichte als Weg Gottes mit den Menschen gedeutet wird und wie Nähe und Abwesenheit Gottes erfahren werden;	
– verstehen, dass nach christlichem Verständnis Gott sich den Menschen bedingungslos zuwendet und dass dieses Angebot ernst zu nehmende Konsequenzen hat (unter anderem Weisungen und Normen).	
DIMENSION »JESUS DER CHRISTUS« Die Schülerinnen und Schüler	
– können anhand einer Weisung der Bergpredigt und des Doppelgebots der Liebe die Relevanz der Botschaft Jesu für heute aufzeigen;	
– können Jesu Umgang mit der Tora an einem Beispiel erläutern;	
– verstehen, dass Jesus Gottes Nähe erfahrbar machte, unter anderem in seiner Zuwendung zu Sündern und Ausgestoßenen und seinem Verzicht auf Gewalt;	
– können den Zusammenhang zwischen der Auferweckung Jesu und der christlichen Hoffnung auf Vollendung darlegen	
DIMENSION »KIRCHE, DIE KIRCHEN UND DAS WERK DES GEISTES GOTTES« Die Schülerinnen und Schüler können	
– an konkreten Beispielen die diakonische, missionarische und kritische Funktion der Kirche in der Gesellschaft darstellen;	
– an einem Beispiel die Kooperation von Staat und Kirche in der Bundesrepublik Deutschland erläutern;	
– unterschiedliche Verhaltensweisen von Christen in der Zeit des Dritten Reiches darlegen und bewerten.	
DIMENSION »RELIGIONEN UND WELTANSCHAUUNGEN« Die Schülerinnen und Schüler	
– kennen Beispiele für christlichen Antijudaismus und können sich kritisch damit auseinandersetzen;	
– können den Hinduismus in Grundzügen darstellen, z. B. Prägung des Alltagslebens, verschiedene Gottesvorstellungen, und ihn mit dem Christentum vergleichen;	
– können anhand der Biografie des Buddha zentrale Überzeugungen und Lebensziele des Buddhismus erläutern und mit dem Christentum vergleichen;	
– sind aufgrund eines kritischen und selbstkritischen Vergleichs in Ansätzen zu einem Dialog mit anderen Religionen und Weltanschauungen befähigt.	

Fallbeispiele

Vorurteile: Es gibt Vorurteile, die halten sich hartnäckig. Zum Beispiel das vom Mann, der besser Auto fahren kann.

Claudia S. stand mit großen Augen vor dem Kran. Sehnsüchtig blickte sie auf das lange Gummiseil und die Kabine mit den kreischenden Insassen. Ihr Mann schüttelte nur den Kopf. Nie würde sie ihn in das Bungee-Tandem bringen, nicht mal für 1.000 €. Sie dagegen wäre bereit, für den Sprung kopfüber 200 € ihrer Ersparnisse zu geben. Von wegen Männer sind mutiger und risikofreudiger als Frauen!

Eines von vielen Vorurteilen!

1. Frauen – das schwächere Geschlecht?
Männer verfügen von Natur aus über mehr Muskelkraft als Frauen (bis zu 50% mehr). Das rechtfertigt aber noch lange nicht, sie als das stärkere Geschlecht zu bezeichnen. Denn: Schon die Überlebensfähigkeit weiblicher Embryonen ist größer als die männlicher. Neuere Studien ergaben außerdem, dass männliche Neugeborene deutlich empfindlicher sind. So sind die Überlebenschancen neugeborener Jungen wesentlich niedriger als beim vermeintlich schwachen Geschlecht. Hinzu kommt schließlich, dass auch die Lebenserwartung von Frauen im Durchschnitt um sieben Jahre höher liegt als bei Männern.

2. Männer kennen keinen Schmerz
Schön wär's! Denn schon bei der kleinsten Erkältung jammert er, als wäre es die schlimmste Lungenentzündung. Eine Untersuchung ergab, dass Männer mit Erkältungen doppelt so häufig dem Arbeitsplatz fernbleiben wie Frauen. Sind beide Partner krank, muss sie oft noch die Krankenschwester für ihn spielen.

3. Frauen sind Klatsch- und Tratschtanten
Männer tun es genauso gern wie Frauen – allerdings gibt er seinem Kind einen anderen Namen: Wenn sie nett mit Freundinnen quatscht, kommt von ihm oft nur der höhnische Kommentar: Tratschtanten. Wenn er aber mit Freunden in seliger Runde zusammensitzt, dabei herzhaft klatscht und lästert, dann nennt er das schlicht »Info-Austausch« – so einfach ist das.

4. Frau am Steuer – Ungeheuer?
Ein Blick in die Statistiken zeigt, wer den Verkehr souveräner meistert: Frauen verursachen nur zirka 20% aller Unfälle. Das bedeutet: Die Mehrzahl der Karambolagen geht auf das Konto männlicher Straßen-Rambos.

5. Frauen haben weniger im Kopf
Auch wenn das Männergehirn von der reinen Masse her 14% schwerer ist – Quantität ist nicht gleich Qualität! Neurochirurgen haben herausgefunden, dass Frauen sogar viel vernetzter als Männer denken. Die Erklärung: Der Balken, der beide Gehirnhälften verbindet (links: Verstand, rechts: Gefühl), ist bei Frauen doppelt so stark ausgeprägt. Dadurch funktioniert der Informationsaustausch bei Frauen schneller, und sie können Intellekt und Intuition besser kombinieren.

6. Männer weinen nicht
Denkste! Männer weinen sogar fünfmal mehr als Frauen! Das ergaben jedenfalls die Studienergebnisse der britischen Psychologin Dr. Moira Maguire. Während Frauen allerdings meistens aus Wut und Verzweiflung weinen, vergießen Männer eher Freudentränen (zum Beispiel beim Fußball).

7. Von der Arbeit in die Kneipe – reine Männersache?
Nicht mehr! In England geht laut Studien über die Hälfte der jüngeren Frauen zwischen 20 und 30 Jahren direkt vom Büro ins Pub – und verbringt hier den Rest des Abends. Dieser Trend spiegelt sich in Deutschland in den sogenannten »After Work Clubs« wider. Auch hier sind es fast mehr Frauen als Männer, die nach der Arbeit direkt in die Kneipe gehen.

8. Frauen können nicht mit Geld umgehen
Noch wird die große Finanzwelt zwar weitgehend von Männern dominiert. Allerdings wagen sich immer mehr Frauen an die Börse – und das recht erfolgreich: Einer Studie nach schnitten die weiblichen Anleger sogar um knapp 5 % besser ab.

10. Männer sind weniger eitel als Frauen
Jede Frau, die das Badezimmer mit einem Mann teilt, weiß, dass dies ein Vorurteil ist. Er kann stundenlang den Spiegel blockieren, um sich kritisch zu beäugen. Dabei drängt sich bei Frauen gern die Frage auf, ob er jedes Haar auf seinem Kopf einzeln nachzählt – die Haarpracht ist der wundeste Punkt aller Männer.

- Untersucht die vorgestellten Vorurteile und erstellt ein Schaubild zu den Fragen, welche Eigenschaften Vorurteile haben und welche Auswirkungen sie mit sich bringen.

Das Partnerschafts-Haus

■ Was ist deiner Meinung nach für eine funktionierende Partnerschaft/Ehe wichtig?

ARBEITSBLATT M 4.2a

Das Partnerschafts-ABC

A =

B =

C =

D =

E =

F =

G =

H =

I =

J =

K =

L =

M =

N =

O =

P =

Q =

R =

S =

T =

U =

V =

W =

X =

Y =

Z =

- Schreibe zu jedem Buchstaben des Alphabets auf, was für eine gute Partnerschaft wichtig ist. Das jeweilige Beispiel beginnt mit einem Buchstaben des Alphabets.

Ehe und Familie – in guter Gesellschaft

Die deutschen Bischöfe

Ehe und Familie – in guter Gesellschaft
17. Januar 1999, Sekretariat der Deutschen Bischofskonferenz, Bonn

Inhalt

- Was ist den deutschen Bischöfen wichtig?
- Wie ist die Situation von Familien in heutiger Zeit? Recherchiere im Originaltext.

Sexualität als Haus

Sexualität	Liebe
Lust	Zärtlichkeit
Rücksicht	Freiheit
Leistung	Bestätigung
Verantwortung	Zärtlichkeit
Kommunikation	Fortpflanzung
Hingabe	Begierde
Bindung	Geborgenheit

- Schneidet die vorliegenden Kärtchen aus.
- Überlegt euch, welche Begriffe ihr eng mit Sexualität verbindet und welche weniger. Legt sie in entsprechendem Abstand zur Karte »Sexualität«.
- Anschließend malt ein großes Haus auf das Plakat und klebt an entsprechender Stelle die Kärtchen auf euer Haus, das durch seinen Aufbau deutlich macht, was ihr für das Fundament der Sexualität haltet, welche »Außenmauern« die Sexualität schützen, wozu die Sexualität eurer Meinung nach führen soll (»Dach«). Euren Interpretationskünsten sind keine Grenzen gesetzt. Wenn euch noch ein Begriff fehlt, stehen dafür die leeren Kärtchen zur Verfügung.
- Ein/e Gruppensprecher/in erläutert anschließend euer »Haus der Sexualität«.

Schritte zurück ins Leben

Schritt für Schritt kämpfte sich Jenny zurück ins Leben – mit vielen Höhen und Tiefen. Schreibe in jeden linken Fußabdruck ein einschneidendes Erlebnis, das sie wieder ins normale Leben zurückbringt, und in den rechten die Seite aus dem Buch »Ein Schritt zu viel«.

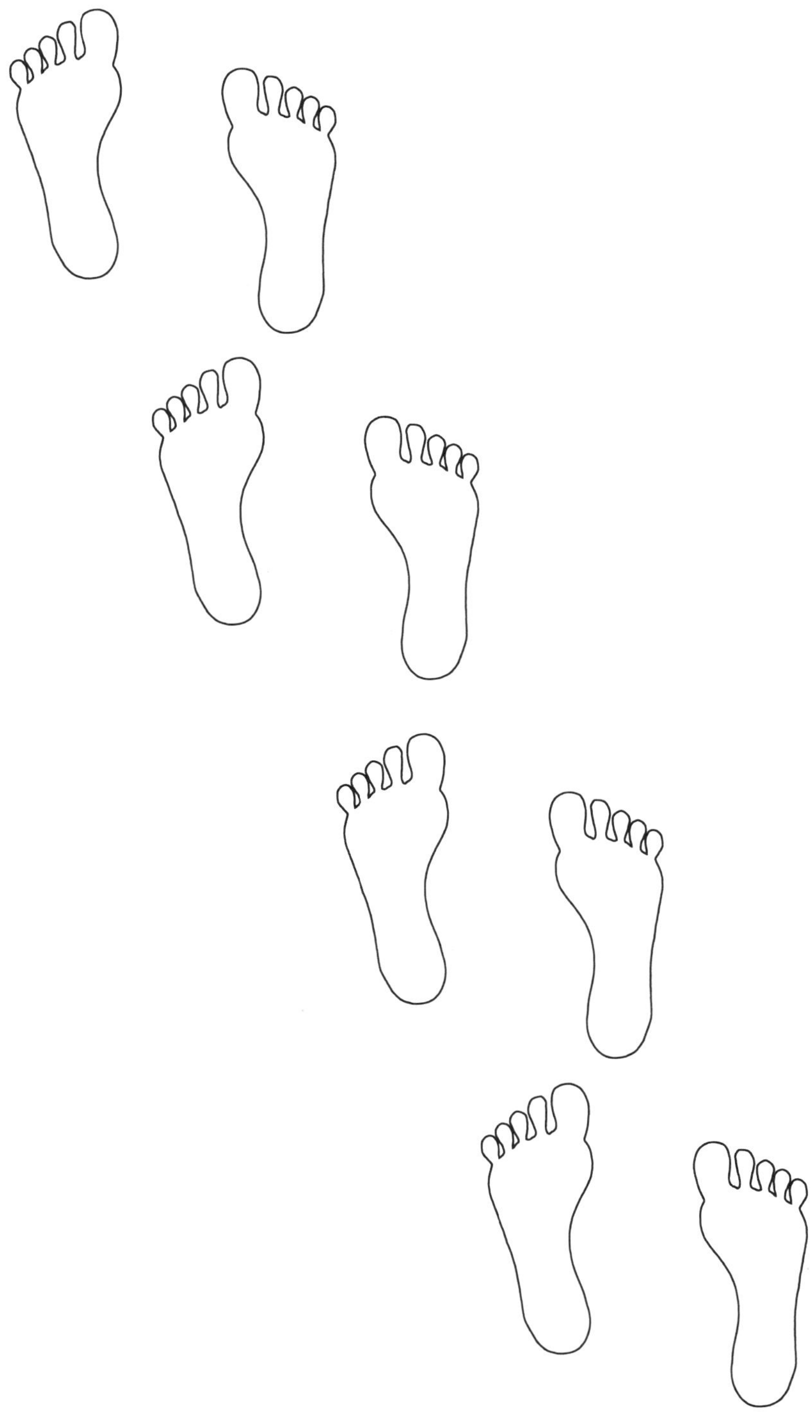

ARBEITSBLATT M 4.5

La vie – Das Leben

Pablo Picasso, »La vie«, 1903

Hintergrundinformationen zum Bild »La Vie« von Pablo Picasso

Mit dem Bild »La Vie« (»Das Leben«), entstanden im Frühjahr und Sommer 1903, fordert uns Pablo Picasso (1881–1973) auf, sich in die Beziehungen von Mann und Frau gedanklich und emotional zu vertiefen und ihre verschiedenen Gestaltungsformen zu hinterfragen. Es stehen sich zwei junge Liebende und eine Mutter mit Kind als große Figuren im Vordergrund gegenüber, die augenscheinlich miteinander in Kontakt stehen. Darauf weist der ausgestreckte Zeigefinger des jungen Manns hin. Will er damit vielleicht auf die möglichen Folgen des Geschlechtsakts zwischen Mann und Frau hinweisen und davor warnen? Hat er deshalb auch noch seine Unterhose an, während die junge Frau, die sich zärtlich an seine rechte Schulter schmiegt, schon völlig entkleidet ist? Ist mit dieser Geste der jungen Frau die Frage gestellt, ob sie auch die mütterliche Liebe zum Kind in ihrem Leben aufnehmen möchte?

Wenn sich Mann und Frau geschlechtlich vereinigen, stellt sich immer diese Frage. Was gibt es für Alternativen? Den Bildhintergrund bilden zwei kleine Aktszenen, die vielleicht die Szene im Vordergrund beleuchten und erläutern sollen. Die großen stehenden Figuren haben diese Szenen in ihrem Leben schon öfter erlebt und sind jetzt zu dem vorgedrungen, was dem Betrachter als Feststellung vorgestellt werden soll: »Das Leben«. Liebe ist genauso bunt und schön wie das Leben. Liebe ist Erfüllung, Glück, aber auch Elend und Sorge zugleich. Liebe ist Leben und Leben ist Liebe in ganz verschiedenen Empfindungen und Formen. Und ohne sexuelle Liebe gäbe es kein neues Leben. Was ist mit einem jungen Leben, dem die mütterliche Liebe fehlt? So ist und wird für den Betrachter dieses Bild aus der »blauen Periode« (1901-1904) Picassos zum Sinnbild der Empfindungsbreite menschlicher Liebe.

Der platonischen Liebe (wahrscheinlich die beiden jugendlichen Gestalten links vorne) steht die mütterliche Liebe gegenüber und der sexuellen Liebe (kleines Aktbild oben) die Eigenliebe (Aktbild unten). Mit all diesen Formen wird der Mensch im Lauf seines Lebens konfrontiert. Diese Darstellung Picassos ist aus autobiografischen Erlebnissen/Erfahrungen erwachsen. Auch Schwermut und nahezu Elend sollen die »existenzielle Symbolik« verdeutlichen und den Betrachter tief in eine große Meditation über Leben und Liebe »eintauchen« lassen. Die eher ernsthaften Gesichtsausdrücke und der Austausch der Blicke der dargestellten Figuren veranlassen zum angestrengten Nachdenken.

Eckhard Lade

Liebe ...

Es ist Vor- und Nachteil der deutschen Sprache zugleich, dass sie nur ein Wort für den Sachverhalt der Zuneigung und Hingabe zwischen Menschen kennt, das Wort »Liebe«. Es ist ein Vorteil, weil durch diese Tatsache schon von der Sprache her darauf hingewiesen wird, dass körperliche und geistige Zuneigung, Nächsten- und Gattenliebe, göttliche und menschliche Liebe zusammengehören und aufeinander hinweisen. Bei einer teilhaften Begegnung im Genitalbereich kann man eben noch nicht von Liebe sprechen, weil Liebe mehr meint und auf die ganzheitliche Begegnung der Personen abzielt. Zugleich aber fehlt der deutschen Sprache damit die Möglichkeit, und das ist ein Nachteil, diese partiellen, verfehlten Formen der Liebe beim Namen zu nennen.
Darum behilft man sich gern mit den Fremdworten aus dem Griechischen oder Lateinischen, unterliegt dann aber wieder der Gefahr, auseinanderzureißen, was zusammengehört. Mit »Eros« bezeichneten die Griechen zunächst die natürliche Kraft, die die Elemente zusammenhält und Mensch und Tier zur Zeugung treibt. Diese triebgesteuerte Zuneigung und Bindekraft der Lebewesen untereinander stellt innerhalb des Eros nur die unterste Stufe dar, das, was die Psychologie heute mit Libido und die allgemeine Umgangssprache mit Sex bezeichnet.
Der menschliche Eros strebt darüber hinaus. Auch in seinem künstlerischen Schaffen, auch in dem Suchen nach Erkenntnis und Weisheit äußert sich die Liebe des Menschen. Sie gelangt jedoch nicht ans Ziel, sondern bleibt immer auf dem Wege. (...)
»Agape« ist die Form der Liebe, wie sie uns im Neuen Testament begegnet und in Jesus Christus Gestalt geworden ist. Ihre Bewegungsrichtung verläuft umgekehrt, nicht von unten nach oben, wie die Bewegung des Eros, sondern von oben nach unten. Agape geht nicht von den Menschen aus, sondern von Gott. (...) Subjekt und Objekt der Agape ist (...) in jedem Fall nicht irgendetwas im oder am Menschen, nicht nur das Wesen, wie im griechischen Eros, sondern der ganze Mensch in der Totalität seiner Person.
In die konkrete Begegnung zwischen zwei Menschen werden nun zwar immer wieder die Vorzüge und Nachteile, Sympathien und Antipathien, Neigungen und Wünsche des einen wie des anderen hineinspielen. Für die Begegnung zwischen Mann und Frau sind diese erotischen Gefühle sogar unerlässlich, um den zu mir passenden Mann und die zu mir passende Frau zu finden und auszuwählen und miteinander eine glückliche und erfüllte Ehe zu führen. Aber in der weiteren Gestaltung dieser Begegnung, in dem, was wir von anderen erwarten, wie wir miteinander umgehen, muss sich der Eros immer wieder von der Agape führen lassen. (...) Sowenig also die Agape allein, ohne erotische Gefühle füreinander, zu einer glücklichen Ehe führen kann, genauso wenig reicht der Eros ohne die Agape aus, um das Lebensglück zweier Menschen zu vollenden.

Siegfried Keil

5 Ur-Kunde Bibel

Hintergrund

Die Bibel scheint oftmals in der Wahrnehmung der Sch ein Buch zu sein, das vor langer Zeit von religiösen Eiferern geschrieben wurde, seine Zeit hatte und nun nicht mehr in die Moderne passt. Naturwissenschaftliche und historische Erkenntnisse revidieren und/oder widerlegen biblische Aussagen, kulturelle Einsichten und moderne Lebenseinstellungen sprechen und verlangen andere Wahrheiten als die Wahrheit des Wortes Gottes. In ihrer Kritik und Ablehnung nehmen Sch die biblischen Schriften ernst und zugleich, und das forciert in ihrer Wahrnehmung das Antiquarische, auch wörtlich. Schnell erwächst aus diesem wörtlichen Verstehen das Argument gegen die Schrift; Hinweise auf den literarischen Charakter quittieren sie dann mit einer Einordnung in die Kategorien Sagen, Märchen oder Lügengeschichten.
Die hier vorliegende LL verfolgt daher ein zweifaches Ziel und sieht sich darin durch den Bildungsplan bestätigt, der in der dritten Dimension »Hermeneutik: Bibel und Tradition« ein sowohl wissenschaftliches als auch intertextuell interpretierendes Zugehen auf den biblischen Text in seinen Standards vorschreibt:
1. Sch lernen biblische Texte als von Menschen geschriebene Texte zu deuten;
2. Sch erschließen sich diese Texte so, dass die darin enthaltene, begründete Sehnsucht nach dem sich dem Menschen zugewandt habenden Gott Antwort auf existenzielle Fragen des Menschen zu jeder Zeit gibt.
Diese Zielsetzung legt eine Umsetzung dieser LL in der Klasse 10 nahe, denn dann sind Sch sowohl intellektuell als auch von ihrer Persönlichkeitsentwicklung in der Lage, sich wissenschaftlich und anthropologisch mit den Texten zu beschäftigen. Ab Klasse 9/10 besitzen Sch die entwicklungspsychologischen Voraussetzungen, das erforderliche Spektrum der an sie gerichteten Anforderungen des Bildungsplans auszuschöpfen. Dabei wird deutlich, dass Sch der Bibel in weiten Teilen mit großer Fremdheit begegnen. Diese Erzählungen sind zu weit weg von ihrer Biografie. Diese Fremdheit in der Begegnung kann von L als Chance begriffen werden, denn so wird ein Blick auf die Texte möglich, der zur Auseinandersetzung motiviert.

Daher wird in dieser LL in zwei Weisen auf den biblischen Text zugegangen. In der ersten Weise nähern sich Sch im hermeneutischen Verfahren der Bibel und reflektieren darin das Wahrheitsverständnis und erlernen die notwendigen Methoden der historisch-kritischen Exegese. Die zweite Weise, die eng mit dem hermeneutischen Zugang harmoniert und ihn notwendig voraussetzt, lädt Sch ein, sich mit einem zusammenhängenden und längeren Textkorpus aus der Bibel zu beschäftigen, nämlich mit der Geschichte Jakobs aus dem Buch Genesis. Dadurch wird die Bibel nicht auf einzelne Perikopen, die zur Legitimation bestimmter Ansichten angeführt werden, reduziert, sondern der biblische Text wird in seinem eigenen Anspruch ernst genommen: eine Erzählung von der Erfahrung der Menschen in ihrer Zeit mit Gott zu sein. Die Verdichtung auf Erfahrung ermöglicht zugleich eine Interpretation des Textes, der auch den Sch in ihrer Lebenswirklichkeit Anregung und »Unterbrechung« (J.B. Metz) eigener Einsichten bietet.
Als Brücke zwischen biblischem Text und gegenwärtiger Sch-Deutung fungiert dabei die Auseinandersetzung mit Bildern der Kunstgeschichte. Die in dieser LL ausgewählten Bilder machen deutlich, dass biblische Motive auch im 20. und 21. Jh. Künstlerinnen und Künstler beschäftigen, und untersteichen damit, dass die biblischen Überlieferungen auch in der entfalteten Moderne Inspirationsquellen zur Beschreibung der Gegenwart und Deutung des Menschen sind. Die zweite Brückenfunktion der ausgewählten Kunstwerke besteht darin, dass in ihrer Thematisierung im RU Sch den Text mit einer bildhaften Deutung vergleichen und dazu angeregt werden, in der eigenen gestalterischen Interpretation die Wirklichkeit des Textes mit der eigenen Lebenswirklichkeit zu korrelieren.
Die ersten zwei DS (74-77) und die letzte DS (86/87) haben das NT im Fokus, die DS 78-85 das AT. Die auf diesen Seiten angesprochenen Schritte der Exegese lassen sich natürlich auch auf ntl. Schriften anwenden, von denen in diesem Band die LL »Jesus – die Spur von morgen« und die LL »Memento mori« entsprechende ntl. Perikopen anführen. Aus diesem Grund erklärt sich, dass in dieser LL die atl. Schriftsteller verstärkt zu Wort kommen.

Ansetzen

Das Kunstwerk von Günther Uecker ist auf der rechten Seite platziert, sodass es die Aufmerksamkeit unmittelbar einfordert. Der Schwerpunkt der DS liegt auf der Auseinandersetzung mit diesem Kunstwerk. Es fordert Sch dazu auf, sich zu positionieren und verdeutlicht ihnen die anhaltende Provokation der biblischen Botschaft.
Der einführende Text ruft das Potenzial biblischer Texte ins Bewusstsein und verweist auf verschiedene Formen der Exegese, wie sie in der LL vorgestellt werden.

Günther Uecker, Dialog Matthäus 5,43-44 (2002)
(Graphit, Farbe, Papier, Nägel, Holz, 32 x 45 cm)
Der 1930 in Mecklenburg geborene Künstler Günther Uecker setzt häufig einfache Materialien wie Leinen, Holz, Nägel, Sand und Asche ein, denen er eine symbolische Bedeutung verleiht. Die in diesem Kunstwerk ein- und umgeschlagenen und sich teilweise überlagernden Nägel dominieren den ersten Eindruck. Umso mehr erstaunt es, dass trotz dieser Überlagerung und der über die ganze Fläche verstreuten schwarzen Farbkleckse der in schwungvoller Handschrift aufgetragene Text noch »unversehrt« und lesbar geblieben ist. Diese Gestaltung des Gebots der Feindesliebe (Mt 5,43ff.) fordert eine inhaltliche Auseinandersetzung mit den ausgewählten Bibelversen heraus: Die Nägel könnten auf Jesu Kreuzigung verweisen und andeuten, dass er für seine Botschaft gelitten hat und für sie sterben musste.
Ebenso könnten die Nägel auf die Gewalt verweisen, die sich feindlich gegenüberstehende Menschen trotz dieser Forderung bis heute gegenseitig antun. Vor diesem Hintergrund ist die Forderung Jesu nicht erfüllt, möglicherweise bleibt sie für die Menschen auch unerfüllbar. Die ungeheure Provokation, die häufig im ethischen Anspruch der Bergpredigt empfunden wird, scheint durch die Spuren der Gewalteinwirkung auf den Text bestätigt.
In einem weiterführenden Sinne könnten die Nägel auch für die Gewalt stehen, die im Laufe der Geschichte dem Alten und Neuen Testament angetan wurde, z. B. durch falsche Übersetzungen und Auslegungen (etwa zur Legitimation von Macht und Gewalt), Verbot der Bibel in bestimmten Ländern (Diktaturen Chinas und Lateinamerikas), Fernhalten der Bibel von einfachen Leuten und Auslegungsmonopol autorisierter Personen.

Dass der Bibeltext Mt 5,43-34 in Günther Ueckers Kunstwerk dennoch lesbar geblieben ist, bildet ein Gegengewicht zu allen äußeren Einwirkungen. Die Autorität des Bibelwortes wird außerdem durch die ihm beigegebenen Ausschnitte eines Textapparates unterstrichen, der Verweise zu Schriften des Alten und Neuen Testaments enthält. Günther Uecker selbst sagt: »Das, was da unsere sehbare, erkennbare Wirklichkeit ist, ist auch verbunden mit einer anderen Wirklichkeit, die wir nicht sehen. Und wenn ich darin herumstochere, mit einem Gegenstand wie mit dem Nagel, um das zu verbinden, um von beiden Wirklichkeiten zu künden, dann kann es mir auch auf eine poetische Art visuell manchmal gelingen. (...) Ich versuche, die Dinge direkt zu verzahnen, das Sagbare mit dem Unsagbaren zu verbinden und bildnerisch in die Welt zu stellen. (...) Ich erreiche die Welt nicht, indem ich sie abbilde, sondern stelle Bilder in die Welt und konfrontiere und bereichere sie damit. (...) Ich mache Aggressionen sichtbar und wandle sie poetisch um.«

Umsetzen

■ **Schreibgespräch.** Die Methode setzt voraus, dass Sch auch mit modernen Kunstwerken produktiv umgehen können. Sch setzen durch ihre Kommentare Textzitat und Gestaltung in Bezug zueinander (vgl. Beschreibung des Kunstwerks). Die gefundenen Titel (ggf. auch mit Untertitel) jeder KG werden an der Tafel gesammelt und dienen als Grundlage für eine Auswertung der GA im Plenum.
Alternativ kann die Erschließung des Kunstwerks auch in EA durch das Verfassen einer Bildbetrachtung mit persönlicher Deutung oder im UG erfolgen.

■ **Inspiriert von der Bibel.** Mit diesem Handlungsimpuls wird ein existenzialer und gestalterischer Zugang zur Bergpredigt angeregt. Die entstandenen Gestaltungen werden vorgestellt und ggf. im Verlauf der LL aufgegriffen und durch einen historisch-kritischen Zugang zur gestalteten Textstelle ergänzt.
Hintergrundinformationen zur Bergpredigt finden Sch auch auf S. 108 f.

■ **Ur-Kunde Bibel.** Konnotationen zum Titel der LL werden an der Tafel zusammengestellt und von L ergänzt:

- Urkunde als rechtlich beglaubigtes Dokument weist auf die Verbindlichkeit der bibl. Botschaft;
- Urkunde im Sinne einer Auszeichnung;
- Kundgabe von Erfahrungswissen und Überzeugungen;
- Die Vorsilbe Ur- weist auf die erste, anfängliche im Sinn der bedeutendsten Kunde hin
- Urkunde hängt etymologisch mit dem Wort »erkennen« zusammen (»innewerden«, »geistig erfassen«) und bedeutet ursprünglich »Erkenntnis«

Weiterführen

■ **Kunst und Bibel.** Fächerverbindend mit dem Kunstunterricht gestalten Sch Bibelverse. Der Akzent liegt auf einer tieferen Auseinandersetzung mit biblischen Inhalten, die ihren Ausdruck in einer künstlerischen Gestaltung findet.

Ansetzen

Für Sch stellt die Sprache der Bibel häufig eine Barriere dar, die ihnen den Zugang zum Text erschwert. Die DS greift diese Problematik auf, indem sie einerseits auf den langen Überlieferungsweg biblischer Texte und die Rekonstruktion der Urtexte in hebräischer und griechischer Sprache hinweist und andererseits die Frage nach einer angemessenen Übersetzung im Spannungsfeld von aktueller Anpassung und Bewahrung der poetischen Dimension des Textes stellt.

Umsetzen

■ **Textüberlieferung.** Sch recherchieren im Internet, z. B. unter www.qumran.org; basiswissen-christentum.de; Welt und Umwelt der Bibel. Archäologie. Kunst. Geschichte. Qumran. Nr. 9, 3. Jg., 3. Quartal 1998.

■ **Standpunkte.** Sch geben in ihren Worten die Aussagen der Zitate wieder. Vertiefung durch L-Impulse:
- Inwiefern könnte für den Schriftsteller und überzeugten Kommunisten Bertolt Brecht die Bibel interessant sein? (Vorlage für existenzielle Themen in vielfältiger literarischer Bearbeitung)
- Welche Aussagen der Bibel tragen »Dynamit« im Sinne Gandhis in sich? (Rückgriff auf Reiseprospekt/Gebot der Feindesliebe und Bergpredigt möglich)

Sch formulieren in EA ihren eigenen Standpunkt, wobei eine Bezugnahme zu den Zitaten der DS möglich ist. Sch wählen oder losen einen Partner aus und tragen in PA die Stellungnahmen gegenseitig vor. Vortrag der Stellungnahmen im Plenum ist möglich und sinnvoll.

■ **Standorte.** L klärt Rahmenbedingung für diese persönlich-affektive Methode: Jede Darstellung ist gleichwertig; favorisiert wird eine ehrliche, individuelle Darstellung gegenüber der Imitation anderer Beiträge. L kann sich mit einer eigenen Darstellung einbringen. Alternativ kann die Übung auch mit dem Ablegen eines persönlichen Gegenstands durchgeführt werden (vgl. Weiterführen).

Übersetzungen

Lutherbibel

Luthers Übersetzung (ab 1522) entstand aus dem reformatorischen Impuls, das Wort Gottes allen Menschen in ihrer Sprache nahe zu bringen, und stellt ein einzigartiges Sprachkunstwerk dar. Luther übersetzte aus den Ursprachen der Bibel (Hebräisch und Griechisch, nicht Latein!) und wollte dabei »dem Volk aufs Maul schauen«, d. h. eine volksnahe, poetische und bildkräftige Sprache für die Menschen seiner Zeit finden. Eine allgemeine deutsche Hochsprache gab es zu Luthers Zeit noch nicht. Die Lutherbibel fand durch Gutenbergs Erfindung des Buchdrucks weite Verbreitung. Sie besitzt innerhalb der ev. Kirche eine große Verbindlichkeit, wurde jedoch mehrfach revidiert, um sie auch späteren Generationen zugänglicher zu machen.

Einheitsübersetzung

Diese Übersetzung wurde zunächst von den deutschen katholischen Bischöfen in Auftrag gegeben, denen sich andere deutschsprachige Länder angeschlossen haben. Die Absicht ist, eine dem wissenschaftlichen Forschungsstand entsprechende Übersetzung zu schaffen, die einheitlich im gesamten deutschen Sprachraum in Liturgie und Verkündigung zu gebrauchen ist. Die Übersetzung ist ein Gemeinschaftswerk mehrerer Kommissionen und findet heute ihre Fortsetzung im Auftrag, 30 Jahre nach ihrem Erscheinen eine neue Übersetzung zu erarbeiten.

Bibel in gerechter Sprache
Bei dieser Übersetzung handelt es sich nicht um eine Auftragsarbeit kirchlicher Stellen, vielmehr ist sie aus der vielfältigen Übersetzungsarbeit ev. Kirchentage erwachsen und vereinigt ein großes Team von Mitarbeiterinnen und Mitarbeitern. Das gesamte Projekt ist auf Fortsetzung angelegt. Innerhalb der Kirchen fand es bisher keine Approbation. Die Übersetzung versucht, einerseits den fachexegetischen Wissensstand zu vermitteln und andererseits den Bibeltext von ideologischen Überfremdungen zu befreien.
»Gerecht« meint hier ein dreifaches Bemühen:
- Die Bibel ist für alle Menschen geschrieben, für Männer und Frauen gleichermaßen. Einseitig männlich und sexistisch orientierte Aussagen (z. B. im Gottesbild) sind zu korrigieren.
- Die Übersetzung soll gerecht gegenüber dem Judentum sein, antijudaistische Aussagen und Stereotypen sollen vermieden werden.
- Die sozialen Verhältnisse und Konflikte der Entstehungszeit dürfen nicht durch glättende Übersetzungen unkenntlich gemacht werden, wodurch auf eine soziale Gerechtigkeit Wert gelegt wird. Martin Luther spricht beispielsweise von Knechten und Mägden, wo es eigentlich um Sklaven und Sklavinnen geht.

Die Tendenz einer sprachlichen Vereinfachung und Anpassung an das aktuell gesprochene Deutsch wird für Sch im Vergleich der revidierten Lutherbibel mit dem Text der Einheitsübersetzung sichtbar, ebenso die Frage der poetischen Kraft beider Versionen. Vom Titel her (Bibel in gerechter Sprache) formulieren Sch Thesen zum Anspruch dieser Übersetzung und weisen dies am Beispiel von Vers 9 und 11 konkret nach: Vater und Mutter werden sowohl für den Bereich der menschlichen Familie als auch als Metapher für Gott verwendet. Entsteht an dieser Stelle eine Auseinandersetzung mit der Gottesvorstellung, kann der Zusammenhang von Vorstellung und sprachlichem Ausdruck sehr deutlich bewusst werden. L ergänzt den Anspruch dieser Übersetzung.
Der Text der Volxbibel wird von vielen Sch zunächst abgelehnt oder nicht ernst genommen. Inwiefern der Anspruch, eine jugendorientierte Übersetzung zu schaffen, geglückt ist, wird in einer Auseinandersetzung mit diesem Projekt (vgl. Volxbibel) ausführlich thematisiert. An dieser Stelle kann die Frage nach dem Ort der Verwendung biblischer Schriften thematisiert werden (Verkündigung, wissenschaftliche Untersuchung).

■ **Brot oder Toastbrot?** Sch erstellen zwei Mindmaps zu den Begriffen und leiten die zentralen Unterschiede ab: Brot als Grundnahrungsmittel und Überbegriff; Toastbrot als Lebensmittel, das verzichtbar ist, jedoch als Wort modischer klingen mag.

■ **Aktualisierung.** Sch formulieren mündlich die Funktion der Beispiele »Fisch« und »Schlange« und stellen sie in den Zusammenhang mit »Brot« und »Stein«: Wieder geht es um ein Grundnahrungsmittel, das durch ein u. U. tödlich gefährliches Tier ersetzt wird, das dem ursprünglich Geforderten äußerlich etwas ähnlich sieht. In den Übertragungen finden Sch Vergleiche auf einer ähnlichen Ebene.
Aktuelle Volxbibel-Übersetzung der Stelle Mt 7,7-11:

> Beten funktioniert!
> 7 Redet mit Gott und bittet ihn um Sachen, es funktioniert! Versucht alle Register zu ziehen, macht euch bemerkbar, dann wird er reagieren!
> 8 Wenn einer Gott um etwas bittet, der wird es auch bekommen. Wenn jemand etwas sucht, dann wird er es auch finden. Und wenn jemand eine Frage hat, wird er auch seine Antwort bekommen.
> 9 Wenn ein Kind seinen Papa um ein Toastbrot bittet, wird er ihm dann ein Stück Pappe geben?
> 10 Und wenn ein Kind bunte Smarties haben will, wird er ihm dann Rattengift andrehen?
> 11 Also wenn selbst Menschen, die oft so link und brutal sind, ihren Kindern das Beste geben, was sie haben, dann wird der Papa aus dem Himmel euch doch erst recht richtig krasse Sachen geben, wenn ihr mal bei ihm anfragen würdet.
> (7.4.2010)

■ **Volxbibel.** Bei der Recherche gewinnen Sch einen allgemeinen Einblick in das Projekt und wählen gezielt Textstellen aus, die mit anderen Übersetzungen verglichen werden. Die Urteilskraft der Sch wird in Bezug auf bekanntere Texte höher sein, z. B. Geburt Jesu, Bergpredigt, Vaterunser, Gleichnisse und Parabeln Jesu. Folgende Übersetzungen finden sich online auf dem Bibelportal der deutschen Bibelgesellschaft (www.die-bibel.de) : Luther-Bibel 1984, Gute Nachricht Bibel, Menge-Bibel, BasisBibel, Einheitsübersetzung, Zürcher Bibel, Elberfelder Bibel, Neue Genfer Übersetzung (NGÜ), Schlachter-Bibel, »Neues Leben«, Englische Bibel (KJV).

Weiterführen

■ **Persönlicher Gegenstand.** Eine Bibel wird in die Mitte eines Stuhlkreises gelegt und folgender AA erteilt:

- Wählt einen persönlichen Gegenstand aus (z. B. Schmuck, Armbanduhr, Handy), den ihr so platziert, dass er eure innere Nähe oder Entfernung zur Bibel äußerlich sichtbar macht.

Sch beschreiben und kommentieren das entstandene Gesamtbild aus Bibel und Gegenständen. Im UG werden die Beweggründe für die vermutlich mehrheitlich eher entfernter platzierten Dinge reflektiert. Exemplarisch können individuelle Beweggründe von Sch vorgetragen werden.

■ **Interview zur Bibel.** Sch befragen als HA eine oder mehrere Personen zu ihrem jeweiligen Verhältnis zur Bibel, z. B.: Was bedeutet die Bibel für Sie? Gab oder gibt es Situationen in Ihrem Leben, in denen Ihnen die Bibel geholfen hat? Welches sind Ihre Lieblingsstellen in der Bibel? Welche Fragen haben Sie an die Bibel? Sch stellen die Antworten ihrer Interviewpartner (mit Altersangabe) in der Klasse vor und werten sie gemeinsam aus. Die Hälfte der Sch kann eine vergleichende Umfrage zum Koran durchführen (vgl. Interview zum Koran), wodurch Unterschiede in der Wertschätzung und Relevanz der Bibel bzw. des Korans sichtbar werden und als Impulse für eine kritische Auseinandersetzung dienen.

■ **Interview zum Koran.** Die Reflexion über den Umgang mit der Bibel kann durch einen Vergleich mit islamischen Vorstellungen in besonderer Weise angeregt oder vertieft werden. Sch befragen als HA eine/n Muslim/in oder mehrere Muslime/Musliminnen (ggf. Mit-Sch) zu ihrem jeweiligen Verhältnis zum Koran, z. B.: Was bedeutet der Koran für Sie? Gab oder gibt es Situationen in Ihrem Leben, in denen Ihnen der Koran geholfen hat? Welches sind Ihre Lieblingssuren im Koran? Welche Fragen haben Sie an den Koran? Sch stellen die Antworten ihrer Interviewpartner (mit Altersangabe) in der Klasse vor und werten sie gemeinsam aus. Gegebenenfalls schließt sich ein Vergleich mit den Antworten zum Umgang mit der Bibel an.

■ **Bibelcode?** Sch zeigen sich meist fasziniert von der Theorie eines in der Bibel verborgenen Codes und damit zusammenhängender Verschwörungstheorien, die sie in Büchern wie »Sakrileg« (dt., engl. Originaltitel: »Da Vinci Code«) oder »Illuminati« von Dan Brown bestätigt sehen. Eine Auseinandersetzung mit diesen Ansätzen kann besonders vor dem Hintergrund der Bibelwissenschaft fruchtbar sein.
Sch finden hierzu in eigenständiger Recherche gut aufbereitetes Material auf der Website des Bibelwissenschaftlers Alexander Schick: www.sakrileg-betrug.de/sakrileg/.

Auf der Suche nach Wahrheit AUSFLUG 78 | 79

Ansetzen

Eine entscheidende propädeutische Überlegung für einen sachgemäßen Umgang mit biblischen Texten besteht in der Frage nach deren Wahrheitsgehalt. Mit dem Text von Hans Küng wird der Begriff der existenzialen Wahrheit eingeführt.
Auch die Arbeit mit dem Gemälde von Max Ernst und den Evangelienanfängen (Handlungsimpuls »Wahrheit in den Evangelien«) macht deutlich, dass biblische Texte einerseits komponierte Glaubenszeugnisse sind, die andererseits auch zu erstarren drohen, wenn sie sich nicht mehr (auch faktisch) hinterfragen lassen. Eine besondere Aufgabe für L ist es, die Balance zwischen der Dekonstruktion gängiger Vorstellungen und der Offenheit für das Sinnangebot der biblischen Überlieferung zu halten. Wünschenswert wäre, wenn Sch durch eine historisch-kritisch orientierte Erarbeitung zu einem vertieften Verständnis der Texte gelangten und sich gegenüber der existenzialen Anfrage der Texte neu positionierten.

Max Ernst, Die Jungfrau züchtigt das Jesuskind vor drei Zeugen André Breton, Paul Éluard und dem Künstler (1926)
Zentrale Figur des Gemäldes ist eine sitzende Frau, die ihren Oberkörper nach vorne beugt und mit ihrem rechten Arm eine weit nach hinten ausholende Bewegung macht, während ihr linker Arm ein bäuchlings quer über ihrem Schoß liegendes nacktes, blond gelocktes Kind festhält. Das von einem roten Oberteil ins Blau übergehende Kleid der Frau und der zart über ihrem Kopf schwebende Heiligenschein weisen sie als Maria aus, die in der traditionellen Darstellung der bildenden Kunst bevorzugt ein blaues Gewand als Zeichen ihrer Zugehörigkeit zur Transzendenz trägt. (Ein gutes Beispiel aus dem Hochmittelalter dafür ist Stefan Lochners Andachtsbild »Madonna im Rosenhag«, um 1450.) Obwohl das Gesicht Marias im Schatten liegt, ist eine eher ernste und entschlossene Mimik

zu erkennen. Das Kind auf ihrem Schoß – das Jesuskind – ist ein schon älteres Kind, als man es aus der traditionellen Ikonografie kennt, was durch die dargestellte »Züchtigung« bedingt ist. Die Frage der »Heiligkeit« Jesu von Beginn seines Lebens an wird durch die Notwendigkeit der dargestellten »Erziehung« und den in der rechten unteren Bildecke sichtbaren Heiligenschein gestellt, der dem Kind abgefallen ist.
Die Bildtiefe entsteht durch zwei in der oberen Bildmitte aufeinander zulaufende Wände, deren Formen kulissenartig stilisiert sind und die auf den Stil der kubistischen Abstraktion weisen. Durch eine quadratische Öffnung in der linken Wand sind drei Köpfe zu sehen, die das Geschehen in der Bildmitte zu bemerken scheinen, aber nicht eingreifen. Max Ernst war Anhänger der Bewegung des Dadaismus, dem sich in Paris auch die beiden im Bildtitel angeführten Maler André Breton und Paul Éluard anschlossen. Unter Bretons Führung entwickelte sich der Dadaismus in Paris zum Surrealismus weiter. Nach den Schrecken des Ersten Weltkriegs machten insbesondere Intellektuelle, Künstler und Schriftsteller die Säulen der alten Gesellschaftsordnung – Monarchie und Kirche – für das grauenhafte Desaster verantwortlich und äußerten sich, zumeist satirisch, in Kunstwerken und Schriften antiklerikal.
Auch Max Ernst greift mit dadaistischer Ironie das in Deutschland von den Romantikern verherrlichte Bild der traditionellen christlichen Ikonografie auf. Indem Ernst die pädagogische Handlung einer raffaelischen Madonna darstellt, hinterfragt er damit die Tendenz der Romantiker, die mit einer Verklärung des Madonnenbildes an die Raffael- und Dürerzeit anknüpfen wollten und ein eher schwärmerisches Christentum zementierten. Ein aufschlussreicher Vergleich bietet hier das Bild von Julius Schnorr von Carolsfeld (1820) (**vgl. M 5.6, S. 164**).
Obwohl Max Ernst eher gelassen als polemisch agiert, löste das Gemälde, als es 1926 erstmals in Paris im »Salon der Unabhängigen« gezeigt wurde, einen Skandal aus. Nach der Präsentation des Gemäldes in Köln wurde Max Ernst vom Kölner Erzbischof exkommuniziert. Heute hängt das Bild im Museum Ludwig neben dem Kölner Dom und ist dort eine der Hauptattraktionen.

Umsetzen

■ **Wahrheit und Faktizität.** Die Textaussagen können an der Tafel festgehalten werden:

- Küng unterscheidet Faktizität/historische Wahrheit und existenziale Wahrheit;
- Faktizität meint Aussagen, die auf nachweisbaren Tatsachen beruhen;
- Existenziale Wahrheit kann in einer fiktionalen Geschichte enthalten sein und meint eine für einen Menschen relevante Wahrheit;
- Biblische Texte sollen auf ihren Gehalt historischer Faktizität befragt werden, aber nicht ausschließlich daraufhin;
- Biblische Texte werden adäquat entschlüsselt, wenn auch nach ihrer existenzialen Wahrheit gefragt wird;
- Biblische Texte verdeutlichen, wie ein Ereignis auf die Menschen wirkte, was es für deren Glauben bedeutete. Infolgedessen entspricht es der ureigenen Intention der Texte, wenn wir uns auch heute noch von diesen Glaubenszeugnissen in Bezug auf unseren Glauben fragen lassen.

■ **Wandel über den See.** In der Perikope (Mt 14,22-33) wird Jesu Besonderheit herausgestellt: Er ist den Naturgesetzen nicht unterworfen bzw. stärker als sie. Die Petrus-Episode illustriert den Zusammenhang von Vertrauen und Glaube, worin die existenziale Dimension des Textes besonders aufscheint.
Alternativ kann in die Erarbeitung die Parallelstelle Mk 6,45-52 einbezogen werden. Im Unterschied zu Mt fehlt bei Mk die Petrus-Episode und die Reaktion der Jünger mündet nicht in ein Bekenntnis zu Jesus. Zur Auseinandersetzung mit den Wundern Jesu vgl. auch LL »Jesus – die Spur von morgen«, S. 112ff.

■ **Im Dialog.** In den von Sch formulierten Dialogen der drei durch das Fenster blickenden Personen kann der Bruch mit der gängigen Vorstellung einer harmonischen, moralisch unangreifbaren »Heiligen Familie« thematisiert werden. Auch die Frage nach dem Wahrheitsgehalt der Überliefung des Gesehenen kann aufkommen, wodurch das Thema der DS aufgegriffen wird.
Sch stellen häufig eine Verbindung zwischen den drei Zeugen und den Evangelisten her. Dies bietet einen fruchtbaren Ansatz zur Erläuterung der biblischen Überlieferungsgeschichte und der Rolle der Evangelisten, die selbst keine Augenzeugen des Geschehens waren.
Alternativ kann **M 5.1, S. 157**, verwendet werden. Der AA ist hier auf die Figuren Maria und Jesus ausgeweitet, um das Potenzial des Bildes noch weiter auszuschöpfen. Sch setzen sich mit der Begründung der Strafe aus der Perspektive Marias auseinander und reflektieren das Selbstverständnis Jesu aus der Sicht des Jesuskindes. In einem eigenen Untertitel geben Sch ihren Deutungsansatz des Gemäldes wieder.

Künstlerische Freiheit? Nach dem Austausch in der KG werden im UG folgende Aspekte benannt und ggf. an der Tafel fixiert:
Aussagen des Bildes »Die Jungfrau Maria züchtigt das Jesuskind vor drei Zeugen ...« von Max Ernst.

- Der Künstler und zwei seiner Künstlerfreunde sehen kritisch auf das gängige Bild von der »Heiligen Familie«.
- Es geht um die Beziehung des heutigen Menschen (vgl. heutige Zeugen) zum biblisch begründeten Glauben.
- Die biblische Überlieferung über Jesus als Kind ist möglicherweise unvollständig oder beschönigend.
- Die Evangelisten haben in ihrer Überlieferung besondere Akzente gesetzt: Was war ihnen wichtig?
- Jesus wurde wie jedes andere Kind seiner Zeit erzogen und dabei auch geschlagen.
- Jesus war wahrer Mensch (vgl. Leiden am Kreuz).

Der Wert einer künstlerischen Fiktion als Anstoß zum Aufbrechen bestehender Denkmuster und Klischees sollte deutlich werden. Künstlerische Verfremdung kann auf der Suche nach der Wahrheit helfen, indem sie provoziert und die Fragwürdigkeit festgelegter Vorstellungen verdeutlicht.
Sch werden besonders durch die Zusatzinformation, dass der Künstler aufgrund dieses Bildes vom Kölner Erzbischof exkommuniziert wurde, für die Frage der künstlerischen Freiheit im Spannungsfeld religiösen Empfindens sensibilisiert. Auch wenn sie in der Regel den Skandal um Ernsts Bild als »überzogen« empfinden, finden sich leicht aktuelle Beispiele, in denen die Auseinandersetzung zwischen künstlerischer Freiheit und Verletzung religiöser Gefühle oder Dogmen sichtbar wird, z. B. hinsichtlich des »Karikaturen-Streits«, der 2006 durch in Dänemark und Ägypten veröffentlichte Karikaturen zum Islam entstand und mehr als 100 Menschenleben forderte.

Wahrheit in den Evangelien. Sch finden heraus, dass sich die Anfänge der Ev deutlich voneinander unterscheiden und fragen nach Sinn und Bedeutung der Unterschiede.
Mögliches Ergebnis:
Alle Evangelien wollen Jesus als wahren Messias und Erlöser aller Menschen bezeugen. Doch dazu bedarf es unterschiedlicher Bilder und Sichtweisen. Analogie: Um einen Menschen in seiner gesamten Wirklichkeit zu erfassen, genügt ein einzelnes Foto nicht. Man braucht eine Serie, die den Dargestellten in unterschiedlichen Situationen und Lebensstadien zu treffen sucht; und dennoch gelingt es nie, »den ganzen Menschen« einzufangen.
Mt ist der Aspekt wichtig, dass Jesus in einer alten Tradition steht: Was damals verheißen wurde, hat sich in Jesus erfüllt. Daher bietet er einen Stammbaum, der eine historische Genealogie von Abraham bis Jesus suggeriert. Mk stellt die Bedeutung der Gottessohnschaft Jesu durch die Taufszene heraus: Jesus ist der von Gott Berufene, der durch eine Himmelstimme in seiner Sendung legitimiert wird; auf ihm ruht Gottes Geist.
Lk betont die Zuverlässigkeit (Wahrheit) seiner Darstellung. Daher beginnt er sein Evangelium mit einer Selbstauskunft, der Nennung von Zeugen und von Überlieferungsschritten seiner Botschaft. Aussageabsicht und Vorgehensweise werden hervorgehoben.
Joh beginnt wie Mk mit einer Berufung auf Johannes den Täufer als Zeugen für die Größe Jesu, wobei Joh vorweg unmissverständlich klarstellt, dass es bei der Darstellung der Geschichte Jesu um Gott selbst geht. Dies ist im Kontext der Gemeindesituation zu verstehen, die nicht mehr recht zu begreifen und festzuhalten vermochte, dass Gott in Jesus wirkt.

Eine Vertiefung stellt die GA mit **M 5.2, S. 158–M 5.4, S. 162**, dar: Die Zusatzinformationen zu den synoptischen Evangelienanfängen ermöglichen eine weitere Entschlüsselung der Texte und der jeweiligen Aussageabsicht. Da der Lk-Prolog vergleichsweise knapp ist, wird dieser Gruppe die an die Perikope anschließende Text Lk 1,5-25 zur Erarbeitung gegeben. Sch erkennen hier Parallelen zur Verkündigung der Geburt Jesu (Engel Gabriel als Bote, Wundersame Empfängnis, hier aufgrund des vorgerückten Alters der Eheleute, Wunder, das sich an Zacharias vollzieht). Der unmittelbare Zusammenhang zur Verkündigung der Geburt Jesu (Lk 1,26-38) wird deutlich: Gottes Macht- und Heilswillen zeigt sich in den Perikopen Lk 1,5-25 und Lk 1,26-38 in steigernder Weise.

Weiterführen

Abhängigkeit der Evangelien. Im Anschluss an die Arbeit mit den Evangelienanfängen leiten Sch in PA die Zwei-Quellen-Theorie aus den gegebenen fünf Aussagen ab (**M 5.5, S. 163**). Zwei bis drei Teams zeichnen ihre Schaubilder an der Tafel an und erläutern sie. Im UG wird die Kongruenz mit den gegebenen fünf Aussagen geprüft und die vorhandenen Schaubilder werden ggf. kombiniert oder modifiziert. Wenn möglich, erläutert L die Zwei-Quellen-Theorie anhand einer Sch-Skizze und ergänzt die Fachtermini (Q*/Sondergut Lk/Mt).

Mariendarstellungen im Vergleich. Sch erstellen eine »Projektskizze« zu Max Ernsts Gemälde (**M 5.6, S. 164**). Dabei sollten die Aspekte des Aufgreifens und ironischen Spielens mit dem traditionellen Motiv deutlich werden (vgl. Bildbeschreibung oben, Erläuterungen zum Bildvergleich vgl. www.museenkoeln.de/homepage/bild-der-woche.asp?bdw=2006_11&s=).

Ansetzen

Das Verstehen der biblischen Texte stellt eine grundlegende Fähigkeit dar, die Sch im RU erlernen müssen. Oftmals sind Sch von einem Zugang zum Text geprägt, der ihn wortwörtlich nimmt und daher zur Ablehnung führt. Die historisch-kritische Exegese als bewährte hermeneutische Methode antwortet auf dieses Missverstehen der Texte, indem sie die Textentstehung in ihrem historischen und theologischen Kontext aufzeigt. Diese vorliegende DS zeigt in komprimierter Weise auf, mit welchen Schritten dabei gearbeitet wird. Insgesamt prägt diesen Ausflug ein textverstehendes und anwendendes Arbeiten. Dabei wird auf dieser DS eine schrittweise Heranführung an diese Methode vorgestellt. In einem ersten Schritt wird die Legitimation dieses Vorgehens aufgezeigt, sodann folgt eine Klärung des hermeneutischen Verfahrens, um dann abschließend die einzelnen Arbeitsschritte der historisch-kritischen Methode darzustellen. Im Abschnitt »Weiterführen« werden zu den jeweiligen Schritten der historisch kritischen Exegese kreative Umsetzungsformen aufgezeigt.

Umsetzen

■ **Wessen Wort?** Es war ein langer Kampf, bis sich das Konzil auf den Text von »Dei verbum« einigen konnte, schließlich wurde mit diesem Dokument der historisch-kritischen Exegese in der katholischen Theologie ein ihr eigener Stellenwert zum Verstehen des Textes zugewiesen. In der Herausarbeitung durch den Sch ist auf zweierlei zu achten: zum einen die Einsicht, dass das Konzil das Wort Gottes als in Menschenwort ausgesprochenes versteht und es daher mit wissenschaftlichen Methoden erschlossen werden muss; zum anderen die signifikante Hierarchie der Exegeten, wonach das Urteil der Wissenschaftler dem Urteil der Kirche vorarbeitet. Gemäß dem in EA zu leistenden Handlungsimpuls wird der Text am besten in Thesen zusammengefasst.

■ **Hermeneutik.** Nachdem im ersten Handlungsimpuls die Legitimation der Methode herausgearbeitet wurde, setzt sich dieser Handlungsimpuls mit dem Prozess des Verstehens auseinander. Auch hier erarbeiten Sch in EA oder PA die zentralen Aspekte des Textes. Ein die Ergebnisse fixierendes TA bietet sich an.

■ **Kampf am Jabbok.** Mit diesem Handlungsimpuls, der zusammen mit »Arbeit am biblischen Text« am Ende aller Spitzmarken auf dieser DS zu leisten ist, wenden Sch ihr erworbenes hermeneutisches Wissen an. Dieser Handlungsimpuls bereitet den Handlungsimpuls »Arbeit am biblischen Text« vor. Es bietet sich an, zur Gliederung den Text auf Folie vorbereitet zu haben, um so im UG die Ergebnisse zu besprechen. Dabei werden Sch aufgefordert, neben der zu leistenden Gliederung auch auf Auffälligkeiten im Text zu achten: Tageszeiten, Plötzlichkeit des Kampfes. Allein durch die Arbeit an der Gliederung und sorgsame Textbeobachtung lassen sich wichtige Erkenntnisse erzielen. Motiviert werden Sch dadurch, dass sie Fragen an den Text stellen – durch das Fragen und Beantworten der Fragen, die ggf. neue Fragen aufwerfen, erkennen Sch auf einer Metaebene den hermeneutischen Zirkel bzw. lässt sich dieser aufzeigen.

■ **Historisch-kritische Exegese.** Dieser AA bezieht sich auf die beiden Texte »Schritte der historischen Kritik« und »Erkenntnisse der historisch-kritischen Methode«. Auch hier arbeiten Sch die einzelnen Schritte aus den Texten heraus und benennen die jeweiligen Merkmale der Schritte sowie die grundlegenden Erkenntnisse, zu denen man mithilfe dieser Zugangsweise gekommen ist. In »Weiterführen« folgen Vorschläge zur Verdeutlichung der einzelnen Schritte.

■ **Arbeit am biblischen Text.** Nachdem Sch mit der historisch-kritischen Methode vertraut sind, wenden sie nun die erworbenen Kenntnisse an. Zuvor sollte schon die Gliederung des Textes aus Gen 32,23-33 erfolgt sein. Mit dem vorliegenden exegetischen Kommentar zu dieser Perikope werden die aufgeworfenen Fragen beantwortet und Sch gewinnen einen Einblick in das exegetische Arbeiten. Diese Arbeit wird ebenfalls in EA in einem zusammenhängenden Text beantwortet; auf der nächsten DS »Das Wort deuten« wird zu dieser Perikope eine moderne Interpretation vorgestellt.

Weiterführen

■ **Literarkritik.** Nachdem Sch sich die Grundlagen der historisch-kritischen Exegese erschlossen haben, bietet es sich an, einzelne Schritte einzuüben. Die Literarkritik lässt sich für das AT sehr gut anhand der Noach-Geschichte verdeutlichen. Sch bringen ihre Kinderbibeln mit, in denen die Geschichte von der Sintflut erzählt wird. Die einzelnen Variationen werden mit dem AA verlesen, auf alle Zahlenangaben zu achten. Im UG wird sich herausstellen, dass es dabei Unterschiede gibt, die sowohl die Dauer der Sintflut als auch die Anzahl der Tiere betrifft. Zur Überprüfung lesen Sch dann den Textauszug aus der Genesis (**M 5.7, S. 165**) und markieren hier die Zahlenangaben. Es stellt sich im Ergebnis heraus, dass vom biblischen Schriftsteller zwei Quellen (P und J) zusammengefügt wurden, was sich anhand der unterschiedlichen Zahlenangaben und des Gottesnamens feststellen lässt. Im Anschluss daran kann ein L-Vortrag kurz auf die Pentateuchkritik eingehen; als fundierte und verständliche Quelle bietet sich dazu an: Norbert Scholl, Die Bibel verstehen, Darmstadt 2004, S. 23-27.

■ **Redaktionskritik.** Die Redaktionskritik bietet einen Einblick in die theologische und schriftstellerische Arbeit des Evangelisten. Mithilfe **M 5.8, S. 166,** können Sch dieses selbst nachvollziehen. Wichtig ist bei der Anordnung der Ereignisse nicht, dass Sch eine richtige Abfolge (wie der neutestamentliche Schriftsteller) finden, sondern dass sie ein von ihnen zu begründendes Ordnungsschema entwickeln. Folgende drei Kriterien lassen sich dabei herausarbeiten:
1. chronologisch-biografisches Kriterium, das mit der Taufe beginnt und mit dem Tod am Kreuz endet;
2. gattungslogisches Kriterium, das die einzelnen Gattungen zusammenfasst, wie Gleichnisse, Wundererzählungen und Passion;
3. geografisches Kriterium, das den Weg Jesu von Galiläa bis nach Jerusalem als Ordnungsprinzip für die Ereignisse annimmt.

■ **Textkritik.** Sicherlich ist diese Kritik von Sch nur in Ansätzen zu leisten, da sie nicht mit dem griechischen Urtext arbeiten. Aber durch eine Übung (**M 5.9, S. 167**) lassen sich Regeln der Textkritik erarbeiten. Als Vorarbeit kopiert L die »Vaterunser«-Texte auf farbiges Papier und zerschneidet die Texte so, dass sie ein nicht zu schnell lösendes Puzzle ergeben. Die Arbeitsweise der Sch erfolgt dann so:
1. Bildung von Gruppen;
2. jede Gruppe puzzelt ihren Text zusammen;
3. wenn alle fertig sind, lesen sich Sch alle Ergebnisse durch;
4. sie bleiben bei der Variante stehen, die sie für die älteste halten;
5. sie begründen ihre Auswahl.

Im anschließenden UG lassen sie die beiden Ergebnisse im TA fixieren, wonach für die älteste Textvariante folgende Bedingungen gelten:
1. lectio brevis prima est (die Kürzeste ist die ältere/erste),
2. lectio difficilor prima est (die Schwierigere ist die ältere/erste).

Lösung zu M 5.8:
Einordnung der Bibelstellen
Taufe Jesu: Mk1,9ff.
Jesus heilt die Schwiegermutter des Petrus: Mk1,29ff.
Jesus predigt in Galiläa: Mk 1,35
Berufung des Matthäus/Levi: Mk 2,13ff./Mt 9,9ff.
Sturmstillung: Lk 8,22-25
Heilung der blutflüssigen Frau: Mk 5,25-34
Jesus heilt Blinden: Mk 8,22ff.
Arbeiter im Weinberg: Mt 20ff.
Einzug in Jerusalem: Mk 11
Gleichnis vom Feigenbaum: Mk 13,28ff./Mt 24,32ff./Lk 13,6-9
Tempelreinigung: Mk 11,15-19
Abendmahl: Mk 14,12-31
Tod am Kreuz: Mk 20b-39

Das Wort deuten AUSFLUG 82 | 83

Ansetzen

Die historisch-kritische Exegese ist eine Reise in die Textgeschichte. Sie nimmt die Bibel als einen in der Antike in einem bestimmten Umfeld geformten und geprägten Text ernst. So liefert die historisch-kritische Exegese den Interpretationsrahmen und das Fundament, auf dem eine Deutung des Textes zu erfolgen hat. Was sie nicht oder nur wenig leistet, ist die Einbeziehung der Gegenwart des Rezipienten. Sie antwortet auf die Frage »Was will der Text sagen?«, aber nicht darauf, was mir der Text sagt. Auf dieser DS lernen Sch Deutungsansätze kennen, die den Rezipienten des Textes, also sie selbst, in den Mittelpunkt stellen. So schließt diese DS an die vorherige Seite an, indem sie die Frage des Textverstehens auf die Gegenwart des Lesers erweitert. Hierbei konzentriert sich die Auseinandersetzung ebenfalls auf die Figur Jakobs, erweitert aber den Blick auf einen größeren atl. Zusammenhang.

Umsetzen

■ **Jakobskampf.** Falken selbst zu seinem Werk: »Meine Studien zum biblischen Jakobskampf sind zunächst aus mir selbst erwachsen. Ich ringe mit meinem ›Über-Ich‹, aber auch mit meinem ›inneren

Schweinehund‹. Darüber hinaus stehen meine ›Jakobskämpfe‹ auch für die Erfahrungen mit einem DU, das ich nicht selbst sein kann, das ich oft nicht zu benennen, nicht zu erfassen und daher auch nicht in Besitz zu nehmen vermag. (...) Die Ehrfurcht vor dem Herausforderer in der Dunkelheit verlangt seine Anonymität. Jakob-Israel will gesegnet sein und lässt deshalb trotz zunehmender Unterlegenheit im Kampf nicht von ihm ab. Der Segen des Unbekannten fällt ungewöhnlich aus: Er renkt Jakob-Israel die Hüfte aus. In der Wunde, im Verletztsein, im Hinken bis zum jüdischen Holocaust erblickt das auserwählte Volk das Zeichen für den Segen.
Das Thema des Jakobskampfes erscheint mir auch als Christus- und Christenthema. Im Kreuz von Golgota sind wir gesegnet und zugleich verwundet. Und es ist ein Bildbericht über den Kampf zwischen Dunkelheit und Licht, zwischen Nacht und Morgen.«

■ **Deutungsansätze.** Der Sachtext »Den biblischen Text im Heute verstehen« erweitert den Blick der Sch, indem hier Deutungsansätze vorgestellt werden, die den biblischen Text für die Gegenwart aufschließen. In EA arbeiten Sch die einzelnen Deutungsansätze heraus und benennen deren spezifische Merkmale.

■ **Jakob und Esau.** Diese Arbeit am biblischen Text bereitet die tiefenpsychologische Interpretation vor, indem sie den Konflikt zwischen Jakob und Esau erfasst. Da hier an drei längeren Textabschnitten aus Gen gearbeitet wird, kann dies entweder in EA, PA oder arbeitsteiliger GA erfolgen. Der Vergleich liefert u. a. folgende Ergebnisse für Esau: sehr behaart und rothaarig, eigentlich der Erstgeborene, Jäger, triebgesteuert, Liebling des Vaters Isaak, unterliegt Jakob mehrmals (Geburt, Linsengericht, Erstgeburtssegen); und für Jakob: hält sich an der Ferse Esaus fest, untadelig, hält sich bei den Zelten auf, Liebling der Mutter, listig und zielorientiert, will den Erstgeburtssegen, erhält ihn mithilfe Rebeccas. Die Geschwisterbeziehung lässt sich z. B. als Monolog nachzeichnen, indem z. B. für Esau mit den Worten »Ich bin Esau ...« begonnen wird. Dazu lautet der AA: »Formuliere einen Monolog, in dem Esau über seinen Bruder Jakob nach dessen Flucht zu seinem Onkel Laban spricht.« Umgekehrt wird ein Monolog für Jakob formuliert.

■ **Tiefenpsychologischer Ansatz.** Auf der DS »Gotteswort – Menschenwort« haben sich Sch exegetisch und ausführlich mit der Perikope vom Kampf am Jabbok beschäftigt. Auf dieser DS wurde herausgearbeitet, dass die Grenze der historisch-kritischen Exegese in ihrer Textbezogenheit liegt und nur zu einem geringen Teil den Bezug zur Gegenwart des Lesers herstellt. Mit dem Ansatz von Maria Kassel wird ein Deutungsansatz vorgestellt, der auch dem Rezipienten seiner Zeit ein Verständnis des Textes ermöglicht. In PA formulieren und beurteilen Sch Gründe, die die Aktualität der tiefenpsychologischen Deutung legitimieren bzw. begrenzen. Gründe liegen z. B. in der grundsätzlichen Erfahrung des Menschen, dass er auch um seine dunklen Seiten weiß und diese gerne verdrängt.

■ **Deutung des Kampfes am Jabbok.** Dieser in EA zu leistende Handlungsimpuls setzt sich mit dem Text von Maria Kassel auseinander. Der Text sollte im RU laut gelesen werden, anschließend werden Verständnisfragen geklärt. Mithilfe ihres zuvor erarbeiteten biblischen Wissens formulieren Sch eine Deutung dieser Szene vom Kampf am Jabbok.

■ **Bruderzwist.** Der Konflikt zwischen Esau und Jakob beinhaltet ein großes emotionales Potenzial, nicht umsonst beschreiben die biblischen Schriftsteller besonders harte Konflikte als Geschwisterkonflikte (Kain und Abel, Jakob und Esau, Josef und seine Brüder). Sie bilden in ihrer sozialen Abhängigkeit zugleich den Nährboden für folgenreiche Auseinandersetzungen, die teilweise tödlich enden. Insofern bietet es sich in einer guten Lerngruppe an, diese im biblischen Text nur angedeutete Emotionalität physisch in Standbildern auszudrücken. Hierbei versetzen sich Sch in die Situation von Jakob und Esau und erfassen dabei die Tragweite dieses Konflikts, der damit auch die tiefenpsychologische Deutung erklärt. Folgende Sequenzen bieten sich dabei an:
1. Konflikt im Mutterleib,
2. Geburt und Halten an der Ferse,
3. Begegnung beim Essen (Linsengericht),
4. Reaktion Esaus auf den Verlust des Erstgeburtssegens,
5. Flucht Jakobs aus Angst vor Esau.

In einer ambitionierten Lerngruppe können Esau und Jakob durch Rücken an Rücken aneinandergefesselte Sch dargestellt werden und so dem tiefenpsychologischen Ansatz von Kassel Ausdruck verleihen.

Weiterführen

■ **Zwischenruf.** Dieser kurze Textauszug (**M 5.10, S. 168**) bietet sich an, um mit Sch die Notwendigkeit der historisch-kritischen Exegese zu diskutieren. Das wortwörtliche, fundamentalistische Bibelverständnis, das hier thematisiert wird, wird von den Sch herausgearbeitet. Im Anschluss erhalten sie folgende Frage: Durch welche Methoden und Zugänge kann ein solches Missverstehen vermieden werden?

■ **Bildervergleich.** Neben dem Bild von Herbert Falken gibt es weitere Bilder, die den Kampf Jakobs am Jabbok zeigen. Sch recherchieren weitere Bilder und bringen sie mit. Die so gefundenen Bilder bieten sich an, um nach der Interpretation der Textstelle das eigene Verständnis zu überprüfen. Dabei kann wie folgt vorgegangen werden:

1. Zeigen der beiden Bilder,
2. Zeit zum Anschauen,
3. Beschreiben der Bilder,
4. Bezug zum biblischen Text herstellen,
5. Beurteilung der Bilder,
6. Formulieren einer Bildbeschreibung.

Ansetzen

Auf dieser DS gewinnen Sch einen individuellen Zugang zum biblischen Text, der thematisch durch die feministische Exegese oder die gendergerechte Auslegung motiviert ist. Einerseits wird den Sch so der Blick auf die Bibel geöffnet, dass sie sich selbst darin wiederfinden können, und andererseits wird der auf der vorherigen DS benannte Deutungsansatz der tiefenpsychologischen Exegese um die gendergerechte erweitert. In ihrem Umfang verlangt diese DS mindestens vier, besser sechs Unterrichtsstunden, um die einzelnen Elemente angemessen umzusetzen. Es bietet sich an, zunächst mit der Sicherung des biblischen Textes zu beginnen, eine Lektüre der Jakobsgeschichte von Gen 25-37;49-50 ist hilfreich, sonst wählt L bestimmte Textstellen, die auf der DS angegebenen sind, aus. Dabei beginnt L mit der Begegnung zwischen Jakob und Rahel, um so den Bibliolog vorzubereiten. Die Auseinandersetzung mit der feministischen Exegese erfolgt dann anhand der drei Frauenfiguren Rebecca, Rahel und Lea.

Edvard Munch, Eifersucht (1894/95)
(Öl auf Leinwand, 66,8 x 100 cm, Sammlung Rasmus Meyers, Bergen)
In diesem Bild verarbeitet der norwegische Maler eine Eifersuchtsszene aus seinem Bekanntenkreis, in die er wohl teilweise involviert war. Munch (1863-1944) selbst hatte sich in die junge Frau des Dichters Przybyszewski verliebt. Diese junge Frau, Dagny Juell, genannt Ducha, hatte aber sehr viele Verehrer; später wurde sie von ihrem Mann erschossen. Den Dichter Przybyszewski macht Munch zur Hauptfigur seines Bildes. Im Vordergrund, auf der rechten Seite, blickt der Dichter den Betrachter an. Sein Gesicht ist bleich, die Wangen hohl und seine Augen schauen leer in den Raum. Im Hintergrund sieht man von der Bildmitte bis zum Bildrand eine fast paradiesische Verführungsszene. Eine nur in einem roten und geöffneten Gewand bekleidete Frau, deren Nacktheit betont wird, pflückt mit der rechten Hand einen Apfel, während die linke an den Rücken gelegt ist und so den Körper für den vor ihr stehenden Mann öffnet. Die Intimität dieser Szene, die fast eine romantische Naturfantasie ist, wird durch den harten Kontrast zu dem im Vordergrund gequält dastehenden Mann dramatisch unterbrochen. Beide Männer stehen in dieser Szene passiv, allein die Frau scheint zu agieren, doch für den eifersüchtigen Mann wird klar, dass er keinen Anteil an der Liebe und am Leben hat.

Umsetzen

■ **Sich einem Bibeltext nähern.** Für das Verständnis dieser Bibelstelle gibt L folgende Sachinformation: »Es war im Orient üblich, dass sich am Abend die Hirten mit ihren Herden an den Wasserstellen trafen, um gemeinsam die Tiere zu tränken. Das Wasser schöpften sie aus tiefen Brunnen, die, um sie vor Austrocknung zu schützen, mit einem schweren Stein bedeckt wurden. In der Mittagshitze der Wüste wurden die Tiere nicht getränkt, weil die Arbeit zu anstrengend war. Da erst am Abend gemeinsam aus dem Brunnen Wasser geholt wurde, dauerte das Tränken der Tiere dementsprechend lang.«
Mit dieser Sachinformation gelingt es, das geschickt werbende Verhalten Jakobs zu erfassen. Durch sein Verhalten zeigt er Rahel:
1. seine Arbeitskraft und seinen Einsatz,
2. dass er für sie große Mühen auf sich nimmt,
3. dass sie dadurch früher mit ihm zu Laban gehen kann.

■ **Im Dialog mit der Bibel.** Die vorgeschlagene Textstelle Gen 29,14c-30 eignet sich zur Durchführung eines Bibliologs, weil mindestens vier Personen beteiligt sind und es um starke existenzielle Gefühle wie Liebe und Ablehnung geht. Es ist darauf zu achten, dass die sich für den Bibliolog meldenden Sch dementsprechend stark sind, in eine Rolle zu schlüpfen und diese auch wieder zu verlassen. An folgenden Passagen bietet sich die Möglichkeit, auf das »weiße Feuer« zu reagieren:

- Gen 29,17: Schönheit Rahels und die »matten Augen« Leas (d. h. sie ist schon alt)
- Gen 29,18: Liebe Jakobs zu Rahel
- Gen 29,19ff.: Arbeit Jakobs um Rahel
- Gen 19,23: Labans Betrug an Jakob
- Gen 19,25: Reaktion Jakobs und ggf. Leas
- Gen 19,27: Jakob erhält auch Rahel nach der Brautwoche – Reaktion Leas darauf (spekulativ)
- Gen 19,30: Jakob liebte Rahel mehr als Lea

Die Sch, die zuhören, fungieren als Beobachter, die die Reaktionen und geäußerten Gedanken beobachten und notieren. Nach dem Bibliolog bietet sich zur Aufarbeitung – oder auch zuvor zur Hinführung – der Text von Dorothee Sölle »Große Frauen in der Bibel« an.

■ **Mutterliebe.** Die Skizze zeitigt folgende Ergebnisse, die Sch entweder in EA oder PA erarbeitet haben:
- Rebecca protegiert Jakob.
- Sie organisiert den Betrug.
- Sie schickt Jakob zu Laban, um sich dort, mit ihrer Familie, zu vermählen.

Zusammenfassung: Durch ihr aktives Eingreifen in die Erstgeburtsregelung begründet Rebecca das Entstehen Israels mit: Der sesshafte Jakob wird dem rastlosen Esau vorgezogen und ihrer Familie entstammen die Mütter der zwölf Söhne Jakobs und damit die zwölf Stämme Israels.

■ **Feministische Exegese.** Sölle deutet die Geschichte von Rahel und Lea als einen weiblichen Grundkonflikt um Behauptung in einer von Männern dominierten Welt. Definiert wird die Frau durch ihre Funktion als Mutter. Wo sie das nicht leistet, droht ihr das gesellschaftliche Aus. Es kann den Sch schwerfallen, diesen Gedanken zu erkennen und nachzuvollziehen. Damit die Auseinandersetzung nicht zu oberflächlich wird, ist im Hinblick auf den Sölle-Text die Lektüre der diesbezüglichen biblischen Texte und des Sachtextes auf S. 84 unerlässlich; auch der zuvor evtl. durchgeführte Bibliolog lenkt den Blick der Sch auf die Dramatik des Konflikts. Ausgehend von diesen Erarbeitungen lesen Sch den Text und filtern die zentralen Aussagen schriftlich heraus (vgl. »Mutterliebe«). Diese als Thesen formulierten Überlegungen werden in der Klasse diskutiert. Es bietet sich an, die Frage anzuschließen, ob die feministische oder gendergerechte Exegese ein Interpretationsansatz ist, der den Menschen von heute die biblischen Texte verständlich macht.

■ **Beziehungen.**
Für die Besprechung des Bildes im RU spielt der biografische Bezug eine eher untergeordnete Rolle. Vielmehr geht es in diesem Handlungsimpuls darum, dass Sch die emotionale Spannung der Beziehung zwischen Jakob, Rahel und Lea erkennen und mithilfe des Bildes und der Beschreibung des eifersüchtigen Mannes die Situation Leas nachzeichnen. Nach einer Bildbetrachtung werden den einzelnen Personen Sprechblasen zugewiesen, die ihre Emotionen ausdrücken, dann wird ein Bezug zur Genesis hergestellt.

Weiterführen

■ **Familienbande.** Im Buch Genesis gibt es eine Vielzahl von Konfliktsituationen, die im Motivkreis Eifersucht im Kontext familiärer Strukturen zu finden sind. Diese biblischen Szenen bieten sich für einen Bibliolog an, da sie eine Interpretation der biblischen Texte in existenzieller Hinsicht vorbereiten. So können folgende Perikopen in ihrem »weißen Feuer« zum Sprechen gebracht werden:
- Kain und Abel
- Josef und seine Brüder
- Abraham und Lot

Biblische Bilder wirken weiter SOUVENIRS 86 | 87

Ansetzen

Die Marienbilder aus unterschiedlichen Epochen verdeutlichen die Zeitgebundenheit aller Bilder und zeigen damit zugleich, wie sich Künstler unterschiedlicher Epochen mit einem biblischen Thema auseinandersetzen und dabei neue und eigene Gestaltungsmöglichkeiten finden. Im Rückgriff auf die DS »Ur-Kunde Bibel« (S. 74/75) wird auch hier auf die anhaltende Inspirationskraft und Wirkmächtigkeit biblischer Themen verwiesen.

Hagia Sophia (gr. Heilige Weisheit), um 850
Das Fresko, nach dem das ganze Sakralgebäude benannt ist, befindet sich in der heute als Museum eingerichteten ehemals byzantinischen Marienkirche in Istanbul, die 1453 nach der Eroberung der Stadt durch die Osmanen zur Moschee umgebaut wurde (u. a. erhielt die Kirche vier Minarette, Fresken wurden unter Putz gelegt, eine Loge für den Sultan eingebaut etc.). Auf Anregung Kemal Atatürks wurde das Gebäude ab 1934 zu einem Museum

umgebaut, in dem die frühen christlichen Elemente neben den muslimischen Umbauten teilweise wieder sichtbar gemacht wurden. Aufgrund seiner epochalen bau- und kunstgeschichtlichen Bedeutung wurde die Hagia Sophia zum UNESCO-Weltkulturerbe erklärt.
Das Fresko eines unbekannten Künstlers befindet sich in der kleinen Kuppel über dem ehemaligen Altar der Kirche. Maria sitzt auf zwei großen Kissen, die einem thronartigen, kostbar geschmückten Sitz aufliegen und hält Christus auf ihrem Schoß. Ihre rechte Hand ruht auf dessen Schulter, ihre Linke auf seinem Knie. Durch Bekleidung, Größe und Mimik werden die erwachsenen Züge Jesu betont (sog. Bedeutungsgröße), wodurch auch die Beziehung zwischen Mutter und Kind eher formal als körperlich wirkt. Christus erhebt seine rechte Hand zur Segensgeste. Maria und Christus sind in Gewänder mit reichem Faltenwurf gehüllt, wobei sich das goldfarbene Gewand Jesu deutlich vom dunkelblauen Gewand Marias abhebt.
Besonders bedeutsam ist der Goldgrund, wodurch das Bildgeschehen in eine überzeitliche und göttliche Sphäre gehoben wird. Der sog. Kreuznimbus Christi verweist auf dessen Todesschicksal und zeigt zugleich, dass er durch seine Auferstehung auch den stärksten Feind des Menschen, den Tod, besiegte.
Die thronende Gottesmutter hält ihren Sohn vor sich auf dem Schoß und wird so selbst zum Thron Christi, den sie der Welt zum Heil vorstellt. Der Bildtypus folgt der Bildtradition von Throndarstellungen des weisen Königs Salomo und stilisiert Maria und Christus in doppelter Bedeutung zum »Sitz der Weisheit«.
Die Darstellung entspricht dem byzantinischen Madonnentypus der Nikopoia (griech. »die Siegbringende«) auch Kyriotissa (»Herrin«), ein Marienbild, das eine dem Betrachter frontal gegenüberstehende Maria mit Kind zeigt. Der Name »Siegbringerin« weist darauf hin, dass die byzantinischen Kaiser diese Ikone auf ihre Feldzüge mitnahmen.

Rogier van der Weyden, Der Hl. Lukas malt die Jungfrau Maria (ca. 1435)
(Öl auf Holz, 140 x 110 cm, Museum of Fine Arts, Boston)
Rogier van der Weyden galt schon zu Lebzeiten (1399-1464) als einer der bedeutendsten Maler der Niederlande. Mit seinem Stil beeinflusste er die europäische Malerei des 15. Jhs. Er war der erste Maler, der in seinen detailreichen Werken die Menschen in ihrer Emotionalität darstellte.
Das Gemälde wird von der Personengruppe im Vordergrund dominiert: links »Maria lactans«, die stillende Maria, mit entblößter Brust und nacktem Kind auf dem Schoß. Rechts der Evangelist Lukas, der gerade dabei ist, ein Bild dieser Szene zu malen. Malen und Anbeten gehören hier eng zusammen – und ebenso galt dem Künstler van der Weyden das Malen als symbolische Vergegenwärtigung des Göttlichen.
In der Darstellung der »Maria lactans« wird vor allem die menschliche Seite Jesu und die irdische Mutterschaft betont, was vor 1300 noch selten geschah.
Die Ausgestaltung des Gemäldes mit zahlreichen Details und die Plastizität der unterschiedlichen Materialien (Bodenfliesen, unterschiedliche Stoffarten) erreicht der Künstler durch transparente Lasuren. In vollkommener Anwendung der Zentralperspektive ist durch die Säulen des Raumes hindurch eine städtische Landschaft mit Fluss zu sehen.
Das Kunstwerk verweist auf zwei bedeutsame »Ablösungen«: Das religiöse Bild löst sich von der Kirchenwand oder -kuppel und gelangt auf ein transportables (Holz-)Tafelbild; ebenso aufgegeben wird der Goldgrund, wodurch die Darstellung aus ihrer überzeitlichen Sphäre gelöst und in die Gesellschaft, Architektur und (idealtypische) Landschaft der Zeit des Malers versetzt wird. Die religiöse Botschaft kommt näher bei den Menschen an.
(Hinweis auf digitale Bearbeitung des Bildes: www.theomag.de/35/kw42.htm)

Emil Nolde, Heilige Nacht (1912)
Das Bild ist Teil der neunteiligen Bilderserie »Leben Christi«, in deren Mitte die große Kreuzigung steht. Der linke Flügel von Noldes Polyptychon (mehr als dreiteiliges Bildwerk) besteht aus den Szenen der Geburt und des Lebens Jesu: Heilige Nacht, der zwölfjährige Christus, die Heiligen drei Könige und Christus und Judas. Die Szenen nach dem Tod Jesu sind auf den rechten Flügel dargestellt: Frauen am Grabe, Himmelfahrt, Auferstehung und der ungläubige Thomas. Der Künstler fasst hier sein Interesse an der neutestamentlichen Thematik zusammen, wobei sein Zugang zur Bibel ein sehr direkter, emotionaler und expressiver war.
Nolde hält einerseits an den Motiven des traditionellen Weihnachtsbildes fest (Stern, Krippe, Esel, Hirten), wodurch der Inhalt eindeutig verifizierbar ist, findet jedoch vor allem in der intensiven Farbgestaltung und Bildkomposition eine neue Bildsprache. Dies war auch der Grund, weshalb dieses

Gemälde seit Beginn seiner öffentlichen Präsentation auf Widerstände stieß. Da Nolde die germanische Kunst als die allen anderen überlegene einschätzte und auch in seinem Schrifttum antisemitisches Gedankengut vertrat, war er überrascht, dass dieses Gemälde 1937 ein zentrales Werk auf der von den Nationalsozialisten organisierten Ausstellung »Entartete Kunst« wurde. In Noldes Werk fanden die Nationalsozialisten vieles, woran sie meinten, die »Entartung« der gesamten expressionistischen Kunst belegen zu können.

Umsetzen

■ **Marienbilder.** Sch setzen sich in gestaltend interpretierender Weise mit einem von ihnen ausgewählten Kunstwerk auseinander.
In den inneren Monologen für Maria wird vor dem Hintergrund der jeweiligen Gestaltung das mütterliche Selbstverständnis Marias und deren Beziehung zu ihrem Sohn reflektiert.
Die Fragen an den Künstler können diese Aspekte ebenso enthalten wie die Fragen nach der Absicht des Künstlers.
Im Austausch der Ergebnisse entdecken Sch auch unterschiedliche Sichtweisen desselben Gemäldes und werden dazu angeregt, diese Pluralität für eine konstruktive Auseinandersetzung mit den Darstellungen zu nutzen. L weist auf subjektive (perspektivische und zeitgebundene) Faktoren jeder Deutung hin.

■ **Maria in der Bibel.** Bei Mk gehört Maria zu den Verwandten Jesu, die Anstoß an seinem öffentlichen Wirken nehmen (Mk 3,20-21; 31-56).
Mt erwähnt in der Genealogie (Mt 1,1-17) Maria als einzige Frau (Mt 1,16), womit er ihre herausragende Bedeutung betont. Mt bezeugt außerdem die Jungfrauengeburt (Mt 1,18-25). In den Kindheitserzählungen erscheint jedoch Josefs Aktivität deutlicher.
Lk stellt Marias spirituelle Größe heraus: An sie richtet sich die göttliche Verheißung (Lk 1,26-38), die sie in der Tradition der alten Propheten als »Dienerin des Herrn« (Lk 1,38) annimmt. Nach den Worten Simeons wird ihr »ein Schwert durch die Seele dringen« (Lk 2, 35). Marias Glaube und ihre Messiashoffnung kommen in dem aus alttestamentlichen Texten komponierten Lobgesang (Magnifikat) zum Ausdruck, den Lk ihr zuschreibt (Lk 1,46-55).
Bei Joh tritt Maria bei der Hochzeit zu Kana auf und fordert dazu auf, Jesu Worte zu hören und zu befolgen (Joh 2,1-12). Am Kreuz wird sie dem Jünger, »den Jesus liebte« (Joh 19,26), besonders anvertraut. Nach Apg 1,14 gehört Maria zum innersten Kreis der Urgemeinde in Jerusalem.
Die Ergebnisse der KG werden z. B. mithilfe des OHP präsentiert. Sch fassen zusammen: Besonders die Evangelien von Mt und Lk bieten Anlass für die besondere Bedeutung, die Maria in der kirchlichen Tradition zukommt. Die Künstler setzen sich dementsprechend intensiv mit Maria auseinander, wobei sie einerseits die Gottesmutter darstellen, deren Sohn »ein Licht, das die Heiden erleuchtet/und Herrlichkeit für [das] Volk Israel« sein wird (besonders: Hagia Sophia, Nolde) und sie andererseits die »Dienerin des Herrn« zeichnen (Van der Weyden). In Noldes Darstellung fließen außerdem ein: der Stern, der Jesu Geburt ankündigt (Mt 2,1;9ff.), die Krippe, in die das Kind gelegt wurde (Lk 2,7), und der Besuch der Hirten (Lk 2,8-18). Zur weiteren Akzentuierung vgl. Bildbeschreibungen.

Weiterführen

■ **Maria in der Gegenwartskunst.** Ergänzend wird eine zeitgenössische Marieninterpretation der französischen Fotografin Bettina Rheims (geb. 1952) vorgestellt: »Le lait miraculeux de la Vierge« (**M 5.11, S. 169**).
Rheims greift das Motiv der »Maria lactans« auf und verknüpft es mit der Andeutung auf den Tod Jesu, indem Blut statt Milch aus Marias linker Brust fließt. Die Ausstellung I.N.R.I. (Bettina Rheims, Serge Bramly) der das Foto entnommen ist, wurde v. a. in Frankreich als Provokation empfunden und löste dort erhebliche Proteste aus. Deutsche Kritiken loben einerseits die innovative Darstellung der Heilsgeschichte als »passende Bibel zur Jahrtausendwende« und rücken andererseits Rheims' Fotografien, die sich an der Ästhetik von Video-Clips, Film und Werbung orientieren, in die Nähe des Kitsches (zur Beschreibung des Projekts I.N.R.I. vgl. das Ausstellungsarchiv des Deutschen Historischen Museums: www.dhm.de/ausstellungen/inri/inhalt.htm).
Sch erfassen die Fotografie im Dreischritt »Beschreiben – Deuten – Bewerten«, wobei möglicherweise eine kontroverse Reaktion auf die Angemessenheit der Darstellung das UG belebt und die Frage nach der Grenze zwischen künstlerischer Freiheit und religiösen Gefühlen stellt.

Literaturhinweise

Günter Lange, Kunst zur Bibel. 32 Bildinterpretationen, München 1988.
Heinrich und Margarethe Schmidt, Die vergessene Bildersprache christlicher Kunst. Ein Führer zum Verständnis der Tier-, Engel- und Mariensymbolik, München [5]1995.

Bediente Standards in der LL »Ur-Kunde Bibel«

Die Tabelle gibt an, welche Standards zentral bedient werden [x], bzw. welche teilweise oder wiederholend angesprochen werden [(x)].
Verbindliches Themenfeld: Bibel verstehen

DIMENSION »MENSCH SEIN – MENSCH WERDEN« Die Schülerinnen und Schüler	
– wissen, dass Partnerschaft Entwicklungsschritte zur eigenen Identität und zur Liebesfähigkeit voraussetzt;	
– können den Stellenwert, den Sexualität in unserer Gesellschaft hat, reflektieren und kennen Kriterien eines verantwortlichen Umgangs mit Sexualität;	
– verstehen, dass es zum Menschsein gehört, sich entscheiden zu müssen und zu Entscheidungen zu stehen;	x
– verstehen, dass menschliches Leben begrenzt ist, zum Beispiel durch Leid, Krankheit und Tod;	
– können den Grund der christlichen Hoffnung auf Auferweckung darlegen und Wiedergeburtsvorstellungen von dieser abheben.	
DIMENSION »WELT UND VERANTWORTUNG« Die Schülerinnen und Schüler können	
– das Anliegen des konziliaren Prozesses darlegen und argumentativ begründen;	
– an einem Beispiel den Zusammenhang zwischen Werten und Normen aufzeigen;	
– Schritte der ethischen Entscheidungsfindung darlegen;	
– an einem Beispiel aufzeigen, in welcher Weise sich Christen bei einer ethischen Entscheidung unter anderem an Weisungen des Dekalogs, an Jesu Leben, Handeln und Lehre und an kirchlichen Traditionen orientieren.	
DIMENSION »HERMENEUTIK: BIBEL UND TRADITION« Die Schülerinnen und Schüler	
– können aufzeigen, wie Kenntnisse über die Entstehungssituation biblischer Texte zu deren Verständnis beitragen;	x
– können an einem biblischen Beispiel den Zusammenhang von literarischer Gattung, Aussageabsicht und Sitz im Leben erläutern;	x
– kennen verschiedene methodische Zugänge zu biblischen Texten und können sie ansatzweise beurteilen;	x
– können aufzeigen, wie Menschen versuchen, sich in unterschiedlichen Ausdrucksweisen der Wirklichkeit Gottes anzunähern.	x
DIMENSION »DIE FRAGE NACH GOTT« Die Schülerinnen und Schüler	
– können an einem Beispiel Möglichkeiten des Redens von Gott erläutern und seine Grenzen aufzeigen;	x
– können an biblischen Texten zeigen, wie Geschichte als Weg Gottes mit den Menschen gedeutet wird und wie Nähe und Abwesenheit Gottes erfahren werden;	x
– verstehen, dass nach christlichem Verständnis Gott sich den Menschen bedingungslos zuwendet und dass dieses Angebot ernst zu nehmende Konsequenzen hat (unter anderem Weisungen und Normen).	
DIMENSION »JESUS DER CHRISTUS« Die Schülerinnen und Schüler	
– können anhand einer Weisung der Bergpredigt und des Doppelgebots der Liebe die Relevanz der Botschaft Jesu für heute aufzeigen;	
– können Jesu Umgang mit der Tora an einem Beispiel erläutern;	
– verstehen, dass Jesus Gottes Nähe erfahrbar machte, unter anderem in seiner Zuwendung zu Sündern und Ausgestoßenen und seinem Verzicht auf Gewalt;	
– können den Zusammenhang zwischen der Auferweckung Jesu und der christlichen Hoffnung auf Vollendung darlegen.	
DIMENSION »KIRCHE, DIE KIRCHEN UND DAS WERK DES GEISTES GOTTES« Die Schülerinnen und Schüler können	
– an konkreten Beispielen die diakonische, missionarische und kritische Funktion der Kirche in der Gesellschaft darstellen;	
– an einem Beispiel die Kooperation von Staat und Kirche in der Bundesrepublik Deutschland erläutern;	
– unterschiedliche Verhaltensweisen von Christen in der Zeit des Dritten Reiches darlegen und bewerten.	
DIMENSION »RELIGIONEN UND WELTANSCHAUUNGEN« Die Schülerinnen und Schüler	
– kennen Beispiele für christlichen Antijudaismus und können sich kritisch damit auseinandersetzen;	
– können den Hinduismus in Grundzügen darstellen, z. B. Prägung des Alltagslebens, verschiedene Gottesvorstellungen, und ihn mit dem Christentum vergleichen;	
– können anhand der Biografie des Buddha zentrale Überzeugungen und Lebensziele des Buddhismus erläutern und mit dem Christentum vergleichen;	
– sind aufgrund eines kritischen und selbstkritischen Vergleichs in Ansätzen zu einem Dialog mit anderen Religionen und Weltanschauungen befähigt.	

Max Ernst, 1926

Mein Untertitel für das Bild

Die Anfänge der Evangelien: Das Matthäus-Evangelium

Mt 1,1-17

1 Stammbaum Jesu Christi, des Sohnes Davids, des Sohnes Abrahams:
2 Abraham war der Vater von Isaak, / Isaak von Jakob, / Jakob von Juda und seinen Brüdern.
3 Juda war der Vater von Perez und Serach; ihre Mutter war Tamar. / Perez war der Vater von
Hezron, / Hezron von Aram,
4 Aram von Amminadab, / Amminadab von Nachschon, / Nachschon von Salmon.
5 Salmon war der Vater von Boas; dessen Mutter war Rahab. / Boas war der Vater von Obed;
dessen Mutter war Rut. / Obed war der Vater von Isai,
6 Isai der Vater des Königs David. / David war der Vater von Salomo, dessen Mutter die Frau
des Urija war.
7 Salomo war der Vater von Rehabeam, / Rehabeam von Abija, / Abija von Asa,
8 Asa von Joschafat, / Joschafat von Joram, / Joram von Usija.
9 Usija war der Vater von Jotam, / Jotam von Ahas, / Ahas von Hiskija,
10 Hiskija von Manasse, / Manasse von Amos, / Amos von Joschija.
11 Joschija war der Vater von Jojachin und seinen Brüdern; das war zur Zeit der Babylonischen
Gefangenschaft.
12 Nach der Babylonischen Gefangenschaft war Jojachin der Vater von Schealtiël, / Schealtiël
von Serubbabel,
13 Serubbabel von Abihud, / Abihud von Eljakim, / Eljakim von Azor.
14 Azor war der Vater von Zadok, / Zadok von Achim, / Achim von Eliud,
15 Eliud von Eleasar, / Eleasar von Mattan, / Mattan von Jakob.
16 Jakob war der Vater von Josef, dem Mann Marias; / von ihr wurde Jesus geboren, / der der
Christus (der Messias) genannt wird.
17 Im Ganzen sind es also von Abraham bis David vierzehn Generationen, von David bis zur
Babylonischen Gefangenschaft vierzehn Generationen und von der Babylonischen Gefangen-
schaft bis zu Christus vierzehn Generationen.

- Bestimmt das Thema dieses Evangelienanfangs in eigenen Worten und schreibt das Ergebnis auf die Folie.
- Formuliert Thesen zur Erzählabsicht des Evangelisten. Verwendet dafür die Informationen (1) bis (5).
- Beginnt die Präsentation eurer Ergebnisse mit einem Vortrag des Bibeltextes.
- Tipp: Dieser Text stellt wegen der Anreihung der Namen eine besondere Herausforderung für die Vortragenden dar – teilt euch am besten das Vorlesen in der Gruppe auf.

Informationen zum Text (Mt 1,1-17)

(1) Abraham
(hebr. = »Der Vater ist erhaben«), sog. Erzvater oder Urvater der Geschichte Israels. Es folgen Isaak und Jakob.
Die Bibel beschreibt Abraham als Vater Israels, Empfänger göttlicher Zusagen, Vorbild eines Glaubenden und als Freund Gottes.

(3) David
(hebr. möglicherweise »Geliebter Jahwes«), König von Juda und Israel (um 1000-961 v. Chr.), zentrale Gestalt der alttestamentlichen Geschichtsdarstellung. David vereinte das Zwölfstämmevolk zu einer Nation. Er gilt außerdem als Verfasser von 73 der 150 Psalmen. Die kurze politische und kulturelle Blüte Israels unter Davids Herrschaft wird aus der Sicht späterer Generationen zum »Goldenen Zeitalter«. Nach dem Zusammenbruch des Königtums durch die babylonische Eroberung richtet sich die Hoffnung auf einen kommenden Gesalbten Gottes (= Messias). In manchen Kreisen erwartete man die Wiederherstellung des Königtums unter einem »neuen« David.

(5) Schriftbild
Schrägstriche [/] im Text deuten das Ende eines Verses bzw. Versteils an. Häufig wurden diese Verstexte feierlich in der Liturgie vorgelesen oder gesungen.

(2) Historische Daten im Überblick
Abrahams Existenz ist historisch nicht gesichert. Die Zeit der nach Kanaan einwandernden Nomadenstämme wird auf 1750 v. Chr. datiert.
König David lebte um 1000 v. Chr.
Das Babylonische Exil begann 598/97 v. Chr. und endete 538 v. Chr.

(4) Zahlen in der Bibel
Während wir in unserer abendländischen Literatur zunächst danach fragen, ob die angegebenen Zahlen mathematisch stimmen, muss die erste Frage in Erzählstücken der altorientalischen Literatur lauten: Was sollen die angegebenen Zahlen bedeuten? Fast nie sollen sie als absolute Zahlen gewertet werden, sondern fast immer als Symbole für eine Aussage.
In der Bibel kommen häufig Vollkommenheitszahlen vor, die aus verschiedenen Zählsystemen abgeleitet sind, z. B. die Zahlen 7, 10, 12 und 4 bzw. 40.
Als sogenannte Intensivzahl wird die Drei benutzt.
Häufig finden sich in der Bibel auch Additions- oder Zählspiele. Diese ergaben sich vor allem dadurch, dass jedem Buchstaben des hebräischen Alphabets ein Zahlenwert zugeordnet wurde.
Die (in der hebräischen Schrift ohne Vokale stehenden) Buchstaben des Namens David (d v d) ergeben den Zahlenwert von
4 + 6 + 4 = 14.

Die Anfänge der Evangelien: Das Markus-Evangelium

Mk 1,1-13

1 Anfang des Evangeliums von Jesus Christus, dem Sohn Gottes:
2 Es begann, wie es bei dem Propheten Jesaja steht: Ich sende meinen Boten vor dir her; / er soll den Weg für dich bahnen.
3 Eine Stimme ruft in der Wüste: / Bereitet dem Herrn den Weg! / Ebnet ihm die Straßen!
4 So trat Johannes der Täufer in der Wüste auf und verkündigte Umkehr und Taufe zur Vergebung der Sünden.
5 Ganz Judäa und alle Einwohner Jerusalems zogen zu ihm hinaus; sie bekannten ihre Sünden und ließen sich im Jordan von ihm taufen.
6 Johannes trug ein Gewand aus Kamelhaaren und einen ledernen Gürtel um seine Hüften und er lebte von Heuschrecken und wildem Honig.
7 Er verkündete: Nach mir kommt einer, der ist stärker als ich; ich bin es nicht wert, mich zu bücken, um ihm Schuhe aufzuschnüren.
8 Ich habe euch nur mit Wasser getauft, er aber wird euch mit dem Heiligen Geist taufen.
9 In jenen Tagen kam Jesus aus Nazaret in Galiläa und ließ sich von Johannes im Jordan taufen.
10 Und als er aus dem Wasser stieg, sah er, dass der Himmel sich öffnete und der Geist wie eine Taube auf ihn herabkam.
11 Und eine Stimme aus dem Himmel sprach: Du bist mein geliebter Sohn, an dir habe ich Gefallen gefunden.
12 Danach trieb der Geist Jesus in die Wüste.
13 Dort blieb Jesus vierzig Tage lang und wurde vom Satan in Versuchung geführt. Er lebte bei den wilden Tieren und die Engel dienten ihm.

Informationen zum Text (Mk 1,1-13)

(1) Evangelium
(griech. = »die frohe Botschaft«)
Der Verfasser des Markus-Evangeliums hat mit seinem Werk eine neue literarische Gattung geschaffen, für die es kein Vorbild gibt und die erst auf dem Boden der urkirchlichen Jesusüberlieferung, entstehen konnte.

(2) Jesaja
(Hebr. Isaias = »Hilfe ist Jahwe«)
Der Prophet Jesaja trat ca. 750 v. Chr. auf. In dieser Zeit war das Südreich Juda mit der Hauptstadt Jerusalem außenpolitisch durch die Nachbarstaaten und innenpolitisch durch die Abkehr vom Glauben an Jahwe und dessen Weisungen bedroht.
Jesaja wies auf die sozialen Missstände hin und ermahnte das Volk, auf den Beistand Gottes statt auf politische Bündnisse zu vertrauen.

- Bestimmt das Thema dieses Evangelienanfangs in euren Worten und schreibt das Ergebnis auf die Folie.
- Formuliert Thesen zur Erzählabsicht des Evangelisten. Verwendet dafür die Informationen (1) bis (6).
- Beginnt die Präsentation eurer Ergebnisse mit einem Vortrag des Bibeltextes.

(3) Johannes der Täufer
Johannes wird als letzter Prophet des Alten Bundes bezeichnet. Nach dem Evangelium des Lukas ist er der Sohn des Priesters Zacharias, der in die Wüste geht, um dort die Taufe zur Vergebung der Sünden zu predigen. In Lk 1,13-17 werden die Geburt und der Auftrag des Johannes durch Gabriel angekündigt. In Mk 6,17-29 wird berichtet, dass der Täufer Herodes wegen dessen Ehebruchs rügt und dafür hingerichtet wird.

(4) Zahlen in der Bibel
Während wir in unserer abendländischen Literatur zunächst danach fragen, ob die angegebenen Zahlen mathematisch stimmen, muss die erste Frage in Erzählstücken der altorientalischen Literatur lauten: Was sollen die angegebenen Zahlen bedeuten? Fast nie sollen sie als absolute Zahlen gewertet werden, sondern fast immer als Symbole für eine Aussage.
In der Bibel kommen häufig Vollkommenheitszahlen vor, die aus verschiedenen Zählsystemen abgeleitet sind. Die Vollkommenheitszahl Vier wird aus der Zahl der vier Himmelsrichtungen abgeleitet und gilt auch als »Weltzahl«. Sie ist ein Ausdruck für die Gesamtheit des Geschaffenen und sie ist ein beliebter Multiplikator; mit zehn multipliziert ist sie die fast zu allem zu gebrauchende Zeitzahl: 40 Tage und Nächte lässt es Gott bei der Sintflut regnen, 40 Tage war Mose auf dem Berg Sinai, 40 Jahre wanderten die Israeliten durch die Wüste, 40 Jahre herrschten die Könige David und Salomo, 40 Tage fastete Jesus in der Wüste, 40 Tage hindurch erschien Jesus nach der Auferstehung seinen Jüngern.

(6) Schriftbild
Die Schrägstriche [/] im Text deuten das Ende eines Verses bzw. Versteils an. Häufig wurden diese Verstexte feierlich in der Liturgie vorgelesen oder gesungen. Kursiv gesetzt sind Zitate aus dem Alten Testament.

(5) Geist Gottes
(hebr. *ruach* = »Wind, Hauch, Atem«). Der Geist, auch Heiliger Geist oder Geist Gottes, ist als schöpferische Lebenskraft in der Welt wirksam. Gott ist der Herr über den Geist: Er kann ihn nehmen und geben, er kann durch Aussendung des Geistes lebendig machen und Menschen mit besonderen Kräften ausstatten. Für den messianischen König verheißt der Prophet Jesaja (Jes 11,2) den Geist Gottes und zählt seine Wirkungen auf: Weisheit, Einsicht, Rat, Stärke, Erkenntnis, Gottesfurcht.

Das Wort *ruach* ist in der hebräischen Sprache weiblichen Geschlechts. Eine sinngemäß richtige Übersetzung müsste demnach lauten: die Geistin, was jedoch in der deutschen Sprache nicht möglich ist. Die Bibel in gerechter Sprache übersetzt mit »die Geistkraft«.
Vielleicht klingt in hebr. *ruach* eine Erinnerung an die zahlreichen weiblichen Gottheiten Palästinas an oder man lässt den weiblichen Seiten Gottes, die in der Bibel häufig genannt werden, ihre Berechtigung. Auch die Vorstellung von der Dreieinigkeit Gottes (der Vater – der Sohn – der Heilige Geist) kann mit der Erinnerung an die *ruach*, die Geistkraft, modifiziert werden.

Die Anfänge der Evangelien: Das Lukas-Evangelium

Lk 1,1-4

1 Schon viele haben es unternommen, einen Bericht über all das abzufassen, was sich unter uns ereignet und erfüllt hat.
2 Dabei hielten sie sich an die Überlieferung derer, die von Anfang an Augenzeugen und Diener des Wortes waren.
3 Nun habe auch ich mich entschlossen, allem von Grund auf sorgfältig nachzugehen, um es für dich, hochverehrter Theophilus, der Reihe nach aufzuschreiben.
4 So kannst du dich von der Zuverlässigkeit der Lehre überzeugen, in der du unterwiesen wurdest.

- Bestimmt das Thema dieses Evangelienanfangs in euren Worten und schreibt das Ergebnis auf die Folie.
- Formuliert Thesen zur Erzählabsicht des Evangelisten. Verwendet dafür die Informationen (1) und (2).
- Beginnt die Präsentation eurer Ergebnisse mit einem lauten Vortrag des Bibeltextes.
- Zusatzaufgabe: Lest die dem Prolog folgende Perikope (Lk 1,5-25) und tauscht euch über deren Aussage und Erzählstil aus.

Informationen zum Text

(1) Theophilus
Theophilus gilt als ein vornehmer sog. Heidenchrist, d. h. als ein Christ nichtjüdischer Herkunft. Er wird nur in Lk 1,1 und Apg 1,1 erwähnt.
Theophilus kommt auch die Rolle eines »Verlegers« zu, der helfen sollte, die ihm gewidmete Schrift zu verbreiten.

(2) Lukas
Lukas war vermutlich ein Arzt hellenistischer Herkunft und gilt als Verfasser des dritten Evangeliums und der Apostelgeschichte. Das sog. lukanische Doppelwerk (Ev und Apg) entstand zwischen den Jahren 80 und 90 n. Chr.
Als Adressaten seiner Texte sind überwiegend heidenchristliche Gemeinden anzunehmen, die sich allerdings – wie der Evangelist selbst – ihrer Wurzeln im Judenchristentum bewusst sind.
Zum Entstehungsort gibt es unterschiedliche Hypothesen (u. a. Rom), von denen sich bisher keine eindeutig durchsetzen konnte.

Wer hat von wem abgeschrieben?

1. Mt, Mk und Lk stimmen in Inhalt und Aufbau weitgehend überein. Sehr oft finden sich sogar wörtliche Übereinstimmungen.
2. Mt und Lk sind aber viel länger als Mk (im griechischen Text: Mt = 2.400 Zeilen, Lk = 2.600 Zeilen, Mk = 1.500 Zeilen).
3. Mt und Lk haben viele Textstücke (insbesondere Jesusworte) gemeinsam, die bei Mk nicht stehen. Diese Textstücke sind aber an unterschiedlichen Stellen eingefügt und weichen im Wortlaut voneinander ab (Mt und Lk haben also höchstwahrscheinlich unabhängig voneinander gearbeitet!).
4. Bei Mt gibt es Texte, die weder bei Mk noch bei Lk stehen (z. B. die Geschichte vom Kindermord in Betlehem).
5. Bei Lk gibt es Texte, die weder bei Mk noch bei Mt stehen (z. B. das Gleichnis vom verlorenen Sohn).

- Entwickle mithilfe der fünf Aussagen ein Schema, das den Zusammenhang der ersten drei Evangelien (Mt, Mk, Lk) darstellt.
- Verwende im Schema für jeden Evangelisten einen eigenen Farbstift.

Mariendarstellungen im Vergleich

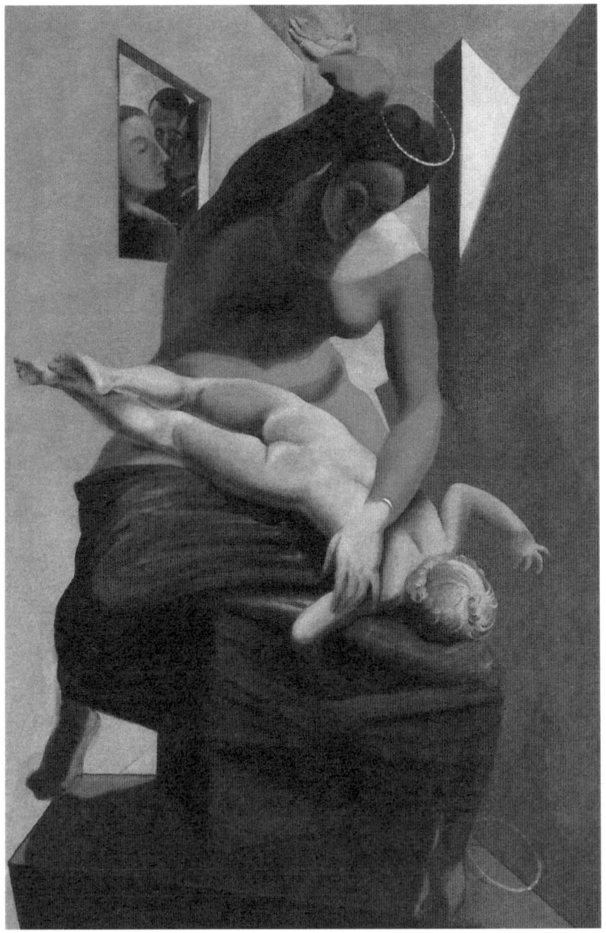

Max Ernst, 1926

Julius Schnorr von Carolsfeld, 1820

- Entwirf eine »Projektszizze« für Max Ernst, wie er sie vor dem Beginn seiner Arbeit an dem hier zu sehenden Gemälde erstellt haben könnte. In dieser Projektskizze entwirft und reflektiert Max Ernst seinen Umgang mit der Tradition der Mariendarstellung.

Literarkritik

Noach, Gen 6,13–8,12 (in Auszügen)

Da sprach elohim zu Noach ... (6,13):
Ich lasse nämlich eine Wasserflut über die Erde kommen, damit sie unter dem Himmel alle Wesen, in denen Lebensodem ist, vertilge; alles auf Erden soll umkommen (17). Meinen Bund aber will ich mit dir schließen; gehe also in die Arche hinein, du und deine Söhne, deine Frau und die Frauen deiner Söhne (18). Von allen lebendigen Wesen aber nimm je zwei mit in die Arche hinein, um sie mit dir am Leben zu erhalten, ein Männchen und ein Weibchen (19). Von den Vogelarten, von den Vieharten, von allem am Boden kriechenden Getier nach seiner Art sollen je zwei zu dir kommen, damit ihr Leben erhalten bleibet (20). Auch von allem Essbaren nimm etwas; sammle es bei dir an, damit es dir und ihnen zur Nahrung diene (21). Und Noach tat alles, wie es elohim ihm geboten hatte (22).
Da sprach jahwe zu Noach:
Gehe hinein in die Arche mit deiner ganzen Familie, denn dich habe ich gerecht angetroffen vor meinem Angesichte unter diesem Geschlecht (7,1). Von allen reinen Tieren nimm dir je sieben Stück, je ein Männchen und ein Weibchen, von den unreinen je zwei, ein Männchen und ein Weibchen (2). Auch von den Vögeln des Himmels je sieben Männchen und Weibchen, damit Nachwuchs am Leben erhalten bleibe auf der ganzen Erde (3). Denn noch sieben Tage dann will ich regnen lassen auf die Erde vierzig Tage und vierzig Nächte lang und will jegliches Wesen, das ich geschaffen habe, vom Erdboden vertilgen (4). Und Noach tat alles, was ihm jahwe befohlen hatte (5).
Noach war sechshundert Jahre alt, als die Flut auf die Erde kam (6). Da gingen Noach und seine Söhne, seine Frau und die Frauen seiner Söhne vor den Wassern der Flut in die Arche (7). Von den reinen und unreinen Tieren, von den Vögeln und von allem am Boden kriechenden Getier (8) kamen je zwei zu Noach in die Arche, ein Männchen und ein Weibchen, wie elohim ihm geboten hatte (9). (...) An diesem Tage brachen alle Quellen der großen Urflut auf, und die Fenster des Himmels öffneten sich (11).
Und es ergoss sich ein Regen auf die Erde vierzig Tage und vierzig Nächte lang (12).
An eben diesem Tage gingen Noach, Sem, Harn und Jafet, die Söhne Noachs, seine Frau und die drei Frauen seiner Söhne mit ihm hinein in die Arche (13); außer ihnen alle Arten von Wild, von Vieh, von dem am Boden kriechenden Getier und sämtliche Arten von Vögeln, alles Geflügelte (14). Sie kamen zu Noach in die Arche, je zwei von allen Wesen, in denen Lebenshauch war (15). Die da kamen, waren je ein Männchen und ein Weibchen von allen Tieren, Tieren wie elohim ihm befohlen hatte (16a).
jahwe schloss hinter ihm zu (16b). Die Flut ergoss sich über die Erde vierzig Tage lang (17a); die Wasser wuchsen an, sie hoben die Arche, und diese stieg von der Erde empor (17b).
Und die Wasser stiegen auf Erden an, hundertfünfzig Tage lang (24). elohim gedachte des Noach, allen Wildes und aller Tiere, die mit ihm in der Arche waren, und er ließ einen Wind über die Erde hin wehen, sodass die Wasser sanken (8,1). Die Quellen der Urflut versiegten und die Fenster des Himmels wurden geschlossen (2a), dem Regen ward vom Himmel her Einhalt geboten (2b). Das Wasser sank auf der Erde mehr und mehr (3a), und so nahm das Wasser ab nach einhundertfünfzig Tagen (3b). Im siebten Monate, am siebzehnten Tage des Monats, ruhte die Arche auf dem Gebirge Ararat (4). Die Fluten gingen bis zum zehnten Monat immer mehr zurück. Am ersten Tag des zehnten Monats wurden die Gipfel der Berge sichtbar (5).
Nach vierzig Tagen tat Noach das Fenster der von ihm gebauten Arche auf (6).
Er ließ einen Raben ausfliegen; der flog hin und zurück, bis das Wasser von der Erde vertrocknet war (7).
Da ließ er eine Taube hinaus, um zu sehen, ob der Wasserspiegel auf der Erdoberfläche gesunken sei (8). Die Taube aber fand keine Stätte für ihren Fuß und kehrte zu ihm in die Arche zurück; denn noch war Wasser auf der ganzen Erde. Noach streckte seine Hand aus, ergriff sie und nahm sie in die Arche zurück (9). Dann wartete er weitere sieben Tage und sandte wiederum die Taube aus der Arche (10). Die Taube flog gegen Abend zu ihm zurück, aber siehe, sie trug ein frisches Ölblatt in ihrem Schnabel. Noach wusste nun, dass das Wasser auf der Erde gefallen war (11). Nach weiteren sieben Wartetagen schickte Noach die Taube wieder aus; sie kehrte nicht mehr zu ihm zurück (12).

Übung zur Redaktionskritik

Jesus treibt Händler und Wechsler aus dem Vorhof des Tempels.
Jesus predigt in Galiläa.
Jesus erzählt seinen Jüngern das Gleichnis von den Arbeitern im Weinberg.
Jesus erzählt das Gleichnis vom verdorrten Feigenbaum.
Jesus wird im Jordan von Johannes getauft.
Jesus stirbt am Kreuz.
Jesus heilt einen Blinden in Betsaida.
Jesus zieht in Jerusalem ein.
Jesus beruft Matthäus.
Jesus heilt eine blutflüssige Frau.
Jesus stillt den Sturm auf dem See Gennesaret.

- Bringe die Ereignisse aus dem Leben Jesu in eine stimmige Reihenfolge und begründe dein Ordnungskriterium.

Textkritik

VATERUNSERIMHIM
MELGEHEILIGTWER
DEDEINNAMEDEINREI
CHKOMMEDEINWILLEG
ESCHEHEWIEIMHIMME
LSOAUCHAUFERDENUNSERTAEG-
LICHESBROTGIBUNSHEUTEUND-
VERGIBUNS
UNSERESCHULDWIEAUC
HWIRVERGEBENUNSER
ENSCHULDIGERNFUEH
REUNSNICHTINVERSU
CHUNGSONDERNERLOE
SEUNSVONDEMBOESEN

VaterunserimHimmelGeheiligtewer
dedeinNameDeinReichkommeD
einWillegescheheWieimHimmelso
auchaufErdenUnsertäglichesBrot
gibunsheuteUndvergibunsunsere
Schuldwieauchwirvergebenun-
seren
SchuldigernUndführeunsnichtin
Versuchungsondernerlöseunsvon-
dem
Bösen
Petrusabersagte:Herrnichtdusollst
MirdieFüßewaschensondernich-
willdir

VATERUNSERIMHIMMEL
GEHEILIGTWERDEDEIN
NAMEDEINREICHKOMME
DEINWILLEGESCHEHE
WIEIMHIMMELSOAUFERD
ENUNSERTAEGLICHESBR
OTGIBUNSHEUTEUNDVER
GIBUNSUNSERESCHULDWI
EAUCHWIRVERGEBENUNS
ERENSCHULDIGERNFUEH
REUNSNICHTINVERSUCH
UNGSONDERNERLOESEUN
SVONDEMBOESEN
DENNDEINISTDASREI
CHUNDDIEKRAFTUNDDIE
HERRLICHKEITINEWIG
KEITAMEN

Zwischenruf: Wenn man die Bibel wörtlich nimmt

Der folgende Text ist ein offener Brief eines US-Bürgers an Laura Schlessinger, der im Internet verbreitet wurde. Dr. Schlessinger ist eine US-Radio-Moderatorin, die Leuten, die in ihrer Show anrufen, Ratschläge erteilt. Sie hatte als achtsame Christin erklärt, dass Homosexualität unter keinen Umständen befürwortet werden kann, da diese nach Lev 18,22 ein Gräuel wäre.

Liebe Dr. Laura Schlessinger,
vielen Dank, dass Sie sich so aufopfernd bemühen, den Menschen die Gesetze Gottes näher zu bringen. Ich habe einiges durch Ihre Sendung gelernt und versuche, das Wissen mit so vielen wie möglich zu teilen. Wenn etwa jemand versucht, einen homosexuellen Lebenswandel zu verteidigen, erinnere ich ihn einfach an Lev 18,22, wo klargestellt wird, dass es sich dabei um ein Gräuel handelt. Ende der Debatte.
Ich benötige jedoch einige Ratschläge von Ihnen im Hinblick auf einige der spezielleren Gesetze und wie sie zu befolgen sind:
Wenn ich am Altar einen Stier als Brandopfer darbringe, weiß ich, dass dies für den Herrn einen lieblichen Geruch erzeugt (Lev 1,9). Das Problem sind meine Nachbarn. Sie behaupten, der Geruch sei nicht lieblich für sie. Soll ich sie niederstrecken?
Ich würde gerne meine Tochter in die Sklaverei verkaufen, wie es in Exodus 21,7 erlaubt wird. Was wäre Ihrer Meinung nach heutzutage ein angemessener Preis für sie?
Ich weiß, dass ich mit keiner Frau in Kontakt treten darf, wenn sie sich im Zustand ihrer menstrualen Unreinheit befindet (Lev 15,19-24). Das Problem ist – wie kann ich das wissen? Ich habe versucht, zu fragen, aber die meisten Frauen reagieren darauf pikiert.
Lev 25,44 stellt fest, dass ich Sklaven besitzen darf, sowohl männliche als auch weibliche, wenn ich sie von benachbarten Nationen erwerbe. Einer meiner Freunde meint, das würde auf Mexikaner zutreffen, nicht aber auf Kanadier. Können Sie das erklären? Warum darf ich keine Kanadier besitzen?
Ich habe einen Nachbarn, der stets am Samstag arbeitet. Exodus 35,2 stellt deutlich fest, dass er getötet werden muss. Allerdings: Bin ich moralisch verpflichtet, ihn eigenhändig zu töten?
Ein Freund von mir meint, obwohl das Essen von Schalentieren wie Muscheln und Hummer ein Gräuel darstellt (Lev 11,10), sei es ein geringerer Gräuel als Homosexualität. Dem stimme ich nicht zu. Könnten Sie das klarstellen?
In Lev 21,20 wird dargelegt, dass ich mich dem Altar Gottes nicht nähern darf, wenn meine Augen von einer Krankheit befallen sind. Ich muss zugeben, dass ich eine Lesebrille trage. Muss meine Sehkraft perfekt sein oder gibt es hier ein wenig Spielraum?
Die meisten meiner männlichen Freunde lassen sich Haupt- und Barthaare schneiden, inklusive der Haare ihrer Schläfen, obwohl das eindeutig durch Lev 19,27 verboten wird. Wie sollen sie sterben?
Ich weiß aus Lev 11,16-18, dass das Berühren der Haut eines toten Schweins mich unrein macht. Darf ich aber dennoch Fußball spielen, wenn ich dabei Handschuhe trage?
Mein Onkel hat einen Bauernhof. Er verstößt gegen Lev 19,19, weil er zwei verschiedene Saaten auf ein und demselben Feld anpflanzt. Darüber hinaus trägt seine Frau Kleider, die aus zwei verschiedenen Stoffen gemacht sind (Baumwolle/Polyester). Er flucht und lästert außerdem recht oft. Ist es wirklich notwendig, dass wir den ganzen Aufwand betreiben, das ganze Dorf zusammenzuholen, um sie zu steinigen (Lev 24,10-16)? Genügt es nicht, wenn wir sie in einer kleinen familiären Zeremonie verbrennen, wie man es ja auch mit Leuten macht, die mit ihren Schwiegermüttern schlafen (Lev 20,14)?

Ich weiß, dass Sie sich mit diesen Dingen ausführlich beschäftigt haben, daher bin ich auch zuversichtlich, dass Sie uns behilflich sein können. Und vielen Dank nochmals dafür, dass Sie uns daran erinnern, dass Gottes Wort ewig und unabänderlich ist.

Ihr ergebener Jünger und bewundernder Fan Jake

Maria in der Gegenwartskunst

Bettina Rheims, Le lait miraculeux de la Vierge (Die wundersame Milch der Jungfrau), 1997

- Erfasse die Fotografie der französischen Fotografin Bettina Rheims in folgendem Dreischritt:
  - Beschreibe, was du siehst.
  - Finde Deutungen für einzelne Bildelemente und für die Gesamtdarstellung.
  - Formuliere eine persönliche Stellungnahme zu dieser Fotografie, die Teil der Ausstellung I.N.R.I ist, mit der die Künstlerin die Geschichte Jesu in die Bildsprache des 21. Jahrhunderts übersetzen wollte.

6 Memento Mori

Hintergrund

Die Beschäftigung mit dem Thema Tod ist den Bedürfnissen und Orientierungen von Jugendlichen im Alter von ca. 15 Jahren in vielerlei Hinsicht gegenläufig. Einerseits liegt der jugendlichen Lebenswelt nichts ferner als die Bedrohung des eigenen Lebens durch den Tod. Andererseits haben fast alle Jugendlichen in diesem Alter bereits Erfahrungen mit dem Tod gemacht und stellen durchaus eigene Fragen an das Thema, können diese aber selten im Kreis Gleichaltriger thematisieren.
Das Thema Tod bedarf in ganz besonderem Maße eine hohe Sensibilität der L. Die unterschiedlichen Vorerfahrungen der Sch können hilfreich, aber auch blockierend auf das Unterrichtsgeschehen einwirken. Falls es traumatisierende Erlebnisse bei einer oder einem der Sch gegeben hat, wäre es wichtig, davon Kenntnis zu haben. Um die notwendigen Informationen darüber zu erhalten, ist u. U. ein Vorabgespräch mit der/dem Klassen-L nötig. Aber auch aus der Sicht von Erwachsenen eher normale Vorkommnisse wie z. B. der Tod von Großeltern können für Sch in diesem Alter sehr einschneidend sein und einer schulischen Beschäftigung mit dem Thema Tod entgegenstehen. L sollte deshalb genau darauf achten, dass jede/r einzelne Sch die Grenze der persönlichen Beteiligung selbst bestimmen kann und dass nötigenfalls Raum bleibt, sich zurückzuziehen.

Memento Mori — REISEPROSPEKT 88 | 89

Ansetzen

Die DS zeigt das Treppenhaus eines Schulgebäudes, wie es von Sch täglich benutzt wird. Die einzelnen Treppenstufen sind beschriftet mit Fragen, die das Thema Tod betreffen. Unterschiedlichste Aspekte werden dabei angesprochen. Im Ganzen werden Sch sehr direkt mit dem Tod konfrontiert und in eine Auseinandersetzung hineingenommen. Die LL »Memento Mori« setzt ihren Akzent auf existenzielle Fragestellungen, die auf dieser DS bereits angedacht werden.

Umsetzen

■ **Todeserfahrung.** Dieser Handlungsimpuls setzt eine ernste und konzentrierte Atmosphäre voraus. Sch werden mit ihren intimsten Erfahrungen konfrontiert. Entsprechend ist darauf zu achten, dass für einzelne Sch genügend Schutzraum bleibt, um unkalkulierbare Situationen zu vermeiden.
Das Bauen einer Klagemauer erfordert höhere soziale Kompetenzen in der Lerngruppe als das individuelle Arbeiten mit dem Heft.

■ **Internetfriedhöfe.** Die Zahl der im Internet veröffentlichten Nachrufe ist inzwischen unüberschaubar groß. Weitere mögliche Adressen sind: www.memorta.com, www.internet-friedhof.de, www.strassederbesten.de.
Damit Sch sich nicht in der endlosen Datenflut verlieren, ist es wichtig, sich vorher gemeinsam Gedanken über die Kriterien zu machen, nach welchen man die Internet-Friedhöfe durchforstet.
Mögliche Kriterien sind beispielsweise:
- Was erfährt man über die Todesursache?
- Persönliche Beziehung zum Toten?
- Aussagen über das Leben im Allgemeinen und dem Tod im Besonderen?
- Erwartungen für die Zeit nach dem Tod?

Es ist auch möglich, gezielt nach Trauerseiten von bekannten Persönlichkeiten zu suchen und diese zu analysieren, hier haben Sch die Möglichkeit, selbst Beispiele einzubringen.

■ **Treppenstufen.** Der Handlungsimpuls sollte schriftlich bearbeitet werden. Um die notwendige konzentrierte Unterrichtsatmosphäre zu gewährleisten, empfiehlt es sich, währenddessen meditative Musik laufen zu lassen.

Weiterführen

■ **Museum für Sepulkralkultur.** Als weiterer Ausflug ist ein Blick auf die Seiten des Sepulkralmuseums in Kassel zu empfehlen (www.sepulkralmuseum.de). Auf der museumseigenen Internetseite heißt es: »Das Museum für Sepulkralkultur widmet sich den Themen Sterben, Tod und Gedenken. Sein Ziel ist es, Kontinuität und Wandel im Umgang mit den letzten Dingen zu veranschaulichen. Dazu unterhält es museale Sammlungen und erarbeitet Ausstellungen zu ausgewählten Themen der Sepulkralkultur, um aus unterschiedlichster Perspektive zu einer Auseinandersetzung mit der Vergänglichkeit anzuregen.«
Außerdem unterhält das Museum eine Beratungsabteilung, die bei der Gestaltung von Friedhöfen, Grabstätten und Grabmalen sowie in juristischen Fragen weiterhilft. Daneben gibt es das Zentralinstitut für Sepulkralkultur zur wissenschaftlichen, kulturgeschichtlichen und soziologischen Reflexion. Es beobachtet und begleitet Entwicklungen auf dem Gebiet des Friedhofs-, Denkmals- und Bestattungswesens. Mithilfe der Stellungnahmen des Sepulkralmuseums zu Veränderungen in der Bestattungskultur können u. a. folgende Fragestellungen bearbeitet werden:
- Welche Kriterien sollten uns leiten im Umgang mit dem Tod?
- Welche Interessen gibt es in Bezug auf unterschiedliche Bestattungsformen? (z. B. Kommerzialisierung etc.)
- Welche gesellschaftlichen Tendenzen lassen sich erkennen? (Individualisierung ...)

■ **Eigene Fragen.** Ein weiterer Handlungsimpuls, der auch für einen Abschluss der Beschäftigung mit dem Thema Tod genutzt werden kann, lautet:
- Formuliert eigene Fragen zum Thema Tod.
- Sucht eine geeignete Stelle im Schulhaus, an der ihr die Fragen anbringen könnt.
- Einigt euch auf gemeinsame Formulierungen.

todkrank

AUSFLUG

90 | 91

Ansetzen

Die DS ist thematisch besonders eng an der Lebenswelt der Sch orientiert, indem sie das Schicksal eines 15-jährigen krebskranken Mädchens in den Fokus der Auseinandersetzung mit dem Tod rückt. Auf dieser Ebene ist es in erster Linie wichtig, sich einzufühlen und sich der eigenen Gedanken und Gefühle bewusst zu werden.
In ihrem Buch »Wir treffen uns wieder in meinem Paradies« beschreibt Christel Zachert den etwa einjährigen Kampf ihrer Tochter gegen den Krebs. Sie beschreibt ihre Gefühle und die Erlebnisse mit ihrer Tochter, die diese Zeit mit bewundernswerter Kraft und Hoffnung begeht. Im Bewusstsein, dem Krebs ins Auge zu blicken, kämpft Isabell und begegnet dabei dem Leben auf ganz neue und sehr positive Weise.

Umsetzen

■ **Aussehen.** Durch die beiden Fotos wird die Veränderung, die sich in Isabell Zacherts Leben vollzogen hat, sehr augenfällig. Derartiges an einem etwa gleichaltrigen Mädchen zu beobachten erschüttert Sch meist sehr.

■ **Auftauchen.** Der Handlungsimpuls bezieht sich auf die Schilderung von Isabells Mutter Christel Zachert, wie Isabell zwischen zwei Krankenhausaufenthalten ihre Klasse besucht. Sehr eindringlich wird die Enttäuschung Isabells beschrieben, weil die Begegnung mit ihren Klassenkameradinnen und -kameraden von so großer Befangenheit geprägt war.
Sch versetzen sich gedanklich in einen von Isabells Klassenkameraden. Dabei müssen sie ihre eigene Position zwischen Verständnis und Ablehnung des Mitschülerverhaltens verorten. Die Ich-Form für diesen inneren Monolog ist wichtig, um eine möglichst starke Identifikation mit der beschriebenen Situation und ihrer schriftlichen Reflexion zu gewährleisten.

■ **Verändern.** Sch beschreiben den Reifungsprozess, den Isabell im letzten Jahr ihres Lebens durchgemacht hat. Zentrale Momente dieses Prozesses sind die Entwicklung einer starken Persönlichkeit, die Zunahme der Lebensintensität angesichts der Endlichkeit des Lebens und die Fähigkeit, das Leben als Geschenk begreifen zu können.
Da diese Perspektive für Sch relativ gut nachvollziehbar sein dürfte, ist es wünschenswert, dass hierbei auch eigene Sichtweisen der Sch in den Blick genommen werden.
Schließlich sollte auch die Frage anklingen, inwieweit es sich bei Isabells Sicht auf das Leben um eine christliche Perspektive handelt.

■ **Kämpfen.** Der Kampf gegen den Tod ist Ausdruck des Lebenswillens des Kämpfenden. Sch erkennen, dass Stärke und Mut dazu gehören, um einen solchen Kampf führen zu können. Demgegenüber offenbart der Versuch, den Tod zu verdrängen, eine Angst vor der Auseinandersetzung, die mangelnde Fähigkeit, dem Tod offen gegenüberzutreten.

■ **Beziehen.** Sch beschreiben durch die Interpretation des Bildes oft auch unbewusst eigene oder ihnen bekannte Verlusterfahrungen. Der Handlungsimpuls wird so zum möglichen »Türöffner« für ein Gespräch über persönliche Erfahrungen, bietet aber auch die Möglichkeit, mit ausreichender Distanz darüber zu berichten.

Weiterführen

■ **Wir treffen uns ...** Je nach Interesse der Sch bietet sich eine Vertiefung der Thematik durch das Lesen des ganzen Buches an. Als Einstieg kann die Frage vorausgeschickt werden: »Was würdet ihr tun, wenn ihr erfahren würdet, dass ihr nur noch ein Jahr zu leben habt?« Die Antworten der Sch werden sich vermutlich in Richtung Weltreise oder ein Jahr Dauerparty bewegen. Vielleicht schon im gemeinsamen Gespräch, spätestens aber nach der Lektüre des ersten Interview-Ausschnittes stellen Sch fest, dass in einer solchen Situation vermutlich ganz andere Dinge Bedeutung erlangen würden, wie z. B. der Kontakt zu den Menschen, die einem wirklich wichtig sind, oder auch die Beschäftigung mit dem bevorstehenden Tod.
Eine Besprechung sollte sich der Lektüre anschließen, da das Buch einigen sicher sehr nahe gehen wird. Für viele Sch werden diese Beschreibungen an den Rand dessen gehen, was sie ertragen können. Deshalb bietet sich hier eine stille Auseinandersetzung an. Sch schreiben in Ruhe und jede/r für sich einen Brief an Isabell. Sinnvoll ist es, den Briefanfang vorzugeben: »Liebe Isabell, ich habe mich mit deiner Krankheit und deinem Sterben auseinandergesetzt und dabei sind mir viele Fragen gekommen ...«

todergriffen AUSFLUG 92 | 93

Ansetzen

Die Erfahrung des Todes ist eine existenzielle Grunderfahrung, mit der sich Künstler aller Zeiten auseinandergesetzt haben. Auf dieser DS wird die Todergriffenheit des Menschen mit literarischen und bildnerischen Mitteln ausgedrückt. Sch erweitern durch die verschiedenen Texte und Bilder ihre sprachliche Ausdrucksfähigkeit in Bezug auf das Thema Tod.

Edvard Munch, Die tote Mutter und das Kind (1897/99)
Edvard Munch wurde 1863 in Norwegen geboren und starb 1944 in Oslo. Er gehörte zu den bedeutendsten Vertretern des Expressionismus. Sein Einfluss auf die Malerei, den er vornehmlich durch seine in den 90er-Jahren geschaffenen Werke erzielte, kann kaum überschätzt werden. Sein Werk entstand in Auseinandersetzung und in Opposition zum Impressionismus, dessen oberflächliche Farbigkeit er durch eine Rückbesinnung auf die Bedeutungen hinter den Formen überwinden wollte. Munch besaß eine ausgeprägte Fähigkeit, die feinsten seelischen Regungen des Menschen künstlerisch zum Ausdruck zu bringen. Seine oftmals von Sehnsucht und Melancholie getränkten Bilder sind häufig Ausdruck menschlicher Grunderfahrungen wie Angst, Einsamkeit und Tod. (Zu einer ersten Orientierung über Munchs Malweise vgl. www.cyberinstitut.de/munch.htm.)
Munch verstand es, seelische Zustände in fließende Formen zu übertragen. Er malte häufig mit geschlossenen Augen quasi aus seiner Erinnerung heraus. Das Ölgemälde »Die tote Mutter und das Mädchen« stellt dem Betrachter die Brutalität des Todes vor Augen. In einem lediglich durch ein Bett und einen Nachttisch möblierten Zimmer befinden sich im Hintergrund fünf erwachsene Personen vor einer dunklen Zimmerwand. Eine der Figuren scheint in der Zimmerecke zu sitzen, die anderen gehen langsam hinter dem im Zentrum stehenden Bett, in welchem die tote Mutter liegt, umher. Ihre Konturen sind nur angedeutet. Keine der Hintergrundfiguren blickt auf die Tote, jede Person scheint ganz mit sich und den eigenen Gefühlen beschäftigt zu sein. Vor dem Bett steht ein kleines Mädchen in einem roten Kleid, sich die Ohren zuhaltend und die Augen weit aufgerissen. Sie ist dem Betrachter zugewandt. Die tote Mutter befindet sich in ihrem Rücken. Zimmertür und Fußboden sind in einem leuchtenden Orange gehalten.

Umsetzen

Gedicht. Sch thematisieren eigene Verlusterfahrungen. Die gelassene Haltung dem eigenen Tod gegenüber wird bei vielen Sch auch auf Widerspruch stoßen. Auf der Basis der Freiwilligkeit ist es zu empfehlen, die Ergebnisse vor der Lerngruppe vortragen zu lassen.

Kunstwerk. E. Munch stellt in seinem Kunstwerk eine sehr bedrückende Szene dar. Viele Sch werden instinktiv versuchen, sich der Intensität dieser Situation zu entziehen. Der Handlungsimpuls lässt offen, mit welcher Figur sich Sch identifizieren möchten. Dadurch ist jede/r Sch selbst in der Lage, die Nähe und Distanz zu dem dargestellten Geschehen zu regulieren.
In einem anschließenden UG kann die Frage offen angegangen werden, warum sich Sch mit dieser oder jener und nicht mit einer anderen Figur identifiziert haben.

Vergleich. Gedicht und Bild artikulieren übereinstimmend den großen Schmerz über den Tod eines anderen Menschen. Während Munch den schier unerträglich erscheinenden Tod einer Mutter aus der Sicht des zurückbleibenden Kindes thematisiert, scheint im Gedicht von Mascha Kaléko die Perspektive eines Erwachsenen auf. Doch in beiden Fällen ist es die Nähe zum Toten, die eine tiefe Furche des Schmerzes in das eigene Leben zieht.

Rilke. In Lerngruppen, welche eine gewisse Routine mit gestalterischen Handlungsimpulsen besitzen, wird keine zusätzliche Hilfestellung notwendig sein. Ansonsten vgl. den Lerngang »Darstellen«, in MITTENDRIN 1, S. 81.

Wort und Bild. Das Gedicht von Rilke variiert das ewige Thema der Totentänze: Die Unberechenbarkeit, mit der der Tod in das Leben eines jeden Menschen treten kann, egal ob arm oder reich, jung oder alt, bedeutend oder unbedeutend, gesund oder krank ...

Totentanz. Alternativ können Sch im Internet den Begriff recherchieren. Der Wikipedia-Artikel enthält eine Fülle von Querverweisen, u. a. ausführliche Informationen zu dem Totentanz auf dem Alten Friedhof in Freiburg.
Die Kommentare zu den Bildern lauten:
Bild oben: Hier schlafft das kindt, dort ewig wacht, weil ihm der Todt ein Music macht.
Bild 2: Das ABC kaumb schreibt der knab, Ruefft ihn der Todt schon in das grab.
Bild 3: Die schwarze Mehs lis ich vor dich, Die Hülf darvon hof ich vor mich.
Bild unten: Du Narr was hülfft die gelt begier, Heunt kombt der Todt, was nimbst mit dir?

Gestaltung. Sch sind in der Wahl ihrer Mittel bei der Gestaltung eines eignen Totentanzes frei. Möglich sind je nach zeitlichem Rahmen malerische, zeichnerische, plastische oder auch filmische Umsetzungen.

Weiterführen

Der alte Dachs. Das Erleben des Todes eines Freundes wird sehr anschaulich und eindrücklich in dem Zeichentrickfilm »Der alte Dachs« thematisiert. Dieser auf dem KiKa ausgestrahlte Zeichentrickfilm behandelt das Thema Tod eines lieben Menschen nicht nur sehr kindgerecht, sondern ist auch für Jugendliche und Erwachsene bestens geeignet, sich der Thematik zu stellen. Der alte Dachs merkt, dass sich sein Leben dem Ende nähert und stirbt. Seine Freunde trauern auf verschiedene Art und Weise und erinnern sich an die Besonderheiten des Dachses. Als der Schnee schmilzt, schmilzt auch die Trauer der Freunde, die Erinnerung aber bleibt. Der Film zeichnet ein sehr harmonisches und einvernehmliches Bild des Abschiednehmens. Ein möglicher AA lautet deshalb: Vergleiche die unterschiedlichen Weisen, wie der Tod eines nahe stehenden Menschen im Film und auf dem Gemälde von E. Munch erlebt wird.

Witwe mit 30 Jahren. Das Protokoll von Monika Goetsch auf **M 6.1, S. 183**, beschreibt den langsamen und mühsamen Weg einer jungen Frau zurück ins Leben, nachdem sie ihren Partner verloren hat. Hier rückt die Situation nach dem Tod eines geliebten Menschen in den Blick und die Frage, was für Trauernde bedeutungsvoll und was weniger wichtig bis bedeutungslos ist.

Ansetzen

Die DS »Leben und Tod« thematisiert die Verflochtenheit von Leben und Tod. Den Sch wird in der Auseinandersetzung deutlich, wie zentral der Tod für die menschliche Existenz ist. Der Tod ist bei Weitem mehr als lediglich der Endpunkt unseres Lebens. Er spielt von Anfang an eine wesentliche Rolle. Menschliches Leben ohne den Tod wäre von Anfang an unter völlig andere Bedingungen gestellt.
Zunächst wird die Beschäftigung mit der Thematik durch einen philosophischen Text angeregt. Anhand des sprachlich etwas vereinfachten Gedankengangs Martin Heideggers trainieren Sch den Umgang mit komplizierteren Texten.
Demgegenüber bietet das Kunstwerk von Raimund Wäschle die Möglichkeit eines intuitiven und emotionalen Zugangs zu demselben Themenkomplex.

Umsetzen

■ **Man.** Unter Umständen ist es angebracht die Auseinandersetzung mit Heideggers Überlegungen zur Todesverfallenheit der menschlichen Existenz vorzuentlasten. Um Heideggers Begrifflichkeit für Sch verstehbar zu machen, sind Überlegungen zum alltäglichen Umgang mit dem Pronomen »man« hilfreich.

■ **Umgang mit dem Tod.** Bei schwierigeren Texten ist es wichtig, dass das Verständnis der Sch auf der unmittelbaren Textebene gesichert ist. Es sollte darauf geachtet werden, dass den Sch deutlich wird, dass Heideggers Überlegungen hier nicht auf das Wesen des Todes abzielen, sondern den alltäglichen *Umgang* des Menschen mit dem Tod in den Blick nehmen. Hilfreich ist dabei die Sicherung der Ergebnisse durch einen TA.

■ **Die Rolle des Todes.** Dieser Handlungsimpuls zielt auf die Kernaussage Heideggers. Für Heidegger ist die menschliche Existenz durch unausweichliche Todverfallenheit gekennzeichnet. Es ist darauf zu achten, dass den Sch die Dimensionen dieser Sichtweise vor Augen treten und sie nicht vorschnell diese Aussage banalisieren.
Im Anschluss daran sollte deutlich werden, dass Heideggers Sichtweise nur eine von mehreren Möglichkeiten darstellt, die Rolle des Todes für den Menschen zu deuten. Falls die DS 90/91 zum Umgang der krebskranken Isabell Zachert mit dem drohenden Tod bearbeitet wurde, bietet sich ein Vergleich mit der Sichtweise Isabells bzw. derjenigen ihrer Mutter an, da diese Perspektive den Sch relativ nah und gut nachvollziehbar sein dürfte. Es ist wünschenswert, dass hierbei auch eigene Sichtweisen der Sch in den Blick genommen werden.
Je nach Vorkenntnissen der Klasse ist es angebracht, an dieser Stelle bereits den christlichen Umgang mit dem Tod ins Spiel zu bringen. Dabei muss den Sch die grundsätzliche Unterschiedlichkeit zu Heideggers Position deutlich werden, der eine Hoffnungsperspektive völlig vermissen lässt.

Raimund Wäschle, Aus der Serie »Via crucis«
Das abgebildete Werk von R. Wäschle (geb. 1956) ist Teil einer »Via crucis« genannten Serie, welche der Künstler 1996 angefertigt hat. Die Blätter sind jeweils mit drei Platten gedruckt. Häufig wiederkehrendes Motiv ist die fotografische Wiedergabe eines Kruzifixes aus dem Konvent der Franziskaner in San Piero a Sieve in Florenz, welches Wäschle zum Torso reduzierte und auf Radierplatten übertrug.
Das Bild von Raimund Wäschle ist von verschiedenen rostbraunen Tönen dominiert, die in unterschiedlichen Helligkeitsstufen über das Bild verteilt sind. Struktur erhält das Bild durch ein weißes Oval, welches die gesamte Bildfläche ausfüllt. In der Horizontalen durchtrennt etwas oberhalb der Mitte ein feiner dunkler Strich das Bild, der am linken Bildrand von einer Braunschattierung überdeckt wird. Die Vertikale wird durch einen schwarzen Torso dominiert, welcher nackt und ohne Arme mit gesenktem Haupt an den gekreuzigten Christus erinnert.
Der Körper des Gekreuzigten wird von den Farbtönen des Hintergrundes durchleuchtet und scheint dem Betrachter am nächsten zu liegen. Zwischen Torso und weißem Oval schiebt sich eine braune Gestalt mit einem Kopf an die linke obere Bildfläche, der aufgrund seiner Form als Embryo erkennbar ist.
Wäschle setzt sich oft mit Werken des Mittelalters und der Renaissance auseinander, die er verändert und in neue, von ihm geschaffene Zusammenhänge stellt. Sein Vorgehen ist dabei stets suchend und tastend. Er thematisiert die existenzielle Bedrohung des Menschen, reduziert den Körper häufig auf einzelne Organe, kreist dabei aber um die Wirklichkeit des Menschen als Ganzes, welche meist düster und lastend erscheint. Die Sprachlosigkeit oder gar Unsagbarkeit dieser Wirklichkeit versucht Wäschle in seinen Werken zum Ausdruck zu bringen.

Des Weiteren ist es reizvoll, die Perspektive Isabell Zacherts zwischen der christlichen Position und Heideggers Überlegungen zu verorten.

Tod im Alltag. Bei einem Thema, welches Sch auf existenzielle Weise beschäftigt, ist es wichtig, dass sie genügend Gesprächsmöglichkeiten finden, um sich über die im RU möglicherweise aufgeworfenen Fragen auszutauschen. Im Idealfall wird dabei die Auseinandersetzung mit der Rolle des Todes für das eigene Leben mit den engeren Bezugspersonen der Sch angeregt. Gespräche mit Eltern oder auch Großeltern geben Sch dabei oft wichtige Orientierungshilfen.
Dieser Handlungsimpuls eignet sich nicht, um anschließend die Ergebnisse im RU vor dem Plenum zu referieren. Am besten wäre es, wenn der Austausch über die gewonnenen Sichtweisen in KG von drei bis vier Sch stattfindet. Dabei ist darauf zu achten, dass sich die KG so zusammensetzen, dass ein vertrauensvolles Gespräch für alle Beteiligten möglich ist.

Bildbetrachtung. Das Einbringen einer persönlichen Sichtweise fällt Sch auf einer reflexiven Ebene häufig sehr schwer. Die Auseinandersetzung mit dem Druck von Raimund Wäschle soll genau dies ermöglichen.
Natürlich ist die Auseinandersetzung mit Wäschles Druck auch nach den bekannten methodischen Schritten der Begegnung mit Kunstwerken im RU möglich, die in der Regel von der spontanen Wahrnehmung über die Analyse der Formensprache zu einer Analyse des Bildgehaltes führen und schließlich in eine Form der Identifizierung bzw. persönlichen Auseinandersetzung mit dem Kunstwerk münden. Besonders vielversprechend ist die kreative Herangehensweise an dieses tiefgründige und in seinem Aussagegehalt offene Werk.
Das vorgeschlagene Schreibgespräch hat den Vorteil, dass Sch ihre Gedanken genau formulieren müssen und von daher schon gezwungen sind, genau hinzusehen. Der vorgegebene erste Satz gibt dabei schon eine gewisse Interpretationsrichtung vor, um zu verhindern, dass das Schreibgespräch (vor allem bei im Umgang mit Kunst noch eher ungeübten Lerngruppen) in einer beliebigen Richtung verläuft.
Die Erfahrung zeigt, dass Sch z. T. erstaunliche Gedanken in Bezug auf die Todverfallenheit des eigenen Lebens formulieren. Sch, welchen die freie Auseinandersetzung mit Kunst schwerfällt, finden in den Gedanken ihrer Mit-Sch oft Anregungen, die ihre eigene Wahrnehmung ebenfalls schärfen.

Weiterführen

Märchen. Eine weniger tiefgehende, für Sch aber einleuchtende Art und Weise, sich mit der Unausweichlichkeit des Todes zu beschäftigen, bietet folgendes arabisches Märchen:
Auf der Flucht vor dem Tod
Der Gärtner des Königs war außer Atem. So schnell war er noch nie die Treppe des Palastes in Damaskus hochgestürmt.
»Mein König, leih mir dein schnellstes Pferd. Ich muss sofort nach Bagdad reiten.«
»Was ist denn passiert, was dich so erschreckt hat?«
»Ach«, antwortet der Gärtner, »ich habe soeben im Garten den Tod gesehen. Er hat die Arme gehoben und mir gedroht. Deshalb will ich fliehen. Fern von hier, in Bagdad, werde ich sicher sein.«
Der König zögerte nicht und gab dem Gärtner sein bestes Pferd. Dieser ritt auf der Stelle los, so schnell das Pferd laufen konnte.
Der König begab sich in den Garten, wo er tatsächlich den Tod antraf. Er schimpfte mit dem Tod: »Was denkst du dir dabei, meinen treuen Gärtner so zu erschrecken?«
Darauf der Tod: »Ich habe deinen Gärtner nicht erschreckt. Ich war nur überrascht.«
Der König unwirsch: »Rede dich nicht heraus, du hast ihm doch gedroht.«
»Oh nein«, antwortete der Tod, »ich habe nur die Hände über dem Kopf zusammengeschlagen, weil ich so verwundert war, deinen Gärtner hier zu sehen. Ich habe nämlich den Auftrag, ihn heute Abend, fern von hier in Bagdad zu holen.«
Folgende AA können dazu gegeben werden:
- Formuliere die Grundaussage des Märchens in eigenen Worten.
- Berichte von ähnlichen Situationen bzw. Verhaltensweisen in unserem heutigen Leben.

Ansetzen

Das Thema Sterbehilfe ist bleibend aktuell. Die medizinische Entwicklung wird die ethischen Probleme und Fragen weiter anwachsen lassen. Sch werden in Bezug auf diese Thematik erfahrungsgemäß eine Position einnehmen, welche sehr stark die Selbstbestimmung des Einzelnen betont.
In Spaemann und Grill diskutieren zwei starke Persönlichkeiten miteinander. Grill argumentiert aus seinen Erfahrungen mit seinem krebskranken Bruder heraus, welcher die Dienste der Sterbehelfer der Schweizer Organisation »Dignitas« in Anspruch genommen hat. Er macht sich dafür stark, dass Menschen in ausweglosen Situationen ihrem Leben ein Ende bereiten dürfen, auch unter Inanspruchnahme fremder Hilfe. Spaemann wendet sich strikt gegen jede Form der Legalisierung von aktiver Sterbehilfe, ohne die Entscheidung eines Einzelnen zu verurteilen. Die Position Spaemanns ist für Sch sicherlich die schwerer verständliche. Unter Umständen müssen die Argumente durch konkrete Beispiele unterfüttert werden, etwa die Frage, inwieweit die freie Entscheidung eines Einzelnen durch ökonomischen Druck eingeschränkt werden könnte.

Umsetzen

■ **Begriffe.** Eine deutliche Klärung dieser Begriffe ist unumgänglich für ein angemessenes Verständnis der Problematik. Folgende nähere Bestimmung kann für eine gemeinsame Sicherung dienen:
- Aktive Sterbehilfe: Hilfe zum Sterben; direkter Eingriff führt zum Tod des Sterbenden (Bsp. Giftspritze).
- Passive Sterbehilfe: Hilfe beim Sterben; indirekter Eingriff führt zum Tod des Sterbenden (z. B. Einsatz von schmerzlindernden Mitteln, Verzicht auf Einsatz von lebensverlängernder Gerätemedizin).

■ **Argumente.** Dieser sehr umfangreiche Handlungsimpuls kann durch zusätzliche methodische Hinweise strukturiert werden. Vorschlag: Sch erarbeiten in KG die jeweiligen Argumente aus dem Text. Sie formulieren jedes Argument auf einem Kärtchen. Anschließend stellen die KG ihre Ergebnisse vor, wobei durch die Präsentation mit Kärtchen gleiche Argumente einander zugeordnet und die jeweils beste Formulierung für die Sicherung übernommen werden kann. (Vgl. dazu auch die Überlegungen der deutschen Bischöfe, **M 6.2, S. 184**.)

■ **Euthanasie.** Der Begriff »Euthanasie« leitet sich aus dem Griechischen ab: *eu* = gut, *thanatos* = Tod. Das Wissen um den Missbrauch dieses Begriffes durch die Nationalsozialisten ist eine Voraussetzung für ein angemessenes Verständnis der deutschen Diskussion um diesen Begriff. Diese Thematik kann auch durch eine GFS behandelt werden.

■ **Hospiz.** Auch dieser Themenbereich lässt sich gut über eine GFS erarbeiten. Die Hospizbewegung ist inzwischen in Deutschland sehr weit verbreitet und verfügt über ein flächendeckendes Betreuungsnetz, sodass Sch auch in ihrer unmittelbaren Umgebung entsprechende Einrichtungen finden werden. Sch machen sich anhand der Beschreibungen der Ziele der Hospizbewegung Gedanken über würdiges Sterben und lernen einen Umgang mit dem Thema Sterbehilfe kennen, der die aktive Sterbehilfe konsequent ablehnt.

■ **Um Rat gefragt.** Sch reflektieren hier die unterschiedlichen Umgangsweisen mit todkranken Menschen und verorten sich gleichzeitig mit ihrer eigenen Position.

Weiterführen

■ **Die deutschen Bischöfe zu Euthanasie und Sterbehilfe.** Eine dezidiert theologische Argumentation zum Thema Sterbehilfe findet sich in einem Bischofswort von 1975, welches gleichwohl in seiner grundsätzlichen Argumentationsweise bis heute nichts an Aktualität eingebüßt hat (**M 6.2, S. 184**).

Ansetzen

Die Erfahrung von Leid und Tod ist den biblischen Autoren bekannt. In zahlreichen Texten wird diese existenzielle Grundsituation des Menschen variiert. Der Mensch tritt flehend und Hilfe suchend vor Gott, aber auch anklagend und fordernd. Das Ringen des Menschen mit der eigenen unvollkommenen Beschaffenheit äußert sich biblisch auch immer als ein Ringen mit Gott. Selbst Jesus ist diesen Anfragen menschlicher Existenz ausgeliefert. Er betet und fleht zu Gott, aber seine innige Gottesbeziehung lässt ihn keinen Moment an der Güte Gottes und seinem Heilswillen zweifeln.
Die DS bietet mehrere Möglichkeiten der künstlerisch kreativen Auseinandersetzung mit dem Thema Tod und Sterben. Die literarische Gattung der Psalmen steht dabei im Zentrum des Interesses.

Umsetzen

■ **Psalmen.** Die Einholung von Informationen zur literarischen Gattung soll die Grundlage bilden zur anschließenden eigenen Gestaltung und Auseinandersetzung.

■ **Beten.** Dieser Handlungsimpuls erfordert ein bestimmtes Maß an religiöser Identifikation. Die Aufforderung, einen *Klage*-Psalm zu schreiben lässt Sch allerdings die Möglichkeit der Distanzierung offen.

■ **Gestalten.** In sehr drastischen Bildern werden in Ps 22,13-19 existentielle Notsituationen ausgedrückt und vor Gott gebracht. Sch werden durch die gestalterische Auseinandersetzung in diese Bewegung mit hineingenommen und erhalten so die Möglichkeit, eine Gottesbeziehung aufzubauen.

■ **Musizieren.** Je nach vorhandenen Begabungen in der Lerngruppe lässt sich die kreative Umsetzung von Psalmversen auch musikalisch gestalten.

■ **Betrachten.** Lovis Corinths (1858-1925) Werk inspirierte mehrere Generationen deutscher Künstler. Der Grenzgänger zwischen Impressionismus und Expressionismus beschäftigte sich mit den existenziellen Grundfragen des Menschen (Liebe, Tod, Gewalt ...), denen er eine explosive Ausdruckskraft verlieh. Immer wieder nahm Corinth dabei Bezug auf die Leidensgeschichte Jesu.

Lovis Corinth, Christus am Ölberg (1915)
Die im Jahre 1915 geschaffene Radierung »Christus am Ölberg« strahlt eine eindringliche Dynamik aus. Der knieende Christus, der mit verkrampft gefalteten Händen seinen Kopf in den Nacken legt, nach oben blickt und zu Gott betet, nimmt einen Großteil der rechten Bildhälfte ein. Am unteren Bildrand sieht man zwei schlafende Gestalten, die Jünger Jesu, welche vom Geschehen nichts mitbekommen. Rechts oben im Bild befindet sich die bereits aufgehende Sonne, links über einem Gestrüpp aus Büschen und Bäumen schwebend blickt sorgenvoll ein Engelskopf auf den betenden Jesus.
Die Radierung wirkt sehr kraftvoll und dynamisch. Obwohl die Figuren des Bildes sämtlich ruhen, scheint sich die innere Bewegung der Jesusfigur auf das gesamte Bild übertragen zu haben. Die expressive Haltung Jesu strahlt auf die Umgebung, den Garten Getsemani aus. Das Schwarz-Weiß unterstreicht die Bedrohlichkeit der Situation.

■ **Vergleichen.** Das Bild verlegt die schlafenden Jünger in unmittelbare Nähe Jesu. Sein Alleinsein wird auf diese Weise zusätzlich unterstrichen. Corinths Engelsgestalt blickt sorgenvoll. Man hat nicht den Eindruck, als ginge von ihr eine Kraft aus, wie im Lukas-Evangelium beschrieben. Der Lukas-Text spricht von einer Versuchung, welche die Jünger durch ihr Gebet bannen sollen. Von dieser Versuchung ist auf dem Bild nichts zu sehen. Was bleibt, ist die nackte Angst Jesu vor dem Kommenden und seine inständig flehende Hinwendung zu Gott in seiner höchsten Not.

Weiterführen

■ **Lücken füllen.** Für Sch, die sich mit sehr freien und kreativen Aufgaben eher schwer tun, kann es sinnvoll sein, eine feste Struktur vorzugeben. Z. B. kann man einen Psalm als Fragment abdrucken und den Auftrag erteilen, die Lücken selbstständig auszufüllen (z. B. Ps 90).

■ **Gliedern.** Ein weiterer AA lautet: Gliedere die Verse des Psalms 22 nach der vom Beter empfundenen Nähe zu Gott.
Unterscheide dabei drei Kategorien: a) Gottesferne – b) Gottsuche / Bitte – c) Gottesnähe. Unterstreiche mit drei verschiedenen Farben.

Lösungsvorschlag:

Psalm 22
Mein Gott, mein Gott, warum hast du mich verlassen,
bist fern meinem Schreien, den Worten meiner Klage?
Mein Gott, ich rufe bei Tag, doch du gibst keine Antwort.
Ich rufe bei Nacht und finde doch keine Ruhe.
Aber du bist heilig,
du thronst über dem Lobpreis Israels.
Dir haben unsere Väter vertraut,
sie haben vertraut und du hast sie gerettet.
Zu dir riefen sie und wurden befreit,
dir vertrauten sie und wurden nicht zuschanden.
Ich aber bin ein Wurm und kein Mensch.
Der Leute Spott, vom Volk verachtet.
Alle, die mich sehen, verlachen mich,
verziehen die Lippen, schütteln den Kopf:
»Er wälze die Last auf den Herrn,
der soll ihn befreien!
Der reiße ihn heraus,
wenn er an ihm Gefallen hat.«
Du bist es, der mich aus dem Schoß meiner Mutter zog,
mich barg an der Brust der Mutter.
Von Geburt an bin ich geworfen auf dich,
vom Mutterleib an bist du mein Gott.
Sei mir nicht fern, denn die Not ist nahe,
und niemand ist da, der hilft.
Viele Stiere umgeben mich,
Büffel von Baschan umringen mich.
Sie sperren gegen mich ihren Rachen auf,
reißende, brüllende Löwen.
Ich bin hingeschüttet wie Wasser,
gelöst haben sich all meine Glieder.
Mein Herz ist in meinem Leib wie Wachs zerflossen.
Meine Kehle ist trocken wie eine Scherbe,
die Zunge klebt mir am Gaumen,
du legst mich in den Staub des Todes.
Viele Hunde umlagern mich,
eine Rotte von Bösen umkreist mich.
Sie durchbohren mir Hände und Füße.
Man kann all meine Knochen zählen.
Sie gaffen und weiden sich an mir.
Sie verteilen unter sich meine Kleider
und werfen das Los um mein Gewand.
Du aber, Herr, halte dich nicht fern! Du, meine Stärke, eil mir zu Hilfe!
Entreiße mein Leben dem Schwert, mein einziges Gut aus der Gewalt der Hunde!
Rette mich vor dem Rachen des Löwen,
vor den Hörnern der Büffel rette mich Armen!
Die Armen sollen essen und sich sättigen;
den Herrn sollen preisen, die ihn suchen.
Aufleben soll euer Herz für immer.
Alle Enden der Erde sollen daran denken
und werden umkehren zum Herrn:
Vor ihm werfen sich alle Stämme der Völker nieder.
Denn der Herr regiert als König;
er herrscht über die Völker.
Vor ihm allein sollen niederfallen die Mächtigen der Erde,
vor ihm sich alle niederwerfen, die in der Erde ruhen.

■ **Sprechblasen.** Als Einstieg in die Auseinandersetzung mit der Radierung »Christus am Ölberg« erhalten Sch eine Kopie des Bildes. Sie suchen sich eine Figur aus und legen ihr eine Aussage in den Mund. Über den Austausch der unterschiedlichen Aussagen lässt sich ein UG über Ausdruck und Inhalt des Bildes anschließen.

Hoffnung über den Tod hinaus

AUSFLUG 100 | 101

Ansetzen

Die Auferstehungsbotschaft ist die christliche Antwort auf das von Leid und Tod gezeichnete Leben, sie ist die Grundbotschaft des christlichen Glaubens. Die Beschäftigung mit der Todverfallenheit allen Lebens impliziert stets auch die Frage des angemessenen Umgangs mit dieser Tatsache. Der Glaube an die Auferstehung kennzeichnet den Sieg über die Angst vor dem Tod. Er eröffnet die Hoffnung, dass in Christus der Tod ein für alle Mal besiegt wurde.

Neben einem zentralen Text aus dem Matthäus-Evangelium (28,1-8) enthält die DS eine theologische Reflexion zum Thema Auferweckung/Auferstehung, welche versucht, diese schwierige, aber unverzichtbare Metapher für Sch verständlich zu machen. Des Weiteren findet sich auf der DS ein Fresco aus dem 13. Jh., welches sich auf den Evangelientext bezieht. Es zeigt den Engel am Grab des Auferstandenen. Trotz der bildhaften Umsetzung des Geschehens gelingt es dem Künstler, das Geheimnis der Auferstehung zu wahren.

Umsetzen

Auferweckung/Auferstehung. Dieser Handlungsimpuls zielt auf die zentrale Textaussage; Auferstehung ist das aktive Geschehen, Auferweckung die Handlung, die eine äußere Kraft impliziert, welche die Auferstehung initiiert. Eine eingehende Besprechung im UG sowie eine Sicherung durch einen TA sind zu empfehlen.

Vorschlag für einen TA:

> **Auferstehung: die christliche Antwort auf den Tod**
> *Gegenwart:* Leben ist vom Tod gezeichnet (Fressen und Gefressenwerden)
> ↓ Auferstehung (Ansage einer erfüllenden Zukunft)
> *Zukunft:* Leben ohne Unterdrückung, ohne Herrschaft
>
> Vorgang der Auferweckung wird im NT nicht beschrieben. Nur von Erscheinungen des Auferstandenen wird berichtet.
> ↓
> Die Erscheinungen gelten im NT aber nicht als Beweis für die Auferweckung.
> ↓
> Auferweckung ist etwas anderes, als aus dem Grab aufzustehen.
> Auferweckung bezeichnet die Einheit von Jesus mit Gott. D. h., Gott zeigt sich uns Menschen im Leben Jesu, in seiner Liebe, in seinem bedingungslosen Verzicht auf Gewalt, in seinem unermesslichen Vertrauen in die Menschen.
> ↓
> Auferweckung ist die Beglaubigung, dass die Liebe (Gottes/Jesu) stärker ist als der Tod.

Botschaft des Engels. Das Fresko befindet sich im serbisch-orthodoxen Kloster Mileševa, welches sich im Tal des Flusses Mileševa im südwestserbischen Gebirgsland befindet.
Teil des abgebildeten Freskos ist der berühmte »weiße Engel«, der zum Symbol der UN wurde und weltweit als Botschafter des Friedens bekannt ist. In strahlendem, weißem Gewand sitzt der Engel im Zentrum des Bildes auf einem rötlich-braunen Steinquader, welchen er laut Mt-Ev zuvor von Jesu Grab weggewälzt hat. Mit Flügeln und Gloriole ausgestattet, hält er in seiner rechten Hand einen Stab. Mit seiner Linken verweist er auf das ebenfalls strahlend weiße Totenlaken, welches sich in einem schreinartigen Gebäude links neben dem Engel befindet. Rechts unten ist das offene, leere Grab zu sehen, darüber die beiden Frauen, Maria aus Magdala und die andere Maria, welche nach Mt gekommen waren, um nach dem Grab zu sehen. Mit jeweils einer Hand halten sie erschrocken ihr Gewand geschlossen und blicken den Engel aufmerksam an. Dieser dreht seinen Kopf zu den Frauen hin, sein offener und klarer Blick trifft aber die Betrachter des Bildes, woraus deutlich wird, dass seine Botschaft nicht allein für die Frauen bestimmt ist, sondern für alle, die bereit sind, die Botschaft zu vernehmen.

Wort und Bild. Folgende Momente des Mt-Textes finden sich auf dem Fresko wieder:
- Zwei Frauen befinden sich vor dem leeren Grab.
- Ein Engel im weißen Gewand sitzt auf dem Stein vor dem leeren Grab.
- Der Engel spricht zu den Frauen.
- Er verweist auf Jesus, den Auferstandenen.
- Die Frauen fürchten sich.

Frauen am Grab. Die Frauen können Erstaunen und Unglaube zum Ausdruck bringen, eventuell aber auch Neugierde und wissbegieriges Nachfragen. Der Engel befindet sich in der ruhigen Position des Wissenden. Er kann das Unverständliche erklären.

Auferstehungsdarstellungen. Das Fresko verzichtet auf eine Darstellung des Auferstandenen. Lediglich das Laken, in welches der Tote gewickelt war, erinnert an seine Präsenz. Ebenso wird der Vorgang der Auferstehung nicht bildlich gefasst. Der geheimnishafte Charakter des Geschehens wird unterstrichen durch das Unverständnis der beiden Frauen.

Weiterführen

Leben nach dem Tod. An die Auferstehungsthematik dieser DS schließt sich unmittelbar die Frage nach einem Leben nach dem Tod an. Als Einstieg kann das Zitat von Marie Luise Kaschnitz hilfreich sein:
Glauben Sie fragte man mich
An ein Leben nach dem Tode
Und ich antwortete: ja
Aber dann wusste ich
Keine Auskunft zu geben
Wie das aussehen sollte
Wie ich selber aussehen sollte
Dort
Anschließend können die Begriffe »Himmel«, »Hölle« und »Fegefeuer« in GA bearbeitet werden: Erarbeite die Unterschiede zwischen einem frühen Verständnis und dem heutigen Verständnis des jeweiligen Begriffs (**M 6.3, S. 185**).

Ansetzen

Der Schwerpunkt dieser DS liegt auf den je eigenen Erfahrungen der Sch mit dem, was wir Christen als Auferstehung bezeichnen. Es ist von zentraler Bedeutung, dass Sch erkennen, dass Auferstehung konkret mit ihrem Leben etwas zu tun hat; dass sie erfahrbar ist, sofern man sich auf die Wirklichkeit Jesu einlässt. Wichtig ist dabei aber auch, dass Sch die Vorläufigkeit und Unvollkommenheit dieser Erfahrungen bewusst bleibt, dass diese Erfahrungen von der Überwindung des Todes gemacht werden inmitten einer Welt, die noch immer vom Tod geprägt ist.

Umsetzen

■ **Auferstehung.** Marie Luise Kaschnitz beschreibt die Erfahrung des Sich-Aufmachens als eine Auferstehungserfahrung. Diese Erfahrung geschieht »mitten am Tag«, mitten im »Gewohnten«. Der Alltag ist weiterhin präsent (»Weckuhren«). Auferstehung ist also keine ferne, der Realität enthobene Utopie (»Keine Fata Morgana aus Palmen mit weidenden Löwen und sanften Wölfen.«). Auferstehung bleibt dennoch ein Geheimnis. Sie nimmt jetzt schon eine strahlende, aber noch ausstehende Zukunft vorweg (»Vorweggenommen in ein Haus aus Licht.«).
Kaschnitz wählt vermutlich den Begriff Auferstehung, um deutlich zu machen, dass es darum geht, sich aufzumachen und den Neubeginn zu wagen, sich nicht einfach treiben zu lassen und auf Veränderung zu warten.

■ **Liedstrophe.** Sch suchen nach Auferstehungserfahrungen in ihrem Leben.
Der Liedtext von Albrecht und Janssens glättet die Befreiungs- und Erlösungserfahrungen etwas und blendet die zugrunde liegende Spannung, dass die Erfahrung von Befreiung inmitten einer durch Unfreiheit geprägten Welt gemacht wird, aus. Es wäre ein großer Erfolg, Sch dahin zu bringen (etwa über einen Vergleich von Lied- und Gedichttext), dass sie diese Spannung nicht einfach überspringen, sondern in ihren Formulierungen wirken lassen.

■ **Figuren.** Sch werden sich vermutlich gut in die Situationen der einzelnen Figuren einfühlen können und interessante Details ans Tageslicht befördern. Nach der Vorstellung einiger Ergebnisse wird im UG geklärt, inwiefern sich die Figur unten in der Mitte von den anderen abhebt. Der Hinweis auf das Wundmal in der Hand des Arbeiters leitet zu der Frage über, auf welche Weise der Künstler durch diese Figur an Christus erinnern wollte.

Volker Stelzmann, Gehäuse (1983)
Der 1940 in Dresden geborene Künstler Volker Stelzmann galt der DDR lange Zeit als Vorzeigekünstler, bevor er 1986 in den Westen übersiedelte. Seine realistische, figürliche Malweise weist häufig Zitate aus der christlichen Ikonografie auf, die er mit der sozialen Wirklichkeit der Gegenwart verbindet. Menschen der Unterschicht, Ausgegrenzte und Notleidende stehen oft im Zentrum von Stelzmanns künstlerischem Schaffen.
Das 1983 entstandene Gemälde trägt den Titel »Gehäuse«. Es ist gegliedert durch sechs fast gleichgroße hochkant stehende Kästen. In den Kästen befinden sich Menschen, die wie eingesperrt wirken. Das Innere der Kästen ist dunkel. Licht trifft lediglich auf jene Bereiche, die nicht zu tief im Kasten versinken. Oben links dreht eine nackte Frau dem Betrachter den Rücken zu. Ihre Haltung ist niedergeschlagen und schlaff, der Rücken übersät von Narben und einer riesigen Wunde. Oben in der Mitte steht ein kleiner Mann eng an die Kastenwand gedrückt. Er wirkt verloren und einsam in dem für ihn zu groß geratenen Kasten. Oben rechts steht barfuß ein in eine Decke eingewickelter Mann, der zu frieren scheint. Unten links versucht ein wie ein Arbeiter gekleideter Mann mit kraftvoller Geste und geballter Faust die Enge seines Kastens zu sprengen. An keiner Stelle gelingt es ihm, die Begrenzungen seines Gehäuses zu übertreten. Unten rechts sitzt eine Frau in einem roten, weit ausgeschnittenen Kleid, die an eine Prostituierte erinnert. Im Hintergrund winden sich drei maskenhafte Gestalten, welche die Verlogenheit der Gesellschaft repräsentieren.
Unten in der Mitte geht ein Mann in schmutziger Arbeitskleidung dem Betrachter mit tapsigen Schritten entgegen. Den Kopf gesenkt und den rechten Arm vor Erschöpfung an die Kastenwand gedrückt, hebt er seinen linken Arm zum Siegeszeichen. Der hell erleuchtete Arm mit dem Siegeszeichen überschreitet die Begrenzungen des Gehäuses. Die Hand mit dem Siegeszeichen befindet sich im Zentrum des Bildes. Die Wunde in der Handinnenfläche erinnert an die Wundmale Christi. Der Arbeiter setzt ganz ohne Kampf und Gewalt ein Zeichen der Überwindung der durch Unterdrückung und Leid geprägten Situation der Menschen.

■ **Wort und Bild.** Bild und Gedicht ist gemeinsam, dass Auferstehung als ein leises, unscheinbares Geschehen aufgefasst wird, welches sich inmitten einer unerlösten, alltäglichen Welt vollzieht. Auferstehung passiert dort, wo Menschen sich aufmachen, zu neuen Ufern aufbrechen, einen Schritt zur Überwindung der herrschenden Unterdrückung wagen.

Bediente Standards in der LL »Memento mori«

Die Tabelle gibt an, welche Standards zentral bedient werden [x], bzw. welche teilweise wiederholend angesprochen werden [(x)].

DIMENSION »MENSCH SEIN – MENSCH WERDEN« Die Schülerinnen und Schüler	
– wissen, dass Partnerschaft Entwicklungsschritte zur eigenen Identität und zur Liebesfähigkeit voraussetzt;	
– können den Stellenwert, den Sexualität in unserer Gesellschaft hat, reflektieren und kennen Kriterien eines verantwortlichen Umgangs mit Sexualität;	
– verstehen, dass es zum Menschsein gehört, sich entscheiden zu müssen und zu Entscheidungen zu stehen;	
– verstehen, dass menschliches Leben begrenzt ist, zum Beispiel durch Leid, Krankheit und Tod;	x
– können den Grund der christlichen Hoffnung auf Auferweckung darlegen und Wiedergeburtsvorstellungen von dieser abheben.	x
DIMENSION »WELT UND VERANTWORTUNG« Die Schülerinnen und Schüler können	
– das Anliegen des konziliaren Prozesses darlegen und argumentativ begründen;	
– an einem Beispiel den Zusammenhang zwischen Werten und Normen aufzeigen;	
– Schritte der ethischen Entscheidungsfindung darlegen;	
– an einem Beispiel aufzeigen, in welcher Weise sich Christen bei einer ethischen Entscheidung unter anderem an Weisungen des Dekalogs, an Jesu Leben, Handeln und Lehre und an kirchlichen Traditionen orientieren.	(x)
DIMENSION »HERMENEUTIK: BIBEL UND TRADITION« Die Schülerinnen und Schüler	
– können aufzeigen, wie Kenntnisse über die Entstehungssituation biblischer Texte zu deren Verständnis beitragen;	
– können an einem biblischen Beispiel den Zusammenhang von literarischer Gattung, Aussageabsicht und Sitz im Leben erläutern;	
– kennen verschiedene methodische Zugänge zu biblischen Texten und können sie ansatzweise beurteilen;	
– können aufzeigen, wie Menschen versuchen, sich in unterschiedlichen Ausdrucksweisen der Wirklichkeit Gottes anzunähern.	(x)
DIMENSION »DIE FRAGE NACH GOTT« Die Schülerinnen und Schüler	
– können an einem Beispiel Möglichkeiten des Redens von Gott erläutern und seine Grenzen aufzeigen;	
– können an biblischen Texten zeigen, wie Geschichte als Weg Gottes mit den Menschen gedeutet wird und wie Nähe und Abwesenheit Gottes erfahren werden;	
– verstehen, dass nach christlichem Verständnis Gott sich den Menschen bedingungslos zuwendet und dass dieses Angebot ernst zu nehmende Konsequenzen hat (unter anderem Weisungen und Normen).	(x)
DIMENSION »JESUS DER CHRISTUS« Die Schülerinnen und Schüler	
– können anhand einer Weisung der Bergpredigt und des Doppelgebots der Liebe die Relevanz der Botschaft Jesu für heute aufzeigen;	
– können Jesu Umgang mit der Tora an einem Beispiel erläutern;	
– verstehen, dass Jesus Gottes Nähe erfahrbar machte, unter anderem in seiner Zuwendung zu Sündern und Ausgestoßenen und seinem Verzicht auf Gewalt;	(x)
– können den Zusammenhang zwischen der Auferweckung Jesu und der christlichen Hoffnung auf Vollendung darlegen.	
DIMENSION »KIRCHE, DIE KIRCHEN UND DAS WERK DES GEISTES GOTTES« Die Schülerinnen und Schüler können	
– an konkreten Beispielen die diakonische, missionarische und kritische Funktion der Kirche in der Gesellschaft darstellen;	
– an einem Beispiel die Kooperation von Staat und Kirche in der Bundesrepublik Deutschland erläutern;	
– unterschiedliche Verhaltensweisen von Christen in der Zeit des Dritten Reiches darlegen und bewerten.	
DIMENSION »RELIGIONEN UND WELTANSCHAUUNGEN« Die Schülerinnen und Schüler	
– kennen Beispiele für christlichen Antijudaismus und können sich kritisch damit auseinandersetzen;	
– können den Hinduismus in Grundzügen darstellen, z. B. Prägung des Alltagslebens, verschiedene Gottesvorstellungen, und ihn mit dem Christentum vergleichen;	
– können anhand der Biografie des Buddha zentrale Überzeugungen und Lebensziele des Buddhismus erläutern und mit dem Christentum vergleichen;	
– sind aufgrund eines kritischen und selbstkritischen Vergleichs in Ansätzen zu einem Dialog mit anderen Religionen und Weltanschauungen befähigt.	

Witwe mit 30 Jahren

Eines Nachts kam ihr Mann nicht nach Hause.
Weil er tot war.
Sie wurde Witwe mit 30 Jahren.
Protokoll einer allmählichen Rückkehr ins Leben.

Ich weiß nicht, warum Peter den Strom angelassen hat. Es muss ganz schnell gegangen sein. Gelitten hat er nicht. Aber dagelegen, eine Nacht lang, in diesem Leitungsschacht, wie ein Stück Dreck. Keiner hat nachgeschaut. Ich habe auf sein Handy gesprochen, immer wieder. Als ich am nächsten Tag ins Hotel kam, wo er die Klimaanlage warten sollte, haben sie mich nicht zu ihm gelassen. Ich stand unter Schock, darum habe ich mich nicht gewehrt. Das war falsch. Ich hätte mich von Peter verabschieden sollen.

Er war mein erster richtiger Freund, später dann mein bester Freund. Ich hab einen anderen Mann geheiratet. Und ein Kind bekommen, Maximilian – er ist geistig und körperlich behindert. Meine Ehe hat diesem Druck nicht standgehalten. Sie zerbrach. Peter war immer für mich da in dieser Zeit. Wir haben neu zusammengefunden. Tief und ruhig fand ich ihn. Und viel ausgeglichener als mich. »Ohne dich«, habe ich ihm kurz vor seinem Tod gesagt, »hätte ich die Behinderung von Maximilian nicht durchgestanden.« Er hat geantwortet: »Heute würdest du es durchstehen.« Er hatte recht. Ich war gereift in den Jahren an seiner Seite. Die Behinderung meines Kindes hat mich erwachsen gemacht. Seit Peters Tod stehe ich alles alleine durch. Und was ich durchstehen muss!

Als ich von seinem Unfall erfuhr, war ich zuerst ganz ruhig. Am Nachmittag bin ich dann zusammengeklappt. Ich konnte gar nicht mehr aufhören zu weinen. Zwei Wochen lang wollte ich nichts als sterben. Auch danach habe ich viel geweint, im Supermarkt, auf der Straße, hinter meiner Sonnenbrille. Wenn das Telefon klingelte, habe ich gedacht, er ist es. In jedem Mann, der ihm nur entfernt ähnelte, sah ich ihn. Ich konnte einfach nicht glauben, dass er tot ist. Ein halbes Jahr ging das so. Überlebt habe ich diese Zeit nur durch das Kind. Es hat mich angestrahlt, und ich wusste, ich muss weitermachen. Meine Familie und meine Freunde haben dafür gesorgt, dass ich keinen Abend allein zu Hause war. Ich habe geredet und geredet, und sie haben zugehört.

Nach einem Jahr dachten viele, es müsste vorbei sein. War es aber nicht. Ich habe weiter geredet und weiter geheult. Wenn ich allein zu Hause war, bin ich oft zusammengebrochen. Aber schlafen konnte ich gut. Ich glaube, weil ich nichts verdrängt habe.

Natürlich habe ich auch dummes Zeug gehört: »Du bist jung und schön und findest schon einen Neuen« oder »Zeit heilt alle Wunden«. Das hilft einem nicht weiter. Dann habe ich mich mit Leuten zusammengetan, die das Gleiche durchgemacht haben wie ich. Die sagten: Pass auf, irgendwann lebst du wieder. Denen konnte ich das glauben. Und es ist besser geworden. Nicht plötzlich, ganz langsam.

Vier Jahre ist Peters Tod jetzt her. Inzwischen kann ich mich an ihn erinnern, ohne jedes Mal diesen schrecklichen Schmerz zu empfinden. Ich würde gern mit ihm reden, und wunderschön wäre es, ihn im Himmel wiederzusehen. Bloß glauben kann ich nicht daran.

Peter wollte immer lernen, was Liebe ist. Er hat es gelernt. Auch ich habe viel gelernt, an Selbstbewusstsein gewonnen und an Tiefe. Ich denke nicht nur an mich, mein Kind und meine Freunde, sondern helfe jetzt anderen jungen Witwern und Witwen, denen es schlecht geht. Peter hat mir geholfen, ein besserer Mensch zu sein. Sein Tod ist nicht sinnlos gewesen. Trotzdem wäre mir tausendmal lieber, er wäre am Leben.

Er wird immer ein Teil meines Herzens sein. Aber ich habe ein großes Herz, für viele Menschen.

Vor Kurzem war ich das erste Mal seit Peters Tod verliebt. Aus der Liebe wurde nichts. Aber ich habe gespürt, dass ich wieder offen bin, und mich gefreut darüber.

Monika Goetsch

Die deutschen Bischöfe zu Euthanasie und Sterbehilfe

Wir müssen also alles tun, um jedem Menschen ein menschenwürdiges Sterben zu ermöglichen und zu erleichtern. Aber ebenso müssen wir die Euthanasie als absichtlich herbeigeführte vorzeitige Beendigung des menschlichen Lebens ablehnen. Denn hier handelt es sich nicht mehr um Hilfe beim Sterben, um Erleichterung des Sterbens, sondern um die Tötung eines Menschen.
Es mehren sich heute die Stimmen, die eine direkte Verfügung über das eigene Leben und die Tötung auf Verlangen unter Umständen als sittlich vertretbar ansehen. Man fragt, ob der Patient, der unheilbar krank ist und unter qualvollen Schmerzen leidet, nicht die Abkürzung seiner Sterbensphase verlangen dürfe. Dagegen muß gesagt werden: Der Mensch hat kein derartiges Verfügungsrecht über sein eigenes Leben. Sicherlich hat er Anspruch auf die Linderung seiner Schmerzen; aber er ist nicht Herr über Leben und Tod. Selbst derjenige, der sich in seinem Gewissen nicht an Gott gebunden hält, wird zugeben, dass die Verfügung über das eigene Leben in Widerspruch zu einer Wertordnung steht, die auf der unbedingten Achtung vor dem Leben gründet. Ebenso schwerwiegend ist, dass es sich bei der Euthanasie nicht nur um eine angemaßte Verfügung des Kranken über das eigene Leben handelt, sondern dass die Tötung anderen Menschen zugemutet wird. Der Grundpfeiler der Rechtsordnung, dass nämlich kein Mensch über das Leben eines anderen Menschen verfügen könne, würde im Falle der Euthanasie aus den Angeln gehoben. Daran ändert auch nichts die Forderung, ein solcher Eingriff dürfe nur mit Wissen und Willen des Schwerkranken erfolgen.
Man darf auch nicht einwenden, es sei nur ein gradueller Unterschied zwischen dem Verzicht auf die Anwendung außergewöhnlicher medizinischer Mittel und der Verabreichung einer den Tod herbeiführenden Spritze, zwischen einer großen und einer noch etwas größeren Dosis schmerzstillender Mittel. Zwischen Sterbenlassen und Töten bleibt ein wesentlicher Unterschied, ganz gleich, welche Dosis schmerzstillender Mittel angewandt wird.
Das Gebot »Du sollst nicht töten« gilt für alle Phasen des menschlichen Lebens. Der Begriff Euthanasie kann nicht darüber hinwegtäuschen, dass jede vorzeitige Beendigung des Lebens Tötung ist und damit gegen die Gesetze Gottes und der Humanität verstößt. Sie verstößt auch gegen die Grundsätze unserer rechtsstaatlichen Ordnung.

Die deutschen Bischöfe, Das Lebensrecht des Menschen und die Euthanasie, 1975

- Erarbeite aus dem Text die Position der deutschen Bischöfe zum Thema Sterbehilfe. Benenne die Argumente für ihre Position.

Himmel – Hölle – Fegefeuer

Himmel – das althochdeutsche Wort »himel« bedeutet »Decke«, »Hülle«. In den Religionen vieler Völker ist der Himmel ein göttliches Wesen oder ein Teil einer Gottheit (...). Oft findet sich der Gedanke, Himmel und Erde seien ursprünglich eins gewesen und erst später von einem Gott getrennt worden oder durch Teilung eines Urwesens entstanden. (...) Im Altertum ging man von einem dreistöckigen Weltbild aus: der Himmel als der Raum über der Erde war der Lebensraum der Götter, darunter lag die Erde als Raum der Menschen und darunter oder darin die Unterwelt als Lebensraum der Toten.
Nach dem Ersten Testament sind Himmel und Erde keine Gottheiten, sondern Geschöpfe Gottes. An einigen Stellen wird der Himmel als Wohnort Gottes bezeichnet (vgl. 1 Kön 8,39) (...). Im Schöpfungslied (Gen 1) dient der Himmel (...) als Scheidewand zwischen den himmlischen und irdischen Wassern. Daneben kommen für den Himmel die Bilder »Zeltdach« (Ps 104,2) und »Mantel Gottes« (Ps 102, 27) vor. Das Erste Testament hat also Anteil am dreistöckigen Weltbild seiner Zeit.
In den alten Vorstellungen ist der Himmel immer als ein Ort oben verstanden. Nach unserem Weltbild gibt es kein Oben und Unten, wir können in ihm den Himmel nicht mehr verorten. (...) In den Religionen wird am Himmel als Ziel des Menschen, als Erfüllung seiner mit irdischen Mitteln nicht stillbaren Sehnsüchte festgehalten. Juden sprechen von der »kommenden Welt«, Muslime vom »Paradies«. Die Bibel gebraucht für den Himmel viele sinnlich schöne Bilder: Im Himmel liegen Löwen bei Lämmern, einsame Menschen sind fröhlich, Hungernde haben genug zu essen, alle sind gut zueinander. Die Bibel beschreibt also bei Himmel eigentlich keinen Ort, sondern sie zeigt eine Wirklichkeit auf, für die sie viele, immer neue Bilder verwendet. (...) Im Himmel gehen die Sehnsüchte aller Menschen nach wahrem Frieden, nach endgültiger Gerechtigkeit und einem Leben in liebender Gemeinschaft in Erfüllung. Himmel – das ist der endgültig gefundene Gott, und Himmel – das ist der Mensch in endgültiger Freiheit und Liebe. Entsprechend deuten die Evangelien die heilenden Begegnungen von Menschen mit Jesus bereits als Erfahrung des Himmelreiches. Da der »Himmel« durch Jesus schon angesprochen ist, können wir anderen Menschen »himmlisch« Erfahrungen auf Erden bereiten.

Hölle – vom deutschen Wortstamm »hehlen«, was soviel wie »bergen« bedeutet. Im Mittelhochdeutschen bezeichnet »Hellen« den Aufenthaltsort der Toten. In der germanischen Mythologie ist »Hel« die Todesgöttin, in deren Schoß die Toten zurückkehren. Eine solche Vorstellung von einem Ort der Toten, der Dämonen und Totengottheiten, von einer Unterwelt, existiert in vielen Religionen: Die Griechen sprachen vom »Hades«, die Juden von der »scheol«. Das Dasein in diesem Totenreich wird meist als ziemlich trostloses Dahinvegetieren gesehen. Vom Totenreich zu unterscheiden ist unser landläufiges Verständnis von Hölle als »Ort« der Vergeltung für die Bösen. Auf hebräisch heißt er »gehenna«, bei den Muslimen »jahannam« und manchmal auch »al-nar«, was soviel wie »das Feuer« bedeutet. Von daher stellt man sich die Hölle als Ort der Feuerqualen vor. Ähnliche Vorstellungen von »nie erlöschendem Feuer« (Mt 3,12; 18,8), von »ewiger Pein« (Mt 25,46), von »äußerster Finsternis« (Mt 8,12) und von »Heulen und Zähneknirschen« (Mt 13,42.50) finden auch sich auch im NT. (...)
Heute malen wir uns die Hölle nicht mehr so aus. Wir verstehen sie nicht lokal als einen Ort, sondern als einen Zustand. Wir empfinden das irdische Leben mancher Menschen bereits als die Hölle und sprechen von der »Hölle der Isolation«, von der »Hölle der Armut«, von der »Hölle von Auschwitz«. Für den Gläubigen ist die Hölle die verzweifelte Erfahrung des Menschen, die ihm in der Begegnung mit Gott aufgeht, dass er zur Liebe unfähig geworden ist, dass er sein Leben verfehlt hat und Gott endgültig verloren hat. Und dennoch müssen wir sagen: ob ein Mensch »in der Hölle« ist, wissen wir nicht. Es gibt zu denken, dass die meisten Religionen davon ausgehen, dass es einen Unterschied für die Existenzweise nach dem Tod gibt, je nachdem, wie ein Mensch auf Erden gelebt hat. Von dieser Vorstellung ist auch Jesu Rede vom Weltgericht (Mt 25,31-46) bestimmt, wo in selige und Verdammte geschieden wird. Entscheidend dafür ist, ob jemand sich in seinem Leben gegen die Mitmenschen geöffnet hat oder ob er nur egoistisch für sich gelebt hat (...). Gott will nicht Bestrafung und Hölle für den Menschen, sondern das Heil und er freut sich über jeden Sünder, der umkehrt und Buße tut (1 Tim 2,4).

Feg(e)feuer und Gericht – vom mittelhochdeutschen Wirt »vegen«, d. h. »reinigen«. »Fegefeuer« ist eine schlechte Übersetzung des lat. Wortes »purgatorium«, das eigentlich »Zustand der Reinigung« oder der »Läuterung« bedeutet. Missverstanden wurde auch das Wort des Apostels Paulus von der Rettung »so wie durch Feuer hindurch« (1 Kor 3,15), wonach man sich das Fegefeuer als reales Feuer vorstellte. In dieses Bild spielt die Alltagserfahrung der Menschen herein, dass Feuer reinigende Kraft hat, z. B. wenn es Erz von Verunreinigungen befreit.
Für ein anderes Verständnis von Fegefeier und Gericht könnten folgende Zusammenhänge hilfreich sein: Im Tod begegnen wir Gott endgültig. Diese Begegnung mit seiner Liebe und Wahrhaftigkeit öffnet uns die Augen über uns selbst. Wir erkennen uns so, wie wir wirklich sind, mit all unseren Fehlern und Schwächen; wir erschrecken über unsere Selbstgerechtigkeit, über unseren Egoismus und unsere Herzenshärte. Wir begreifen, wie wir hätten leben können und wie wir stattdessen gelebt haben. Diese Selbsterkenntnis im Angesicht Gottes wird schmerzhaft sein und uns durchfahren wie Feuer.

7 Jesus – Die Spur von morgen

Hintergrund

Spuren sind das Leitmotiv dieser LL. Sie sind etwas, das zurückbleibt und im alltäglichen Leben viele Formen haben kann. Fußabdrücke, Hinterlassenschaften an Tatorten, Narben und andere greifbare Dinge werden so bezeichnet. Aber auch Erfahrungen und Bilder hinterlassen Spuren bei Menschen. Den Spuren Jesu will die LL folgen. Die Erfahrungen, die Menschen mit Jesus gemacht haben, setzen uns auf seine Spur.

Doch Begegnungen mit Jesus gehen über Alltagserfahrungen hinaus. Bereits zu Lebzeiten heilte er Menschen, eröffnete ihnen neue Lebensperspektiven und wird so für diese Menschen zur Spur von morgen.

Gerade dieses Anderssein Jesu wird von Sch oftmals nur schwer angenommen. Die im Jugendalter stark ausgeprägte Ambivalenz hinsichtlich Jesus von Nazaret braucht daher Raum und soll auch ausgedrückt werden können. Die LL bietet hierzu immer wieder Gelegenheit in AA, die zur eigenen Standortbestimmung dienen und eine Revision alter Positionen ermöglichen. Das, was Jesus ausmacht und zugleich für Jugendliche provozierend ist, kann im RU nicht einfach angelernt werden, in dessen Rahmen sich auch Sch mit Jesus konfrontiert sehen, die dies eigentlich gar nicht wollen. »Verwerfungen, Gegenargumente, Gegen-Provokationen müssen hier an der Tagesordnung sein. Im Gegensatz zu einem Nachahmungs-Konzept wird man solche Gegen-Irritationen aber als produktives Material verstehen im Ringen um plausible verpflichtende Wahrheit.« (Hans Mendl, Lernen an (außer)gewöhnlichen Biografien, Donauwörth 2005, S. 193)

Durch die Auseinandersetzung mit historischen und zeitgenössischen Lebensläufen wird die Wirkung des Jesus von Nazaret greifbar.

»Jugendliche halten Jesus für attraktiv, wenn seine Ethik als zugleich befreiend und realistisch thematisiert wird. Und: Die Bedeutsamkeit des Christus-Glaubens muss an Menschen, die an Jesus glauben, plausibel gemacht werden.« (a. a. O., S. 191)

Wie schon der Titel durch seine paradox wirkende Formulierung andeutet, verbinden die DS dieser LL die Suche nach Spuren Jesu in der Vergangenheit mit der Bedeutung der Person Jesu für unser Leben. Die Verknüpfung biblischer Ereignisse mit aktuellen Beispielen macht dies für Sch nachvollziehbar. »Bei solchen Prozessen einer Auseinandersetzung mit Jesus Christus kommen auch irritierende Momente ins Spiel. Provozierend irritierend: Das sind beispielsweise die ethischen Forderungen der Bergpredigt ..., das Weltbild der Seligpreisungen ..., die Entgrenzung des Liebesgebots, die Konsequenz eines Lebens bis zum Tod oder die Frage nach der Göttlichkeit Jesu im Menschen.« (a. a. O., S. 193)

Nahezu alle DS dieser LL sind mit Bibelversen versehen, die die Überlieferung der Evangelien Jesus in den Mund gelegt hat. Die Botschaft, die hinter diesen Zitaten steht, ist die Spur, der Menschen bis heute folgen können. Auf den DS ohne Verse wird dem Unfassbaren Raum gegeben, dem, was wir kaum in Worten ausdrücken können. Auf diese Weise sucht die LL immer wieder in eine erkennbare Form zu gießen, womit sich Sch auseinandersetzen sollen.

Die LL orientiert sich nicht an einem Themenfeld, sondern an den Standards. Dabei werden Inhalte der LL zur Person und Botschaft Jesu aus MITTENDRIN 1 und 2 fortgeführt: Der Weg führt über die Person Jesu mit ihrer Umwelt (1) und die Grundzüge der Reich Gottes Botschaft (2) zum Handeln Jesu für die Menschen, die letztlich alle drei die christliche Hoffnung auf Vollendung begründen.

Der letztgenannte Aspekt kann besonders durch eine Verknüpfung der LL »Jesus – Die Spur von morgen« und der LL »Memento mori« in den Fokus genommen werden.

Der Lerngang »Sehen« eröffnet über die genannten Aspekte hinaus die Möglichkeit, im Bild über das Unfassbare ins Gespräch zu kommen und die Auferstehungsbotschaft als Spur von morgen zu erkennen.

Jesus – die Spur von morgen REISEPROSPEKT 104 | 105

Ansetzen

Ausgehend von den Erfordernissen des Lerngangs »Sehen«, findet sich eine Bildauswahl, die die verschiedenen Schülertypen ansprechen kann. Neben einer sehr gegenständlichen Darstellung der Begegnung von Jesus mit Zachäus, bietet eine deutungsoffene Plastik und ein eher abstraktes Gemälde mit der Bildunterschrift »Il plaça devant eux un enfant« (»Er stellte ein Kind vor sie hin«) die Gelegenheit zu einer ersten Auseinandersetzung mit dem eigenen Verständnis der Person Jesu. Methodisches und inhaltliches Vorwissen wird aktiviert, insbesondere die Methode der Bildbeschreibung. Der Zusammenhang zwischen dem Titel der LL und den Bildern erschließt sich in der Zusammenschau der verschiedenen Bildbeschreibungen: Was mit dem Kind Jesus begann, trägt über die Lebensgeschichte Jesu hinaus und verweist auf den Menschen an sich, wie in der Skulptur »Compassion« des Künstlers Etienne.

Umsetzen

■ **Eigensicht.** Sch werden sich ihrer Position gegenüber Jesus von Nazaret bewusst. Anhand einer Vorstellung der Bildbeschreibungen kann eine Diskussion über die inhaltlichen Schwerpunkte des nachfolgenden Unterrichtsganges erfolgen. Ausgangspunkt ist dabei der Titel der LL. Sch verknüpfen ihre Bildbeschreibungen mit dem Titel. Möglich sind Schlussfolgerungen wie: »Das Kind ist noch in der Entwicklung, es liegt noch viel vor ihm«, »Zachäus erhält eine neue Chance«, »Jeder Mensch, dem Mitleid entgegengebracht wird, erfährt Gemeinschaft neu«. Abschließend verfassen Sch zu ihrem Bild eine Erzählung unter dem Titel »Die Geschichte hinter dem Bild«.

■ **»Für wen haltet ihr mich?«** Der Bogen führt von der Einzelperspektive hin zur Wahrnehmung der gesellschaftlichen Sichtweise auf Jesus von Nazaret. Die Diskussion kann Vorurteile zu Tage fördern und Vorwissen abrufen, sodass bei der Planung der weiteren Umsetzung im RU darauf zurückgegriffen werden kann. Sch erkennen, dass viele verschiedene Sichtweisen auf die Person des Jesus von Nazaret möglich sind.

Weiterführen

■ **Spurensuche.** Sch arbeiten sich in die LL ein, indem sie alle DS sichten. Sie notieren sich die auf den DS befindlichen jesuanischen Worte und erstellen daraus eine erste Beschreibung Jesu. Denkbar wäre hier eine GA, deren Ergebnisse auf Plakaten festgehalten werden, sodass Platz für erklärende Ergänzungen bleibt. Diese Plakate wachsen im Verlauf der Einheit mit.

Gestern und heute AUSFLUG 106 | 107

Ansetzen

Die Auseinandersetzung mit den Spuren Jesu in den Biografien von Menschen bildet einen Teil des Dreiklangs des Reiseprospektes. Diese Menschen haben Jesus nicht gekannt und doch geben sie ihm Raum in ihrem Leben, weisen ihm eine Rolle zu. Diese positiven Bewertungen werden ergänzt durch einen Rückblick in die Zeit Jesu: Bereits zu Lebzeiten rief er Kritik hervor und polarisierte.
Die Meditation leistet eine Verknüpfung zwischen den persönlichen Sichtweisen der Sch und dem Lebensweg Jesu. Die Brücke zwischen beidem bilden die Jünger als Zeugen für die Botschaft Jesu. Dass gerade die Jünger nicht frei von Zweifeln waren, erleichtert Sch eine Auseinandersetzung mit deren Weg. Der Äußerung eigener Zweifel wird Raum gegeben.

Die Ambivalenz in Bezug auf Jesus wird zum Ausgangspunkt für die Auseinandersetzung mit Jesus von Nazaret. Fragen wie »Warum ist es so schwierig, Jesus von Nazaret zu beurteilen?«, »Was haben Menschen von Jesus von Nazaret gelernt?«, »Was hat dazu geführt, dass einige Gruppen Jesus schon zu seinen Lebzeiten ablehnten?«, »Wer kann Jesus für mich heute sein?« werden aufgeworfen und zum Ansatzpunkt für die nachfolgenden Ausflüge.

Umsetzen

■ **Zitate.** Die Übertragung liefert verschiedene Aspekte: Die Nähe und Ferne zum Menschen, Jesus als Lehrer, Jesus als Teil des eigenen Lebens.
Sch tragen diese verschiedenen Aspekte zusammen und verknüpfen sie in einer Mind-Map. Als Hilfestel-

lung gibt L Begriffe zur Strukturierung vor (Botschaft, Nachfolge, Gott, Menschen ...).

■ **Hintergrund.** Dieser Handlungsimpuls kann als Alternative zum Handlungsimpuls Zitate gesehen oder zu einer Vertiefung herangezogen werden. L plant entweder Zeit für eine Internetrecherche ein oder beschränkt sich auf die beiden vom Zeithintergrund her sehr unterschiedlichen Biografien von **M 7.1, a-c, S. 199-201**. Es findet sich auch eine Biografie, die nicht auf eine der im Buch erwähnten Personen verweist, aber für Sch einen besonderen Anknüpfungspunkt bietet, da es sich gerade nicht um eine berühmte Person bzw. einen Geistlichen handelt. Das Lebenswerk von Susanne Pechel zeigt, welche Wendung das eigene Leben nehmen kann, wenn es sich an der Botschaft Jesu orientiert. Dabei tritt hier die Spur Jesu nicht unmittelbar in Zitaten in Erscheinung, sondern erschließt sich aus dem Handeln von Frau Pechel. Sch überdenken anhand der Lebenssituation der angesprochenen Personen erste Eindrücke oder gewinnen ein vertieftes Verständnis des Zitates. Zur Vereinheitlichung gibt L eine geeignete Form vor, z. B. einen Brief an den Autor mit folgender Zweiteilung: Sehr geehrte/r Frau/ Herr ..., ich verstehe Ihre Aussage in nachfolgender Weise ..., ich (aber) bin der Ansicht, dass ....
Zum Abschluss dieser Unterrichtssequenz liest L einen entsprechenden selbst verfassten Brief vor, der seinen eigenen Standpunkt verdeutlicht.

■ **Meine Meinung – meine Überzeugung.** Sch gewinnen Klarheit über den eigenen Standpunkt, nicht nur über die Ablehnung bzw. Zustimmung hinaus, sondern auch darüber, ob der Mensch Jesus von Nazaret bisher etwas mit ihrem Leben zu tun hat. Sch erstellen anschließend ein Meinungsbild durch Anbringen eines Klebepunktes auf einem Plakat (**M 7.2, S. 202**). Zuvor erfolgt die gemeinsame Deutung des Rasters hinsichtlich der verschiedenen Merkmale:

- Spirale: Bedeutet die größere Nähe zur Mitte größere Nähe zu Jesus?
- Fußspuren: Bedeutet die geringe Größe einer Spur, dass ich weniger auf mich bezogen bin und damit mehr Raum für Jesus bleibt?
- Schattierung: Bedeutet die zunehmende Farbintensität, dass ich mich bewusster entscheide?

L behält das Plakat als Grundlage für die Erarbeitung von Unterschieden während bzw. am Ende der Einheit.

■ **Zeitsprung.** Die Formulierung legte eine tabellarische Lösung nahe, in der deutlich wird, welcher Art von Reaktion die Bibelstellen zuzuordnen sind. Sch finden eine geeignete Zweiteilung und ordnen die Aspekte einem der beiden Bereiche zu.

■ **Meditation.** Die vielfältigen Haltungen gegenüber Jesus finden sich auch in den vielfältigen Angeboten zur Auseinandersetzung mit Jesus wieder. Sch spüren in der Meditation den Zeitzeugen Jesu nach. Dass gerade auch die Jünger Jesu selbst nicht immer zweifelsfrei der Botschaft folgen konnten, kommt in den Blick. Sch entschlüsseln die Personalpronomina und deren Verhaltensrepertoire.
ER: Jesus = Entschlüsselung verletzt, präsent, packend, einnehmend
SIE: Jünger bzw. die Zeugen durch die Jahrhunderte verletzt etc. = Verhalten hoffnungslos, offen, mutig, fest
ICH: angefragt, herausgefordert, gelangweilt, engagiert, gleichgültig

Weiterführen

■ **Zusammenhänge.** L teilt die Abschnitte der Meditation KG zu. Sch notieren Verbindungen zwischen diesen Abschnitten und den weiteren Ausflügen der LL.

■ **Gestaltung.** Sch sammeln aktuelle Zitate zu Jesus z. B. von Politikern, Sängern, Schauspielern etc. Zu diesen Zitaten erstellen sie Plakate mit Informationen zu den zitierten Personen. Diese müssen auch die Motivation der Personen, sich mit Jesus zu beschäftigen, enthalten.

■ **Spuren.** L vertieft die Erwartungen an die Ausflüge über den Begriff »Spur«. Der Begriff trifft nicht nur auf Fußspuren zu, sondern auch auf Spuren z. B. an Tatorten, Fossilien, Narben, Rost bzw. auch Spuren im Herzen. Sch sammeln diese Bedeutungen und bewerten anhand der Zitate, welche Spuren Jesus bei Menschen hinterlässt. Die Art und Weise, wie diese Spuren entstehen, wird dann über die Ausflüge eingeholt.

■ **Jesus und ich?** L zeigt den auf **M 7.3, S. 203**, abgebildeten Ausschnitt des Gemäldes von Simone Martini. Sch beschreiben die Situation, in der sich die Person ihrer Ansicht nach befindet, bevor eine Bildbeschreibung des Gesamtgemäldes erfolgt. Gemeinsam wird im Anschluss daran die Bildbeschreibung aus einer Predigt von Martin Ebner (**M 7.3, S. 203**, unten) gelesen. Die Parallelen zwischen der Jugendzeit heute und der von Jesus werden von Sch kritisch hinterfragt. Sch erkennen, dass heute die Freiräume größer sind, es aber immer noch des Mutes bedarf, diese Freiräume zu nutzen.
Es ergibt sich eine neue Ebene der Auseinandersetzung: Hat Jesus über diesen Denkansatz hinaus vielleicht noch etwas mit mir zu tun?

Ansetzen

Die Überlieferung der Evangelien bleibt für Sch häufig eine überholte Botschaft, deren Relevanz sich für das heutige Leben nicht erschließt. Die Bergpredigt als Zusammenfassung der zentralen Lehre Jesu bietet die Möglichkeit sich der Aktualität der Botschaft anzunähern. Das Spannungsfeld zwischen dem Anspruch der Bergpredigt und der Frage nach deren Erfüllbarkeit kann dabei eine Hilfe sein. Die Ansprüche in ihrer Radikalität wirken bisweilen verstörend, können gerade dadurch in der Diskussion eine enorme Wirkung entfalten.
Besonderes Gewicht bei der Annäherung an den Text erhält die direkte Lektüre: Sch erhalten die Gelegenheit, den Text als Ganzes kennenzulernen und ihr Befremden bzw. ihre Zustimmung zum Ausdruck zu bringen. Sie erkennen, dass ein hoher Anspruch nicht zu Untätigkeit führen muss, sondern ein erster Schritt in eine neue Richtung sein kann. Aufgrund dieser Zielsetzung bietet die DS kein Bildelement, abgesehen von der Schriftgestaltung des Vaterunser. Sch konzentrieren sich dementsprechend ganz auf die Worte und deren Inhalt. Das im Zentrum der Bergpredigt stehende Vaterunser vertieft die Bedeutung des Gottesglaubens für die Botschaft Jesu. Der Gott Jesu ist personaler Ansprechpartner. Der Mensch kann sich Gott in der vertrauensvollen Ansprache zuwenden. »Er darf auf Gottes Zuneigung setzen, ohne dass er ihn fortwährend bereden muss.«
Das Vaterunser ist das Gebet der Jüngerinnen und Jünger Jesu. Und doch bleibt es nicht bei ihnen stehen. »Wenn wir uns dem Vaterunser nähern, bewegen wir uns in den Spuren vieler Beterinnen und Beter vor uns und wir begeben uns in die Nähe Jesu.« (in: Bettina Wellmann, So sollt ihr beten. Das Vater Unser und die Frömmigkeit, in: Wolfgang Wieland, Jetzt verstehe ich die Bergpredigt, Stuttgart 2009, S. 61).

Umsetzen

■ **Komposition.** Sch werden mit der Tatsache vertraut, dass die Botschaft Jesu Menschen so wichtig war, dass sie Zeit darauf verwendeten, diese anderen Menschen zugänglich zu machen.

■ **Lektüre.** Sch erhalten eine Druckfassung der Bergpredigt und notieren mithilfe von ?, ! und ⚡ ihre Wahrnehmung. Die Beobachtungen werden gesammelt und als Steinbruch für die weitere Unterrichtsgestaltung genutzt.
Sch überarbeiten nach Bearbeitung der DS die eigenen Anfragen in KG. Ein Bezug zur Bibeleinheit ist hier denkbar: Wie verändert die Arbeit am biblischen Text die Auslegung für uns heute?

■ **Begriffswahl.** Sch erhalten **M 7.4, S. 204**, und verteilen die Abschnitte auf KG. Diese erarbeiten die Aussagen ihrer jeweiligen Antithese. Die Beurteilung des Begriffs »Antithese« erfolgt dann auf der Grundlage der GA. Sch beurteilen anschließend anhand eines selbst gewählten Beispiels, ob die Aussage ihrer Antithese auch heute noch hilfreich bei der Gestaltung von Beziehungen sein kann bzw. wie ein Handeln nach den Ansprüchen der Bergpredigt menschliche Beziehungen bereichern kann.

■ **Unterschied?** L erläutert den Sch, dass die goldene Regel keine Erfindung Jesu ist, sondern auf ältere Traditionen zurückgreift. Da sie in ihrer Zielrichtung aber auf den Mitmenschen verweist, entspricht sie der Botschaft, die Jesus mit ihr zum Ausdruck bringen will.
Die positive Formulierung (»Verhalte dich dem anderen gegenüber so, wie du willst, dass er sich dir gegenüber verhält.«), wie Jesus sie verwendet, lässt aus dem Kontext heraus erkennen, dass der Schwerpunkt auf dem Wohlwollen dem anderen gegenüber liegt. Dadurch dominiert der Aufforderungscharakter.
Die negative Fassung (»Was du nicht willst, dass man dir tut, das füg auch keinem andern zu.«) hingegen betont Grenzen, die einem jeden beim Eingriff in die Freiheit des anderen gesetzt werden müssen.

TA:

Die Goldene Regel – Verschiedene Schwerpunkte
negative Formulierung:
- wird häufiger auch im Alltag verwendet;
- zielt auf Unterlassen einer Handlung (passiv);
- beinhaltet, dass Handeln von Angst vor eigenem Schaden motiviert ist;
- ist Ich-bezogen;

positive Formulierung:
- wird von Jesus gebraucht;
- zielt auf aktives Handeln;
- beinhaltet, dass Handeln, von meinen eigenen Erwartungen an den anderen motiviert ist;
- setzt auf die Freiheit des Menschen und nicht auf Angst;
- ist Du-bezogen.

Selig. Um Sch die Auswahl von Texten und Bildern zu erleichtern, erhalten sie neben der Kurzfassung zu den Seligpreisungen auf der DS **M 7.5, S. 205**. Je nach Lerngruppe ist der Einbau des im Text angesprochenen Liedes denkbar.
Bei den im Handlungsimpuls geforderten Texten, kann es sich auch um kurze Zitate handeln. Je nach Unterrichtsgang kann entweder eine Verteilung der Seligpreisungen auf KG oder die Konzentration auf eine bestimmte sinnvoll sein.
Im Falle, dass alle Seligpreisungen veranschaulicht werden, diskutieren Sch nach deren Kurzvorstellung über die Bildauswahl.

Gebet. Vor die kreative Auseinandersetzung mit der gestalterischen Aufgabe des Handlungsimpulses setzt L eine Assoziationsphase. Sch bringen unterschiedliche Erfahrungen mit dem Vaterunser mit. Zu erwarten sind Eindrücke wie: immer wiederkehrendes Moment, verbunden mit besonderen Feiern, verbunden mit besonders traurigen Ereignissen (z. B. im Zusammenhang mit dem Amoklauf in Erfurt), monoton, das Gebet der Christen ...
Die Abbildung knüpft an den Rahmen an, innerhalb dessen das Vaterunser seinen Platz im Evangelium findet. Sch betrachten zunächst die Darstellung und beschreiben sie. L gibt als Hilfestellung folgende Fragen: Welche Form wurde gewählt? Welche Textsequenzen rücken an welche Stelle? Welcher Zusammenhang besteht zwischen Position und Inhalt?
Sch tauschen sich über diese Darstellung aus. Entspricht es z. B. meiner Auffassung, dass »dein Reich komme« die Spitze des Berges bildet?
Davon ausgehend erfolgt die eigene Gestaltung.

Erfüllbarkeit. Sch stellen sich ihre Begründungen vor. L thematisiert davon ausgehend, dass die Auseinandersetzung mit der Bergpredigt schon immer die Menschen beschäftigt und herausgefordert hat. Die Spuren, die von Jesus hier bleiben, rufen zur ständigen Auseinandersetzung auf.

Weiterführen

Doppeltes Ende. Sch entwickeln für die Aussage einer Antithese ein Rollenspiel. Sie wählen dazu eine Erfahrung innerhalb ihres Schulalltags und spielen diese Erfahrung mit bzw. ohne Beherzigen der Aussage durch. Die Szenen werden den Mit-Sch vorgeführt.

Große Wirkung? Sch lesen, falls noch nicht geschehen, **M 7.5, S. 205**, und informieren sich über die dort genannten Menschen, die im Sinne der Bergpredigt für eine gerechtere Welt kämpften. Anhand der Informationen stellen sie zusammen, welche Spuren diese Menschen aus der Motivation der Bergpredigt heraus bei anderen Menschen hinterließen.

Vaterunser. Sch setzen sich mit einer künstlerischen Umsetzung des Vaterunsers auseinander. Die angesprochenen Bilder entstammen dem Buch »Gottesnähe – Vater unser« (Andreas Felger, Joachim Wanke, Hünfelden 2005) und sind auch in Form eines Leporelles erhältlich. Das Aquarell »Vater unser« ist unter www.bildimpulse.de zu finden. Sch beschreiben die ausgewählten Bilder (»Vater unser« bzw. »Und vergib uns«) und ordnen sie einem Vers des Vaterunsers zu. Sie vergleichen ihre Textgestaltungen mit der Umsetzung von Andreas Felger. Zu jedem Unterschied wird eine Begründung angegeben. Anschließend erarbeiten sie aus den Zitaten der Betrachtungen von Bischof Wanke (**M 7.6a, S. 206**), welche Bedeutung das Vaterunser für den gläubigen Menschen in der Nachfolge Jesu hat. Eine Hilfe bei der Bildbetrachtung bietet **M 7.6b, S. 207**, das entweder L als Grundlage dient oder Sch zum vertieften Verständnis an die Hand gegeben wird.
Zusätzlich bieten die Darstellungen Anknüpfungspunkte für die DS »Vergeben soll sein«. Das Verständnis von Vergebung kann hier grundgelegt und dort vertieft werden.

J. Wankes Grundlage seiner Gedanken und Betrachtungen zum Vaterunser zeigt sich insbesondere in seinem Wahlspruch zur Bischofsweihe »Den Spuren Christi folgen«.
Stellen die Bilder von A. Felger die Verbindung zum Menschen heute dar, so beleuchten die verarbeiteten Texte und Gebete die Wirkung des Vaterunsers in den vergangenen 2000 Jahren. Die Verbindung besteht in der Glaubenserfahrung, die Grundlage für die Auseinandersetzung mit dem Vaterunser ist.

Lernzirkel. Die ABs werden von L zum Stationenlernen genutzt. Zur Ergebnissicherung dient **M 7.7, S. 208**, das als Grundlage den Aufbau der Bergpredigt widerspiegelt. Jeweils nach der Bearbeitung der ABs tragen Sch ihre Ergebnisse auf dem Übersichtsblatt ein. Eine Vergrößerung auf DIN-A3 räumt mehr Platz zur Ergebnissicherung ein.

Ansetzen

»Um Gottes willen – für den Menschen« betitelt Hans-Joachim Remmert einen Artikel zum Umgang Jesu mit dem Gesetz (in: Wolfgang Wieland (Hg.), Jetzt verstehe ich die Bergpredigt, Stuttgart 2009).
Ziel dieser DS ist es, diese zeitübergreifende Botschaft – eine Spur Jesu – zu vermitteln und ihre Relevanz für heute aufzuzeigen.
Um die Aussage herausarbeiten zu können, stellt der Sachtext »Meister, welches Gebot im Gesetz ist das wichtigste?« im Überblick die zentralen Begriffe zum Gesetzesverständnis zur Zeit Jesu und bei Jesus selbst bereit.
Die Lebensgeschichte von Semra korreliert das Verständnis Jesu mit der Erfahrungswelt der Sch. Viele Schulen kennen die Problematik der Abschiebung von Sch und die damit oft verbundene Hilflosigkeit auf allen Seiten. Die Auszüge aus dem Aufenthaltsgesetz informieren Sch über die juristischen Grundlagen zum »Fall Idic«.
Der korrelative Ansatz ermöglicht die Erarbeitung von Unterschieden und Gemeinsamkeiten zwischen früher und heute. Das gemeinsame Grunddatum dabei ist: Dass Menschen dem Gesetz nicht hilflos gegenüber stehen bleiben müssen und dürfen, wird in der Antwort Jesu auf die Frage der Jünger ebenso deutlich wie in den entsprechenden Passagen der Bergpredigt. Jesus setzt getragen von der Liebe Gottes neue Kräfte frei. Der Mensch bedarf eines Umgangs mit dem Gesetz, der nicht es selbst, sondern den Menschen zum Mittelpunkt macht.

Umsetzen

■ **Jesus und das Gesetz.** L führt mit den Sch eine Entlastung des Textes durch. Die zentralen Begriffe Sabbatgebot, Tora und Dekalog werden zunächst gemeinsam geklärt. KG informieren sich mithilfe des Lexikons über diese Begriffe und stellen den Inhalt den Mit-Sch vor. Nach der Erstellung der Schaubilder tauschen sie sich über diese aus. L überprüft anhand nachfolgender Begriffsliste die Schaubilder und wählt eines als Sicherung aus: Gebot, Tora, situationsbezogen, Liebesgebot, Mensch, Jesus, Gott, Dekalog, ursprüngliche Situation.

■ **Konkret.** Über diesen Handlungsimpuls ist eine Vernetzung mit der LL »Dem Glauben ein Gesicht geben« (Thema Kirchenasyl, S. 28f.) möglich. Sch erkennen in der Auseinandersetzung mit dem politischen Engagement von Kirche heute die Botschaft Jesu als Grundlage kirchlichen Handelns.

■ **Blickwinkel.** Sch fertigen aus den komprimierten Gesetzestexten ausführlichere Beschreibungen an. Die einzelnen Begriffe, wie z. B. Integrationsfähigkeit, sollen mit Beispielen verdeutlicht und erklärt werden. Zur Herausarbeitung der möglichen Ansatzpunkte der jesuanischen Botschaft stellen Sch die Bibelstellen aus dem Text »Meister, welches Gebot im Gesetz ist das wichtigste?« zusammen und ordnen sie den Paragrafen zu. Davon ausgehend werden Kritikpunkte bzw. Anfragen formuliert.

■ **Hilfegesuch.** L erläutert den Sch das Petitionsrecht, d. h. das im Grundgesetz verankerte Recht eines jeden, sich mit einer Bitte/Beschwerde an die entsprechende gesetzliche Stelle zu wenden. Eine Petition muss überprüft und schriftlich beantwortet werden. Petitionen können nicht nur von Einzelpersonen, sondern auch von Organisationen eingereicht werden. Besonderen Nachdruck verleiht die Ich-Form und eine große Anzahl an Mitunterzeichnern.
L gibt als Form der Petition eine Zweiteilung vor. Auf die ausdrücklich in Ich-Form formulierte Bitte folgt eine Begründung der Bitte, die das im Handlungsimpuls angesprochene biblische Beispiel beinhaltet.

Weiterführen

■ **Um Gottes willen. M 7.8, S. 209**, entstammt dem in »Ansetzen« angesprochenen Artikel. Während die DS zunächst auf Mt 22,37 besonderes Augenmerk legt, fokussiert das so überschriebene Stammtischgespräch auf eine Passage der Berpredigt (Mt 5,17-20). Darüber hinaus stellt es die Verbindung zwischen den Begriffen »Gerechtigkeit« und »Gesetz« her. Die dem ausgewählten Text vorgelagerten Abschnitte tragen die Überschriften:
- »Nicht das Gesetz erfüllen, sondern es halten.«
- »Nicht beim Wortlaut stehenbleiben.«
- »Erkenne, welche Absicht hinter dem Gebot steht.«
- »Gesetze offenbaren den Willen Gottes.«
- »Nicht-Abschaffen von Geboten«
- »Miteinander streiten – um die Wahrheit ringen«.

Die Überschriften werden verteilt und von Sch deren Bedeutung erklärt.
Anschließend lesen Sch **M 7.8** und erstellen eine Strukturskizze über die Zusammenhänge zwischen der Liebe Gottes, Jesus, dem Gesetz und der Liebe heute. Die Strukturskizze kann als Anlass eines Schreibgespräches über das Thema »Gesetze – Grundlage für Gerechtigkeit?« aufgegriffen werden.

■ **Christliches Handeln.** Sch lesen Hebr 13,1-3 und erheben, welche Konsequenzen die frühen Christen aus der Lehre Jesu zogen. Diese Spur wird den bisherigen hinzugefügt. Weitere Möglichkeiten in diesem Sinne an Mitmenschen, die Asyl suchen, zu handeln, werden von Sch herausgearbeitet.

Heil werden AUSFLUG 112 | 113

Ansetzen

Die DS ermöglicht die Beschäftigung mit einem ganz wesentlichen Aspekt des jesuanischen Wirkens. Menschen erlebten Jesus als jemand, der sich ganz auf sie einließ und ihnen eine neue Lebensperspektive eröffnete. Dass sich diese Spur Jesu nicht verliert, sondern heute noch weiterwirkt, gilt es für Sch gerade auch in ihrem unmittelbaren Umfeld erfahrbar zu machen. Krankheit als bleibende Anfrage an den Menschen in ihren vielfältigen Formen gehört sicher zum Leben eines jeden Menschen. Der Umgang mit Kranken macht jedoch oft sprachlos und unbeholfen.
Gerade die Vielfalt an Möglichkeiten, Kranke und Krankheit wahrzunehmen bedarf deutungsoffener Medien. Bild und Gedicht lassen Spielräume für eigene Erfahrungen.

Umsetzen

■ **Ausblick.** Sch entscheiden ausgehend von der Bildbetrachtung, ob das Bild überwiegend positive bzw. negative Assoziationen auslöst. Entsprechend dieser Wahrnehmung werden sie in KG eingeteilt. Jede KG stellt sich vor, dass der Blick der Frau auf ein hell erleuchtetes Plakat mit der Aufschrift »Kommt alle zu mir, die ihr euch plagt und schwere Lasten tragt.« fällt, also auf den Bibelvers, der sich auch auf der DS findet. In einem Schreibgespräch stellen sie einen Zusammenhang zwischen der Aussage des Bildes und dem Bibelvers her.

■ **Zeitphänomen.** Das Schlagwort »Einsamkeit – das Verhängnis unserer Tage« lässt eine Betrachtung in zwei Richtungen zu: Erstens ist ein zeitlicher Vergleich möglich, der sich mit den Lebensumständen früher auseinandersetzt. Dabei kann eine Reflexion über heutige Zeitphänomene erfolgen, die evtl. eine Vereinsamung von Menschen begünstigen, wie z. B. die zunehmende Individualisierung in der Gesellschaft oder der Verlust eines gemeinsamen Wertevorrates. Ein anderer Ansatz könnte stärker auf den Begriff »Verhängnis« rekurrieren. Dabei stellen sich Fragen nach den verschiedenen Ausprägungen von Einsamkeit und ob diese nicht auch Gewinn sein kann. Die Rolle der neuen Medien wird durch eine vorangestellte Sammlung von Kommunikationsmitteln heute hergestellt und in die Diskussion miteingebracht.

■ **Bindeglieder.** Sch lesen den Text und suchen Parallelen des Handelns in der heutigen Zeit. Leitfragen sind dabei: Wer sind die im Text beschriebenen Kranken heute? Wie geht die Gesellschaft mit diesen Menschen um? Wie sieht es mit einem Gegengewicht zum gesellschaftlichen Umgang aus? Im L-Sch-Gespräch kann sich folgender TA ergeben, der von Sch um die heutigen Dimensionen ergänzt wird (Rückgriff z. B. auf Einsamkeit als eine moderne Art von Krankheit):

TA:
Die Botschaft Jesu vom Umgang mit Kranken

- eröffnet neue Lebensmöglichkeiten
- führt wieder in die Gesellschaft zurück
- zeigt die Zuwendung Gottes

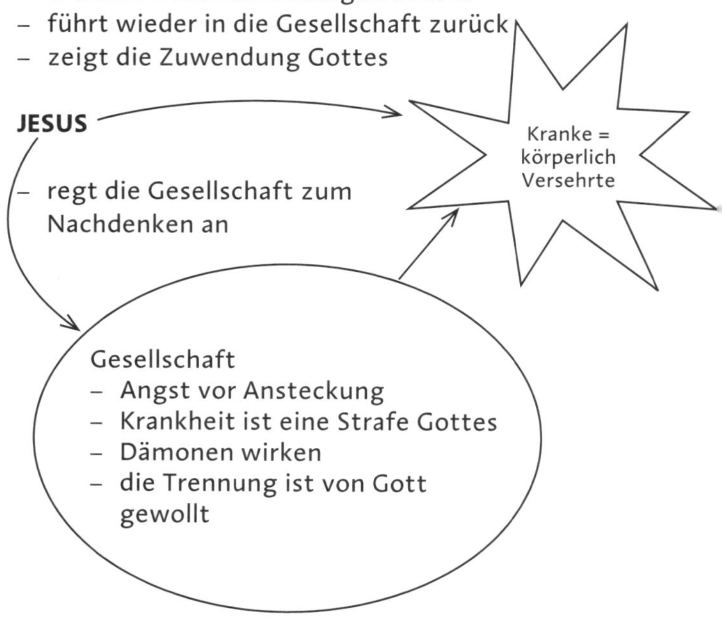

■ **Illustration.** Sch erhalten eine Kopie des Textes »wussten sie schon«, kleben diese (evtl. auch zerschnitten) auf ein DIN-A3-Plakat und ordnen die gesammelten Bilder entsprechend zu. Sch markieren dann die Bilder, in denen sie Zusammenhänge mit der Beschreibung von Jesu Handeln erkennen und versehen diese mit Schlagwörtern aus dem Gedicht. Dabei könnten vorkommen: ganz nahe, herantreten, angeschaut, tief, sehen, richtig sehen. Da die ausgewählten Bilder vermutlich Beziehungen zwischen Menschen zeigen, kann im Handeln dieser Menschen die Botschaft Jesu nachempfunden werden.

■ **Blindheit.** Wilhelm Willms (1930–2002), der Autor des Gedichts, war katholischer Priester und verlieh seinem Glauben und seiner Beziehung zu Jesus in Gedichten und Liedtexten Ausdruck. Sein Verständnis von Glauben lässt sich an seinem Wahlspruch ablesen: »geht hin zu allen geschöpfen predigend die frohe botschaft ... denn die schöpfung liegt in wehen harrend auf erlösung, auf befreiung«.
Das Gedicht legt schon im Titel nahe, dass die nachfolgenden Gedanken nicht alltäglich sind. So beschreibt er denn auch Blindheit nicht als das Fehlen des Augenlichts, sondern als ein Nicht-Erkennen des Wesentlichen. Die Kommunikation mit anderen Menschen ist eingeschränkt durch Vorurteile, die so fest im Menschen verankert sind, dass es eines anderen bedarf, um diese Verankerung zu lösen.

Weiterführen.

■ **Soziale Verantwortung.** Die Caritas-Kampagne 2009 trug den Namen »Soziale Manieren« und betrachtete den Umgang der Gesellschaft mit Obdachlosen. Sch informieren sich über diese Kampagne und erarbeiten Grundregeln zum Umgang mit diesen Menschen. Zum Abschluss diskutieren sie, ob dies zum »Heil-Werden« der Obdachlosen beiträgt.

■ **Heil sein.** Sch schreiben anonym, wo sie ihr Leben als heil empfinden und wo sie gerne heil werden würden. L sammelt die Briefe ein und verteilt sie unter den Sch. Jede/r Sch schreibt aus der Perspektive der neu gewonnenen Erkenntnisse eine Antwort auf die erhaltenen Aussagen.

Versöhnung leben AUSFLUG 114 | 115

Ansetzen

Was für unsere Zeit eher befremdlich wirkt, wird vor dem Zeithintergrund zum Beispiel für die befreiende Wirkung, die Jesu Handeln haben kann. Die Szene ist Sch bereits aus MITTENDRIN 1 bekannt. Die dort grundgelegte Erfahrung der befreienden Wirkung wird im Zusammenhang mit menschlichen Erfahrungen heute gestellt. An der Bedeutung von Vergebung für die Beziehungen von Menschen hat sich bis heute nichts geändert.
Die Ehebrecherin erfährt den ihrer Zeit entsprechenden Umgang mit ihrem Vergehen. Die Menschen um sie herum haben ihr Urteil gefällt und sind bereit, sie ihrer gerechten Strafe zuzuführen. Jesus widersetzt sich diesem Vorgehen auf besondere Art und Weise. Er führt den Anwesenden bildlich vor Augen, welche Rolle jedem Menschen gleichermaßen zukommt. Vor Gott sind alle in den Sand geschrieben, keiner kann sich ohne Weiteres über einen anderen Menschen stellen. Der Zusammenhang mit einer alttestamentlichen Überlieferung steht allerdings hier nicht im Mittelpunkt.
Jesus greift die Menschen nicht an, sondern setzt einen Denkprozess in Gang, der für die Ehebrecherin zum Ausweg wird.
Hierin liegt das Potenzial für ein Durchdenken und Überdenken eigener Handlungsmuster. Jesus wird zum Vorbild für die Konfliktlösung. Sch erarbeiten diese Beziehungen am aktuellen und am biblischen Beispiel.
Zur Zeit Jesu waren es die Zeugen, die gegen den Verurteilten ausgesagt hatten, die aufgefordert waren, bei einer Steinigung den ersten Stein zu werfen. Dadurch sollte jeder die Verantwortung für seine Aussage übernehmen. Jesus greift mit seinen Worten diese gängige Praxis seiner Zeit auf. Sch können hier erkennen, wie der neue Umgang mit Konventionen zu einem Umbruch führen kann, der den Menschen befreit und nicht mehr loslässt.
Hierbei spielen die Bilder eine besondere Rolle, da sie ein Spiegel dafür sind, dass die biblische Erzählung nachwirkt. In welchem Maß, können Sch besonders an den Biografien der Künstler nachvollziehen.

Pieter Bruegel d. Ä., Christus und die Ehebrecherin (1564/65)
Zur Zeit Pieter Bruegels war es üblich, die eigenen Kunstwerke durch Kupferstiche verbreiten zu lassen, um den eigenen Malstil einem breiteren Publikum zugänglich zu machen. Die abgebildete Darstellung ist einer dieser Kupferstiche, der von P. Petter im Auftrag Bruegels angefertigt wurde. Der Schriftzug auf dem Boden tritt deshalb klarer hervor als im Original: »Due sonder sonde is ...« (Wer ohne Sünde ist ...).
Der Charakter des Originals bleibt dabei deutlich erhalten, da auch dieses auf unterschiedliche Farben verzichtet (Grisaille-Technik) und kompensiert dies durch ein gekonntes Lichtspiel. Das Licht geht von Jesus aus und beleuchtet die unmittelbar Umstehenden, insbesondere die Ehebrecherin. Die Zuschauer bleiben im Halbdunkeln.

Die Darstellung weicht teilweise vom üblichen Werk Bruegels ab: Im Gegensatz zu den für gewöhnlich weltlichen und einfachen Frauengestalten, nimmt die Ehebrecherin hier eine idealisierte Rolle ein. Sie ist eine der anmutigsten und würdevollsten Personen der Szene.
Die Darstellung gehört zu einem der wenigen Bilder, die der Künstler nicht verkaufte, sondern wohl für den Privatgebrauch malte.

Otto Pankok, Die Ehebrecherin (1936)
Das Werk Pankoks erschien innerhalb seines Passionszyklus. »Die Fassung der Passion als Lebensweg Christi, die künstlerische Verbildlichung des Lebens Christi als Passion, setzt den Akzent auf die Tatsache der Menschwerdung des Gottessohnes ... In der Erweiterung der Passion als Lebensweg werden die Leidensstationen nicht mehr von der Lebensalltäglichkeit abgehoben, sondern als Teil der Lebenswirklichkeit Christi auf Erden vergegenwärtigt.« (Jutta Hülsewig, Einführung in die Passion, in: Otto Pankok, Die Passion in 60 Bildern von Otto Pankok – Katalog zur Ausstellung im Kunstmuseum Düsseldorf, Düsseldorf 1982, S. 8). Das Bild, eine Kohlezeichnung, bleibt Pankoks Malstil treu: Die Farbgebung bleibt im Bereich von schwarzen, weißen und grauen Schattierungen. Die Darstellung ist gegenständlich, was angesichts der Ablehnung Pankoks von abstrakter Malerei nicht verwundert. Im Gegensatz zu Bruegel, der seine Szene streng an der biblischen Überlieferung entlang gestaltet und die Ehebrecherin in die Mitte stellt, überragt bei Pankok Jesus die komplette Szene. Die Ehebrecherin ist eher an den Rand gerückt und noch ganz in ihrer Schuld niedergedrückt. Doch wiederum geht von Jesus ein Licht aus, dass auch die Ehebrecherin ins Helle stellt.
Die Szene spiegelt Otto Pankoks Verhältnis zu Jesus von Nazaret wieder, das er im Vorwort zur Buchausgabe seines Passionszyklus so formuliert: »Dieses Buch handelt von dem Leben und Sterben des Menschensohnes, von dem Leben und Sterben des reinen Menschen, der ohne Fehl über die Erde geschritten ist, dessen Liebe über alle strömte, bis hin zu dem letzten aller Sünder und Verachteten. Es erhob sich die Macht über die Liebe, und die Macht schlug die Liebe zu Boden. Aber die Liebe war dennoch größer als die Macht. Man kann den Menschen zu Tode bringen, seine Liebe lebt weiter. Ihre Worte vergehen nicht, denn wo auch immer die Liebe auftritt, da wirft sie ihren Samen in die Herzen, und so überdauert sie ihren eigenen Untergang.«

Umsetzen

■ **Meinungsbild.** Anhand der Reaktionen erfolgt eine Bestimmung der eigenen Position. Wie stehe ich zu dem Geschehen? Die Nachvollziehbarkeit spielt dabei eine große Rolle. Welche Möglichkeiten eröffnet die Frau durch ihr Verhalten? Da das beschriebene Geschehen nicht unmittelbar die Erfahrungswelt der Sch trifft, kann eine relativ neutrale Bewertung erfolgen. Sch beschreiben ausgehend von eigenen Erfahrungen, Situationen von Schuld und die Reaktionen darauf. In KG wird erarbeitet, was sich durch Vergebung verändert.

■ **Gefesselt.** Der Handlungsimpuls führt vom konkreten Fall weg hin zu einem allgemeinen Verständnis von Vergebung. Das Hauptaugenmerk liegt auf der Betrachtung von Vergebung als Beziehungsgeschehen. Zur Vorentlastung der Stellungnahme verdeutlichen Sch die möglichen Beziehungen zwischen einem Sünder und demjenigen, der vergeben sollte. Die Darstellung beinhaltet alle Möglichkeiten auf den Schuldigen zu reagieren: ignorieren, hassen, verurteilen, verachten, vergeben ...

■ **Szenen.** Sch verwenden das gelernte Vorgehen und fertigen zunächst Einzelbeschreibungen an. Beim Vergleich wird der zeitgeschichtliche Hintergrund einbezogen. L liefert diesen in einem Kurzvortrag. Nach der Auswertung des Bildvergleichs erarbeiten Sch Standbilder zur Szene und untersuchen die Gefühle, die je nach Standpunkt entstehen.
Zum Abschluss erfolgt eine Beurteilung durch Sch, welches Bild der Situation der Ehebrecherin mehr entspricht.
Im letzten Schritt entwerfen Sch ein Standbild, das die Situation der Ehebrecherin verdeutlicht, nachdem sie Vergebung erfahren hat. Wie geht die Gesellschaft mit ihr um? Wie sieht sie sich selbst? Wo würde sie sich hinstellen?

■ **Schuld, Sühne, Vergebung, Versöhnung.** Sch nutzen neben dem Lexikon in MITTENDRIN 3 noch weitere Nachschlagewerke und ergänzen ihre Zusammenfassungen durch ein Beispiel und einen Kommentar. In den Blick kommen die Herausforderungen unserer Zeit durch menschliche Verfehlungen: Das Spektrum der Beispiele kann vom Mobbing in der Schulgemeinschaft bis hin zum Attentäter führen, der den Tod unschuldiger Menschen in Kauf nimmt.
Sch diskutieren, ob Vergebung heute noch die jesuanische Wirkung entfalten kann.

Weiterführen

■ **Nachgestellt.** Sch entwickeln für eine von ihnen selbst gewählte Situation von Schuld verschiedene Handlungsmuster, wie Menschen auf ihre Schuld aufmerksam gemacht werden können. Sie untersuchen deren Wirksamkeit, indem sie die verschiedenen Möglichkeiten unter sich aufteilen und in einem Rollenspiel umsetzen.

■ **Künstlerleben.** Otto Pankok zeichnet in seinem Vorwort zum Passionszyklus die Grundlinien seiner Beziehung zu Jesus von Nazaret nach. Dabei geht er auch auf die Bedeutung von Jesu Leben und Sterben für die Menschen ein. Sch lesen **M 7.9, S. 210**, und erstellen aus den Informationen des Textes und eigenen Recherchen ein Plakat, das deutlich macht, welche Spuren Jesus bei diesem Mensch hinterlassen hat.
Der vorliegende Text ermöglicht auch den Brückenschlag zur nachfolgenden DS.

Verlassen

AUSFLUG

116 | 117

Ansetzen

Das nicht Sichtbare und Erklärbare in möglichem Maß sichtbar und nachvollziehbar zu machen, ist Grundanliegen dieser DS.
Da innerhalb der LL »Memento mori« Tod und Auferstehung als Antwort auf die Frage des Menschen nach dem Umgang mit dem Leid thematisiert werden, findet sich auf dieser DS die Perspektive der Jünger. Die qualvolle Erfahrung, einen geliebten Menschen am Kreuz sterben zu sehen, verdeutlicht die Bedeutung des Todes für die nachfolgende Wandlung. Sch vollziehen in Bildern nach, welche Wandlung den Jüngern neuen Mut gab. Der Glaube an die Auferstehung Jesu wird zum Motor für ihr zukünftiges Handeln. Dieses Erleben wird verknüpft mit dem Motiv der Hoffnung über den Begriff des Morgen. Hierbei soll deutlich in den Vordergrund treten, dass die Auferstehung Glaubensgeheimnis ist und bleibt. Dies geschieht vor allem über die Auseinandersetzung mit den verschiedenen Begriffen für das Geschehene. Die Erkenntnis, dass »Auferweckung« und »Auferstehung« Metaphern sind, die nie ganz auszudrücken vermögen, was sich für den Menschen darin ereignet hat, kann so gefördert werden.

Arcabas, Emmaus (1985)
Die Jünger sind in Emmaus angekommen und sitzen mit Jesus am Tisch. Noch ahnen sie nicht, wer da an ihrer Seite Platz genommen hat. Jesus sitzt in einer zugeneigten und konzentrierten Haltung am Tisch, ein heller Schein umgibt seine Person. Er sitzt zwar bei den Jüngern, hört ihnen zu, doch er gehört nicht mehr in diese Welt. Seine Gestalt scheint durch die helle Gloriole zu leuchten. Seine Züge wirken sehr ruhig und glatt. Die Jünger sitzen eher im Dunklen, sie halten ein Glas Wein in den Händen und sprechen über ihre Trauer, über ihren Verlust.

Arcabas, L'issue (1994)
Das Bild »L'issue« bietet das Relief einer unterbrochenen Mahlzeit, die kaum begonnen hatte. Der umgestürzte Stuhl erzählt von einem Aufbruch in Eile, die Falten in den Servietten von den Händen, die sie zerknüllt haben, von den Mündern, die an ihnen abgewischt wurden. Keine Personen, scheinbar. Nur du verweilst davor, Zuschauer, das Gerücht vom Abendmahl hörend, das noch vernehmbar ist, das Zeichen eines Verschwindens wahrnehmend, vielleicht, wenn du an der Reihe bist, Bewerber für die Erleuchtung.
Von Neuem öffnet sich die Tür. Der Satz »Ich bin die Tür« lädt jetzt ein, durch IHN zu IHM zu kommen. »Lazarus, steh auf!« Die Reflexionen des Sonnenuntergangs sind der sternerhellten Nacht gewichen, das Tischtuch ist erloschen, ebenso wie die traurige Flamme der Kerzen. Das Geschirr wird beleuchtet von einem Licht, dessen Herkunft man nicht kennt. Der, der durch seine Abwesenheit strahlt, gibt sogar seinem Verschwinden Sinn und der eiligen Rückkehr seiner Jünger nach Jerusalem; der, der gedroht hat, die Steine zum Weinen zu bringen, lässt nur die Gegenstände sprechen. In der treuen Langsamkeit ihrer Trägheit unbelebter Gegenstände, bescheinigen sie dies. Und die weißen Stellen unterbrochen von einem Vollmond werden ihnen zum Gefolge.
»Darum geht zu allen Völkern und macht alle Menschen zu meinen Jüngern ... Seid gewiss: Ich bin bei euch alle Tage bis zum Ende der Welt« (Mt 28,19.20b).
François Boespflug

Umsetzen

■ **Auferstehung.** Sch klären die Unterschiede zwischen den Begriffen. Die Unterschiede zwischen z. B. Erfahrung und Geschichte hinsichtlich eines Erlebens können selbstständig erarbeitet, die Begriffe Widerfahrnis (etwas, das jemandem zugestoßen, geschehen ist), Episode (kurzer Abschnitt in einem längeren Prozess) und Intermezzo (Zwischenspiel; etwas, das nur die Unterbrechung des Eigentlichen darstellt) gemeinsam geklärt werden. Sch klären jeweils die zeitliche und inhaltliche Dimension. Ein Intermezzo ist nur von kurzer Dauer und unterbricht einen Gesamtvorgang. Hier setzen die Begründungen der Sch an.

■ **Vertiefung.** Sch erhalten zur Erstellung des Schaubildes die Begriffe auf OHF und erarbeiten in KG einen Vorschlag für das Schaubild. Am OHP werden die Vorschläge vorgestellt und ggf. durch Verschieben der Folienteile verändert. Die gemeinsam gefundene Lösung dient als Sicherung.

■ **Reflexion.** Die Auseinandersetzung mit der Bibelstelle erfordert zunächst eine Einordnung innerhalb der Evangelien. Diese Zuordnung erfolgt über den Text »Von allen verlassen«. Die eigenen Assoziationen öffnen ein Verständnis für die Situation, in der sich die Jünger tatsächlich befinden. Sch diskutieren anhand der Sprechblasen und des Vergleichs das Beziehungsschema der beteiligten Personen. L führt dieses im UG in einem TA zusammen.

■ **Schreibmeditation.** Vor dem Schreibgespräch und dem Lesen des Textes sammeln Sch Assoziationen zum Begriff »Initialzündung«. Sie verknüpfen darin die durch das Bild angedeuteten Geschehnisse mit dem Ausblick auf das, was das Bild nicht abbildet. Die Schreibmeditation macht die eigenen Assoziationen anderen zugänglich.

Weiterführen

■ **Gefallen.** L liest die Bildbeschreibung zum Bild »L'issue« von Arcabas (s. S. 195) vor. Sch verfassen aus der Perspektive einer Person, die den Raum verlassen hat, einen Tagebucheintrag, der das Erlebte widerspiegelt. Der Tagebucheintrag soll unter der Überschrift »Die Geschichte ist noch nicht zu Ende ...« verfasst werden. Dabei beziehen Sch mit ein, worauf die offene Tür verweist.

■ **Hoffnung über den Tod hinaus.** Sch vergleichen die Ergebnisse aus den Handlungsimpulsen mit dem Text »Auferweckt von den Toten« auf S. 100. Sofern nicht geschehen, bietet sich hier eine Anknüpfung an die LL »Memento Mori« an. Sch erkennen, dass die Antworten auf menschliche Grundfragen eng mit der Person Jesu verknüpft sind.

■ **Für mich?** Sch beschreiben, was sich für sie ereignen müsste, damit sie, wie auf dem Bild zu erschließen, den Raum verlassen würden. Dabei bilden eigene Erfahrungen die Grundlage.

■ **Vorstellungen.** Der Blick auf das, was für die Jünger Frohe Botschaft ist, wird für Sch oft durch eindimensionale Vorstellungen von Auferstehung verstellt. Um dies etwas aufzubrechen, werden Sch mit verschiedenen Darstellungen von der »Auferstehung« konfrontiert. Hierbei sollten neben abstrakten, modernen Darstellungen auch Bilder aus dem Mittelalter betrachtet werden, die die Körperlichkeit des Ereignisses in den Mittelpunkt stellen. Anhand eines Vergleiches der Aussagen der Bilder erarbeiten sie, dass sich verschiedene Schwerpunkte der Deutung des Geschehens ergeben. L liest folgenden Text vor:

> Unter Leib versteht die Theologie (heute) die geschichtliche Ganzheit und Einmaligkeit des Menschen: dass er bestimmte Eltern, Geschwister, Freunde hat, eine Kindheit hier, einen Beruf dort, ein unverwechselbares Leben. Auferstehung des »Leibes« bedeutet dann: Der Mensch verliert in Gott nicht »sein Gesicht«, er bewahrt seine Geschichte. Nichts wird ausgelöscht, nichts in diesem Leben ist wertlos für das andere.
> *Hubertus Halbfas*, Die Bibel, Patmos, 2001, S. 457

Sch ordnen diese Sichtweise den vorgestellten Bildern zu und gestalten abschließend eine eigene künstlerische Umsetzung des Textes.

Ein Morgen ermöglichen SOUVENIRS 118 | 119

Ansetzen

Die Gedanken der vorangegangenen DS werden zur Grundlage für das Verständnis der Souvenirseite. Die verschiedenen Dimensionen des Handelns Jesu, die bei Menschen früher wie heute neue Kräfte freisetzen, können anhand des Materials der DS nochmals zusammengefasst werden. Alle Dimensionen klingen in dem Hungertuch an, das die DS dominiert. Das in der LL Gelernte soll allerdings nicht nur zusammengefasst, sondern auch mit der eigenen Persönlichkeit verknüpft werden. Was hat sich in meiner Beziehung zur Person Jesu verändert?
Einen besonderen Schwerpunkt bildet zusätzlich der

Blick auf heute: Inwiefern ist Jesus immer noch der, der ein Morgen ermöglicht?

Umsetzen

■ **Titel.** Die Zweiteilung des Begriffs »Auferstehungsübung« ist von Sch aufzuarbeiten. Hier fließen die Erkenntnisse aus der vorangegangenen DS ein. Ist es möglich, das, was als Auferstehung bezeichnet wird, einzuüben? Aus dem letzten Abschnitt spricht die Zuversicht, dass jedem Menschen die Zusage Gottes gilt, dass mit diesem Leben nichts zu Ende ist. Daraus spricht der Glaube an die Auferstehung Christi und damit auch der Glaube daran, dass das Reich Gottes bereits hier beginnt. Dass die Bedrängnisse des Alltags Lebensmöglichkeiten verstellen, wird ebenso thematisiert wie die befreiende Dimension, die in der Hoffnung auf Neues liegt.

■ **Weitergedacht.** Als Grundlage für die Fortsetzung fertigen Sch eine Übersicht über die befreiende Dimension des Lebens Jesu an. Anhand dieser Übersicht kann dann eine Übertragung auf das Schema von Norbert Scholl stattfinden.

■ **Hungertuch.** Als weiterführende Grundlage für die Arbeit mit dem Hungertuch empfiehlt sich das bei Misereor erhältliche Arbeitsheft zum Hungertuch, das z. B. Bausteine zur Erschließung einzelner Elemente enthält, die den Text »Die Spur von morgen« ersetzen können. Dieses Arbeitsheft bietet zusätzlich Material zur Auseinandersetzung mit den Seligpreisungen der Bergpredigt (Bischöfliches Hilfswerk Misereor e. V., Selig seid ihr: Arbeitsheft zum Hungertuch, Aachen 2007).
Sch informieren sich zunächst über die Intention der Hungertücher anhand des Lexikons. Die Positionierung im Bild ermöglicht, erneut das eigene Verhältnis zu Jesus Christus am Ende der Unterrichtseinheit zu reflektieren.
Alternativ können Sch aus den Hungertüchern der vergangenen Jahre ihr persönliches Hungertuch auswählen und ihre Wahl begründen. Alle Hungertücher finden sich in: Bischöfliches Hilfswerk Misereor e. V., Auf Tuchfühlung – Misereor Hungertücher 1976–2008, Aachen 2007 oder im Internet.

■ **Die Spur von morgen.** Sch führen anhand des Handlungsimpulses die erworbenen Kenntnisse in einer Übersicht zusammen. Der Text liefert Anknüpfungspunkte, die es ihnen erleichtern, gedanklich auf das vorangegangene Unterrichtsgeschehen zuzugreifen. Angesprochen wird die Zuwendung Gottes zu den Menschen, aber auch die Eigeninitiative von Menschen, die sie letztlich im Hier und Jetzt zur Hoffnung für andere werden lässt. Ziel ist es dabei, die Zukunftsträchtigkeit der jesuanischen Botschaft aufzuzeigen.

Weiterführen

■ **Rückschau.** Die zu Beginn der Unterrichtseinheit erarbeiteten Plakate werden gemeinsam betrachtet und ggf. verändert bzw. dem neuen Standpunkt nach ergänzt.

■ **Selbst gestalten.** Da die Bilder in der LL einen wichtigen Stellenwert einnehmen, kann die eigene kreative Umsetzung des Gelernten den Schlusspunkt der Unterrichseinheit bilden. Sch gestalten selbst ein Hungertuch. Jede/r Sch erhält ein Stück Nesselstoff, dass sie/er selbst gestaltet. Grundlage für die Gestaltung ist, was der Einzelne für sich bei Jesus von Nazaret als Spur von Morgen entdeckt hat. Zur Gestaltung eignen sich wasservermalbare Wachsmalkreiden ebenso wie Stoffmalfarben, die jedoch einen höheren finanziellen und organisatorischen Aufwand (Pinsel, Malunterlagen etc.) mit sich bringen. Die Nesselstücke können abschließend vernäht und als großes Hungertuch ausgestellt werden.

■ **Morgen.** Sch erarbeiten aus den Grundzügen der Botschaft Jesu ein Alltagsprogramm für die Schule. Dieses beinhaltet konkrete Hinweise für den Umgang miteinander und zielt auf die Verbesserung des Schulklimas. Wichtig ist dabei die Verknüpfung des Handelns mit ganz einfachen Verhaltensregeln, sodass deutlich wird, dass wenig ausreicht, um Menschen neue Möglichkeiten zu eröffnen

■ **Zurück zum Anfang.** Sch lesen die Biografie **M 7.1c, S. 201**, und erläutern die Zitate anhand der Grundzüge der jesuanischen Botschaft, die sie innerhalb der LL erarbeitet haben.

Bediente Standards in der LL »Jesus – Die Spur von morgen«

Die Tabelle gibt an, welche Standards zentral bedient werden [x], bzw. welche teilweise wiederholend angesprochen werden [(x)].

DIMENSION »MENSCH SEIN – MENSCH WERDEN« Die Schülerinnen und Schüler	
– wissen, dass Partnerschaft Entwicklungsschritte zur eigenen Identität und zur Liebesfähigkeit voraussetzt;	
– können den Stellenwert, den Sexualität in unserer Gesellschaft hat, reflektieren und kennen Kriterien eines verantwortlichen Umgangs mit Sexualität;	
– verstehen, dass es zum Menschsein gehört, sich entscheiden zu müssen und zu Entscheidungen zu stehen;	X
– verstehen, dass menschliches Leben begrenzt ist, zum Beispiel durch Leid, Krankheit und Tod;	(X)
– können den Grund der christlichen Hoffnung auf Auferweckung darlegen und Wiedergeburtsvorstellungen von dieser abheben.	(X)
DIMENSION »WELT UND VERANTWORTUNG« Die Schülerinnen und Schüler können	
– das Anliegen des konziliaren Prozesses darlegen und argumentativ begründen;	
– an einem Beispiel den Zusammenhang zwischen Werten und Normen aufzeigen;	
– Schritte der ethischen Entscheidungsfindung darlegen;	
– an einem Beispiel aufzeigen, in welcher Weise sich Christen bei einer ethischen Entscheidung unter anderem an Weisungen des Dekalogs, an Jesu Leben, Handeln und Lehre und an kirchlichen Traditionen orientieren.	
DIMENSION »HERMENEUTIK: BIBEL UND TRADITION« Die Schülerinnen und Schüler	
– können aufzeigen, wie Kenntnisse über die Entstehungssituation biblischer Texte zu deren Verständnis beitragen;	(X)
– können an einem biblischen Beispiel den Zusammenhang von literarischer Gattung, Aussageabsicht und Sitz im Leben erläutern;	
– kennen verschiedene methodische Zugänge zu biblischen Texten und können sie ansatzweise beurteilen;	
– können aufzeigen, wie Menschen versuchen, sich in unterschiedlichen Ausdrucksweisen der Wirklichkeit Gottes anzunähern.	
DIMENSION »DIE FRAGE NACH GOTT« Die Schülerinnen und Schüler	
– können an einem Beispiel Möglichkeiten des Redens von Gott erläutern und seine Grenzen aufzeigen;	
– können an biblischen Texten zeigen, wie Geschichte als Weg Gottes mit den Menschen gedeutet wird und wie Nähe und Abwesenheit Gottes erfahren werden;	(X)
– verstehen, dass nach christlichem Verständnis Gott sich den Menschen bedingungslos zuwendet und dass dieses Angebot ernst zu nehmende Konsequenzen hat (unter anderem Weisungen und Normen).	(X)
DIMENSION »JESUS DER CHRISTUS« Die Schülerinnen und Schüler	
– können anhand einer Weisung der Bergpredigt und des Doppelgebots der Liebe die Relevanz der Botschaft Jesu für heute aufzeigen;	X
– können Jesu Umgang mit der Tora an einem Beispiel erläutern;	X
– verstehen, dass Jesus Gottes Nähe erfahrbar machte, unter anderem in seiner Zuwendung zu Sündern und Ausgestoßenen und seinem Verzicht auf Gewalt;	X
– können den Zusammenhang zwischen der Auferweckung Jesu und der christlichen Hoffnung auf Vollendung darlegen.	X
DIMENSION »KIRCHE, DIE KIRCHEN UND DAS WERK DES GEISTES GOTTES« Die Schülerinnen und Schüler können	
– an konkreten Beispielen die diakonische, missionarische und kritische Funktion der Kirche in der Gesellschaft darstellen;	
– an einem Beispiel die Kooperation von Staat und Kirche in der Bundesrepublik Deutschland erläutern;	
– unterschiedliche Verhaltensweisen von Christen in der Zeit des Dritten Reiches darlegen und bewerten.	
DIMENSION »RELIGIONEN UND WELTANSCHAUUNGEN« Die Schülerinnen und Schüler	
– kennen Beispiele für christlichen Antijudaismus und können sich kritisch damit auseinandersetzen;	
– können den Hinduismus in Grundzügen darstellen, z. B. Prägung des Alltagslebens, verschiedene Gottesvorstellungen, und ihn mit dem Christentum vergleichen;	
– können anhand der Biografie des Buddha zentrale Überzeugungen und Lebensziele des Buddhismus erläutern und mit dem Christentum vergleichen;	
– sind aufgrund eines kritischen und selbstkritischen Vergleichs in Ansätzen zu einem Dialog mit anderen Religionen und Weltanschauungen befähigt.	

Kurzbiografie Dietrich Bonhoeffer

Dietrich Bonhoeffer, evangelischer Theologe, und seine Zwillingsschwester Sabine wurden am 4. Februar 1906 in Polen geboren. Seine Eltern, ein Professor für Psychiatrie und Neurologie und dessen Frau, ermöglichten ihm nach dem Umzug nach Berlin das Studium der Theologie. D. Bonhoeffer führten seine Studien von Tübingen aus auch nach Rom und wieder zurück nach Berlin, wo er 1927 an seiner Doktorarbeit schrieb. Nach seinem ersten theologischen Examen absolvierte er das Vikariat (in der evangelischen Kirche: praktische Ausbildungszeit des Priesters) in Barcelona. Nach weiteren Studien, die er mit dem zweiten Examen abschloss, wird D. Bonhoeffer Privatdozent an der Universität Berlin. Einen besonderen Schwerpunkt setzte zu dieser Zeit neben der Lehrtätigkeit an der Universität seine Arbeit als Studentenpfarrer an der Berliner Technologischen Universität. Bonhoeffer kehrte nach der Ernennung Hitlers zum Reichkanzler Deutschland zunächst den Rücken und verbrachte die kommenden zwei Jahre in einer Gemeinde in London, wo er emigrierte Juden unterstützte. Während dieser Zeit hielt er auch seine »Friedensrede« auf einer ökumenischen Tagung in Dänemark: »Es gibt keinen Weg zum Frieden auf dem Weg der Sicherheit. Denn Friede muss gewagt werden, ist das eine große Wagnis und lässt sich nie und nimmer sichern. Sicherheiten fordern heißt Misstrauen haben, und dieses Misstrauen gebiert wiederum Krieg. Sicherheiten suchen heißt sich selbst schützen wollen. Friede heißt sich gänzlich ausliefern dem Gebot Gottes, keine Sicherung wollen, sondern in Glaube und Gehorsam dem allmächtigen Gott die Geschichte der Völker in die Hand legen und nicht selbstsüchtig über sie verfügen wollen. Kämpfe werden nicht mit Waffen gewonnen, sondern mit Gott. Sie werden auch dort noch gewonnen, wo der Weg ans Kreuz führt« (aus Bonhoeffers Friedensrede auf der Ökumenischen Tagung in Fanö, 1934).

D. Bonhoeffer folgte dem Ruf der »Bekennenden Kirche« (Zusammenschluss evangelischer Christen, die die NS-Rassenideologie verurteilten) und kehrte nach Deutschland zurück, wo er die Leitung eines Predigerseminars übernahm. Des damit verbundenen Risikos, das nicht nur in der Ausbildung der jungen Priester, sondern im christlichen Bekenntnis selbst lag, war sich Bonhoeffer wohl bewusst.

In den folgenden Jahren bekam er die Konsequenzen seines Handelns zu spüren: Nach dem Entzug der Lehrerlaubnis wurde das Priesterseminar geschlossen. Die Arbeit ging 1937 im Untergrund weiter. In dieser Zeit beschrieb er in seinem Buch »Nachfolge« auch sein Verhältnis zu Jesus: »Er hat sich mit seiner Menschwerdung zwischen mich und die Gegebenheiten der Welt gestellt. Ich kann nicht mehr zurück. Er ist in der Mitte. Er hat dem Gerufenen jede Unmittelbarkeit zu diesen Gegebenheiten geraubt ... Er ist der Mittler, nicht nur zwischen Gott und Mensch, sondern auch zwischen Mensch und Mensch, zwischen Mensch und Wirklichkeit ... Christus will der Mittler sein.«

Ab 1940 wurde D. Bonhoeffer immer mehr im Widerstand aktiv: Er stellte die Verbindung zwischen den westlichen Regierungen und dem deutschen Widerstand her und war an der Erstellung von Friedensplänen beteiligt.

1943 wurde er von der Gestapo unter dem Vorwurf der Wehrkraftzersetzung verhaftet. Der Inhaftierung in verschiedenen Berliner Gefängnissen folgte die Verlegung ins Konzentrationslager Buchenwald. Nachdem ihm in Zusammenhang mit dem Attentat gegen Hitler seine Tätigkeit im Widerstand nachgewiesen wurde, wurde er ins KZ Flossenbürg überstellt, wo er am 9. April 1945, einen Tag nach seiner Verurteilung, erhängt wurde. Seine letzten Worte sind wie folgt überliefert: »Das ist das Ende. Für mich der Beginn des Lebens.« Erst im Jahr 1996 wurde D. Bonhoeffer rehabilitiert.

- Erarbeite anhand des Textes die Spuren, die Jesus bei Dietrich Bonhoeffer hinterlassen hat. Verfasse anschließend einen Brief an D. Bonhoeffer nach folgendem Schema: Sehr geehrter Herr Bonhoeffer, ich verstehe Ihre Aussagen in folgender Weise ..., ich (aber) bin der Ansicht, dass ...

Kurzbiografie Martin Ebner

Martin Ebner, Professor für katholische Theologie in Münster, wurde am 23. Februar 1956 in Schweinfurt geboren, wo er auch das Gymnasium absolvierte. 1975 nahm er das Studium der katholischen Theologie an der Universität Würzburg auf, unterbrochen von zwei Semestern an der Universität Tübingen. Außerdem vertiefte er seine Kenntnisse durch ein Spezialstudium an der École Biblique et Archéologique in Jerusalem.
Sein Berufsziel verfolgte er konsequent: Nach der Weihe zum Diakon 1980 erfolgte ein Jahr später die Priesterweihe. Nach seiner Kaplanszeit wurde er hauptamtlicher Religionslehrer und Schulseelsorger an einem Aschaffenburger Gymnasium.
Die intensive Auseinandersetzung mit dem Neuen Testament führte ihn zurück an die Universität, wo er zunächst seinen Doktortitel erwarb. Der Promotion folgte der Erwerb der Lehrbefähigung (Habilitation). M. Ebner fasste seine Habilitationsschrift mit dem Thema »Jesus – Ein Weisheitslehrer?« ab. Nach verschiedenen Lehrtätigkeiten in Würzburg wurde M. Ebner 1997 zum Professor für neutestamentliche Exegese in Münster berufen, wo er bis heute tätig ist. Hinzu kommt eine aktive schriftstellerische Tätigkeit im wissenschaftlichen Bereich. Seinem Buch »Jesus von Nazaret – Was wir von ihm wissen können« ist der nachfolgende Abschnitt entnommen: »Was auch immer wir über Jesus sagen, es sind Bilder von Jesus, ob mit Worten oder Farben gemalt. Diese Bilder sind, ob wir wollen oder nicht, eingebettet in die Tradition vor uns. Die biblischen Quellen spielen dabei eine genauso große Rolle wie die kirchliche Verkündigung, die Liturgie oder die Werke großer geistlicher Schriftsteller. Wenn wir von Jesus sprechen wollen, müssen wir uns in die Linie dieser langen Tradition stellen, sei es, dass wir uns davon anregen lassen, sei es, dass wir in Auseinandersetzung mit dieser Tradition treten. Das Bild, das wir von Jesus malen, ist auch immer unser Bild von Jesus. Es trägt den Eigenanteil unserer Fragen auf dem Hintergrund unserer eigenen Biografien und speziellen Zeitgeschichte.«
M. Ebner arbeitet aber nicht nur in der Lehre, sondern steht auch regelmäßig Gottesdiensten vor. Seine dort gehaltenen Predigten stellt er auf seiner Internetseite zur Verfügung. Die nachfolgenden Auszüge verschiedener Predigten verdeutlichen seine Kenntnis und Auseinandersetzung mit Jesus von Nazaret:
»Jesus passt in keine Schablone. Schon gar nicht in irgendeine christologische. Jesus ist Jesus von Nazaret. Er ist es, der den Maßstab vorgibt.« (Predigt vom 22. Juni 2003)
»Lasst uns ehrlich sein. Lassen wir uns von der Wucht seiner Worte treffen, bis wir sagen: Jesus, das geht zu weit! Das kannst du uns nicht zumuten! Wo soll denn das noch hinführen?« (Predigt zum Karfreitag 2005)
»Auch bei diesem Jesus ging im Leben nicht alles auf: Der eine hatte ihn verraten, der andere verleugnet, die meisten haben nicht hingehört, ständig wurde ihm Falsches unterstellt. Und trotzdem hören wir ihn am Ende seines Lebens am Kreuz rufen: *perfectum est.* Es ist perfekt. Wenn ich das Johannes-Evangelium richtig verstehe, dann heißt das: Ich lasse mir mein Leben nicht von anderen Menschen beurteilen. Denn sie wissen nichts von meinen inneren Kämpfen, von meinen lauteren Motiven, von meinen Anstrengungen und von meinen Enttäuschungen. Vom Jesus des Johannes-Evangeliums möchte ich mir sagen lassen: Wenn du das Gefühl hast: Ich habe alles getan, was in meiner Kraft lag, in meinen Möglichkeiten, dann darf auch ich – trotz manchen Stückwerks – getrost am Ende sagen: *perfectum est.*« (Predigt zum Karfreitag 2010)

- Erarbeite anhand des Textes die Spuren, die Jesus bei Martin Ebner hinterlassen hat. Verfasse anschließend einen Brief an M. Ebner nach folgendem Schema: Sehr geehrter Herr Ebner, ich verstehe Ihre Aussagen in folgender Weise ..., ich (aber) bin der Ansicht, dass ...

Kurzbiografie Susanne Pechel

Susanne Pechel, Ärztin und Musikerin, wurde 1966 in Montevideo (Uruguay) geboren. Im Alter von drei Jahren übersiedelt sie nach München. Schon früh hatte sie einen ausgeprägten Gerechtigkeitssinn, der sie bereits mit sechs Jahren mit selbst gebastelten Sammelbüchsen Spenden erbitten ließ. Als Dreizehnjährige begann sie bei »Missio« und der Karl-Heinz-Böhm-Stiftung »Menschen für Menschen« mitzuarbeiten. Sie organisierte ihr erstes Benefizkonzert an ihrer Schule, es folgten Auftritte im Fernsehen mit den ersten selbst geschriebenen Songs.
Nach dem Abschluss ihres Medizinstudiums spezialisierte sie sich auf das Fachgebiet »Tropenmedizin«. Noch während ihres Studiums gründete S. Pechel 1992 eine eigene Hilfsorganisation, den Christlichen Entwicklungsdienst (CED). Sie vertritt die Meinung, dass, angesichts des großen Leids in der Welt, nie genügend helfende Hände da sein können.
Immer mehr Projekte wurden ins Leben gerufen: Waisen- und Armenkrankenhäuser wurden gebaut, Aids-Hospize, Obdachlosenheime und Schulen gegründet bzw. unterstützt und in vielfältiger Art und Weise Hilfe zur Selbsthilfe geleistet.
Auf die Frage, warum sie ihrer Hilfsorganisation das Prädikat »christlich« gab, antwortete sie: »Unsere Motivation zu helfen baut auf christlichen Grundwerten auf wie Liebe, Vertrauen, Integrität und Toleranz.«
Finanzielle Mittel, die dem CED zufließen, werden ausschließlich für die Projekte verwendet. Zur Philosophie S. Pechels gehört, dass jede Mitarbeit beim CED ehrenamtlich geschieht. Auch sie selbst bringt sich neben ihrer Arbeit als Medizinerin und Musikerin freiwillig in ihrer Freizeit ein. Zeit für private Unternehmungen mit Freunden gibt es wenig. Arbeit und Ehrenamt verlangen S. Pechel viel Kraft ab, doch sie sagt: »Durch meinen Glauben habe ich die Kraft, diesen Weg zu gehen.«
2007 schließlich brachte sie ihre erste CD heraus, von deren Verkaufspreis 2 € an den CED gehen. Die folgenden Zitate spiegeln die wesentlichen Grundzüge ihrer Arbeit wieder: »Der Glaube macht's möglich. Was ich tue, tue ich aus meinem Glauben heraus.«; »Jede Anteilnahme, jede liebende Geste, jede Zuwendung und jede Gabe ›nährt‹ den Menschen wie Brot. Dieses ›Brot‹ verbindet die Menschen und überwindet durch die Liebe alle geografischen Entfernungen.« »In dieser Gemeinschaft arbeiten wir Hand in Hand zusammen, vereint in dem Wunsch, Nächstenliebe in konkrete Taten umzusetzen und Gerechtigkeit vielerorts in der Welt wahr werden zu lassen. (...) Der Mensch steht bei uns im Mittelpunkt. Ihm in seiner Not beizustehen und zu helfen, ist die Übereinstimmung unserer idealistischen Werte.«
Deutlich wird: Die Motivation für ihre Arbeit schöpft S. Pechel aus ihrem Glauben. Die enge Verbindung zur Pfarrgemeinde ihrer Kindheit ist bis heute erhalten geblieben. Die Kirchengemeinde St. Joseph in München-Schwabing stellt ihr kostenlos die Räume für den CED zur Verfügung, wo sie bis heute tätig ist.

- Erarbeite anhand des Textes die Spuren, die Jesus bei Susanne Pechel hinterlassen hat. Verfasse anschließend einen Brief an S. Pechel nach folgendem Schema: Sehr geehrte Frau Pechel, ich verstehe Ihre Aussagen in folgender Weise ..., ich (aber) bin der Ansicht, dass ...

Unsere Ferne bzw. Nähe zu Jesus

»Die heilige Familie«

Simone Martini, »Die Heilige Familie« 1342
Wir sehen den 12-jährigen Jesus. Er ist aber nicht dargestellt als der übliche frühreife Bibelkenner, dem Schriftgelehrte im Tempel mit Ehrfurcht und Staunen zuhören, sondern als ein Halbwüchsiger, der ins Gebet genommen wird. Josef steht in der Mitte und legt seine linke Hand auf Jesu Schulter. Die rechte Hand verdeutlicht, was er sagt: Wie konntest du deiner Mutter so viel Kummer bereiten? Weißt du eigentlich, was sie durchzustehen hatte? Solche Fragen stellt auch Maria, auf deren Schoß ein aufgeschlagenes Büchlein liegt, in dem die Worte zu lesen sind: Kind, wie konntest du uns das antun? Und Jesus? Er reagiert ganz anders, als es sich so manche fromme Seele wünscht. Er versucht nicht, seine Eltern zu besänftigen. Er denkt gar nicht daran, sich dafür zu entschuldigen, dass er ihnen mit seinem Verhalten Sorgen gemacht hat. Nein, er zeigt eine bockige Geste. Er verschränkt seine Arme vor der Brust. Was wollt ihr eigentlich von mir? Ich gehe meinen eigenen Weg! Ihr braucht mir nicht zu sagen, was ich zu tun habe. Ich lese im gleichen frommen Buch wie ihr. Hier, ich habe es an meiner Brust. Aber ich lege es anders aus als ihr. Jesu Gesicht strahlt Entschlossenheit aus. Der Gesichtsausdruck von Josef und Maria dagegen ist völlig hilflos. Sie kommen nicht mit, dass sich ihr Jesus ganz anders entwickelt, als sie es sich gedacht haben. Dass er jetzt so aufmüpfig wird! In dieser altkirchlichen Tradition gelesen, ist der Familiensonntag kein Anspruch, der überfordert, sondern ein Trost. Er ist ein Trost für alle Eltern, die sich fragen: Warum ist unser Kind so anders, als wir es uns erträumt haben?

Nach Martin Ebner

- Erarbeite anhand des Textes, wie das klassische Bild der Jugend Jesu aussieht.
- Vergleiche anschließend die Auslegung des Autors mit dem Leben heute hinsichtlich Beruf, Familienbild und Freiheitsbegriff.

Antithesen

Vom Töten und von der Versöhnung

Die Aussage des Alten Testaments »Du sollst nicht töten!« scheint eindeutig. Die menschliche Lebenswelt zeigt aber, wie schwer es ist, dieses Gebot zu halten, wenn z. B. Gedanken der Rache die Oberhand gewinnen. Hier greift die Antithese an, wenn sie das alttestamentliche Gebot ausweitet auf das alltägliche menschliche Miteinander. Wenn Menschen im Umgang miteinander jedem die geforderte Wertschätzung entgegenbringen, steigt die Hemmschwelle zu töten. Die Beleidigung meines Gegenübers spricht ihm einen Teil seines Menschseins ab und lässt vielleicht eines Tages ganz vergessen, dass nicht ich Herr über Tod und Leben bin.

Vom Schwören

Thematisiert wird der menschliche Umgang mit der Wahrheit. Wenn ein Mensch es nötig findet, seine Worte durch einen Eid zu bekräftigen, so entwertet dies seine außerhalb des Eides gesprochenen Worte. Wer es ernst meint mit dem, was er sagt, bedarf keines Schwurs. Meine Aussage über meine Beziehung zu einem anderen Menschen soll so gestaltet sein, dass sie der Wahrheit entspricht. Beherzige ich dies bei allem, was ich sage, so wird er auf mein Wort vertrauen und keines Schwures von meiner Seite aus bedürfen.

Von der Vergeltung

Im gesamten Orient war der Rechtsgrundsatz verbreitet, den auch das Alte Testament formuliert: »Auge um Auge, Zahn um Zahn.« Der Mensch soll, wenn er Vergeltung übt, nicht über das Maß hinausgehen, das ihm selbst an Unrecht zugefügt wurde. Dass bereits diese Forderung nicht unserem Erleben entspricht, ist offensichtlich, wenn z.B. ein harmloser Schubser mit einer Vielzahl heftiger Schläge beantwortet wird. Auch diese Forderung wird nicht aufgehoben, sondern von Jesus noch erweitert. Der Mensch, der bereit ist, den Kreislauf von Tat und Vergeltung zu durchbrechen, vermeidet weitere Gewalt. Was könnte dabei entwaffnender sein als das, womit keiner in seinem Alltag rechnen kann: Der Täter erlebt ein Handeln, das Liebe zulässt.

- Stelle jeweils die »These« der sogenannten »Antithese« gegenüber.
- Beurteile auf der Grundlage deiner Ergebnisse, ob der Begriff »Antithese« zutrifft.
- Formuliere dein Beurteilungsergebnis in einem Satz.

»Selig seid ihr ...« Die große Einladung (Mt 5,1-16)

»Selig seid ihr, wenn ihr einfach lebt,
selig seid ihr, wenn ihr Lasten tragt.
Selig seid ihr, wenn ihr lieben lernt,
selig seid ihr, wenn ihr Güte wagt.
Selig seid ihr, wenn ihr Leiden merkt,
selig seid ihr, wenn ihr ehrlich bleibt.
Selig seid ihr, wenn ihr Frieden macht,
selig seid ihr, wenn ihr Unrecht spürt.«

Peter Janssen

Das Reich Gottes als Gegenwelt in den Seligpreisungen (Mt 5,1-12)
Diese aktualisierte Form der biblischen Seligpreisungen skizzieren eine Welt, in der Einfachheit, Liebe und Sensibilität für das Leid des anderen wichtiger sind und nicht Reichtum, Macht und Erfolg. Die in unserer Arbeits- und Konsumwelt geltende Wertehierarchie wird geradezu auf den Kopf gestellt. Eine Gegenwelt wird aufgezeigt, in der nicht strahlende, von sich überzeugte Karrieristen oder nur auf Spaß bedachte Vergnügungskünstler seliggepriesen werden, sondern Menschen, die ihre Mitmenschen und deren Not im Blick haben.
Die Seligpreisungen malen das Bild einer Gegenwelt – das Bild vom Reich Gottes. Die im Neuen Testament in zwei Varianten ... überlieferten Seligpreisungen sind Ausdruck der Glaubensüberzeugung, dass das Reich Gottes bereits mit dem Kommen Jesu angebrochen und erfahrbar ist. Nur für den Glaubenden ist verstehbar, dass Arme, Trauernde und Hungernde seliggepriesen werden. Nicht das Leid um des Leidens willen wird hier positiv bewertet. Vielmehr ging es dem historischen Jesus, auf den der Grundbestand der Seligpreisungen zurückzuführen ist, wie auch dem Evangelisten darum, den Leidenden Trost zuzusprechen, ihnen das Ende aller Qualen im Zusammenhang mit dem Reich Gottes zu verheißen ...

Noch einmal: Billige Vertröstung oder Ermutigung?
1. Die Seligpreisungen sind Heilszusagen an die Menschen, die in und an ihrer Welt leiden. Jesus und auch Matthäus lag alles daran, den Menschen die Nähe und das Angekommensein der Wirklichkeit Gottes direkt und ohne Bedingungen/Vorleistungen erfahrbar zu machen und zu verkünden.
2. Die Seligpreisungen sind keine billigen Vertröstungen auf zukünftiges, gar jenseitiges Leben. Sie wollen vielmehr den Menschen, die sich auf die Reich-Gottes-Botschaft einlassen, Mut zusprechen, trotz der ambivalenten und oft leidvollen Erfahrungen an den Maßstäben dieser göttlichen Welt festzuhalten. Die Seligrufe halten die Sehnsucht und das Streben nach dieser anderen Welt wach. Sie sind somit gerade keine »Ruhigstellung der Leidenden«, sondern eine »gefährliche Erinnerung«, die revolutionäre Kräfte freisetzen kann.
3. Matthäus möchte in seinen Seligpreisungen keine »Regeln für ein geglücktes Leben« im alttestamentlichen Sinne aufstellen. Vielmehr geht es ihm um eine grundsätzliche Haltung vor Gott, um die Offenheit für die Wirklichkeit Gottes. Wenn wir »alles von Gott erwarten«, mit seiner Gegenwart rechnen, uns von ihm beschenken und zum richtigen und gerechten Handeln befähigen lassen, dann entsteht das Reich Gottes mitten unter uns, schon heute.

- Erarbeite anhand des Textes die Intention der Seligpreisungen.

Das Vaterunser – Betrachtungen von Joachim Wanke

»Diesen Gott an der Hand Jesu zu entdecken, ihm zu begegnen, sich von ihm faszinieren zu lassen, ihm das eigene Leben anzuvertrauen, von ihm alles zu erwarten – das ist die tiefste Absicht des Vaterunsers.«

»Ist Beten Flucht vor dem notwendigen Handeln? Wird es zu einem Alibi für einen Lebenseinsatz, der sich – um der anderen willen – selbst riskiert? Ein Nachdenken über den betenden Jesus wird auch auf sein Tun und Handeln achten. Gebet und Leben bilden eine Einheit. Christinnen und Christen aller Zeiten, auch die sogenannten Heiligen, zeigen: Gebet und aktiver Lebenseinsatz bilden keinen sich ausschließenden Gegensatz. Sie fordern sich gegenseitig heraus. Ja, sie bedingen einander.«

»Es war für viele eine große Überraschung, als das geistliche Tagebuch von Dag Hammarskjöld, dem Generalsekretär der Vereinten Nationen, nach seinem tödlichen Unfall 1961 bekannt wurde. Diese Aufzeichnungen, Gebete und Meditationen offenbaren eine christliche Persönlichkeit, für die aktives, politisches Engagement zusammengeht mit einem Gespür für die Gegenwart und Führung Gottes. Hier ist für einen Menschen der christliche Glaube Quelle und innere Mitte eines höchst aktiven Lebens, nicht nur ornamentale Verzierung. Das Vorbild solcher Menschen ist gerade für unsere Zeit bedeutsam.«

»Ein Künstler dieser Zeit nähert sich dem vor zweitausend Jahren entstandenen Gebet. Er wählt dafür das Aquarell. Diese Technik ist offen für Übergänge und Entwicklungen. So beanspruchen die Bilder gar nicht, allgemeingültige Aussagen zu treffen. Sie zeigen eine sehr persönliche Annäherung. Man gewinnt den Eindruck, diese Bilder sind betend gemalt.«

- Stelle dar, welche Bedeutung das Vaterunser für den gläubigen Menschen in der Nachfolge Jesu hat?

Ein Vergleich

Vaterunser	Und vergib uns unsere Schuld, wie auch wir vergeben unseren Schuldigern
Das Bild steht wie eine Überschrift über dem Ganzen. Wie alle vierzehn Aquarelle ist es quadratisch angelegt. In die blaue Grundfläche ist ein Kreis eingeschrieben. Zwei schmale Rechtecke erinnern darin an Personen, obwohl jedes anatomische Detail fehlt. Die beiden Gestalten stehen sich nicht feindselig oder gleichgültig gegenüber. Sie sind einander zugewandt, ja zugeneigt. Jesus betet aus dem Wissen um die Zuneigung und Nähe dessen, den er »lieber Vater« zu nennen wagt. Jedes Beten vergegenwärtigt diese Zuwendung von Mensch und Gott. Im Gleichnis vom verlorenen Sohn hat Jesus ihr eine einprägsame erzählerische Gestalt gegeben (LK 15,11-32). Das ganze Drama menschlicher Existenz ist in dieser Bildgeschichte eingefangen: Aufruhr und Empörung, Emanzipation und Gottesferne, Einsamkeitserfahrung und Sehnsucht nach Geborgenheit, Schuldbekenntnis und neue Annahme durch Gott – und das alles in einer Weise, die den Menschen ganz frei sein lässt. Gottes Erbarmen mit dem verlorenen und wieder heimkehrenden Menschen hat freilich seinen Preis. Das Ineinander beider Wirklichkeiten in der Überlappung ihrer Farben signalisiert nicht nur höchste Innigkeit, sondern auch Gottes Verwundung und Schmerz. Eine Wunde tut sich auf, eine Wunde freilich, die dem verlorengegangenen Menschen nun auf Dauer rettenden Zugang zum »Herzen« Gottes garantiert.	Feste und fließende Formen durchdringen dieses Aquarell. Ein dunkler Streifen durchzieht die Bildmitte. Die hellroten und violetten Flächen sind von Schraffuren und Ritzungen überzogen. Eine einzige große Verwundung! Der Todesstreifen könnte sich unbegrenzt fortsetzen. Da tritt zu seiner Starre eine überraschende Dynamik. Ein helles Feld durchkreuzt den schwarzen Korridor. In der Kreuzungsfläche verliert das Dunkel seine Undurchdringlichkeit. In solchen Rechtecksformen kann der Maler Personen andeuten ... Dann wird die weiße Gestalt zu einem Verweis auf den gekreuzigten Christus. Er unterbricht, ja er durchbricht die Gleichförmigkeit von Schuld und Tod. Das Gebet überträgt Vergebung auf die zwischenmenschliche Ebene. Auch das Aquarell wiederholt in kleinerem Maßstab die Druchkreuzung des Dunkels. In weißer Gestalt werden Vergebende sichtbar. ... Vergeben meint ein Doppeltes: Es gibt Schuld, die nicht einfach wegerklärt werden kann. Die schwarzen Balken, die alles Licht von oben, selbst in den kleinsten Ansätzen auslöschen, sind die künstlerische Umsetzung dieser Realität. Es ist unmöglich, sich selbst Schuld zu vergeben. Vergebung lässt sich nur empfangen. Sie ist ein Geschenk, auf das es kein Anrecht gibt. Mann kann sie sich nur zusprechen lassen. ... Wo wir selbst anderen vergeben, dürfen wir der eigenen Vergebung unserer Lebensschuld durch Gott gewiss sein. Wer möchte sich nicht auf einen solchen Tausch einlassen: die geringe Schuld meines Bruders, meiner Schwester gegen meine übergroße Schuld! Das Reich Gottes ist ganz anders als jene »Reiche«, die Menschen bauen.

- Erarbeite anhand der Texte, welche Beziehungen der Autor zwischen Mensch, Mitmenschen und Gott in den Bildern von Andreas Felger erkennt.
- Stelle die Beziehung zischen den Personen grafisch dar und notiere die Interaktionen.

Zusammenfassung zur Bergpredigt

Äußerer Rahmen (4,25-5,2)

Einleitung: Die große Einladung (5,3-16)

Die Seligpreisungen

Herkunft:
Intention:

Bedeutung für die Welt

Hauptteil: Überfließende Gerechtigkeit (5,17-7,12)

Antithesen (5,21-48)

Gegliedert in ______________ und ______________

Bsp:

____

Der Begriff Antithese trifft das Gemeinte ______________________________

____

____

Frömmigkeitshaltung (6,1-18)

Das Almosengebet

DAS VATER-UNSER

Ist das Zentrum der Bergpredigt, weil ______________________________

____

____

Das Fasten

Das neue Verhältnis zur Welt (6,19-7,11)

Zusamenfassung: Die goldene Regel (7,12)

Jesus formuliert die Goldene Regel in der Fassung. Darin kommt im Unterschied zur negativen Fassung Folgendes zum Ausdruck: ______________________________

____

____

____

Abschluss: Ruf in die Entscheidung (7,13-27)

Um Gottes willen – für den Menschen: Auszug aus einem Stammtischgespräch zu Mt 5,17-20

Nicht das Gesetz erfüllen, sondern es halten.
Nicht beim Wortlaut stehenbleiben.
Erkenne, welche Absicht hinter dem Gebot steht.
Gesetze offenbaren den Willen Gottes.
Nicht-Abschaffen von Geboten
Miteinander streiten – um die Wahrheit ringen.

Der Barmherzigkeit den Vorrang geben
»Da sprichst du noch einen ganz wichtigen Punkt an, Herbert. Der Begriff Gerechtigkeit meint ja bei uns meistens eine gerechte Verteilung, dass jeder das erhält, was ihm zusteht. Im Hebräischen meint Gerechtigkeit ein Verhalten, das treu zu seinen übernommenen Aufgaben und Verbindlichkeiten steht. Das heißt, wir sind in dem Maße gerecht, wie wir zu unseren Verpflichtungen stehen. Ein Vater, der sich um seine Kinder nicht kümmert, d. h. seinen Verpflichtungen ihnen gegenüber nicht nachkommt, ist nach diesem Denken kein gerechter Vater.
Wenn Jesus hier Gerechtigkeit fordert, dann fordert er uns auf, treu zu den Verpflichtungen zu stehen, die sich aus unserem Bund mit Gott ergeben.«
»Aber«, wendet Herbert ein, »das tun die Pharisäer doch nun wirklich.«
»Ja, aber sie haben eine andere Vorstellung davon, was das konkret heißt. Für die Pharisäer haben die Pflichten gegenüber Gott Vorrang vor den Pflichten gegenüber den Menschen. Für Jesus hingegen ist es so, dass Gott sich mehr am Wohl der Menschen als an sich selbst orientiert. ›Barmherzigkeit will ich, nicht Opfer‹ (Mt 12,7), hält er den Pharisäern entgegen.
Das heißt, Jesus ist der Ansicht, wenn Gesetze miteinander kollidieren, wenn Gesetze ausgelegt werden müssen, dann nicht unter dem Blickwinkel, dass Gott zuallererst zu dienen ist, sondern unter dem Blickwinkel, dass wahrer Gottesdienst in erster Linie Menschendienst ist. Die Barmherzigkeit ist der Verstehensschlüssel, mit dem Jesus das Gesetz interpretiert. Und darin unterscheidet er sich offensichtlich sehr stark von den Pharisäern.«
»Wenn Jesus uns zu größerer Gerechtigkeit auffordert, will er also nicht, dass wir penibelst am Wortlaut kleben, sondern der Barmherzigkeit den Vorrang geben«, fasst Erwin zusammen.
»So ist es! Um Gottes willen – für den Menschen. Das ist der Blickwinkel, unter dem Jesus das Gesetz anschaut.«

Mehr tun als nötig
»Mensch, das gibt ja heute Morgen so richtig Stoff zum Nachdenken. Das könnte ja auch unser Verhältnis zu unserm Gesetz ganz schön verändern. Wenn wir Gesetze nicht nur halten, sondern auch nach ihrem Sinn fragen ...«
»Klar, Herbert, kein Staat wird sozial durch das Gesetz. Eine soziale Atmosphäre entsteht nur dort, wo Menschen nicht nur den Gesetzeswortlaut halten, sondern darüber hinausgehen und das Gesetz auch erfüllen, eigentlich mehr tun, als notwendig ist. Erst dieser ›Mehrwert‹ macht unsere Gesellschaft sozial. Erst da, wo Menschen mehr tun als nötig, wird etwas vom Himmel unter uns Wirklichkeit.« ...

- Erkläre die Bedeutung der fett gedruckten Überschriften.
- Erstelle eine Strukturskizze, die die Zusammenhänge zwischen der Liebe Gottes, Jesus, dem Gesetz und der Liebe heute darstellt.

Vorwort von 1936 zur Passion von Otto Pankok in Auszügen

Als die Sonne im schwarzen Meer erlosch und kein Stern am Himmel aufging, als die Wolken schwer niederfielen auf die Erde und des Donners Zorn aufbrach, zitterte ich in der Finsternis.
Da ward meine Harfe Klage und meine Pfeife Weinen.
Dieses Buch handelt von dem Leben und Sterben des Menschensohnes, von dem Leben und Sterben des reinen Menschen, der ohne Fehl über die Erde geschritten ist, dessen Liebe über alle strömte, bis hin zu dem letzten aller Sünder und Verachteten. Es erhob sich die Macht über die Liebe, und die Macht schlug die Liebe zu Boden. Aber die Liebe war dennoch größer als die Macht. Man kann den Menschen zu Tode bringen, seine Liebe lebt weiter. Ihre Worte vergehen nicht, denn wo auch immer die Liebe auftritt, da wirft sie ihren Samen in die Herzen, und so überdauert sie ihren eigenen Untergang ...
Jesus fand den ersten Stein, es war Petrus, den er zum Eckstein machte. Und er fand den zweiten, Andreas, und zehn andere Steine fand er hinzu. Aber schon als er diese zwölf um sich gesammelt hatte, da verleugnete ihn der erste, und der zwölfte bespitzelte und verriet ihn. War es nicht, als hätte er Wasser in Siebe gegossen?
Jesus aber ließ nicht locker. Und da geschah es, dass in der Tiefe der Nacht die Reue über den wankelmütigen Petrus einbrach. »Und er ging hinaus und weinte bitterlich.«
Das verstockte Herz des Verräters Judas selbst taute auf unter der Glut der gewaltigen Liebe, die sich dem Martertod ergab. Er warf die Silberlinge den Priestern vor die Füße. Der Blick des verratenen Heilandes hatte ihm die Seele verbrannt, und so konnte er sich selbst nicht länger ertragen, und er erhängte sich. Wir sehen ihn hinauseilen in die Nacht, fortstürzen in den Tod, schnell, nur schnell zum Ende.
Wie in diesem Leben Jesus und in diesen schweren grausigen Stunden der Folter und des Todes, so wirkte es weiter durch die Jahrhunderte. Jesus blieb lebendig. Er siegte und unterlag, und er siegte und unterlag wieder, in jedem Jahrhundert, in jedem Volk, in jedem einzelnen. Die Menschen müssen immer aufs Neue mit ihm ringen. Er war und ist und wird sein (...) In jedem drängt die Frage zur Entscheidung. Aber schon in der Frage liegt die Entscheidung zur Liebe, zur unerschütterlichen Anständigkeit, zur »von Natur aus christlichen Seele«. Es ist die Entscheidung in dem modernsten und aktuellsten aller Probleme. Es ist die Stellungnahme im Kampf gegen alles das, was das Leben gemein, sinnlos und eng macht.
(...)
Was überhaupt kann der geringe Maler vor diesem Heilandleben mit seiner schwachen Kunst? Er kann nur sehr wenig, er kann ja nur tastend versuchen. Was er mit seiner Kunst erreichen möchte, das ist, dass dieses ungeheure und erschütternde Leben als ein erschütterndes Leben erkannt würde, das man es nicht weiterhin als eine unterhaltsame, wenn auch grausige, so doch weit von uns abgerückte Legende hinnähme, nach deren Lektüre man sich aufs Neue der Gleichgültigkeit und Behaglichkeit hingibt.
(...)
Bei der Arbeit glauben wir Maler oft mit den Linien und Formen die Dinge selbst erhaschen zu können, aber nachher sehen wir ein, dass es nur ihre Schatten waren, die wir uns einfingen. Bilder drücken nie ganz aus, was der Maler bei seiner Arbeit fühlte. Sie geben nur die Andeutung, sie sagen, dass etwas da ist, und sie müssen es dem gleichgesinnten und gleichgestimmten Betrachter überlassen, nachzufühlen, was der andere ausdrücken wollte. Er muss in seiner Fantasie die Bilder weitermalen und die begonnenen vollenden.
So nehme der Betrachter die Bilder hin als einen schwachen Versuch, mit seiner Kunst eine Darstellung zu geben von einem Kampf, der sich in den Herzen – nicht in Kunstausstellungen – abspielt.

- Erstelle aus den Informationen des Textes ein Plakat, das deutlich macht, welche Spuren Jesus nach Ansicht des Autors bei Menschen hinterlässt.

8 Mehr als alles

Hintergrund

Die LL, die sich mit dem Phänomen Religion im Allgemeinen beschäftigt, trägt die Überschrift »Mehr als alles«. In diesem Titel kommt ein Grundverständnis des Religiösen zum Ausdruck, wie es sich zumindest in den universalistisch ausgerichteten monotheistischen Religionen wiederfindet. Die religiöse Sicht auf die Wirklichkeit gibt sich nicht mit dem bloßen Augenschein zufrieden, für sie gibt es darüber hinaus das Transzendente, das Hintergründige, das Tragende allen Seins. Die Formel »Mehr als alles« zielt aber noch über diese Marke hinaus: Sie zielt auf die Grundeinsicht, dass das Gesamt der Wirklichkeit für den Menschen uneinholbar, unaussprechbar bleibt, dass alles, was der Mensch aus eigener Kraft (und auch mit Hilfe anderer Menschen) zustande bringt, bei Weitem nicht an das heranreicht, was das eigentlich Tragende ist.

Die LL nähert sich dem Phänomen Religion von sehr unterschiedlichen Seiten. Es geht hier nicht um eine systematische oder gar vollständige Beschreibung des Phänomens Religion, sondern vielmehr wurde versucht, aus der Perspektive der Sch verschiedene Aspekte von Religion, welche für die Lebenswirklichkeit von Jugendlichen heute eine Rolle spielen, zu thematisieren. Dabei tritt das subjektive Erleben von Religion in den Vordergrund. Um den Blick auf dieses Phänomen zu weiten, wird das Thema aus der Perspektive unterschiedlicher Fachbereiche beschrieben. Religion begegnet Sch auf Schritt und Tritt. Sie begegnet ihnen in erster Linie aber außerhalb der verfassten Religion und in Formen, die aus christlicher Sicht als deformiert zu bezeichnen sind. So bietet die »wunderbare Warenwelt« eine Fülle von Ersatzgöttern, denen gehuldigt werden kann, deren Wirkmacht allerdings nicht unwesentlich davon abhängt, nicht als Götze erkannt zu werden.

Ein weiterer für Sch bedeutsamer Problembereich in Bezug auf Religion ist die Frage nach der richtigen Religion. Die sich hieran anschließenden Fragen nach einem angemessenen Dialog der Religionen sowie die sich aus dem dezidierten Absolutheitsanspruch des Christentums entwickelnde Relativismusproblematik werden dementsprechend ebenfalls angesprochen. Der Vorwurf, dass Religion, und insbesondere die monotheistischen Religionen, Gewalt unter Menschen provoziere und einem friedlichen Zusammenleben der Menschen eher im Wege stehe, als dieses befördere, wird gegenwärtig immer wieder in der Öffentlichkeit gerade auch im Blick auf die durch religiöse Fundamentalisten ausgeübte Gewalt geäußert. Deshalb wurde dieser Fragestellung eine eigene DS gewidmet.

Mehr als alles REISEPROSPEKT 120 | 121

Ansetzen

Unabhängig davon, ob Sch noch eine an eine verfasste Religion anknüpfende religiöse Praxis haben oder nicht, werden sie Religion zunächst doch eher unreflektiert vor allem mit dem in Verbindung bringen, was innerhalb oder im Umkreis von Kirche geschieht.

Die erste DS dient folglich dazu, eine erste Annäherung an das Phänomen Religion zu ermöglichen. Dies geschieht mithilfe einiger, sehr unterschiedlicher Zitate sowie mithilfe des Bildes einer Feder (je Seite), welche zunächst keine, jedenfalls aber nur sehr unbestimmte Assoziationen zum Thema Religion auslösen wird.

Umsetzen

■ **Formulieren.** Das Bild lässt sehr unbestimmte Assoziationen mit Religion zu. Folgende Assoziationen sind u. a. möglich: Gleichklang, Harmonie, Unbeschwertheit, Leichtigkeit, Ruhe, Stille, Sanftmut … Daran anschließend kann gefragt werden, zu welcher der auf der DS verteilten Definitionen das Hintergrundbild passt, zu welcher weniger oder überhaupt nicht. Z. B. kann ein gefühlsmäßiger Einklang mit dem Zitat von Schleiermacher festgestellt werden, während die Zitate von Marx und Ratzinger damit weniger in Verbindung gebracht werden können.

Darstellen. Sch bilden KG und suchen sich ein Zitat aus, welches sie als Standbild oder Pantomime darstellen wollen. Durch die darstellerische Form transportieren Sch die Inhalte der Zitate in eine greifbarere Form. (Vgl. dazu auch den Lerngang Darstellen zum Thema Standbild in MITTENDRIN 1, S. 81.)

Definieren. Sch suchen nach einer Formulierung für das, was sie sich persönlich unter Religion vorstellen. Es ist wichtig, dass für diesen Handlungsimpuls genügend Zeit zur Verfügung steht, damit Sch sich nicht zu sehr an die vorgegebenen Zitate anlehnen und die Gelegenheit haben, ihren eigenen Erfahrungen mit Religion nachzuspüren. (Vgl. dazu auch S. 124 die Spitzmarke »Vergleichen«.)

Religion erleben

AUSFLUG

122 | 123

Ansetzen

Der Bildungsplan formuliert ausdrücklich, der katholische RU übersteige von seinem Selbstverständnis und seiner Zielsetzung her den kognitiven und analytischen Bereich. Meditative, symbolisch-erschließende und mystagogische Elemente haben deshalb einen wichtigen Platz im RU.
Dass Sch religiöse Erfahrungen mitbringen, ist heute für den RU nicht mehr ohne Weiteres vorauszusetzen. Umso wichtiger ist es, dass der RU selbst einen Raum schafft, in dem religiöse Erfahrungen möglich sind. Dabei ist sehr behutsam vorzugehen und in jeder Lerngruppe wird der Weg ein anderer sein. Oft sind nur kleine Schritte möglich und es gehört entsprechendes Fingerspitzengefühl dazu, um die Übungen in der schulischen Situation nicht ins Lächerliche abdriften zu lassen.

Caspar David Friedrich, Abendlandschaft mit zwei Männern (um 1830/35)
Im Gemälde von Caspar David Friedrich (1774-1840) kommt der allegorische und religiöse Charakter seiner Bilder deutlich zum Ausdruck.
Zwei männliche, dunkel gekleidete Gestalten stehen nebeneinander auf einer leichten Anhöhe und blicken gemeinsam in die Ferne. Sie tragen die sog. »Altdeutsche Tracht«, ein Barett aus Samt und einen Staubmantel. Ihr Blick geht über eine weite und still daliegende Seenlandschaft, sie kehren dem Betrachter den Rücken zu. Das ganze Bild ist in dunklen Brauntönen gehalten. Die bereits untergegangene Sonne bescheint noch zart den Abendhimmel. Die beiden Figuren scheinen fast in der Stimmung des Bildes zu verschwinden.

Umsetzen

Stimmungen. Auf beiden Fotos herrscht eine sehr konzentrierte Stimmung. Während das obere Foto (eine Gebetszeit in Taizé) eine eindeutig religiöse Situation abbildet, besitzt das untere Bild (eine gruppendynamische Übung während Tagen religiöser Orientierung) keinen klar religiösen Bezug.
Die Bilder lassen sich sehr präzise und mit viel Spaß durch folgende einfache Vorgaben erschließen: L gibt den Satzanfang vor und Sch ergänzen:
»Ich sehe ... Ich höre ... Ich rieche ...«

Erleben. Sch nehmen das Foto zum Anlass, von entsprechenden Erfahrungen auf Gruppenleiterschulungen o. Ä. zu berichten. Bei diesem AA sollte nichts erzwungen werden.

Bildbetrachtung. Das Bild strahlt eine große Ruhe und Erhabenheit aus. Es ist wichtig, dass im RU eine Atmosphäre entsteht, die den Sch die Möglichkeit gibt, diese Stimmung nachzuempfinden.
Das Bild kann den Blick öffnen für das nie Gesehene und das nie Gedachte und ist insofern geeignet, Sch zu neuen Perspektiven auf sich selbst, auf Gott und die Welt anzuregen.

Weiterführen

Erfahren. Eine Möglichkeit, religiöse Erfahrungen zu machen, bietet die Fantasiereise. Möglich ist beispielsweise eine Fantasiereise in einen Raum der Stille.
Zur Durchführung von Fantasiereisen sei hier lediglich auf die zahlreich vorhandene und leicht zugängliche Fachliteratur verwiesen. Möglich wäre auch eine Weiterarbeit, bei der L im Anschluss an die Fantasiereise ein Bild mit betenden Menschen austeilt, welches mit leeren Sprechblasen versehen ist. Sch bekommen die Aufgabe, die leeren Sprechblasen auszufüllen.

Ansetzen

Die DS »Religion beschreiben« nähert sich dem Begriff Religion von verschiedenen Seiten. Neben den inhaltlichen Bestimmungen dessen, was Religion aus der Perspektive der unterschiedlichen Wissenschaften ist, entwickeln Sch ein Bewusstsein davon, dass eine Wissenschaft sich ihrem Gegenstand immer aus einem bestimmten Blickwinkel heraus nähert, dass sich ihre Fragestellung an diesem Blickwinkel orientiert und dass sie deshalb notwendigerweise immer nur einen bestimmten Teilaspekt der Wirklichkeit beschreibt.

Georgia O'Keefe, Ladder to the moon (1958)
Die Künstlerin Georgia O'Keefe (1887-1986) ist die vermutlich berühmteste amerikanische Malerin des frühen 20. Jhs. Im Laufe ihrer langen Schaffensphase hat sie zahlreiche verschiedene Stilrichtungen ausprobiert. Am bekanntesten sind ihre an der Grenze zur abstrakten Malerei angesiedelten Blumenbilder. In der entlegenen Landschaft New Mexicos malte sie ihre mystischen, menschenleeren Naturbilder, mit denen sie sehr erfolgreich war.
Das 1958 entstandene »Ladder to the moon« besticht durch seine traumwandlerische Einfachheit. Eine leuchtend ockergelbe Holzleiter schwebt über einer kargen Gebirgslandschaft, welche lediglich den äußersten unteren Rand des Bildes einnimmt und sich in seiner dunkelgrün bis schwarz gehaltenen Farbgebung kontrastreich vom Rest des Bildes abhebt. Der türkisfarbene Himmel, der fast die gesamte Bildfläche einnimmt, verdunkelt sich leicht von unten nach oben. Dicht unter dem oberen Bildrand schwebt ein weißer Halbmond, auf den hin die Leiter zu verweisen scheint.

Umsetzen

■ **Bilden.** Die Umsetzung der einzelnen wissenschaftlichen Perspektiven in ein Schaubild ist für Sch keine leichte Aufgabe. Sie müssen nicht nur Inhalte aus dem Text entnehmen und zusammenfassen, sondern müssen diese Inhalte auch strukturieren und zueinander in Beziehung setzen.

■ **Vergleichen.** Durch diese Zuordnung wird den Sch die Beschränktheit der eigenen Perspektive bewusst. Sie entdecken eine größere Breite von Sichtweisen und können ihre Position neu verorten.

■ **Vertiefen.** In dieser knappen Form bleiben die Umschreibungen aus soziologischer und psychologischer Perspektive reichlich abstrakt. Sch suchen nach Beispielen, um die allgemeinen Thesen mit konkreten Erfahrungen zu füllen.

■ **Zuordnen.** Der Rückgriff auf die Zitate des Reiseprospekts (S. 120f.) hat nicht rein wiederholenden Charakter. Vielmehr dient er der Vertiefung des Verständnisses sowohl der Zitate als auch der Textabschnitte dieser DS. Folgende Zuordnung bietet sich an:
Tillich – theologisch, Hesse – religionswissenschaftlich, II.Vaticanum – soziolog. / psycholog., Schleiermacher – theologisch, Welte – religionswissenschaftlich, Ratzinger – theologisch, Marx – soziologisch.

■ **Erfinden.** Die Ergebnisse der Sch zu diesem AA können sehr unterschiedlich ausfallen. Wünschenswert ist, dass Sch erkennen, dass hier eine Dimension von Wirklichkeit angezielt ist, die jenseits des Sichtbaren liegt und damit in eine religiöse Dimension vorstößt.

Weiterführen

■ **Diskutieren.** Sch bilden eine Expertenrunde, in der jeweils zwei Vertreter aus Religionswissenschaft, Soziologie, Psychologie und Theologie vertreten sind. Sie diskutierten die Frage: Gehört Religion unausweichlich zum Menschsein dazu oder kann die Menschheit auch gut ohne Religion(en) auskommen?

Ansetzen

Den wohl mit Abstand häufigsten und intensivsten Kontakt zu Religion haben Sch über religiöse Versatzstücke, die aus christlicher Sicht als Götzen bezeichnet werden müssen. In erster Linie ist hier sicherlich an durch die Werbung angepriesene Produkte zu denken. Diese Produkte werden als begehrenswert, in vielen Fällen sogar unverhohlen als anbetungswürdig vorgestellt. Der Bildungsplan fordert, dass Sch zu einer kritischen Weltdeutung befähigt werden. Dem RU kommt bei der kritischen Reflexion der alltäglichen, häufig undurchschauten Ideologien eine besondere Bedeutung zu.

Umsetzen

■ **Fetisch.** Zunächst wird das Verständnis des Textes »Die Ware als Fetisch« gesichert.

■ **Beispiele.** Zur Vertiefung des Verständnisses der Waren als religiöse Objekte suchen Sch nach Beispielen aus ihrer unmittelbaren Lebenswelt. Sie überprüfen anhand der Beispiele die Tragfähigkeit dieser These.

■ **Gegenbeispiele.** Die Allgegenwärtigkeit der Konsumideologie macht es Sch schwer, sich ein Leben jenseits dieser Kauf- und Konsumzwänge vorzustellen. Umso wichtiger ist es von daher, sich Lebensweisen zu vergegenwärtigen, die sich bewusst außerhalb dieser Vorgaben bewegen.
Im christlichen Kontext finden sich viele Männer und Frauen, die in der Nachfolge Jesu genau das hinter sich gelassen haben, was uns die Werbung als begehrenswert und Prestige steigernd unterjubeln möchte. Aber auch außerhalb der christlichen Tradition finden sich zahlreiche Beispiele der Unabhängigkeit von diesen Waren.
Menschen, welche hier angeführt werden können, zeichnen sich in der Regel durch ein hohes Maß an Freiheit, Unabhängigkeit, Souveränität und Ichstärke aus. Andererseits wird man unter ihnen auch ein hohes Maß an Demut und Opferbereitschaft finden.

■ **Beschreiben.** Die Werbefotografie wirbt für ein bekanntes Bekleidungsunternehmen. Sie enthält zahlreiche religiöse Bezüge:
Adam und Eva, die Schlange, der Apfel, Motiv der Verführung, Nacktheit (dem Werbegegenstand entsprechend nur angedeutet).

■ **Suchen.** Das Internet bietet eine Fülle von Material, das hierzu herangezogen werden kann. Im Folgenden werden nur einige Adressen angeführt. Viele von ihnen enthalten bereits inhaltliche und didaktische Kommentare:
www.schulstiftung-freiburg.de/de/forum/pdf/pdf_198.pdf
www.dober.de/reli-rallye/werbung.html
www.antjeschrupp.de/werbung.htm
www.jesusnow.de
www.glauben-und-kaufen.de
www.ni.schule.de/~caeci/werbung.htm

■ **Ordnen.** Die Werbeanzeigen können auf sehr unterschiedliche Weise sinnvoll kategorisiert werden. Vorschlag einer Kategorisierung:
a) Verwendung religiöser Begriffe oder Formulierungen (z. B. Bibelzitate)
b) Verwendung von religiösen Symbolen oder Personenkreisen (z. B. Kreuz, Sakramente, Nonnen)
c) Über Bilder bzw. Metaphern (z. B. Engel, Paradies, Hölle)
d) Über religiöse Elemente im Bereich der Ästhetik (z. B. sakrale Kunst)
e) Durch Produkterhöhung oder Verheißungen (indem existenzielle menschliche Bedürfnisse wie Freiheit, Liebe, Unendlichkeit, Ewigkeit, innere Ruhe, Sinn, Orientierung usw. mit einem bestimmten Produkt in Verbindung gebracht werden)

■ **Gestalten.** Die genaue Funktionsweise von Religion in der Werbung zu durchschauen ist nicht einfach. Sch erhalten die Gelegenheit, ein eigenes Plakat nach dem vorgegebenen Muster zu gestalten, um so die Wirkweise noch intensiver zu erkunden. Bei der Erläuterung der Funktionsweise sind folgende Fragen hilfreich:
- Wofür werben wir?
- Womit transportieren wir die Eigenschaften des Produkts?
- Welche Symbole/Bilder/Metaphern etc. haben wir verwendet?
- Welche Bedürfnisse soll das Plakat ansprechen/wecken?

Weiterführen

■ **Vertiefen.** Manchen Sch wird die Betrachtung der Warenwelt als einer Ersatzreligion zu weit gehen, weil sie mit ihrer persönlichen Vorstellung von Religion nicht konform geht.
Zum einen kann man überprüfen, inwieweit diese

Sichtweise mit den auf der Ausflugseite (S. 124f.) gegebenen Definitionen von Religion zusammenpasst. Sie wird sich kaum mit der theologischen Perspektive vertragen, sehr wohl aber mit der religionswissenschaftlichen, der soziologischen und der psychologischen Perspektive.
Alternativ dazu kann der Text von Erich Fromm bearbeitet werden (vgl. **M 8.1, S. 220**). Er liefert eine sehr weite Definition des Begriffs Religion, sodass unmittelbar einsichtig wird, inwiefern auch die Warenwelt als religiös angesehen werden muss.

■ **Fußball als Religion.** Ein Bereich, in dem religiöse Verehrung ebenfalls weit verbreitet ist, ist der Fußball. Zu den Mannschaften, die seit jeher sinnstiftende Funktion für ihre Fans haben, gehört Schalke 04. Nicht nur, dass die Fan-Zeitschrift des Vereins den Titel »Schalke Unser« trägt, auch dient eine eigene Version dieses Gebetes für ein oft praktiziertes öffentliches Ritual.
Ein direkter inhaltlicher Vergleich mit dem christlichen »Vaterunser« zeigt sehr deutlich die unterschiedlichen Ausrichtungen der beiden »Religionen«. Ein Vergleich lässt sich unter folgenden Fragestellungen durchführen:

- Welches ist der Gegenstand der Verehrung? – Wie wird die Verehrung ausgedrückt?
- Welche Bitten werden formuliert? – Worin bestehen die zum Ausdruck gebrachten Hoffnungen?
- Worin sieht man eine Gefahr bzw. eine Versuchung?

> Schalke Unser im Himmel
> Du bist die auserkorene Mannschaft
> verteidigt werde Dein Name
> Dein Sieg komme
> wie zu Hause so auch auswärts
> unseren üblichen Heimsieg gib uns immer
> und gib uns das »Zu Null«
> so wie wir Dir geben die Unterstützung
> und niemals vergib denen aus der Nähe von Lüdenscheid
> wie auch wir ihnen niemals vergeben werden
> und führe uns stets ins Finale
> denn Dein ist der Sieg und die Macht
> und die Meisterschaft in Ewigkeit
> Attacke!

Religionen im Dialog

AUSFLUG 128 | 129

Ansetzen

Das Alltagsbewusstsein von Sch ist häufig geprägt durch passive Toleranz. Jede und jeder soll und kann das Denken und Tun, was er selbst persönlich für richtig hält und andere damit möglichst nicht behelligen. Die Probleme, welche aus dem Nebeneinander von unterschiedlichen Weltanschauungen erwachsen, sind dabei in der Regel nicht im Blick der Sch. Umso wichtiger ist es für den RU, die Notwendigkeit eines echten und ernsthaften Dialoges zwischen den unterschiedlichen Weltanschauungen deutlich zu machen. Ein friedliches Miteinander ist nur zu erreichen, wenn alle sich auf die Überzeugungen der anderen einlassen, sich um Verständnis bemühen und versuchen, den eigenen Standpunkt ebenfalls verständlich zu machen.

Umsetzen

■ **Dialog.** Der zentrale Erkenntnisaspekt für Sch besteht darin, dass sie erkennen, dass sich ein ernsthafter Dialog und eine Haltung der Beliebigkeit, die allen Meinungen recht gibt, gegenseitig ausschließen. Den anderen zu respektieren, bedeutet nicht, seine Position ungeprüft gelten zu lassen, sich ansonsten aber nicht darum zu kümmern, und es bedeutet ebenso nicht, ihm die eigene Position nicht zuzumuten.

■ **Sant' Egidio.** Im Internet gibt es eine Fülle von Informationen über Sant' Egidio. Sehr übersichtlich ist die deutschsprachige Homepage der Bewegung: www.santegidio.de. Einen knappen, aber sehr hilfreichen und informativen Überblick bietet: www.kirche-im-bistum-aachen.de/kiba/dcms/traeger/4/weltfriedensgebet-2003/gemeinschaft.html. Für weitergehende Informationen und zahlreiche Literaturhinweise sei der Artikel bei Wikipedia empfohlen.

■ **Priorität.** Sch setzen sich inhaltlich mit den zehn Prinzipien auseinander und diskutieren in KG ihre Relevanz. Anschließend stellen sie sich ihre Ergebnisse vor und vergleichen sie miteinander. Im UG kann anschließend noch der Frage nachgegangen werden, ob Beispiele aus der Geschichte bekannt sind, bei denen die Religionen selbst sich nicht nach diesen Prinzipien gerichtet haben und was es für sie bedeuten würde, sich konsequent an diesen Prinzipien zu orientieren.

Weiterführen

■ **Die wahre Religion.** Wenn der Dialog zwischen den Religionen die Frage nach der Wahrheit nicht ausklammert, dann spielt die Frage, welche Religion die richtige ist, in diesem Dialog weiterhin eine entscheidende Rolle. Die berühmte Ringparabel versucht einen gangbaren Weg in Bezug auf die Wahrheitsfrage aufzuzeigen. Berühmt geworden ist die Ringparabel in der Version, wie sie G.E. Lessing in seinem Aufklärungsdrama »Nathan der Weise« (im dritten Aufzug) vorgetragen hat. Als Vorlage diente ihm die Version aus G. Boccaccios »Decamerone« (Erster Tag, dritte Geschichte). Die beiden Versionen unterscheiden sich erheblich. Eine von den Sch zu bearbeitende Frage kann sein: Inwieweit entsprechen die beiden Versionen der Ringparabel den Anforderungen eines ernsthaften Dialoges? (**M 8.2, S. 221**) Während Boccaccio die Wahrheitsfrage völlig offen lässt, einem Dialog also im Grunde nur aus dem Weg geht, um Schwierigkeiten zu vermeiden, verlegt Lessing ihre Beantwortung auf die Zukunft und die bis dorthin sichtbar gewordene je bessere Praxis der konkurrierenden Brüder (bzw. Religionen). Lessing formuliert hier den Toleranzgedanken der Aufklärung, welcher aber noch offen lässt, wie sich damit ein konstruktiver und ernsthafter Dialog vereinbaren lässt.

■ **Projekt Weltethos.** Neben Sant' Egidio widmet sich eine weitere Organisation dem weltweiten Dialog der Religionen, das 1990 durch eine Buchveröffentlichung von Hans Küng ins Leben gerufene »Projekt Weltethos«. Mit anderer Schwerpunktsetzung und aus einem anderen Entstehungskontext heraus werden hier ebenfalls die Fragen des Dialogs und des friedlichen Miteinanders angegangen.
Es ist reizvoll, die Ziele und Grundsätze der Organisationen miteinander zu vergleichen. Zahlreiche Informationen finden sich auf der Homepage des Projekts sowie in Küngs Initialschrift: Hans Küng, Projekt Weltethos, München 1990.

Absolutheit und Religion

AUSFLUG

130 | 131

Ansetzen

Der Absolutheitsanspruch des christlichen Glaubens ist ein viel diskutiertes Topos in der neueren Theologie. Von vielen Christinnen und Christen längst verabschiedet und von theologischen Neuansätzen, wie der pluralistischen Religionstheologie, neutralisiert, wird in ihm eines der Haupthindernisse einer Verständigung zwischen den Religionen gesehen. Dennoch gibt es auch tragfähige Versuche, den christlichen Absolutheitsanspruch jenseits von Intoleranz und Abwertung von anderen Weltanschauungen zu deuten. Sch setzen sich mit dieser für eine reflexive Auseinandersetzung mit dem eigenen Glauben bedeutsamen Problematik auseinander.

Umsetzen

■ **Positionen.** In Rachel begegnet den Sch eine Frau, die ohne die Position ihres Gegenübers anzugreifen, fest auf ihrer eigenen Ansicht besteht. Die literarische Form des Textes erleichtert den Sch den Zugang. In Andi finden sie den Protagonisten ihrer eigenen Geisteshaltung. Er wird im Text durch Rachels Einwürfe radikal herausgefordert.

■ **Jonglieren.** Gott, erkennbar an dem Zeichen der Dreifaltigkeit, jongliert mit den Symbolen verschiedener Religionen: lateinisches Kreuz, Buddha, Davidstern, Halbmond mit Stern und orthodoxes Kreuz. Sein ratloser Blick kann verschieden interpretiert werden. Zum einen könnte er Ratlosigkeit darüber ausdrücken, was in seinem Namen durch die Religionen alles gemacht wird. Zum anderen kann er als Zeichen dafür gedeutet werden, dass Gott sich zwischen den Religionen nicht entscheiden kann.

■ **Schaubilder.** Der Handlungsimpuls, Schaubilder zu konstruieren, ist für Sch eine Herauforderung. Sie müssen die zentralen Begriffe erkennen und in ein richtiges Verhältnis zueinander setzen.

■ **Absolutheitsanspruch.** Kaum ein/e Sch wird den christlichen Absolutheitsanspruch offensiv vertreten. Eine solche Position wird in der Regel (und in vielen Fällen auch zu Recht) als anmaßend abgelehnt. Der Absolutheitsanspruch des christlichen Glaubens besteht in der Annahme der letztgültigen und unüberholbaren Offenbarung Gottes im Leben und Sterben des Jesus von Nazaret. Da diese Offenbarung die unbedingte Liebe zu allen Menschen ist, hat sie nichts Ausschließendes oder Intolerantes. Gleichwohl ist sie in ihrer Unbedingtheit absolut.

Ansetzen

War die Wende der Religionsgeschichte zum Monotheismus, die sog. »mosaische Unterscheidung«, zwischen dem einen wahren Gott und den vielen falschen Göttern der ägyptischen Kosmologie Unheil bringend oder segensreich? Diese durch die Forschungen des Heidelberger Ägyptologen Jan Assmann angestoßene und in den letzten Jahren viel diskutierte Frage besitzt in der gegenwärtigen politischen Weltsituation eine brisante Aktualität. Assmanns Behauptung, der Monotheismus habe den Hass und die Sünde in die Welt gebracht, erhält vor dem Hintergrund fundamentalistischer Terroranschläge eine unmittelbare Evidenz. Umso wichtiger ist eine reflektierte Auseinandersetzung mit diesen Fragen. Der Monotheismus ist auch ein Ausdruck für die allmähliche Durchsetzung der Überzeugung, dass Gott sich nicht von den politisch Herrschenden zur Ausübung ihrer Herrschaft funktionalisieren lässt. Gott führt die Unterdrückten in die Freiheit. Die durch den Monotheismus eingeführte Ethik dient folglich nicht in erster Linie der Ausgrenzung der Ägypter, sondern erhebt Einspruch gegen die religiös legitimierte Unterdrückung der Israeliten. Den Sch wird in diesem Zusammenhang die Unterscheidung von Gott und Gottesbild deutlich. Außerdem spielt erneut der Zusammenhang von Wahrheitssuche und Intoleranz eine Rolle (vgl. dazu auch die DS 130f.).

Edward Kienholz, Big Double Cross (1987-89)
Der amerikanische Pop-Art-Künstler Edward Kienholz (1927-1994) hat Zeit seines Lebens immer wieder politische und gesellschaftskritische Themen aufgegriffen und ist damit eine Ausnahmeerscheinung innerhalb der Pop Art. Seine Materialien sind häufig sog. *objets trouvés*, die er zu einer Einheit zusammenfügte.
Das zwischen 1987 und 1989 entstandene Big Double Cross besteht aus einer glatt gehauenen Marmorsäule, einem transparenten Kreuz aus Blech und einer riesigen Gewehrpatrone. Die Skulptur erinnert an die feierliche Ruhe von Soldatengräbern, an Massengräber für Soldaten der beiden Weltkriege. Allerdings gibt es auf der Skulptur keine Namen. Alle Oberflächen sind glatt. Eine überdimensionierte Gewehrpatrone aus Bronze steht auf der Marmorsäule, sie erinnert an eine zum Abschuss bereite Rakete. Aber das rostfrei glänzende Kreuz aus Blech, welches die Patrone umrahmt, gibt ihr eine andere Bedeutung. Die Skulptur wird so zur Mahnung und Erinnerung an Kriege, die im Namen einer Religion geführt wurden.

Umsetzen

■ **Raubtiergott.** Sch reflektieren den Zusammenhang von Gottesbild und Menschenbild und erkennen, dass die geschichtliche Entwicklung der Menschheit auch zu einer Entwicklung des Gottesbildes geführt hat. Sie lernen dabei zwischen Gott und Gottesbild zu unterscheiden.

■ **Gewalt durch Religion.** Die vermutlich naheliegendsten Beispiele werden dem Bereich des islamischen Fundamentalismus entstammen. Darüber hinaus gibt es weltweit aber auch zahlreiche religiös aufgeladene Konflikte mit christlicher Beteiligung, wie z. B. der immer noch schwelende Konflikt in Nordirland oder auch gewalttätige Reaktionen nordamerikanischer Fundamentalisten gegen diverse Produktionen aus Hollywood. Sicherlich werden auch Beispiele aus der Vergangenheit angeführt werden (Kreuzzüge, Hexenverbrennungen), die Aufgabe zielt aber gerade auf die Durchforstung der eigenen Lebensumwelt nach entsprechenden Beispielen.
Davon zu unterscheiden und nicht in die Kategorie religiös motivierter Gewalt zu zählen, sind z. B. kirchliche Missbrauchsfälle.

■ **Kunstwerk.** Sch setzen sich mit der Frage auseinander, welche Bedeutung dem Kreuz in einem Gottesdienstraum zukommen soll und inwieweit Verfremdungen das Verständnis für diesen Sinn befördern oder verstellen können. Auch die Frage nach den Grenzen von Selbstkritik an diesem Ort kann in der Auseinandersetzung eine Rolle spielen.

Weiterführen

■ **Im Namen Gottes.** Der portugiesische Literatur-Nobelpreisträger José Saramago formuliert hier eine sehr zornige Anklage gegen die im Namen Gottes ausgeübte Gewalt. Sein Protest ist Provokation und Herausforderung zugleich (**M 8.3, S. 223**). Er richtet sich nicht allein gegen einen Missbrauch des Namens Gottes, sondern gegen die Annahme seiner Existenz überhaupt.

Ansetzen

Die DS vermittelt einen Überblick über einige der wichtigsten und größten Religionen der Welt. Je nach Zeit und Interesse der Lerngruppe können einzelne Aspekte zu den einzelnen Religionen noch vertieft werden.

Umsetzen

■ **Christentum.** Der Anteil der Christ/inn/en an der Weltbevölkerung bleibt in der fraglichen Zeit zwischen 1990 und 2025 konstant (bei 35,8%). Im Jahr 1900 lag er noch bei fast 50%.

■ **Religiöse Vielfalt.** Im Idealfall besitzt die Schule eine gut sortierte Schülerbibliothek, in der ausreichend Literatur zu den Religionen der Welt zu finden ist. Lexika in gedruckter und digitaler Form bieten einen kurzen Überblick, der u. U. für die Fragestellung bereits ausreichend ist. Im Internet finden sich unendlich viele Informationen. Hier ein kleiner Überblick über einige brauchbare Adressen:
Internetseiten zum Judentum:
- www.judentum.net
- www.judentum.de
- www.hagalil.com

Internetseiten zum Christentum:
- www.ekd.de
- www.katholische-kirche.de

Internetseiten zum Islam:
- www.islam.de
- www.rg-islam.de
- www.infolink-islam.de

Internetseiten zum Buddhismus:
- www.buddhismus.de
- www.dharma.de

Internetseiten zum Hinduismus:
- www.hindu.dk/deutsch/default.htm

Internetseiten zum Schintoismus:
- www.yumetabikoubou.de/html/shintoismus.html
- www.japan-tipp.de/modules.php?name=Content&pa=showpage&pid=2

Internetseiten zum Konfuzianismus:
- www.wissen.de/wde/generator/wissen/ressorts/bildung/index,page=1168032.html
- www.konfuzius.net/?p=9

Internetseiten zum Taoismus:
- www.taoismus.de
- www.china-guide.de/china/religionen/j.taoismus/index.html

Festtage der in Deutschland vertretenen Religionen sind aufgeführt auf:
- www.religion-online.info/themen/feste.html

Eine Seite zu Judentum, Christentum und Islam findet sich auf:
www.planet-schule.de/sf/multimedia/lernspiele/weltreligionen/mme/PreLoader.html
Zu allen acht gesuchten Religionen finden sich Kurzinformationen auf:
www.planetsenior.de/wissen-religionenderwelt/

Weiterführen

■ **Religionen vor Ort.** Sch verschaffen sich einen Überblick über die in ihrer Heimatstadt und Umgebung vorhandenen religiösen Zentren. Sie sammeln Informationen zu den verschiedenen religiösen Gruppen (Größe, geografische Lage, welcher Religion zugehörig, Gebetszeiten, Verantwortliche etc.) und präsentieren ihre Ergebnisse in geeigneter Form. Es kann so eine Infobroschüre entstehen.

Bediente Standards in der LL »Mehr als alles«

Die Tabelle gibt an, welche Standards zentral bedient werden [x], bzw. welche teilweise wiederholend angesprochen werden [(x)].

DIMENSION »MENSCH SEIN – MENSCH WERDEN« Die Schülerinnen und Schüler	
– wissen, dass Partnerschaft Entwicklungsschritte zur eigenen Identität und zur Liebesfähigkeit voraussetzt;	
– können den Stellenwert, den Sexualität in unserer Gesellschaft hat, reflektieren und kennen Kriterien eines verantwortlichen Umgangs mit Sexualität;	
– verstehen, dass es zum Menschsein gehört, sich entscheiden zu müssen und zu Entscheidungen zu stehen;	
– verstehen, dass menschliches Leben begrenzt ist, zum Beispiel durch Leid, Krankheit und Tod;	
– können den Grund der christlichen Hoffnung auf Auferweckung darlegen und Wiedergeburtsvorstellungen von dieser abheben.	(x)
DIMENSION »WELT UND VERANTWORTUNG« Die Schülerinnen und Schüler können	
– das Anliegen des konziliaren Prozesses darlegen und argumentativ begründen;	
– an einem Beispiel den Zusammenhang zwischen Werten und Normen aufzeigen;	
– Schritte der ethischen Entscheidungsfindung darlegen;	
– an einem Beispiel aufzeigen, in welcher Weise sich Christen bei einer ethischen Entscheidung unter anderem an Weisungen des Dekalogs, an Jesu Leben, Handeln und Lehre und an kirchlichen Traditionen orientieren.	
DIMENSION »HERMENEUTIK: BIBEL UND TRADITION« Die Schülerinnen und Schüler	
– können aufzeigen, wie Kenntnisse über die Entstehungssituation biblischer Texte zu deren Verständnis beitragen;	
– können an einem biblischen Beispiel den Zusammenhang von literarischer Gattung, Aussageabsicht und Sitz im Leben erläutern;	
– kennen verschiedene methodische Zugänge zu biblischen Texten und können sie ansatzweise beurteilen;	
– können aufzeigen, wie Menschen versuchen, sich in unterschiedlichen Ausdrucksweisen der Wirklichkeit Gottes anzunähern.	x
DIMENSION »DIE FRAGE NACH GOTT« Die Schülerinnen und Schüler	
– können an einem Beispiel Möglichkeiten des Redens von Gott erläutern und seine Grenzen aufzeigen;	(x)
– können an biblischen Texten zeigen, wie Geschichte als Weg Gottes mit den Menschen gedeutet wird und wie Nähe und Abwesenheit Gottes erfahren werden;	
– verstehen, dass nach christlichem Verständnis Gott sich den Menschen bedingungslos zuwendet und dass dieses Angebot ernst zu nehmende Konsequenzen hat (unter anderem Weisungen und Normen).	(x)
DIMENSION »JESUS DER CHRISTUS« Die Schülerinnen und Schüler	
– können anhand einer Weisung der Bergpredigt und des Doppelgebots der Liebe die Relevanz der Botschaft Jesu für heute aufzeigen;	
– können Jesu Umgang mit der Tora an einem Beispiel erläutern;	
– verstehen, dass Jesus Gottes Nähe erfahrbar machte, unter anderem in seiner Zuwendung zu Sündern und Ausgestoßenen und seinem Verzicht auf Gewalt;	
– können den Zusammenhang zwischen der Auferweckung Jesu und der christlichen Hoffnung auf Vollendung darlegen.	
DIMENSION »KIRCHE, DIE KIRCHEN UND DAS WERK DES GEISTES GOTTES« Die Schülerinnen und Schüler können	
– an konkreten Beispielen die diakonische, missionarische und kritische Funktion der Kirche in der Gesellschaft darstellen;	(x)
– an einem Beispiel die Kooperation von Staat und Kirche in der Bundesrepublik Deutschland erläutern;	
– unterschiedliche Verhaltensweisen von Christen in der Zeit des Dritten Reiches darlegen und bewerten.	
DIMENSION »RELIGIONEN UND WELTANSCHAUUNGEN« Die Schülerinnen und Schüler	
– kennen Beispiele für christlichen Antijudaismus und können sich kritisch damit auseinandersetzen;	(x)
– können den Hinduismus in Grundzügen darstellen, z. B. Prägung des Alltagslebens, verschiedene Gottesvorstellungen, und ihn mit dem Christentum vergleichen;	
– können anhand der Biografie des Buddha zentrale Überzeugungen und Lebensziele des Buddhismus erläutern und mit dem Christentum vergleichen;	
– sind aufgrund eines kritischen und selbstkritischen Vergleichs in Ansätzen zu einem Dialog mit anderen Religionen und Weltanschauungen befähigt.	x

Eine Unterscheidung von wahrer und falscher Religion

So wie ich den Begriff »Religion« hier verwende, bezeichnet er nicht nur ein System, das notwendigerweise mit einem Gottesbegriff oder mit Idolen operiert und nicht nur ein System, das als Religion anerkannt ist, sondern jedes von einer Gruppe geteilte System des Denkens und Handelns, das dem Einzelnen einen Rahmen der Orientierung und ein Objekt der Hingabe bietet. In diesem weit gefassten Sinn ist tatsächlich keine Gesellschaft der Vergangenheit, der Gegenwart und selbst der Zukunft vorstellbar, die keine »Religion« hat.
Diese Definition von »Religion« sagt nichts über ihren spezifischen Inhalt aus. Objekte der Hingabe können Tiere oder Bäume sein, Idole aus Gold oder Holz, ein unsichtbarer Gott, ein Heiliger oder ein diabolischer Führer, die Vorfahren, die Nation, die Klasse oder die Partei, Geld oder Erfolg. Die jeweilige Religion kann den Hang zur Destruktivität fördern oder die Bereitschaft zur Liebe, die Herrschsucht oder die Solidarität; sie kann die Entfaltung der seelischen Kräfte fördern oder lähmen. Die Anhänger einer bestimmten Überzeugung mögen ihr System als ein religiöses ansehen, das sich grundsätzlich vom säkularen Bereich unterscheidet, oder sie mögen glauben, keine Religion zu haben, und ihre Hingabe an bestimmte diesseitige Ziele wie Macht, Geld oder Erfolg einzig und allein mit praktischen Notwendigkeiten erklären. Die Frage ist jedoch nicht: Religion oder nicht, sondern vielmehr: Welche Art von Religion? Fördert sie die menschliche Entwicklung, die Entfaltung spezifisch menschlicher Kräfte, oder lähmt sie das menschliche Wachstum?

Erich Fromm

Eine Unterscheidung von wahrer und falscher Religion

Eine Definition von Religion:

- Unterstreiche mit verschiedenen Farben die unterschiedlichen Typen von Religion. Trage die jeweiligen Merkmale in die Tabelle ein.
- Gib Erich Fromms Definition von Religion in eigenen Worten wieder und trage dein Ergebnis in den leeren Kasten ein.

Die Ringparabel

NATHAN Vor grauen Jahren lebt' ein Mann in Osten,
Der einen Ring von unschätzbarem Wert
Aus lieber Hand besaß. Der Stein war ein
Opal, der hundert schöne Farben spielte,
Und hatte die geheime Kraft, vor Gott
Und Menschen angenehm zu machen, wer
In dieser Zuversicht ihn trug. Was Wunder,
Dass ihn der Mann in Osten darum nie
Vom Finger ließ; und die Verfügung traf,
Auf ewig ihn bei seinem Hause zu
Erhalten? Nämlich so. Er ließ den Ring
Von seinen Söhnen dem geliebtesten;
Und setzte fest, dass dieser wiederum
Den Ring von seinen Söhnen dem vermache,
Der ihm der liebste sei; und stets der liebste,
Ohn' Ansehn der Geburt, in Kraft allein
Des Rings, das Haupt, der Fürst des Hauses werde. –
Versteh mich, Sultan.

SALADIN Ich versteh dich. Weiter!

NATHAN So kam nun dieser Ring, von Sohn zu Sohn,
Auf einen Vater endlich von drei Söhnen;
Die alle drei ihm gleich gehorsam waren,
Die alle drei er folglich gleich zu lieben
Sich nicht entbrechen konnte. Nur von Zeit
Zu Zeit schien ihm bald der, bald dieser, bald
Der dritte, – sowie jeder sich mit ihm
Allein befand, und sein ergießend Herz'
Die andern zwei nicht teilten, – würdiger
Des Ringes; den er denn auch einem jeden
Die fromme Schwachheit hatte, zu versprechen.
Das ging nun so, solang es ging. – Allein
Es kam zum Sterben, und der gute Vater
Kömmt in Verlegenheit. Es schmerzt ihn, zwei
Von seinen Söhnen, die sich auf sein Wort
Verlassen, so zu kränken. – Was zu tun? –
Er sendet in geheim zu einem Künstler,
Bei dem er, nach dem Muster seines Ringes,
Zwei andere bestellt, und weder Kosten
Noch Mühe sparen heißt, sie jenem gleich,
Vollkommen gleich zu machen. Das gelingt
Dem Künstler. Da er ihm die Ringe bringt,
Kann selbst der Vater seinen Musterring
Nicht unterscheiden. Froh und freudig ruft
Er seine Söhne, jeden insbesondre;
Gibt jedem insbesondre seinen Segen, –
Und seinen Ring, – und stirbt. – Du hörst doch, Sultan?

SALADIN *(der sich betroffen von ihm gewandt)*
Ich hör, ich höre! – Komm mit deinem Märchen
Nur bald zu Ende. – Wird's?

NATHAN Ich bin zu Ende.
Denn was noch folgt, versteht sich ja von selbst. –
Kaum war der Vater tot, so kömmt ein jeder
Mit seinem Ring, und jeder will der Fürst
Des Hauses sein. Man untersucht, man zankt,
Man klagt. Umsonst; der rechte Ring war nicht
Erweislich; –
(nach einer Pause, in welcher er des Sultans Antwort erwartet)
Fast so unerweislich, als
Uns itzt – der rechte Glaube.

Gotthold Ephraim Lessing

Die Ringparabel

Der Jude Melchisedech entgeht durch eine Geschichte von drei Ringen einer großen Gefahr, die Saladin ihm bereitet.

Saladin, dessen Tapferkeit so groß war, dass sie ihn nicht nur von einem geringen Manne zum Sultan von Babylon erhob, sondern ihm auch vielfache Siege über sarazenische und christliche Fürsten gewährte, hatte in zahlreichen Kriegen und in großartigem Aufwand seinen ganzen Schatz geleert und wusste nun, wo neue und unerwartete Bedürfnisse wieder eine große Geldsumme erheischten, nicht, wo er sie so schnell, als er ihrer bedurfte, auftreiben sollte. Da erinnerte er sich eines reichen Juden namens Melchisedech, der in Alexandrien auf Wucher lieh und nach Saladins

Dafürhalten wohl im Stande gewesen wäre, ihm zu dienen, aber so geizig war, dass er von freien Stücken es nie getan haben würde. Gewalt wollte Saladin nicht brauchen; aber das Bedürfnis war dringend und es stand bei ihm fest, auf eine oder die andere Art solle der Jude ihm helfen. So sann er denn nur auf einen Vorwand, unter einigem Schein von Recht ihn zwingen zu können.
Endlich ließ er ihn rufen, empfing ihn auf das Freundlichste, hieß ihn neben sich sitzen und sprach alsdann: »Mein Freund, ich habe schon von vielen gehört, du seiest weise und habest besonders in göttlichen Dingen tiefe Einsicht; nun erführe ich gern von dir, welches unter den drei Gesetzen du für das wahre hältst, das jüdische, das sarazenische oder das christliche.« Der Jude war in der Tat ein weiser Mann und erkannte wohl, dass Saladin ihm solcherlei Fragen nur vorlegte, um ihn mit seinen Worten zu fangen; auch sah er, dass, welches von diesen Gesetzen er vor den andern loben möchte, Saladin immer seinen Zweck erreichte. So bot er denn schnell seinen ganzen Scharfsinn auf, um eine unverfängliche Antwort, wie sie ihm Not tat, zu finden, und sagte dann, als ihm plötzlich eingefallen war, wie er sprechen sollte:
»Mein Gebieter, die Frage, die Ihr mir vorlegt, ist schön und tiefsinnig; soll ich aber meine Meinung darauf sagen, so muss ich Euch eine kleine Geschichte erzählen, die Ihr sogleich vernehmen sollt. Ich erinnere mich, oftmals gehört zu haben, dass vor Zeiten ein reicher und vornehmer Mann lebte, der vor allen andern auserlesenen Juwelen, die er in seinem Schatze verwahrte, einen wunderschönen und kostbaren Ring wert hielt. Um diesen seinem Werte und seiner Schönheit nach zu ehren und ihn auf immer in dem Besitze seiner Nachkommen zu erhalten, ordnete er an, dass derjenige unter seinen Söhnen, der den Ring, als vom Vater ihm übergeben, würde vorzeigen können, für seinen Erben gelten und von allen den andern als der vornehmste geehrt werden solle. Der erste Empfänger des Ringes traf unter seinen Kindern ähnliche Verfügung und verfuhr dabei wie sein Vorfahre. Kurz, der Ring ging von Hand zu Hand auf viele Nachkommen über. Endlich aber kam er in den Besitz eines Mannes, der drei Söhne hatte, die sämtlich schön, tugendhaft und ihrem Vater unbedingt gehorsam, daher auch gleich zärtlich von ihm geliebt waren. Die Jünglinge kannten das Herkommen in Betreff des Ringes, und da ein jeder der Geehrteste unter den Seinigen zu werden wünschte, baten alle drei einzeln den Vater, der schon alt war, auf das Inständigste um das Geschenk des Ringes. Der gute Mann liebte sie alle gleichmäßig und wusste selber keine Wahl unter ihnen zu treffen; so versprach er denn den Ring einem jeden und dachte auf ein Mittel, alle zu befriedigen. Zu dem Ende ließ er heimlich von einem geschickten Meister zwei andere Ringe verfertigen, die dem ersten so ähnlich waren, dass er selbst, der doch den Auftrag gegeben, den rechten kaum zu erkennen wusste. Als er auf dem Todbette lag, gab er heimlich jedem der Söhne einen von den Ringen. Nach des Vaters Tode nahm ein jeder Erbschaft und Vorrang für sich in Anspruch, und da einer dem andern das Recht dazu bestritt, zeigte der eine wie die andern, um die Forderung zu begründen, den Ring, den er erhalten hatte, vor. Da sich nun ergab, dass die Ringe einander so ähnlich waren, dass niemand, welcher der echte sei, erkennen konnte, blieb die Frage, welcher von ihnen des Vaters wahrer Erbe sei, unentschieden und bleibt es noch heute.
So sage ich Euch denn, mein Gebieter, auch von den drei Gesetzen, die Gott der Vater den drei Völkern gegeben, und über die ihr mich befraget. Jedes der Völker glaubt seine Erbschaft, sein wahres Gesetz und seine Gebote, zu haben, damit es sie befolge. Wer es aber wirklich hat, darüber ist, wie über die Ringe, die Frage noch unentschieden.«

Giovanni Boccacio

Im Namen Gottes ist das Schrecklichste erlaubt

Irgendwo in Indien. Eine Reihe von Kanonen. Vor jedem Rohr ist ein Mann festgebunden. Im Vordergrund des Bildes steht ein britischer Offizier mit erhobenem Schwert, zum Schießbefehl bereit. Wir haben keine Bilder über die Wirkung der Schüsse, aber auch die undeutlichste Vorstellung wird verstreute Köpfe und Rümpfe »sehen«, blutige Fetzen, Eingeweide, amputierte Gliedmaßen. Die Männer waren Rebellen.

In Angola. Zwei portugiesische Soldaten heben einen Schwarzen, der vielleicht noch am Leben ist, an den Armen hoch, ein weiterer Soldat hält ein Buschmesser in die Luft und bereitet sich darauf vor, den Kopf vom Körper abzutrennen. Im zweiten Bild – diesmal verfügen wir über eine zweite Aufnahme – steckt der Kopf auf einem Holzpfahl. Die Soldaten lachen.
Der Schwarze war ein Guerrillero. (...)

Vereinigte Staaten von Nordamerika, New York. Zwei amerikanische Passagierflugzeuge, entführt von Terroristen, die mit dem islamischen Fundamentalismus in Verbindung gebracht werden, fliegen in die Türme des World Trade Center und bringen sie zum Einstürzen. Auf die gleiche Art und Weise richtet ein drittes Flugzeug enorme Schäden am Pentagon, dem Sitz der Kriegsmacht der Vereinigten Staaten, an. Die unter den Trümmern begrabenen Toten, zerstückelt und versprengt, sind Tausende.

(...) Die Geschehnisse in New York wirkten zu Beginn (...) irreal, wie altbekannte Episoden eines Katastrophenfilms; beeindruckend durch die Kraft der cineastischen Spezialeffekte, aber frei von Röcheln, Blutlachen, zerfetztem Fleisch, zermalmten Knochen (...). Das Grauen, das sich wie eine Bestie versteckt hielt, lauerte darauf, dass wir aus unserer Erstarrung herausfanden, um uns an die Gurgel zu fahren. Das Grauen sagte zum ersten Mal: »Hier bin ich«, als die ersten Personen aus der Höhe ins Leere sprangen, als ob sie noch im letzten Moment ihre eigene Todesart wählen wollten. Jetzt wird das Grauen beim Wegräumen eines jeden Steines erscheinen, hinter jeder zertrümmerten Mauer, unter jeder verbeulten Aluminiumplatte – als ein unkenntliches Gesicht, als Arm, als Bein, als zerfetzter Unterleib, als platter Brustkorb. Sogar dies ist längst bekannt, eintönig, geläufig durch die Bilder aus Ruanda, den Napalm-Verbrennungen in Vietnam, den Hinrichtungen in vollbesetzten Stadien, den Erschlagenen und Gelynchten, den irakischen Soldaten, die unter Tonnen von Erde begraben wurden, den Bomben von Hiroshima und Nagasaki, den aschespeienden nationalsozialistischen Krematorien, mit Leichen beladenen Lastwagen, die sich ihrer Fracht wie Müll entledigen. An irgendetwas werden wir immer sterben, aber wir haben die Übersicht verloren, wie viele Menschen Opfer der grausamsten Todesursachen wurden, Ursachen, welche die Menschheit selbst erfunden hat. Eine davon – die kriminellste und absurdeste unter ihnen, die den menschlichen Verstand am meisten empört – ist der Mord im Namen Gottes, begangen seit dem Beginn der Zivilisation.

Es ist bekannt, dass ausnahmslos alle Religionen nie dazu dienten, die Menschen einander näherzubringen und den Frieden zu mehren. Religionen waren und sind der Grund für unendliches Leid, für Massenmorde und ungeheuerliche physische und psychische Gewalt, die zu den dunkelsten Kapiteln der elenden Geschichte der Menschheit gehören. Zumindest als Zeichen des Respekts vor dem Leben sollten wir den Mut aufbringen, diese Erkenntnis als eine unbestreitbare und beweisbare Wahrheit anzunehmen. Aber die Mehrheit der Gläubigen aller Religionen geben nicht nur vor, dies zu ignorieren, sondern sie richten sich jähzornig gegen jene auf, für die Gott nichts anderes als ein Name ist.
Ein Name, den wir ihm aus Angst vor dem Tod gaben, der uns den Weg zu wirklicher Humanität erschwert. Uns wurde das Paradies versprochen und mit der Hölle gedroht. Beides sind Unwahrheiten, Beleidigungen gegenüber unserer mühsam entwickelten Intelligenz. Nietzsche sagte, wenn es Gott nicht gäbe, wäre alles erlaubt, und ich antworte darauf, dass ausgerechnet im Namen Gottes bisher alles erlaubt und gerechtfertigt wurde, vor allem das Schlimmste, Schrecklichste und Grausamste. Über Jahrhunderte war die Inquisition – wie heute die Taliban – eine Terrororganisation: sie widmete sich der perversen Interpretation der Heiligen Schriften, statt in respektvollem Glauben mit diesen Texten umzugehen. Ein monströser Pakt zwischen der Religion und dem Staat gegen die Glaubensfreiheit und das menschlichste aller Rechte: das Recht, nein zu sagen, das Recht auf Ketzerei, das Recht darauf, eine abweichende Meinung zu haben.
Und dennoch ist Gott unschuldig. Unschuldig wie etwas, das es nicht gibt, niemals gab und nie geben wird. Er ist unschuldig, ein ganzes Universum erschaffen zu haben, nur um es mit Menschen zu bevölkern, die zu den größten Verbrechen fähig sind. Verbrechen, die im Nachhinein als Zeichen der Macht dieses Gottes gerechtfertigt werden, während die Zahl der Toten immer größer wird, auch jener in den Zwillingstürmen von New York. Die Götter, so meine ich, existieren nur im Gehirn der Menschen. Sie wachsen und verfallen in demselben Universum, das sie erschaffen hat, aber dieser »Faktor Gott« ist in unserem Leben so gegenwärtig, als sei er tatsächlich sein Herr und Besitzer. Es ist nicht Gott, sondern der »Faktor Gott«, der auf den Dollarscheinen und Plakaten bei den jetzigen Demonstrationen erscheint. Den Plakaten, die für Amerika (für das der Vereinigten Staaten, nicht für das andere ...) den göttlichen Segen fordern. Und es war der »Faktor Gott«, in den sich der islamische Gott verwandelte, der in das World Trade Center die Flugzeuge der Empörung über die Verachtung sowie die Rache gegen die Erniedrigungen fliegen ließ. (...) Er, der sich rühmt, aus einer Bestie den Menschen erschaffen zu haben, hat schließlich aus dem Menschen eine Bestie gemacht.

José Saramago

- Unterstreiche die Anklagepunkte, die Saramago gegen den Glauben an Gott vorbringt.
- Lege dar, womit er seine Kritik an Gott begründet.
- Erkläre die von Saramago vorgenommene Unterscheidung von Gott und dem »Faktor Gott«.
- Formuliere eine Antwort an Saramago, indem du Argumente aus den Überlegungen von Georg Baudler aufgreifst.

9 WO BIST DU, GOTT?

Hintergrund

Für Sch der 9. und 10. Klassenstufe scheint sich oftmals die Frage nach Gott erledigt zu haben. Er verschwindet aus der Auseinandersetzung, da sowoh biografische Erfahrungen als auch ein grundsätzliches Misstrauen gegenüber religiösen Überzeugungen und theologischem Denken die Weltwahrnehmung der Sch prägt und so die Gottesfrage in den individuellen Bereich persönlicher, aber nicht beweisbarer Ansichten verbannt. Die Existenz einer höheren Macht, des Schicksals oder des Zufalls stellen dabei einen plausibleren Erklärungsgrund als der biblisch motivierte Glaube an einen personalen Gott dar. Unglaubwürdig wird dieses christliche Gottesverständnis auch, weil in dieser Phase des Jugendalters Leiderfahrungen einen entschiedenen Widerspruch zur Annahme Gottes bilden. Die vorliegende LL nimmt Sch genau in dieser Einstellung ernst und motiviert und provoziert die Auseinandersetzung mit der Gottesfrage.

Der Spannungsbogen ergibt sich innerhalb des unterbrochenen Augustinuszitats. So erfordert die Frage nach Gott gleichzeitig die Vermittlung und Auseinandersetzung mit theologischem und anthropologischem Wissen und die Integration von menschlicher und individueller Erfahrung.

Das unruhige Herz des Menschen verlangt nach Klärung und Ausdruck – die Ruhe in Gott findet sich im Nachdenken über den eigenen Weg und die eigenen Hoffnungen sowie in Haltungen, die das alltägliche Leben unterbrechen.

Diesem doppelten Anspruch wird die LL methodisch in verschiedener Weise gerecht. Einerseits fordern die vorliegenden Texte eine präzise intellektuelle Auseinandersetzung und laden zugleich ein, eigene Vorstellungen zu überdenken und die Denkangebote des jüdisch-christlichen Glaubens als Gemarkungen der eigenen Spurensuche als bedenkenswert und in das eigene Leben integrierbar ernst zu nehmen.

Dabei ist der Modus des Fragens der rote Faden der LL. Die konzentrierten unterschiedlichen Erfahrungen menschlichen Lebens bilden den Grund, auf dem die Frage nach Gott als Frage des Menschen nach sich selbst erwächst – hierbei werden nicht fertige Antworten zur Verfügung gestellt, sondern Antwortangebote oder Antwortversuche, die das Fragen der Sch nicht zum Verstummen bringen, sondern einladen, die Frage nach Gott weiterhin zu stellen – auch indem sie diese bewusst und reflektiert offen lassen.

Thematisch lässt sich diese LL in der Behandlung des Ijobbuches (S. 142/143) auch mit der LL »Ur-Kunde Bibel« verbinden, um so einen exegetisch verantworteten Zugang zu dieser Dichtung zu ermöglichen.

Sollte im Rahmen der Theodizeefrage die von Metz angesprochene Notwendigkeit zur Auseinandersetzung mit Auschwitz vertieft werden, bietet die LL »Dem Glauben ein Gesicht geben« dazu notwendiges Hintergrundwissen zum Verhalten der Kirche.

Zur Vertiefung und auch als Textquelle für den RU bieten sich folgende Werke an:

– Rüdiger Kaldewey, Franz W. Niehl, Grundwissen Religion, München 2009, S. 110-140.
– Alexander Loichinger, Frage nach Gott, Paderborn 2003.
– Klaus von Stosch, Einführung in die Systematische Theologie, Paderborn u. a. 2006, S. 13-132.

WO BIST DU, GOTT? REISEPROSPEKT 136 | 137

Ansetzen

Zwei Texte und ein Bild des Malers Arnulf Rainer führen Sch zu einer ersten Auseinandersetzung mit der Gottesfrage. Im Mittelpunkt steht dabei die Fremdheit der Erfahrung, der Gedanke, dass das Denken Gottes den Menschen vor große Herausforderungen stellt.

Eine Einführung über die gesamte LL gibt der Text oben (S. 136) vor und legt für Sch den roten Faden, der sich durch alle Lerngänge ziehen wird.

Das Zitat von Woody Allen stammt aus dem Drehbuch zu seinem Film »Verbrechen und andere Kleinigkeiten«. Dieser Film thematisiert in einer Kriminalgeschichte das große Thema von Schuld und Sühne. Im

Arnulf Rainer, Gott erschafft Adam (1995/98)
Das Bild von Rainer (geb. 1929) entstammt seiner Sammlung von Bibelübermalungen aus den Jahren 1995-1998. Rainer griff bei dieser Arbeit auf tradierte Kunstwerke zurück und interpretierte sie durch unterschiedliche Formen der Übermalung. Das Programm der Übermalung stellt dabei einen Zugang zum Gottesveständnis dar, indem hinlängliche Vorstellungen in Frage gestellt werden und durch die Übermalung selbst einen neuen Fokus erhalten.

Film spricht dieses Zitat der jüdische Philosophie-Professor Lous Levy, der für einen Film porträtiert wird. Dieses Zitat greift vor dem Hintergrund der israelitischen Gotteserfahrung nochmals den Aspekt der Unbegreiflichkeit Gottes auf.

Umsetzen

■ **Gottesbilder.** Das Zitat von Woody Allen greift eine bei Sch etablierte Vorstellung von Gott auf, die sie – auch wenn sie selbst nicht glauben – von ihm haben: Gott ist die Liebe bzw. liebt den Menschen. Das Zitat selbst ist nicht so schnell zu verstehen und bedarf der Klärung von Begriffen durch L: indifferent und Paradox. Die Interpretation der Opferung Isaaks wird Widerspruch bei Sch hervorrufen, da sie auf den Prüfungscharakter verweisen werden. Von daher ist die Auseinandersetzung mit dem biblischen Text unerlässlich. Es sollte darauf geachtet werden, dass dieser Text auch exegetisch erschlossen wird. Der Einschub von 22,12-18 verrät eine andere Redaktion. Schließt man an V. 11 unmittelbar V. 19 an, so scheint Abrahams Opfer vollzogen zu sein. Erst der Einschub verändert die Geschichte, doch verschärft sich dadurch die Frage Levys, ob der Mensch sich keinen wahrhaft liebenden Gott vorstellen kann, der dieses Opfer, das seine gesamte Verheißung an Abraham in Frage stellt, verlangt. In einem ersten Schritt lesen Sch das Zitat. Nach einer Klärung der Begriffe erfolgt die Diskussion. Das Lesen des Bibeltextes geht nach der soeben beschriebenen Vorgehensweise vonstatten – also mit dem eventuellen ersten Weglassen von 22,12-18, um so den Blick für die Dramatik zu öffnen und die Diskussion nochmals zu katalysieren.

■ **Bildbeschreibung.** Die Bildbeschreibung sollte nach dem klassischen Dreischritt erfolgen:
1. Zuerst schauen sich Sch das Bild in Ruhe an.
2. Anschließend beschreiben sie es. Hierbei kann L, sofern Sch es nicht selbst erkannt haben, den Hinweis auf die bewusste Übermalung geben: Das Bild zeigt die Erschaffung des Adam wie sie in Gen 2,7 erzählt wird. Gott beugt sich dem in einer angedeuteten embryonalen Lage schlafenden Adam zu. Rainer nun rückt durch kräftige schwarzbraune und rote Striche, die den Kopf Gottes und Adams umrahmen, die Zuwendung in den Mittelpunkt. Dabei erinnert diese Umrahmung an den Umriss eines Kopfes, der das ganze Geschehen aus göttlicher Perspektive zu betrachten scheint. Die Füße Adams ragen aus diesem Rahmen heraus und verbleiben in einer diffus gestalteten Welt, die durch den über dem Kopfumriss angedeuteten Farbschleier verstärkt wird. Im Fokus liegt die Zärtlichkeit der Zuwendung, zugleich enthebt die Rahmung das Bild aus seinem ursprünglichen Verständnis, wonach Gott den Menschen schafft – denn wer blickt hier auf dieses Geschehen? Rainer greift also das biblisch-christliche Bild des von Gott geschaffenen Menschen auf und entreißt es zugleich durch seine Übermalung dem vorschnellen Verstehen.
3. Erst nach einer genauen Beschreibung deuten Sch das Bild. Hierbei ist der Vergleich mit dem Zitat Levys wichtig, da er den Blick des Verstehens öffnet.

■ **Vorstellbarkeit.** Angeregt durch die Auseinandersetzung mit dem Zitat und dem Bild geht es nun darum, die Äußerungen der Sch zu sammeln und systematisch zu erfassen. Diese Arbeit kann je nach Klasse in EA, PA oder GA erfolgen – wichtig ist der anschließende Austausch in der Klasse, der den Sch die Möglichkeit gibt, andere Vorstellungen in die Tabelle (**M 9.1, S. 239**) einzutragen. Am Ende der LL ist ein nochmaliger Blick auf die Tabelle notwendig, um dadurch die mögliche Veränderung der Haltungen zu evaluieren. Die Frage lautet dann: »Lest euch eure Tabelle vom Beginn der Unterrichtseinheit nochmals durch. Notiert in die Tabelle, wo sich etwas für euch verändert oder bestätigt hat, und begründet dies.«

Weiterführen

■ **Gottesbild übermalen.** Die Übermalungen Arnulf Rainers verändern, reflektieren und abstrahieren das Verständnis des Betrachters von tradierten Bildern. Der Prozess des Übermalens ist dabei selbst ein Prozess des Innehaltens und Deutens. Von daher bietet es sich an, diese kreative Auseinandersetzung mit Sch einmal selbst zu praktizieren. Eine gute Grundlage an traditionelles biblisches Bildmaterial zu gelangen, bietet dabei einerseits die Dore-Bibel mit Schwarz-Weiß-Bildern, die auch kostengünstig zu vergrößern und/oder kopieren sind und andererseits Bilddatenbanken im Internet oder auf DVD. Den Prozess des Übermalens kann man dabei verschieden gestalten:

1. Sch erhalten entweder ein Bild oder verschiedene Bilder (DIN-A3 oder größer) zur Auswahl. Somit bildet schon die Auswahl einen ersten Interpretationsschritt. Es sollten hier Bilder ausgesucht werden, die auf biblischen Geschichten beruhen, dann kann der biblische Text nachgelesen werden und eine Verstehensgrundlage bilden.
2. Sch erhalten verschiedene Farbstifte und beginnen dann mit ihrer Übermalung (hierfür sollte ausreichend Zeit eingeplant werden).
3. Sie formulieren eine kurze Bildbeschreibung und begründen dabei ihre Übermalung.
4. In einem Bilderspaziergang betrachten Sch die Bilder und interpretieren sie.
5. Erst dann werden die Interpretationen der Künstler zu den Bildern gelegt und es wird nochmals über das künstlerische Schaffen diskutiert.

Alternative: Ein Bild wird in Schwarz-Weiß auf Folie kopiert und vor den Augen der Sch die Übermalung via OHP mitvollziehbar geleistet.

■ **Take now your son.** Zur weiteren Auseinandersetzung mit der Gotteserfahrung Abrahamas in Gen 22 bietet sich das Anschauen des Kurzfilms »Take now your son« an, der sich auf der DVD »Gottesglaube, Gottesbilder« befindet (DVD zu beziehen über das IRP Freiburg, LMZ in BW oder das kfw). Dieser Film zeigt auf hohem, abstraktem und konzentriertem Niveau den Weg Abrahams mit Isaak zur Opferstelle – auch dieser Film lässt offen, ob das Opfer vollzogen wurde, denn am Ende des Films sieht Sara nur aus weiter Ferne Abraham auf sich zukommen. Die DVD enthält über den Film hinaus vier weitere Filme zur Gottesthematik, didaktisches und religionspädagogisches Material zum Film und zu einer weiteren Vertiefung im RU.

■ **Das Auge Gottes.** Unabhängig vom jeweiligen Glauben oder Nicht-Glauben haben Sch Gottesbilder. In dieser kreativen Schreibarbeit werden diese nun unaufdringlich abgerufen. L diktiert Sch den Satz: »Das Auge Gottes lag rund und rot gerändert mitten in einem weißen Suppenteller.« (Aus der Kurzgeschichte »Gottes Auge« von Wolfgang Borchert.) Danach haben sie fünf Minuten Zeit, diesen Satz weiterzuführen. Nach fünf Minuten gibt jede/r das Blatt an den rechten Nachbarn weiter und schreibt nun dessen Geschichte weiter. Dies wird zwei bis drei Mal wiederholt. Danach gehen die Geschichten an ihre Erstverfasser zurück und werden nach einem ersten stillen Lesen teilweise laut verlesen. Der Hörauftrag lautet, die jeweiligen Gottesbilder und -vorstellungen zu benennen, die von L an der Tafel gesammelt werden. So ergibt sich ein großes Panoptikum von Gottesbildern, die in vielfacher Hinsicht kohärent zu den traditionellen Gottesvorstellungen sein werden.

Gott – denken, brauchen ...? AUSFLUG 138 | 139

Ansetzen

Das Leitmotiv dieser DS ist die grundsätzliche Frage nach Gott. In den drei Medien auf dieser DS wird dies explizit deutlich. Beide literarischen Textauszüge beginnen mit einer Frage nach Gott: »... fragte Herrn K., ob es einen Gott gäbe.« und »Ihr glaubt an einen Gott?«. Hierbei soll die Frage nach Gott nicht im Stil eines erwarteten Gottesbeweises beantwortet werden, sondern die Motive des Fragenden sind zu bedenken – damit erhält die Gottesfrage für Sch sichtbar einen anthropologischen Akzent. Dies ist das Lernziel dieser DS. Die Frage sagt nämlich mehr über denjenigen aus, der fragt als die Antwort über denjenigen, der der Nachgefragte ist. Diese offene und aufgeschlossene Haltung, die zugleich im Modus des Fragens ein Fehlen, ein Suchen oder eine Entsprechung sucht, findet eine zweifache visuelle Entsprechung in dem Bild von Paul Klee: Zum einen stellt der Betrachter Fragen an das sich nicht unmittelbar zu erschließende Bild und zum anderen zeigt es in seiner Darstellung die mögliche Entsprechung und Nähe bei gleichzeitiger Distanz der Formen.

Paul Klee, Umgriff (1939)
Paul Klee (1879-1940) malte dieses Bild 1939, ein Jahr vor seinem Tod. 1935 hatte er die Diagnose Sklerodermie erhalten, einer damals tödlich verlaufenden Hautkrankheit. In seinem Spätwerk dominiert daher das Motiv der Bedrohung und des Todes. Das Bild ist durch zwei lineare Gebilde geprägt, die sich im Spannungsfeld zwischen Abstraktion und Gegenständlichkeit bewegen. Schwarze Pinselstriche mit Schwung in der Linienführung machen die Bewegung des Malers deutlich. Die größere Form zeigt einen Kopf mit zwei übergroßen Augen. Ein kurzer Hals ruht auf einem angedeuteten Körper. Von unten ragt eine weitere Figur in das Bild; diese kann man als Andeutung des linken Arms sehen, auf den sich der Kopf aufstützen möchte. Eine andere Deutung sieht darin eine von unten an die Figur greifende oder diese tragende Hand. Im unteren rechten Bildbereich findet sich ein schwarzes »T« für den Tod. Zwei schwarze Gestirne befinden sich links vom Kopf – Anklänge an eine kosmische

Durchdringung. Deutlich zeigt dieses Kunstwerk Klees Auseinandersetzung mit dem Tod. Es artikuliert das Bewusstsein eigener Endlichkeit. Das Zupacken des in der Hand angedeuteten Todes muss aber nicht zwingend ein Grauen ausdrücken, denn durch das dezente Schimmern hellblauer Farbe am rechten Bildrand ist keine ausschließliche Trostlosigkeit impliziert.

Umsetzen

■ **Gottesfrage.** Für ein konstruktives UG ist es sinnvoll, diesen AA arbeitsteilig durchzuführen. Eine KG beschäftigt sich mit dem Text von Brecht und die andere mit dem von Frisch. Dabei stellt der Text von Frisch eine höhere Anforderung dar, da die Antwort naturwissenschaftlich ausfällt. Sollte sich L mit den aufgestellten Aussagen unsicher sein, leistet die Rückfrage beim Physiklehrer Entlastung. Die in beiden Texten gegebenen Antworten stoßen aus unterschiedlichen, fast entgegengesetzten Richtungen in das Zentrum der Gottesfrage und geben damit Auskunft über den Standpunkt des Menschen. Während Brecht die Frage funktional beantwortet – »Du brauchst einen Gott« – gibt Frisch eine Antwort aus der Notwendigkeit Gottes angesichts des Zerstörungspotenzials durch die Naturwissenschaften.

■ **Antwort geben.** Die Antwort des »Heutigen« in dem Drama von Max Frisch atmet den Geist seiner Zeit, als die Eindrücke von der Vernichtungskraft der Atomwaffen präsent waren. Um hier von Sch in EA eine reflektierte Antwort zu erhalten, ist eine genaue Analyse des Textauszugs notwendig. In der ersten Antwort des Heutigen dominiert eine physikalische Sichtweise, wonach enorme Energie chaotisch expandiert. In diesem Zusammenhang ist Schöpfung ein Produkt des Zufalls – eine Unwahrscheinlichkeit. In seiner zweiten Antwort denkt er über die Unkalkulierbarkeit der Radioaktivität nach und sieht darin eine Notwendigkeit, Gott zu denken. Eine Katastrophenhaltung prägt diese Antwort – eine Haltung, die aus der Beschreibung der Welt das Nachdenken über Gott verlangt. Von daher sollten Sch in einem ersten Schritt sich selbst Beschreibungen der Welt überlegen, die das Leben bedrohen – z. B. Genetik, Reizphysiologie mit ihren Aussagen zum unfreien Willen und zur Manipulierbarkeit, dramatische Umweltzerstörung, Terrorismus, ggf. auch die modernen Kommunikationsmedien und virtuelle Welten. Im Einspruch der Notwendigkeit Gottes zeigen sie auch auf, was sie für ein Gottesbild haben und was sie sich von ihm – nicht individuell – erhoffen bzw. für was er steht.

■ **Sehnsucht nach Gott.** Dieser Handlungsimpuls greift den Gedankengang von Brecht auf und konzentriert diese Frage nach dem »Brauchen Gottes« (Brecht). Hier sammeln Sch in EA Gründe für die Sehnsucht nach Gott. Im UG ist dann herauszuarbeiten, in welche Bereiche bzw. Kategorien sich diese Sehnsüchte einteilen lassen: individuelle, gesellschaftliche, politische, ästhetische, psychologisch motivierte oder religiöse Sehnsüchte. Je mehr Bereiche benannt werden können, umso deutlicher wird für Sch die Erkenntnis, dass die Frage nach Gott nahezu alle Bereiche und Vollzüge des menschlichen Lebens tangiert.

■ **Formensprache.** Die Bildbeschreibung der Sch sollte auf das Zueinader der beiden Formen zu sprechen kommen – hier begegnet sich etwas, das aber nicht gänzlich zusammenkommt. Eine antizipatorische Auseinandersetzung kann dadurch erfolgen, dass L das Symbol des Körpers auf weißes Papier kopiert und Sch auffordert, eine Form dazu zu malen, die auf dieses Gebilde antwortet. Dieser Arbeitsschritt muss aber dann der Betrachtung im Buch vorausgehen.

Weiterführen

■ **Gottes-Begegnungen.** Sch gehen auf Spurensuche, wo Gott den Menschen heute begegnet. Dabei geht es nicht um religiöse, sondern um mediale Begegnungen, d. h. wo ist Gott Gegenstand unserer Kommunikation. Identifizieren Sch diese Orte, so können sie von dort Rückschlüsse ziehen, worin die jeweilige Notwendigkeit des Gottesbezugs steht und erfahren somit auch etwas über die Sehnsüchte der Menschen. In drei Schritten wird dabei vorgegangen:
1. Recherche: Sch suchen arbeitsteilig nach Ausdrucksformen – in nicht bewusst religiös-christlichen Kontexten! – des Gottesbezugs, z. B. in Liedern, in Filmen, in der Werbung, in der Literatur und in Computerspielen.
2. Beschreibung: Sch zeigen genau auf, in welchem Kontext Gott vorkommt, und überlegen dabei, warum ausdrücklich ein Gottesbezug hergestellt wird.
3. Deutung: Sch formulieren Gründe, warum in den zuvor gesammelten nicht-religiösen Kontexten der Gottesbezug hergestellt wird – was spricht den Menschen an bzw. wofür steht Gott in dem jeweiligen Gebrauch.

Ansetzen

Mit dieser DS wird der Gedankengang der vorherigen DS »Gott – denken, brauchen« anthropologisch vertieft. Die drei diese DS prägenden Medien konzentrieren sich auf den nach sich selbst fragenden Menschen. Der einführende Sachtext gibt einen kurzen Überblick über die Offenheit des menschlichen Wesens. Der Romanauszug aus »Nachtzug nach Lissabon« setzt in einer unscheinbaren Alltagserfahrung an, die die Tiefendimension des Menschen aufdeckt. Das Bild von René Magritte (S. 141) variiert dabei die Frage nach der Identität des Menschen – im Zugleich von Nähe und Fremdheit. Das Leitmotiv dieses Lerngangs wird durch das Augustinuszitat (»... unruhig ist unser Herz ...«) vorgegeben, wonach Sch erarbeiten, dass es eine ungestillte Unruhe im Menschen ist. Das, was zuvor auf den Seiten 138/139 als fragende Haltung des Menschen herausgearbeitet wurde, fokussiert sich nun auf den Menschen selbst, der sich angesichts seiner Weltwahrnehmung selbst als Frage begegnet.

René Magritte, Die Liebenden II (1928)
Magritte (1898-1967) transformiert in seinem Bild »Die Liebenden«, das er in mehreren Variationen malte, ein klassisches Motiv so, dass er damit dem Anspruch surrealistischer Kunst zur Irritation und Beunruhigung gerecht wird. Vor dem Hintergrund einer impressionistisch gemalten Landschaft steht ein Liebespaar. Der Mann ist klassisch in einem schwarzen Anzug mit Krawatte gekleidet, die Frau trägt ein Kleid oder eine Bluse. Beide Figuren sind sofort als Mann und Frau zu identifizieren. Ihre Köpfe sind zart aneinandergelegt, der Mann schmiegt sich von hinten an die stehende Frau an. Zunächst drücken sich Nähe und Vertrautheit aus. Im Motiv der romantischen Landschaft wirkt diese Szene harmonisch. Doch die Köpfe der beiden Liebenden sind jeweils mit einem weißen Tuch verhüllt. Hier setzt nun Magrittes Intention der Irritation an. Was so eindeutig zu sehen ist, wird durch die Verhüllung gebrochen und verlangt ein Sehen hinter die Oberfläche. Einerseits weist Magritte damit auf die Blindheit der Liebe hin, viel stärker aber zwingt das Versteckspiel der Gesichter das zu offenbaren, was hinter dem alltäglich Sichtbaren liegt. Der Schleier zwingt so den Blick auf das, was hinter der Erscheinung liegt, und motiviert so, zum eigentlichen Wesen vorzudringen.

Umsetzen

■ **Tier – Mensch.** Nach dem Lesen des kurzen einführenden Sachtextes fixieren Sch zunächst die zentralen Aussagen in drei Thesen:
- Der Mensch ist im Unterschied zum Tier weltoffen.
- Daher muss er sich die Welt erschließen und vertraut machen.
- Dabei bemerkt er, dass er sich zwar seine Umwelt, nicht aber sich selbst beantworten kann.

Die Auseinandersetzung des Menschen mit der ihn umgebenden Außenwelt erarbeiten sich Sch dann für sie selbst nachvollziehbar, wenn sie dies im unmittelbaren Vergleich zum Tier leisten. Dadurch wird ihnen bewusst, was das Spezifische des Menschen ist. In die Tabelle können folgende Aspekte aufgenommen werden:
- für das Tier: umwelteingepasst, spezialisierte Organe, kurze Lern- und Entwicklungszeit, trieb- und instinktsicher, angeborenes und starres Sozialverhalten, kaum umweltverändernd, lebt gegenwartsbezogen, erlebnisbewusst und ein getriebenes Wesen;
- für den Menschen: weltoffen, nicht spezialisierte Organe, lange Lernzeit, trieb- und instinktunsicher, dauernder Sozialwandel, ich- und selbstbewusst, begreift sich als zeitliches Wesen, planendes und entscheidendes Individuum.

■ **Ungewisse Untiefen.** Dieser Textauszug sollte entweder von Sch still gelesen oder von einem guten Vorleser vorgetragen werden. Sch formulieren das Lebensgefühl in EA und tragen ihre Überlegungen vor. Dabei erkennen sie, dass das lyrische Ich sich selbst in Stimmungen auffasst, die hier durch Orte und Tageszeiten geprägt werden. Da zuvor der Vergleich zwischen Mensch und Tier geleistet wurde, können Sch nun im UG die für den Menschen herausgearbeiteten Kriterien überprüfen. Kennt L Sch gut, so schließt sich ein Gespräch an, in dem Sch selbst Auskunft über Stimmungen geben, die sie an bestimmten Orten verspüren: das kann vom Konzert über Naturwahrnehmungen bis hin zu Sporterfahrungen gehen. Deutlich wird daran, dass der Mensch dabei nicht kontrolliert empfindet, sondern dass eine Vielzahl von externen, bestimmbaren und internen, unbestimmbaren Faktoren den Menschen und seine Sicht auf die Dinge prägt.

■ **Beruhigende Oberfläche.** Dort, wo der Mensch radikal erfährt, dass er nicht in allem über sich selbst Kontrolle hat, löst dies Angst und Verunsicherung aus. Dieser Gedanke wird in den letzten zwei Sätzen des Romanauszugs angesprochen. Sch spekulieren über Gründe und überlegen sich, worin Menschen heute Zerstreuung suchen. Die Sammlung erfolgt in GA und wird anschließend im Plenum vorgestellt. Im UG diskutieren Sch dann über den Nutzen und den Sinn dieser Zerstreuungen. Dabei sollte L darauf achten, dass nicht vorschnell alle benannten Aspekte negativ beurteilt werden; denn schließlich kann daraus auch etwas schöpferisch Neues entstehen.

■ **Stoff des Lebens.** Dieser Handlungsimpuls verlangt von Sch, dass er unter Bezug auf das Zitat das Bild von Magritte deutet.
Mit dem kreativen Schreibauftrag reflektieren Sch in einer Deutung des Bildes die im Text von Mercier angesprochenen »ungewissen Untiefen« und setzen sich so mit einem Wesensmerkmal des Menschen auseinander.

■ **»Wer bin ich?«** Die Diskussion in der Klasse wird so der Frage nachgehen, was macht den Menschen aus – ist es seine äußere Erscheinung oder sein Wesen?
L kann zur tieferen Auseinandersetzung Fotos von den Verhüllungsinstallationen des Künstlerpaares Christo zeigen, durch die, gerade was z. B. die Verhüllung des Reichstages anbelangt, mehr gezeigt als verdeckt wird. Eine Übung kann auch sein, wenn sich Sch das Gesicht selbst verhüllen und zu erraten versuchen, wer hinter dem Schleier steckt. Dazu darf natürlich nur der verhüllte Kopf sichtbar sein. Eine weitere Variation ergibt sich, wenn Sch einen ihnen wichtigen Gegenstand mit einem weißen Tuch verhüllen und dann die Wirkung beschreiben.

Weiterführen

■ **»Endlichkeit« und »Der Balsam der Enttäuschung«.** Mit diesen beiden weiteren Romanauszügen können Sch den Gedanken vertiefen, wonach der Mensch über sich selbst hinausgeht und in eine Unruhe versetzt wird, die er selbst nicht beruhigen kann. In der ersten Textstelle »Endlichkeit« (**M 9.2, S. 240**) geht es um die Erfahrung des Todes und in dem zweiten Textauszug »Balsam der Enttäuschung« (**M 9.3, S. 241**) denkt das lyrische Ich über die Differenz zwischen Erwartung und realer Einlösung nach und entwickelt daraus eine Haltung, mit der Enttäuschung umzugehen. Die Beschäftigung mit diesen Texten verlangt eine intensive und konzentrierte Gesprächssituation. Zusammen mit dem in MITTENDRIN 3 abgedruckten Text kann dies in einer arbeitsteiligen GA erfolgen, in der sich jede KG mit einem Text beschäftigt:
- Zunächst liest jede/r Sch den Text für sich still durch.
- Anschließend findet in der Gruppe ein erster Austausch statt.
- Gemeinsam formulieren Sch in ihrer Gruppe eine durch die Textstelle motivierte Anleitung zum Leben, ggf. als Plakat.

■ **Augustinus.** Der Text von Augustinus (**M 9.4, S. 242**) gibt eine theologische Antwort auf die Unruhe des Menschen, die sich durch sein Wesen und die Eigenart seines In-der-Welt-Seins ergibt. Interessant ist dabei, dass die Reflexionen von Augustinus im Gespräch mit Gott selbst erfolgen. Mit den Sch wird der Text gemeinsam gelesen, Sachfragen geklärt und die AA bearbeitet.

Wie lange noch, Herr? AUSFLUG 142 | 143

Ansetzen

Im Mittelpunkt dieser DS steht die Auseinandersetzung mit der Person des Ijob. Ijob begegnet als der ungerecht Leidende, der seine Klage vor Gott trägt und von ihm erfahren möchte, warum er so leiden muss (S. 142). Die Antwort Gottes auf Ijob lesen Sch in Auszügen auf der gegenüberliegenden Seite. Eine eindrückliche Darstellung des leidenden und darin immer noch seine Würde behauptenden Menschen findet sich in der Darstellung der Plastik von Georg Baselitz (S. 143). Die Umsetzung dieser DS im RU sollte mit einem ersten Zugang zur Plastik von Baselitz erfolgen. Ein induktives Vorgehen setzt dann mit den Auszügen aus dem Ijobbuch an. Nach der Beschäftigung mit dem biblischen Text wird der exegetische Kommentar dazu gelesen, um so auf mögliche Fragen oder Irritationen eine Antwort zu geben. Die Radikalität der Leiderfahrung Ijobs verlangt nach einer Antwort Gottes. Diese (S. 143) wird zum Ende der Thematisierung der Ijobsfrage gelesen. Eine vertiefende Lektüre, die auch in Auszügen an Sch kopiert ausgegeben werden kann, findet sich in folgenden Büchern:
Christoph Levin, Das alte Testament, München 2006, S. 107-110.
Norbert Scholl, Die Bibel verstehen, Darmstadt 2004, S. 115-118.

Georg Baselitz, Frau Paganismus (1944)
Der Künstler Georg Baselitz (geb. 1938) fertigte diese Skulptur »Frau Paganismus« im Jahr 1994 an. Aus einem großen Holzkorpus sägte er die Figur mit einer Kettensäge heraus. Deutlich sind die groben Einkerbungen im Köper der Frau zu sehen, die nur als Torso mit Kopf und linkem Arm dasteht. Die Einschnitte erfolgen impulsiv und spontan. Auffällig sind die Auftragungen mit roter Farbe, die die Brüste der Frau, Mund, Nase und Augen hervorheben. Die ganze Skulptur zeigt einen geschundenen Körper. Die physische Präsenz wird durch die aufrechte Haltung und den erhobenen Kopf unterstrichen und zugleich in einen widersprechenden Gestus zur brutalen Bearbeitung gesetzt: ich leide, ich bin gequält, aber ich stehe und besitze Würde. Die zugefügte Gewalt hinterlässt deutliche Spuren, doch duckt sich die Figur nicht weg, sondern bleibt aufrecht, widerspricht, zeigt anklagend ihr Leid – ist darin ganz bei sich. Eine weitere Bedeutung schwingt sicherlich da mit, dass es hier auch Ausdruck von Gewalt an Frauen ist – nicht umsonst bluten die Brüste und der Mund, die Augen liegen in tief in den Schädel eingeschlagenen Höhlen. Hier begegnet dem Betrachter ein sichtbar misshandelter Mensch, der sein Leid nicht versteckt, sondern zeigt und darin anklagt.

Umsetzen

■ **Collage.** Das Erstellen einer angemessenen Collage setzt die intensive Lektüre der abgedruckten biblischen Textauszüge voraus. Da hier die Übersetzung von Buber/Rosenzweig abgedruckt ist, sollte L die Einheitsübersetzung zuvor gelesen haben, um so auf Wortrückfragen der Sch reagieren zu können. Sch lesen laut, eventuell abwechselnd, die einzelnen Verse vor. Sie schildern danach ihre ersten Leseeindrücke. Nach diesem ersten Herantasten lesen sie still nochmals die Passagen und markieren diejenigen, oder schreiben sie heraus, die ihnen besonders nachhaltig in Erinnerung bleiben. Mithilfe des Lexikons (Ijobbuch, Theodizee und Tun-Ergehen-Zusammenhang) und des einleitenden Sachtextes erschließen sich Sch die Textgeschichte. Dabei ist die Lektüre einzelner Passagen im AT über das abgedruckte Quellenmaterial hinaus angeraten, wie z. B. die Rahmenhandlung. Die Klage über Ijobs Leid ist zeitlos und im letzten Arbeitsschritt visualisieren Sch gegenwartsbezogen die bilderreiche Sprache und finden für die Klagen Bilder und Zeitungsausschnitte aus ihrer Zeit und ordnen sie den von ihnen zuvor unterstrichenen Passagen zu.

■ **Skulptur.** Nach der Beschreibung setzen Sch das Kunstwerk in Beziehung zum Ijobtext, indem sie passende Zitate dazu auswählen. Als Impuls kann dabei dienen: Für eine Ijobausstellung wurde diese Plastik ausgewählt. Dazu soll ein entsprechendes Zitat aus dem Ijobbuch ausgewählt werden. Sucht euch ein Zitat und formuliert für den Ausstellungskatalog eine kurze Erklärung, warum dieses Zitat der Darstellung entspricht.

■ **ER entgegnete.** Die Klagen Ijobs verschärfen sich zu einer Anklage Gottes. Daher enthält dieses Buch auch zwei Jahwe-Reden, in denen Gott antwortet. Diese Antworten reagieren aber nicht auf die Anfragen Jjobs, sondern Gott antwortet mit seiner Macht und seinem allzeitlichen Wissen um die gesamte Welt. Er sagt Ijob nicht, warum er leiden musste. In den Antworten, die Sch darauf nochmals formulieren, beurteilen sie die Antwort Gottes und lassen Ijob Gott gegenüber standhalten.

■ **Standbild.** Die Statue von Baselitz zeigt eine Figur, die sich nicht klein kriegen lässt. Indem Sch Standbilder über Gott und Ijob bilden, erschließen sie sich das besondere Verhältnis zwischen Mensch und Gott. Der Mensch beklagt und klagt Gott an – Gott stellt sich dieser Klage, weist sie nicht beleidigt zurück, sondern antwortet. Diese kommunikative Haltung, in der auch der Ankläger sein Recht nicht abgesprochen bekommt, sollte dargestellt werden. Es ist interessant zu sehen, ob sich bei Sch Ijob vor Gott kleinmacht oder ihm aufrecht gegenübertritt.

Weiterführen

■ **Das Leid der Kinder.** In der Theodizeefrage, also der Frage nach dem ungerechten Leid des Menschen, konzentrieren sich Theologie und Philosophie immer wieder auf das Leid der Kinder, da sie einerseits als unschuldig gelten und ihr Leid nicht als Strafe erklärt werden kann. Die beiden hier vorgeschlagenen Medien (**M 9.5, S. 243**) greifen radikal diesen Ansatz auf. Es geht hierbei um Kindesmissbrauch und sollte von L nur dann umgesetzt werden, wenn er seine Lerngruppe sehr gut kennt und richtig einschätzen kann. Die Künstlerin Heike Ruschmeyer hat einen großen Bilderzyklus zum Thema Gewalt an Kindern erstellt. Sie geht dabei so vor, dass sie entweder an Tatorten oder in der Gerichtsmedizin Fotos von misshandelten Kindern macht und diese Bilder dann malerisch umsetzt. Dabei gelingt es ihr, den Kindern eine Würde zu verleihen, derer sie angesichts der Tatumstände brutal beraubt wurden. Der stillen Betrachtung des Bildes folgt der Impuls, Fragen zu stellen. Antworten sollten hierbei nicht gegeben werden, zu schnell

kann es dann banal werden. Die Fragen werden von L notiert und können dann zur Beurteilung der verschiedenen Theodizeeantworten aus der DS »Theodizee-empfindliche Gottesrede« aufgegriffen werden. Das Lied der Toten Hosen »Böser Wolf« von der CD »Opium für das Volk« thematisiert im Stil eines disharmonischen Kinderliedes das gleiche Thema. Sch recherchieren den Text des Liedes, wenn mgl. sollte das Lied auch gehört werden. Hier folgt nach dem Lesen des Textes (nach dem Höreindruck) eine inhaltliche Sicherung und sodann lediglich die Aufforderung, Fragen zu formulieren.
Eine Zugangsweise, die nicht den Kindesmissbrauch thematisiert, stellt das Lied von Reinhard Mey »Die Kinder von Izieu« dar. Mey greift ein historisches Ereignis aus dem Zweiten Weltkrieg auf, in dem in den Endtagen des Krieges jüdische Kinder eines Waisenhauses nach Auschwitz deportiert und dort vergast wurden. Nach dem Hören des Liedes sollte durch L der historische Kontext referiert werden. Auch hier formulieren Sch am Ende Fragen an Gott – hier können Antwortenversuche gewagt und somit die Auseinandersetzung mit der Theodizeefrage für die nächste DS (S. 144/145) vorbereitet werden.

■ **Das Schrecklichste erlaubt.** Nach dem 11. September 2001 schrieb der Nobelpreisträger José Saramago den Text auf (**M 8.3, S. 223**) in der FAZ. Saramago gibt sich in seinem Text nicht mit der Leiderfahrung und einer Schuld Gottes zufrieden, sondern er spricht ausdrücklich dem »Faktor Gott« Schuld für menschliches Leid zu. Damit verschärft er den Ton in der Diskussion um das Leid, denn ihm geht es nicht um eine Entschuldung Gottes, sondern um seinen grundsätzlichen Schuldspruch. Nach einer gemeinsamen Lektüre bearbeiten Sch die AA auf dem Blatt. Die sich anschließende Besprechung setzt sich dabei nochmals mit der Verantwortung Gottes auseinander – ein Vergleich zu Ijob bietet sich an, denn im Vorwurf an Gott stimmen sie überein.

Theodizee-empfindliche Gottesrede AUSFLUG 144 | 145

Ansetzen

Die Theodizeefrage ist *die* Frage der Theologie. Auf der vorherigen DS wurde sie anhand des Ijobbuches vorbereitet und Sch haben ihre Anfragen an Gott formuliert. Diese DS bietet Antworten, die wohl weitere Fragen aufwerfen, was der Philosoph Odo Marquard der Theodizee als ihre große Leistung anrechnet, denn sie dient als »Fragenbewahrungsmittel«. Zwei Medien prägen diese Auseinandersetzung: Zum einen lesen Sch die diesbezüglichen Überlegungen von Johann Baptist Metz und zum anderen erschließen sie sich die Kreuzesplastik des Künstlers Guido Rocha.

Umsetzen

■ **Wo bleibt Gott?** Der Handlungsimpuls gibt vor, was Sch zu leisten haben. In der Erarbeitung fixieren Sch folgende Aspekte:
- die Bedeutung von Auschwitz;
- Theodizeefrage als unablässige Rückfrage an Gott: »Wo bleibt Gott?«;
- Verlust des geschichtlichen Eingedenkens in der christlichen Theologie;
- biblische Gottesrede als eine »Mystik des Leidens an Gott«;
- Gottesmystik Jesu;
- darin Bejahung Gottes, der mehr ist als wir uns wünschen;
- die Frage bleibt unbeantwortet.

Guido Rocha, Der gemarterte Christus (1975)
Die Kreuzesplastik des Brasilianers Guido Rocha (1933-2007) greift den Aspekt bei Metz heraus, wenn er davon spricht, dass in der christlichen Botschaft der Schrei des Gekreuzigten unhörbar geworden ist.
Das Kreuz von Rocha macht diesen Schrei des Gemarterten eindrücklich bildhaft. An ein Kreuz genagelt hängt eine gemarterte Figur. Die dunklen und krausen Haare verorten sie nach Lateinamerika. Fast schon skelettiert wirkt der Kopf, so wie der ganze Körper. Der Mund ist weit aufgerissen und scheint seinen Schmerz dem Betrachter entgegen zu brüllen. Die deutlich sichtbaren Rippenknochen verdichten die Figur auf ihre gequälte Körperlichkeit. Der Bauch ist in sich zusammengefallen und die Beine sind angewinkelt und erhöhen dadurch den Folterschmerz. Eine immense Anspannung geht von diesem Jesus aus, hier hängt keiner versöhnt mit seinem Gott in der Pose des vergebenden Gottes am Kreuz. Ein Mensch leidet, wie ein Mensch nur leiden kann, und verweist damit auf die unzähligen Opfer der Verfolgung, Enteignung und Folter in Südamerika.

Die hier in Kurzform aufgezeigten Inhalte lassen sich teilweise an das binden, was bisher schon erarbeitet wurde: die biblische Gottesrede Ijobs, die Bedeutung von Auschwitz, sofern das Lied von Mey behandelt wurde; ansonsten lesen Sch dazu den Lexikonartikel.

Der Gekreuzigte. Rocha macht in seinem Kreuz das Kreuz als Instrument des Mordens sichtbar. Das Leid wird herausgebrüllt und will sich nicht beruhigen lassen. Sch führen darüber eine Diskussion, ob dieses Kreuz in einer Kirche aufgestellt werden soll.

Neues Testament. Metz wies darauf hin, dass die Theologie nicht nur die Botschaft vom Auferstandenen, sondern auch die vom Gekreuzigten hörbar machen muss. Sch lesen in den vier Evangelien die Beschreibung vom Tod Jesu: Mt 27,45-56, Mk 15,33-41, Lk 23,33-49 und Joh 19,23-30. Dabei ist es für eine Interpretation ausreichend, wenn Sch die Worte Jesu am Kreuz aufschreiben. Hierbei erkennen sie, dass bei Mt und Mk Jesus mit einem lauten Schrei stirbt, während über Lk zu Joh zunehmend die Schmerzunempfindlichkeit und Göttlichkeit Jesu dominieren. So war schon diesen biblischen Schriftstellern die Darstellung vom Tod Jesu zu grausam und unversöhnt. Der Bezug zum Kunstwerk von Rocha lässt sich mithilfe der Zitate gut herstellen.
Sollten Sch die wortwörtliche Übereinstimmung zwischen Mk und Mt erkennen und nachfragen, bietet sich ein Exkurz zur Zwei-Quellen-Theorie an (vgl. M 5.5, S. 163).

Weiterführen

Freier Wille. Die Antwort auf die Theodizee, die Metz gibt, stellt Sch oftmals nicht zufrieden, da es keine Beantwortung der Frage selbst ist. Provozieren kann man Sch durch Antworten aus den Katechismen, so z. B. aus dem grünen Katechismus für Kinder. Eine faszinierende Antwort referiert der Fundamentaltheologe Armin Kreiner (**M 9.6, S. 244**). Er greift Richard Swinburns Denkansatz auf und versucht so, sowohl das *malum morale* als auch das *malum naturale* zu erklären. Sch lesen den Text und beantworten die AA auf **M 9.6**.
Einen guten Überblick zur Theodizeefrage gibt: Klaus von Stosch, Einführung in die systematische Theologie, Paderborn 2006, S. 95-129 (mit zwei TA auf den S. 105 und 114).

Gottesbegriff nach Auschwitz. Hans Jonas legt mit seiner ursprünglich als Rede gehaltenen Überlegung einen weiteren faszinierenden Entwurf vor (**M 9.7, S. 245**). Im Gegensatz zu Kreiner aber relativiert er die Allmacht Gottes und zeigt auf, dass Gott ohnmächtig sein muss. Sinnvoll ist es, im RU beide Antwortversuche zu thematisieren und miteinander zu vergleichen. Das Ergebnis ist insofern überraschend, als dass beide Ansätze Gott vom Vorwurf freisprechen, für das Leid verantwortlich zu sein – schuldig bleibt der Mensch. Dieses Ergebnis kann dann nochmals mit den eventuell formulierten Fragen anhand des Bildes von Ruschmeyer oder dem Lied von DTH konfrontiert werden. Es bleibt den Sch überlassen, welcher Ansatz sie überzeugt, sie haben ihn zu begründen.

Ein Zeichen Gottes ist immer da

AUSFLUG

146 | 147

Ansetzen

Metz wies in seinem Text »Theologie als Theodizee?« (S. 144) darauf hin, dass Jesus in seiner Gottverlassenheit die Gottheit Gottes in seinem Ruf nach ihm bejaht. Bei aller erfahrenen Ferne ist er auch der Gott der Nähe. So sehr es schwierig ist auf die Theodizeefrage eine Antwort zu finden, zeigt die biblische Überlieferung zugleich auch die Erfahrung seiner Nähe und Zuwendung. Wahrscheinlich erhält die Theodizeefrage gerade aus dieser widersprüchlichen Gleichzeitigkeit ihre ungewohnte Schärfe. Schon Ijobs Erfahrung mit Gott zeigt, dass dieser sich nicht entzieht, sondern für den Menschen ansprechbar bleibt. Gott wendet sich dem Menschen zu und gibt ihn nicht auf. Daher setzt sich diese DS mit der Erfahrung der Nähe und Zuwendung Gottes auseinander. Während das Gedicht von Else Lasker-Schüler noch in der Bewegung der Suche und Sehnsucht verharrt, die aber durch den erfahrenen Trost der Zuwendung Gottes legitimiert ist, zeigt das Bild von da Volterra den des Lebens müden Proheten Elija, den Gott ganz zurückhaltend und aufbauend stärkt. Der Predigtauszug von Claudius Stoffel zum Propheten Elija vertieft diese Erfahrung Elijas.

Daniele da Volterra, Der Prophet Elias (1550-60)
Der italienische Künstler Daniele da Volterra (1509-1566) hat den Propheten Elija in der Wüste gemalt. Auf diesem Bild scheint die Wüste nur angedeutet in der unmittelbaren Nähe des Propheten: Der Boden, auf dem er sitzt, ist steinig und nur ein paar klägliche Pflanzen vegetieren dunkel vor sich hin. Der Blick in die Tiefe des Bildes dagegen zeigt für die Wüste untypisch einen Fluss, teils einen bewaldeten Berg und eine Burg. Für diesen Künstler ist es typisch, mit einer ausgeklügelten Hell-dunkel-Wirkung zu malen, die mehr als nur Natur und Körperlichkeit sichtbar macht. In der äußeren Darstellung

des Rahmengeschehens blickt man in das Innere der Person. Über das fast romantisch anmutende Flusstal ziehen sich drohende Wolkenmassen zusammen, die zwar am Horizont noch grau erscheinen, aber je näher sie an Elija heranreichen, umso schwerer und finsterer werden sie. Da braut sich etwas über diesem Menschen zusammen, so stark und mächtig, dass es ihn zu Boden zwingt. Links hinter dem Propheten deutet sich in ein Baum an, der in der Wüste eigentlich nichts zu suchen hat. Ein Baum, der gemeinhin als Symbol des Lebens angesehen wird, steht da aber nicht: Kein saftiges Grün treibt Äste der Sonne entgegen, sondern düsteres Buschwerk greift in die Szenerie ein. Elija liegt da, aber sein rechter Oberarm strotzt nur so von Kraft und Muskeln. Der Körper drückt eine ungebremste Kraft und Dynamik aus, die seltsam eingefroren erscheint. Die physische Präsenz dieses Mannes wird durch den Faltenwurf seiner roten Kleidung unterstrichen, die sich so deutlich vom Dunkel und Grau des Himmels abhebt. Licht erzeugt Schatten und je kreativer ein Künstler mit Licht und Schatten arbeitet, umso plastischer werden die Körper eines zweidimensionalen Gemäldes. Das Licht kommt schräg von links auf die Höhe des Darniederliegenden in das Bild. Dieses Licht aber erfasst nur den Propheten, der dahinterstehende Baum wird nicht beleuchtet. Auch wirft der linke Arm kaum einen Schatten, so leuchtet hier nur ein Licht für Elija. Brot und Wasser bringt ihm der Bote. Der Griff zum Brot zeigt: Ich habe verstanden, ich gebe mich nicht auf, ich gehe weiter. Der Blick des Propheten: Ist es noch erdrückende Resignation oder zeigt sich schon die Konzentration auf die Gabe, der darin sich äußernde Wille zum Aufstehen? Einer oberflächlichen Betrachtung entzieht sich da Volterras Bild, da zu viele Ungereimtheiten bleiben. Doch gerade diese Brüche weisen den Weg zu einer erhellenden Betrachtung, die dazu motiviert, in Kenntnis des biblischen Textes Fragen an Elija, Fragen an Gott zu stellen.

Umsetzen

■ **Visualisieren.** Dieser kreative Handlungsimpuls ist zu leisten, wenn die Spitzmarke »Textdeutung« bearbeitet wurde. Voraussetzung der Visualisierung in einem Bild ist die genau Erschließung des Gedichts. Es bietet sich für eine Umsetzung im Bild an, weil die Dichterin mit vielen sinnenhaften Bildern arbeitet, die die Sehnsucht des Menschen nach Gott sichtbar machen: weiße Rosen, warmer Schnee, Winternächte, innerlichste Wege, Kind sein, Dunkelheit, Formung des Menschen, sich im Schoß bergen, Meereseinsamkeit und Stürme sterbenden Verwehens. Diese Arbeit wird von jedem Sch in EA geleistet – sinnvoll ist es, die Strophen einzelnen Sch zuzuweisen, damit nicht zu viele Doppelungen entstehen. Die Bilder selbst dürfen dabei konkret oder abstrakt sein, denn das Gedicht arbeitet sehr eindrücklich mit Stimmungen, die ihren Ausdruck in Naturbeschreibungen finden. Ein abschließender Bilderspaziergang macht für alle Sch kenntlich, welche Deutungszugänge sie gewählt haben.

■ **Textdeutung.** Das Gedicht »Ein Lied an Gott« der jüdischen Lyrikerin Else Lasker-Schüler entwirft in einem jahreszeitlichen Kontext die Sehnsucht des lyrischen Ichs nach Gott. Dabei finden sich Anklänge an biblische Sprache: »Da ich dein Kind bin«, »Wie soll ich dich erkennen ...?«, »formtest Menschen« oder »Mein Angesicht barg ich in deinem Schoß«. Die Motive der Natur und das Spiel von Licht und Dunkel verleihen dem Gedicht eine sehnsüchtige, melancholische Atmosphäre. Das lyrische Ich ist ganz dem Irdischen verhaftet, aus dem heraus es aber nach Gott sucht, den es schon erfahren hat. Die Umstände für diese Sehnsucht scheinen trostlos, vom Tode bedroht zu sein, wenn man die letzte Strophe bedenkt. Aber gerade darin liegen die Spuren, in denen die erfahrene Nähe Gottes angedeutet wird. Sch begeben sich auf diese Spurensuche und markieren oder schreiben alle in der Spitzmarke verlangten Begriffe heraus: Gott suchen auf innerlichsten Wegen, lieber Gott, wie ihn erkennen, Kind Gottes sein, sich ihm anvertrauen, fern von seinem Reich ist es dunkel, O Gott – der Ausruf, Gott formt den Menschen (Schöpfer) und sich in seinem Schoß bergen. Aus diesen Zitaten formulieren Sch eine Gottesvorstellung und übersetzen dabei Motive und Erfahrungen des lyrischen Ichs in eine ihnen verständliche religiöse Sprache.

■ **Ein Zeichen Gottes.** Claudius Stoffel zeigt in seiner Predigt auf, wie sehr sich Gott um den Menschen bemüht und wie still sich dieses ereignet. Dazu bedarf es des genauen Hinhörens und Hinschauens des Menschen, damit er die ihm angebotene Hilfe erkennen und annehmen kann. In diesem Zustand befindet sich auch der von da Volterra gemalte Prophet Elija.

■ **Altes Testament.** Sch lesen den biblischen Text und fassen den Inhalt im UG zusammen. Anschließend wird der Text gegliedert:
- V. 1-2: Verfolgung Elijas;
- V. 3-5a: Flucht und Todeswunsch;
- V. 5b-7: Stärkung Elijas durch den Boten;
- V. 8: Elija macht sich wieder auf den Weg.

Herauszuarbeiten ist von Sch, dass sich Gott ganz unaufdringlich Elija zuwendet, keine machtvolle Tat, sondern er gibt ihm das, was er braucht, um weiterzugehen.

■ **Lied an Gott.** Die Ergänzung um eine Strophe setzt genau an dem Punkt an, an dem Gott Elija das zum Leben gibt, was er unmittelbar nötig hat: Brot und Wasser, die das Überleben in der Wüste sichern. Damit sind mögliche Motive für ein Weiterschreiben gegeben: Wüste, Hitze, Durst, Hunger, Brot und Wasser.

Weiterführen

■ **Ich gehe mit Dir.** Es ist eine grundlegende Erfahrung biblischer Gestalten, dass Gott sie auf ihren Wegen begleitet. In arbeitsteiliger GA können Sch solche Biografien nachzeichnen und aufzeigen, worin sich die Zuwendung Gottes zeigt und was sie für die einzelnen Personen bedeutete. Als Beispiele für solche Personen seien genannt: Abraham, Jakob, Josef, David und Tobit.
Es lohnt sich aber auch, Biografien von Menschen aus der Zeit der Sch unter der o. g. Fragestellung anzuschauen.

Gottes-Suche AUSFLUG 148 | 149

Ansetzen

Theologie beginnt mit der religiösen Erfahrung. Das Reflektieren, Einordnen und Rationalisieren ist immer nur der zweite Schritt. Ihm geht das Erleben und Erfahren voraus. Bevor Gott bedacht wird, kommt es zu einer Begegnung zwischen ihm und dem Menschen. Daher beschäftigt sich diese DS mit den grundlegenden Erfahrungen, der wahrnehmbaren Begegnung mit heiliger Wirklichkeit. Es geht um ein Innehalten und dies wird in zweifacher Weise umgesetzt: Zum einen sind die beiden Texte Variationen bzw. Meditationen und zum anderen geschieht die Auseinandersetzung der Sch in einer Art und Weise, die dem Inhalt der beiden Texte entspricht. Hierbei kann auch das eingeholt werden, was auf den bisherigen DS erarbeitet wurde. Zentral wird von Sch erkannt, dass der Mensch selbst Ort der Gottesbegegnung ist – er dazu primär keine Vorgaben braucht. Gleichwohl wird gerade durch den Text von Teresa von Ávila deutlich, dass Spiritualität kein zufälliges, mögliches Ereignis ist, sondern immer auch ein bewusstes Tun des Menschen voraussetzt. Die theologische Reflexion und Konzentration auf die spezifisch christliche Ausdrucksweise von Spiritualität wird mithilfe der zusätzlichen Materialien geleistet, die im Abschnitt »Weiterführen« vorgestellt werden.

Literaturhinweis:

Lorenz Marti, Wie schnürt ein Mystiker seine Schuhe?, Freiburg u. a. 2006.
Fulbert Steffensky, Schwarzbrot-Spiritualität, Stuttgart 2006.

Umsetzen

■ **Spiritualität.** Die unterschiedlichen Zitate laden Sch ein, tradierte Vorurteile gegenüber Spiritualität zu bedenken. Sie machen deutlich, dass es dabei nicht um eine esoterische oder schlichte Weltsicht geht, sondern dass sie das ausdrückt und auffängt, was Sch auf der DS 140/141 erarbeitet haben. Daher lohnt der Verweis auf diese gewonnenen Erkenntnisse und rechtfertigt damit die Dimension der Spiritualität – sie ist vernünftig.
Das in der Spitzmarke verlangte Abschreiben einer jeden These auf ein DIN-A3-Blatt ist dabei schon ein erster Akt der Konzentration und Auseinandersetzung. Dies sollte in Stille geschehen. Die Besprechung in den kleinen Interessensgruppen dient der Vertiefung des Zitats. Auch können Sch hier im kleinen Raum der Gruppe offener über ihre Einsichten sprechen. Dennoch sollte am Ende ein Austausch im Plenum zustandekommen. Hier können Verständnisfragen gestellt werden, auch sind jetzt persönliche Kommentierungen möglich, die aber nicht dazu führen dürfen, dass Sch-Ansichten diffamiert werden. Abschließend für diesen AA fragt L Sch, was für sie Spiritualität bedeutet und was sie durch die Zitate an Einsichten gewonnen haben. Dabei wird zur Sprache kommen, dass in den Zitaten Spiritualität eine »nüchterne« Haltung und Tat ist. Parallel können Sch zur Zusammenfassung den Artikel »Spiritualität« (S. 185) lesen.

■ **Teresa von Ávila.** Der Text von Teresa von Ávila intensiviert die religiöse Suchbewegung und verweist sie zugleich an den Ort, wo gesucht werden soll: die Seele des Menschen. Für Sch mag der Sprachgebrauch Teresas fremd sein. Sch recherchieren Informationen zu Teresa für ein besseres Text- und Sachverständnis. Die inhaltliche Sicherung des Textes sollte folgende Aspekte herauskristallisieren, die Sch als Basis ihrer Kurzdeutung von Spiritualität verwenden:

- Begegnung im Gebet;
- Seele als diamantene Burg mit vielen Wohnungen;
- Schönheit der Burg = Schönheit der menschlichen Seele;
- eigene Seele kann dem Menschen verschlossen sein;
- Eintritt durch das innere Beten.

Auffällig ist, dass Teresa einen vollkommen individuellen Zugang zur Gotteserfahrung beschreibt. Dazu bedarf es zunächst keiner Kirche, keiner Sakramente und keiner Priester. Sofern nicht in der Biografie von Teresa darauf hingewiesen wurde, sollte L den Sch deutlich machen, dass Teresa ihre Beziehung zu Gott als intensive Freundschaft begreift und daher Jesus bewusst mit dem vertrauten »Du« anspricht.

■ **Meditation.** Die vorgeschlagene Meditation kann in einer Lerngruppe durchgeführt werden, die offen für diese Form ist. Sie erfolgt am Ende dieser DS, so wird Sch deutlich, dass es sich hierbei nicht um einen kitschigen Exkurs in die eigene Befindlichkeit handelt, sondern es um ein klares Beobachten und Beschreiben ihrer selbst geht.
Es ist wichtig, dass der Unterrichtsraum eine solch persönliche Arbeit zulässt. Am besten ist es, wenn jeder Sch einen Tisch für sich alleine hat. Es sollte darauf geachtet werden, dass das Schreiben im Sitzen am Tisch erfolgt, denn bei dieser Übung ist auch die äußere Haltung wichtig, die signalisiert: Es ist eine Arbeit, auch diesen Weg zu beschreiten. L bietet am Ende an, dass sich Sch unkommentiert zu ihren Erfahrungen äußern – bei dieser Übung dominiert insgesamt das Prinzip der Freiwilligkeit, d. h. ein Sch darf auch diese Meditation abbrechen.

Weiterführen

■ **Gebetssprache.** Teresa benennt am Ende ihrer Ausführungen Merkmale des Gebets. Dabei erwähnt sie ausdrücklich, dass darauf zu achten ist, wer der Adressat und wer der Absender ist – sie weist es als ein Gespräch aus. Mit den hier vorliegenden beiden Texten von Johann Baptist Metz (**M 9.8, S. 246**) und Jürgen Werbick (**M 9.9, S. 247**) wird der spezifischen Eigenart dieser Kommunikationsform nachgegangen und diese zugleich theologisch vertieft. Von Metz stammt der Gedanke, Theologie müsse bei den Gebeten beginnen – diese Prämisse wird durch die beiden Texte bedacht.

■ **Wendung zu Gott.** Ein besonders eindrücklicher Text ist das Gebet Jossel Rakovers zu Gott, das Zvi Kolitz verfasst hat (**M 9.10, S. 249**). Lange galt es als authentisches Gebet aus dem Warschauer Ghetto, bis die Autorenschaft feststand. Ganz in der Tradition Ijobs hadert Jossel Rakover als letzter Überlebender im Warschauer Ghetto. In der Auseinandersetzung mit diesem Dokument werden bereits erarbeitete Inhalte nochmals aufgegriffen: Bedeutung der Shoah für die Gottesrede und die Klage bzw. Anklage Gottes. Sch lesen den Text und bearbeiten die AA.

■ **Erlaubnisse zum Gebet.** Das Gebet ist ein Gespräch, das keinen Regeln unterliegt. Die Erlaubnisse (**M 9.11, S. 251**) fassen einige kommunikative Grundregeln des Gebets zusammen. Man kann diese den Sch vorgeben und sie dann den AA ausführen lassen. Eine andere Möglichkeit ist es natürlich, nach dem Lesen der Texte »Spiritualität – Annährungen«, »Wohnungen in der inneren Burg«, denen von Metz und Werbick Sch selbst Regeln oder Erlaubnisse für das Gebet formulieren zu lassen.

... bis es ruht in dir

SOUVENIRS 150 | 151

Ansetzen

Abschluss findet diese LL in einem Nachdenken und Rückblick auf den erfolgten Lerngang. Der zweite Teil des Augustinus-Zitats »... bis es ruht in dir« macht den abschließenden Tenor deutlich. Die zwei Medien, der Text von Kurz und das Bild von Jawlensky, dieser DS leisten sowohl eine Zusammenfassung als auch einen Ausblick.

Umsetzen

■ **Gott und Welt.** Bevor mit dem eigentlichen Handlungsimpuls begonnen werden kann, müssen die Überlegungen von Kurz gesichert sein. Der Text »Mystische Präsenz« von Paul Konrad Kurz wird laut verlesen – er ist anspruchsvoll und bedarf der Verständnisklärung im UG. Sch erarbeiten aus dem Text die wichtigen Gedanken und fassen sie in Thesen zusammen:

- Der Mensch ist ein bedürftiges Wesen.
- Gott will dem Menschen nahe sein.
- Der sich auf diese Nähe eingelassen habende Mensch lebt befreit.

Alexej von Jawlensky, In Andacht (1937)
Das Bild »In Andacht« von Alexej von Jawlensky (1864-1941) stammt aus seinem Spätwerk. Ab 1933 verschlechterte sich sein Gesundheitszustand, Arthritis, dramatisch. Seine steifen Gelenke und heftige Schmerzen führten dazu, dass er seine Maltechnik diesen Zwängen anpassen musste. Er verkleinerte das Bildformat auf Maße von 19 x 15 und 25 x 17 cm. Er arbeitete mit einem breiten Pinsel und schränkte seine Farbauswahl ein. Am Ende seiner Krankheitsphase konnte er nicht einmal mehr den Pinsel in seinen Händen halten und man band ihn ihm an der Hand fest. Die Leinwände wurden mit Reißnägeln am Malbrett vor ihm befestigt. Ab 1938 konnte der von den Nationalsozialisten 1933 mit einem Ausstellungsverbot belegte Künstler nicht mehr malen, er war völlig gelähmt.
Diesem physischen Prozess ordnete sich auch die Malweise Jawlenskys unter. Seine Bilder erreichten eine weitere Abstraktionsstufe und befassten sich überwiegend mit Gesichtern. Die groß aufgetragenen schwarzen Balken geben die Konturen des Gesichts vor, die zugleich aber auch an das orthodoxe Kreuz mit drei Querbalken sowie an ein Fenster erinnern. Der bewusste Bezug zum Motiv des Kreuzes im Gesicht drückt Leid und Trauer aus. Die Flächen zwischen den schwarzen Balken füllte er mit inentsiven und satten Farben, die fast impulsiv aufgetragen wurden. So verschmelzen Bildfläche und Gesicht zu einer Einheit. Betrachtet man das Gesicht genauer, so fallen die geschlossenen Augen auf, der Blick geht nach innen, der Mund bleibt geschlossen. Konzentration und Andacht strahlt das Gesicht aus, die aber durch die machtvolle Pinselführung und den drastischen Farbauftrag beunruhigt sind. Die Größe der Bilder und ihre strenge formale Komposition erinnern an die Ikonenmalerei der Orthodoxie.

- Darin ist er politisch und sozial an der Welt interessiert.
- Er erkennt einen Sinn in der Schöpfung.
- Mystisch ist dieser Sinn zu erahnen.

An diesen Thesen wird deutlich, dass hier verschiedene schon erarbeitete Aspekte aus der LL angesprochen werden: These 1 auf DS 140/141, These 2 auf DS 146/147, These 4 auf DS 144/145 und These 6 auf DS 148/149. Mit diesen Erkenntnissen können Sch nun den AA bearbeiten. Dabei sollen sie den Aspekt der Veränderung durchaus konkret vertiefen. Als Hilfestellung kann L für die sozial-politische Dimension auf die LL »Meine Welt – Eine Welt« mit den DS 18/19 und 20/21 verweisen.

■ **Sich Gott stellen.** Sch reflektieren mithilfe von **M 9.1 (S. 239)** ihre anfänglich verschriftlichten Einschätzungen. Im UG stellen sie vor, was sich für sie verändert hat bzw. auch worin sie bestätigt wurden.

■ **Bildbetrachtung.** Für die Beschreibung des Bildes sollte den Sch Zeit gelassen werden. Deutlich muss die dreifache Formgebung werden, wonach ein Gesicht, ein Kreuz und ein Fenster gesehen werden können.

■ **Farb-Worte.** Mit dieser Übung reflektieren Sch in der Farbwahl ihre Vorstellung von Gott bzw. auch ihre Ablehnung. L sollte keine Vorgaben zur inhaltlichen Gestaltung machen.
Es ist sinnvoll, Sch für ihr Bild einen kurzen Katalogtext schreiben zu lassen, in dem sie aufzeigen, welche Überlegungen sie geleitet haben. Dabei kann auch ein konkreter Bezug zum RU und einem seiner Texte oder anderer Medien gegeben werden.

Weiterführen

■ **Gegenwart Gottes ahnen.** Eine interessante Vertiefung dieser Annahme von Kurz, wonach die Menschen die Präsenz Gottes ahnen, besteht darin, Sch Orte vorstellen zu lassen, an denen sich dies für Menschen ereignet. Die Recherche über Literatur oder das Internet bietet zahlreiche Bild- und Textquellen. In dieser Präsentation können sowohl klassische Orte, wie Kirchen, Plätze in der Natur oder moderne Versammlungsorte, vorgestellt werden.

■ **Welt verändern.** Schon der Theodizeeansatz von Metz zeigt einen politischen Impuls. Auch Kurz macht deutlich, dass die erfahrene Präsenz Gottes zu einer politischen und sozialen Veränderung bzw. Gestaltung der Welt auffordert. Daher bietet es sich an, sich mit theologischen Konzeptionen zu beschäftigen, die diese Veränderung genuin in ihre Überlegungen aufgenommen haben, wie z. B. die politische Theologie mit den Befreiungstheologien und der feministischen Theologie. Es können auch Formen von Jugendreligiösität und ihren Ausdrucksformen benannt werden, wie z. B. Taizé.

Bediente Standards in der LL »Wo bist du, Gott?«

Die Tabelle gibt an, welche Standards zentral bedient werden [x], bzw. welche teilweise oder wiederholend angesprochen werden [(x)].
Verbindliches Themenfeld: Werte und Normen – Christliche Ethik

DIMENSION »MENSCH SEIN – MENSCH WERDEN« Die Schülerinnen und Schüler	
– wissen, dass Partnerschaft Entwicklungsschritte zur eigenen Identität und zur Liebesfähigkeit voraussetzt;	
– können den Stellenwert, den Sexualität in unserer Gesellschaft hat, reflektieren und kennen Kriterien eines verantwortlichen Umgangs mit Sexualität;	
– verstehen, dass es zum Menschsein gehört, sich entscheiden zu müssen und zu Entscheidungen zu stehen;	x
– verstehen, dass menschliches Leben begrenzt ist, zum Beispiel durch Leid, Krankheit und Tod;	
– können den Grund der christlichen Hoffnung auf Auferweckung darlegen und Wiedergeburtsvorstellungen von dieser abheben.	
DIMENSION »WELT UND VERANTWORTUNG« Die Schülerinnen und Schüler können	
– das Anliegen des konziliaren Prozesses darlegen und argumentativ begründen;	
– an einem Beispiel den Zusammenhang zwischen Werten und Normen aufzeigen;	
– Schritte der ethischen Entscheidungsfindung darlegen;	
– an einem Beispiel aufzeigen, in welcher Weise sich Christen bei einer ethischen Entscheidung unter anderem an Weisungen des Dekalogs, an Jesu Leben, Handeln und Lehre und an kirchlichen Traditionen orientieren.	
DIMENSION »HERMENEUTIK: BIBEL UND TRADITION« Die Schülerinnen und Schüler	
– können aufzeigen, wie Kenntnisse über die Entstehungssituation biblischer Texte zu deren Verständnis beitragen;	x
– können an einem biblischen Beispiel den Zusammenhang von literarischer Gattung, Aussageabsicht und Sitz im Leben erläutern;	
– kennen verschiedene methodische Zugänge zu biblischen Texten und können sie ansatzweise beurteilen;	
– können aufzeigen, wie Menschen versuchen, sich in unterschiedlichen Ausdrucksweisen der Wirklichkeit Gottes anzunähern.	x
DIMENSION »DIE FRAGE NACH GOTT« Die Schülerinnen und Schüler	
– können an einem Beispiel Möglichkeiten des Redens von Gott erläutern und seine Grenzen aufzeigen;	x
– können an biblischen Texten zeigen, wie Geschichte als Weg Gottes mit den Menschen gedeutet wird und wie Nähe und Abwesenheit Gottes erfahren werden;	x
– verstehen, dass nach christlichem Verständnis Gott sich den Menschen bedingungslos zuwendet und dass dieses Angebot ernst zu nehmende Konsequenzen hat (unter anderem Weisungen und Normen).	x
DIMENSION »JESUS DER CHRISTUS« Die Schülerinnen und Schüler	
– können anhand einer Weisung der Bergpredigt und des Doppelgebots der Liebe die Relevanz der Botschaft Jesu für heute aufzeigen;	
– können Jesu Umgang mit der Tora an einem Beispiel erläutern;	
– verstehen, dass Jesus Gottes Nähe erfahrbar machte, unter anderem in seiner Zuwendung zu Sündern und Ausgestoßenen und seinem Verzicht auf Gewalt;	
– können den Zusammenhang zwischen der Auferweckung Jesu und der christlichen Hoffnung auf Vollendung darlegen.	
DIMENSION »KIRCHE, DIE KIRCHEN UND DAS WERK DES GEISTES GOTTES« Die Schülerinnen und Schüler können	
– an konkreten Beispielen die diakonische, missionarische und kritische Funktion der Kirche in der Gesellschaft darstellen;	
– an einem Beispiel die Kooperation von Staat und Kirche in der Bundesrepublik Deutschland erläutern;	
– unterschiedliche Verhaltensweisen von Christen in der Zeit des Dritten Reiches darlegen und bewerten.	x
DIMENSION »RELIGIONEN UND WELTANSCHAUUNGEN« Die Schülerinnen und Schüler	
– kennen Beispiele für christlichen Antijudaismus und können sich kritisch damit auseinandersetzen;	x
– können den Hinduismus in Grundzügen darstellen, z. B. Prägung des Alltagslebens, verschiedene Gottesvorstellungen, und ihn mit dem Christentum vergleichen;	
– können anhand der Biografie des Buddha zentrale Überzeugungen und Lebensziele des Buddhismus erläutern und mit dem Christentum vergleichen;	
– sind aufgrund eines kritischen und selbstkritischen Vergleichs in Ansätzen zu einem Dialog mit anderen Religionen und Weltanschauungen befähigt.	

Vorstellbarkeit Gottes

Eigenschaft und/oder Aspekt Gottes	Zustimmung/Ablehnung	Neubewertung

- Notiere in diese Tabelle dir bekannte Eigenschaften und Aspekte Gottes, denen du zustimmen kannst oder die du ablehnst. Am Ende der Unterrichtseinheit wirst du nochmals an dieser Tabelle arbeiten.

ENDLICHKEIT

Das sei ein Missverständnis, hielt mir Jorge entgegen: Die Angst gelte nicht der neuen Gewissheit, sondern dem, wovon sie Gewissheit sei: der zwar erst zukünftigen, jedoch jetzt schon feststehenden Unvollständigkeit seines Lebens, die schon jetzt als Mangel spürbar sei, der seiner Größe wegen die Gewissheit von innen her in Angst verwandle.
Die Ganzheit des Lebens, deren vorweggenommenes Fehlen einem den Schweiß auf die Stirn treibt – was kann sie sein? Worin kann sie bestehen, wenn man bedenkt, wie rhapsodisch, wechselhaft und wetterwendisch unser Leben ist, das äußere wie das innere? Wir sind ja nicht aus einem Guss, ganz und gar nicht. Reden wir einfach vom Bedürfnis nach Sättigung des Erlebens? War das, was Jorge quälte, das unerreichbar gewordene Gefühl, vor einem glänzenden Steinway zu sitzen und sich Bachs Musik so zu eigen zu machen, wie es nur möglich ist, wenn sie den eigenen Händen entspringt? Oder geht es uns um das Bedürfnis, genügend Dinge erlebt zu haben, um ein Leben als ganzes erzählen zu können?
Ist es am Ende eine Frage des Selbstbilds, der bestimmenden Vorstellung, die man sich vor langer Zeit davon gemacht hat, was man geleistet und erlebt haben müsste, damit es das Leben würde, dem man zustimmen könnte? Die Angst vor dem Tod als die Angst vor dem Unerfüllten läge dann – so scheint es – ganz in meiner Hand, denn ich bin es ja, der das Bild vom eigenen Leben, wie es sich erfüllen sollte, entwirft. Was läge näher als der Gedanke: Dann ändere ich das Bild, sodass mein Leben ihm schon jetzt gemäß ist – und sofort müsste die Angst vor dem Tod verschwinden. Wenn sie trotzdem an mir haften bleibt, dann deshalb: Das Bild, obgleich von mir gemacht und von niemand anderem, entspringt nicht launenhafter Willkür und ist nicht verfügbar für beliebige Abänderung, sondern ist verankert in mir und wächst heraus aus dem Kräftespiel meines Fühlens und Denkens, das ich bin. Und so könnte man die Angst vor dem Tod beschreiben als die Angst, nicht der werden zu können, auf den hin man sich angelegt hat.
Das taghelle Bewusstsein der Endlichkeit, wie es Jorge mitten in der Nacht überfiel und wie ich es in manchen meiner Patienten durch die Worte entzünden muss, mit denen ich ihnen die tödliche Diagnose verkünde, verstört uns wie nichts anderes, weil wir oft, ohne es zu wissen, auf eine solche Ganzheit hin leben und weil jeder Augenblick, der uns als lebendiger gelingt, seine Lebendigkeit daraus bezieht, dass er ein Stück im Puzzle jener unerkannten Ganzheit darstellt. Wenn die Gewissheit über uns hereinbricht, dass sie nie mehr zu erreichen sein wird, diese Ganzheit, so wissen wir plötzlich nicht mehr, wie wir die Zeit, die nun nicht mehr daraufhin durchlebt werden kann, leben sollen. Das ist der Grund für eine sonderbare, erschütternde Erfahrung, die einige meiner todgeweihten Patienten machen: dass sie mit ihrer Zeit, wiewohl sie so knapp geworden ist, nichts mehr anzufangen wissen.
Als ich nach dem Gespräch mit Jorge auf die Gasse trat, ging gerade die Sonne auf, und die wenigen Menschen, die mir entgegenkamen, sahen im Gegenlicht wie Schattenrisse aus, Sterbliche ohne Gesicht. (...) Alle würden sie sterben, und alle hatten sie Angst davor, wenn sie daran dachten. Irgendwann sterben – nur nicht jetzt. Ich versuchte mich an das Labyrinth von Fragen und Argumenten zu erinnern, durch das ich mit Jorge die halbe Nacht lang geirrt war, und an die Klarheit, die zum Greifen nahe gewesen war, um sich im letzten Augenblick zu entziehen. (...) Ich hielt das übernächtigte Gesicht in die Morgensonne und dachte: (Die Menschen) wollen einfach noch mehr vom Stoff ihres Lebens, wie leicht oder beschwerlich, wie karg oder üppig dieses Leben auch sein mag. Sie wollen nicht, dass es zu Ende sei, auch wenn sie das fehlende Leben nach dem Ende nicht mehr vermissen können – und das wissen.

Pascal Mercier, Nachtzug, 242ff.

DER BALSAM DER ENTTÄUSCHUNG.

Enttäuschung gilt als Übel. Ein unbedachtes Vorurteil. Wodurch, wenn nicht durch Enttäuschung, sollten wir entdecken, was wir erwartet und erhofft haben? Und worin, wenn nicht in dieser Entdeckung, sollte Selbsterkenntnis liegen? Wie also sollte einer ohne Enttäuschung Klarheit über sich selbst gewinnen können?
Wir sollten Enttäuschungen nicht seufzend erleiden als etwas, ohne das unser Leben besser wäre. Wir sollten sie aufsuchen, ihnen nachspüren, sie sammeln. Warum bin ich enttäuscht, dass die angebeteten Schauspieler meiner Jugend jetzt alle Zeichen des Alters und Verfalls tragen? Was lehrt mich die Enttäuschung darüber, wie wenig Erfolg wert ist? Manch einer braucht ein Leben lang, um sich die Enttäuschung über seine Eltern einzugestehen. Was haben wir denn von ihnen eigentlich erwartet? Menschen, die ihr Leben unter der unbarmherzigen Herrschaft von Schmerzen leben müssen, sind oft darüber enttäuscht, wie sich die anderen verhalten, auch diejenigen, die bei ihnen ausharren und ihnen die Mittel einflößen. Es ist zu wenig, was sie tun und sagen, und auch zu wenig, was sie fühlen. »Was erwarten Sie denn?«, frage ich. Sie können es nicht sagen und sind bestürzt darüber, dass sie jahrelang eine Erwartung mit sich herumgetragen haben, die enttäuscht werden konnte, ohne dass sie Näheres über sie wussten.
Einer, der wirklich wissen möchte, wer er ist, müsste ein ruheloser, fanatischer Sammler von Enttäuschungen sein, und das Aufsuchen enttäuschender Erfahrungen müsste ihm wie eine Sucht sein, die alles bestimmende Sucht seines Lebens, denn ihm stünde mit großer Klarheit vor Augen, dass sie nicht ein heißes, zerstörerisches Gift ist, die Enttäuschung, sondern ein kühler, beruhigender Balsam, der uns die Augen öffnet über die wahren Konturen unserer selbst.
Und es dürfte ihm nicht nur um Enttäuschungen gehen, welche die anderen oder die Umstände betreffen. Wenn man Enttäuschung als Leitfaden hin zu sich selbst entdeckt hat, wird man begierig sein zu erfahren, wie sehr man über sich selbst enttäuscht ist: über fehlenden Mut und mangelnde Wahrhaftigkeit etwa, oder über die schrecklich engen Grenzen, die dem eigenen Fühlen, Tun und Sagen gezogen sind. Was war es denn, was wir von uns erwartet und erhofft hatten? Dass wir grenzenlos wären, oder doch ganz anders, als wir sind?
Es könnte einer die Hoffnung haben, dass er durch das Vermindern von Erwartungen wirklicher würde, auf einen harten, verlässlichen Kern schrumpfte und damit gefeit wäre gegen den Schmerz der Enttäuschung. Doch wie wäre es, ein Leben zu führen, das sich jede ausgreifende, unbescheidene Erwartung verböte, ein Leben, in dem es nur noch banale Erwartungen gäbe wie die, dass der Bus kommt?

Pascal Mercier, Nachtzug, 262ff.

Augustinus über die Existenz des Menschen

Groß bist du, o Herr, und deines Lobes ist kein Ende; groß ist die Fülle deiner Kraft, und deine Weisheit ist unermesslich. Und loben will dich der Mensch, ein so geringer Teil deiner Schöpfung; der Mensch, der sich unter der Last der Sterblichkeit beugt, dem Zeugnis seiner Sünde, einem Zeugnis, dass du den Hoffärtigen widerstehest; und doch will dich loben der Mensch, ein so geringer Teil deiner Schöpfung. Du schaffest, dass er mit Freuden dich preise, denn zu deinem Eigentum erschufst du uns, und ruhelos ist unser Herz, bis es ruhet in dir.
Conf I 1,1

Denn wohin auch die Seele des Menschen sich wenden mag, anderswo als in dir wird sie von Schmerz durchbohrt, auch wenn sie an schönen Dingen hängt, die außer dir und ganz äußerlich sind. Auch diese wären nicht, wenn sie nicht wären von dir; sie entstehen und vergehen, und im Entstehen ist ihres Daseins Beginn begriffen; sie wachsen, um der Vollendung entgegenzugehen, sie altern in ihrer Vollendung lind vergehen; nicht alles altert, aber alles vergeht. Wenn sie also entstehen und der Vollkommenheit ihres Seins entgegenstreben, so eilen sie, je schneller sie in ihrem Sein wachsen, ihrem Nichtsein entgegen; das ist ihre Bestimmung. Und das hast du ihnen gegeben, weil sie nur Teile der Dinge sind, die nicht alle zugleich sind.
Conf IV 10,15

- Beschreibe die Art und Weise, wie Augustinus über die Existenz des Menschen nachdenkt.
- Zeige auf, was für Augustinus den Menschen ausmacht.
- Lege dar, welche Bedeutung Gott für den Menschen hat.

»Totes Mädchen«

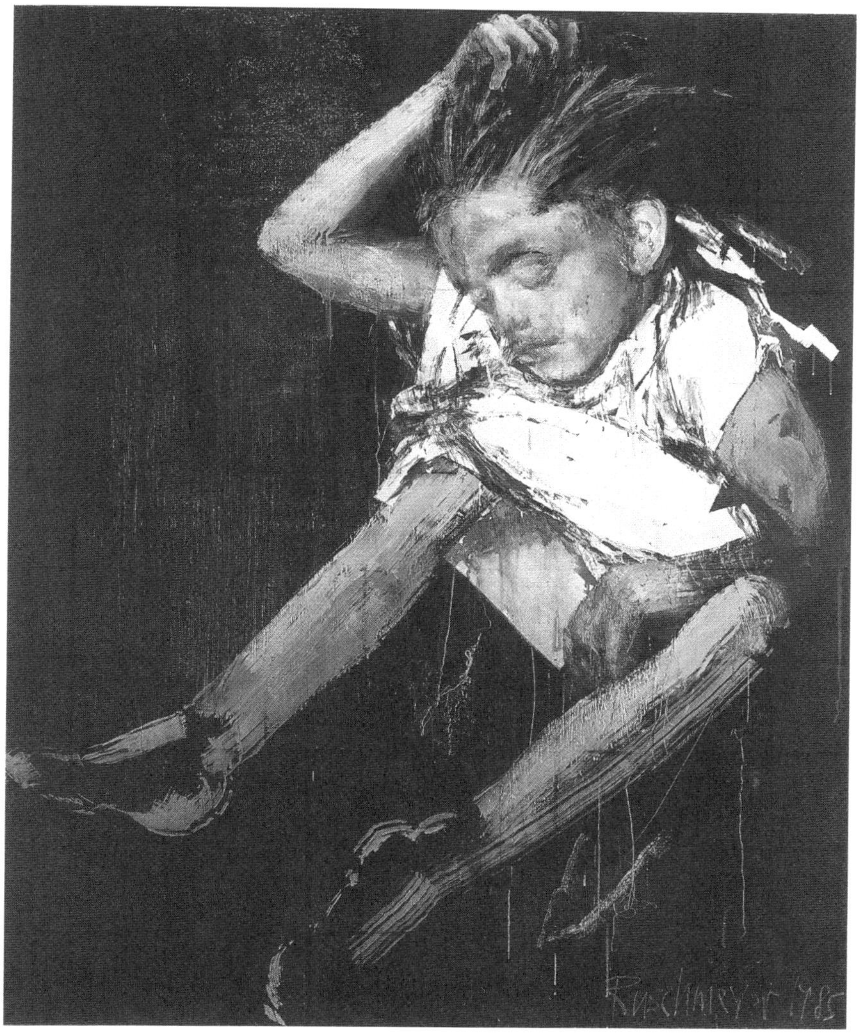

Heike Ruschmeyer, »Totes Mädchen«

Die Künstlerin Heike Ruschmeyer fotografiert Opfer von Gewaltverbrechen und setzt dann die Fotos in Ölbildern um. Das vorliegende Bild ist diesem Bilderzyklus entnommen.

- Diskutiert in der Klasse, ob solche Bilder in einer Kirche als Ausstellung gezeigt werden sollen.

Die »free will defense«-Theodizee von Richard Swinburn

Ein allmächtiger und gütiger Gott will nicht irgendeine Welt erschaffen, sondern eine wertvolle Welt. Trotzdem gibt es Leid und Übel, was hält ihn davon ab, sie zu verhindern? Andererseits stellt sich die Frage, ob es in einer völlig leidfreien Welt all die höchsten personalen Werte gäbe, die der Mensch für wichtig erachtet. Offensichtlich scheint die Verwirklichung dieser Werte mit der Existenz des Leids zusammenzuhängen. Ein Wert, der die Zulassung des Leids erklären und rechtfertigen kann, ist der der menschlichen Willensfreiheit.

Das Argument der Willensfreiheit besagt, dass Gott die Menschen als freie Wesen erschaffen hat. Es besagt darüber hinaus, dass der freie Wille einen sehr hohen Wert darstellt. Und es besagt schließlich, dass mit der Willensfreiheit unausweichlich die Möglichkeit verknüpft ist, anderen Wesen Schmerz zufügen zu können. Gott kann nicht einerseits freie Wesen erschaffen und andererseits alles Leid verhindern. Mit der Freiheit ist folglich die Möglichkeit ihres Missbrauchs gegeben. Dennoch rechtfertigt der hohe Wert der Freiheit die Möglichkeit des Missbrauchs und damit auch das Leid, das aus diesem Missbrauch resultiert. Allmacht Gottes und Freiheit des Menschen sind dabei logisch aufeinander bezogen, da Gott die Macht hat, alles Logische zu vollbringen – aus logischen Gründen kann es nämlich kein sich immer nur für das Gute entscheidende Wesen geben.

Ausschlaggebend beim Argument der Willensfreiheit ist der Freiheitsspielraum, der dem Menschen offensteht. Aufgrund dieses Freiraums erhalten die menschlichen Entscheidungen erst ihre sittliche Bedeutung. Je größer der Freiraum, umso größer auch der sittliche Wert des Handelns. Gott kann aber nicht eine sittlich bedeutsame Freiheit des Menschen wollen und gleichzeitig die Möglichkeit ausschließen, dass diese Freiheit zum Schaden anderer missbraucht wird. Dennoch gibt es hier eine Grenze, innerhalb derer Menschen einander Leid zufügen können – eine Sicherheitsvorkehrung, denn kein Leid ist grenzenlos, sondern begrenzt durch den Tod.

Doch bisher erklärt diese Theodizee nur die Frage nach dem *malum morale,* doch wie sieht es mit Naturkatastrophen aus, deren Existenz unabhängig vom menschlichen Handeln zu sehen ist? Naturkatastrophen beruhen auf Naturgesetzen. Der Sinn der Willensfreiheit besteht darin, sittlich verantwortliches Handeln zu ermöglichen. Dabei sind nicht nur die Entscheidungen des Menschen bedeutsam, sondern ebenso seine Handlungen. Nur weil es Naturgesetze gibt, kann der Mensch die Auswirkungen seines Handelns absehen. Und nur deshalb kann er auch dafür verantwortlich sein – in einer chaotischen Welt kann niemand für sein Handeln zur Rechenschaft gezogen werden, weil die Konsequenzen seines Denkens und Tuns nicht abgesehen werden können. Das bedeutet, dass sittlich bedeutsame Handlungen nur in einer Welt denkbar sind, deren Ereignisverlauf durch Gesetzmäßigkeiten geregelt ist. Durch das von der Natur verursachte Leid hat der Mensch die Möglichkeit und Wahlfreiheit, dieses zu bekämpfen oder gezielt zu verursachen – ohne *malum naturale* gäbe es diese Wahl nicht und damit auch nicht die Möglichkeit, sittlich bedeutsam zu handeln.

Der Wert einer sittlich bedeutsamen Handlung fußt demnach auf zwei Säulen: einerseits darauf, dass die absolute Wahlfreiheit, auch anderes zu tun, gegeben ist, und andererseits darauf, dass die Handlungen absehbar sind.

nach Armin Kreiner

- Erläutere in eigenen Worten, wie Armin Kreiner das Problem der Theodizeefrage löst.
- Beschreibe, in welchem Verhältnis Gott und Mensch zueinander stehen.
- Welche Rolle spielt das Leid in seinen Ausführungen? Fasse die Thesen kurz zusammen.
- Bewerte anhand von Beispielen, ob der Mensch für jedes Leid verantwortlich sein kann.

Der Gottesbegriff nach Auschwitz

Was für ein Gott kann das Leid geschehen lassen? Dass Gott um und für seine Geschöpfe Sorge trägt, gehört natürlich zu den vertrautesten Grundsätzen des Glaubens. Aber dieser sorgende Gott ist kein Zauberer, er ist daher auch ein gefährdeter Gott, ein Gott mit eigenem Risiko. Dies muss klar sein, denn sonst wäre die Welt im Zustand permanenter Vollkommenheit. Dass sie es nicht ist, kann nur eines von zwei Dingen bedeuten: dass es den einen Gott nicht gibt oder dass er etwas anderem als er selbst Spielraum und Mitbestimmung übergeben hat. Nun kommen wir zu dem kritischsten Punkt: Dies ist kein allmächtiger Gott. Wir können die althergebrachte Doktrin absoluter, unbegrenzter göttlicher Macht nicht aufrechterhalten. Der Begriff der Allmacht ist ein paradoxer, sich selbst aufhebender. Absolute, totale Macht bedeutet Macht, die nicht begrenzt ist, denn die bloße Existenz eines solchen anderen würde schon eine Begrenzung darstellen. Als gegenstandslose Macht aber ist sie machtlose Macht, die sich selbst aufhebt. Denn damit sie wirken kann, muss etwas anderes da sein, und sobald es da ist, ist das eine nicht mehr allmächtig, obwohl seine Macht bei jedem Vergleich beliebig hoch überlegen ist. Kurz, Macht ist ein Verhältnisbegriff und kommt zur Ausübung nur in Beziehung zu etwas, dass selbst Macht hat. Dasjenige, worauf die Macht wirkt, muss eine Macht von sich her haben, selbst wenn diese von der ersten abstammt. Kurz, es kann nicht sein, dass alle Macht auf Seiten eines Wirksubjekts allein sei. Macht muss geteilt sein, damit es überhaupt Macht gibt.
Wenn Gott aber auf gewisse Weise verstehbar sein soll, dann muss sein Gutsein vereinbar sein mit der Existenz des Übels, und das ist es nur, wenn er nicht allmächtig ist. Denn göttliche Allmacht kann nur dann mit göttlicher Güte zusammen bestehen um den Preis gänzlicher göttlicher Unerforschlichkeit. Nicht, weil er also nicht will, sondern weil er nicht kann, greift er ein, um das Leid zu verhindern.
Der Verzicht Gottes auf Macht lässt zugleich menschliche Freiheit zu. Gottes Macht ist als begrenzt anzusehen durch etwas, dessen Existenz aus eigenem Recht und dessen Macht, aus eigener Autorität zu wirken, Gott selbst anerkennt. Mit der Schöpfung aus dem Nichts, *creatio ex nihilo*, haben wir die Einheit des göttlichen Prinzips zusammen mit seiner Selbstbeschränkung, die Raum gibt für die Existenz und Autonomie der Welt. Gott beschränkt sich seiner Macht und durch diese Selbstbeschränkung und seine Zurückhaltung kann etwas anderes und Freies von ihm werden. Die Zusammenziehung Gottes ist total, – aus der jüdischen Mystik, der lurianischen Kabbala, gibt es hierfür den Begriff des Zimzums, der Kontraktion, was Rückzug meint – als Ganzes hat das Unendliche, seiner Macht nach, sich ins Endliche entäußert und damit ihm überantwortet. Ohne diese Rücknahme könnte es nämlich kein anderes außerhalb Gottes geben und nur sein weiteres Zurückhalten bewahrt die Dinge davor, ihr Eigensein wieder ins Göttliche zu verlieren. Nachdem sich Gott ganz in die werdende Welt völlig machtlos hineingab, hat er nichts mehr zu geben. Jetzt ist es am Menschen, Gott zu geben.

nach Hans Jonas

- Zeige auf, wie Hans Jonas das Problem der Theodizeefrage löst.
- Beschreibe, in welchem Verhältnis Gott und Mensch zueinander stehen.
- Lege dar, wer die Verantwortung für das Leid trägt.
- Überprüfe, ob diese Theodizeekonzeption sowohl das *malum morale* als auch das *malum naturale* erklärt.

Das Gebet

Woher eigentlich stammt unsere Gottesrede, worin gründet sie? Die Rede »über« Gott stammt allemal aus der Rede »zu« Gott, die Theologie also aus der Sprache der Gebete. »Mit den Gebeten beginnen«, fordert Jacques Derrida bei seiner Untersuchung zur Negativen Theologie. Ich stimme zu. Mit den Gebeten beginnen heißt ja nicht etwa, mit dem Glauben beginnen. Die Sprache der Gebete ist viel umfassender als die Sprache des Glaubens; in ihr kann man auch sagen, dass man nicht glaubt. Sie ist die seltsamste und doch verbreitetste Sprache der Menschenkinder, eine Sprache, die keinen Namen hätte, wenn es das Wort »Gebet« nicht gäbe.
Doch die Sprache der Gebete ist nicht nur universeller, sondern auch spannender und dramatischer, viel rebellischer und radikaler als die Sprache der zünftigen Theologie. Sie ist viel beunruhigender, viel ungetrösteter, viel weniger harmonisch als sie. Haben wir je wahrgenommen, was sich in dieser Sprache der Gebete durch die Jahrtausende der Religionsgeschichte angehäuft hat: das Geschrei und der Jubel, die Klage und der Gesang, der Zweifel und die Trauer und das schließliche Verstummen? Haben sich die Christen vielleicht zu sehr an der kirchlichen und liturgisch gezähmten Gebetssprache orientiert, sich von zu einseitigen Beispielen aus den biblischen Traditionen genährt? Was ist mit Ijobs Klage »Wie lange noch?«, mit Jakobs Ringen mit dem Engel, mit dem Verlassenheitsschrei des Sohnes und dem Maranatha-Schrei als letztem Wort des Neuen Testaments? Die Sprache der Gebete ist auch keineswegs einfach die Sprache der Kontingenzbewältigung; sie ist sehr oft die Sprache der Nichtakzeptanz der Lebenslagen, der Klage, des Protests und des Schreis. Gab es je ein gottbesesseneres Volk als das biblische Israel? Und seine Sprache war gewiss alles andere als die Sprache frommer Untertanen!
Die Sprache der Gebete ist die Sprache ohne Sprachverbote und zugleich die Sprache voll schmerzlicher Diskretion. Sie verurteilt den unaussprechlich Angesprochenen nicht zur Antwort, nicht zum vertraulichen Ich-Du. Sie ist keine Unterhaltungssprache. Sie kann weder als Dialog noch als Kommunikation in dem uns vertrauten Sinn beschrieben werden, kann also weder diskurstheoretisch noch kommunikationsphilosophisch durchschaut werden. Sie bleibt schließlich die wehrlose Weigerung des Menschen, sich von Ideen oder Mythen trösten zu lassen, sie bleibt Gottespassion, sehr oft nichts anderes als ein lautloser Seufzer der Kreatur.
Lk 11,1-13 enthält die zentrale Belehrung Jesu über das Gebet. Dort heißt es resümierend: »Wenn nun schon ihr, die ihr böse seid, euren Kindern gebt, was gut ist, wieviel mehr wird der Vater im Himmel den Heiligen Geist denen geben, die ihn darum bitten.« Gott um – Gott zu bitten ist also die Auskunft, die Jesus über das Gebet gibt. Wo beginnt, wo endet die Sprache, in der ein Mensch Gott um – Gott bittet?

Johann Baptist Metz

- Lies dir den Text von Johann Baptist Metz durch und notiere in Stichworten die Merkmale des Gebets.

Die Sprache des Gebets

Das Beten ist – und auch darin muss es der Theologie zu denken geben – extrem empfindlich gegen großspurige Geschwätzigkeit, gegen den falschen Zungenschlag, gegen die großen Worte und Namen, die die Theologie Gott so schnell beilegt. Wer im Gebet Gott anzusprechen wagt, der wird nicht umhin kommen, seine Worte auf die Goldwaage zu legen und – oft genug – in die Frage zurückzuholen, ob so etwas gesagt werden darf und in welchem Sinne es vielleicht gerade noch gesagt werden darf. Wäre es nicht radikaler – ehrlicher –, das Sprechen überhaupt ins Schweigen zurückzunehmen? Wenn man von Gott – wie sich im Gebet zeigt – doch nicht klar und eindeutig sprechen kann, ist dann mit den hilflosen Verbalisierungen des Gebets nicht auch dem kaum weniger hilflosen, aber sehr viel wortreicheren Verbalisieren der Theologie der Boden entzogen?

»Wovon man nicht sprechen kann, darüber muss man schweigen«, so dekretiert Ludwig Wittgenstein am Ende seines »Tractatus«. Dabei ist es – nach Wittgenstein – keineswegs so, dass es nur das gäbe, wovon man sprechen kann. »Es gibt allerdings Unaussprechliches. Dies zeigt sich, es ist das Mystische. Unaussprechlich ist das Mystische, weil es nicht welthaft ist. Nur das Wie der Welt lässt sich sagen; nur von Tatsachen kann angemessen und klar gesprochen werden. Menschliches Reden hat sich allein an die Welt, an das, »was der Fall ist«, eben: an die Tatsachen, zu halten. Was nicht der Fall ist und sich doch darin zeigt, dass die Welt ist, das lässt sich – als das Mystische – nicht mehr sagen.« Zwischen dem Mystischen, über das – wie der Wortsinn suggeriert – zu schweigen ist, und dem, was klar gesagt werden kann, weil es so und nicht anders der Fall ist, gibt es für den Wittgenstein des Tractatus kein drittes. (...) Das Gebet spricht, es stammelt oder schreit, wo der Beter nicht schweigen kann. Es spricht, wo sich nichts mehr leidenschaftlos klar sagen lässt, wo das Denken noch nicht zu abwägender, urteilssicherer Klarheit gelangt ist. Beten ist eben nicht gleichbedeutend mit Philosophie, von der allenfalls gelten dürfte, worauf der Wittgenstein des Tractatus sie verpflichten wollte: »Sie soll das Denkbare abgrenzen und damit das Undenkbare.« »Alles was überhaupt gedacht werden kann, kann klar gedacht werden. Alles, was sich aussprechen lässt, lässt sich klar aussprechen.« Beten sucht nach einer Sprache, die sich dem Diktat der Klarheit und Eindeutigkeit entzieht, sich nicht auf das Abbilden und Feststellen dessen, was der Fall ist, festlegen lässt. Was hier gesagt wird – hier, wo man schweigen müsste, wenn man nur konstatierend reden dürfte –, das findet seine Entsprechung nicht in Fakten und Ereignissen, die man protokollieren kann. Es ist in einer Sprache gesagt, die dem Auszudrückenden mimetisch zu entsprechen versucht, ohne es abbilden zu wollen; die ins Bild bringt, weil nur im Bild die Grenze offen bleibt, die von der Definition so trennscharf wie möglich gezogen wird: die Grenze des im Denken Feststellbaren zu dem, was einer Welt, die in Tatsachen »zerfällt«, nicht mehr angehört, sodass man es nicht protokollieren, sondern nur noch assoziieren – ansprechen und an-rufen, herbeirufen – kann. Das Gebet sperrt sich gegen die Abgeschlossenheit einer Welt der feststellbaren oder absehbaren Tatsachen, einer Korrespondenz von Sprache und Fakten. Es lässt sich nicht zum Schweigen verurteilen, denn das hieße unsere Inkongruenz mit der Welt ohne Ausdruck lassen. (...) Das Gebet benennt, ruft beim Namen, ohne schon zu begreifen. Es ruft den bei seinem Namen herbei, der seinen Namen in überraschender, eben nicht schon vernünftig antizipierbarer Weise wahrmachen wird; und dann freilich denen, die ihn neu herbeirufen, geradezu im Übermaß zu denken gibt. Das Herbeirufen und Beim-Namen-Nennen ist die ursprüngliche Sprache des Gebets.

Diese Sprache der Namen erschöpft sich gerade nicht in Namenskonventionen, für die Namen eben nur noch Namen sind, mit denen – da sie nun einmal ihren Trägern gegeben sind – identifizierbar ausgesagt wird, wer gemeint ist. (...)

Auch Gottes-Namen stehen für Geschichten, für Versuche, ihn herbeizurufen, und für die Erfahrungen, die man dabei machte; sie stehen für die Angst der von Gott Verlassenen, für die Klage derer, deren Herbeirufen ins Leere zu gehen scheint – obwohl der biblische Gott doch vor allem diesen einen Namen trägt, der ihn als den Herbeirufbaren bezeichnet: »Ich werde für euch dasein als der Ich bin für euch da« (Ex 3,14). So kann man diesen biblischen Gott anklagen und beschwören, seinen Namen endlich wahr zu machen, damit er nicht länger von denen, die ihn im Munde führen, mit Schande überhäuft wird. Die Glaubenden Israels flehen ihn an, er möge der Schmähung seines Namens ein Ende setzen, er selbst möge ihn heiligen. Sein Ur-Name wird wahr, wenn er ihn heiligt (vgl. Jes 52,6) und auch die diesen Namen Nennenden ihn heiligen; wenn sie Gott mit seinem Namen herbeirufen und dabei nicht lügen – ihn wirklich bei sich haben wollen; wenn sie seinen Willen geschehen lassen und so seinen Namen beim Wort nehmen, aus ehrlichem Herzen beten – weil sie es wirklich wollen –, sein heiliger Wille möge sich in der Schöpfung endlich durchsetzen.

Dieser Ur-Name und all die vielen anderen Namen, mit denen die Beter Gott herbeirufen, werden nicht zu Begriffen. Aber sie werden bedacht und in neuen Situationen anders gebraucht. Der Herbeigerufene wird als ein bestimmter angerufen; und es wird im Gebet davon gesprochen, warum man sich an ihn wendet – mit guten Gründen an ihn wenden darf. Diese »guten Gründe« finden ihren doxologischen Ausdruck in Zuschreibungen, die den Angeredeten nicht festlegen, sondern mit der je konkreten Situation in Verbindung bringen wollen – in Zuschreibungen, in denen der Betende sich und seine Situation mit dem Angerufenen in Verbindung bringen will. Es sind Namen, die Gottes konkrete Zuwendung im Bild zum Ausdruck bringen, rühmen oder einklagen; Namen, die es auf eine Geschichte abgesehen haben, in der Gott sich, wie so oft schon erfahren und vielleicht/hoffentlich doch auch wieder ganz anders, als Richter, Retter, Herr, Hirte, Schöpfer, Zuflucht, Partner und Freund erweisen möge. Es sind Namen, die Gott in einer Metapher ansprechen und herbeirufen, die deshalb eine Sprache sprechen, in der das Gott-Nennen ein fragendes und suchendes bleibt, zumindest auch: negative Theo-Logie. So gibt das Beten der Theologie im Entscheidenden dies zu denken: wie sie sich in ihrem Begreifen an Gott-Metaphern halten kann, halten muss, da das Gebet doch in der Sprache der Metaphern spricht. Aber was ist das für eine Sprache?

Jürgen Worbick

- Erarbeite aus dem Text die Merkmale des Gebets.
- Zeige die Bedeutung der Gottesnamen für das Gebet auf.

Jossel Rakovers Wendung zu Gott

Warschau, den 28. April 1943

Ich, Jossel, der Sohn David Rakovers aus Tarnopol, schreibe diese Zeilen, während die Häuser des Warschauer Ghettos in Flammen stehn und das Haus, in dem ich mich befinde, eins der letzten ist, das noch nicht brennt. Schon seit ein paar Stunden liegen wir in wütendem Artilleriefeuer, und um mich herum zerbersten und brechen krachend die Mauern im Hagel der Granaten.

Eigenartiges ist mit uns geschehen: All unsere Begriffe und Gefühle haben sich verändert. Der Sekundentod – schnell und augenblicklich – kommt uns wie ein Erlöser vor, wie ein Befreier und Kettenzerbrecher. Es ist nicht wahr, dass Hitler etwas Tierisches an sich hat. Er ist – davon bin ich tief überzeugt – ein typisches Kind der modernen Menschheit. Die Menschheit als Ganzes hat ihn geboren und erzogen, und er drückt ganz offen und unverstellt ihre innersten und verborgensten Wünsche aus.

Als ich mich mit meiner Frau und meinen Kindern – damals sechs an der Zahl – in den Wäldern verbarg, hat die Nacht, und nur die Nacht, uns in ihrem Innern geborgen. Der Tag hat uns den Verfolgern ausgeliefert, die nach unseren Seelen suchten.

Jetzt ist meine Stunde gekommen, und wie Ijob kann ich von mir sagen – und ich bin nicht der Einzige, der es sagen kann: Nackt kehre ich zur Erde zurück, nackt wie am Tag, als ich geboren wurde. Mein Herz war voller Liebe zu Gott. Gott habe ich mit Hingabe gedient, und meine einzige Bitte an Ihn war, dass Er mich Ihm dienen lasse mit ganzem Herzen, mit ganzer Seele und mit ganzer Kraft. Nun kann ich sagen – nach all dem, was ich miterlebt habe –, dass meine Beziehung zu Gott sich nicht geändert hätte. Mit absoluter Sicherheit kann ich wohl sagen, dass mein Glaube an Ihn sich nicht um Haaresbreite verändert hat. Früher, als es mir gutging, war meine Beziehung zu Ihm wie zu einem, der mich ohne Unterlass beschenkte – und dem ich dafür ständig etwas schuldig blieb. Jetzt ist meine Beziehung zu Ihm wie zu einem, der auch mir etwas schuldet: viel schuldet. Und weil ich fühle, dass auch Er in meiner Schuld steht, darum, denke ich, habe ich das Recht, Ihn zu mahnen.

Ich glaube an den Gott Israels, auch wenn Er alles getan hat, dass ich nicht mehr an Ihn glauben soll. Ich glaube an Seine Gesetze, auch wenn ich Seine Taten nicht rechtfertigen kann. Jetzt ist meine Beziehung zu Ihm nicht mehr die eines Knechts zu seinem Herrn, sondern wie die eines Schülers zum Lehrer. Ich beuge mein Haupt vor seiner Größe, aber werde die Rute nicht küssen, mit der Er mich schlägt. Ich habe ihn lieb. Doch seine Tora habe ich lieber. Selbst wenn ich mich in Ihm getäuscht hätte, Seine Tora würde ich weiter hüten. Gott heißt Religion. Seine Tora aber bedeutet eine Lebensweise! Und je mehr wir sterben für diese Lebensweisung, so unsterblicher wird sie werden.

Darum erlaube mir, Gott, vor meinem Tod, völlig frei von jeder Angst, ohne den geringsten Schrecken Dich zur Rede zu stellen, ein letztes Mal in meinem Leben.

Du sagst, dass wir gesündigt haben? Aber natürlich! Und dafür werden wir bestraft? Auch das kann ich verstehen. Ich will aber, dass Du mir sagst, ob es irgendeine Sünde auf der Welt gibt, die eine solche Strafe verdient, wie wir sie bekommen haben! Ich will Dir klar und offen sagen, dass wir jetzt mehr als auf jeder früheren Stufe unseres unendlichen Leidensweges – wir, die Gepeinigten – , dass wir jetzt mehr als je zuvor das Recht haben zu wissen: Wo liegen die Grenzen Deiner Geduld?

Und noch etwas will ich Dir sagen: Du sollst den Strick nicht zu sehr anspannen! Denn er könnte – Gott verhüte! – noch reißen. Ich sage Dir das alles so deutlich, weil ich an Dich glaube, weil ich mehr an Dich glaube als je zuvor – weil ich jetzt weiß, dass Du mein Gott bist. Denn Du bist doch nicht, Du kannst doch nicht der Gott jener sein, deren Taten der grauenvollste Beweis ihrer aggressiven Gottlosigkeit sind. Denn wenn Du nicht mein Gott bist – wessen Gott bist Du dann? Der Gott der Mörder?

Ich kann Dich nicht loben für die Taten, die Du duldest. Ich segne und lobe Dich aber für Deine schiere Existenz, für Deine schreckliche Größe. Wie gewaltig muss sie sein, wenn sogar das, was jetzt geschieht, auf Dich keinen entscheidenden Eindruck macht? Aber gerade, weil Du so groß bist und ich so klein, bitte ich Dich – warne ich Dich! – um Deines Namens willen: Hör auf, Deine Größe dadurch zu krönen, dass Du die Unglücklichen schlagen lässt!

Ich sterbe ruhig, friedlich, aber nicht beruhigt, nicht befriedigt; besiegt, geschlagen, aber nicht versklavt; bitter, aber nicht enttäuscht. Ein Gläubiger und Glaubender, kein Schuldner und Bittsteller, nicht als Bittender, nicht als Betender. Ein Liebhaber Gottes, doch nicht Sein blinder Amen-Sager. Ich bin Ihm nachgegangen, auch wenn er sich von mir gestoßen hat. Ich bin seinen Geboten gefolgt, auch wenn Er mich dafür geschlagen hat. (...) Und das sind auch meine letzten Worte an Dich, mein zorniger Gott:

Es wird Dir gar nichts nützen! Du hast alles getan, dass ich an Dir irre werde, dass ich nicht an Dich glaube. Ich sterbe aber gerade so, wie ich gelebt habe, als unbeirrbar an Dich Glaubender. Gelobt soll sein auf ewig der Gott der Toten, der Gott der Vergeltung, der Wahrheit und des Gerichts, der bald sein Gesicht wieder vor der Welt enthüllen wird und mit Seiner allmächtigen Stimme ihre Fundamente erschüttert. Höre Israel! Der Herr ist unser Gott, der Herr ist Einer!

nach Zvi Kolitz

- Erarbeite aus dem Text, welches Verhältnis Jossel Rakover zu Gott hat.
- Wähle dir aus diesem Text eine kurze Passage aus und setze sie in einem Bild um.
- Beurteilt, ob es sich bei dem Text von Kolitz nach den Kriterien von Metz um ein Gebet handelt.

Einübung in das Gebet

Die sieben Erlaubnisse

Beten ist die Sprache der Religion. Sie folgt einem ganz eigenen Zugang, der sich nicht in Regeln, sondern vielmehr in Erlaubnissen ausdrückt. Im Mittelpunkt steht der Betende, der sich Gott öffnet.

Du wählst die Gebetshaltung, die dir entspricht.

Du wählst den Ort zum Gebet, der dir die nötige Ruhe und Konzentration ermöglicht.

Du teilst dich mit, wie es dir entspricht: im Schweigen, im Reden, in der festgefügten Gebetsform, wie z. B. dem Vaterunser, im Musizieren oder Musikhören, im Malen oder Bildbetrachten.

Du bist an keinen Inhalt gebunden – du kannst bitten, loben, klagen oder auch hören, still werden für Gott und Hörer seines Wortes werden.

Du bist im Gebet frei und doch folgt es Ritualen, die es von unserem alltäglichen Sprechen und Kommunizieren unterscheiden.

Bewusst nimmst du dir Zeit für das Gebet und gestaltest seinen Anfang und sein Ende – ein Kreuzzeichen, ein Innehalten und Still-werden.

- Gestaltet in eurer Klasse ein Gebetbuch, in dem jede/r Schüler/in ein Gebet notieren kann, das ihr/ihm wichtig ist. Beachtet dabei die Erlaubnisse aus dem Lerngang.

10 Projekt: Jahresringe

Hintergrund

Der Bildungsplan ruft inhaltlich dazu auf, durch Fach- und Methodenkompetenz, personale und soziale Kompetenz, mit »Herz, Mund und Hand« die christliche Religion erfahrbar zu machen. Diese LL legt einen besonderen Schwerpunkt auf die angesprochene soziale Kompetenz: »Schülerinnen und Schüler lernen, auf der Basis ihres eigenen Standpunktes andere Personen zu achten, mit ihnen zu kommunizieren und mit ihnen zusammenzuarbeiten. Dabei nehmen sie die Perspektive anderer ein und entwickeln Empathie.« (Ministerium für Kultus, Bildung und Sport Baden-Württemberg, Bildungsplan 2004 – Allgemein bildendes Gymnasium, Stuttgart 2004, S. 39.)

Um dies zu erreichen, wird ein anderer methodischer Zugang als üblich gewählt. Neben Materialien auf den DS, die im RU behandelt werden können, finden sich über das Symbol des Baumes gekennzeichnet Ansatzpunkte für Begegnungen, die auch außerhalb des schulischen Rahmens stattfinden können. Zu diesem Schwerpunkt tritt die kreative Umsetzung der bei diesen Gelegenheiten gemachten Erfahrungen hinzu.

Durch die vielfältigen Anregungen gelingt es Sch zunehmend, einen neuen Blickwinkel einzunehmen und das Alter als neue Größe wahrzunehmen. Oftmals findet die Begegnung zwischen Jung und Alt aufgrund der sich immer stärker verändernden Familiensituation nicht mehr unmittelbar statt. In vielen Haushalten gibt es keine Großelterngeneration mehr. Bei wenigen Besuchen bleibt kaum Zeit für intensive Gespräche.

Zusätzlich vermitteln die Medien Sch ein Bild vom Alter, das zwischen zwei Extremen schwankt: Reportagen über die Situation in Pflegeheimen rücken einerseits das Alter, als Zeit des Krankseins, in den Mittelpunkt, wohingegen andererseits alte Menschen porträtiert werden, die versuchen ihr Altern durch betonte Jugendlichkeit zu überdecken.

Die LL bietet die Gelegenheit, Altern als eine Lebensphase zu entdecken, die vielfältige Möglichkeiten bietet, aber auch geprägt ist von einer besonderen Würde. Dies zeigen insbesondere die Altersbilder, die die Bibel vermittelt.

Für junge Menschen spielt dies aber nicht nur für das eigene Altwerden eine Rolle, sondern auch für ihr Verhältnis zur Generation der Alten. Alte sind nicht nur Menschen, die es zu umsorgen gilt, sondern wertvolle Ansprechpartner und Vorbilder.

»Gegenseitiges Kennenlernen, der Austausch von Meinungen, aber auch von Hoffnungen oder Befürchtungen, vielleicht sogar eine gemeinsam durchgeführte Aktion vermag nicht nur Verständnis für einander in der jeweils anderen Lebensphase zu wecken, sondern kann auch gemeinsame Interessen entdecken helfen. Junge Leute bleiben ewig ›Kinder‹, wenn sie nicht durch die Gegenwart und das Wachrufen von Geschichte aus dem Mund der Älteren mitbekommen, dass sie auf den Schultern früherer Generationen stehen. Wir Älteren aber erstarren viel zu leicht in Rechtfertigungen der eigenen Geschichte, wenn wir die Herausforderungen durch die Jungen nicht annehmen lernen und uns ihnen – so gut wir es eben vermögen – auch stellen«, schreibt Martha Kruse-Lang anlässlich der Woche des Lebens zum Thema »Leben im Alter« 1993. Das anlässlich der Themenwoche erschienene Heft bietet viele weitere Anregungen (Sekretariat der Deutschen Bischofskonferenz (Hg.), Themenheft zur Woche für das Leben 1993, Bonn 1993, zum Download unter www.dbk.de/fileadmin/redaktion/veroeffentlichungen/arbeitshilfen/ah_104.pdf). Die von Martha Kruse-Lang beschriebenen gegenseitigen Bezüge gilt es wahrzunehmen. Nur wenn dieser Verstehensprozess einsetzt und es den Generationen gelingt, sich in den jeweils anderen einzufühlen, wird Handlungsfähigkeit freigesetzt.

Die Stärkung personaler und sozialer Kompetenz steht innerhalb dieser LL also im Vordergrund. Sch sollen mitempfinden (*Compassion*), wie es den Menschen der älteren Generation in unserer Gesellschaft geht. Das projektorientierte Lernen fördert dabei die Eigenverantwortung bei der Gestaltung von Lernprozessen. Sch erwerben wichtige Schlüsselqualifikationen, die gerade auch in der Oberstufe erforderlich sind. Die Nachhaltigkeit des Lernprozesses wird durch die Eigeninitiative verstärkt.

Die Projektarbeit, als zeitlich begrenzte und zielorientierte Vorgehensweise, bietet eine gute Gelegenheit auf einen Seminarkurs in der Oberstufe hinzuarbeiten. Wichtige Techniken und Dokumentationsmethoden können hiermit grundgelegt werden. Die verschiedenen gestalterischen Ideen innerhalb der LL fördern nicht nur die Kreativität und damit auch die Nachhaltigkeit, sondern bedienen stark die Idee einer Ausstellung als Ziel des Projekts. Da hierin viele Freiräume liegen, bedarf es keiner so strengen Vorplanung wie bei einer anderen Schwerpunktsetzung. Deshalb werden auch die verschiedenen Begegnungen immer wieder mit gestalterischen Aufgaben verknüpft.

Die LL eignet sich neben der Projektarbeit aber auch als Steinbruch für GFS-Themen oder mit den DS als Stationen für einen Lernzirkel. Sollte die LL nicht in Jahrgangsstufe 9/10 behandelt werden, kann sie L auch als Grundlage für einen Seminarkurs in der Oberstufe dienen, wobei dann der wissenschaftliche Anteil erhöht werden müsste.

Projekt: Jahresringe

REISEPROSPEKT 152 | 153

Ansetzen

Die Auseinandersetzung mit einer wesentlichen Dimension des Menschseins, nämlich dem Prozess des Älterwerdens, wird auf dieser DS durch die Auseinandersetzung mit dem Symbol der Baumscheibe und den darauf zu sehenden Jahresringen ermöglicht. Dieses Symbol wirft im Vergleich mit dem Leben eines Menschen Fragen auf, die als Ausgangspunkt für die Projektgestaltung dienen. Die großflächigen Bilder sind eine Einladung kreativ zu werden. Diese Kreativität ist Grundlage auch für die Gestaltung von Begegnung.

Umsetzen

■ **Jahresringe.** Sch identifizieren die einzelnen Merkmale und stellen sie zusammen mit ihrer Deutung in einer Tabelle dar.

Mögliche Tabelle:

Baummerkmale	Deutung im Hinblick auf menschliches Leben
Keimstelle	Geburt, Verbindung mit den Eltern, Versorgung mit Nahrung
Wachstumsringe	Gewinn neuer Erkenntnisse, Veränderung der körperlichen Merkmale
Asteinschlüsse	Beziehungen zu Menschen, neue Wege
Rinde	dickes Fell, Schutz vor Verletzungen wie z. B. Selbstvertrauen od. Äußerlichkeiten, z. B. Kleidung, die das Innere verbergen od. eine Fassade, die man anderen gegenüber aufgebaut hat
Risse in der Rinde	Kränkungen, Verletzungen, eine Fassade, die man aufgebaut hat, fällt

Der Vergleich zwischen einem jungen und einem alten Baum wird unter den Sch aufgeteilt und in PA durchgeführt. Die Ergebnisse werden in Vierergruppen zusammengeführt.

■ **Meine Jahresringe.** L spricht mit den Sch den Zeitrahmen ab, sodass Sch bei der Wahl des Materials Rücksicht darauf nehmen können. Der Handlungsimpuls bildet die Grundlage für die Auseinandersetzung mit der Zukunftsperspektive.

Weiterführen

■ **Ideensammlung.** Sch formulieren ausgehend vom Titel »Projekt: Jahresringe« ihre Erwartungen. Anhand der Darstellung der eigenen Jahresringe und der Gestaltung im Buch stellen sie einen Zusammenhang zwischen ihrem Leben und dem Alter her. Hieraus können dann Fragen abgeleitet werden, die vor Beginn des Projekts geklärt werden: Welche Beziehung habe ich zum Alter? Wo begegnen mir bereits alte Menschen? Wie fühle ich mich in Gegenwart alter Menschen? etc.

■ **Lyrik.** Als Alternative zum bildlichen Einstieg können auch verschiedene Gedichte zum Thema »Alter« bzw. »Wachsen« zur Verfügung gestellt werden. Geeignet sind u. a. Gedichte von Rainer Maria Rilke (Vor dem Sommerregen, Ich lebe mein Leben in wachsenden Ringen) und Hermann Hesse (Das Altwerden, Stufen). Die Gedichte liegen z. T. auch innerhalb des Rilke- bzw. Hesse-Projektes von Schönherz und Fleer in vertonter Fassung vor.
Sch lesen bzw. hören die Gedichte und kommentieren sie mit dem eigenen Empfinden bzw. Erfahrungen das Alter betreffend.

Ansetzen

Wer Begegnung gestalten will, muss offen sein für die Begegnung. Diese Offenheit wird über die DS erzeugt: Zum einen wird erkennbar, dass verschiedene Generationen in verschiedenen Lebenswirklichkeiten aufwachsen, zum anderen verbindet das Altwerden als Grunderfahrung des Menschen die Jugend mit dem Alter. Die Methodenkarte gibt den Rahmen für die Gestaltung des Projekts vor.
Als Inspiration für Sch kann das Projekt »Handworte« dienen, das im Rahmen eines Misereor Themenheftes entstand. Während die Künstlerin die Hand eines alten Menschen in Gips abbildete, wurde ein Interview mit ihm oder ihr geführt. Diese Interviews und Handabdrücke wurden dann zu einem Gesamtkunstwerk zusammengesetzt.
Der Text »Ich mit acht« führt Sch an das Thema heran. Davon ausgehend kann erfragt werden, ob die projektorientierte Auseinandersetzung, wie sie die Methodenkarte vorgibt, Sch anspricht.

Umsetzen

■ **Erinnerung.** Sch teilen ihre Beobachtungen mit und versehen sie mit Oberbegriffen, wie z. B. Schule, medizinische Versorgung etc. Sie informieren sich darüber, wie diese Bereiche 1930 ausgesehen haben. Die Ergebnisse werden präsentiert und aus der heutigen Perspektive kommentiert. Dies könnte auch durch Bildübermalungen geschehen, indem typische Fotos aus den 30er-Jahren entsprechend umgestaltet werden.

■ **Vorschau.** Sch stellen über diesen AA, falls noch nicht geschehen, die Verbindung zu ihrem eigenen Altwerden her. Es rückt in das Bewusstsein, dass das Alter nicht eine abstrakte Größe ist, sondern etwas, das zu meiner Lebenswirklichkeit gehört.

■ **Lebenslinien.** Sch heben in ihren Beschreibungen die Merkmale hervor:
- Fuß: klein, vor einer Bücherwand, angezogene Zehen, Falten durch das Anziehen, glatte Haut, sehr hell, Fuß eines Kindes
- Hand: dunkler Hintergrund, dunkle Haut, viele Falten an Daumen und Zeigefinger, Handteller zerfurcht, Hand eines alten Menschen

Die Skizzen können positive oder negative Aspekte hervorheben, folgende Aussagen können dabei gemacht werden:

Fuß:
Es gibt weniger Freiräume.
Es gibt Menschen, die mich vor Unebenheiten schützen.
Manchmal muss man die Zehen anziehen, machen, was die Eltern sagen.
Es gibt viel, was ich noch lernen muss.
Ich bin noch nicht vielen Unebenheiten begegnet. Es gibt wenig, was mich belastet.

Hand:
Ich habe viel gearbeitet, geleistet.
Ich habe gehandelt.
Viele Erinnerungen haben sich eingegraben: schöne und auch weniger schöne.
Ich kenne unbeschwerte Zeiten.
Ich habe andere gehalten. Ich war für andere da.

■ **Interview.** Die Merkmale (s. oben) können als Grundlage für die Interviewfragen dienen und das Raster für die Ergebnissicherung bilden. Je nach Gestaltung des Projektes können die Silhouetten mit verschiedenen Materialien gestaltet und kommentiert werden. Es würde sich z. B. ein Drahtgeflecht eignen, das die zweidimensionale Silhouette ins Dreidimensionale hebt und somit eine neue Ebene erschließt.

■ **Begegnungen gestalten.** Sollte sich die Lerngruppe für die Durchführung des Projekts entscheiden, wird L zum Moderator bei der Suche nach der adäquaten Umsetzung. Folgende Fragen sind neben denen auf der Methodenkarte zu klären:
- Welcher zeitliche Rahmen steht zur Verfügung? Neben der regulären Unterrichtszeit wären nachmittägliche Exkursionen in Absprache mit anderen Fach-L denkbar. Da das Projekt auch eine künstlerische Komponente aufweist, z. B. mit dem Fach Bildende Kunst. Eine Alternative böte die Durchführung des Projekts innerhalb von Projekttagen an der Schule. Für Sch, die an *Compassion* teilnehmen, könnten die Erwachsenen am Arbeitsplatz ebenso Ansprechpartner werden, wie die älteren Personen, die betreut werden. Sollte für die Begegnung nicht genügend Zeit bleiben, so empfiehlt sich die gemeinsame Erarbeitung innerhalb des RU, damit ein gegenseitiger Austausch ermöglicht wird.
- In welchem Rahmen findet die Präsentation der Ergebnisse statt? Davon hängt ab, welche Materialien benutzt werden. Soll aus dem Projekt ein Theaterstück entstehen, so sollten vor allem Inter-

views gesammelt und verarbeitet werden. Eine Ausstellung, z. B. im Rahmen eines Tages der offenen Tür, lässt die meisten Freiräume, sodass jede/r Sch seinen Fähigkeiten und Fertigkeiten entsprechend arbeiten kann. Ähnliches gilt für die Zusammenführung der Ergebnisse in einem Buch bzw. Katalog. Praktische Arbeiten können abfotografiert und so integriert werden.
- Wie fließt die Dokumentation (Werkstattbericht) in die Notengebung mit ein? L sollte die Anfertigung einer Dokumentation dadurch würdigen, dass sie in die Notengebung einbezogen wird. Wird das Projekt während schulischer Projekttage durchgeführt, sollte auf die Dokumentation allerdings ganz verzichtet werden. Dies gilt ebenso, wenn die Lerngruppe durch die praktische Arbeit ein hohes Maß an Motivation mitbringt.
- Wo können Begegnungen von Alt und Jung stattfinden? Dies hängt stark vom zeitlichen Rahmen ab. Wenn ausschließlich die reguläre Unterrichtszeit zur Verfügung steht, wird sich die Begegnung im häuslichen Umfeld abspielen müssen. Als Anregung wäre ein Projekttag denkbar, innerhalb dessen Begegnungen auch außerschulisch durchgeführt werden können, ohne dass immer wieder der Unterrichtsalltag gestört wird.
- Was soll mit dem Projekt erreicht werden? Neben der Darstellung des eigenen Lernfortschritts können Sch mit der Präsentation auch ein Projekt in der Umgebung fördern. Mündet das Projekt in ein Theaterstück, so kann der Eintritt z. B. eine soziale Organisation vor Ort unterstützen. Dabei können alle Generationen zu Nutznießern der Unterstützung werden. Ebenso wäre es ein Gewinn, wenn die Personen, die sich während des Projektes begegnet sind, im Rahmen der Präsentation wieder aufeinander treffen und z. B. ein Generationenfest feiern.

Zur Klärung des Projektverlaufes erhalten Sch **M 10.1, S. 263**. Anhand dieses Schemas lassen sich die Fortschritte auch immer wieder innerhalb der Gruppe überprüfen.

Weiterführen

■ **Werkstattbuch.** L gibt als feste Form der Dokumentation das Führen eines Werkstattbuches vor. Sch erhalten hierzu **M 10.2, S. 264**.

Werkstattbuch

Das Werkstattbuch wird als Mittel zur Dokumentation eines Projektes bereits in den Seminarkursen der Oberstufe eingesetzt. Es ist gedacht als kontinuierlicher Begleiter desjenigen, der ein Projekt selbstständig durchführt. Dabei enthält es Komponenten von älteren Dokumentationsformen, wie z. B. Notizbuch oder Skizzenbuch. Der Vorteil des Werkstattbuchs liegt darin, dass es den Sch dazu anhält, seine Fähigkeiten im Bereich der Strukturierung von Sachverhalten auszubauen.

Der Sch kann dabei seine Kreativität voll entfalten, da keine allzu engen Vorgaben hinsichtlich der Form nötig sind. Da das Werkstattbuch als Lernprozessbegleiter auch dazu dient, eigene Schritte bei Planung und Umsetzung des Projekts zu überdenken, ist es ein hervorragendes Reflexionsmittel.

Das Werkstattbuch sollte, wenn es diesen Ansprüchen gerecht werden will, Folgendes beinhalten:

1. Zeitplanung
2. Organisatorische Überlegungen zur Umsetzung des Projekts
3. Niederschrift der Vorgehensweise, auch Zwischenschritte
4. Schlussfolgerungen aus gescheiterten Planungsversuchen und weitere Vorgehensweise
5. Frage- und Aufgabenstellungen
6. Eigene Interessen, persönliche Einsichten und daraus resultierende weiterführende Fragen
7. Reflexion über den Arbeitsprozess

Die Art und Weise, wie dokumentiert wird, bleibt dabei offen: Künstlerische Mittel sind ebenso zulässig wie grafische Darstellungen oder Sammlungen von Text- und Bildmaterial. Das Werkstattbuch ist somit Prozessbegleiter und kreatives Produkt des Arbeitsprozesses.

Bei der Beurteilung der Werkstattbücher können folgende Fragestellungen zur Erstellung von Bewertungskriterien herangezogen werden:

1. Wie intensiv hat sich die/der Sch mit dem Thema auseinandergesetzt?
2. Wie gut gelang es ihr/ihm zu strukturieren und zwischen Teilaspekten zu differenzieren?
3. Was hat sie/er an Material zusammengetragen?
4. Wie gut gelang ihr/ihm die Reflexion der Arbeitsprozesse?
5. Was hat sie/er in den Bereichen des Zusammenfassens und Weiterführens geleistet?
6. Wie anschaulich ist die Darstellung der Lernprozesse im Werkstattbuch gelungen?

■ **Neue Methode.** Sch benötigen für die Durchführung des Projektes neues Handwerkszeug. Hierzu zählt insbesondere die Interviewtechnik, wenn die Ergebnisse über eine normale Unterhaltung hinausführen sollen. Bevor Sch den Handlungsimpuls »Interview« durchführen, erhalten sie **M 10.3, S. 265**. L lässt zunächst innerhalb der Klasse Interviews zu einem Aspekt des Themas durchführen. In einer Reflexionsphase wird die Umsetzung des Gelernten von Sch gegenseitig bewertet.

Wenn ihr nicht werdet … AUSFLUG 156 | 157

Ansetzen

So häufig sich Konfliktpunkte zwischen den verschiedenen Generationen finden, so unumstößlich ist eine Gemeinsamkeit: Die Sinnfrage als bleibende Aufgabe des gesamten menschlichen Daseins. Gerade im Alter, nachdem ein Großteil des Lebens zurückliegt, stellt sich die Frage nach dem Grund des Daseins in herausragender Weise.
Die vielschichtigen Bilder der Bibel liefern Ansatzpunkte für die Beantwortung dieser Frage. Was macht das Leben im Alter aus?
»Wenn ihr nicht werdet wie die Kinder …« – die Überschrift der DS trägt eine Forderung an jeden Erwachsenen vor. Gerade dieser Verbindung zwischen der Jugend und dem Alter will die DS nachgehen.
Was sagt die Bibel über die Rolle der Alten und was bedeutet diese Rolle im Zusammenhang mit dem Kindsein? Hat die Jugend den Erwachsenen etwas voraus? Die DS koppelt die besonderen Lebensmöglichkeiten und -merkmale des Alters, wie die Bibel sie zeichnet, mit den Merkmalen des Kindseins, die sich jeder Mensch im Alter bewahren sollte. Vorrang hat dabei die Verbindung der biblischen Bilder mit der heutigen Lebenswirklichkeit. Das Erleben der Sch wird durch die aktualisierende Betrachtung der biblischen Botschaft (Projekt: Jesus an der Ruhr) ebenso eingeholt wie durch die Anbindung der biblischen Überlieferung an die Wahrnehmung des Alters heute.

Umsetzen

■ **Nachgelesen.** L verteilt alternativ alle Textstellen auf Zweiergruppen, die ihre Ergebnisse in Form von Stichworten auf vorbereitete Folienteile (**M 10.4, S. 266**) festhalten. Die Teile werden am OHP vorgestellt und zusammengesetzt. Sch untersuchen, welche der beschriebenen Eigenschaften speziell dem Alter zukommen und markieren diese. Ein Austausch über die Silhouette kann deutlich machen, dass bereits in der Haltung der Person etwas von der Jugend erhalten ist. Die Kopie des Ergebnisses dient als Sicherung.
Die Forderungen für den Umgang mit dem Alter können in das Projekt eingehen. Sch sammeln z. B. ihre Forderungen und diskutieren diese mit Menschen der älteren Generation.

■ **Wieder klein sein?** Sch tragen den Text einem Erwachsenen vor und vergleichen, was zu bewahren war, mit ihren eigenen Vorstellungen. Eine abschließende Diskussion innerhalb der Lerngruppe, ob man überhaupt von Alters- bzw. Jugendbildern sprechen kann, schließt den Lernvorgang ab.

Projekt: Jesus an der Ruhr
Das Projekt wurde von der Jugendkirche TABGHA in Kooperation mit einem ortsansässigen Gymnasium durchgeführt. Die Vorgehensweise dient als Grundlage für die eigene Umsetzung innerhalb des Projekts Jahresringe.
Sch in Oberhausen wollten die wichtigsten Lebensstationen Jesu in Szene setzen. Hierfür erfolgte in einem ersten Schritt die Auswahl und inhaltliche Erarbeitung der Bibelszenen innerhalb des Unterrichts. Anschließend wurde den Sch die Verantwortung für jeweils eine Szene übertragen. Da die biblische Botschaft nicht nur aktualisiert, sondern auch mit markanten Orten des Ruhrgebiets verbunden werden sollte, lag es an den Sch, zunächst einen geeigneten Ort für die fotografische Umsetzung zu finden.
Nachdem Sch eine Vorstellung über die Gestalt ihres Fotos entwickelt hatten, wurde diese in einer Art Regieanweisung in Form gebracht. Diese diente dazu, Mit-Sch, Freunde und Verwandte über ihre Position im Bild zu informieren. Auch hier wurde aus den Bildern ein Anlass zu vielfältiger Begegnung: Neben den befreundeten Mitwirkenden gesellten sich drei ältere Damen aus einem Altenheim zu den Darstellern. Das auf der DS abgebildete Bild zeigt zusätzlich, dass auch die jüngste Generation mit eingebunden wurde. Ein professioneller Fotograf übernahm die Ablichtung der Szenen.
Die komplette Arbeit wurde dann in Form einer Ausstellung der Öffentlichkeit zugänglich gemacht.
Diese Vorgehensweise ließe sich auch auf das gesamte Projekt übertragen.

Biblische Bilder. Sch recherchieren zunächst die Altersvorstellungen in der Gesellschaft. L gibt als Suchhilfe die Begriffe »Alter« und »Gesellschaft« vor. Bei der Umsetzung des Fotoprojekts ist die zeitliche Gestaltung zu beachten bzw. die Ortsauswahl. Eine altersadäquate Besetzung der Rolle bietet die Chance zur Begegnung zwischen den Generationen, sollte also angestrebt werden.

Weiterführen

Ermutigung. Die Altersbilder der Bibel bleiben nicht dabei stehen, eine bestimmte Sichtweise auf das Alter zu liefern, vielmehr bieten sie eine Antwort auf die Fragen, die gerade das Alter aufwirft. Ist mit dem Tod alles zu Ende?

Diese Frage ist es, die alle Generationen verbindet. **M 10.5 (S. 267)** bietet einen Text, der diese Dimension christlicher Hoffnung beinhaltet. Sch stellen aus dem Text die Antwort auf die obige Frage zusammen.

Wenn ihr nicht werdet ... Sch lesen in der Bibel Lk 18,15-17 und erarbeiten anhand der Erkenntnisse aus der DS, welche Wesenszüge von Kindern Jesus mit dieser Aussage bewahrt wissen möchte. Hierbei kann auf die Erfahrungen innerhalb der Meditation zurückgegriffen werden. Folgende Eigenschaften werden von den Sch angesprochen: Spontaneität, Offenheit, besonderes Vertrauen, Neugierde, nicht nachtragend sein etc.
Diese Szene eignet sich auch zur szenischen Umsetzung innerhalb des Projekts.

Alles hat seine Zeit AUSFLUG 158 | 159

Ansetzen

Der Titel der DS verweist auf das Buch Kohelet und die dortige Betrachtung alles Zeitlichen. Jeder darf sich in den verschiedenen Lebensphasen aufgehoben wissen. Jede Lebensphase hat ihre besondere Würde und Berechtigung. Zu keiner Lebenszeit ist der Mensch ohne Aufgabe. So schreibt Karl Rahner noch in hohem Alter innerhalb einer Theologie des Alters: »Das Alter hat vielmehr eine auch sonst fast unermessliche Aufgabe gegenüber dem, was wir in der Vergangenheit geworden sind und jetzt immer noch sind. Wir Alten sind noch nicht fertig. In einem wahren Sinn ist doch noch alles offen; der Ausgang unseres Lebensdramas ist noch Zukunft, und alles, was von der Vergangenheit her unerbittlich ist, steht unter dem Spruch des Gottes einer alles verwandeln könnenden Liebe, der auch unser vergangenes Leben, ohne es auslöschen zu müssen, umsetzen kann in selige Freiheit.« (Karl Rahner, Zum theologischen und anthropologischen Grundverständnis des Alters, in: Sekretariat der Deutschen Bischofskonferenz (Hg.), Themenheft zur Woche für das Leben 1993, Bonn 1993, S. 39.)
Dabei muss der Mensch, so Karl Rahner, aber auch nicht angesichts seiner möglichen Gebrechlichkeit im Alter verzweifeln: »Zur Aufgabe des Alters gehört es, rechtzeitig diese unbekannt auf uns zukommende Situation des Alters und des Todes anzunehmen und zu wissen: Alles kann Gnade sein, auch dann, wenn wir nur noch die hilflos Besiegten sind.« (a. a. O., S. 40)
Diese Möglichkeiten des Alters will die DS vermitteln. Hierzu wird das Phänomen, das allgemein als »Jugendwahn« bezeichnet wird, durch die Geschichte vom Holzpferd kontrastiert. Unterstützt wird dieser Kontrast durch die Bildauswahl, die mit erläuternden Gedichten versehen ist. Sowohl Bilder als auch Gedichte entstammen einer Arbeitshilfe, die zahlreiche weitere Anregungen zum Thema bietet: Bischöfliches Hilfswerk Misereor e.V., Ich kann gehen – Von der Lust und Last des Alterns heute, Aachen 2007.

Hanna Wehrhahn, Wie viele Sommer habe ich noch (2007)
Jede Lebensphase eines Menschen trägt Früchte. Diese Früchte sind es, die zum Lebenssinn eines Menschen beitragen. Lauern auch Gebrechen und Tod über der Lebensphase des Alters, so liegt doch in der Unbekannten die Hoffnung, dass auch diese Phase noch Früchte hervorbringt. Bildlich ausgedrückt wird diese Phase des Gebrechens durch die zerteilte Frucht, die jedoch neue Kerne, die Hoffnung auf neues Leben in sich trägt. Die Person auf dem Bild bewahrt diese Frucht, so wie alle anderen vor ihr. Die bergenden Hände deuten dies an. Die Künstlerin (geb. 1958) selbst schreibt zu ihrem Bild: »Wir tragen alle Alters- bzw. Reifestufen in uns, die sämtlich gelebt werden wollen – doch wir sehen nur das ›Alte Haus‹. Die Frucht, die Ernte, der Sommer bedeuten mir die Hoch-Zeiten des Jahres. Doch auch der Sommer weicht dem Herbst – so ist alles im Fluss, im ständigen ›Sich-Wandeln‹, und gleichzeitig bewahren wir die gelebten Alters- und Reifestufen in uns.« (Bischöfliches Hilfswerk Misereor e. V., Ich kann gehen – Von der Lust und Last des Alterns heute, Aachen 2007, S. 8.)

Umsetzen

■ **Jugendwahn.** Bild und Gedicht setzen einen Gegenakzent zum Text »Attribut Jugend«. Sie zeigen eine Betrachtung des Alters, die es nicht nötig hat, die Jugend zurückzugewinnen. Während das Gedicht besonders die Fülle der Zeit betont, die dem alten Menschen zur Verfügung steht, lenkt das Bild den Blick auf die intellektuellen Entfaltungsmöglichkeiten, die dem alten Menschen noch offenstehen. Dabei klingt in der Farbgebung jedoch durchaus auch die andere Dimension des Altseins an: Gebrechen und Einsamkeit.
Sch vergleichen die Eindrücke aus dem Handlungsimpuls mit den Anforderungen, die die Medien heute an die Jugendlichen stellen, bzw. was Jugendlichen heute suggeriert wird, wie sie zu sein haben.

■ **Ungeheuerlich.** Die Bildbeschreibung aus Sicht der Textautorin muss vom letzten Satz des Gedichtes ausgehen. L kann mithilfe der Bildbeschreibung (S. 257) Hinweise geben, die den Sch bei der Umsetzung helfen.

■ **Holzpferd.** Sch-Antworten beinhalten die Chancen, die das Alter als Lebensphase bietet: mehr Zeit für die Lebensgestaltung, mehr Zeit für liebgewordene Beziehungen, Kenntnisse, die der Jugend zugute kommen können etc.
Im Rahmen einer Begegnung tragen Sch ihre Antworten älteren Menschen vor. Hier bietet sich der Anknüpfungspunkt für ein Vorleseprojekt.

Weiterführen

■ **Zimmer eingerichtet.** Die Integration aller Lebensphasen für ein gelingendes Leben verdeutlicht die Geschichte von Margot Benary-Isbert »Mobiliar für das Alter«. In der Rückschau einer alten Frau auf ein Erlebnis ihrer Jugend schildert sie die Begegnung mit einem alten Mann, der ihren weiteren Lebensweg in besonderem Maß prägen sollte. Die letzte Lebensphase dieses Mannes gewinnt besonderen Lebenssinn dadurch, dass er seine Erfahrungen an ein junges Mädchen weitergibt. Obwohl die Begegnungen nur über sieben Monate stattfinden, bleibt etwas von dem alten Mann zurück und trägt zum Gelingen des Lebens des jungen Mädchens bei. Für Sch ist hier zweierlei zu erarbeiten: Zunächst wird erkennbar, in welchem Maß Begegnungen Lebensläufe prägen. Darüber hinaus wird deutlich, dass die letzte Lebensphase nicht nur für den alten Menschen selbst, sondern gerade auch für die Jungen eine besondere Bereicherung sein kann. Sch lesen **M 10.6 (S. 268f.)** und erarbeiten die Veränderungen, die sich durch die Begegnungen zwischen dem jungen Mädchen und dem alten Mann ergeben. Anschließend gestalten sie einen Raum, z. B. in einem Schuhkarton, der veranschaulicht, womit sie selbst ihren Kopf möblieren möchten.

■ **Alles hat seine Zeit.** Sch gestalten einen von ihnen gewählten Teil von Koh 3, indem sie ihn abschreiben und mit erläuternden Bemerkungen versehen. Dabei sollten auch ästhetische Gesichtspunkte berücksichtigt werden. Diese Textgestaltungen werden wiederum zum Anlass einer Begegnung. Sie werden von den Sch gerahmt und an einen älteren Menschen ihrer Wahl verschenkt. Bei der Übergabe erfolgt ein Austausch über die Gestaltung. Mit dem Bild verschenken Sch also auch einen Teil ihrer Zeit.

Füreinander Miteinander AUSFLUG 160 | 161

Ansetzen

Gesamtgesellschaftlich gesehen nimmt der Anteil an alten Menschen immer mehr zu. Dies hat auch Auswirkung auf die individuelle Lebensgestaltung nicht nur der älteren Generationen. Der Text »Alt sein in der Gesellschaft von heute« beschreibt diesen Zusammenhang. Die Sensibilisierung für die Rolle der älteren Generation ist allerdings nicht nur aufgrund der Tatsache des eigenen Altwerdens bzw. des Altwerdens der Eltern erforderlich: Der Schatz an Wissen und Erfahrung, den die ältere Generation in sich trägt, ist für die jungen Menschen die Grundlage für eigenes, lebenslanges Lernen. Altwerden und Altsein heißt nicht, die Menschenwürde zu verlieren, sondern in besonderer Weise neu zu erleben.
»Der ältere Mensch muss nicht einsam sein, auch nicht in unserer Zeit zunehmender Singularisierung. Die Vorstellung von einer generellen Isolation und Einsamkeit im Alter muss revidiert werden; sie basiert auf falschen Voraussetzungen, trägt aber zu einer negativen Erwartungshaltung der Älterwerdenden und zu einer Angst vor dem Alter bei. (...) Nicht das Hineingeborenwerden in einen bestimmten Kreis garantiert heute eine Integration gewissermaßen ohne eigenes Dazutun, sondern die Aufgeschlos-

senheit für andere Menschen, gemeinsame Interessen und Ziele und das aktive Bemühen um den anderen erst sichern ein Füreinander und Miteinander!« (Ursula Lehr, Leben im Alter – Eine Zukunft auf dem Abstellgleis?, in: Sekretariat der Deutschen Bischofskonferenz (Hg.), Themenheft zur Woche für das Leben 1993, Bonn 1993, S. 14.)
Die biografischen Erfahrungen im Text »Traumrollen« verdeutlichen die Möglichkeiten dieses neuen Lebensabschnitts.
Ziel der DS ist, dass Sch erkennen, dass es nicht nur darum geht als junge Generation für die alte da zu sein, sondern dass die alte Generation durchaus viel geben kann und auch dazu bereit ist.

Umsetzen

■ **Ewig jung?** Sch bringen zu diesem Thema bereits persönliche Erfahrungen bzw. Vorwissen aus anderen Unterrichtsfächern mit. Daran können sie mit diesem Handlungsimpuls anknüpfen.

■ **Ansprüche.** Sch kennen Aussprüche wie »Du bist noch jung, du hast noch jüngere Beine ...« oder »Solange du deine Beine noch unter meinen Tisch streckst ...«. L gibt diese Beispiele vor und lässt Sch weitere Sätze ergänzen. In einer Tabelle werden die Ansprüche, die hinter diesen Aussprüchen stecken, in Überbegriffe gefasst. Jeder Überbegriff wird von den Sch daraufhin überprüft, wie sie selbst jüngere Sch erleben. Sie entscheiden, ob der Gedankengang für sie nachvollziehbar ist bzw. wie sie ihn aus ihrer Perspektive heraus gerne modifizieren würden.

■ **Würde.** Schon heute entwickelt sich aufgrund des Gesellschaftswandels ein breites Spektrum an Lebensformen im Alter: Mehrgenerationenhäuser, Alters-WGs, betreutes Wohnen und Pflegeheime sind, um nur einige zu nennen, neue Formen des Zusammenlebens im Alter. Es finden sich aber nach wie vor auch traditionelle Modelle, wie z. B. das Leben in einer Großfamilie. Sch erfahren, dass Leben im Alter wesentlich von den sozialen Strukturen geprägt ist, die das sonstige Leben bestimmten. Dies kann positive, aber auch negative Auswirkungen haben: Viele Menschen sind der Pflege der eigenen Eltern nicht gewachsen, aber umgekehrt auch oft der Teil der Familie, der den Eltern vermittelt, dass sie noch gebraucht werden. Die ältere Generation wird oftmals von den Enkelkindern im besten Sinne jung gehalten.
Die verschiedenen Lebensformen werden auf ihren Zusammenhang mit dem Begriff »Würde« hin untersucht.

■ **Alterssimulator.** Den Sch scheinen die Einschränkungen des Alters oftmals übertrieben zu sein. Dass dies häufig nicht zutrifft, sollen die »Altersübungen« zeigen. Alltägliche Tätigkeiten werden mit den angesprochenen Beschränkungen zeitintensiver und gelingen oftmals nicht mehr mit der geforderten Präzision. Dieser neue Blickwinkel ermöglicht auch eine andere Art des Austausches mit einem älteren Menschen. Sch haben am Ende erlebt, dass Verständnis füreinander zur Grundlage neuer Beziehungen werden kann.

■ **Lebensabend.** Sch erkennen, dass der Lebensabend keine minderwertige Lebenszeit darstellt. Sie ist ebenso Geschenk wie das Leben selbst. Der Text beschreibt im Gegenteil den Lebensabend gerade als den Teil des Lebens, der es möglich macht, Träume noch zu leben.

■ **Alterskapital.** Sch suchen Bilder zu gemeinsamen Feiern, Veranstaltungen von jungen Menschen für alte und umgekehrt. Sportliche Ereignisse, wie z. B. die Olympischen Spiele, verbinden die Generationen ebenso wie die großen kirchlichen Treffen auf Katholikentagen etc. Für ein differenzierteres Vorgehen gibt L drei Kategorien vor: »Gemeinsames Feiern«, »Voneinander lernen«, »Füreinander da sein«.
Zu jeder Kategorie werden anschließend Beispiele und Bilder gesammelt:
- Gemeinsames Feiern: Sportereignisse, Dorffeste, Katholikentage, Familienfeste ...
- Voneinander lernen: Computerkenntnisse weitergeben, alte Handwerkskunst erhalten, Proteste organisieren ...
- Füreinander da sein: Einkaufsdienst, Leihomas und -opas, Zuhören ...

Weiterführen

■ **Ich nicht?** Sch überdenken die Bedeutung des Miteinanders zwischen den Generationen für ihr eigenes Leben (**M 10.7, S. 270**). Das Märchen wird zunächst aktualisiert und dann mit verteilten Rollen nachgestellt. Anschließend schreiben Sch das Märchen so um, dass deutlich wird, dass nicht nur das abschreckende Beispiel das Lernen eines neuen Umgangs mit dem Alter durch die Elterngeneration ermöglicht.

■ **Generationendenken.** Sch versetzen sich in die Lage eines Menschen, der erlebt, wie die Menschen um ihn herum immer älter werden. Anschließend setzen sie sich mit den Vorstellungen eines Menschen auseinander, der über sein eigenes Alter reflektiert (**M 10.8, S. 271**). L gibt als Sicherung der Überlegungen das Thema »Altersleben – Lebensalter« zur

Abfassung einer Geschichte vor. Die Geschichten eignen sich als Teil der Projektausstellung oder können Eingang in ein Buch finden, das die Klasse zum Thema »Jung und Alt« zusammenstellt.

■ **Zu spät?** Sch recherchieren das Lied »The living years« von Mike and The Mechanics (auch in einer dt. Übersetzung) und setzen sich mit dem Text auseinander. Der Text beleuchtet eine Eltern-Kind-Beziehung und geht dabei auf die Veränderungen dieser Beziehung im Laufe eines Lebens ein. L spielt das Original des Liedes vor. Sch erstellen aus den Informationen des Textes eine Skizze der Beziehungen zwischen den drei Generationen, die im Liedtext angesprochen werden.
Anschließend übertragen sie die Erkenntnisse auf ihre Beziehung zu den älteren Generationen. Sch lesen dazu nochmals den Text »Altersbilder in der Bibel« auf S. 156. L gibt dazu nachfolgendes Muster vor:

»Wenn ich an meine Eltern und Großeltern denke, fällt mir auf, dass sie ganz unterschiedlich mit mir umgehen.
Meine Eltern ...
Meine Großeltern ...
Ich selbst verhalte mich ihnen gegenüber auch nicht immer gleich ...
Wenn ich darüber nachdenke, würde ich meinen Großeltern gerne sagen ...
Meine Eltern sollten wissen ...«

Über diesen Handlungsimpuls erfolgt die Verbindung zwischen den Ansprüchen, die die Altersbilder der Bibel und die Lebenswelt der Sch vermitteln.

Rückblick SOUVENIRS 162 | 163

Ansetzen

Nach den Vorgaben einer zielorientierten Projektarbeit gehört auch die Evaluation von Ergebnis und Arbeitsprozess verbindlich zur Durchführung des Projektes. Die Souvenirseite bietet die Grundlage für diese Evaluation, führt die Erkenntnisse zusammen und arbeitet auf weitere Begegnungen hin. Der Baumquerschnitt greift auf den Anfang zurück und dient der Reflexion über die Erfahrungen beim Arbeitsprozess. Das Lied »Herr, wie ein Baum« bietet Anknüpfungspunkte für die inhaltlichen Erkenntnisse.

Umsetzen

■ **Projektreflexion.** Je nach Projektverlauf kann es notwendig sein, die Fragen noch anzupassen. Durch die gestalterische Form der Evaluation kann die Reflexion entweder selbst Teil der Ausstellung werden oder in das Werkstattbuch Eingang finden.

■ **Abschluss.** Das Lied »Herr, wie ein Baum« zieht erneut die Verbindung zwischen Jugend und Alter. Durch die Baumsymbolik wird die Verbindung zwischen den Generationen hervorgehoben. Die Metaphorik zeichnet ein Lebensbild, das sich der Verbindung zu den Vorfahren bewusst ist. Der Mensch ruht auf dem Glaubensfundament der vorangegangenen Generationen. Gleichzeitig wird er zur Verbindung zwischen diesen und den nachfolgenden Generationen. Auf dieser festen Basis kann der Mensch ein gelingendes Leben entfalten und dies später an seine Kinder weitergeben.
Je nach den Erfahrungen innerhalb des Projekts werden Sch sich eher für ein Dank- oder ein Bittgebet entscheiden. Da es Sch manchmal schwer fällt sich in dieser ungewohnten Sprachform zu bewegen, kann Nachfolgendes als Schablone dienen:

Bittgebet
Herr, manchmal gelingt nicht alles so, wie wir uns das wünschen ... *(Es folgt in eigenen Worten die Beschreibung dessen, was als defizitär empfunden wird.)*
Herr, wir bitten dich ... *(Es folgt in eigenen Worten die Beschreibung dessen, was man ändern möchte.)*
Amen.

Dankgebet
Herr, alte/junge Menschen können schöne Erfahrungen machen ... *(Es folgt die Beschreibung der positiven Erfahrungen.)*
Herr, wir danken dir dafür, dass ... *(Es folgen schöne Erlebnisse, der verschiedenen Lebensalter.)* Amen.

Die Gebete können entweder für die Altersstufen allgemein oder persönlich im Hinblick auf einen besonderen Menschen bzw. eine besondere Begegnung gestaltet werden.

Weiterführen

■ **Abschluss.** Egal, welches Produkt am Ende des Projektes entstanden ist, muss das Projekt damit nicht zu Ende sein. Begegnung ist nie abgeschlossen. So vielfältig die Möglichkeiten der Projektgestaltung sind, so vielfältig sind die Möglichkeiten den Abschluss offen zu gestalten. Denkbar ist z. B. ein Vorleseprojekt für alte Menschen, das dadurch zeitlich entlastet wird, dass Sch einer Klasse sich abwechseln. Hierzu findet sich Material bei der »Stiftung Lesen« unter www.lesezeichen.poolworxx.de/fileadmin/lesezeichen/Dokumente/Dokumente/Vorlesetipps_Senioren.pdf.
Auch ein Abschlussfest mit allen, die zum Gelingen des Projektes beigetragen haben, kann zum Ausgangspunkt für länger andauernde Beziehungen werden.

■ **Gemeinsam Glauben leben.** Sch organisieren für alle, die am Projekt beteiligt waren, einen Wortgottesdienst. Zur Vorbereitung können die erarbeiteten Aspekte herangezogen werden. Als Grundlage für einen solchen Gottesdienst als Brückenschlag zwischen Jung und Alt findet sich auf **M 10.9** (**S. 272**) ein Vorschlag für einen Wortgottesdienst. Je nach Lerngruppe können Sch von diesem Gottesdienst nur den Ablauf nutzen und umarbeiten, aber auch den gesamten Gottesdienst wie vorgestellt durchführen. Die Fürbitten müssen noch nach vorgegebenem Muster ergänzt und mit einer Hinführung versehen werden. Der Gottesdienst eignet sich auch leicht modifiziert für einen Schuljahresabschlussgottesdienst, der Sch mit Zeit für Begegnungen in die Ferien entlässt. Hierbei könnten die Träume für das eigene Leben noch stärker in den Vordergrund gerückt werden.

Bediente Standards in der LL »Projekt Jahresringe«

Die Tabelle gibt an, welche Standards zentral bedient werden [x], bzw. welche teilweise wiederholend angesprochen werden [(x)].

DIMENSION »MENSCH SEIN – MENSCH WERDEN« Die Schülerinnen und Schüler	
– wissen, dass Partnerschaft Entwicklungsschritte zur eigenen Identität und zur Liebesfähigkeit voraussetzt;	(x)
– können den Stellenwert, den Sexualität in unserer Gesellschaft hat, reflektieren und kennen Kriterien eines verantwortlichen Umgangs mit Sexualität;	
– verstehen, dass es zum Menschsein gehört, sich entscheiden zu müssen und zu Entscheidungen zu stehen;	x
– verstehen, dass menschliches Leben begrenzt ist, zum Beispiel durch Leid, Krankheit und Tod;	x
– können den Grund der christlichen Hoffnung auf Auferweckung darlegen und Wiedergeburtsvorstellungen von dieser abheben.	
DIMENSION »WELT UND VERANTWORTUNG« Die Schülerinnen und Schüler können	
– das Anliegen des konziliaren Prozesses darlegen und argumentativ begründen;	
– an einem Beispiel den Zusammenhang zwischen Werten und Normen aufzeigen;	
– Schritte der ethischen Entscheidungsfindung darlegen;	
– an einem Beispiel aufzeigen, in welcher Weise sich Christen bei einer ethischen Entscheidung unter anderem an Weisungen des Dekalogs, an Jesu Leben, Handeln und Lehre und an kirchlichen Traditionen orientieren.	
DIMENSION »HERMENEUTIK: BIBEL UND TRADITION« Die Schülerinnen und Schüler	
– können aufzeigen, wie Kenntnisse über die Entstehungssituation biblischer Texte zu deren Verständnis beitragen;	
– können an einem biblischen Beispiel den Zusammenhang von literarischer Gattung, Aussageabsicht und Sitz im Leben erläutern;	
– kennen verschiedene methodische Zugänge zu biblischen Texten und können sie ansatzweise beurteilen;	
– können aufzeigen, wie Menschen versuchen, sich in unterschiedlichen Ausdrucksweisen der Wirklichkeit Gottes anzunähern.	(x)
DIMENSION »DIE FRAGE NACH GOTT« Die Schülerinnen und Schüler	
– können an einem Beispiel Möglichkeiten des Redens von Gott erläutern und seine Grenzen aufzeigen;	
– können an biblischen Texten zeigen, wie Geschichte als Weg Gottes mit den Menschen gedeutet wird und wie Nähe und Abwesenheit Gottes erfahren werden;	(x)
– verstehen, dass nach christlichem Verständnis Gott sich den Menschen bedingungslos zuwendet und dass dieses Angebot ernst zu nehmende Konsequenzen hat (unter anderem Weisungen und Normen).	
x **DIMENSION »JESUS DER CHRISTUS«** Die Schülerinnen und Schüler	
– können anhand einer Weisung der Bergpredigt und des Doppelgebots der Liebe die Relevanz der Botschaft Jesu für heute aufzeigen;	
– können Jesu Umgang mit der Tora an einem Beispiel erläutern;	
– verstehen, dass Jesus Gottes Nähe erfahrbar machte, unter anderem in seiner Zuwendung zu Sündern und Ausgestoßenen und seinem Verzicht auf Gewalt;	(x)
– können den Zusammenhang zwischen der Auferweckung Jesu und der christlichen Hoffnung auf Vollendung darlegen.	
DIMENSION »KIRCHE, DIE KIRCHEN UND DAS WERK DES GEISTES GOTTES« Die Schülerinnen und Schüler können	
– an konkreten Beispielen die diakonische, missionarische und kritische Funktion der Kirche in der Gesellschaft darstellen;	
– an einem Beispiel die Kooperation von Staat und Kirche in der Bundesrepublik Deutschland erläutern;	
– unterschiedliche Verhaltensweisen von Christen in der Zeit des Dritten Reiches darlegen und bewerten.	
DIMENSION »RELIGIONEN UND WELTANSCHAUUNGEN« Die Schülerinnen und Schüler können	
– kennen Beispiele für christlichen Antijudaismus und können sich kritisch damit auseinandersetzen;	
– können den Hinduismus in Grundzügen darstellen, z. B. Prägung des Alltagslebens, verschiedene Gottesvorstellungen, und ihn mit dem Christentum vergleichen;	
– können anhand der Biografie des Buddha zentrale Überzeugungen und Lebensziele des Buddhismus erläutern und mit dem Christentum vergleichen;	
– sind aufgrund eines kritischen und selbstkritischen Vergleichs in Ansätzen zu einem Dialog mit anderen Religionen und Weltanschauungen befähigt.	

Projektschritte

1. Situationsanalyse
Analyse der bestehenden Situation: Wie lautet die Fragestellung bzw. das Problem? (Umfrage, Interview, Berichte)

↓

2. Zielsetzung
Welche Ziele werden angestrebt? Was soll erreicht werden? Wie und mit welchen Mitteln können wir arbeiten? Prioritäten werden festgelegt.

↓

3. Planung
Wer macht was, wann, mit wem? Entwicklung von Arbeitsschritten

4. Durchführung
Umsetzung der Planung

Aufgabe 1	Aufgabe 2	Aufgabe 3	Aufgabe 4	Aufgabe 5	Aufgabe 6

P | R | O | J | E | K | T

↓

5. Präsentation
Die erarbeiteten Lösungen werden präsentiert: Ausstellung, Forumtheater, Collagen, Broschüre, Videofilm, Podiumsdiskussion

↓

6. Reflexion
Wie haben wir unsere Ziele erreicht? Was hat mir gut gefallen? Womit bin ich unzufrieden? Was war störend? Wie war das Miteinander in der Gruppe? Was könnte beim nächsten Projekt besser gemacht werden?

Franz W. Niehl, Arthur Thömmes

- Besprecht in der Lerngruppe das abgebildete Schema, sodass allen am Projekt Beteiligten die notwendigen Schritte klar sind.
- Führt die einzelnen Schritte nacheinander durch.
- Überprüft den Fortgang eures Projektes immer wieder anhand des Schemas.

Ein Werkstattbuch führen – Eine Anleitung für Projektteilnehmerinnen und Projektteilnehmer

Wie der Name vermittelt, ist das Werkstattbuch der ständige Begleiter eines Arbeitsprozesses. Es dient dazu, deine Fortschritte und Überlegungen während der Projektarbeit zu dokumentieren.
Das Werkstattbuch wird von Beginn der Projektarbeit an mitgeführt. Besonders geeignet sind leichte, dünne Ordner (wie sie inzwischen auch für Portfolios verwendet werden) mit Ringbucheinlagen.
Das Werkstattbuch spiegelt deine Vorgehensweise und deine Ideen in einer von dir gewählten Form wieder. Es kann Quellenangaben, Texte und Fragestellungen ebenso enthalten wie Skizzen, Mind-Maps oder Grafiken.
Dokumentiert werden dabei Ergebnisse, neue Erkenntnisse, formulierte Fragen und Antworten. Das Werkstattbuch soll den Leser aber auch erkennen lassen, wo sich Sackgassen ergeben haben und neue Lösungswege gefunden werden mussten. Auch eine Reflexion über die eigene Qualität der Arbeit gehört zu den Bestandteilen: Dies kann durch einen nachträglichen Kommentar von Ideen geschehen, z. B. wenn diese den Arbeitsprozess aufgehalten haben und daher verworfen werden mussten.
Damit ist das Werkstattbuch ein Mittel zum Zeitmanagement. Nicht nur um bereits verworfene Ideen zu dokumentieren und somit Umwege auszuschließen, sondern auch für die Planung des zukünftigen Vorgehens und der Sicherung von bereits gefundenem Material bzw. Ergebnissen aus Begegnungen.
Sinnvoll ist es, das Werkstattbuch mitlaufend zu führen und nicht in der Rückschau, da sonst der Nutzen für den Fortgang des Projekts ausbleibt.

- Überlege, welche Form dein Werkstattbuch haben soll, und sammle Ideen für die gestalterische Umsetzung.

Interviewtechnik

Bei den Begegnungen im Rahmen des Projekts Jahresringe geht es immer wieder darum, dass Menschen dich an ihren Erfahrungen teilhaben lassen. Dazu ist eine gute Vorbereitung und Durchführung der Gespräche notwendig.

Vorbereitung

1. Rahmenbedingungen klären: Wo und wann soll das Interview stattfinden?
   Für das Gespräch soll eine angenehme Atmosphäre geschaffen werden. Weder Interviewer noch Interviewter sollten sich unwohl fühlen.
   Der zeitliche Rahmen sollte so gewählt sein, dass genügend Zeit für den Austausch zur Verfügung steht. Eine zu lange Ausdehnung des Gesprächs sollte jedoch vermieden werden, da evtl. nicht mehr die nötige Konzentration zum Zuhören aufgebracht werden kann.
2. Zum Interview einladen.
3. Ziel bewusst machen: Was möchte ich nach dem Interview wissen?
   Die Unterhaltung muss zielgerichtet sein. Hierzu ist es hilfreich sich selbst zu notieren, wohin das Gespräch führen soll. Dies hat entscheidenden Einfluss auf die Fragestellung und ob das Gespräch für den Fragesteller erfolgreich verläuft.
4. Fragen formulieren: Welche Art der Fragestellung gibt es? Was sollte ich vermeiden? Was kann das Gegenüber kränken?
   Die Formulierung sollte dem Gegenüber genügend Raum zum Antworten lassen. Wenn man etwas über jemanden erfahren möchte, sollten Fragestellungen, die nur mit ja oder nein beantwortet werden können, vermieden werden. Es empfiehlt sich Fragewörter zu verwenden. Ebenso ist es wenig zielführend, in seinen Fragen eigene Antworten zu suggerieren.

Ablauf des Interviews

1. Vorstellung der eigenen Person und des Anliegens
2. Mit unproblematischen Fragen beginnen
3. Nachfragen, wenn etwas unklar ist
4. Auf Unvorhergesehenes einlassen
5. Mit angenehmen Fragen abschließen
6. Dem Interviewten den Dank aussprechen

Dokumentation des Interviews

Da die Durchführung eines Interviews ein hohes Maß an Konzentration erfordert, sollte man sich bei der Dokumentation der Antworten entlasten. Neben einer Tonbandaufzeichnung empfiehlt es sich, ein/e Mitschüler/in als Protokollant/in mit einzubeziehen.

- Plane anhand der Hinweise ein Interview mit einem älteren Menschen zu einer der Projektideen aus dem Buch und führe das Interview durch.
- Halte deine Eindrücke über das Gelingen des Interviews in deinem Werkstattbuch fest.

Mensch sein

Gehen können, weil er gekommen ist – Eine nüchterne Ermutigung

Was hat ein alter Mensch noch zu erwarten? Hat ein alter Mensch das, was ihn bewegen kann, schon hinter sich oder hat er es noch vor sich? Worauf kann er setzen? Diese Frage sitzt tief. Sie kann auf die Suche gehen lassen und freilegen helfen, was aus dem Lebenswissen der Glaubenden, der Kirche geschöpft werden kann. (...)
Viele erleben das Alter als Provokation. Sie beginnt oft schon in dem äußeren Umstand, dass etliche Menschen gleichen Alters gestorben sind. Nicht selten gerät der Rückblick in die eigene Geschichte in die Färbung der Jetztzeit: Wenn ich jetzt nicht mehr nützlich bin, war ich dann überhaupt zu etwas nutze in meinem Leben? War nicht alles vergeblich? Was wartet also auf den alten Menschen? In einem poetischen Text aus dem alttestamentlichen Buch Kohelet (11,9-12,7) ist das Alter ganz und gar nicht poetisch beschrieben. (...) Der den Text gedichtet hat, kennt die Trauer um die verlorene Jugend. In verschlüsselter Form beschreibt er das zerbrechende Gehäuse des Leibes und des Lebens. (...) Die vielen Bilder erweisen, wie beschwerlich das Alter ist. (...) Sehr nüchtern nehmen diese Verse das Lebensende in den Blick. Doch ist diese Erfahrung von Defizit und von Defekt, die Angst macht, dem Alter ins Gesicht zu sehen, eingebettet in eine Lehre vom gelingenden Leben. Es wölbt einen anderen Horizont über diese fraglose Not des Lebensendes, und setzt auf anderes. Was ist dieses andere? Kohelet hat diese Verse über die Not des Alterns in einen Zusammenhang gegeben. (...) Es ist hier die alte Erfahrung aufgenommen, dass sich im Alter oft nicht mehr ergibt, was man dahin verschoben hat. Was im Alter lebendig sein soll, will in der Jugend eingeübt sein. Schon in jungen Jahren will beherzigt sein, in Gemeinschaft mit Gott zu leben. Darin liegt die Verheißung, dass diese Gemeinschaft dann nicht nur bleibend gedacht werden kann, sondern auch tatsächlich erfahren wird und tragen kann. Gegen die Depression des unweigerlichen Sterbenmüssens, gegen die realen Brüche im Leben setzt die Bibel die Widerstandskraft eines mit dem Gott des Lebens gelebten Lebens.
Nicht die Ungeheuerlichkeiten am Ende des Lebens sollen alles bestimmen, sondern eine Sicht, die die Welt und das persönliche Leben schon von Anfang her neu sehen lehrt. Das verändert wohl nicht die leiblichen Altersphänomene, doch steht alles in einem anderen Licht. Hier ist die christliche Hoffnung für das alt gewordene Leben beheimatet.
Diese Lebenskunst wird in der Bibel vielfach praktiziert. Gerade angesichts der nüchtern und ungeschminkt wahrzunehmenden Phänomene schenkt der Glaube an den Leben schaffenden Gott neue Hoffnung. Er vermittelt eine überraschende Sichtweise, die nicht menschliche Erfindung ist, die sich vielmehr nährt von den Erfahrungen vieler mit diesem Gott. Deswegen ist auch diese Sicht nicht theoretisch entfaltet in Lehrsätzen, sie wird veranschaulicht an glaubenden Menschen. Zu ihnen gehören Elisabet und Zacharias, die längst eingewöhnt sind in die Frage: Was haben wir noch zu erwarten? Für sie scheint der zentrale Lebensinhalt, nämlich Nachkommen zu haben, verloren. Und dann geschieht das von Menschen Undenkbare: Elisabet und Zacharias empfangen ein Kind.
Im Licht des Morgens singt die Kirche im Morgenlob den Hoffnungsgesang, den der alt gewordene Zacharias nach der alle Erwartungen übersteigenden Geburt seines Kindes Johannes gesungen hat, das Benedictus (Lk 1,68-79). Wo dieses Lied gesungen wird, da sind Menschen versammelt, die die Hoffnung dieses Liedes in sich tragen und erwecken lassen und andere zu ihm ermutigen. (...)
Zacharias gedenkt des Versprechens Gottes, Heil zu wirken. Das ist das bleibende Ziel. All diese Verheißungen sind gebündelt in Gottes Eid, den Bund mit Abraham niemals zu brechen. Nun braucht es einen Wegbereiter für die Erkenntnis dieses Gottes. Johannes, der Sohn des Zacharias, ist dazu erwählt. (...) Zacharias singt schon am Anfang vom Ergebnis. Die Kirche singt jeden Morgen von der grundlosen Liebe des Gottes Abrahams, Isaaks und Jakobs, die er vielfältig erwiesen hat und in Jesus Christus unüberbietbar vollendet. (...)
Ob es uns leichter fällt, gehen zu können, wenn wir singen hören, dass ER gekommen ist? Wenn wir uns einüben, mit Zacharias von Gottes Wegen erzählen zu hören, sie mit ihm zu besingen und sie mit Johannes dem Täufer zu gehen? Wir könnten uns wie Johannes als Menschen des Übergangs begreifen, die ihr Licht in dem haben, der gekommen ist, »um allen zu leuchten, die in Finsternis sitzen und im Schatten des Todes, und unsere Schritte zu lenken auf den Weg des Friedens«.

Paul Deselaers

■ Beantworte mithilfe des Textes die Frage, ob mit dem Tod alles zu Ende ist.

Mobiliar der späten Jahre

Oft erinnere ich mich an einen alten Mann, dem ich in meiner frühen Jugend begegnet bin. Er hatte sich nach dem Tod seiner Frau fast zwei Jahre lang ganz von allem Verkehr mit Freunden und Bekannten zurückgezogen. Allein mit seiner Haushälterin lebte er in einer stillen Straße des Frankfurter Westends, in dem Haus, wo er schon geboren war und mit kurzen Unterbrechungen sein ganzes Leben gewohnt hatte. Ein Hüftleiden hinderte ihn seit einigen Jahren am Ausgehen, aber er empfing auch keine Besucher außer seinem Arzt und gelegentlich seinem Anwalt. Eines Tages, nach Ablauf jener ersten zwei Jahre, bat er meinen Vater, zu ihm zu kommen, mit dem er sich früher zuweilen über Dinge unterhalten hatte, die ihnen beiden wichtig waren. Als mein Vater von diesem Besuch zurückkam, sagte er mir: »Herr K. hat mich gebeten, dich zu fragen, ob du bereit wärst, jede Woche einmal bei ihm zu Mittag zu essen, ihm dann ein wenig Gesellschaft zu leisten und ihm etwas vorzulesen. Seine Augen sind in letzter Zeit sehr schwach geworden.« – »Ich? Aber er kennt mich ja kaum«, sagte ich, erschrocken über die Zumutung, einem fremden alten Mann Gesellschaft zu leisten. Wenn man fünfzehn Jahre ist, gibt es so viele interessantere Dinge zu tun. – »Er ist sehr einsam«, sagte mein Vater. »Eine solche Bitte schlägt man nicht ab.« Dagegen gab es keinen Widerspruch. Viele Jahre später erst kam ich auf den Gedanken, dass der alte Herr wahrscheinlich einen bestimmten Zweck mit seiner Einladung verbunden hat. Jetzt, wo ich selbst alt bin, glaube ich bestimmt, dass es so war. Er wollte einem jungen Menschen zeigen, wie man sein Leben führen muss, um später mit der Einsamkeit des Alters fertig zu werden. Tatsächlich kannte er mich eigentlich gar nicht. Er hatte mich als schüchternen Backfisch ein paar Mal bei gemeinsamen Bekannten getroffen und sich dabei ein wenig mit mir unterhalten, nach meinen Interessen, nach meiner Lektüre gefragt, eingehender als sich Erwachsene damals gewöhnlich mit Kindern einließen. »Meublez votre tête!«, sagte er gleich bei einem unserer ersten Gespräche. »Möbliere deinen Kopf!« Der Satz wurde gewissermaßen zum Leitfaden unserer Unterhaltungen. Er selbst, das merkte ich bald, hatte einen außergewöhnlich gut möblierten Kopf, mit dem sich leben ließ, seit die von außen kommenden Anregungen spärlicher geworden waren. Radio und Fernsehen gab es damals noch nicht. Leute, die nicht mehr ausgingen, waren also wirklich auf ihre inneren Quellen angewiesen. Die zwei oder drei gleichaltrigen Bekannten und ein paar frühere Schulkameraden, die noch am Leben waren, besuchten ihn zuweilen, (...) aber ich hatte den Eindruck, dass sie ihn langweilten. (...) Seine Frau war in ihren letzten Lebensjahren krank gewesen (...). Er hatte damals seine große Anwaltspraxis aufgegeben, um immer in ihrer Nähe zu sein. Nun war sein eigenes Leiden so störend geworden, dass er auch das Theater, die Konzerte und Museen unserer Heimatstadt nicht mehr besuchen konnte. Dazu kam, dass er seiner Augen wegen das Lesen, eine lebenslange Leidenschaft, einschränken musste. Ich sah wahrscheinlich sehr bestürzt aus, als einmal die Rede darauf kam, denn auch ich hatte ja seit meiner frühesten Jugend mehr in Büchern als in der Wirklichkeit gelebt. Er merkte mein Bedauern und schüttelte den Kopf. »Es ist nicht ganz so schlimm, wie du dir das vorstellst. Was ich brauche, habe ich hier, dafür habe ich zeitlebens gesorgt.« Er tippte sich mit dem Finger auf seine schöne Goethestirn. »Das gehört mir, und ich kann es jederzeit hervorholen. Wenn mich die Lust zum Reisen ankommt, brauche ich mir nur die Orte, nach denen mich gerade gelüstet, ins Gedächtnis zurückzurufen und kann darin umherspazieren mit der Gefährtin von einst. Wir gehen durch alte Gassen und schöne Kirchen und Tempel, wandern über eine Bergwiese im Morgentau, steigen langsam zu einem Berggipfel empor, und die Kissen von Enzian zwischen dem Grau der Geröllhalden sind so leuchtend blau, wie sie es damals waren ...« Es war das erste Mal, dass er seine Frau erwähnte, aber eigentlich war sie immer da. Das ganze Haus war noch erfüllt von ihr. Sogar ich unerfahrenes junges Ding spürte das. »Was die Museen betrifft, Kind, da mach nur nie den Fehler, alles auf einmal sehen zu wollen. Dann erinnerst du dich nämlich später an nichts mehr. Wir haben uns immer nur das Einzelne und uns Wichtige betrachtet, das aber so genau, dass es dauernder Besitz wurde. Es gibt eine Anzahl von Plastiken und Bildern, die sich mir bei diesem System unverwischbar ins Gedächtnis gegraben haben. Nicht allzu viele, aber genug für den Rest meiner Tage.« Manchmal fand ich ihn mit einer Lupe über eine Mappe mit Radierungen gebeugt, die er dann langsam für mich umblätterte. Selten sagte er ein paar kurze Worte dazu: Ich hatte nie den Eindruck, dass er, wie meine Lehrer, mein Urteil beeinflussen wollte. Ich sollte selbst sehen lernen. So war es auch, wenn ich ihm etwas vorgelesen hatte und wir über das Gelesene sprachen. Dabei sagte ich einmal unüberlegt, das Schlimmste, was einem im Alter passieren könne, müsse doch sein, nicht mehr viel lesen zu können. »Nun, darum füttere ich dich eben jetzt jeden Donnerstag, damit deine jungen Augen meine alten entlasten«, sagte er heiter. »Ich habe schon eine ganze Weile jemand gesucht, dessen Stimme mir angenehm ist. Je schwerhöriger man wird, desto empfindlicher wird man seltsamerweise gegen Stimmen. Als dein Vater mich vorigen Herbst besuchte, fielst du mir ein. Wir unterhielten uns ja ein paar Mal miteinander, als du noch ein halbes Kind warst. Ich erinnere mich, dass ich damals dachte: Wenn diese Stimme erst noch ein wenig mehr Timbre bekommen hat, möchte ich sie gern einmal Hölderlin-Gedichte lesen hören, oder Eichendorff, ›Wer in die Ferne will wandern, der muss mit der Liebsten gehen ...‹ Wie lange kommst du jetzt schon zu mir? Seit September, nicht wahr? Sieben Monate. Wie schnell die Zeit vergeht! Wenn ich dich manchmal langweile, sag es ruhig.« »Ich komme gern«, sagte ich wahrheitsgemäß. »Ich habe mich noch nie eine Minute bei Ihnen gelangweilt.« »Gut!«, sagte er, sichtlich erfreut. »Übrigens habe ich nach dem Grundsatz ›meublez votre tête‹ allerhand auswendig gelernt, als mir das Lesen noch weniger beschwerlich war. Gedichte, Monologe, Reden, Absätze vollkommener Prosa oder was ich dafür halte. Ein ganzes Repertoire, um mir selbst eine Vorstellung zu geben, wenn ich gelegentlich nachts wach liege. Und fast jedes Mal entdecke ich dann irgendetwas, was mir früher entgangen ist. Ich lese ja auch ab und zu noch ein wenig, und weil ich mich jetzt mit dem Wenigen begnügen muss, kann ich jede Zeile gemächlich genießen und mir überlegen. Das prägt sich dann dem löcherig wie ein Sieb gewordenen Gedächtnis doch noch ein, und es gehört mir intimer, als vieles, was ich in der Jugend heißhungrig in mich hineinschlang, statt es gründlich zu kauen und zu verdauen.« Er hatte natürlich schon bemerkt, dass auch ich viel zu schnell und oberflächlich las. »Höre nicht auf, dich im Auswendiglernen zu üben«, mahnte er. »Du wirst im Alter froh darüber sein. (...)« Wie lebhaft sind mir viele unserer Unterhaltungen im Gedächtnis geblieben. Die seltsame Freundschaft zwischen einem sehr alten Mann und einem sehr jungen Mädchen dauerte kaum länger als ein Jahr, denn zu Weihnachten des nächsten Jahres lebte er schon nicht mehr. Jedes Mal erinnere ich mich noch dankbar an ihn, wenn ich versuche, mir vor dem Einschlafen ein Gedicht aufzusagen oder eine Melodie mit dem »inneren Ohr« erklingen zu lassen. Und nie habe ich es aufgegeben, jeden Tag etwas Schönes zu lesen, zu hören, anzusehen oder wenigstens eins von den dreien. Was die verständigen Worte betrifft, so wollen wir das dahingestellt sein lassen. »Meublez votre tête«, das ist einer der nützlichsten Ratschläge, die ich je bekam. Ohne ihn wäre es mir noch viel schwerer geworden, viele Jahre nach dem Tod dieses alten Freundes meine eigene Alterseinsamkeit fruchtbar zu machen. In seinem letzten Lebensjahr hat er noch einem anderen Leben Richtung gegeben, und so lebt denn auch seine »innere Gestalt« fort, solange ich noch da bin.

Margot Benary-Isbert

- Stelle anhand eines Zeitstrahls zusammen, wie die Begegnung mit dem alten Mann das Leben der Autorin in den verschiedenen Lebensphasen verändert.

Der alte Großvater und sein Enkel

Es war einmal ein Großvater, der schon sehr, sehr alt war. Seine Beine gehorchten ihm nicht mehr, die Augen sahen schlecht, die Ohren hörten nicht mehr viel und Zähne hatte er auch keine mehr.
Wenn er aß, floss dem alten Mann die Suppe aus dem Mund. Der Sohn und die Schwiegertochter ließen ihn deshalb nicht mehr am Tisch essen, sondern brachten ihm sein Essen hinter den Ofen, wo er in seiner Ecke saß.
Eines Tages, als man ihm die Suppe in einer Schale hingetragen hatte, ließ er die Schale fallen und sie zerbrach. Die Schwiegertochter machte dem Greis Vorwürfe, dass er ihnen im Haus alles beschädige und das Geschirr zerschlage, und sagte, dass sie ihm von jetzt an das Essen in einem Holzschüsselchen geben werde. Der Greis seufzte nur und sagte nichts.
Als der Mann und die Frau einige Tage später zu Hause beisammen saßen, sahen sie, dass ihr Söhnchen auf dem Fußboden mit kleinen Brettern spielte und etwas zimmerte.
Der Vater fragte ihn: »Was soll das denn werden, Mischa?«
Und Mischa antwortete: »Das soll ein Holzschüsselchen werden, Väterchen. Daraus werde ich dir und der Mutter zu essen geben, wenn ihr alt geworden seid.«
Der Mann und die Frau sahen sich an und weinten. Ihnen wurde plötzlich bewusst, wie sehr sie den Greis gekränkt hatten und sie schämten sich. Fortan ließen sie ihn wieder am Tisch sitzen und waren freundlich zu ihm.

Geschichte nach Lew Tolstoi

- Schreibt das Märchen so um, dass es in der heutigen Zeit spielt, seine Aussage aber behält. Spielt anschließend das Märchen mit verteilten Rollen nach.
- Verfasst eine zweite Version, die verdeutlicht, dass nicht nur die Angst vor dem eigenen Alter Menschen dazu bewegt mit alten Menschen gut umzugehen.

In Ruhe alt werden

Predigt zum Tag der Heiligen Familie 2001 (Sir 3,2-6)
Nach dem Abschluss des Studiums 1981 hat sich unser Theologen-Jahrgang, das sind Pfarrer und Pastoralreferenten, darauf geeinigt, alle zwei Jahre miteinander einen Fortbildungskurs zu organisieren. Jedes Mal merken wir, dass wir uns verändert haben: Persönliche Lebenssituationen verändern sich und Interessen verschieben sich. In diesem Jahr tauchte plötzlich als Hauptgesprächsthema ein Thema auf, das vorher noch nie da war: das Alter. Und die große Frage: Was machen wir, wenn wir alt werden? Für viele stand fest: Was bleibt uns denn anderes übrig, als ins Altenheim zu gehen? Das Thema »Alter« wird in unserer Gesellschaft immer brisanter. Nicht nur wegen der demografischen Entwicklung. Sondern wegen der Wertung des Alters. Jeder möchte eine möglichst hohe Anzahl an Lebensjahren erreichen, aber niemand möchte zu den »Alten« gerechnet werden. Denn als »Alter« stehst du draußen vor den Toren der Gesellschaft. Nur was jung und dynamisch ist, zählt. Nur wer beim rasanten Tempo wirtschaftlicher wie gesellschaftlicher Entwicklungen mithalten kann, bleibt auch gefragt. Eine seltsame Angst vor dem Alter macht sich breit. Aber ob sich nicht auch die Jungen, ewig Dynamischen verrechnen, wenn sie das Alter aus dem Leben in Sonderbezirke verdrängen wollen? In einer theologischen Zeitschrift las ich diesen ironisch geschriebenen, fast sarkastischen Kommentar zu dieser Entwicklung: »Nun sind sie weg, die Gebrechlichen, die Wackligen und Tapsigen. Nun sehen wir keine Krückstöcke und Rollstühle mehr. Wir haben sie umstellt mit Reklametafeln von jungen Körpern, mit Titelbildern von glatten Gesichtern, mit unseren Sport-Boutiquen und Mountainbike-Läden, mit unseren ›Immer-jung-bleiben-Büchern‹. Nun sind sie weg, die ewigen Krankengeschichten und die Erzählungen vom Krieg, die Legenden von der guten alten Zeit und die Klagen über die Verrohung der Sitten, die ständigen Widerworte gegen uns und die tauben Ohren für uns. Nun haben wir sie ausgeschlossen aus der ständigen Sportveranstaltung unseres Lebens, aus unseren Computer-Dörfern und Turbo-Städten, aus unserer Alltagsolympiade. Nun haben wir sie versteckt hinter den Mauern von Altenheimen, hinter den Wänden von Seniorenhäusern, in Pflegestationen, in Familienalben und auf Friedhöfen. Nun sind wir frei. Nun können wir in Ruhe alt werden« (aus: Anzeiger für die Seelsorge 9/1998, 449).
Liebe Zuhörer, das Alte Testament hat einen anderen Ratschlag für den Traum, in Ruhe alt werden zu können. Hier heißt das Lebensrezept: »Wer den Vater ehrt, wird Freude haben an den eigenen Kindern; wer ihn achtet, wird lange leben; und wer seiner Mutter Ehre erweist, der erweist sie dem Herrn« (Sir 3,5f.). Das ist so etwas wie ein Vertrag der Generationen. Kinder lernen an meinem Verhalten zu meinen Eltern, wie sie es einmal mit mir machen werden, wenn ich alt bin. Im Unterschied zur heutigen Lebenseinstellung, die zuerst fragt: Was bringt's mir?, fragt biblische Lebenseinstellung: Was bringt's uns? Bibel denkt »Leben« immer im Geflecht von menschlichen Beziehungen. Nach der Bibel beginnt der Tod mit dem Alleinsein. Ein rechnerisch langes Leben läuft ins Leere, wo menschliche Herzenswärme, wechselseitige Verantwortung und Fürsorge fehlen. Dem kann vorbauen, wer die Weisheit der Alten lernt und umsetzt: »Wer den Vater ehrt ... und wer seine Mutter achtet, gleicht einem Menschen, der Schätze sammelt.« (Sir 3,3f.)

Skizze eines Wortgottesdienstes zu Apg 2,17 – »... und eure Alten werden Träume haben.«

Die Hinweise für das Vorbereitungsteam sind *kursiv*, der Ablauf des Gottesdienstes **fett** gedruckt.

Bei der Liedauswahl ist darauf zu achten, dass sie sowohl für die junge als auch für die alte Generation geeignet ist. Eingängige Refrains erleichtern das Lernen auch unbekannter Stücke.

NGL: Wenn einer alleine träumt ...; Da berühren sich Himmel und Erde ...; Herr in deine Hände (Gregor Linßen); Herr, wie ein Baum (Lothar Zenetti)

GL: Großer Gott, wir loben dich; Kyrie; Lobet den Herren; Herr, wir bringen in Brot und Wein

---

Begrüßung

Lied

Hinführung: Anspiel nach dem Märchen »Der Großvater und sein Enkel« (**M 10.7**)

Lesung: Apg 2,17ff.

Lied

Predigtgedanken
Wovon träumt der Großvater in der Geschichte? Nicht von Ruhm und großen Taten.
Nein! Vermutlich einfach von dem, was alle Menschen begehren: von einem Ort, an dem er sich angenommen wissen darf. Der kleine Junge übernimmt die Denkweisen seiner Eltern und führt ihnen durch sein Verhalten vor Augen, wie der Großvater sich fühlen muss. Der Traum des Großvaters wird wahr, weil die Eltern erkennen, was die Ausgrenzung für den alten Mann bedeutet. Ihr eigenes Kind erst ermöglicht ihnen das Mitgefühl aufzubringen und den Großvater wieder als Mensch zu sehen, wie sie selbst auch gesehen werden wollen. Es gelingt ihnen das Verbindende wiederzuentdecken.
Dass es dennoch Unterschiede zwischen den Generationen und ihren Vorstellungen gibt, soll nicht weggeredet werden. Doch Apg 2,17 zeigt, welche Sichtweise auf diese Unterschiede uns Jesus eröffnet.
Die Unterschiede zwischen den Generationen wirken sich nicht mehr aus. Nicht das Trennende zählt, sondern das Gemeinsame: Die Träume, die zu jeder Lebenszeit den Menschen erfüllen.
Ich habe hier ein Symbol mitgebracht, das in vielen Wohnzimmern hängt, ohne dass die Menschen um seine Herkunft wissen. Schon die Indianer verbanden damit die Vorstellung von der Kraft der Träume. Der Traumfänger war für sie ein Mittel den ruhigen Schlaf zu finden. Diese Ruhe wünschen wir uns auch im und für das Alter. Ich möchte die Elemente des Traumfängers genauer betrachten.
Das Grundgerüst bildet ein Ring, der alles zusammenhält. So wie Gott Menschen jeden Alters ergreift und umgreift, trägt dieser Ring Netz, Steine, Federn und Muscheln. Kein noch so fortschreitendes Alter kann die Würde und die Begabungen nehmen, die Gott uns zuspricht. Nicht das Lebensalter ist entscheidend, sondern die Annahme der Gaben, die Gott uns schenkt.
Das Netz ist fest mit dem Ring verwoben. Reihe um Reihe spannt sich auf die Mitte hin. Dabei kann das Garn dick oder dünn, neu oder alt sein. Genauso sind die Menschen miteinander verbunden.

Die junge Generation steht auf dem Wissen und der Arbeit der alten. Wenn alte Menschen noch Träume haben, setzt das neue Kräfte für die junge Generation frei.
Das Ganze strebt auf die Mitte zu. – Jesus, der mitten unter den Menschen gelebt hat und ohne Unterschied auf sie zuging, der uns immer wieder deutlich macht, dass es darauf ankommt sich für das Reich Gottes zu entscheiden. Jesus hat allen Menschen eine neue Lebensperspektive eröffnet. Die Auferstehungshoffnung gibt uns die Möglichkeit unsere Träume im Alter wachzuhalten, über das Irdische hinauszuträumen. ...

Fürbitten mit Aktion
Die Vorbereitungsgruppe fertigt während der Vorbereitung einen großen Traumfänger an, an den die Fürbitten nach dem Lesen angeheftet werden. Die Herstellung eines Traumfängers ist recht simpel. Die benötigten Informationen sind über das Internet zugänglich.

Herr, jeder Mensch träumt von einem festen Halt in seinem Leben. Lass uns erkennen, dass wir durch dich und in dir gehalten sind. Herr, unser Gott, ...

Fürbittruf

Vaterunser

Meditation – Träume tauschen
Die Vorbereitungsgruppe sucht Menschen, die für den Gottesdienst kleine Traumfängernetze anfertigen. Diese bestehen nur aus Ring und Netz und können von den Gottesdienstbesuchern nach dem Gottesdienst weiter bestückt werden. Diese Traumfänger erhalten die Gottesdienstbesucher zu Beginn des Gottesdienstes. Während der Meditation werden die kleinen Netze möglichst so ausgetauscht, dass immer ein älterer Gottesdienstbesucher seine Träume mit denen eines jüngeren tauscht. Dabei gibt er dem anderen verbal einen seiner Träume mit. Die Kosten können gering gehalten werden, wenn die Ringe aus Draht selbst gebogen werden, das Umwickeln mit Bast erfolgt und für die Netze Paketschnur verwendet wird.

Den Träumen trauen
Den Träumen trauen, die der Schlaf uns anvertraut. Den Morgen loben, der nicht auf Sand gebaut.
Aufs Ganze gehen, wo man halbe Sachen macht. Zur Sprache bringen, was niemand ausgedacht.

Die Antwort finden, die noch ihresgleichen sucht. Der Sehnsucht glauben, die mehr will als genug.
Den Einfall Gottes immer neu gebären, das Handeln üben, seine Stimme hören.

Und Hoffnung schöpfen: Vom Himmel sind wir auferweckt, die Augen öffnen!
Die Erde gibt uns Heimatrecht.
Thomas Laubach

Als Zeichen dieser Hoffnung möchten wir Sie einladen, einen Ihrer Träume mit jemandem zu tauschen. Nehmen Sie Ihren Traumfänger und tauschen Sie ihn mit einem Mitfeiernden. Er sollte möglichst nicht im gleichen Alter wie Sie selbst sein. Erzählen Sie ihm beim Tausch leise einen Traum und nehmen Sie dafür seinen Traum mit.

Schlusslied

Segen

11 Spuren von Religion

Hintergrund

Spielfilme bilden neben Computerspielen und sozialen Netzwerken die am häufigsten genutzten Medien von Sch. Versteht der RU seinen Bildungsauftrag als Beitrag zum Kompetenzerwerb, wie es der Bildungsplan vorschreibt, so muss er auch die Medien reflektieren, die mittlerweile immer mehr zu Lebensbegleitern von Sch werden und ihnen die Deutungsmuster offerieren, durch die sie ihr Leben interpretieren und gestalten.
Diesem ersten Anliegen werden die drei DS der LL »Spuren von Religion« gerecht. Daneben gilt es einen weiteren interessanten Aspekt zu berücksichtigen: Das populäre Massenkino greift in seinen Erzählstrukturen bewusst und unbewusst auf die großen Erzähltraditionen der jüdisch-christlichen Überlieferung zurück und versetzt sie bruchstückhaft in neue Kontexte. Insofern legitimiert sich die Beschäftigung gerade mit diesen Filmen im RU, denn der RU stellt das Wissen zur Verfügung, das kultur-hermeneutisch diese Adaptionen oder Transformationen kenntlich macht.
Es gibt neben dezidiert religiösen Filmen auch solche, die religiöse Inhalte behandeln und aktualisieren – in ihnen lassen sich die Spuren von Religion eindeutig identifizieren. In der LL geht es exemplarisch um einen Filmausschnitt, der codiert mit religiösen Inhalten arbeitet, sie nicht konkret benennt, sondern subtil umsetzt. Da Filme dieser Art von den Jugendlichen rezipiert werden – sie gehören zur Kategorie der Blockbuster und der massentauglichen Filmen – bietet sich bei diesen das religiöse Spurenlesen an; Korrelation ist hier am leichtesten möglich.
Grundsätzlich sollten beim Anschauen von Kinofilmen folgende vier didaktische Grundregeln berücksichtigt werden:

1. Ein Film ist ein geschlossenes Kunstwerk und wird als solches behandelt.
2. Ein Film entstammt der Lebenswelt der Jugendlichen und wird als solcher respektiert und nicht sogleich pädagogisiert.
3. Ein Film ist ein Unterrichtsmedium und muss somit gewissenhaft vorbereitet werden.
4. Ein Film ist ein Lerngegenstand und wird so im Unterricht eingesetzt.

Der auf den drei DS thematisierte Film eignet sich besonders gut zu einer Unterrichtsbehandlung. Zwar bezieht sich die DS nur auf den Anfang des Kinofilms »Superman«, aber mit diesem 37-minütigen Ausschnitt lassen sich zentrale Inhalte und Vergleichspunkte aufzeigen. Gleichzeitig ist der Filmausschnitt so gewählt, dass er in einer einzelnen Unterrichtsstunde gesehen und in einem ersten Durchlauf besprochen werden kann.
Grundgedanke der drei DS ist es, den Sch den Zusammenhang von cinematografischen und religiösen Erzähltraditionen so deutlich zu machen, dass sie darin auch ihre eigene Lebenswirklichkeit perspektivisch reflektieren. Zugleich erkennen sie den signifikanten Unterschied zwischen einem Kinohelden und dem, was die christliche Religion mit Jesus als dem Erlöser glaubhaft deutlich macht.
Es bietet sich durchaus an, diese LL mit der LL »Jesus – Die Spur von morgen« (MITTENDRIN 3, S. 104-119) zu verbinden, da die hier vorgestellten DS die theologische Reflexion über Jesus als den Christus vertiefen.

Literaturhinweise (zur vertiefenden Auseinandersetzung)

Peter Hasenberg, Spuren des Religiösen im Film, Mainz 1995.
Inge Kirsner, Erlösung im Film, Stuttgart u.a. 1996.
Inge Kirsner, Michael Wermke (Hg.), Religion im Kino. Religionspädagogisches Arbeiten mit Filmen, Göttingen 2000.

Ansetzen

Diese DS ist durch den Kontrast zweier Bilder geprägt, die die Spannung der gesamten LL ausdrückt. Das Bild von Graham Sutherland und das Szenenbild aus der Superman-Verfilmung geben den bildhaften Rahmen vor, innerhalb dessen sich Sch auf die Spurensuche nach Religion begeben. Beide Bilder entstammen dem 20. Jh. und sind Reflexionen und Reaktionen auf historische Ereignisse. Zugleich machen sie diese Auseinandersetzung anhand zweier Figuren deutlich, die dabei in unmittelbarem Kontrast zueinander stehen. Die beiden Zitate auf der DS vertiefen und problematisieren diese Suchbewegung. Mit dieser DS werden Sch motiviert, ihre eigenen Vorstellungen auszudrücken und mit tradierten Bildern in Beziehung zu setzen. Dadurch gelingt es, auch die eigenen Vorstellungen zu bedenken und zugleich einen kritischen, aber keinesfalls ablehnenden Blick auf das Kino und seine Erzähltraditionen zu werfen.

Graham Sutherland, Kreuzabnahme (1946)
Das Bild »Kreuzabnahme« des Künstlers Graham Sutherland von 1946 ist eine Reaktion des Künstlers auf Fotos von Opfern der nationalsozialistischen Vernichtungslager. Diese Bilder haben ihn so stark erschüttert, dass er in seinen Bildern bewusst Motive aus ihnen aufgreift, wie z. B. die Stacheln, die an die Stacheldrahtzäune eines KZ erinnern. Gerade in diesen Stacheln und Dornen sieht er die Grausamkeit ausgedrückt, zu der Menschen fähig sind.
Auf dem Bild wird Christus von den klagenden Frauen vom Kreuz herabgehoben. Sein Haupt ist mit einer übergroßen Dornenkrone gemartert, der Mund im Tod geöffnet, sein Blick ist leer – er erinnert an die Opfer der Gaskammern. Die Frauen stützen sich selbst geradezu mit dem Körper Christi und bilden mit diesem nahezu eine Einheit. Fast wirken sie zusammen wie eine Gruppe, die zusammen getötet wurde, einander haltend, einander stützend, miteinander sterbend. Von unten klagt Maria von Magdala mit übergroßer Brust und zitiert damit die Kunsttradition um Rubens und Grünewald. Doch ist das Bild in gedeckten, fahlen Farben gehalten. Ortlos steht das Kreuz in einer unbestimmten Landschaft, wird so zum Nirgendwo oder Überall. Von links oben weht ein Tuch in das Bild und im linken Querbalken des Kreuzes ist ein ausdrucksloses Gesicht zu sehen. Trostlosigkeit und Verzweiflung drückt dieses Bild aus, doch es gibt einen kleinen Moment der Nähe, der Zärtlichkeit, denn das Gesicht Jesu wendet sich der Frau im blauen Umhang zu. Beider Augen sind schwarz gefärbt, der tote Mund offen, aber doch sind beide einander zugewandt. Die Frau hält, stützt, ergreift, will nicht loslassen.

Dagegen wirkt Superman kräftig und dynamisch in dieser Welt. Vor einer Großstadtkulisse fliegt er mit wachem Blick und muskulösem Körper – ein Held und Retter, der sich seiner selbst sicher ist, furchtlos all dem entgegentretend, was ihn und andere, die Welt, bedroht.

Umsetzen

■ **Meine Vorbilder.** Drei Denkschritte leiten diese Spitzmarke: aufzählen, beschreiben und Erwartungen benennen. Sinnvoll und zugleich kreativ ist es, wenn Sch in EA dies in ihrem Heft in einer Collage visualisieren. Zum einen tragen sie in Stichworten, kürzeren Texten oder Bildern die Merkmale und Eigenschaften zusammen, die ihr Vorbild erfüllt bzw. erfüllen muss. Zum anderen fixieren sie ein Bild von der oder den Personen, die diese Voraussetzungen erfüllen. Dabei darf es sich sowohl um noch lebende als auch historische Personen handeln. In einem dritten Arbeitsschritt verschriftlichen, malen oder bebildern sie, was sie sich entweder von dem Vorbild für sich selbst oder für die Welt erhoffen. Gerade wenn sie über den Aspekt »Rettung der Welt« nachdenken, machen Sch deutlich, worin ihrer Meinung nach die Grenzen der Welt liegen. Die Bildhaftigkeit dieser Vorgehensweise öffnet den Blick auf mögliche Bildwelten und Motive und bereitet so die Auseinandersetzung mit der Filmsequenz vor. Es bietet sich dabei auch ein Bezug zur ersten LL »Meine Welt – Eine Welt« an, S. 18-21.

■ **Vorbilder und Helden.** Sch setzen sich in einem ersten Zugang mit unterschiedlichen Wahrnehmungen von Erlöserfiguren auseinander. Dabei ist der Unterschied zwischen Superman und dem gemarterten Jesus am Kreuz mehr als deutlich – interessant wird es dort, wo beide in ihrem jeweiligen Kontext den Anspruch auf Rettung der Welt legen.
In die Tabelle tragen Sch ihre Beobachtungen ein und gehen über die Beschreibung und Deutung der Bilder der Frage nach, worin die Vorbildfunktion der beiden Figuren liegen kann.

Kino und Religion. Die beiden Zitate öffnen den Blick auf den Zusammenhang von Religion und Kino. Die Zitate werden im RU gemeinsamen besprochen, auch weil bestimmte Fremdwörter der Klärung durch L bedürfen, wie z. B. plural, ambivalent und Postmoderne.
Zwei Aspekte können dann im UG vertieft werden. L lädt Sch ein, im Gespräch über Kinofilme den biblischen Motiven auf die Spur zu kommen. Hier bietet sich ein Verweis auf folgende Filme an: E.T. (Weihnachten, ein Wesen von einem anderen Stern, das in einer Hütte versteckt werden muss) oder Terminator 1 (Retter der zukünftigen Welt, John Connor – J.C. – wird gezeugt von einem Mann aus der Zukunft, Mutter ist ledig und der Kleine wird von Anfang an verfolgt; vgl. **M 11.5**, **S. 294**). Zum anderen kann hier schon mit der Klasse darüber diskutiert werden, welche Erlösungs- bzw. Rettungsvorstellungen es im Kino gibt. Auffällig wird dabei sein, dass das Kino überwiegend singuläre Retterfiguren kennt.

Kinohelden. Kinohelden sind Identifikationsfiguren. Dabei etablieren sich neben den strahlenden Helden zunehmend auch solche, die entweder ein dunkles Geheimnis mit sich tragen oder aber teilweise gebrochene oder auch gescheiterte Figuren sind. In der Diskussion mit der Klasse wird es daher interessant sein, diesen Unterschied zu erkennen und dann der Frage nachzugehen, welcher dieser Helden von den Sch mehr akzeptiert wird und v. a. glaubwürdiger ist. Diese Diskussion kann dann zum Ende nochmals auf die beiden Bilder bezogen werden, denn dem strahlenden Supermann steht der gekreuzigte Jesus gegenüber – und darin ist er den Menschen in den vielfältigen Leiderfahrungen deutlich näher.

Weiterführen

Biblische Helden. Das AT kennt eine Vielzahl von biblischen Figuren, die dem nahekommen, was auch im Kino als Held dargestellt wird. Daher lohnt der Blick auf diese biblischen Figuren. Hierbei kann die Auseinandersetzung mit zwei biblischen Gestalten erfolgen: Ehud und David. Sch bekommen jeweils den AA die entsprechende Bibelstelle zu lesen, für Ehud Ri 3,12-31 und für David 1 Sam 17.
Sie erarbeiten aus den Texten 1.) die Situation, 2.) Merkmale und Eigenschaften des Helden und 3.) die Folgen seiner heldenhaften Tat. Sodann erstellen sie für beide Textstellen ein Storyboard, überlegen sich eine filmische Umsetzung und formulieren einen Werbetext für den jeweiligen Film.

Ein Held wird geboren AUSFLUG 166 | 167

Ansetzen

Diese DS konkretisiert die Ergebnisse der vorherigen DS. Herausgearbeitet wurde, dass moderne Kinofilme biblische Motive verwenden und dass in diesen Filmen eine tiefgreifende Erlösungshoffnung artikuliert wird, zu deren Erfüllung ein Retter notwendig ist. Zugleich wurde schon angedeutet, dass mit Jesus von Nazaret eine ganz eigenständige Gestalt Ausdruck solcher Hoffnungen ist, denn sie entzieht sich der oberflächlichen Projektionsfläche eines Helden durch die Darstellung menschlicher Hinfälligkeit. Darin unterscheidet sich Jesus fundamental von den Helden und Rettern der Kinofilme. Der Vergleich mag zunächst problematisch scheinen, denn schließlich begegnet in Jesus eine historische Person und in den Kinohelden fiktive Gestalten. Daher bilden die mit beiden Figuren verbundenen Hoffnungen und Sehnsüchte von Menschen in ihren jeweiligen Kontexten den Vergleichspunkt.
Diese DS wagt den Vergleich zwischen der Kindheitsbiografie Jesu, soweit sie sich durch das NT rekonstruieren lässt, und der Jugendbiografie Supermans, die durch den gleichnamigen Film beschrieben werden kann. Der Vergleich rechtfertigt sich durch die Tatsache, dass von den Filmemachern die Biografie Jesu als Vorbild für die Biografie Supermans verwendet wurde.

Umsetzen

Kindheitsevangelien. Der Text wird in der Klasse laut von einem Sch vorgelesen, anschließend werden Sachfragen geklärt. Sch erarbeiten die zentralen Aussagen zur Kindheit Jesu aus dem Text. Sinnvoll ist es, diese Arbeit parallel mit dem NT zu leisten, denn so können Sch die angegebenen Textstellen selbst nachlesen. Im Ergebnis dieser Arbeit ist wichtig, dass im Mittelpunkt der Kindheitsevangelien nicht die Historizität der Ereignisse, sondern deren theologische Aussage steht, wonach dieser Jesus aus Nazaret der verheißene Messias ist. Die Kindheitsevangelien sind theologische Deutungen.

Kindheit Jesu. Sch erstellen über die Breite des quergelegten DIN-A4 Heftes eine Zeitleiste und tragen auf dieser die wichtigen Ereignisse und Umstände von der Geburt Jesu bis zu seinem öffentlichen Wirken ein. Da diese Arbeit den Vergleich mit der Superman-Sequenz ermöglicht, ist es sinnvoll, sofern dieser Filmausschnitt im RU angeschaut wird, diese Bibelarbeit nach dem Anschauen des Films zu leisten.

■ **Auf die Welt gekommen.** Der für den RU notwendige Filmausschnitt hat eine Länge von ca. 33 Minuten (er beginnt ab 14:22 Minuten, vgl. **M 11.1, S. 288**) und ist daher in einer Unterrichtsstunde gut anzuschauen, auch so, dass Verständnisfragen geklärt werden können. Bei dieser Arbeit ist es wichtig, dass den Sch von Anfang an klar wird, dass es sich hierbei um ein Unterrichtsmedium handelt. Deshalb schauen Sch nicht nur die Filmsequenz an, sondern erhalten den in der Spitzmarke gegebenen AA. Da im Anschluss der Vergleich mit den biblischen Referenzstellen geleistet wird, können die beiden Zeitleisten parallel im Heft gezogen werden – dies erleichtert den späteren Vergleich. Die Gemeinsamkeiten liegen einerseits in der Personenkonstellation, teilweise in den Formulierungen von Jor-El und andererseits im groben Ablauf der Biografie bis zum öffentlichen Wirken, so z. B. die Einsamkeit der Wüste. Unterschiede ergeben sich u. a. deutlich durch den spezifischen historischen Kontext, die Verfolgung Jesu, die Sterndeuter und die Taufe durch Johannes sowie die Versuchungsszene in der Wüste (vgl. **M 11.1, S. 288ff.**).

■ **Super-Zeiten?** Ziel dieses AA ist es, den Sch deutlich zu machen, dass der Superman-Film auf historische Krisenereignisse seiner Zeit reagiert. Der Ruf nach einem Retter wird dann laut, wenn Ereignisse über eine Gesellschaft hereinbrechen, von denen sie das Gefühl hat, ihnen hilflos ausgeliefert zu sein. Somit leisten Sch hier einen dreifachen Arbeitsschritt:
1. Sie informieren sich über ein krisenhaftes Jahrzehnt, das u. a. geprägt ist durch den Vietnamkrieg, den Bericht des Club of Rome über die Grenzen des Wachstums, durch die Ölkrise, in Deutschland durch den heißen Herbst und andere wichtige Ereignisse.
2. Aus diesen Ereignissen formulieren sie Schlagzeilen – alternativ kann auch mit Bildern eine Collage erstellt werden, die das Lebensgefühl der Menschen ausdrückt. Dabei können Begriffe wie Zukunftsangst, Verarmung, Hilflosigkeit u. a. benannt werden.
3. Ausgehend von diesen Wahrnehmungen formulieren Sch die Hoffnungen und Wünsche der Menschen und reflektieren vor diesem Hintergrund die Gestalt Supermans.

■ **Der Herr ist mein Hirte.** Die Beschreibung dieser Plastik ist durch Sch schnell geleistet:
Es handelt sich um eine Einritzung in Marmor aus der Praetextatuskatakombe in Rom aus dem 3. Jh. Sehr häufig benutzten die Christen in der Antike das Bild eines Hirten, der ein Lamm auf den Schultern trägt. Schon in der heidnischen Welt war dieses Motiv Ausdruck der Güte und des Wohlwollens. Die neuen Christen sahen darin ebenfalls diese Bedeutung, doch schon sehr bald symbolisierte es Christus. Auf dem Relief ist ein Hirte in der damals üblichen Kleidung zu sehen, über die Schultern hat er ein Lamm gelegt, das er mit beiden Händen an den Vorder- und Hinterbeinen festhält. Einzig und allein aus dem christlichen Kontext erschließt sich hier die Darstellung des »Guten Hirten« – so wie in den Evangelien davon erzählt wird. Die Darstellung selbst gibt diese Deutung nicht her, sie muss, wie soeben geschrieben, aus dem Kontext erschlossen werden. Die Katakomben waren in Rom die frühen Begräbnisstätten der Christen, in denen sie sich auch zum Gebet trafen. Teilweise dienten sie in den Zeiten der Christenverfolgung auch als Rückzugsorte.
Im Gegensatz zu den in der vorherigen Spitzmarke erarbeiteten »Super-Zeiten« gilt dies als bedrohliche Zeit gleichermaßen auch für die Christen der Antike, die in der römischen Gesellschaft und im römischen Staat immer wieder Verfolgungen ausgesetzt waren. Vor diesem Hintergrund lohnt die Auseinandersetzung mit der Frage, warum Jesus nicht als machtvoller Herrscher, sondern als guter Hirte dargestellt wird, der sich um die verlorenen und bedrohten Schafe kümmert.

Weiterführen

■ **Historischer Jesus.** Der Text von Norbert Scholl (S. 166) über die Kindheitsevangelien kann bei Sch Irritationen auslösen, da vieles von dem, was sie ansatzweise als historisch zu wissen glauben, hier als theologische Deutung dargelegt wird. Insofern ist es wichtig, dass sich Sch mit dem auseinandersetzen, was historisch gesichert über Jesus ausgesagt werden kann. In diesem Zusammenhang lohnt ein Verweis auf die historisch-kritische Exegese wie sie in der LL »Ur-Kunde Bibel« auf der DS 80/81 vorgestellt wird. Die Frage nach der Unterscheidung zwischen Wahrheit und Faktizität lässt sich sehr gut an dem Text von Hans Küng »Was ist Wahrheit« auf S. 78 vertiefen. Die historisch gesicherten Fakten zu Jesus werden für Sch gut lesbar in folgenden Werken zusammengefasst und eignen sich sehr gut zum Einsatz im RU:
Peter Kliemann, Glauben ist menschlich, Stuttgart 2001, 104-106.
Rüdiger Kaldewey, Franz W. Niehl, Grundwissen Religion, München 2009, S. 145-147.
Gerd Theißen, Annette Merz, Der historische Jesus, Göttingen 2001, S. 493-496.

■ **Jesusverfilmungen.** Sollte im RU genügend Zeit zur Verfügung stehen, bietet es sich auch an, sich mit einem Film zu beschäftigen, der bewusst ein religiös-christliches Thema beinhaltet, die Jesusverfilmung von Paolo Pasolini »Das erste Evangelium«. In schlichten Schwarz-Weiß-Bildern mit Laiendarstellern gedreht, verdichtet Pasolini so die urwüchsige Kraft des Evangeliums in eine vom italienischen Realismus geprägte Bildsprache. Pasoloni verschnörkelt hier nicht, sondern reduziert das Geschehen auf das, was das Evangelium erzählt, und öffnet somit für den Zuschauer den Raum, die Geschichte mit eigenen Vorstellungen und Bildern – Deutungen – zu füllen. Für Sch ist dieser Film zunächst ein Angriff auf die Sehgewohnheiten, doch bietet gerade auch diese Veränderung der Sichtweise interessante Ansätze zu Diskussionen.

■ **Der gute Hirte.** Die Darstellung des guten Hirten kann durch entsprechende Bibelarbeit vertieft werden: Joh 10,1-21 und das Gleichnis in Lk 15,3-7. Arbeitsteilig werden die Textstellen von Sch gelesen. Sie formulieren in Stichworten Antworten auf folgenden AA: Erarbeite aus der dir vorliegenden Bibelstelle die Aufgabe und Bedeutung des Hirten.
Mit dem Ergebnis dieser Arbeit interpretieren sie nochmals das Bild und kommen so zu einer vertieften Einsicht, warum die frühen Christen im Motiv des guten Hirten einen Ausdruck ihrer Hoffnung sahen. Eine kreative Aufgabe besteht darin, Sch selbst ein Bild des guten Hirten so malen zu lassen, dass es für das Krisenjahrzehnt 1970–80 (vgl. die Spitzmarke »Super-Zeiten«) Hoffnungen von Menschen aufgreift und auch Hoffnung gibt.

Erlösung statt Rettung SOUVENIRS 168 | 169

Ansetzen

Auf dieser DS wird das zentrale Thema der christlichen Hoffnung thematisiert: die Erlösung. Schon auf der ersten DS dieser LL wurde dieser Aspekt kurz angeschnitten, v. a. in dem Zitat von Georg Seeßlen, wonach auch im Kinofilm eine tief greifende Erlösungshoffnung visuell zum Ausdruck gebracht wird. Hier nun soll diese cinematografische, auf den Filmhelden bezogene Erlösungshoffnung mit der Erlösungsvorstellung im Christentum verglichen werden. Geprägt ist diese DS durch einen anspruchsvollen theologischen Text von Pemsel-Maier und einem Bild von El Greco – diese treten in einen Dialog und liefern in der Summe das notwendige Wissen, um damit die Hollywood-Erlöser bzw. die Erlösungsvorstellung von Hollywood zu beurteilen.

El Greco, Auferstehung (1605-1610)
Dieses für El Greco (1541-1614) typische, im schlanken Hochformat (275 x 172 cm, Öl auf Leinwand) gemalte Bild, zeigt einen klaren Bildaufbau. In der Mitte reicht bis an den oberen Bildrand Jesus. Der Auferstandene leuchtet und hebt sich dadurch klar vom dunkel gehaltenen Hintergrund ab. Im unteren Bilddrittel sind die acht Grabwächter zu sehen, die durch ihre nach oben geworfenen Arme die Dynamik der Auferstehung Jesu unterstreichen. So wirkt dieses Bild insgesamt nicht statisch, sondern kraftvoll, wobei Jesus selbst als Ruhepool agiert. Gegen das Sich-Winden und Strecken der Wächter wirkt Jesus ruhig. In einem über die Schultern geworfenen purpurnen Tuch, das selbst bewegt aussieht, erhebt sich Jesus, in der linken Hand die weiße Siegesfahne, aus dem Grab. Seine gesamte Körperhaltung ist voller Leichtigkeit und Anmut, sein sanfter Blick strahlt Frieden aus; unterstrichen wird dieser Eindruck durch das Leuchtende, das von dieser Figur ausgeht. Der nackte Körper weist keinerlei Wundmale mehr auf – hier begegnet dem Betrachter der verklärte Christus. Jesus wirkt dabei weniger wie derjenige, der gerade aus dem Grab kommt, sondern vielmehr wie eine Erscheinung, denn die Wächter sind ohnmächtig diesem Geschehen ausgeliefert. Sie kommen nicht an Jesus heran, sie verbleiben unten auf der Welt, ihre Blicke aber gehen fast sehnsüchtig nach oben. Dabei ist auffällig, dass die Wächter, bis auf eine Figur, nicht mehr bewaffnet sind, sondern teilweise selbst entkleidet die Gegenwart Jesu wahrnehmen. El Greco stellt die Auferstehung Jesu eher wie seine Himmelfahrt dar.

Umsetzen

■ **Jesus, der Erlöser.** Es ist angesichts des komplexen Themas angeraten, diesen Text im RU mit den Sch gemeinsam zu lesen. In einem ersten Schritt gliedern Sch in Stillarbeit diesen Text, um so den Gedankengang nachzeichnen zu können. Die einzelnen Abschnitte versehen sie mit Überschriften. Zur Klärung bestimmter Begriffe verweist L auf das Lexikon (S. 170-185), in dem folgende zum Verständnis des Textes notwendigen Worte erklärt werden: Auferstehung/Auferweckung, Schuld, Sünde und Sündenfall.

Dabei erarbeiten Sch folgende zentrale Gedanken und drücken sie in eigenen Worten aus:
1. Erlösung meint Aufhebung der Entfremdung zwischen Gott und Mensch.
2. Gott schafft die Erlösung, indem er sich dem Menschen zuwendet.
3. Diese Erlösung, als Ausdruck der Liebe Gottes, wird in Jesus personal geleistet.
4. Erlösung ist ein dialogisches Geschehen, d. h. der Mensch muss auch aktiv werden.
5. Der Begriff Erlösung muss für den heutigen Menschen kontextualisiert werden.

■ **Streitgespräch.** Im zu führenden Streitgespräch können die oben formulierten Aspekte zur Sprache gebracht werden. Möglich ist es auch, dieses Streitgespräch mithilfe von Moderationsimpulsen zu führen:
- Begründe die Notwendigkeit eines Retters.
- Beschreibe den Zustand der Welt.
- Zeige auf, was sich Menschen wünschen.
- Lege dar, wie Superman bzw. Jesus rettet.

Worin besteht genau die Rettungstat von Superman und was bedeutet das für die Menschen? Durch die Positionierung zu diesen Impulsen werden die Unterschiede sichtbar. Interessant ist eine Abschlussfrage an die Klasse, welche dieser beiden Figuren für sie im jeweiligen Kontext glaubwürdiger ist.

■ **»Die Welt besiegt«.** Nach der Beschreibung des Bildes deuten Sch es als Ausdruck der Erlösung und beziehen sich dabei auf den Text »Erlösung«. Deutlich wird hierbei, dass dieses von El Greco gemalte Geschehen eines ist, das gänzlich auf den Menschen zukommt, nicht von ihm verändert oder aufgehalten werden kann. Zugleich weist die Haltung Jesu darauf hin, dass in dieser Erlösung ein Angebot zu einem sinnerfüllten Leben gegeben ist. Diese Deutung lässt sich erschließen, wenn Sch den Wächtern Worte in den Mund legen, die ihre Wahrnehmung ausdrücken.

■ **Hollywoods Erlösung.** Der von den Sch hier zu leistende Vergleich setzt voraus, dass das Zitat »Die Hollywood-Erlöser« inhaltlich erfasst wurde. Zur Sicherung kann dieses Zitat mithilfe von Oberbegriffen erschlossen werden:
- Hollywood-Erlöser: Sch nennen die genannten Namen und schildern ggf. ihre Eindrücke von den Filmen und deren Inhalten.
- Notwendigkeit der Erlösung: Menschen werden durch Katastrophen oder bösartige Feinde bedroht.
- Weg der Erlösung: Hier wird Gewalt legitimiert, das Ziel ist die Vernichtung des Gegners.

■ **»Jesus Christus Superstar«.** Zum Abschluss dieser DS und dieser LL ist eine Diskussion im Klassenverband eine Möglichkeit, die auf den drei DS erarbeiteten und problematisierten Inhalte zu vertiefen und der Frage nachzugehen, ob sich Jesus in einer solchen Chiffre zusammenfassen lässt. Dabei ist es notwendig, den Begriff des Superstars zu klären. Das auf den DS verwendete Bildmaterial zeigt einen Jesus, der nicht ein Heroe oder ein singulär auf Außenwirkung bedachter Star ist, sondern gerade in seiner zurückgehaltenen Art stellt er für den Menschen ein Angebot sinnerfüllten Lebens dar. Der Superstar ist immer weit weg vom Leben der Menschen. Jesus hingegen ist nah bei den Menschen, oder, wie es Pemsel-Maier geschrieben hat: Es liegt ein dialogisches Geschehen vor, ein Angebot zur Partnerschaft.

Weiterführen

■ **Sündenfall.** Der Text von Pemsel-Maier weist auf, dass Erlösung ursprünglich in Zusammenhang mit dem Begriff der »Sünde« gebracht wurde. Die Anfangsgeschichten der Bibel zeigen solche Sündenfälle auf, die den Menschen von Gott entfremden, indem sie sich selbst Gewalt zufügen. Ein interessanter und zur kontextuellen Interpreation einladender Film ist dafür die Anfangssequenz aus »2001: Odyssee im Weltraum«. In den ersten 20 Minuten zeigt Regisseur Stanley Kubrick den Anfang der Menschheit bis hin zum ersten bewussten und barbarischen Gewaltakt. Dabei greift er auf Motive von der Schöpfungsgeschichte bis zum Brudermord zurück. Mit Sch wird diese Sequenz angeschaut und während des Films werden die zentralen Ereignisse in einer Zeitleiste schriftlich fixiert (vgl. S. 280). Anschließend lesen Sch die entsprechenden Textstellen aus der Genesis, Gen 1–4, und vergleichen sie mit der Filmsequenz. Das Eindrucksvolle an Kubricks Genesis ist die Tatsache, dass er die Menschwerdung eng an die Gewalt bindet – der Gebrauch des Werkzeugs als Waffe bringt den Menschen hervor. In einer Szene verwandelt sich der in die Luft geworfene, zur Waffe umfunktionierte Knochen in ein Raumschiff und wird im Raumschiff durch einen roten Kugelschreiber nochmals aufgegriffen. Für diesen roten Stift bieten sich zwei Deutungen an: Die Geschichte der Menschheit ist mit Blut geschrieben; und heute bedarf es keiner Waffen mehr, es genügen Unterschriften oder ideologisch motivierte Worte zum Mord. Zur theologischen Vertiefung der Genesis bieten sich die beiden Texte (**M 11.2, S. 292**, und **M 11.3, S. 293**) mit den entsprechenden Fragen an.

■ **»Hey J. C.«.** Die Rockoper »Jesus Christ Superstar« liefert teilweise historisch gut rekonstruierte Einsichten in die politische und religiöse Situation zur Zeit Jesu. Zugleich bietet der Film die Möglichkeit, eine für die 70er-Jahre gefilmte Interpretation Jesu zu sehen – und damit nochmals der Frage nachzugehen, inwieweit bestimmte Zeitumstände die Notwendigkeit und/oder Sehnsucht eines Erlösers generieren.

■ **Der Terminator.** Der von James Cameron gedrehte Film »Terminator« erzählt eine Erlösungsgeschichte, die sich in einigen Aspekten sehr stark an der Biografie Jesu orientiert. Dazu muss aber nicht der gesamte Film angesehen werden, sondern es genügen die auf dem AB angegebenen Filmsequenzen aus der Kapiteleinteilung der DVD (**M 11.5, S. 294**). Auch hier erhalten Sch den AA, die einzelnen Szenen inhaltlich zu erfassen und dann mit dem Leben Jesu zu vergleichen. Gerade dieser Hollywoodfilm vertieft das Zitat von Heil/Kumher.

Mögliche Zeitleiste:
Inhaltsübersicht über die ersten 20 Minuten des Films »2001: Odyssee im Weltraum«

Szene	Inhalt
I	– es wird Licht – Erde ist wüst und leer – kein Wasser – Wind weht – Gebeine – Affen fressen, Tiere grasen, Streit um Gras, Raubtier reißt Affen, andere flüchten
II	– Affen am Wasserloch – andere Affen schleichen sich an – Kampfgeschrei – Vertreibung des ersten Affenverbundes
III	– Raubtier vor gerissenem Zebra – Nacht: Affen schlafen – Affen in der Höhle – Dämmerung, Angst und Raubtiergeräusche
IV	– Sonne – Affen werden wach – Monolith in der Mitte: Gesang setzt ein – Affen hüpfen um Monument – Affenführer fasst es an – bedrohliche Chormusik erklingt – alle Affen streicheln den Monolithen
V	– Sonne – Mond
VI	– Sonne – Affen krabbeln durch Gebeine – Monolith/Sonne: Affe nimmt Knochen wahr – Musik: Wagners Zarathustra – Knochen wird als Waffe verwendet – MENSCHWERDUNG – erhebt sich über andere Tiere, wird zum Fleischfresser
VII	– Nacht – vertriebenen Affen greifen die Affen am Wasserloch an – Angreifer gehen aufrecht – Anführer wird brutal erschlagen – Knochen wird in die Luft geworfen
VIII	– wird zum Raumschiff im All – fliegt der Sonne entgegen – Innere eines Raumschiffes – roter Stift fliegt durch das Schiff – Mensch geht unbeholfen

Bediente Standards in der LL »Spuren von Religion«

Die Tabelle gibt an, welche Standards zentral bedient werden [x], bzw. welche teilweise wiederholend angesprochen werden [(x)].

DIMENSION »MENSCH SEIN – MENSCH WERDEN« Die Schülerinnen und Schüler	
– wissen, dass Partnerschaft Entwicklungsschritte zur eigenen Identität und zur Liebesfähigkeit voraussetzt;	
– können den Stellenwert, den Sexualität in unserer Gesellschaft hat, reflektieren und kennen Kriterien eines verantwortlichen Umgangs mit Sexualität;	
– verstehen, dass es zum Menschsein gehört, sich entscheiden zu müssen und zu Entscheidungen zu stehen;	
– verstehen, dass menschliches Leben begrenzt ist, zum Beispiel durch Leid, Krankheit und Tod;	
– können den Grund der christlichen Hoffnung auf Auferweckung darlegen und Wiedergeburtsvorstellungen von dieser abheben.	x
DIMENSION »WELT UND VERANTWORTUNG« Die Schülerinnen und Schüler können	
– das Anliegen des konziliaren Prozesses darlegen und argumentativ begründen;	
– an einem Beispiel den Zusammenhang zwischen Werten und Normen aufzeigen;	
– Schritte der ethischen Entscheidungsfindung darlegen;	
– an einem Beispiel aufzeigen, in welcher Weise sich Christen bei einer ethischen Entscheidung unter anderem an Weisungen des Dekalogs, an Jesu Leben, Handeln und Lehre und an kirchlichen Traditionen orientieren.	
DIMENSION »HERMENEUTIK: BIBEL UND TRADITION« Die Schülerinnen und Schüler	
– können aufzeigen, wie Kenntnisse über die Entstehungssituation biblischer Texte zu deren Verständnis beitragen;	x
– können an einem biblischen Beispiel den Zusammenhang von literarischer Gattung, Aussageabsicht und Sitz im Leben erläutern;	x
– kennen verschiedene methodische Zugänge zu biblischen Texten und können sie ansatzweise beurteilen;	x
– können aufzeigen, wie Menschen versuchen, sich in unterschiedlichen Ausdrucksweisen der Wirklichkeit Gottes anzunähern.	x
DIMENSION »DIE FRAGE NACH GOTT« Die Schülerinnen und Schüler	
– können an einem Beispiel Möglichkeiten des Redens von Gott erläutern und seine Grenzen aufzeigen;	
– können an biblischen Texten zeigen, wie Geschichte als Weg Gottes mit den Menschen gedeutet wird und wie Nähe und Abwesenheit Gottes erfahren werden;	
– verstehen, dass nach christlichem Verständnis Gott sich den Menschen bedingungslos zuwendet und dass dieses Angebot ernst zu nehmende Konsequenzen hat (unter anderem Weisungen und Normen).	x
x **DIMENSION »JESUS DER CHRISTUS«** Die Schülerinnen und Schüler	
– können anhand einer Weisung der Bergpredigt und des Doppelgebots der Liebe die Relevanz der Botschaft Jesu für heute aufzeigen;	
– können Jesu Umgang mit der Tora an einem Beispiel erläutern;	
– verstehen, dass Jesus Gottes Nähe erfahrbar machte, unter anderem in seiner Zuwendung zu Sündern und Ausgestoßenen und seinem Verzicht auf Gewalt;	x
– können den Zusammenhang zwischen der Auferweckung Jesu und der christlichen Hoffnung auf Vollendung darlegen.	
DIMENSION »KIRCHE, DIE KIRCHEN UND DAS WERK DES GEISTES GOTTES« Die Schülerinnen und Schüler können	
– an konkreten Beispielen die diakonische, missionarische und kritische Funktion der Kirche in der Gesellschaft darstellen;	
– an einem Beispiel die Kooperation von Staat und Kirche in der Bundesrepublik Deutschland erläutern;	
– unterschiedliche Verhaltensweisen von Christen in der Zeit des Dritten Reiches darlegen und bewerten.	
DIMENSION »RELIGIONEN UND WELTANSCHAUUNGEN« Die Schülerinnen und Schüler	
– kennen Beispiele für christlichen Antijudaismus und können sich kritisch damit auseinandersetzen;	
– können den Hinduismus in Grundzügen darstellen, z. B. Prägung des Alltagslebens, verschiedene Gottesvorstellungen, und ihn mit dem Christentum vergleichen;	
– können anhand der Biografie des Buddha zentrale Überzeugungen und Lebensziele des Buddhismus erläutern und mit dem Christentum vergleichen;	
– sind aufgrund eines kritischen und selbstkritischen Vergleichs in Ansätzen zu einem Dialog mit anderen Religionen und Weltanschauungen befähigt.	

Superman – Jesus
Ein Vergleich der Kindheitsgeschichten

Superman		Jesus	
Zeit (bis)	**Inhalt**	**NT**	**Inhalt**
I Prolog			
05:12	Bühne, ein Vorhang öffnet sich, eine Kinderstimme spricht von einer fiktiven Stadt: Metropolis, eine Zeitung, der Daily Planet wird zum Chronisten.		
II Krypton			
10:49	Jor-El verklagt Verbrecher auf Krypton, diese werden in die Isolation geschickt.		Bestandteil des Namens von Superman und seinem Vater El ist im semitischen Sprachraum sowohl Appellativum (Gott) als auch Eigenname. Das AT übernimmt diesen Sprachgebrauch und konzentriert sich auf den appellativen Gebrauch.
14:22	Gespräch mit Jor-El über die mögliche und vielfach geleugnete Zerstörung von Krypton durch die Krypton-Sonne.		
	Mutter, Jor-El und der kleine Superman als Baby – sie wollen ihn vor der Zerstörung retten und zu Erde schicken.		Anklang an die Trinität: Vater, Sohn und Heiliger Geist
16:51	Zitate über Superman: »Er wird ihnen (den Menschen) überlegen sein.« »Er wird wie einer von ihnen aussehen, aber er wird nicht einer von ihnen sein.« »Er wird ein Fremder sein … isoliert … allein.«	Joh 1,11	Umschreibungen auch für Jesus: »Er kam in sein Eigentum, aber die Seinen nahmen ihn nicht auf.«
	Superman wird in einen Stern gesetzt – der wie der Herrnhuter Weihnachtsstern aussieht, sein Name: Cal-El	Mt 2,2b	»Wir haben seinen Stern aufgehen sehen …«

21:53	Zitate von Jor-El über und zu Superman: »Wir werden dich nie verlassen.« »Alles was in mir ist ... übergebe ich dir.« »Du wirst mich in dir tragen.« »Du wirst mein Leben durch deine Augen sehen so wie ich dein Leben durch meine Augen sehe.« »Aus dem Sohn wird der Vater und aus dem Vater wird der Sohn.« Mit diesen Worten fliegt der Stern zur Erde, Krypton wird zerstört.	Joh 5,19-47 Joh 5,19	Rede Jesu über das Wirken des Sohnes. »Was nämlich der Vater tut, das tut in gleicher Weise der Sohn.«
23:59	Flug zur Erde, Belehrungen durch die Stimme des Vaters		
	Stern landet auf einem Feld, ein älteres, kinderloses Paar hält an und nimmt den Kleinen als eigenen Sohn an.		Analogie einerseits zu Johannes dem Täufer und Maria und Josef, deren leibliches Kind Jesus auch nicht war.
III Auf der Welt			
26:49	Erstes kleines Wunder Supermans: Er hebt zur Reparatur das Auto an.		Vgl. zu den apokryphen Evangelien
33:09	Superman als Jugendlicher: Außenseiter. Weitere zwei Demonstrationen seiner Kraft, die aber nicht öffentlich sind: 1. schießt einen Football in den Himmel und 2. läuft schneller als der Zug	Lk 2,41-50	Jesu besondere Wirkung zeigt sich im Gespräch mit den Lehrern im Tempel. Jesus ist erst 12 Jahre alt.
34:29	Adoptivvater stirbt		
36:19	Superman ist unruhig, geht nachts in die Scheune und findet einen Kristall von Krypton.		
	Er verlässt nun mit 18 Jahren seine Mutter, die das erwartet hat.		

IV In der Eiswüste			
43:59	Er wandert durch wüstenartige, karge Landschaften bis er in die Einsamkeit einer Eiswüste gelangt. Hier begegnet er seinem Vater.	Mk 1,12-13	Versuchung Jesu in der Wüste, bei den Synoptikern zu finden.
	Zitate des Vaters: »Mein Sohn, ich bin dein Vater.« »Alles Wissen ... habe ich dir gegeben.« »Also mein Sohn, sprich.« »Du bist wie ein Mensch aufgezogen, aber du bist keiner.« »Dein Vorbild soll die Menschen anregen.«	Lk 3,22	Taufe Jesu: »Du bist mein geliebter Sohn, an dir habe ich Gefallen gefunden.«
	12 Jahre bleibt er in der Eiswüste, dann ist er Superman in seinem bekannten Aufzug.		
	Es beginnt sein öffentliches Wirken, Zitate des Vaters: »Diene den Menschen.« »Es fehlt ihnen das Licht, das ihnen den Weg weist.« »Daher habe ich dich zu ihnen geschickt, meinen einzigen Sohn.«	Joh 1,8f.	»... er sollte nur Zeugnis ablegen für das Licht. Das wahre Licht, das jeden Menschen erleuchtet, kam in die Welt.«
47:59	Superman fliegt und ist als Retter vorhanden.		Nach der Taufe und der Zeit in der Wüste beginnt Jesu öffentliches Wirken.
V Öffentliches Wirken unter den Menschen			

Möglichkeiten des Menschseins

Genesis 4,1-16 erzählt von Gewalt, die aus Ungleichheit entsteht, genauer: als Folge der Unfähigkeit, den Erfolg eines anderen zu ertragen. Es geht um Grundmuster menschlichen Verhaltens, die die hebräische Bibel entsprechend ihrer sonstigen Darstellungsweise als Familiengeschichte erzählt. Es geht (...) nicht um die Entlarvung eines, der schon immer böse war, vielmehr darum: Wie geht der Mensch um mit der mit Arbeit immer verbundenen Möglichkeit ihrer Erfolglosigkeit? Gott warnt Kain vor dem Umschlagen der Frustration in Gewalt. Kain erliegt dieser Gefahr gleichwohl. Er erschlägt seinen Bruder Abel. Der Mord wird nur ganz kurz berichtet. Nicht die Tat selbst, sondern ihre Voraussetzungen und ihre Folgen stehen im Mittelpunkt der Erzählung. Die erste Folge der Tat ist, dass sie notwendig weitere Verfehlungen nach sich zieht. Auf den Mord folgt die Lüge, die Aufkündigung der Verantwortung: (...) Tatsächlich fragt die Sprache und die Ethik des frühen Israel nicht nach Schuld und Strafe, sondern nach der Tat und ihren Folgen, wobei Tat und Folge, das Tun des Menschen und sein Ergehen, als Einheit gesehen werden. Was für Kain als sein eigenes Ergehen folgt, ist nicht eine von der Tat isolierte Strafe, die Gott ihm auferlegt, sondern die doppelte, der Tat inhärente Folge. Der Ackerboden, der das Blut des Erschlagenen aufnahm, wird dem Täter keinen Ertrag mehr bringen. Das ist die erste Folge der Tat, in der Auffassung des Altertums eine »logische« Folge. Der zweite Fluch, der Kain betrifft, hat seine Gültigkeit bis heute. Es ist der schlichte Satz: Wer seinen Bruder umbringt, wird ohne Bruder leben müssen. Dass Kain fortan »unstet und flüchtig« leben muss, ist mithin wieder keine von seiner Tat isolierte Strafe, sondern die unmittelbare Folge seiner Tat. Nicht als Strafe und Vergeltungsinstanz, als der der Gott des Alten Testaments seit Jahrhunderten gerade von der christlichen Theologie verzeichnet wird, erscheint Jahwe in dieser Geschichte, sondern als Gott, der den Zusammenhang von Tat und Tatfolge garantiert. Kein magisches Welt- und Gottesverständnis, erst recht kein Automatismus steht letztlich hinter dieser Auffassung, sondern die Erfahrung, dass Gewalt Folgen hat, die auf den Täter zurückschlagen, zugleich die Hoffnung, dass der Mörder nicht über das Opfer triumphieren werde. Doch damit ist die Erzählung von Kain – er steht im Mittelpunkt, mit ihm soll sich der Hörer identifizieren, Abel ist allein Opfer – noch nicht zu Ende. Jahwe garantiert den Zusammenhang von Tat und Tatfolge – das ist nur die eine Seite. Jahwe ist auch der, der diesen Zusammenhang durchbrechen kann, um den Menschen vor den tödlichen Folgen seiner Tat zu retten. So steht am Ende der Erzählung vom Mörder Kain seine Bewahrung, die durch ein besonderes Zeichen, das Jahwe Kain gibt, bekräftigt wird. Kain bleibt auch nach seiner Tat Gottes Gesprächspartner, er darf klagen, Gott anrufen. Jahwe wendet sich nicht von ihm ab. Kain ist nicht der Unmensch, er ist der Mensch, wie er sein kann. Der erste Mensch, der gezeugt wird, dessen Leben nach dem Paradies beginnt, ist ein Mörder, doch ebenso wichtig ist die Umkehrung: der Mörder bleibt Mensch. Die Kain-Erzählung weist jede Einteilung der Menschen in gute und böse ab, sie trennt nicht Mensch von Unmensch, sondern zeigt die Möglichkeiten des Menschseins.

Jürgen Ebach

- Zeige auf, worin Jürgen Ebach angesichts des Brudermords »die Möglichkeiten des Menschseins« sieht.

Geheimnis Mensch

Von besonderer Bedeutung ist die Erschaffung des Menschen am 6. Tag (Gen 1,26-28). Der Mensch wird von Gott als »unser Abbild, uns ähnlich« geschaffen. Er soll also das tun, was Gott getan hat: die lebensfördernden Elemente von den lebensgefährdenden trennen; er soll Leben und nicht Chaos schaffen; er soll ordnen und nicht zerstreuen. Den biblischen Schriftstellern geht es nicht um irgendwelche Aussagen über eine metaphysische Qualität des Menschen, sondern um seine Funktion, die er im Hinblick auf die Schöpfung wahrzunehmen hat: »Tretet auf die Erde und beherrscht sie« (Gen 1,28; in der Einheitsübersetzung leider missverständlich mit »unterwerfen« wiedergegeben). Herrschaft im biblischen Sinn besagt: Verantwortung übernehmen, Sorge für das umfassende Wohlergehen der »Beherrschten« tragen, sich um das Anvertraute hegend und pflegend kümmern. Keinesfalls versteht die Bibel unter dem »Beherrschen« eine Ausbeutung der lebensdienlichen Elemente dieser Erde, eine Vergewaltigung der Tierwelt oder eine Herrschaft von Menschen über Menschen. (...)
Christlicher Schöpfungsglaube geht von einem eigenartigen Phänomen aus. Der in einer endlich-begrenzten Welt lebende und selbst endlich-begrenzte Mensch tritt dem Ganzen, dem er selbst zugehört und dessen Teil er ist, fragend-verwundert gegenüber. Wie aber kann »die Natur« ein Wesen hervorbringen, das über sie hinausfragt? Solches Fragen und Verwundern lässt den »Verdacht« aufkommen, dass »hinter« dem vordergründig Wahrnehmbaren noch eine letzte, tiefste und alles gründende Wirklichkeit besteht. Die Annahme macht Sinn, dass der Kosmos, so gewaltig und riesenhaft er auch sein mag, ein »Woher« besitzt. Der »Verdacht« erscheint nicht unbegründet, dass diese Welt, so rätselhaft und widersprüchlich sie auch sein mag, einen Ursprung hat, der dem Ganzen Sinn und Ziel eingab. Die Vermutung, dass die Welt von einem dieser Welt nicht selbst zugehörigen Schöpfer geschaffen wurde, erscheint zumindest nicht weniger vernünftig als die Behauptung, sie sei »durch Zufall und Notwendigkeit« (J. Monod) geworden. Die schöpferische Macht Gottes liegt allem Endlichen voraus. Sie ist das ursprüngliche Prinzip für alles, was ist, und führt es seiner Bestimmung entgegen. »Der Gedanke der Weltschöpfung durch Gott ist ein Symbol, kein Wissen. Im Weltschöpfungsgedanken wird der Abgrund offen, in den wir mit all unserem Weltwissen und Welttun verschlungen werden und zugleich uns geborgen wissen« (Karl Jaspers).

Norbert Scholl

- Lies die Kapitel Gen 1,1–2,4a und Gen 4,3-9 und halte die zentralen Ereignisse in Stichworten fest.
- Arbeite aus dem Text von Scholl heraus, welche Aussagen der biblische Schöpfungstext über den Menschen und seine Weltbezogenheit macht.
- Vergleiche die von dir bearbeiteten alttestamentlichen Texte mit der Sequenz »Aufbruch der Menschheit« aus dem Film »2001: Odyssee im Weltraum«. Achte dabei auch auf die Geräusche und die Musik.

Vergleich der Erlösungsgeschichten von Jesus und dem Terminator
(Szenen aus der DVD: 03, 13, 21ff., 25)

Terminator 1	Jesus Christus (J.C.)
– Bedrohung und Rettung kommen aus der Zukunft	– Jesus kommt als Sohn Gottes, schon im NT teilweise als präexistent gedacht
– Welt ist erlösungsbedürftig, ihr Ende ist nahe	– Welt ist erlösungsbedürftig, »das Reich Gottes ist nahe«
– Kyle Reese verkündet das Ende und den Retter: John (J.) Connor (C.)	– Johannes der Täufer verkündet den baldigen Messias
– Vater des Retters ist unbekannt	– Josef spielt keine Rolle als Vater Jesu
– Sarah Connor bringt den zukünftigen Retter zur Welt	– Maria bringt den Erlöser zur Welt
– und muss darum um ihr Leben und das ihres Kindes fürchten	– der von Anfang an bedroht ist (Herodes)
– wird als vertrauenswürdig, motivierend und gerecht beschrieben	– Jesus erwählt sich eine Jüngerschaft,
– für ihn opfert man sich	– die seine Sache in die Welt trägt, auch zum Preis des Martyriums
– »Erzeuger« wird der Mann aus der Zukunft, der als Vater niemals in Erscheinung treten wird	– Jungfrauengeburt

ARBEITSBLATT M 11.4

Bild- und Textnachweis

S. 15 Andreas Feindt, Kompetenzorientierter Unterricht - wie geht das?, in: FRIEDRICH Jahresheft 2010, Friedrich Verlag 2010, Lehrerarbeit - Lehrer Sein, S. 85-89 – **M 1.1** Karte: Flüchtling mit Rucksack; Karte: Flüchtlinge in Griechenland: Gestrandet, entrechtet und ohne Schutz © PRO ASYL – Karte: Inhaftierung © PRO ASYL, Foto: Marily Stroux – **M 1.2** in: Rüdiger Kaldewey, Franz W. Niehl, Grundwissen Religion. Begleitbuch für Religionsunterricht und Studium. Neuausgabe, Kösel-Verlag, München in der Verlagsgruppe Random House GmbH 2010, S. 221-224 – **M 1.3** in: Fernando Savater, Tu, was du willst. Ethik für die Erwachsenen von Morgen, Campus Verlag, Frankfurt/New York 2001 – **M 1.4c** Bundesverband Musikindustrie e.V./Stefan Michalk – **M 1.4d** in: Anja Anselmann, Ethische Kompetenz im Religionsunterricht fördern mit der Methode des Planspiels – **M 1.5** in: Beate Irene Hämel, Thomas Schreijäck (Hg.), Basiswissen Kultur und Religion. 101 Grundbegriffe für Unterricht, Studium und Beruf, Stuttgart 2007 © Prof. Dr. Hille Haker – **M 1.7** in: Florian Illies, Generation Golf © Argon Verlag, Berlin 2000. Alle Rechte vorbehalten S. Fischer Verlag GmbH, Frankfurt a.M. (Auszüge) – **M 2.1** in: Gotteslob, Nummer 352, Herder-Verlag, Freiburg i. Br. 1975 – **M 2.2** in: Marcus Minten, Bernd Wolharn, Alles für den Herrn?!? Liturgie in TABGHA-Jugendkirche Oberhausen, in: Hans Hobelsberger u. a. (Hg.) Experiment Jugendkirche. Event und Spiritualität, Butzon & Bercker-Verlag, Kevelaer 2003, S. 60-62 – **M 2.3** in: Mein Credo, Band 3, Publik-Forum Verlagsges. mbH, Oberursel 2001 – **M 2.4** in: Katholischer Erwachsenenkatechismus. Das Glaubensbekenntnis der Kirche, hg. von der Deutschen Bischofskonferenz, Bonn [3]1985, S. 272-274 – **M 2.5 und M 2.6** in: Asyl in der Kirche. Eine Dokumentation, hg. von der Bundesarbeitsgemeinschaft Asyl in der Kirche. Zusammenstellung und Auswahl Helge David, mit Textbeiträgen von Beate Sträter, von Loeper Literaturverlag, Karlsruhe 2004 – **M 2.7** in: Helmut Kurz, Katholische Kirche im Nationalsozialismus. Ein Lese- und Arbeitsbuch für den Religionsunterricht, LIT Verlag, Münster [2]2008, S. 33 – Foto Hitlers Regierungserklärung: Bundesarchiv – **M 2.9** »Rassenhygienisches« Propagandabild Mitte der 1930er-Jahre, in: Thomas Stöckle, Grafeneck 1940, Tübingen 2002, S. 25 – **M 2.10** Archiv Bistum Münster – **M 2.11** in: Paul Zulehner, Fritz Lobinger, Um der Menschen und der Gemeinden willen, Schwaben Verlag, Ostfildern 2000 – **M 3.1** Unbekannter Bildhauer, Daibitsu Buddha in Kamakura, Bronzestatue 1252 n. Chr., Höhe 12,52 m, Foto: Myriam Simonin, F-Chaponost – **M 3.2** in: Helmuth von Glasnapp, Pfad zur Erleuchtung © Diederichs Verlag, in der Verlagsgruppe Random House GmbH, München 1956 – **M 3.3** in: Hans Küng u. a., Christentum und Weltreligionen, S. 456-460 © 1984 Piper Verlag GmbH, München – **M 3.4** in: Werner Trutwin, Die Weltreligionen. Buddhismus © 2010 Bayerischer Schulbuch Verlag, München – **M 3.5** www.berzinarchives.com – **M 3.6** Grafik: Tatsuhiko Yokoo, in: Bogdan Snela, Der Ochs und sein Hirte, Zen-Augenblicke, Kösel-Verlag in der Verlagsgruppe Random House GmbH, München 1990 – **M 4.1** in: Eckhard Lade, Religion unterrichten. motivierend, lebendig, methodisch vielfältig © WEKA Media & Co KG, Kissing 2006 – **M 4.2a** Illustration: Reinhild Kassing, Kassel – **M 4.3** in: Ehe und Familie - in guter Gesellschaft, Deutsche Bischofskonferenz, Bonn 17.1.1999 – **M 4.5** Grafik: Michael Kötzel, München – **M 4.6** Pablo Picasso, La vie, 1903, akg-images/Erich Lessing © Sucession Picasso/VG Bild-Kunst, Bonn 2010 – Hintergrundinformationen wie M 4.1 – **M 4.7** in: Siegfried Keil, Sexualität - Erkenntnisse und Maßstäbe © KREUZ Verlag, Stuttgart/Berlin 1966 – **M 5.1** Max Ernst (1891-1976), Die Jungfrau Maria züchtigt das Jesuskind vor drei Zeugen: André Breton, Paul Éluard und dem Künstler, 1926, Museum Ludwig, Köln © VG Bild-Kunst, Bonn 2010, Foto: Artothek – **M 5.5** Wer hat von wem abgeschrieben?, in: Peter Kliemann, Impulse und Methoden, Anregungen für die Praxis des Religionsunterrichts, S. 50 © by Calwer Verlag, Stuttgart [1]1997 – **M 5.6** Max Ernst, wie M 5.1 – Julius Schnorr von Carolsfeld, Maria mit dem Kind, 1820, Öl auf Leinwand, 74 x 62 cm, Köln, Wallraf-Richartz-Museum, Fondation Corboud, Inv. Nr. WRM 1112, 8 © Rheinisches Bildarchiv, Köln –**M 5.11** © Kehayoff Verlag – **M 6.1** chrismon – **M 6.2** Die deutschen Bischöfe zu Euthanasie und Sterbehilfe, in: Die deutschen Bischöfe. Das Lebensrecht des Menschen und die Euthanasie © Sekretariat der Deutschen Bischofskonferenz, Bonn 1975 – **M 7.3** Simone Martini, Die Heilige Familie, Tempera auf Holz, 30 x 35 cm, 1342, Walker Art Gallery, Liverpool – **M 7.5 und M 7.8** in: Wolfgang Wieland, Jetzt verstehe ich die Bergpredigt, Verlag Katholisches Bibelwerk GmbH, Stuttgart 2009 – **M 7.6a** Unser Vater, Betrachtung von Bischof Dr. Joachim Wanke, Seite 4-6, in: Andreas Felger, Joachim Wanke, Gottesnähe. Vater Unser © 2005 Präsenz Kunst & Buch, 65597 Hünfelden-Gnadenthal, www.praesenz-verlag.de – **M 7.9** in: Otto Pankok, Die Passion in 60 Bildern von Otto Pankok. Katalog zur Ausstellung im Kunstmuseum Düsseldorf, Düsseldorf 1982, S. 23-28 – **S. 201** in: François Boespflug, Arcabas et les Pélerins d`Emmaus, Genève 2004, S. 62 – **M 8.1** Haben oder Sein. Die seelischen Grundlagen einer neuen Gesellschaft, in: Erich Fromm, Gesamtausgabe Bd. II, Analytische Charaktertheorie, S. 365 © Deutsche Verlags-Anstalt, München, in der Verlagsgruppe Random House GmbH, 1999 – **M 8.2**. zit. nach: G. E. Lessing, Nathan der Weise, Werke und Briefe in zwölf Bänden, hg. von W. Barner u. a., Bd. 9. hg. von A. Schilson, Deutscher Klassiker Verlag, Frankfurt a. M. 1993, Z. 1154- 1156 – in: Giovanni Boccaccio, Das Dekameron (1,3), übers. von Karl Witte, Leipzig [3]1859, Bd. 1 – **M 8.3** in: José Saramago, »Im Namen Gottes ist das Schrecklichste erlaubt«, Frankfurter Allgemeine Zeitung, 21.09.2001, Übersetzerin: Claudia Psotta – **M 9.2 und 9.3** aus: Pascal Mercier, Nachtzug nach Lissabon © Carl Hanser Verlag, München 2004– **M 9.4** Augustinus, Bekenntnisse, Conf I 1,1 und Conf IV 10,15 – **M 9.5** Heike Ruschmeyer, Der Plumpsack geht um, Collage, 190 x 140 cm, 1985, Foto: J. Littkemann © VG Bild-Kunst, Bonn 2010 – **M 9.8** in: Johann Baptist Metz (Hg.), Landschaft aus Schreien. Zur Dramatik der Theodizeefrage © Matthias-Grünewald-Verlag, Mainz 1995 – **M 9.9** Was das Beten der Theologie zu denken gibt oder: Ein Versuch über die Schwierigkeit, ja zu sagen, in: J. B. Metz, J. Reikerstorfer, J. Werbick, Gottesrede, Münster 1996, S. 81-86 – **M 9.10** in: Zvi Kolitz, Jossel Rakovers Wendung zu Gott © Zvi Kolitz, 1996 – **M 10.1** in: Franz Wendel Niehl, Arthur Thömmes, 212 Methoden für den Religionsunterricht, Kösel-Verlag, in der Verlagsgruppe Random House GmbH, München [10]2009, S. 177 – **M 10.5** Paul Deselaers, Gehen können, weil er gekommen ist, in: Bischöfliches Hilfswerk Misereor e. V., Ich kann gehen. Von der Lust und Last des Alterns heute, Aachen 2007, S. 69-74 – **M 10.6** in: Margot Benary-Isbert, Vom Glück der reifen Jahre, Erzählungen, S. 19-27 © Verlag Josef Knecht in der Verlag Herder GmbH, Freiburg i.Br. [2]2009 – **M 10.9** Lied: Heimatrecht, T: Thomas Laubach/M: Thomas Quast, in: Über Mauern, 1996, alle Rechte im tvd-Verlag Düsseldorf – **M 11.3** in: Jürgen Ebach, Das Erbe der Gewalt. Eine biblische Realität und ihre Wirkungsgeschichte, Gütersloh 1980 (vergr.) © Jürgen Ebach, Bochum – **M 11.4** in: Norbert Scholl, Die großen Themen des christlichen Glaubens. Geheimnis Mensch, WBG Wissen verbindet, Darmstadt 2002, S. 16/19

Alle Bibeltexte gemäß der Einheitsübersetzung © Katholisches Bibelwerk, Stuttgart.
Alle namentlich nicht gekennzeichneten Beiträge stammen von den Autorinnen und Autoren und sind als solche urheberrechtlich geschützt. Trotz intensiver Recherche konnten einzelne Rechteinhaber nicht ermittelt werden. Für Hinweise sind wir dankbar.